浙江文叢

浙江海運漕糧全案重編

〔第一册〕

〔清〕馬新貽　等編

浙江古籍出版社

圖書在版編目(CIP)數據

浙江海運漕糧全案重編 /（清）馬新貽等編. -- 杭州：浙江古籍出版社，2021.6
（浙江文叢）
ISBN978-7-5540-2019-7

Ⅰ. ①浙… Ⅱ. ①馬… Ⅲ. ①漕糧－海上運輸－交通運輸史－中國－清代 Ⅳ. ①F552.9

中國版本圖書館CIP數據核字（2021）第050414號

浙江海運漕糧全案重編

（全六册）

馬新貽　等編

出版發行　浙江古籍出版社
（杭州市體育場路347號　郵編：310006）
網　　址　https://zjgj.zjcbcm.com
責任編輯　劉　蔚
文字編輯　祖胤蛟
封面設計　吴思璐
責任校對　吴穎胤
責任印務　樓浩凱
照　　排　浙江時代出版服務有限公司
印　　刷　浙江新華數碼印務有限公司
開　　本　710 mm × 1000 mm　1/16
印　　張　143.25
版　　次　2021年6月第1版
印　　次　2021年6月第1次印刷
書　　號　ISBN 978-7-5540-2019-7
定　　價　850.00圓（精裝）

ISBN 978-7-5540-2019-7

前言

漕運是中國古代的重要運輸形式。漕運最初是經由河道運輸，隋唐開通大運河，漕糧便主要通過運河調運。元代則因大運河年久失修，開始發展海運。《元史·食貨志·海運》載：『元都於燕，去江南極遠，而百司庶府之繁，衛士編民之衆，無不仰給於江南。自丞相伯顔獻海運之言，而江南之糧分爲春夏二運。蓋至於京師者一歲多至三百萬餘石，民無輓輸之勞，國有儲蓄之富，豈非一代之良法歟？』《浙江海運全案重編序》言：『海運起於元至元十九年，廢於明永樂十三年。』至元十九年，元世祖忽必烈命上海總管羅璧、朱清、張瑄等造平底船六十艘，載糧四萬六千餘石，由海道運往大都。這便是中國歷史上首次海運的記載。其後，元朝不斷完善海運規制，擴大海運規模，使其成爲元代最重要的漕糧運輸形式。

明代以降，海禁日嚴，海運式微，河運持續繁榮。一直到清代前期，皆以河運運輸漕糧。嘉慶時，河道淤阻，漕運困難，河漕和海運之争遂再起，然『屢議海運不果』。道光四年，因黄河水倒灌洪澤湖，高家堰大堤潰決，河運漕糧無望，京師糧食供應告急。翌年，道光帝令諸臣商議漕糧海運事宜。道光六年，由江蘇巡撫陶澍等人主持，開始了清代歷史上第一次漕糧海運。蘇南四府一州漕糧從上海受兑出發，至天津交兑後返回。此次危機應對雖取得了不錯的成效，卻未成爲常設制度。咸豐年間，太平軍攻下南京後，漕運河道中斷，蘇、浙二省改爲海運。咸豐五年，黄河改道，運河中斷，海運成爲晚清漕糧運輸的主要方式。清末的義和團運動和八國聯軍侵華是漕糧海運的轉折點。光緒二十七年，爲了籌措《辛丑合約》巨額賠款，清政府頒佈《漕糧改折詔》，命各省河運海運一律改徵折色。然而因為無法真正執行，江浙漕糧海運得以延續。然而，兩省大規模截留緩運、火車剥運、招商局包辦等問題，都顯示漕糧海運已步入尾聲。宣統三年，蘇、浙兩省完成最後一次漕糧海運。

縱觀海運漕糧的歷史，自元代開始，經明代至清中葉由盛而衰，清晚期驟然又盛。元、明、清三代的海運實踐和海運興廢的争議，産生了不少私撰和官修海運文獻。而浙江作爲中國最重要的海運漕糧起點，留下了豐富的相關史料。《浙江海運漕糧全案重編》即是其中最重要的一部。

《浙江海運漕糧全案重編》，清馬新貽修，蔣益澧等纂，初編八卷，續編四卷，新編八卷，清同治六年糧儲道庫刻本。此書先由黄宗漢主持編纂，後由馬新貽主持，重新編纂刊刻。

黄宗漢（一八〇三—一八六四），字壽臣，泉州登賢鋪人。道光十四年（一八三四）中舉，第二年中進士，初選庶起吉士，散館改兵部主事，充任軍機章京，歷任員外郎、郎中，升御史、給事中。道光二十五年，出任廣東督糧道，調雷瓊道，歷山東、浙江按察使、雲南巡撫、四川總督、兩廣總督。《清史稿·黄宗漢傳》曰：『（咸豐）二年，（黄宗漢）擢雲南巡撫，未之任，調浙江。值試辦海運，湖郡漕船淺滯，改留變價，虧銀三十餘萬兩，布政使椿壽情急自縊。宗漢疏請原米隨新漕運京，允之。』咸豐三年，黄宗漢等編纂刊刻成《浙江海運全案重編》初編十卷、續編四卷。後此書版片被毁，馬新貽又有新刻，是爲《浙江海運全案重編》。

馬新貽（一八二一—一八七〇），字穀山，號燕門，又號鐵舫，回族，山東菏澤人，晚清名臣。道光二十七年中進士，歷任安徽建平知縣、合肥知縣、安徽按察使、安徽布政使、浙江巡撫、兩江總督兼通商事務大臣等職。馬新貽之死更爲晚清一大謎案。此書爲馬新貽于浙江巡撫任上所編纂，卷前有馬新貽序文曰：『然而案牘紛繁，懼有散佚，則繼此無所稽考，爰裒爲八卷而授之梓，謂之《海運新編》。《初編》《續編》其板已燬，因并刻之，統命曰《浙江海運全案重編》。』

全書分爲商船事宜、經費事宜、滬局事宜、放洋巡護事宜、津局事宜、運竣事宜、婁局事宜、採辦事宜、減漕事宜、省局事宜並圖説等類。此書僅有總目，未有細目，但正文版心則刻有篇名及文案呈奏時間。對此書來説，極爲方便查閲。

此次出版《浙江海運漕糧全案重編》，据上海圖書館藏同治六年刻本影印，并增添新目録，以便翻檢。

目録

浙江海運漕糧全案初編

板存糧儲道庫

浙江海運全案重編序

海運起於元至元十九年廢於明永樂十三年我
朝康熙嘉慶中廷臣以河決屢議海運不果行道光六年江蘇以
高堰決運道梗創行海運後一歲輒罷而二十七年及咸豐初
元乃復行之然三次海運惟行之蘇省而浙省不與焉浙之行
海運則自咸豐三年始其前一年兌漕後時船不歸次前撫臣
黃宗漢疏請變通辦理如江蘇故事於是招集商艘許其免稅
靡不踴躍用命南兌北交胥無愆期得
旨嘉獎既而賊踞鎮揚江路又阻遂無歲不行海運矣復以上海之失
改道劉河即元時劉家港之故道也及五年攻克上海乃復其
舊故黃宗漢所刊海運全案有初編續編之別焉自十年後江

浙相繼淪陷有漕州縣一片賊氛官旣未由徵收漕運因而中

止今

上御極之二年以江浙賦重

詔疆吏議減其時杭嘉湖三郡未復戶口流亡册籍燬失無可稽攷

迨同治三年浙西次第戡定前閩浙督臣左宗棠乃條陳四事

並於省會設局以清釐之而臣宗棠卽統師入閩臣新貽蒞浙

撫任首以此爲亟亟

奏定杭嘉湖三屬統減三十分之八照原額減漕二十六萬六千

七百石有奇而浮收之數又減數十萬浙民遭逢

曠典千餘年積困爲之一甦祇以田畮荒蕪鴻磬偏野三年之漕未

能啟徵臣新貽復飭屬招徠開墾四年乃得徵運漕白正耗米

十九萬四千六百餘石其時蘇省猶行海運臣新貽督同司道豫籌運費請以漕截及行月食米等項作抵而不得復議津貼以病吾民其餘仍遵舊章少加損益五年正月乃分遣道府丞倅馳赴滬津兩局恪慎將事仰荷
聖主如天之福海若效靈魚龍屛跡舳艫銜尾萃於析津三月放洋六月蕆役今六年之運亦如之蓋
天庾正供若有神助者然而案牘紛繁懼有散佚則繼此無所稽考爰裒爲八卷而授之梓謂之海運新編初編續編其板已燬因并刻之統命曰浙江海運全案重編臣新貽身董斯役前後已三年矣宜綴片言誌其緣起乃拜手稽首而序之曰海運之視河運其利有三曰河運費而海運省也河運勞而海運逸也

河運遲而海運速也前人言之詳矣姑弗具論或以爲海運有風濤盜賊徼溼之虞終不如河運之爲正豈知河運之罷已十五六年運道之淤者難以盡疏漕艘之廢者難以再造水手之散者難以復聚況流賊未平大河東西不時出没何可冒險而行則浙之不得不仍行海運者勢也昔元時海運有造船募丁之煩今則以商船爲軍船以商運爲官運至爲簡便惟近年商販利用洋船中國之舟幾廢今甯波蜑船上海沙船存者無多東衛等船南來亦少以之運兩省之漕將虞不給然上兩次僅數十萬石耳江浙之民久離兵革年穀順成以後徵收不難如額若米日見其多船日見其少將何以濟而元人造舟募丁之法豈宜復用於今此則所謂變而通之使可以久者又非斯編

之所能盡已

大清同治六年丁卯十月朔

賜同進士出身兵部侍郎兼都察院右副都御史巡撫浙江等處節

制水陸各鎮提督軍務糧餉兼理鹽政臣　馬新貽謹序

浙江海運全案重編序

國家歲漕東南粟越江淮河以達
京師公私之費率銀數兩致米一石不肖者因緣爲利民力不能
堪策救時者爭言海運江蘇海運始於道光六年浙江海運始
於咸豐三年初因運河淤阻迨江淮烽燧遂無歲不海運運費
大減矣然提州縣之浮收者濟公州縣之浮收如故民困未少
蘇也今
天子御極之二年
特沛殊恩
詔江浙疆臣議減漕於是前閩浙總督臣左宗棠今浙江巡撫臣馬
新貽先後疏請減浙江漕額二十六萬六千餘石又減浮收之

數不下數十萬悉屏曩之幫費津貼諸名目濟運之欵請以漕

截行月經費食米充用以海運一石需銀八錢核計無不敷疏

上悉

報可同治四年賊氛初靖撫臣念

天庾需米甚迫浙江之漕罷運已數年議於災歉各縣之外剔荒徵

熟臣凱泰奉檄權督糧道方惴惴焉慮催科之不易而仁和等

十五州縣之民戴

皇上如天之

德輸將一如平日共起運漕白正耗米十九萬四千六百五十四石

由海運津臣凱泰赴津綜覈督率在事各員恪慎將事共用銀

十四萬四千三百二十九兩運腳正項增於往昔而合計正雜

仍不及原議石費八錢之數方舉事之初舊月冊案兵火蕩然
茫無端緒撫臣督同司道旁稽博採復得前撫臣黃宗漢所刊
海運初編續編揆量時勢參酌異同自始事以迄竣事得免隕
越原書板燬重付剞劂復取四年海運開局以來公牘文字芟
冗存要彙爲新編令補用同知臣許嘉德等詳細校讐門類仿
原刊而首列減漕事宜使後來者知江介海濱涵濡
聖澤永永無極而海運之利
國利民亦於今日始大著云
同治六年季秋之月
賜進士出身新授廣東布政使浙江按察使前署浙江督糧道臣王
凱泰謹序

總閲

兵部侍郎兼都察院右副都御史巡撫浙江等處地方提督軍務臣馬新貽

總纂

陞授廣東巡撫浙江布政使司布政使臣蔣益澧

浙江布政使司布政使臣楊昌濬

陞授廣東布政使浙江按察使司按察使臣王凱泰

浙江鹽運使司鹽運使臣高卿培

署浙江鹽運使司鹽運使候補道臣秦湘業

二品頂戴浙江督糧道臣英樸

署杭嘉湖道臣段光清

杭嘉湖道臣陳璚

署杭嘉湖道臣林聰彝

杭嘉湖道臣何兆瀛

分纂

署理杭州府嚴州府知府臣劉汝璆

道銜杭州府知府臣譚鍾麟

運同銜署仁和縣知縣臣姚光宇

同知銜錢塘縣知縣臣蕭書

道員用補用知府鎮海縣知縣臣桑樹勳

補用知府台州府同知臣李壽榛

知府用補用同知題補東陽縣知縣臣虞慶瀾

同知銜候補知縣臣金其相

分纂兼總校

知府用補用同知題補富陽縣知縣臣許嘉德

校對

五品銜補用知縣候補縣丞臣周鋭

五品銜布政司理問臣吳保輔

試用鹽經歷臣許嘉言

同知銜升鈌用候補縣丞臣晏隆吉

試用從九品臣史孝善

浙江海運全案初編序

咸豐二年壬子夏臣宗漢自甘藩恭拜

恩命巡撫滇南旋調浙江觸暑戒途七月抵淸口南下而浙省元年

漕糧杭嘉兩幫頭船甫挽運出江其最後者未離浙境途次督

飭運弁催趲遄行憶前陳臬此邦起運漕糧不逾夏孟茲何濡

滯至此蓋元年兌漕較遲當起運而天旱淺巡旱甚運河舟膠

不得進時部臣因豐工決口有咨令南糧變價之議而齊魯嗚

鴻嗷嗷以待

詔下截南糧賑時漕臣擬截浙漕而兩江督臣則欲截湖廣漕令浙

漕水次變價意見各歧久不決至議定北行天亦雨運道稍通

時已七月矣而湖漕尚未離次先是護撫臣

奏請湖漕變價藉留湖幫各船以濟新漕乃因價絀部議不行於
是湖漕仍當起運臣宗漢蒞任值大比之期未旬日卽入闈監
臨念漕事不置伏思
國家漕東南糧以實通倉官俸兵糈胥於是給歲額不可缺湖漕
卽起運必不能渡黃杭嘉兩幫卽渡黃抵津而潞河冰凍必不
能回空濟運況豐工一決再決微湖水漫百餘里漕船卽入東
境阻於水必不能如期抵浙若不早圖舊漕旣誤勢將貽誤新
漕闈後以漕臣委糧道回浙提湖漕卽准咨飭行奈霜降水涸
船抵蘇河進退維谷新漕且迫屆焦灼益甚深思熟慮變糶則
價難贏剝轉則費益鉅欲雇民船船無可雇欲酌減船船亦不
敷亟籌變通之法爲補救之方莫如試行海運惟浙省雖屬海

彊乍浦鐵板沙運米商船憚於停泊甯郡中隔三江五壩轉運愈艱既無出海之口辦理漕務又與江省懸殊故前人屢議海運而輒止乃博採旁詢得其要領揆時度勢握其樞機成算在胷遂飛章入

告於斯時也羣疑滿腹臣宗漢以一身主持之二三僚屬以羣力襄成之仰賴

宸衷獨斷

諭旨准行而浙省海運之役以興於是遴委屬吏條議章程海道則仍由滬瀆而以浙省漕糧往附之船隻則儘雇甯波而以沙衛各船協濟之經費則支銷河運而以州縣幫費津貼之與蘇省往復咨商牽各局僚采集議既和且洽剋期舉行十二月起運

總閱

兵部侍郎兼都察院右副都御史巡撫浙江等處地方提督軍務賞戴花翎臣黃宗漢

總纂

浙江布政使司布政使臣椿壽

浙江布政使司布政使臣麟桂

署浙江布政使司布政使按察使臣黃樂之

護理鹽運使司鹽運使福建汀漳龍道臣晏端書

浙江督糧道臣周起濱

護理按察使司按察使杭州府知府臣余士璟

護理杭嘉湖道署杭州府知府臣徐榮

分纂

署紹興府知府臣繆梓

陞用同知嘉興縣知縣臣楊裕深

台州府同知臣朱緒曾

提舉銜杭州府水利通判臣費文淦

金華縣知縣臣邵凌霄

玉泉場大使臣朱錫齡

候補布庫大使臣陳湅

候補鹽大使臣史喆

柯橋巡檢臣顧錕

校對

候補未入流臣張承志

候補未入流臣桑樹勳

浙江海運全案重編目錄

原案初編卷一

省局事宜

浙撫片奏糧道行抵如皐道路梗塞飛飭津員襄辦收兌

浙江巡撫臣黃宗漢跪

奏爲舊漕玩誤勢將誤及新漕亟籌變通辦法試行海運籲懇

格外恩施俯如所請以重漕務仰祈

聖鑒事竊查浙江糧艘現惟湖所湖白溫後處後四幫計船一百餘隻尚在湖州其杭嘉十三幫業已渡黃前進最後之台前等四幫甫經挽運出境行至何處守凍尚未能定除另行據實恭

奏外是全浙漕船俱已出境明年回空能否趕副交兌之期尤未可知現在辦理新漕實已無船可用若俟回空誤後臨時纔議更張則事事窒礙又將蹈今年覆轍一誤再誤其咎更重臣自八月二十日出闈後連日與藩司椿壽署臬司麟桂及另派熟悉漕務委員署首府晏端書候補同知繆梓等再四熟商照舊

河運既毫無把握則舍海運別無他策近日恭閱邸抄浙江糧道已奉
旨將杭嘉湖道周起濱調補部文尚未到浙而刻下議辦新漕時候已遲未便靜候該道周起濱前經臣委赴衢州以督押兵差出境爲名順便在江西交界之常山玉山縣地方踏看形勢恐江西有警預爲防堵地步現在江西安謐如恆已飛劄該道迅速回省先赴新任將試行海運之法與司道商榷茲該司道等面稟舍此別無辦法請卽定規飭行方趕得上惟浙江前經奏明不能辦海運者一由於旗丁水手別無安置之處一由於辦理海運必須將河運用項一概節省歸公單就州縣給幫之費而計實不敷海運之需是以屢議屢止本年拘泥原奏不敢變

通籌議迨回空既遲忽欲更張並幫費亦已花消實屬無從著
手是堅持河運一樣作正開銷而遲誤已至今日爲今之計惟
有據實奏請
皇上格外恩施俯念浙省漕務積疲日久與江蘇情形迥異非變通
辦法勢將决裂準將辦理河運一切作正開銷之費併歸辦理
海運之需於庫欵不多一文於倉儲可期無誤且查道光六年
江蘇試行海運成案亦有作正開銷銀米之欵並現在旗丁水
手多已北上尚不慮聚衆阻擾乘此旁無窒礙之日正可將海
運籌議試行　臣查該司道等所議俱係實在情形當即分派委
員馳赴甯波上海各處查明海運船隻共有若干是否足敷運
用先後據各委員查明回覆浙江甯波可雇得一百號船江蘇

上海地方共有沙船千餘號江蘇省若照舊海運則用賸之船祇有百餘號兩省同時並運覈計尚不敷用惟歷屆江蘇成案亦有船隻不敷分作兩次開行者詢之攬載船戶僉稱夏月開船正值南風司令比諸春令尤爲迅速安穩等語與成案亦屬相符況浙省當極疲之後甫議海運其交兌銀米亦必不能過於趕早至四月閒則銀米已齊船隻又足敷用比諸河運抵通之日似已提早數月於倉儲實有裨益　臣智識庸愚不能於籌議變通之中力求節省歸公之項惟有諄飭各司道認眞覈實但凡可以節省之處概以撙節爲要再有不敷卽由司道庫籌畫辦理總期於歷辦河運作正開銷額內支銷於庫項毫無所增於漕糧可期迅速以仰副

聖主俯恤下情慎重倉儲至意恭候
命下臣即飭司道辦理事竣之日覈實造冊報銷愚昧之見是否有
當伏乞
聖鑒訓示遵行臣不勝悚惶之至事關漕務緊要謹由驛馳
奏合併聲明謹
奏
咸豐二年九月二十五日具
奏十月初七日奉
上諭黄宗漢奏籌議新漕懇請試行海運一摺本年浙江漕船開兑
過遲落後各幫遲至九月下旬甫經挽運出境即使截剝回空斷
難如期歸次受兑所有來歲新漕亟應變通辦理以免貽誤著照

所請改由海運以期迅速並將原辦河運各費作爲海運支銷一切章程即由該撫督飭司道嚴實籌議妥速奏辦欽此

浙江布政使司椿壽浙江督糧道周起濱爲會議詳請事案奉

憲札全浙軍船出境能否回空尚未可知新漕無船可用舍海

運別無他策除恭摺具

奏外札飭司道通行有漕各州縣妥速趕辦一面遴員設局將海

運事宜妥議具詳限令來歲二月初八日以前交清如有遲誤

以誤漕嚴叅等因奉此除遵飭通行杭嘉湖三屬州縣遵辦外

伏查浙省漕務幫疲縣累常年河運竭蹷不遑本屆漕船又因

被旱阻淺全幫出境遲延歲內勢難回空接兌新漕不得不變

通試行海運必須比較河運提早趕辦且糧米仍須剝赴上海

事既初創兩省間隔辦理更非易易本司道通籌全局以雇募

海船爲首務業經派令熟悉委員分赴上海甯波妥籌招雇並

容再蹈玩延積習業已分飭各州縣勒令提早開倉務於歲內
催徵齊足嘉屬至遲之處統限於正月中旬徵足滿厫仍飭慎
選米色毋以潮雜醜米任意濫收以免上海沙船并到津驗收
層層藉詞駁換仍由本道臨倉驗米查有前弊立予揭參其應
完漕項錢糧即係本年分徵解之欵延今均未破白現在應將
漕白錢糧除去災緩按其實徵之數以歲內解足一半開年二
月糧米運赴上海之前按數全完照常批解道庫此外各屬給
幫兌費出於完漕折色并同漕截及隨漕行月暨白糧貼價貼
米等項分別銀米悉照各屬河運給幫各欵合計錢洋免其易
銀折耗並經委員分屬查開實數到日責令各州縣儘收儘解
省城總局聽候撥用如至期米已起運銀多延欠暨錢糧完半

全完之期尚復短缺貽誤本司道卽照誤漕例從嚴叅辦以示
懲儆至浙漕初行海運除應給沙船水脚神福雜費等項以及
遴員委赴上海分設內外各局經理收放銀米斛交上船并委
員馳赴天津會同直隸委員查辦交兌收驗運通一切南北經
費按照蘇省章程叅酌籌辦惟查江蘇道光六年成案所有沙
船耗米及天津剝船並經紀食米耗米均在給丁耗米支給其
道光二十七年暨咸豐元年江蘇兩次海運概將丁耗米石抵
補漕額所有各前項耗米或在津貼幫費提銀折給或購備本
色撥給浙省經費本多不足所有沙船耗米及經紀剝船耗食
米欵卽在給丁耗米動支既於河運無異似可節省經費再行
督同局員通盤妥籌覈辦此外查照江蘇成案如何斟酌損益

餘隻上屆蘇省海運米一百四萬餘石共裝沙船八百餘隻約計每船載米一千二百餘石本年江蘇仍行海運恐儘蘇省之外所餘船隻浙省海運米石能否敷用難以懸擬查甯波甬東海口向有蜑船三不像等項船隻前赴關東載運豆貨各物慣習海洋似亦可裝米石與其沙船不敷臨時周章曷若預爲分雇有備無患查本屆浙漕除去災緩約七成核計應起運漕白米六十六萬餘石卽需船六百餘隻除委員分赴甯波上海各口會同該地方官設法招雇並另文會詳咨行查辦外仍俟該委員分赴各處妥爲招募俟有若干船數飭取承攬備查在甬東受雇各船其船身大小受載米數與沙船有無增減並飭委員確切計算該雇船若干可裝米若干仍應駛至上海口岸聽

候派兌再將上海沙船應雇若干以足額運船數庶可兌運無
誤
一文檄並行省局應歸一律以免歧異也凡海運案內各憲檄行
文件以及各府州縣稟詳如至司道衙門者均由本司道迅速
施行外自設立總局以後一切關涉海運公事應飭有漕各州
縣嗣後一切海運詳稟概行報明省局庶以一氣貫串而無歧
誤
一局員應酌用鈐記以昭信守也查海運省局詳稟文移公事絡
繹必須刊刻鈐記如湖州府晏守現署杭嘉湖道其杭道印信
現在本糧道又係隨時借用候補同知繆丞現署杭捕同知及
交卸西安縣坐補嘉興縣楊令該丞等印信或有或無未歸畫

一應請由本司刊刻浙江海運總局長方鈐記一顆又上海亦須遴員設局經理收放銀米更關緊要並應刊頒督辦浙江海運上海局委員長方鈐記一顆遇有詳稟移行公牘該二局即便行用其省局有上申督撫文稟應以晏守具銜繆丞楊令隨同列銜其餘在局委員毋庸預名平移下行文件一律如斯上海局一切詳稟文移即由駐劄委員具銜其海運公事均於文封加蓋海運公文飛速馳遞如違查究等字紅戳俾符體制而昭信守

一酌覈時宜應行損益也查浙省辦理海運雖有蘇省章程援引辦理或宜蘇而不宜浙或利彼而不利此應由總理大員督同文案局員相度時宜量爲變通予以損益俾得事歸盡善仍令

該局員隨時開摺呈送本司道酌覈辦理或應詳
奏之處並由本司道籌議詳請
憲示辦理以臻妥協而期周密
一屬徵米數應飭局悉心考覈并一體飭查米色也查本年杭嘉
湖三屬州縣夏秋被旱災歉相間輕重不等前經本司飛飭委
員趕緊覈實勘報不准稍任浮混現已勘覆齊全會詳請
奏所有該三屬分數內有嘉善等縣科則高下不等飛飭科算清
楚俟覆到再行飭令局員督同局書除去災緩科覈起運實在
米數究有若干米數既定則沙船水腳一切南北運用參覈江
蘇成規卽得必需之數至江蘇給丁耗米道光六年初行海運
所有沙船耗米以及到津剝船耗米食米經紀耗米食米均於

給丁耗米項下支銷道光二十七年及咸豐元年蘇省辦理海運概將給丁耗米抵補全漕額數前項耗米或於幫費欵內購備本色給發或由州縣捐貼浙省幫費本屬無多撥抵海運之用尚藉給丁各項錢糧以補不足所有沙船耗米食米剝船經紀耗食等米能否仿照道光六年蘇省成案在於給丁耗米內動支俾節經費之處再容通盤籌劃仍責成局員督飭經書分晰勾稽妥爲辦理至於沙船兌收漕糧較之旗丁尤爲認眞必須乾圓潔淨毋得攙雜混收瞬屆開倉嚴飭各州縣格外愼選米色民間應納漕糧務於歲內一律上倉以應二月剝運放洋猶不愼之於始一經上海沙船以及抵津驗收或被駁回欲換則慮無米不換則慮短缺遷延時日進退維谷應將經收之州

縣照誤漕嚴參除由司道通行各屬遵照外並行省局於各屬
開倉之前一體嚴查以杜濫收屆期本糧道仍親往各屬查驗
米色如有攙雜立卽駁換以昭慎重
一屬解錢糧兌費等欵分別存儲以昭慎重也查浙省奉行海運
事屬創始且江蘇各屬所收本折寬裕浙省未及其半是以蘇
省辦理海運除一切經費不動正項悉在津貼幫費欵內支銷
仍有餘賸併同漕贈等欵銀米以抵全漕額數及補災缺兵糧
上屆又有節省報部撥解工需此江浙漕務優絀懸殊之實情
也今浙漕試行海運除各州縣給幫津貼兌費白糧折價暨折
給行月貼米等欵先派委員按屬查清開摺呈送外若將沙船
津貼及上海局費剝船等欵槪令州縣扣留聽其隨米給發竊

恐放洋期迫設有貽誤所關匪細應請將各屬向來津貼兌費
撥屬委員查明應有之欵及應提漕截銀兩歸儲總局聽候撥
用其應完漕白錢糧仍照常解存道庫外何屬先期申報滿厫
卽由省局預雇剝船駛赴徵存各州縣赶速剝運赴滬迴而復
始轆轤轉運仍覈道里遠近酌覈江蘇成案每石每百里給銀
若干卽於局內支銷所有沿途管押剝船稽查偷漏應由各州
縣自派親信丁役小心照管仍俟各屬將給幫兌費等欵解有
成數分撥上海局按章支用及預備南北經費之用此外海運
不敷費用卽請在於向年河運給丁銀米項下動支湊齊總期
於常年河運之外不得溢支如給丁錢糧及餉提幫費銀米各
欵通覈用項如有不敷應作何籌補再行隨時稟請

憲示辦理再各屬給幫兌費漕截等項向以洋錢折算將來應提州縣幫費即照所收洋錢抵解免其易銀致多傾鎔折耗而於應發經費既屬便捷亦無遲誤之虞各州縣如敢稽延短欠即以誤漕嚴參以示懲儆

一各局委員薪水經費應請動支節省耗銀也查河運之年運官養廉均在漕白耗羨項下支銷今屆試行海運各幫運弁並無領運之責自應飭令回淮其省局上海局天津局一切委員薪水應請在於耗羨項下支銷如有不敷再於各屬津貼幫費款內找給折漕辦理海運所有經費原屬不敷故將給丁錢糧併爲貼補不使額外溢支其前項節省運弁養廉亦係常年河運應給之款今請改給委員薪水與給丁錢糧貼補海運費用毫

無二致其餘紙張油燭以及書役飯食在在需資均於津貼幫費撙節動支如此分別支給仍與河運之年並無出入而以欵抵欵期於通盤全局免致不敷現在開局薪水飯食紙張油燭等項日所必需應由司道庫先行酌量籌墊以資開局之用仍俟各屬解到耗銀及津貼等欵先行提還歸欵

一員役薪水應立限制也查總理局務大員及現任人員均有廉俸可支毋庸議給薪水外所有在局同知知縣等員每員每月應給薪水銀三十兩佐雜每員每月應給薪水銀十五兩各經書每名每日各給銀一錢看管奔走各役每名每日各給銀五分其局中紙張油燭等項事有煩簡之時用有多寡之殊每月不得逾四十兩之數以示限制而節浮縻

一省局經書應選熟諳供役也查設立省局一切文案繁多勾稽欵目科叢銀米均關緊要若派別署經書未免遇事生疏應於本糧道衙門選擇熟諳總書四名及數書算書清書等十名分別繕寫文移冊籍惟海運公事皆係緊急不能延挨應令該書等常川住局毋論朝夜隨到隨辦如有曠誤立予懲處

以上十條係屬開局議辦之事其有未盡事宜以及將來詳奏章程並上海應設分局委辦收放銀米及訪延紳董雇斛上船各事宜俯容次第叢辦呈請

示遵理合登明

咸豐二年十月二十三日具詳奉

巡撫部院黃　批海運全局以摧提銀米及雇募沙船爲最要

除沙船一項業已委員分赴上海甯波妥籌招雇外其催提漕
項徵收漕米必須事事提早庶不致有誤放洋風汛摺開各條
均屬妥協惟局員薪水經費動支耗銀一條將來造册報部有
無窒礙仰即先立省局督同局員將一切章程遵奉
諭旨愼重籌議妥速詳請具
奏毋遲此繳摺存

兩江總督臣陸建瀛
江蘇巡撫臣楊文定　跪

奏為浙省漕糧試行海運現在委員幫同趕辦恭摺具

奏仰祈

聖鑒事竊照浙省新漕因河運船隻不敷應用經浙撫臣黃宗漢奏

請試行海運並請由江蘇委員幫同辦理前准部咨欽奉

上諭浙漕海運係屬創始預雇船隻最為緊要除由該省自雇北運商船外其不敷船隻應由江蘇上海添雇著兩江總督江蘇巡撫派委妥員幫同辦理所有江蘇浙江海運事宜並著該督等責成按察使倪良耀總司其事以資熟手總期不分畛域妥速籌辦毋稍延誤等因欽此當經恭錄轉行司道欽遵妥議籌辦去後茲據

藩司聯英臬司倪良耀詳稱浙漕試行海運首重沙船前已委

員會同浙江委員在上海設局辦理惟漕米如何剝運南北經
費如何籌措蘇省有成案可循浙省則事屬創始該司倪良耀
既奉
諭旨總司其事自應悉心籌畫以期無誤
正供惟海運以稽覈銀米爲先所有揀選好米以及雇備剝船並一
切耗米水腳等費均須責成浙省妥速趕辦毋致臨事周章至
派雇沙船則責成滬局委員倘有米無船即將蘇省經理委員
查明參處若有船無米或有米而無水腳即將浙省辦漕各縣
揭參懲辦如此責有攸歸庶幾海運可期迅速至南北經費現
由浙省奏准與蘇省道光六年辦法大致相同自當詳稽舊案
參以浙省情形議定章程畫一辦理現委川沙同知何士祁候

補同知朱鈞梁逢辰分別派委籌議妥協另行詳辦先將大畧

情形詳請具

奏前來臣等覆覈無異除咨明浙江撫臣外謹合詞恭摺具奏伏

乞

皇上聖鑒謹

奏

咸豐二年十二月初六日會

奏咸豐三年正月十一日在江甯察院奉到

硃批知道了欽此

浙江布政使司椿、督糧道周　爲移會事照得浙省今冬新漕前奉
奏明試行海運業經欽奉
諭旨准行現在委員分赴上海甯波招募沙船並經議定開局章程
詳奉
批示各在案茲於十月二十三日先在省城設立海運總局並
由本司刊頒鈐記行用查海運公文無不事關緊要亟須加緊
投遞各驛鋪斷不可視爲尋常文件任意延壓稍有遲誤所關
匪細惟恐各驛鋪習於疲玩仍事躭延亟應嚴加整頓以速郵
政相應備文移請爲此合咨
貴司請煩查照希即飛飭各該驛鋪凡遇本司道及浙江省城
海運總局暨上海分局委員往來公文均加海運緊要公文字

樣紅戳者務宜加緊投遞毋得片刻稽遲擦損倘敢故違有誤
海運要件並請分別兼管驛務舖遞之縣令及專管之驛丞輕
則記過重則參辦仍飭提驛夫遞夫一併從重究處以示懲創
望速施行
咸豐二年十月二十九日咨
臬司

浙江海運省局護理鹽運使湖州府知府晏端書署杭捕同知
繆梓署仁和縣知縣楊裕深爲遵飭議詳事案奉
撫憲黄　札開據戶房書吏周理正稟稱舊漕事宜已較往屆
繁多現在新漕海運文案亦復不少均須隨到隨辦該房繕書
無幾必須添雇幫辦所有辛工飯食請賜照海運局派書給發
飯食之案一律賞給等情合行札飭札到該局立卽查議具覆
等因奉此本護司等查前奉飭知會議海運開局章程條欵內
開各書飯食均於津貼幫費欵內撙節動支每名每日各給銀
一錢詳奉
覈准在案並蒙糧道遴派經承清書前來趕辦該局一切要件
昕夕不遑隨據該書等稟陳清苦乞照清查豁免等局經書清

局詳各書核給飯食　咸豐二年案

書月給飯食銀四兩三兩成案請示覈給本護司等復查省局
爲總滙之所欵目稿件日逐紛繁均須悉心趕辦方無貽誤該
書等住局辦公自宜量加體邺擬如所請准照淸查䣢免成案
經書一名月給飯食銀四兩淸書一名月給飯食銀三兩分別
給領在每月增費無多而經書得資貼補所有
憲臺撫憲衙門辦理海運戶房書吏繕書議給辛工飯食之處亦請
照案分別覈給俾資辦公即在完解津貼項下動支緣奉前因
相應備文議詳伏祈
察覈酌定書吏繕書名數隨詳批示以便支送爲此備由呈乞
照詳施行
咸豐二年十二月初六日具詳奉

巡撫部院黃　批本部院衙門辦理海運事務經稿書一名清書一名仰即知照繳又奉

布政使麟　批希候

撫憲批示遵行此繳又奉

督糧道周　批如詳覈給仍候

撫憲批示錄報備查此覆

浙江布政司麟桂浙江督糧道周起濱為申覆事咸豐二年十
二月三十日奉
憲臺批海運省局詳明津貼等款收儲糧庫大使薪水
銀兩一案奉批仰新任糧儲道會同布政司覈覆毋違此繳詳
鈔發等因奉此遵查各屬完解漕截幫費等款銀兩存儲糧庫
俾昭慎重仍責成庫大使實力巡防遇有收放並令登記冊籍
所有該庫官應給書役紙張油燭等項在在需資自應量給薪
水前由省局具詳奉批前因本司道詳加體察查派員經理出
納自須添派丁役常川巡防不得不酌給薪水及書役飯食紙
張等項以資辦公茲督同局員覈議應請查照在局佐雜人員
支給薪水之例每月動給庫大使薪水銀十五兩又書識一名

丁役四名每名日給飯食錢七十文并月給紙張錢五百文郎於十二月起支俟銀欵移解清楚再行住支似此辦理庶於慎重庫藏之中仍寓體恤末僚之意洵於公事得臻周妥除移行遵照外理合覈議呈復伏祈

察覈實爲公便爲此備由呈乞

照驗施行

咸豐三年正月　　日申

撫院

浙江巡撫臣黃宗漢跪

奏爲浙省辦理海運籌議章程恭摺奏祈

聖鑒事竊臣接准部咨十月初七日欽奉

上諭本年浙漕開兌過遲最後各幫甫經挽運出境即使截剶回空

斷難如期歸次受兌所有來歲新漕亟應變通辦理著照該撫所

請改由海運並將原辦河運各費併歸海運支銷一切章程即由

該撫督飭司道愼重籌議妥速奏辦等因欽此仰見

皇上愼重漕糧至意臣跪讀之下欽感莫名伏查海運一切章程雖

有江省成案可循而浙江漕務疲敝已甚實難與江省並論荷

蒙

聖恩洞察准以河運各費作海運支銷臣惟有欽遵

諭旨督飭司道認眞妥籌茲據該司道等詳稱目前辦理之法以催
提銀米雇備商船爲喫緊要務浙省收納漕糧近年皆遲至三
四月始能完竣解欵亦多玩延現經委員赴杭嘉湖三屬查明
向年兌漕正津各欵立限批解提早開倉甯波船隻亦已委員
全行招雇復赴上海添雇沙船以副兌運并將籌議章程會詳
請
奏前來臣悉心察覈臚列八條另繕清單敬呈
御覽是否有當伏乞
皇上訓示遵行謹
奏
謹將浙省試行海運辦理章程繕具清單恭呈

御覽

一浙省漕糧應仍由上海起運也查浙省雖有乍浦甯波兩處海口乍浦中隔石塘塘外又係鐵板沙塗商船難以停泊甯波海口相距三江五壩盤費甚鉅經前撫臣程含章

奏明起運漕糧均多窒礙此次試行海運應仍由江蘇上海地方派船裝兌惟地屬隔省且有夷船在彼貿易措置尤貴得宜至各州縣盤運水程紆遠兼涉黃浦江一百餘里水面寬濶風潮不時已由臣飭司道委員前赴上海會同江省委員及該管地方官將泊船處所先期相度務令不與夷船相雜黃浦江一帶亦即查明何處最險臨時撥船導引派員護送以免疎虞

一裝載漕糧船隻應兩省協雇並兩次接運也查浙省船隻熟悉

北洋沙線止有甯波之蜑船及三不像船其船身較上海沙船更爲寬大堅固從前迭經載運江省漕糧業經臣飭司道委員全行招雇取具承攬結狀該船僅百三十餘號約可裝糧二十萬餘石其不敷之處即經飛咨江省督撫臣委員協雇上海沙船據江省來咨兩省並運必須江省初次沙船抵通後回南接辦現復委員前往上海與江省委員商榷辦理一面嚴催谷屬銀米將已雇甯波船趕早兌開俾得二次接運再行添雇沙船以期無誤

一委員分辦以專責成也查海運事宜省城及上海天津均應設局遴員經理省局爲總會之所擬委藩司椿壽署臬司麟桂綜理局務督同湖州府知府現署杭嘉湖道晏端書候補同知繆

梓等籌議章程鈎稽欵目至驗米交米均係糧道責成擬委該
道周起濱前赴上海查驗米色隨飭中塘同知仲孫樊等駐局
監兌漕糧支放水腳經理一切事宜該道於驗米後督同陞用
同知之署仁和縣知縣楊裕深等赴津兌交除飭省局各員趕
緊查覈本屆漕糧正耗細數行令各州縣提早開倉批解銀欵
上海委員雇備船隻並將甯郡商船於臘月初旬駕歸水次候
兌外糧道周起濱卽令帶同委員先期由陸路至津與直隸委
員商辦剝船兌交各務俾商船隨到隨兌以免稽遲

一沙船水腳耗米應照章覈給也查江省海運章程每米一石給
水腳銀四錢漕糧給耗米八升白糧給耗米一斗
奏明遵辦在案浙省應請照給此外如神福犒賞蓆片氣筒鐵鍬

土筐及雇用斛手折給縴夫等項各有定章均應查照覈給惟是項銀兩若經書吏之手難免刻扣攙雜等弊飭令委員當堂給發俾吏胥無從侵蝕庶各商得沾實惠

一商船應酌免課稅並分別請奬議賠也查各商以民船受載官糧自當量加體邺若能迅速蕆事尤應格外奬敘江省海運章程每船八成載米准令二成載貨海關查明免稅至載米較多自一萬石至五萬石以上分別給予職銜若已捐至五品另行

酌奬

奏明遵行在案浙省應請援照辦理至各船有遭風鬆艙等事卸載後驗明大桅已斫貨物已棄查照糧船失風之例

奏明請豁並照例優邺如無故霉變短少大桅未斫貨物未棄即

令於備帶耗米內如數補交再有不足勒令買補以杜狡飾而
重漕糧
一天津剝船應多爲雇備也查道光六年江省海運案內直隸督
臣
奏稱直隸額設官剝船二千五百隻內撥給故城景州二百隻酌
留楊村八百隻止餘船一千五百隻須添雇民船五百隻又留
豫東回空軍船五百隻共成二千五百隻備剝漕糧嗣經
欽派大臣復提用故城景州及楊村各船是年共剝運漕糧一百六
十餘萬石是剝船多備方可敷用況此次江浙兩省同行海運
米數較多必須兩次接運初次於二月內開行四月回南庶於
二次轉運可以無誤若剝船稍有躭誤以致二次漕糧洋面風

色不順礙難行駛於漕糧大有關繫應請
敕下直隸總督查明現在官剝船數或可儘數提用或須添雇民船
必應寬爲籌備以濟剝運俾商船迅速轉帆則運務不致稽遲
一津通用欵應趕緊籌解並暫請墊給也查通倉用欵除輕齎由
閘應照例備解外其剝船價值及經紀貼費箇兒茶果等項皆
係必須之欵而剝船價值爲數尤鉅道光五年江省海運案內
直隸督臣原
奏北倉截卸漕糧用官剝船轉運赴通每百石除扣油艌外由運
丁給銀八兩三錢四分五釐五毫至海運漕糧在上園兌剝加
增銀一兩二錢五分一釐八毫共銀九兩五錢九分七釐三毫
民剝船由北倉轉運給銀九兩五錢九分五釐五毫上園兌剝

增水腳銀一兩四錢三分九釐三毫共銀十一兩三分四釐八毫又加給食米一石一斗五升奉部覈覆准行浙省應請照給惟各項銀兩向係旗丁領給漕截等銀赴通應用此次浙省海運俱照歷屆河運經費額內支銷臣現即嚴提各屬銀欵委員分期批解惟運米商船風色順利駛行甚速委員由陸路解運或尚未到商船卽不免守候之累應請援照道光五年成案於天津道庫或直隸藩庫暫行墊給一俟委員迅速解到卽行歸欵

一巡哨防護宜加周密也查道光五年江省海運漕糧遴委武員派兵護送嗣於咸豐元年

奏明沿海水師巡防係其專職毋庸派員調兵轉致稽延卽令各

該水師鎮將統帶弁兵沿途護送出境由部覈覆在案臣此次
當即專咨提鎮嚴督水師將弁實力巡防如有疎虞即行叅辦
仍俟漕艘出洋咨令遴委將弁逐程護送並咨山東直隸等省
一體接護毋稍鬆勁用冀正供無虧
天庾充溢
以上撮舉大綱臚列八條其餘未盡事宜容當隨時酌覈奏辦
合併聲明
咸豐二年十一月初八日具
奏十一月二十五日奉到
硃批另有旨欽此同日奉到咸豐二年十一月十九日内閣奉
上諭黃宗漢奏籌議浙省海運章程開單呈覽一摺據稱目前辦理

之法以催提銀米雇備船隻爲要務現經該撫委員趕辦其單開各欵如裝載漕糧船隻兩次接運委員分別以專責成天津剝船多爲預備巡哨防護宜加周密各條並查照江蘇成案章程均著照所議辦理並著兩江江蘇直隸各督撫於上海天津等處遴員妥爲經理江蘇按察使倪良燿著仍遵前旨總司江浙海運事宜總期籌辦妥速毋稍延誤該部知道欽此

浙江巡撫臣黃宗漢跪

奏爲浙漕辦理海運續議章程恭摺附驛奏祈

聖鑒事竊照浙漕奏明試行海運設局查辦並經臣籌議章程臚列

八條開單具

奏聲明未盡事宜隨時酌覈奏辦等因先後奉

旨准行並於臣奏請蘇省委員幫同辦理摺內欽奉

上諭江蘇浙江海運事宜著責成按察使倪良燿總司其事以資熟

手總期不分畛域妥速籌辦毋稍遲誤等因欽此遵即檄行妥辦

去後茲據藩司麟桂糧道周起濱會同江蘇臬司倪良燿轉據

局員護運司晏端書署杭捕同知繆梓等查明來歲起運新漕

正耗米數六十四萬餘石所需船隻已據甯波道府雇募蜑船

三不像船九十餘隻由提鎮水師押駕赴滬上海沙船亦陸續
進口承攬又有天津衞船情願裝運兩省官糧船隻無虞缺乏之
並將未盡事宜續議章程具詳請
奏前來除將起運米數分咨戶部倉場暨漕臣江省督撫臣查照
並委員分赴各屬催提銀米於來春趕先起運外所有續議章
程臣再臚列八條繕具清單恭呈
御覽是否有當伏乞
皇上聖鑒訓示遵行謹
奏
謹將浙漕辦理海運續議章程繕具清單恭呈
御覽

一白糧宜先期起運並將樣米帶津呈驗也查白糧米質柔嫩易於蒸變必應先期起運現飭各州縣趕緊春辦裝入蔴袋一面咨明江蘇撫臣由臬司倪良燿先撥寬大沙船數十隻於第一次全數裝運至向例白糧到通秤足每袋一百六十觔道光五年倉場督臣

奏准改用斛收江蘇海運漕糧一體斛交每一石爲一袋浙省自應照辦並與漕白糧米均於正米內提出樣米一斗用蔴袋裝盛黏貼印花交商船賚帶到津由委員呈請

欽派大臣查驗

一天津兌交之後應責成經紀以杜諉卸也查海運以民船受載官糧非軍船之承運漕糧者可比惟恐經紀人等有意挑剔海

船不免受累道光六年欽奉

諭旨海船到津難免經紀需索刁措著軍機大臣屆期奏請欽派一二

員前往又奉

諭旨商船到津委員將樣米送交欽派大臣比對米色按冊驗收其過

剝事宜責成坐糧廳帶同經紀一手經理交米委員將漕糧兌給剝

船卽爲竣事毋庸到通以免推諉各等因欽遵在案來年海船到津

自必遵照

奏請

欽派大臣前往驗收所有過剝事宜應請查照成案專歸經紀承管

與沙船無涉責成旣專則剝船中途攙雜使水等弊亦當不禁

自除

一沙船餘剩耗米應令自行售賣也查商船所得耗米抵津後如
無賠補之欵除食用外每有盈餘道光六年該船戸等呈請收
買由部
奏明發銀二十萬照時價購買交倉二十七年江省以經費支絀
未便率請收買應聽自行出售並因大幫沙船業已抵津尚有
尾幫未到海洋行駛遲早難定卽令委員在津收買交兌飭知
該船戸在蘇繳價或於續到時自行變價奏奉
諭旨准行各在案此次浙省海運應卽援案曉諭各商飭將到津餘米
自行出售倘大幫已到而尚有尾船未至卽令委員籌買補額
交兌以速運務
一旗丁應領籄羨餘米價紙劄等銀請照案抵解也查丁運到通

應給經紀津貼箇兒錢飯米折色廳倉茶果等銀道光六年倉場督臣

奏明歴年北倉截卸漕米每洪斛一百石各丁給經紀飯米折色銀二兩二錢五分在津起卸加給銀三錢三分七釐五毫箇兒錢銀二兩七錢津貼銀二兩五錢毋庸議增廳茶果以船數計算每船十兩倉茶果以米數計算每石五釐一毫七絲二忽五微軍船未來船數無從計算以洪斛五百石爲一船米一萬石作船二十隻應支廳倉茶果共銀二百五十一兩七錢二分五釐所有旗丁應領篙羨餘米價紙劄等項按米一萬石船二十隻合算應領銀四百餘兩據江省來咨請將此項抵撥各款仍有不敷應卽飭令如數解交經部覈覆在案此次浙漕海運應

請

敕下倉場督臣查照浙省幫丁例給之項照案抵撥其不敷銀兩由

浙省如數解交

一餘耗應行節省援案糶變提解報撥也查道光五年江省海運

沙船貼耗經紀貼耗剝船食米均奏准於旗丁應得耗米內劃

給此次浙省海運欽奉

諭旨准將河運經費支銷所有前項耗食等米應請卽於丁耗內開

支覈計本年漕糧給丁耗米共七萬九千三百四十九石三斗

一升九合三勺內除給商船貼耗四萬六千一百十八石八斗

七升六合四勺經紀貼耗八千六百二十三石八斗六升八勺

天津剝船食米六千五百三十九石七斗七升八合七勺外計

剩漕白耗米一萬八千六十六石八斗三合四勺內白糧剩耗應將春耗歸糙該申米二千四百五十四石七升一合四勺共剩漕白糙耗米二萬五百二十石八斗七升四合八勺歸入節省項下照江蘇咸豐元年海運成案每石糶變銀一兩限各州縣於滿厫後兩月變價提解糧道庫報部候撥

一海運經費應覈實節省也查浙省河運例有給丁漕截負重行糧月糧曬颺米價等項銀米併將餘米留南變價以資調劑今既將河運經費併歸海運支銷當此度支未裕之際尤應諸從撙節除將漕截負重等欵銀兩歸入海運支銷卽有不敷另籌辦理外其行糧一項各丁既不出運毋庸議給月糧項下銀米查明停運及災減軍船其應調劑確數再行覈辦留南餘米飭

將本色如數交通曬颺米價亦毋庸動給以上各項統由糧道
覈實查明細數並有無缺額糧米應行抵補及別項濟放之處
另行報部查覈
一　軍船宜酌加調劑水手宜預籌資遣也查本年浙省漕船杭嘉
等幫尚未回空湖屬各幫仍行留滯丁力自形拮据之江省海運
案內經部議覆按照由海起運米數空出軍船全支月糧其因
災減歇軍船照半支月糧之例酌加三分以資調劑浙省應請
照辦至水手人等尤宜速行遣散擬即恭酌成案於海運經費
內提款存儲一俟幫船到次飭令各州縣協同幫弁查明實存
名數分別資遣取到原籍回文以憑存驗
一　蘆片毛竹應解銀購辦也查起運漕糧應解蘆片毛竹二項例

由糧道衙門動支銀兩發給旗丁購帶交倉今若令海運商船
帶交蓆竹揚帆使戧諸多窒礙前經江省
奏明如數解銀赴倉場衙門酌量購買遵行在案浙省應請照辦
以上續議章程臚列八條如尚有未盡之處容再隨時酌覈奏
辦合併聲明
咸豐二年十二月初十日具
奏三年正月初三日奉
硃批戸部妥議具奏單併發欽此

戶部謹

奏爲遵

旨妥議具奏仰祈

聖鑒事咸豐三年十二月二十一日浙江巡撫黃宗漢奏浙漕辦理

海運續議章程一摺奏

硃批戶部妥議具奏單併發欽此遵抄出到部據原奏內稱竊照

浙省新漕奏明試行海運設局首辦並經臣等籌議章程臚列

八條開單具奏聲明未盡事宜隨時酌議奏辦等因先後奏奉

旨准行並於臣奏請蘇省委員幫同辦理摺內欽奉

上諭江蘇浙江海運事宜著責成按察使倪良耀總司其事以資熟

手續期不分畛域妥速籌辦毋稍延誤等因欽此遵即飭行妥辦

去後茲據藩司麟桂糧道周起濱會同江蘇臬司倪良燿轉據
查明來歲起運新漕正耗米六十四萬餘石所需船隻已據甯
波道府雇募蜑船三不像船九十餘隻由提鎮水師押駕赴滬
上海沙船亦陸續進口承攬又有天津衞船情願裝運兩省官
糧船隻無虞缺乏並將未盡事宜續議章程具詳請奏前來除
委員分赴各屬催提銀米於來春趕先起運外所有續議章程
臣再臚列八條等因奉
旨交臣部妥議具奏臣等按照各條公同詳加酌覈恭摺覆奏謹呈
御覽
一白糧宜先期起運並將樣米帶津呈驗一條據稱白糧米質柔
嫩易於蒸變必應先期起運現飭各縣趕緊春辦裝入蔴袋一

面咨明江蘇撫臣由臬司倪良燿先撥寬大沙船數十隻於第
一次全數裝運至向例白糧到通秤足每袋一百六十觔道光
五年倉場督臣奏准改用斛收每一石爲一袋浙省自應照辦
並漕白糧米均於正米內提出樣米一斗用蔴袋裝盛黏貼印
花帶津呈請
欽派大臣查驗等語臣等查白糧米質柔嫩理宜倍加愼重先期起
運該撫所請先撥寬大沙船於第一次全數裝運之處應如所
奏辦理仍令轉飭承辦各員諄切曉諭各該商船務將白糧全
裝蔴袋堆架船艙毋得散放在倉致令氣鬱不無發熱變色倘
有疎率以致抵津交收掣肘惟承辦之員是問至所稱白糧到
通改用斛收每一石爲一袋並漕白糧米均提出樣米一斗帶

津呈驗等語查係江蘇歷屆海運成案該省自應照辦

一天津兌交之後應責成經紀一條據稱海運以民船受載官糧

非軍船之承運漕糧者可比惟恐經紀人等有意挑剔海船不

免受累道光六年欽奉

諭旨海船到津難免經紀需索刁措著屆期奏請欽派一二員前往又

奉

諭旨商船到津委員將樣米送交欽派大臣比對米色按冊驗收其過

剝事宜責成坐糧廳帶同經紀一手經理交米委員將漕糧兌給剝

船即爲竣事毋庸至通以免推諉各等因欽遵在案來年海船到津

自必遵照奏請

欽派大臣前往驗收所有過剝事宜應請查照成案專歸經紀承管

與沙船無涉責成旣專則剝船中途攙雜使水等弊亦當不禁
自除等語除由臣部另摺奏請
欽派大臣前往驗收外伏查歷屆海運章程沙船到津驗米大臣會
同倉場坐糧廳及南北各委員眼同查驗明確如沙船本有霉
變卽責令該商等於准給耗米內賠補如係好米卽由坐糧廳
取具該經紀米色乾潔米數無虧切結督同斛收交米委員將
漕糧兌給剝船後卽爲竣事其過剝事宜卽責成坐糧廳帶同
經紀一手經理不得牽涉原裝沙船至由津運通由通運倉如
何稽查如何防範倘有潮溼短少如何分賠獨賠之法均有成
案可循該撫所稱責成經紀之處係屬查照舊章應如所奏辦
理

一沙船餘賸耗米應令自行售賣一條據稱商船耗米抵津後如無賠補之欵除食用外每有盈餘道光六年由部發銀二十萬照時價購買交倉二十七年江省以經費支絀未便率請收買應聽自行出售並因大幫沙船業已抵津尚有尾幫未到卽令委員在津收買交兌飭知該船戶在蘇繳價或於續到時自行變價此次浙省海運應卽援案曉諭各商飭將餘米自行出售倘大幫已到而尚有尾船未至卽令委員籌買補額交兌等語

臣等查沙船餘賸耗米道光六年係官爲收買道光二十七年及咸豐二年係自行變賣斟酌時宜辦法原無拘泥此次浙省沙船餘米到津驗收時除有霉變虧短飭令該商等將此項米石賠補外仍有盈餘或照道光六年成案官爲收買或照上兩

屆成案自行變賣應俟驗米大臣臨時體察米色之能否乾潔
價值之能否平減分别奏辦惟屆時大幫已到而尚有尾船未
至卽由該省交米委員籌買補足交兌以速運務而免缺額其
尾船如本未開行應令飭知該船戶由南繳價如有續行到津
船米是否官爲收買抑或自行變價還欵之處統俟臨時察看
情形酌量辦理
一旗丁應領䉷羨餘米價紙劄等銀照案抵解一條據稱丁運到
通應給經紀津貼箇兒錢飯米折色廳倉茶果等銀每洪斛百
石各丁給經紀飯米折色銀二兩二錢五分加給銀三錢三分
七釐五毫箇兒錢銀二兩七錢津貼銀二兩五錢廳茶果以船
數計算每船十兩倉茶果以米數計算每石五釐一毫七絲二

忽五微軍船未來船數無從計算以洪斛五百石爲一船米一
萬石作船二十隻應交廳倉茶果其銀二百五十一兩七錢二
分五釐所有旗丁應領饘羨餘米價紙劄等項按米一萬石船
二十隻合算應領銀四百餘兩請將此項抵撥各欵仍有不敷
飭令如數解交在案此次浙漕海運應請
救下倉場督臣查照浙省幫丁例給之項照案抵撥其不敷銀兩由
浙省如數解交等語臣等查旗丁到通向有應領之饘羨餘米
價紙劄等銀按米一萬石船二十隻合算應領銀四百餘兩海
運之年即以此項銀兩扣抵應給經紀津貼箇見錢飯米折色
等項及應交廳倉茶果之用仍有不敷再由南省如數解交歷
經遵辦在案此次浙漕海運應令倉場衙門查照浙省幫丁例

給之項儘數抵撥不敷銀兩再由浙省如數解交以供支用而

清款目

一餘耗應行節省援案糶變一條據稱江省海運沙船貼耗經紀貼耗剝船食米均於旗丁應得耗米內劃給此次浙省海運所有前項耗食等米應請即於丁耗內開支覈計本年漕糧給丁耗米共七萬九千三百四十九石三斗一升九合三勺內除給商船貼耗四萬六千一百十八石八斗七升六合四勺經紀貼耗八千六百二十三石八斗六升八勺天津剝船食米六千五百三十九石七斗七升八合七勺外計贈漕白耗米一萬八千六十六石八斗三合四勺內白糧贈耗應將舂耗歸糙該申米二千四百五十四石七升一合四勺共贈耗米二萬五百二十

石八斗七升四合八勺歸入節省項下照江蘇咸豐二年海運成案每石糶銀一兩限各州縣兩月變價提解糧道庫報部候撥等語臣等查江省海運沙船貼耗經紀貼耗剝船食米均於旗丁應得耗米內劃給此次浙省海運所有前項耗食等米應准其即在於旗丁耗米內開支惟開支外仍有餘賸耗米二萬五百二十石有零據該撫奏請援照成案飭令糶變價銀報部候撥等因查該省米價既屬平減變糶銀兩爲數無幾而京倉積儲多多益善即交海船帶裝亦屬簡便應請
飭下浙江巡撫即將前項餘賸耗米一併由海運津毋庸糶變以重倉儲而供支放
一海運經費應覈實節省一條據稱浙省河運例有給丁漕截負

重行糧月糧曬颺米價等項銀米並將餘米留南變價以資調劑今既將河運經費併歸海運除將漕截負重等欵銀兩歸入海運支銷卽有不敷另籌辦理外其行糧一項各丁既不出運應毋庸議給月糧項下銀米查明停運及災減軍船共應調劑確數再行覈辦留南餘米飭將本色如數交通曬颺米價亦毋庸動給以上各項統由糧道查明細數並有無缺額糧米應行抵補及別項濟放之處另行報部查覈等語臣等查漕截負重行糧月糧曬颺米價及餘米留南等項銀米均係例給旗丁之欵今據該撫奏稱請將漕截負重等欵銀兩歸入海運支銷行糧一項及曬颺米價各丁既不出運毋庸議給留南餘米仍飭將本色如數交通等語所奏均屬覈實應卽准其照辦其月糧

銀米應令查明停運及災減軍船援照成案辦理至各項有無缺額應行抵補及別項濟放之處飭令一併查明細數咨報臣部覈辦

一軍船宜酌加調劑水手宜預籌資遣一條據稱本年浙省漕船杭嘉等幫尚未回空湖屬各幫仍行留滯丁力自形疲乏江省海運案內按照海運米數空出軍船全支月糧因災減歇軍船照半支月糧之例酌加三分以資調劑浙省應請照辦至水手人等尤宜速行遣散擬即衆酌成案於海運經費內提款存儲一俟幫船到次飭令各州縣協同幫弁查明實在名數分別資遣等語臣等查月糧一欵向例出運全支停運半支前於道光二十八年江蘇海運據漕運總督等奏准月糧銀米按照起運

米數確查空出軍船一律全給災減在次各船除例給五分外酌加三分在案茲據撫奏請照辦係爲體卹丁舵起見應准其援案辦理仍令漕運總督浙江巡撫確切查明實徵米數若干石按照海運米數空出軍船若干隻因災減歇軍船若干隻應給月糧若干石現在海運減存行月米若干石分晰報部查覈至所稱水手人等擬即於海運經費內提款飭令各州縣協同幫弁查明分別資遣一節查安插水手自係現時要務應令轉飭各州縣協同幫弁妥爲資遣倘假手吏胥留難勒扣即行參奏咨辦毋致滋生事端並令漕運總督飭各衞備弁嚴加約束毋得稍存大意致有疎失總期毋縱毋徵是爲至要

一蓆片毛竹解銀購辦一條據稱起運漕糧應解蓆片毛竹二項

例由糧道衙門動支銀兩發給旗丁購帶交倉今若令海運商
船帶交蓆竹諸多窒礙前經江省奏明如數解銀解赴倉場衙
門酌量購買遵行在案浙省應請照辦等語臣等查起運漕糧
例有應解蓆片毛竹二項茲據該撫奏請如數解銀酌量購買
等語查係援照江蘇海運成案辦理應准其如數備銀解赴倉
場衙門購買應用以歸簡便以上各條臣等謹就原奏悉酌成
案公同詳覈恭摺覆奏此外應辦一切事宜均有成規可仿應
令確查江蘇海運舊章一體遵照所有臣等遵
旨妥議具奏緣由謹恭摺覆奏伏乞
皇上聖鑒
訓示遵行謹

奏

再查海運沙船自南赴北總以夏至以前南風司令爲宜所有

本屆蘇松糧道所屬海運米一百四萬餘石並浙江海運米六

十四萬餘石比較道光二十八年及咸豐二年米數尤多前據

浙撫奏稱擬分兩次運津覈算時日較爲迫促現據江省奏陳

海運大槪情形摺內聲稱江省糧米勒限二月內全數放洋北

上浙省漕糧業經遵奉

諭旨飭令按察使倪良燿總司其事亦經委員趕辦以期海運迅速

等因臣等伏查咸豐二年海運報完日期係在五月十九日比

較道光二十八年早完一月有餘辦理較爲妥協但在津驗收

之遲速總以沙船抵津之早晚爲憑相應請

旨飭下江蘇浙江各巡撫諭令總辦海運按察使倪良燿督率承辦
各員於驗收裝兑一切事宜務須提前趕辦隨驗隨裝隨裝隨
運催令連帆北上能得一次裝運齊全更爲簡捷倘必須兩次
接運即令第一次儘船裝足及早放洋以後絡繹開行前牽後
搭不必拘定兩運成數以免守候稽遲其首先抵津船隻即飭
趕緊騰空及早回南找裝第二次糧米總期五月以前兩次船
米悉數抵津事關重大各該撫自必迅速辦理愈早愈妙倘或
稽遲於事前貽誤於事後致有意外之虞即惟該撫等是問所
有催開海運沙船緣由理合附片陳明伏乞
皇上訓示謹
奏請

旨

咸豐三年正月初八日具

奏奉

旨依議欽此

戶部謹

奏爲遵

旨議奏仰祈

聖鑒事咸豐三年正月十五日前任兩江總督陸建瀛江蘇巡撫楊

文定奏蘇松等屬應徵咸豐二年新漕一律仍由海運酌定辦

理章程一摺奉

硃批戶部議奏欽此欽遵於正月十七日鈔出到部據原奏內稱竊

照蘇松常鎭太四府一州咸豐三年起運二年分漕白糧米循

案海運以實

京倉等因查此次海運本係照案辦理毋庸另議章程惟江蘇漕

糧近兩年之改由海運者名爲裕倉實則籌餉是鉤稽米數固

爲當務之急而綜計節省銀款尤須絲絲入扣此外如派員經理以專責成籌備經費以資公用災欠南米仍以漕費採買補足兵糈沙船出口卽令水師護送俾免疎虞至於經紀耗米剝船食米則出諸州縣運米到津一經驗收則責在經紀凡此數端非獨於上屆成法畧有變通卽銀米數互有叅差現就司道會議章程覆加詳覈謹擬十條等語奏

旨交臣部議奏臣等按照各條詳加酌覈謹繕摺覆奏恭呈

御覽

一交倉漕米仍須籌補足額一條據稱咸豐二年蘇松常鎭太四府一州額徵無閏交倉漕白正耗米一百四十四萬八千五百九十五石零除本年秋歉緩徵米四十萬六千一百二十一石

二斗零實徵熟田交倉漕糧正耗米九十七萬四百六十七石二斗零又額徵交倉白糧正耗米七萬二千六石七斗零共計交倉漕白正耗米一百四萬二千四百七十三石九斗零一律由海運津至緩缺交倉漕糧米四十萬六千一百二十一石零內除丹徒縣起運米石項下例應加截京口旗營不敷米九百石零另籌買補外實計缺額米四十萬五千二百二十石零自應照案籌補足額查漕白項下向應給丁之米照案糶變並酌提各屬節省給丁漕贈津貼等銀共計六十萬兩抵補緩缺漕糧米四十萬五千二百二十石零補足全額統計有盈無絀至沙船耗米每漕糧一石給米八升白糧一石給白米一斗共計米八萬四千八百三十八石零仍由各州縣捐給其歉緩漕南

米石俟次年秋成後察看情形按限徵完交幫搭運以符成例等語臣等查道光二十八年海運係屬籌補災缺漕糧咸豐二年海運係屬兼籌銀款此次海運據稱實徵熟田漕白正耗其米一百四萬二千四百七十三石零一律由海運津其緩缺漕糧米四十萬五千二百二十石零即以節省等銀六十萬兩作爲補足全額統計有盈無絀核與上屆節省銀六十六萬兩此次僅節省銀六十萬兩短缺之數至有六萬兩之多殊不足以昭覈實業由臣部奏請查詢應歸彼案覈辦至沙船耗米八萬四千三百三十八石零務令全交本色以備到津或有折耗賠補之用如查有私折等弊即將州縣參處至咸豐二年歉緩漕南米石仍飭按限徵收交幫搭運毋任捏災遞緩其漕白二糧

應即分別各府州縣正改兌正耗米各徵數詳造妥冊先期由

陸路齎至天津以備驗米大臣查覈

一籌補銀欵以備撥用一條據稱今次漕糧循案海運自應仍籌銀欵現在雖將節省給丁米石並節省給幫津貼照案以銀合米補足漕額總應專稽銀數以清眉目查此次蘇松常鎮太五屬應徵熟田漕白項下計有節省給丁贈五餘耗等米二十一萬三千三百四十石零現飭各州縣一律糶變每石合銀九錢共該銀一十九萬二千六兩又提各屬節省給丁津貼銀二十六萬一千七百一十七兩零又道庫節省給丁漕贈等銀一十四萬六千二百七十六兩零三共銀六十萬兩分別立限提齊歸還復堵豐工案內所墊銀欵其各屬應給沙船水腳神福犒

賞及剝運赴滬脚費暨津通剝船經紀食耗等米並南北應用
公費均飭各州縣於其餘節省幫費內分別解給抵用等語臣
等查此次海運專籌銀款計節省銀六十萬兩內有糶變耗米
一欵每石合銀九錢經臣部以上屆海運糶變耗米每石合銀
一兩今復每石減銀一錢殊非慎重經費之道奏請
敕查果如市價平減即將此項米石運津毋庸糶變在案玆據聲稱
丁耗等米二十一萬三千餘石現飭各州縣一律糶變每石合
銀九錢其該銀一十九萬二千餘兩是此項米石該省於未接
部文之前業經糶變應即免其運津其糶變銀兩與節省漕贈
津貼等項共銀六十萬兩據稱立限提齊歸還復堵豐工墊欵
復經臣部以現在軍需緊急籌畫孔殷應令移緩就急以濟要

需已於正月二十二日奏明即將此項節省銀六十萬兩趕緊
催提內撥銀五十萬兩分起委員陸續解交
欽差大臣向榮大營仍餘銀十萬兩即令解往江甯以爲防堵之用
又在案應歸彼案覈辦其各屬應給沙船水脚等項暨津通剝
船經紀食耗等米并南北應用公費均於節省幫費內解給抵
用應如所奏由外籌給分別辦理惟應給沙船水脚等項及南
北應用公費各項銀數原奏內均未分晰聲明臣部無憑查覈
應令詳細查明報部覈辦
一天津通倉經費照案籌備支用一條據稱上屆辦理海運除輕
賫由閘竹木等項由糧道衙門照例批解天津剝船食米及通
倉經紀耗米另行備帶本色外其天津官剝民剝雇價等項均

由蘇省籌備解津由江蘇委員會同直隸委員按照起運米數
分別支應此次仍應照案籌辦絲毫不動
帑金惟今屆浙江杭嘉湖等屬咸豐三年起運二年分漕糧亦已
奏准改由海運所有津通各衙門一切費用務與江蘇省劃清
辦理各歸各省支銷以免糾轕而清款目等語臣等查上屆海
運成案除輕賫等項照例批解外其天津撥船之雇價通倉經
紀夫役口食等項均由蘇省籌備此次自應照辦惟所稱今屆
浙江杭嘉湖漕糧亦由海運所有津通各衙門一切費用務與
江蘇劃清辦理各歸各省支銷以免糾轕而清款目等語查浙
省海運業據浙江巡撫奏明准將河運一切作正開銷之費併
歸辦理海運之需自應各歸各省支銷以免糾轕仍令各該省

按照現運米數先將約計需用銀兩解交天津道庫以備應用
仍由各該省委員先期到津會同天津總局分別覈定數目報
部查覈總之沙船抵津愈早愈妙如果迅速告竣所籌經費自
可無虞支絀
一籌補緩缺南糧毋庸截撥一條據稱此次各屬仍有緩缺兵糧
局卹等欵共米二萬七千六百二十三石零此係計口授食要
需不能短少今漕額既已抵足是項緩缺之米亦應一體籌補
照案以節省隨漕脚費錢文飭令各州縣易銀批解分別買米
抵放毋須截撥亦毋庸動碾倉穀等語臣等查兵糧局卹等米
如有緩缺不准截留漕糧應由該省籌欵買補並碾常平倉穀
給發嗣於道光二十八年海運案內聲明庫欵各有支項常平

倉亦關緩急礙難再動奏准在於海運節省隨漕腳費款內動
支採買放給上屆海運亦係援照辦理各在案此次循照舊章
應如所奏辦理仍應覈實報銷如有盈餘卽令報部候撥
以上各條臣等謹就原奏參酌成案公同詳覈恭摺覆奏此外
應辦一切事宜均有成規可仿應令確查舊章一體遵照所有
臣等遵
旨議奏緣由謹恭摺覆奏伏乞
皇上聖鑒
訓示遵行謹
奏
咸豐三年二月初一日具

奏本日奉
旨依議欽此
　　査江蘇酌辦章程原案內如沙船放洋責成水師等六條與
　　浙案相彷彿不全載

浙江海運全案初編　卷一　户部奏覆江蘇海運酌辦章程　旨　咸豐三年奏

浙江巡撫部院黃　爲詳請覈咨事據糧儲道周起濱詳稱查
浙省新漕改由海運所有杭嘉湖三府屬咸豐三年起運二年
分漕糧改漕白糧除去災緩實該交倉正耗餘米及應裝支給
海運商船津剝經紀食耗等欵數目前經本道會督局員詳奉
分咨
戸部暨
漕運督院 倉場部堂 查照並咨
兩江督 江蘇撫 院派兌沙船裝運赴北等因在案茲據省局委員呈稱
准上海局委員杭州中防同知仲丞等移稱海運漕糧應給經
紀剝船耗米食米向係由南省解銀至津歸天津道衙門按數
折給去年蘇省改定章程派令各縣隨正撥運至滬兌交海船
咨明經剝耗食兌運本色不給商耗核正各米數目　咸豐三年案

運赴天津本色交給其沙船酌帶是項米石照正米按石給予水脚及墊艙苫蓋等項雜欵銀兩不給海船貼耗等由過局轉報到道所有商船耗米數目自應覈正請咨計應裝支給海運商船津剝經紀食耗等欵共隨正運津漕白耗米六萬一千二百八十二石五斗一升五合九勺連交倉漕白正耗并餘米五十六萬八千六百七十六石四斗一升三合四勺共該米六十二萬九千九百五十八石九斗二升九合三勺理合詳候分咨等情到本部院據此除分咨外相應再行咨明爲此合咨

貴部部堂部院煩請查照施行

咸豐三年正月十一日咨

戸部　直隸倉場督院　兩江閩浙督院　江蘇撫漕運督院

浙江巡撫部院黄　爲詳請覈咨事據海運省局詳稱竊浙漕奉行海運所有應給耗米業經查照蘇省章程在於原給旗丁耗米內開支查經紀每漕糧一石給耗米一升五合白糧一石給耗米一升八合商船每漕糧一石給耗米八升白糧一石給耗米一斗天津剝船上園截卸不分漕白每石給食米一升一合五勺業奉撫部院先後

奏咨在案茲准蘇省知會經紀耗米亦係由津剝運赴通飭屬備齊本色帶交沙船運津給發以歸畫一等因在案所有浙省應給經紀耗米項下亦應增備天津剝船食米每石一升一合五勺統計浙省起運漕糧應增備漕白米九十九石一斗七升四合四勺卽請一律在於原給旗丁耗米支剩項下動給相應詳

請咨明

戶部查照等情到本部院據此相應咨明爲此合咨

貴部煩請查照施行

咸豐三年正月二十六日咨

戶部

浙江巡撫部院黄　爲詳明事據糧儲道周起濱詳稱據海運
上海局員仲丞等申稱案奉札飭浙省新漕改由海運係屬招
雇商船裝載自與幫船河運不同上年浙西三屬各有災歉米
色情形業經詳奉
奏在案各州縣如以粳秈並納將來交兌商船是否可以分艙存
儲刻日悉心議覆等因奉此遵查海船秈粳尚可分艙存儲惟
抵津交卸時易至淆雜卑職等由各州縣將秈粳分批解滬配
船分裝最爲妥善或有畸零餘剩不能配足商船受裝石數者
隨時通融與粳米合船裝兌飭令分艙存儲並於聯單上照白
糧粳糯之例切實註明以免津門交卸時混淆無辨是否有當
理合申覆伏候鑒覈等情到道據此查粳秈分批配裝既有辨

別而免混淆洵屬妥善除通飭各屬遵照務須愼選乾潔好米

交兌不得藉詞攙雜外擬合詳候分咨

戶部暨

倉場
直隸督院查照等情到本部院據此除分咨外相應咨明爲此

合咨

貴部堂煩請查照施行

咸豐二年二月初八日咨

戶部二月初六日咨

倉場
直隸督院

浙江督糧道周起濱爲詳送事案於咸豐二年十二月初八日

奉

憲臺案行咸豐二年十二月初七日接准

兵部火票遞到

戶部咨開雲南司案呈內閣鈔出浙江巡撫黃

奏浙省辦理海運籌議章程一摺咸豐二年十一月十九日奉

上諭黃宗漢奏籌議浙省海運章程開單呈覽一摺據稱目前辦理之法以催提銀米雇備船隻爲要務現經該撫委員趕辦其單開各欵如裝載漕糧船隻兩次接運委員分辦以專責成天津撥船多爲預備巡哨防護宜加周密各條並查照江蘇成案章程均著照所議辦理並著兩江江蘇直隸各督撫於上海天津等處遴員

妥爲經理江蘇按察使倪良燿着仍遵前旨總司江浙海運事宜
務期籌辦妥速毋稍延誤該部知道欽此又清單內同日奉
硃批另有旨欽此欽遵抄出到部由廳發司前來相應恭錄
上諭硃批飛咨江蘇巡撫浙江巡撫遵照再歷屆海運章程所有漕白二
糧均應將正耗米數先行報部再將各府州縣正改兌正耗米
各細數詳造妥冊屆期由陸路賫至天津歷經遵辦在案今浙
江省起運正耗米數若干原奏內尚未議及應令該撫即飭將
米數趕緊咨報並分別各府州縣正改兌正耗米各細數詳造
妥冊屆期賫送天津以備驗米大臣查覈毋稍遲延以致臨時
掣肘是爲至要應一併移咨浙江巡撫查照辦理可也等因到
院行道奉此相應查照蘇省冊式造具米數細冊備文詳送伏

祈

察覈咨達

戶部
　科查照再查浙省各州縣經征漕白二糧河運之年例應將

各屬原額除各案坍荒豁免及被災歉緩各數外實征起運

京通二倉兌攺漕糧嘉湖二府屬白糧攺漕米石并支領本折行

糧蘆蓆銀米造具經徵州縣領運各衛所開兌兌完各日期官

丁職役姓名恭繕

黃青各冊詳送具

題并請咨達

戶部
　科暨

倉場部堂收糧查覈今屆浙省漕糧試行海運除將各州縣實

撫道詳折漕起運正耗米數照江省不用黃青冊

咸豐三年案

徵漕白交倉米石及帶交經紀并天津剝船食米等項業經由
局分別造册詳奉咨送
直隸倉場督憲查覈外所有各州縣經徵漕白完兌各數應否仍行
繕造
黃册詳
題緣浙漕海運事屬創始一切文册無案可循就經本道移詢蘇
松糧道查復去後旋准咨覆蘇省河運之年先於六七月間造
具各屬額徵漕白糧米登除坍荒減則蠲豁扣準實征各數覈
結道府州總開册詳送
漕憲覈派全單造册咨
部其被災蠲緩各數係於運減船糧及軍衞有司册内造報并

造漕白開幫冊籍亦登明蠲緩實徵開列經徵督催各官幫弁
職名幫兌細數開兌開行月日詳咨近年辦理海運惟只查造
各州縣實運交倉漕白米數冊詳請分咨前經抄式移送在案
其被歉緩徵米數係於比較上三屆實運糧數冊內彙總登除
此外別無他冊至來移所謂
黃青各冊本道衙門向無此項冊籍造送等由過浙准此所有完兌
一案應照蘇省海運章程毋庸繕造
黃青各冊詳
題合併聲請覈咨爲此備由呈乞
照詳施行
今呈送

淸冊三套

咸豐三年七月二十日具詳奉

巡撫部院黃 批仰候咨送

戶部
科暨

倉場部堂查照再送來之冊僅祇三案業已儘數分送矣仍即

補造一套呈院備案毋遲繳冊俱送

浙江巡撫臣黃宗漢跪

奏再沙船貼耗經紀貼耗剝船食米均於旗丁耗米內開支其開支外尚有餘賸米二萬五百二十石零前經臣奏請援照蘇省成案飭屬糶變每石價銀一兩報部候撥本年蘇省新漕又經該省奏明每石糶銀九錢移知查照在案茲准戶部議覆浙省前項耗米一併由海運津毋庸糶變等因臣覈與蘇省辦理兩歧且浙省自上年災歉以後民食本有不敷嗣因長江梗阻奏明招商採買刻下尚無商販至浙惟有仍懇

天恩俯准將前項餘賸耗米仍照前奏每石價銀一兩由浙省糶變於民食不無少有裨益其糶變銀兩仍報部候撥謹附片具

奏伏乞

聖鑒謹

奏

咸豐三年二月十一日具

奏咸豐三年二月二十六日奉

硃批另有旨欽此同日奉

上諭黃宗漢奏請將餘賸耗米仍留浙省糶變等語著戶部速議具

奏欽此

戶部謹

奏再據浙撫黃宗漢附片奏稱沙船貼耗經紀貼耗剝船食米均
於旗丁耗米內開支其開支外尚有餘賸米二萬五百二十石
零前經臣奏請援照蘇省成案飭屬糶變每石價銀一兩報部
候撥本年蘇省新漕又經該省奏明每石糶銀九錢移知查照
在案茲准戶部議覆浙省前項耗米一併由海運津毋庸糶變
等因臣覈與蘇省辦理兩歧且浙省自上年災歉以後民食本
有不敷嗣因長江梗阻奏明招商採買刻下尚無商販至浙惟
有仍懇
天恩俯准將前項餘賸耗米仍照前奏每石價銀一兩由浙省糶變
於民食不無少有裨益其糶變銀兩仍報部候撥等語咸豐三

年二月十八日奉
上諭黃宗漢奏請將餘賸耗米仍由浙省糶變等語著戶部速議具
奏欽此欽遵鈔出到部臣等伏查浙省本屆海運餘賸耗米前經
臣部議令一併由海運津毋庸糶變原爲籌備倉儲起見今旣
據該撫奏稱浙省自上年災歉以後民食不敷嗣因長江梗阻
招商採買刻下尚無商販請將前項餘賸耗米仍照前奏每石
價銀一兩由浙糶變糶變銀兩報部候撥等因查該撫所奏自
係實在情形應准將餘賸耗米二萬五百二十石零仍照前奏
每石價銀一兩糶變卽飭將糶變價銀趕緊報撥毋任延宕所
有臣等速議緣由理合附片具
奏

旨依議欽此

奏奉

咸豐三年二月二十一日具

咸豐四年案　部咨催儘耗變價報部酌撥

浙江巡撫部院黄　爲詳請事咸豐四年二月初七日准
戶部咨開雲南司案呈准浙江巡撫黄　咨據署布政使事按
察使黄樂之糧儲道周起濱會詳稱竊照浙省海運應給商船
經紀貼耗暨天津剩船食米前經詳奏明均於原給旗丁河
運應得耗米款內開支統計咸豐三年起運二年分漕白二糧
剩耗并白耗申撥共米一萬五百一十石八斗七升四合六勺
歸入節省項下接照江蘇海運成案每石飭屬糶變價銀一兩
提解到庫報部候撥欽奏
諭旨准行嗣准蘇省知會經紀耗米亦係由津剩運起通應行增備
天津剩船食米每石一升一合五勺即在丁耗支剩項下動給
詳奏部咨照各在案是浙省實剩丁耗僅止米二萬四百一

十九石七斗六升六勺應遵奏案飭屬糶變現據仁和等州縣
運省米九千三百五十二石二斗二升二合六勺已變價銀九
千三百五十二兩二錢二分三釐應請先行報部候撥其餘各
屬未完米一萬一千六十七石五斗三升八合俱係實欠在縣
業經詳請將嘉興等五縣請叅革職留任以示懲儆仍由司道
即將已叅暨未完各縣勒限嚴提務期尅日一律提解全完另
行詳辦外相應詳候咨部等情相應咨達等因前來除將前項
變價銀九千三百五十二兩二錢二分三釐本部照數登記並
付知北檔房查照酌撥外其未完米石據稱實欠在縣業經該
司道等將各該縣詳請革職留任勒限嚴提等語查該省海運
餘剩耗米乃早應糶變報撥之項何以即經本部飭催尚有未

完米一萬一千六十七石五斗三升八合之多殊屬玩誤應咨
該撫除將各該縣從嚴叅辦外迅將未完耗米勒限完解糶變
報部酌撥毋再稍延致干未便可也等因到本部院准此合就
轉行爲此仰該局查照准咨事理卽便遵照迅將各該縣未完
餘剩耗米勒限完解糶變詳咨並移藩司查照毋違
咸豐四年四月初二日行海運省局

浙江巡撫臣黃宗漢跪

奏再糧道周起濱前赴天津辦理收兌事宜現已帶印起程所有

道署應辦

題咨冊籍及上下文移應行委員代辦以專責成查有捐陞知府

現署杭州府同知繆梓熟諳海運漕務情形堪以勝任除飭令

將各項冊籍文移仍用該道銜名由該員代行代印外理合附

片具

奏伏乞

聖鑒謹

奏

咸豐三年二月十六日具

奏四月初六日奉

硃批戶部知道欽此

浙江巡撫臣黃宗漢跪

奏再浙省海運漕糧所有天津需用剝船及交米一切事宜前經
飭令糧道周起濱督同委員由陸路赴津趕辦茲據糧道稟稱
二月二十六日行抵如臯縣聞揚州失守逆匪竄擾淮河道路
梗塞未能卽行前進等情臣查海運新漕業已接續兌開放洋
海船乘風張帆行駛甚速如逆匪不卽退出淮河該糧道等行
程必致躭悞到津商船不無羈候除飛飭由海押米赴津之江
蘇寶山縣職員徐雲會隨同直隸委員襄辦收兌各事宜以
經理而免遲滯並咨
欽派驗米大臣暨倉場侍郎直隸總督查照外理合附片具
奏伏乞

聖鑒謹

奏

咸豐三年三月二十二日具

奏四月二十日奉

硃批該部知道欽此

浙江海運全案重編目錄

原案初編卷二

商船事宜

省局詳天津衛船由滬驗封躧承裝

浙撫行准直督飭催衛船駛滬裝運

甯波道府稟陳封船情形並弔照交滬倒換

省局稟請飛咨各省沿海州縣押令甯船回甬

甯波道府續稟封船情形並免弔照倒換附具承攬式

甯波府稟商船加裝米石水手小貨免稅

浙撫飭知甯波府稟商船請准帶貨並赴關東裝帶回貨

津局詳二成商貨天津銷售未完帶往關東一律免稅刊發執照附免稅照式

驗米大臣飭知海船二成貨物免稅飛飭山海關照辦

浙江巡撫臣黃宗漢跪

奏爲來歲新漕試行海運須預爲封雇沙船請

飭下兩江督臣江蘇撫臣委員幫同辦理恭摺奏祈

聖鑒事竊浙省來歲新漕經臣奏請試行海運仰蒙

恩施著照所請改由海運並將原辦河運各費併歸海運支銷一切

章程即督飭司道慎重籌議妥速奏辦等因欽此臣跪讀之下感

激莫名伏查海運漕糧浙省事屬創行一切章程自當欽遵

諭旨慎重妥籌迅速覈辦除已飭令司道督同委員會議具詳由臣

覆覈迅速具

奏外惟海運以雇船爲第一要務所有浙省甯波關口向來北運

商船一百餘隻業已飭令該管道府先行儘數封雇此外尚須

添雇江蘇上海沙船方可敷用第浙省委員到彼呼應恐有不
靈臣經飛咨兩江督臣江蘇撫臣派委幹員會同浙省委員赴
上海預爲封雇并函囑指示一切辦法仍飭令原辦各員於雇
船後來浙會同襄辦始終其事以期慎重毋誤理合恭摺奏
聞請
旨飭下兩江督臣江蘇撫臣派員封雇沙船并赴浙局幫同辦理以
重漕務伏乞
皇上聖鑒謹
奏咸豐二年十月二十日具
奏咸豐二年十一月初八日奉
上諭黃宗漢奏浙江新漕試行海運請飭江蘇委員幫同辦理一摺

來年浙漕海運係屬創始預雇船隻最爲緊要除由該省自雇北
運商船外其不敷船隻應由江蘇上海添雇著兩江總督江蘇巡
撫派委妥員幫同辦理所有江蘇浙江海運事宜並著該督等責
成按察使倪良燿總司其事以資熟手總期不分畛域妥速籌辦
毋稍延誤欽此

浙江巡撫部院黃　爲詳請覈咨事據海運局員詳稱案照浙
省新漕與江省並行海運恐船隻未敷業蒙具
奏兩次接運在案查商船貿易爲生天津卸載後必須趕赴關東
裝豆又恐豆貨未能齊集在奉稽留致誤轉運道光六年經
兩江督憲
奏奉
上諭販豆係該船商常年本業且海船利於壓重不能駛放空船自應
准其照常往販惟向有二次兌運必應迅速南下着奉天府尹飭各
該地方官俟商船到彼即令置貨開行毋得勒措並飛咨經過直隸
山東各省轉飭沿海海口催令南歸勿任逗遛貽誤等因欽此欽遵
在案來歲江浙並運必須兩次接運方能竣事其接運之船回

咨明浙漕商船抵奉立即裝貨催令回南　三　咸豐二年案

南遲延貽誤匪細相應詳請咨明

奉天府尹預飭海口旗民地方官曉諭沿海一帶商賈鋪戶將

應發各海口豆石先期運至水次存儲一俟浙漕商船卸米抵

奉立卽裝兌給與回照催令開行並卽先行遴員督率稽查倘

有兵役行店人等勒掯情弊卽行懲辦並知會

山海關監督嚴禁稅書丁役藉端留難并請分咨

直隸督
山東撫憲飭令沿海地方勿任逗遛庶商船及早回南而轉運

可期迅速等情到本部院據此除分咨外相應咨明爲此合咨

貴府尹
關部堂
院煩請查照施行

咸豐二年十二月二十四日咨

直隸督
山東撫院　奉天府尹
山海關

戶部為呈請事貴州司案呈咸豐三年二月十一日淮山海關監督寶齡呈稱准江蘇巡撫咨開蘇松等屬咸豐三年分起運二年漕白糧米奏准循案海運惟今屆江浙全漕統歸海運沙船裝米應援案准其帶貨二成以示體恤應先期咨明各關准其帶貨二成免予報稅等因查咸豐二年海運案內經前監督奉准部覆免征稅課應准其作正開除於奏報關滿稅數摺內聲明遵照辦理在案茲准江蘇巡撫知照本年江浙海運漕糧理合呈請部示以便遵辦伏乞查照示覆等因前來查海運漕糧前經兩江總督等奏請每船准其八成載米二成載貨由海闗查明免稅放行計數請豁稅額但不得過二成之數其自闗東運豆回南仍照例輸稅以重關課並聲明裝米千石准其帶

貨二百石論石而不論價如有二成以外之貨在天津銷售則
在天津納稅在關東銷售則在關東納稅歷經遵辦在案今據
山海關監督呈稱咸豐二年海運案內經前監督奏准部覆免
征稅課作正開除於奏報關滿稅數摺內聲明辦理在案本年
江浙海運漕糧呈請示覆以便遵辦等語查上年海運漕糧係
照舊章辦理此次辦理海運自應仍循其舊相應移咨浙江巡
撫出示曉諭郎於該商等起運時查照成案發給護照黏單以
憑山海關查驗可也
咸豐三年二月二十三日咨
浙江撫院

直隸總督部堂訥　爲據稟分咨事據天津道張起鵷稟稱案

蒙督院札飭承准

軍機大臣字寄咸豐三年三月初五日奉

上諭由江入海直達天津每年閩廣江浙山東直隸各商船載貨販

糧咸集奉天各口岸誠恐逆匪假扮商賈由海駛至天津勾結土

匪爲患務須及早籌維着飭令該管鎮道隨時查緝奸細毋枉濫

跡等因欽此蒙督院以江浙兩省海運漕糧沙船現已陸續進口

水手客商衆多飭委標弁吳璋並札飭海防同知鍾瑞前赴天

津會同地方文武認眞查辦令即欽遵

諭旨分別辦理等因遵查各省商船由海來津向係大沽營員於進

口時查驗人數收繳器械俟出口時仍將器械發還以資防護

立法本極周密刻下閩廣商船尚無北來消息山東商船現無收入大沽海口者本省商船進口無多查驗人數相符惟江浙海運沙船現已進口二十餘隻在後船隻自必跟接北來水手客商衆多稽查倍宜認眞職道前以海運沙船來津向由南省派員駐劄海口稽查彈壓曾經會同署鎮特副將稟蒙移咨江浙兩省諭令各沙船遵照在於大沽礮臺以外停泊候驗原因江海一水可通恐有奸匪溷入稽查必須密益求密二月二十三日以後沙船已進大沽海口十餘隻而江浙兩省委員並無一人來津復經職道札委候補知州卞寶書前赴大沽適有沙船及外來商船進口會同營員嚴密稽查一面督飭印委各

江蘇浙江撫院查照成案飭派文武大員來津專司其事並經稟咨

直督咨海運商船牌照務與人數姓名年籍相符　咸豐三年案

員將挽抵上園水次各沙船按照所執牌照逐一查點人數牽皆多寡參差當向各船耆民詰訊據稱牌內水手原係從前按人塡寫以後請領牌照總按原塡名數書寫其實雇覔水手或多或寡並無一定所以人數牌照不符現在船上水手均係安分良民如有舛錯惟伊等是問等語並據投具切結前來伏查商船之給領牌照原爲稽查人數而設乃各船人數竟與牌照不符是牌照不足爲據人數憑何查驗已到各船旣據訊明取結應毋庸議惟未來沙船尙多應請飛咨

江蘇浙江撫院轉飭海運局員此後凡遇沙船請領牌照務須確查人數訊明姓名年歲住籍在於牌照內詳細塡寫給發耆民收執以憑查驗如有人數不符卽可從此查究使奸細無可託足

地面悉就肅清閩廣山東各商船所執牌照填寫人數恐亦不
免參差並請移咨各省查照辦理除欽遵
諭旨隨時查緝奸細不任溷跡外所有查辦情形合肅馳稟察覈等
情到本閣督部堂據此除分咨外相應咨明爲此合咨
貴部院煩請查照希即轉飭海運局員嗣後凡遇沙船請領牌
照務須確查人數詢明姓名年歲籍貫在於牌照內詳細填註
給發收執以便查驗望速施行
咸豐三年　月　日咨
浙江撫院

浙江海運省局札某州縣知悉照得本屆新漕奉行海運凡於
解支剝運一切章程經本局援照江省成案分別詳辦咨札給
商船鋪艙蓆片鐵釘氣筒等項按米一石給銀一分六釐議由
該州縣備銀解赴省局以憑彙移滬局備辦已奉
撫憲批准飭提解省足項銀兩本經覈入提解津貼款內如由
局撥船起運者津貼全數解局毋庸另議如由縣自雇剝船起
運即將一分六釐銀於坐支水腳項下扣出仍行解局彙移滬
局發給又隨米應解漕斛一十數隻至滬必須及早呈候較驗烙
印以憑加貼印封交給商船帶津又按米千石置辦商船號旗
一面計長一丈二尺濶六尺該處遵式用藍紅黃旗紅黑字上加藍紅黃帶
隨米交商船懸掛現據上海局函開前項號旗業經代辦各州

縣於到滬後但須繳付旗價毋庸自製以免瑣煩並恐不甚合
式至預備稻草亦由上海局購買不必再行繳價此外尚須自
帶斗級笆夫及笆斗栲栳到滬應用再剝米赴滬每裝米一尺
即鋪黃裱紙一層每船裝足上加灰印庶免沿途偷漏使水情
弊並責令押送書差認眞看管以上一應事宜務即趕緊遵辦
合再摘敘定章專札飛飭札到該州縣遵照辦理毋違切切
咸豐二年十二月三十日行有漕各州縣并另移杭嘉湖三府

該處地方官不能置身事外今來咨以刼失米石及耗米水腳

奏明分咨沿海水師營弁巡哨防護即偶有失事應行緝獲究辦

准此查漕糧由海運津本係

仍由滬局查明籌補足數飭令跟船北上並不核津採買等由

一兩四錢四分此外如有被刼退回或失米無多尚堪起運者

等項槪免賠繳至應繳米價糙糧定以每石銀一兩白糧每石

船主變糶繳價由滬局解司歸欵其刼失米石以及耗米水腳

經費銀內動支買足交倉一面由蘇查明刼剩米石若干責令

米船在洋遇盜被刼當將該船原裝米數移知津局卽於備帶

蘇藩司咨開准貴道咨准司咨蘇省道光二十七年辦理海運

浙江督糧道周　爲移知事准

等項概免賠繳其刼剩漕白糧米每石定以一兩及一兩四錢
四分并此外被刼退回或失米無多仍由滬籌補等由是否蘇
省
奏咨有案或由外查辦浙省本屆初行海運卷帙不全而下屆亦
應仍循辦理遇有海船失事必須查案援引以杜船戸籍端取
巧咨請查明道光二十七年原定章程是否
奏咨抑由外辦迅賜鈔案尅日示覆過道緊等覈辦等因准此查
米船在洋遇盜刼失米石以及耗米水脚概免賠繳一層係專
指遇盜確有實據者而言若因逗遛失事則咎在船主理應着
落該船戸照數賠繳未能一律寛免上屆道光二十七年詳定
有案因係由外於經費內動用籌補是以未經

（蘇藩司咨米船被刦免賠章程）

奏咨至沿海水師如何勅令限緝限滿不獲如何參辦之處當時
亦未議立章程照准前因鈔案移覆查照辦理等由過道准此
合就鈔本移知為此合移
貴局煩為查照施行
咸豐三年十月十八日移海運省局

（咸豐三年案）

浙江海運省局護鹽運使湖州府知府晏端書署杭補同知繆
梓爲再行詳請事竊照浙省海運漕糧現已全數起運惟前據
上海局員函稱未兌之船僅有衞船四隻沙船一隻續准蘇省
滬局移送沙船十三隻而各該州縣運米到滬閩行黃浦一帶
跟踪而至如銜尾到齊需船尚多必得趕備沙船二百號方敷
兌運除逕請江省滬局委員飭撥沙船應用外希卽轉稟咨請
備撥等情前來本護司等當查浙省新漕節奉
諭旨嚴飭趕早運津迭經勒限飛催已據各該州縣將起運漕糧接
續剝運一俟抵滬後隨兌隨開趕緊放洋不分批數方能以速
補遲如無商船受兌不特剝船停泊浦江風潮堪虞而糧米不
能趕早兌竣全數放洋尤恐延誤滋咎卽經稟奉咨行趕撥沙

船二百號受兌浙漕在案兹又准上海局移稱漕糧已兌四十九萬七千餘石計未兌之米尚有十四萬餘石節據各縣報運不日卽當齊集而船隻實在不敷有米無船殊深焦灼希卽再行詳請飛催備撥應用等情前來合再備文詳請伏祈

察覈飛咨

蘇省督撫部院并札行蘇藩司暨蘇松太道松江府蘇滬局火速趕撥堅固沙船足敷受兌浙漕以濟運務而免遲延實爲公便爲此備由呈乞

照詳施行

咸豐三年三月十九日具詳奉

巡撫部院黃　批已據詳由八百里飛咨

代辦江蘇巡撫事布政使倪　并咨
兼署兩江督部堂楊　並札蘇藩司暨蘇松太道松江府蘇遲
局迅即提撥沙船足敷受兌浙漕以濟運務而免兌運誤公仰即
一體移行提撥受兌毋違此繳

江蘇海運上海局松海防同知候補知府藍蔚雯署補同知梁
逢辰署補同知平翰稟二月二十二日接奉
憲臺八百里火票札開據浙局委員詳稱漕糧已兌米四十九
萬七千餘石計未兌之米尚有十四萬餘石節據各縣報運指
日齊集而船隻不敷詳請催撥等情飭即提撥沙船足數受兌
等因并准松江府轉移到局奉此遵查前奉
鈞札當查海運自開兌以來浙局雇船除疊船外業已先後撥
送江省沙船一百九十三隻東省衛船一十三隻兌裝開行其
應裝船隻仍源源撥送不致停兌即經稟覆在案現准浙局委
員知會計有米九萬餘石已報起運尚未抵滬卑職等計算約
需船數十隻已足數兌續又撥送沙船一十隻衛船三隻候兌

惟去年出口未歸沙船及直隸山東衛船二月以來警報時傳
徘徊中道近日亦陸續進口足敷裝運決不缺少遲誤緣奉札
催肅再稟復
咸豐三年　月　日稟奉
巡撫部院黄　批據稟浙省漕糧已報起運尚未抵滬米九萬
餘石仰海運省局迅即查明嚴催飛速剩運到滬以副裝兑放
洋北上不准遲延至所需沙船仍由該局查明確數移催蘇滬
局趕撥濟用毋遲此繳稟抄發

浙江海運省局護理鹽運司湖州府知府晏端書署杭捕同知繆梓署仁和縣知縣楊裕深爲詳明事准上海局委員杭州中防同知仲孫樊等移稱竊照海運應以雇船爲第一要務除蛋船三不像船兩項已由甯波封雇外尚屬不敷裝運應即在滬雇備沙船衞船聽用傚局查有向開稅行之職員朱鋐熟悉船商運務當卽飭將在浦沙船除蘇省雇用之外尚有若干堪裝浙漕其衞船約於何時抵浦能否不致誤運諭令稟復去後茲據朱鋐稟稱遵查沙船現赴蘇局攬裝漕米六十餘萬石餘船陸續進口尚無定數其衞船一項現據北直船商陳典錢曜三等以天津甯河兩縣衞船共計堪裝糧米者二百餘號情願來滬裝糧准於明春趕放來南聽候派裝等情稟奉

關憲諭飭各稅行凡有衛船來滬卽由該商等所開天順公記
號查明交稅行轉報大關驗稅一面報明海運總局候驗攬裝
等因在案是衛船一項願運漕糧已屬確實可靠似可無虞誤
運職現催令該號商等趕緊信知開放一俟來春衛船抵滬隨
時開報並報明
蘇局憲驗封移送外抄黏
關憲諭帖具復前來抄黏移局等情到局據此查海運漕糧首
以雇船爲要務除浙省甯屬商船業已陸續開放駛滬外所有
天津衛船旣經由上海驗封踴躍承裝於運務實有裨益擬合
備文申呈伏祈
察覈爲此備由呈乞

照詳施行
令抄呈蘇關諭帖 一扣
蘇松太道吳 爲諭飭遵辦事據北直船商陳典錢耀二等稟
稱籍商等籍隸北直天津順天等處置造船隻航海經營向有
關東山東上海等處裝載餅豆雜糧等貨買賣今春奮派裝
漕米商等小心裝載運送到津交卸未敢運誤今開封雇沙船
復行海運商等天津漕河兩縣衛船共計挑裝糧米者二百餘
號請願承運裝運漕糧爲敢稟請覈示如蒙恩准商即專人回
北令各船於明春提放來南聽候驗派裝運並請在大東門外
開設天順公記專理衛船公務買賣凡衛船到上均由公記查
明具保報局聽候查驗隨船貨物亦由公記查明開單交稅行

斥已發佳卷之三篇 卷二 省局詳天津衛船由滬驗封雖承裝 旨 咸豐二年案

轉報不得他人攙越如有弊混惟商等公記是問等情禀請前
來當經批飭上海廳縣查議詳覆去後茲據該廳縣詳稱本年
江浙新漕並行海運需船正復不少該商等有衞船二百餘號
情殷報効招徠承運洵屬急公至所請開設公記專理衞船公
務由該商交稅行轉報不准他人攙越各情查該商等籍隸北
直是否身家殷實須取本地或關山東號商保結准其開設將
來沙船如有短缺卽以衞船裝運漕糧等情會詳前來據此除
詳批飭該廳縣取具號商保結呈送查覈外合行諭飭諭到該
稅行卽便遵照本年冬漕辦理海運凡直省衞船裝載貨物來
滬卽由天順公記號查明開單交稅行轉報大關驗稅後准其
卸貨售賣不得留難羈阻一面報明海運總局聽候驗明具攬

撫憲暨 蘇藩臬司批示此復抄帖存
督糧道周　批來詳已悉希候
咸豐二年十二月二十五日詳奉
發運漕米毋違特諭

浙江巡撫部院黃　札海運省局知悉咸豐三年七月初四日

准

直隸督院訥　咨據天津道張起鵷呈稱據天津府轉據天津縣知縣謝子澄詳稱遵查前奉札飭以江浙漕糧同時起運沙船不敷裝載令即示諭衛船各戶一律赴滬受雇裝運等因當經示諭各戶有願赴滬裝載南米者由戶長開單報明以便請照出口旋據海船戶長李廷蔭劉大觀李聯芳同經紀招雇衛船戶義源茂駕掌周蔭棠等五十一船願往滬次裝載漕糧業蒙本府按戶發給票照在案茲奉前因隨即飭據衛船戶義源茂等開具船頭書寫衛字排列號數細單報明於三月初八日陸續出口等因前來擬合照造清冊具文詳送查覈轉送等情

據此除批飭隨時查催外擬合送到清冊具文詳送覈咨等情

據此所有送到清冊擬合具文詳送查覈俯賜分咨

浙江江蘇撫院轉飭局員查照等情到本閣督部堂據此咨送查照

飭知等因到本部院准此合行札知札到該局卽便移行知照

毋違特札

咸豐三年七月十三日行

署甯紹台道余士璵署甯波府知府畢承昭稟爾奉
憲札以本年冬漕試行海運所需船隻蒙飭督同鄞縣妥爲雇
備舁署道府當卽遵札督飭妥辦並經舁署府會同中防同知
仲丞宣布
憲意將此次海運雇價兌交貼耗各事宜悉按蘇省章程叅以
浙省情形逐條開示分飭鄞鎭二邑榜示通衢一面傳集船商
行戸諄切開導衆商行戸人等俱以浙漕海運事雖創舉今蒙
大憲格外體卹悉皆欣然鼓舞各願承裝因卽飭據船商司事
將鄞鎭二邑船數開送計共北船一百三十六隻其中鄞邑船
五十四隻鎭邑八十二隻除出口未回外尙存甬江北船三十
餘隻內有數隻探知於舁署府未經回郡之先該商船戸等或

恐海運貽累兼以守候需時遂致妄生疑慮并或思暫避留南
冀將來船少貨多藉可裝載昂價因之掛放出口於小港淤港
等處停泊卑署府訪查情形當即稟商卑署道諭飭各關海口
經書暨由府札飭鄞鎮二邑飭令如有北船到關赴縣掛驗概
不准其放行一面由卑署道府飭差諭令各行并飭鄞鎮二邑
將現在停泊鄞鎮之船先行弔照繳府俾使各船無照不得遠
行仍又飛飭鎮邑饒令派員前往各口搜查押回赴甬現今已
據鎮邑及該差等弔到牌照三十四隻先後申繳到府其船隻
亦俱陸續進口於鄞鎮港內停泊計今已有三十餘隻茲卑署
府傳集各商先將在甬之船議令立攬承雇俟其二成貨物攬
足即令開行務期早到上海歸次其北行未回之船卑署道府

弔查行簰向來每至年底止陸續北回在口內停泊者計有九
十餘隻或有百餘隻不等其餘在北開放稍遲者因隆冬寒凍
至次年正二月總須到甯今屆辦理海運各船於年內果能全
幫進口卽當一律封雇倘有未及趕到船隻仍俟隨到隨雇放
蘇以備二運之用卑署道等總當認眞妥辦斷不敢稍涉虛飾
致誤

正供而貽
憲廑至各船牌照係沿途查驗之憑今次雇備海運商情雖各
出情願第事難逆料如將牌照就甯給還恐致中途有避匿情
事海洋無從查考今擬將弔到牌照同承攬將來一併申送
憲臺察收轉發上海監兌委員暫存俟該船冬漕兌足給還原

照赴北其自甯波至上海一帶先由臬署府給予護照註明此照執護至江蘇上海縣受兌止俾其沿途關津查驗船至上海卽將原給府照呈繳委員倒換原弔牌照運漕赴北庶幾船隻既難避匿而中途仍有執憑至於北船赴蘇候兌緣該船較沙船船身長大且兩省同時受兌船隻較多應請
憲臺飭令於上海停泊處所先期擇覓寬闊船塢俾將來各船受兌不致擁擠堪虞於事勢尤爲妥便除俟立攬同牌照另行稟送外知蒙
慈念合將辦理緣由肅先稟陳
咸豐二年十月　　日稟奉
巡撫部院黃　批仰新任糧儲道速卽督同海運局員逐一查

議尅日具覆毋稍刻延仍移藩司知照繳稟抄發

總理海運省局署理杭嘉湖道湖州府知府晏端書署杭捕同
知繆梓署仁和縣知縣楊裕深禀竊照浙省本届新漕已奉
奏准試行海運先蒙
憲臺札飭甯波道府督縣封雇蜑船三不像等船押令駛滬副
用一面咨請蘇省招募上海沙船各在案查甬東商船共有一
百三十餘隻現聞甬江關內僅存船三十餘隻已據立攬承雇
尚有停泊關外船二十餘隻先已禀請札飭趕回其餘各船在
未奉飭雇以前載貨北行經該管道府弔查船商行簿向來每
至年底止陸續回甯其開放稍遲者因隆冬寒凍至次年正二
月內歸甬卑署道等伏查海運事宜以雇船爲最要先務該商
船旣已載貨北行未能刻期轉棹設有稽延卽誤放洋風汛查

各商船攬載漕糧得項本優惟兩省並行海運攬載客貨易於
居奇意存躲避江省章程各商船不運載漕米者即不准赴關
東貿易該船戶等亦多未便合無仰懇
察覈飛咨
山東撫憲
奉天府尹轉飭沿海州縣嚴查浙江甯波逗遛各商船分別示
諭押令一律迅速轉帆務於臘月望前全行回甬備用深爲公
便
咸豐二年　月　日稟奉
巡撫部院黃　批已據稟由六百里飛咨
奉天府尹
山東撫院轉飭沿海各屬諭令甯波逗遛各商船迅速回甬矣

仰即知照　繳

署甯紹台道余士瑔署甯波府知府畢承昭稟稱奉

憲札本年冬漕辦理海運所需船隻札飭卑署道府督縣辦雇以資濟運等因卑署道府等業將遵辦事宜縷晰會稟一面仍飭鄞鎮二邑並經卑署府嚴飭差役督同報稅行戶暨船商人等趕將船照弔取繳府現又據鎮邑及該差等弔到牌照一十三隻連前共四十七隻尚有船已在甬未經弔到牌照者數隻正在傳集船商議令先行立攬承雇並取牙保甘結送府茲據船商李生記等赴道府具呈以奉飭招雇北船試行海運前赴上海吳淞受兌並蒙示諭簡便章程體卹商情無微不至何敢不踴躍急公爭先受雇現今駛入甬江之船共計五十餘隻遵即出具承攬赴上海受兌嗣後隨到隨攬斷不遊移觀望惟牌

照例須按年更換以爲沿途查驗之憑現奉飭弔半多更換屆
期且耆舵水手年貌詳列照内開放之時每多更易如至上海
發給原照勢必年貌不符爾時受兌孔急既不克回甯換照而
就此往關東裝貨載回關隘必至挑斥留難恐誤二運稟懇免
予弔送並請發還原弔牌照俟立攬之後即赴上海受兌斷不
敢延挨遲誤等情據此查臬署道府前稟議請弔照申送倒換
原因換給府照船隻不能遠行係爲杜絶遷避起見今據
該商等所稟弔照多所窒礙係屬實在情形且船隻業經立攬
承雇取有保結不致再有弊混該商等均係有力殷富之家勢
不敢以巨萬貫之船本中途避匿輕于嘗試據稟似尚可行自
應俯如所請以順商情所有臬署道府前稟弔照申送換給府

照放行之處應請毋庸置議除將現已開報各船飭立承攬取
同牙保甘結由鄞署府即日另文申送並給還原照飭令開行
外再查甯屬北船共計一百三十六隻刻下在甯鎮港內停泊
者計五十餘隻其餘或係在途或尚在北一俟到甯即當陸續
封雇隨時具報
咸豐二年十一月　　日稟奉
巡撫部院黃　批據稟已悉仰新任糧儲道仍速移行甯波道
府將在途在北各船一俟到甯即行封雇赴上海候兌是爲至
要仍候札飭藩司暨海運局員知照此繳稟抄發

具承攬式

船商某任某縣某都圖

為請憑屆時守候裝載事切奉

鈞示裝載漕糧由天津東門外交卸等因船商奉

諭之下情願急公報効竊商置有　字　號　船　隻屆時到

浦聽候

委驗加提承運請候漕糧米上載給發水力運至天津東門外交

卸不敢違誤

議一成之貨遵諭不復裝載俟赴津交卸之後卽往關東裝貨

勉之以急公曉之以大義現在已據該商等各願報効所有原

撫憲批示到府當卽遵批出示曉諭一面與各紳商諄切勸諭

府前請北船赴津交卸准至關東裝貨之稟業奉

心鼓舞俾可不致變更復又邀同司事諸紳面爲籌議適卑署

亦俱低徊不決卑署府以加裝一事有未便强之以勢總須衆

憲意剴切開導該商等先則遲疑推諉未得允洽卽有首肯者

通判周倅隨同本道憲邀集紳商宣布

貨勸令加裝米石分別多寡酌獎等因遵經卑署府暨委員署

憲飭以本年新漕海運商船不敷裝載飭卽曉諭船商不必帶

署寧波府知府畢承昭稟覆奏

承攬內有北船一隻係蘇省商船不在原報數目之內又應行
憲鑒仰祈察覈再查甯屬通碁北船共計一百三十六隻蓋闡送
一面催令開行外所有該商等遵諭加裝米數謹開摺恭呈
數向亦無多自應俯如所請以示體恤除稟請道憲飭關免稅
屬可嘉其所稟各情亦係實在情形至若船戶水手所帶小貨爲
者日糧止可以八成折計等情前署府查該商等急公加裝甚
際較多較之裝載漕糧之摺又須數減大約其船裝漕可千石
米數係按散裝之漕米覈計若用袋裝盛之白糧艙中堆儲空
準其裝載免稅並據開具裝米數目清摺呈送前來聲明摺內
商號向曾許其稍帶小貨獲沾微利藉贍身家今運漕米亦屬
迅速南旋起載一運惟舵水手人等因身工無幾遠涉風濤

開除遭風等船五隻均於摺內登註合併聲明肅泐具稟

咸豐二年十二月十五日稟奉

督糧道周　批據稟商船加裝米數緣由已悉時屆正月初旬

各縣漕糧均已兌交內河剝船立候運滬兌交仰卽飛飭各船

戶候風及早開行駛滬交兌毋任延誤切切仍候

撫憲暨

各司道

首局批示繳摺存

浙江巡撫部院黃　札糧儲道知悉據署甯波府具禀已封北船請照前飭准帶貨物等情抄禀札道妥速辦理仍飭催趕緊開放上海受兑毋違

計黏抄

敬禀者切奉札飭封雇北船海運漕糧等因一案業將封雇緣由節次具禀取攬詳送所有該商等踴躍急公情形已蒙深加奬勵遵札曉示各在案卑署府一面遵奉另札會同周倅延集商紳將加裝事宜妥爲勸諭兹於十二月初二日接奉札飭據總局詳以浙省船少米多飭令該商船全載漕米設法加裝分別多寡優加奬勵早兑早開於天津交卸後即可回還趕裝二運等因奉經遵照札飭諭令該商暨司事等速議具覆開放去

後茲據該商紳等赴府面稱今屆海運船隻前奉諄切勸諭且
蒙
大憲格外體卹商等均已一律情願已經具報陸續出口候風
開放受兌者三十九隻今蒙傳示札內有酌量加裝於天津交
卸後即可回滬之諭商等實生疑慮緣北商船隻半多自本經
營不過往來順帶客貨而自北轉南尤多自行貿易且耆舵水
手向亦許其稍帶小貨以期照料周到今奉雇運漕糧業蒙准
帶二成貨物是不特有本商船早經出資買定即耆舵水手亦
各集資購備嗣奉勸諭加裝雖商等不敢概行覆絶而至今尚
未確有成議者半亦職是之故今又諭令赴津交卸即可回滬
等因第商等遵奉承雇因有援照蘇省章程准往關東裝貨之

諭即已會銀前往預置貨物以期隨到隨裝迅速返棹今如遵
照諭飭是關東貨物早已買定頭運不能順便載回必致二運
方可往運以盈千累萬之貨一經霉蒸無從銷售且其中窒礙
情形未能枚舉向乞轉求明晰曉諭以釋疑慮各等語并據具
稟前來卑署府當即婉爲切實開導並以關東裝貨本有舊章
札内雖未能一一開示將來總可赴關東裝載祇須迅速回南
乘風轉運不致耽延時日而該商等總以事在兩可難免懷疑
謹將原稟錄呈惟求
察覈迅賜給示曉諭俾該商等不致妄生疑慮至加裝米石卑
署府現仍會同周倅妥爲勸諭務令設法加裝總期多多益善
以仰副慎重漕運之至意俟即議有端倪另當馳稟至該商所

稟北船不敷挽運應如何添雇他省船隻協濟之處應請
電裁謹稟
巡撫部院黃　批前次加裝之議係爲鼓勵恤商起見今閱來
稟亦屬實在情形如稟准帶貨物仍于天津交米後赴關東裝
帶回貨以順商情但須迅速回南不准耽誤二運爲要仰即分
別剴切示諭趕緊開放上海候覍餘已悉此繳摺存
船商蘇祥和盛停記陸公一盛停裕李生記董大生費敦大
徐怡生蘇恆久費復大袁義記厲椿記盛瑞茂盛億生葛豫
成王震裕童甡記童涪泰邵新泰馮增記王咸順謝復亨徐
新三竺聚興余瑞泰吳元順林森泰蘇協記豐記號盛增盛
順記號合記號捷豐號白源來公稟

為瀝陳下情仰祈轉達俾釋疑慮而勉趨公事竊商等前奉
諭本年浙漕于明春試行海運招雇甯船赴上受兌業將已
進甬江各船遵具承攬聽候飭放在案月前又蒙傳諭各商
以浙漕米數較多勸令將二成裝載客貨艙口加裝漕米等
因商等正在籌思未經稟覆茲于十二月初二日又轉奉
撫憲札飭諭示各船商此次初運該商船全載漕糧不必帶
貨一經駛滬早兌早開于天津截卸後即可回滬趕兌二運
等因具仰
大憲藎猷策畫趕運正供之至意第商等細繹
憲諭于欽服之餘實不能不妄增疑慮伏查前奉開列簡便
規程第二條內云明春江浙並行海運需船較多勢不能一

次即行運足必須頭運各船于赴天津交米轉往關東裝載
餅豆以後迅速回南趕運二次第六條內云運米商船准其
八成裝米二成裝帶客貨并查明免稅
諭示煌煌皆係查照道光六年江蘇海運成案及近年上海
辦理章程商等曷敢不恪遵承運今伏讀
憲諭該商船全載漕糧不必帶貨是不准二分裝帶客貨也
至於天津截卸即可回滬趕兌二運等諭並無轉往關東裝
載餅豆明文商等愚昧私衷不無疑慮如果遵辦往北不帶
南貨回南不裝餅豆商等尚可支吾何敢嘵嘵煩瀆第其中
實有大難措置下情不得不詳悉預陳之商等船隻向裝南
貨往北出售無論能否獲利原爲關東置貨資本今只裝二

咸豐二年案

運貨數次所有舵手秤手及剝艙頭挑等夫修艌打索置者一也兩江馬頭貧戶食力者居多商等船隻每年南北涉風濤無利可圖勢必人心渙散不肯認真出力其大難措行家賠貨轉運今必至行家不肯賠給水手等往還南北冒帶小貨往津無從消售且水手等尤屬貧戶並無貨本向係痛癢相關駕駛益加慎重今若不往關東裝載回貨案等雖帶小貨一則得有餘資可以養活家口一則令其帶有己貨駕駛者舵水手不下一二十餘人向于給辛工外准其南北稍有霉變之虞將來苦累不堪言狀其大難措置者一也每船後不往裝載回南貨本既致冰擱而所置貨物經歷盛暑必分運本己屬不敷是以趕先會兌銀兩在北置貨若初運之

各工匠藉以謀生者不下一二萬人今初運不准裝載北貨
延至二運之後秋高浪巨駕駛爲難勢必冬令方有北貨來
甯遙遙一載中而一二萬失業遊民無從覓食且値歲歉米
貴不爲餓殍卽爲匪類于地方深可危慮其大難措置者三
也以上所陳俱係實在情形並無虛飾而商等所最難安頓
者尤在水手人等現今未奉往裝關東回貨明諭伊等未免
懷疑觀望紛紛傳說將向商等告退此輩鹵莽愚頑難以理
喻而又不能强制倘竟不遵約束貽誤運務商等實屬無可
奈何而又不能當此重咎爲此縷晰預陳伏乞轉達
撫憲仍求准照江省成例許裝二分客貨往津並于初運後
許往關東裝載餅豆回南并卽曉示各船俾不致妄增疑慮

以誤運務實深感禱至關東載貨回南趕裝二運有道光六年成案可稽而近年江省海運亦於裝貨回南後陸續承載二運是商等甯船儘可遵照辦理不致有礙二運但浙漕六十餘萬石而甯船僅一百三十餘號覈可裝載米數不過七八九萬石卽令二運全裝未能掃數運津還求另籌添雇他省船隻以資輸挽而免稽遲實爲德便區區管見合併附陳不勝急切待命之至謹稟

咸豐二年十二月初十日行

浙江海運天津總局同知銜浙江金華府通判盲滑爲詳明事
本年四月初四日蒙江蘇藩司咨行照得上屆
奏辦赴津交米據運糧沙船張義興等稟稱道光六年試行海運
江蘇撫院
奏明運糧沙船准帶二成貨物未能盡數銷售仍須轉往奉天等
處案給執照迨二十八年海運上海天津免稅悉如六年舊章
惟轉至奉天等處報關者驗據完役聲稱未奉免稅明文仍應
完納商等遵將舊章與理又稱守候文到而麤延旬月竟無示
諭商船急於易貨回南惟有照貨完納此次二成免稅貨物仍
前轉往奉天牛莊等處易貨商等裝糧出口時稟蒙
蘇撫部院分咨各關查照上八年章程一律免稅伏思該處稅關

三

咸豐二年案

既弊混在前此次難保無仍蹈故轍推諉稽延環求查覈成案

掣給免稅執照等情當經刊備執照查明每船帶赴奉天等處

銷售免稅貨物填入照內鈐蓋關防按船給發覆驗詳明

欽差大臣倉場督院移咨

戶部知會自津行赴奉天經由關隘一律查驗放行以資體恤

在案茲當沙船放津指日即可運米抵津移遞查照將此次各

沙船准帶二成貨物如未能儘數銷售仍須轉往奉天牛莊等

處貿易循照蘇省上屆成案刊備執照將銷賸免稅貨物填入

照內鈐蓋關防按船給發詳明

欽差大臣倉場督院移咨

戶部知會自津行赴奉天牛莊等處經過關隘一律查驗放行

以資體恤等因蒙此遵查浙省海運奉委本糧道帶同卑職等
抵津辦理交米各事宜惟本糧道尚未抵津卑職自應遵照辦
理且查蘇省沙船銷賸貨物業已循案詳辦免稅在案今浙省
沙船事同一律除卑職遵照例案刊備執照查明填給賫驗外
擬合具文詳請
查覈俯賜移知
戶部知會自津行赴奉天經由關隘一律查驗放行實爲德便
爲此備由呈乞
照詳施行
咸豐三年四月初七日具詳奉
欽差戶部正堂孫　倉場部堂慶　批據詳具悉已由本部堂劄行山海關監督照

辦矣繳

免稅執照

局銜　　爲
給照驗放事照得本年沙船裝載浙省漕糧由海運津均奉
奏明八成裝米二成帶貨所帶貨物經由各關均准免稅其二
成以內天津銷售不完帶往關東售賣之物一律免稅案經
前交米委員倪糧道聲明成案詳奉
欽憲戶部正堂孫　批准札行照辦各在案今沙船戶　裝
運咸豐二年分糧米現經抵津驗卸全完所有准帶二成貨
物在津未能銷完須往奉天牛莊等處易貨合行給照賫驗
一俟該船抵關卽將此照呈請免稅驗放如有二成以外者
照例完稅倘敢添註隱射一經查出定卽罰賠須至執照者
計　開
船戶　裝　縣糧米
准帶二成貨物在津銷售不完帶往關東售賣之物開列
於後
計　開
咸豐叁年　月　日

欽差戶部正堂孫
倉場侍郎宗室慶　爲札行事據江蘇糧道詳稱此次各沙船准帶二成貨物如未能儘數銷售仍須轉往奉天牛莊等處貿易自應循照上屆成案刊備執照將銷賸免稅貨物塡入照內鈐蓋關防按船給發詳明

欽差大臣知會自津行赴奉天牛莊等處經過關隘一律查驗放行以資體恤等因前來查歷屆海運成案均經兩江總督

奏准每船准其二成載貨論石而不論價由海關免稅放行如二成以外在天津銷售則在天津納稅在關東銷售則在關東納稅其自關東運豆回南仍照例輸稅等因上屆江蘇海運沙船經本部堂札行山海關監督遵辦在案本屆江浙兩省漕糧海運所有二成載貨免稅均經各該督撫援案

奏准並於本年二月間經該監督呈請部示由本部札行照舊辦理各在案相應飛札山海關監督遇有兩省海運商船到口卽驗明護照將二成貨物免稅如二成以外仍令照例納稅毋任吏胥人等稍有刁難勒索以示體恤而符成案並札知浙江總局可也特札

咸豐三年四月初九日行浙江天津局

浙江海運全案重編目錄

原案初編卷三

經費事宜

省局移請糧道解還天津道庫官剝船油艌銀兩

省局詳天津道庫長墊浙省海運經費撥還歸款請咨

浙江海運省局護理鹽運司湖州府知府吳端書署杭補同知
繆梓署仁和縣知縣楊裕深為詳覆事本年十一月初一日奉
憲臺文開照得有漕州縣原辦河運各費已奉
奏准併歸海運支銷除漕白錢糧照常提解道庫外所有各屬津
貼兌費漕截及白糧貼價貼米等款業經詳明
維飭令各屬合計洋銀數籌解省城總局分別備用免其
易銀致多須絲折耗而於應發經費既屬便捷亦無遲誤各州
縣加敢藉延存欠創以詭議撤以示懲儆等因抄錄詳摺移
局在案係另移飭催各屬趕早開倉外移煩查照一俟各屬具
報開倉各節卸嚴提兌費等款解局備用一面將收支各數隨時
移道查照敘至前項洋銀既已提局應即領發省局收照給領備

案以昭愼重仍將辦理緣由先行見覆等因奉此查各屬額徵
漕白正耗錢糧已奉詳明
撫憲照常批解
憲庫收兑所有原辦河運之給耆津貼兑費漕截及白糧貼價
貼米等項洋銀均應提解本局收庫備用以昭愼重並應刊頒
省局收照給領備案茲奉前因除移行杭嘉湖三府及有漕州
縣一體遵照並俟各屬解到兑費等欵洋銀分別收支數目遵
飭隨時報明外合將收照樣式備文詳送伏祈
察查爲此備由呈乞
照詳施行
今呈送省局收照樣式二紙

咸豐二年十一月初十日具稟奉

督糧道周　批來詳已悉業經據情札飭庫大使郭培榮遵照

一面俟各屬批解津貼幫費漕截及白糧貼米貼價等欵按照

每旬三六九等日派委駐局人員驗收寄儲本道外庫後責成

該庫官督率丁役晝夜巡防毋稍疎虞有干悉賠並通飭杭嘉

湖三府州縣一體遵辦矣希即查照仍將收支數目隨時報查

是為至要切切此復收照樣式存

浙江海運省局護理鹽運使湖州府知府晏端書署杭捕同知
繆梓稟竊照本年海運漕白糧米業已全數裝兌海船放洋北
上所有各州縣應解津貼漕截等項欠數甚鉅前經詳奉飭委
丞倅大員前往催提迄今完解寥寥而前借糧庫銀兩亟須解
還歸墊現值夏徵正旺必得加緊催追勒限五月內掃解清款
若再稍有鬆勁必致宕延遲誤轉瞬
奏銷各牧令中間有更調一經交替更成懸欵查漕務事宜總應
原辦漕之員一手經理前項欠解津貼漕截等項如有更調均
請責成原辦漕之員一律完繳不得列入交代以他欵作抵致
滋推諉如有漕尾漕截原辦之員實未徵完後任可以接征代
解者另行確覈稟辦似此明定章程冀於公務有裨相應稟請

札飭杭嘉湖三府轉飭各屬遵照實爲公便肅泐謹稟

咸豐三年五月初十日稟奉

巡撫部院黄　批查各屬未完津貼等銀本應及早完解乃遲至此時尚未趕解齊全實屬可恨設有更調自應責成原辦漕務之員一律解繳斷不准列入交代以他欵作抵致滋推諉延宕兹據前情已如稟飛札杭嘉湖三府轉飭所屬遵照趕解矣該局仍卽一體飭遵毋遲並報明藩司糧道知照此繳

浙江巡撫部院黃　爲起解海運經費事據糧儲道周起濱詳稱竊照本屆浙漕奉行海運所有天津官民剝船價値以及一切津通用欵前據省局晏守等詳稱備帶銀七萬兩以副支放等情當經本道會同藩司詳明飭委第一批委員秀水縣主簿秘雲書第二批委員候補未入流方理各管解銀一萬八千兩第三批委員准補臨海縣知縣黃檝第四批委員候補從九品胡毓麒各管解銀一萬七千兩前赴直隸天津道衙門投納由浙省赴津委員會同直隸委員覈案動給除經省局各員傳到解官并同糧庫大使郭培榮一並赴庫當堂眼同三面照依部砝按數兌交釘鞘至起解前項銀兩每鞘一千兩計十兌每兌一百兩均由各州縣解到五兩中錠二十錠爲一兌計十兌

合釘一鞘設有不敷足數卽於交兌時當將碎塊添補準足三
面眼同彈兌并令解官親自執錘復兌仍令各該解官互相監
視包封釘鞘並無絲毫短少外所有該解員管解錢糧經由
各部院衙門暨
直隸督院咨文並防護兵牌擬合一併呈請照例繕給並將回
照掛號定限發道轉給飭令該員等領解前項銀兩自浙至津
由水路前進應請先行分咨餉鞘經由之
江南山東直隸各省督撫部院衙門預行知會前途縣驛營汛
文武各官預派官弁備齊夫馬車輛俟餉鞘到時查點明白立
刻起行按站派官一員帶兵護送逐程交替催儹該解官不許
停留仍嚴行巡查將出境入境日期並有無事故出具印結按

日確查加結詳咨並請將應行護送兵丁數目於咨行前途各
省文內聲明除本省沿途護送兵丁現在移明杭嘉二協一體
查明照數僉派押運外相應備文具詳伏祈俯賜察覈辦理至
餉鞘起程日期俟該解官呈報到道另文轉報合併聲明等
情到本部院據此

一咨　直隸督院

除分咨外相應給咨賚投為此合咨

貴部堂煩請查照希卽飭知天津道查明兌收判批回銷施行

一咨　河東河督院　漕運督院　山東撫院
　　　兩江督院　江南河督院　江蘇撫院

除掛批給發兵牌領解並分咨外相應合先咨明為此合咨

貴部堂/院煩請查照希卽轉飭沿途經過各營縣知照派撥/預派員弁

備齊夫役俟浙省委員秘雲書等管解前項銀兩到境卽便照
撥兵丁各二名查點掛號立刻起行按站派官帶兵逐程護送
催儹前進該解官等不許片刻停留仍將入境出境日期轉報
咨
部并祈移咨前途省分一體循照並希
示覆施行
一咨　直隸督院
除掛批給發咨牌領解並分咨撥護外相應咨明爲此合咨
貴部堂煩請查照希卽委員迎提仍飭沿途經過各營縣照例
一體撥護並將入境日期轉報咨
部并祈

示覆施行

咸豐三年正月三十日咨

浙江巡撫部院黃　爲起解海運經費事據糧儲道周起濱詳
稱案准臬司咨開奉准
兵部咨織造關部司道各衙門起解餉鞘一切動用勘合等差
由按察使刊刷總理驛傳傳牌俟移塡勘合之時將傳牌一併
附送聽該衙門査照勘合字號及夫馬等項數目先一日塡發
專案咨部備查等因遵奉在案該本道査得本屆浙漕辦理海
運所有津通用欵據海運省局晏守等詳稱擬先撥解銀七萬
兩業經詳委秀水縣主簿秘雲書候補未入流方理准補臨海
縣知縣黃檝候補從九品胡毓麒等分批協同管解前赴直隸
天津道衙門投納今准臬司移到傳牌一紙塡明
兵部庚字二百七十一號勘合一道委員秘雲書方理黃檝胡

艈麒等管解海運案內津通用欵餉鞘至天津水路站船一隻沿途撥給縴夫六名回日不用現據該員等申報於本年二月十二日起程除於先一日發給首站仁和縣轉傳外擬合詳候

咨明

兵部等情到本部院據此相應咨明爲此合咨

貴部煩請查照施行

咸豐三年二月二十八日咨

兵部

浙江巡撫部院黃　爲咨商事咸豐三年四月二十六日准

貴部堂
倉場總督部堂咨開浙省漕糧海運現在沙船抵津業經驗卸陸續剝運到通所解輕賫銀兩尚無信息飛咨星速催令即日起解沿途趕趲解通等因到本部院准此查浙省應解輕賫銀兩亟應設法趕解以供支用本部院先擬交上海沙船由海搭解運通乃該船戶以各船俱帶有海運經費已恐海面洋盜聞風垂涎蓋米石係散重之物盜因不便尚不輕於攫取若多帶輕賫銀兩正爲誨盜之端反恐貽誤

天庾正供再三推辭不肯又擬向各帳局匯票到京據稱京城內銀號帳局關閉甚多恐匯票到京不免貽誤因思經由旱路起解而接到赴津之周糧道先後稟稱行抵如皋縣聞揚州失守逆

匪竄擾淮河道途阻梗未能卽行前進卽改道行至阜甯縣地
方該委員楊裕深等稟報在板湖薛家蕩等處節被土匪搶掠
所帶行裝盤費等項均被刼去委員等身受重傷是淮徐一帶
土匪截刼尤多則道路之節節阻滯實屬難以行走若浙省之
輕賫刻下鎮揚一帶南北未通銀兩遽行委解中途設有疎虞
咎旣誰任且鉅萬北漕辦運要欵反致無着本部院再四熟籌
貴直隸及長蘆鹺庫如有應解
欽差大臣向　江甯大營之欵卽在於浙省前項輕賫銀內劃抵將
浙省應行解通之輕賫就近解赴江甯大營以濟軍需卽由　直
隸等省貴鹺將應解大營之軍需抵作浙省應行解通之輕賫以放
北漕辦運要欵彼此查明銀數互相飛咨分別查辦似此一轉

移間俾通餉軍需兩得其便豈不妥善但不知貴直隸及長蘆各
庫處有無應解江甯大營可與浙江兩相抵兌之欵本部院又無
從深悉爲此咨商
貴部堂院俯卽飛咨直隸長蘆等處查明如有可以抵兌銀數迅
賜
示覆查辦抵解倘使無欵可抵則前項輕賫急待支放而此時
道路阻梗不能起解豈不勢將貽誤本部院深知此欵緊要日
夜督同司道籌商焦灼萬分可否由貴直隸及長蘆各庫處暫行籌
墊給發應用一俟道路通順卽由本部院飛速委員兼程趕解
歸欵以完公務而免遲延并乞
查覈辦理總之此項銀兩急須解通本部院時刻在心刻下之

所以不能起解者實因道路梗塞難行恐有疎虞務祈曲爲籌
畫以全要公是所盼切再本部院原擬將此項輕賫實因道路
梗塞難以起解緣由恭摺
奏明伏念
宵旰憂勤焦勞備至又不敢遽煩
天聽故不得已而爲此咨商之舉也除咨
餽[illegible]督院暨長蘆鹽院
倉場直隸各督院外相應一并咨明至糧道周起濱已
據禀報四月初間自王家營開車至遲於四月下旬亦可抵津
該道有匯兌銀兩至清江浦支取此項自清江以上能否攜帶
安抵津門及由海船帶去之項如果一一到齊除用外約計尚
有餘銀一二萬以上并希傳詢該道盡其所餘若干一併撥出

先解其不敷之數望即鑒此並咨東設法照咨撥兌迅速由八百
里見覆施行益感
垂照於無旣矣
咸豐三年　月　日咨
倉場總督長蘆鹽院

浙江海運省局護理鹽運司湖州府知府晏端書署杭捕同知
繆梓爲詳請
奏明事竊照海運漕糧預備津通用欵應於商船開運之前先漕
委解赴津以資備用前經本護司等詳請先解銀七萬兩並奉
藩司糧道會詳飭委准補臨海縣知縣黄檝秀水縣主簿祕雲
書候補從九品胡毓麒候補未入流方理等分批協同管解前
赴直隷天津道衙門投納已據具報於二月十二日起程當奉
憲臺咨明
戶部暨
直隷倉場督院轉飭坐糧廳及天津道府查照如浙省米已抵津銀
尚未到援案在於通濟庫及長蘆運庫天津道庫暫行墊給等

因在案茲據上海局員仲丞等具報頭次海船放洋延派江蘇寶山縣捐職從九品徐雲會押運妥爲約束照料又經本護司等詳請

憲臺咨明

直隸督院並行天津道府查照各在案茲據天津局委員楊裕深等同管解銀兩准補臨海縣黃檝等稟稱卑職等委赴天津并管解津通用欵銀七萬兩自浙起程一路儹行加意謹防適因逆氛逼近鎮江道路戒嚴當即改由黃浦松江行走現於二月十九日行抵江蘇上海縣境面晤上海局員仲丞等公同會議現值粵匪竄擾江甯京口一帶實形梗塞管解銀兩係剝船雇價等用萬難延緩未便拘泥從事擬將前項銀兩分派海船

帶往天津交納以昭慎重卑職等仍由福山口繞出清江加緊
遄行以冀早日到津分司交兑事宜是否有當理合稟候示遵
等情前來本護司等遵查前項銀兩爲數既鉅此時道路梗阻
行旅維艱似不若交與海船帶津較爲妥協除批飭遵照外擬
合備文詳請伏祈
察覈附
奏實爲公便爲此備由呈乞
照詳施行
咸豐三年三月初四日詳
巡撫部院黃　批仰候覈
奏另札行知繳

浙江巡撫臣黃宗漢跪

奏再天津需用剝船及交米一切事宜已飭糧道周起濱督同委

員陞用同知楊裕深等由陸路赴津趕辦需用銀兩亦已委員

分批起解惟現在江省道路戒嚴必須格外防護現經臣飭令

設法趕解務保無虞惟恐行走未能迅速而商船先已到津不

免有守候之累相應請

旨敕下倉場侍郎直隸總督查照奏定章程於天津道庫或直隸藩

庫暫行墊給俟該道等抵津後即行歸款除咨會查照外理合

附片具奏伏乞

聖鑒再正摺早經繕就因兩江總督退守金陵南北道路梗塞文報

紛紛退回臣恐有疎失未敢拜發今探明驛路已通謹由五百

里恭遞合併陳明謹

奏

咸豐三年二月十一日具

奏咸豐三年二月二十六日奉

硃批著照所奏辦理該部知道欽此

浙江巡撫部院黃　爲詳請覈咨事據海運省局詳稱竊照浙
省漕糧辦理海運所有天津通倉兩處應需剝價等項已奉藩
司糧道詳委臨海縣知縣黃機等管解庫平紋銀七萬兩前赴
直隸天津道衙門投納在案現奉札據總理江蘇浙江海運江
蘇按察使司倪　呈覆辦理海運南北用欵均宜撙節即常年
地丁項下廉俸等項悉照
戶部
奏定章程扣平放給蘇省上屆津通兩處應需剝價等項用欵概
以九四京平覈解請轉飭遵辦等因轉行到局奉此查浙省委
解銀兩均係庫平自應九四折放以符定案除轉飭浙江海運
天津局員遵照外相應詳請咨達

直隸倉場督憲轉飭坐糧廳天津道府查照辦理以昭畫一等情到

本部院據此除咨

倉場直隸督院外相應咨明為此合咨

貴部堂煩請查照轉飭辦理施行

咸豐三年二月十三日咨

直隸倉場督院

督辦浙江海運省局司道爲移知事本年七月二十四日准

藩司咨開本年七月十二日准

坐糧廳賀　咨開准

天津道咨開案查道光六年海運章程內開剝船油艌一項除民船毋庸扣繳外所有官剝船隻仍照歷年北倉轉運之例每百石扣繳油艌銀一兩二錢四分四釐毋庸議加仍俟漕竣覈明銀數由坐糧廳移知南省提扣銀兩解交天津道庫分別支用歸欵等因歷經循辦在案茲查咸豐三年江蘇省海運除民船不扣油艌外計官剝船其起洪斛漕米五十六萬三千八百三十二石三斗六合五勺四抄四撮每百石應扣油艌銀一兩二錢四分四釐共應扣油艌銀七千一十四兩七分四釐浙江

省海運除民船不扣油艙外計官剝船共起淇斛米四十萬一千六百三十六石七斗三升一合五勺八撮每百石應扣油艙銀一兩二錢四分四釐共應扣油艙銀四千九百九十六兩三錢一分六釐擬合咨會爲此合咨請煩查照祈卽轉咨浙江藩司將應扣前項油艙銀兩迅賜委員照數解交本署道衙門兌收等因准此咨司將前項銀兩委員照數解交天津道庫等由過司准此咨局請將應扣前項油艙銀兩卽行委員照數解赴津庫兌收等因准此查是項銀兩本年帶津用款內如有盈餘應卽覈明確數移還天津道庫以清上屆欠款理合備文移知爲此合咨

貴道煩請查照施行

咸豐四年七月二十七日咨

督糧道周

浙江海運省局布政使楊椿督糧道周起濱署杭嘉湖道晏端
書督同總辦委員署紹興府知府繆梓等籌撥
旨專案於本年五月二十八日奏
憲臺奏行咸豐四年五月十四日准
戶部咨開奏准本部議覆直督奏上年江浙海運支用
經費循案請免報銷一摺相應鈔錄原奏恭錄
諭旨行文浙江巡撫轉飭糧道等一體欽遵可也等因到院行
局查照欽遵計黏單等因奉此本司道伏查咸豐三年辦理浙
省海運支發一切經雜各費已奏
憲臺行准
直隸督院咨據天津道轉據委員署天津府同知徐鍾會同前

任天津縣知縣謝子澄造具分項清冊轉移到浙即經發交上
屆天津局員覈覆在案今本糧道周起濱查前項長墊九四平
銀二千六百三十一兩一錢四釐三毫按冊覈算尚無浮冒現
在屢准天津道以庫項支絀一切待用孔殷移催解還歸款等
由已在本年帶津經費銀內撥出解還以清款目相應備文詳
報伏候
憲臺俯賜察覈咨達
戸部暨
直隸督院一體查照爲此備由呈乞
照詳施行
咸豐四年八月初四日具詳奉

巡撫部院黃　批仰候分咨繳

浙江海運全案初編　卷三　為詳天津道庫長墊浙省海運經費撥還歸款請咨　七　咸豐四年案

浙江海運全案重編目錄

原案初編卷四

申報開斛兑收日期

移送蓋印聯單

稟恭祀海神日期

浙撫行准蘇撫飭派上海道縣等會辦浙漕海運

移知甯船駛進浦江數目

浙江海運省局護理鹽運司湖州府知府晏端書署杭捕同知繆梓署仁和縣知縣楊裕深爲轉報事竊照浙省漕糧業奉
奏明運滬由海放洋當奉詳委杭州中防同知仲孫樊候補運副祝維則候補通判李曾裕馳赴上海設局查辦在案茲准該委員仲丞等移知於本年十二月初三日在江蘇上海縣小南門外薛家濱商船會館設立浙江海運上海總局等由過局准此擬合備文轉報伏祈
察查爲此備由呈乞
照驗施行
咸豐二年十二月十二日具申
撫院藩司糧道

浙江海運省局護理鹽運司湖州府知府晏端書署杭捕同知
繆梓署仁和縣知縣楊裕深爲詳送事竊照浙江海運上海應
設分局業將開局日期由本護司等備文轉報在案茲准該局
委員詳悉籌議交兌糧米各項章程移送前來查覈所議各條
俱係因地因時酌量辦理其未能詳備者聲明細籌續陳內惟
海船應用號旂早奉司道通飭先由各州縣置備送滬張掛毋
庸由局預辦其收支銀兩欵繁數鉅應飭按旬開列四柱清冊
連所餘平色移送省局彙覈報查均期覈實合將送到清摺備
文錄呈伏祈
察覈示遵爲此備由呈乞
照詳施行

今呈送滬局章程一本

一上海總局應派人尊管銀錢帳目文案書札一切事宜也查總局日逐收放銀錢登稽帳冊綜覈承運船隻剝運到滬漕白正耗糧米交兌斛量種種細數以及奉發牌札文移書信各件事務繁冗擬派精細妥幹委員一人紳士二三人常川駐宿局中專司一切以重責成而資考覈

一紳董及牙行經紀辦理海船兌米領銀諸務應設立公局也查蘇省章程海運紳董於上海小東門外龍王廟設立公局經理領放水腳及交兌米石等事並由該紳董等自行添派專司幫辦各人常川在局辦公浙省應仿照辦理擇於上海小南門外商船南會館設局辦公

一承運浙漕海船與蘇省各船分埠停泊受兌也查黃浦江環繞上海縣城大小東門大小南門之外江蘇海運沙船歷年聚泊東門浦岸各縣剝船或由吳淞或由黃浦均至東門外交兌本年浙省所雇甯波三不像蜑船及會同蘇省分雇沙船衞船若與蘇省運船間錯停泊雖有標識旂號未免易於淆混且恐海船剝船水手人夫或有擁擠紛爭之弊現與蘇省委員公同酌議惟南門外之南馬頭江面寬闊且地當閒僻非商民船舫所聚擬令甯波三不像蜑船鱗次排泊此處其沙船衞船進口泊岸卸貨應聽商客之便迨經派定裝載浙漕亦即駛歸南馬頭一處停泊將來浙江剝船自閔行以東傍浦江北岸行走至南馬頭攏船交米江蘇剝船之由黃浦來者自閔行以東傍浦江

南岸行走駛過南門至東門馬頭攏船交米該剝船等乘潮而行各得水勢之便並無紆迴繞道等情而兩省船隻界限判然不致囂雜以起爭端

一封雇沙船衛船應遵札會同蘇省辦理也查蘇省雇運沙船均由上海局員諭令報税牙行將進口沙船截留聽候配裝糧米本年浙省海運漕糧亦由江蘇上海出口且本省所封甯波三不像蜑船僅只一百一二十號不敷裝載必須添雇蘇省沙船及山東天津衛船現經會同江蘇上海局各委員公同酌議議定浙江漕米先儘甯船裝兑甯船裝畢繼以沙船再有不敷繼以衛船庶于蘇漕並無關礙而浙漕亦不致滯留久待唯浙省委員在上海雇募沙船衛船地屬隔省牙行人等均係蘇省所

屬現已詳請
總理江浙兩省海運事宜江蘇臬司倪　上海道吳　並移明
蘇省上海總局及上海縣請飭稅行人等一體承應雇攬以資
呼應而急挽輸
一海船神福耆舵水手犒賞苫蓋墊艙挖泥縴夫等項銀錢應仿
照蘇省成規槩給也查海船應給雜欵道光六年成案或由局
發給或由州縣坐支辦給近年蘇省因銀價較貴原案苫蓋銀
每石二分減爲一分六釐神福銀每船四兩耆舵每船各一名
各給銀一兩副舵每船一名給銀六錢挖泥每船一千文縴夫
每石四文悉循其舊又因各船水手名數參差定爲裝米百石
准開水手一名以上種種欵項每米一石約需曹平實銀二分

八釐一毫總歸上海給發浙省應倣照辦理隨水脚銀兩總解滬局覈數支發

一承運海船亦於雇報時先編號次以次兌裝也查海船進口候裝糧米咸願早兌早開得以趲行赴北甯船旣到上海黃浦聚泊南馬頭應即以報到之後先編列號數俟糧米剝運至滬挨號派裝其承雇裝載浙漕之沙船衛船亦應一體先編號數接續派裝不得攙先越後

一承運海船裝運各縣糧米應辦標識號旂及驗米樣袋也查江省歷年海運沙船内撥船給與大旂一面寫明某府某縣便各縣剝船易於識認攏泊交兌各府號旂分用各色浙省應倣照辦理並議杭州府用黃旂黑字上加紅帶嘉興府用紅旗黑字

上加藍帶湖州府用藍旗紅字上加黃帶庶府分各有標識且
較蘇省添一號帶更不虞混淆無別再查江省六年章程海船
每號賫帶樣米桶一隻嗣後改用布袋與號旗均歸各州縣備
辦今議浙漕所需號旗樣米袋悉由滬局預行製辦發用以歸
簡易
一各州縣帶來木斛應用鐵斛面同較準也查江省章程各州縣
各帶道府印烙木斛十隻到滬請監兌委員用上海縣鐵斛眼
同船戶較準卽令船戶畫押再加監兌委員印封爲據一縣之
米總用較準之斛收兌浙省應仿照辦理其所需鐵斛應於嘉
興府屬最近江蘇上海之縣分撥解來滬存局備較再如杭州
之於昌等縣湖州之武安等縣額漕無多似無須一律賫帶十

斛應由省局酌定飭知

一海船收兌執照聯單應分別刊刷請印並准其各蓋圖記也查蘇省章程沙船兌竣開行各給執照照驗二單又存查一單謂之三聯單由滬局刻成申送司道蓋印發局隨時塡給又海船兌收各州縣米石卽付兌單一紙至各船兌足卽交米結一紙均用二聯票式上鈐該船字號姓名戳記一付州縣一存該船備查浙省應仿照辦理所有三聯單現已刊就卽日刷成申送各憲鈐印飭發其二聯單結及局中應用大小各種報單照單加裝黏單領結亦已仿依蘇省成式逐件刊刷齊全備用凡委員船戶應蓋圖記俱令自爲刊辦隨宜蓋用

一進口海船請免委員扦驗也查蘇省近年海運船隻業經詳定

由稅行報明各船受載米數飭令公正紳董查驗免其委員抨
驗浙省應仿照辦理以歸簡易而杜流弊

一海船兌收漕白米石應用豆行斛手也查蘇省章程各縣運米
來滬由上海豆行公雇斛手一百名取具斛匠頭承認結狀並
造送花名一冊隨時承應按照所斛米石給予公價每石五文
各州縣仍隨運米剝船酌帶斗級二三名笆夫二三名相幫照
料浙省應仿照辦理惟起運米數較少斛手應酌用六十名隨
時承應

一州縣銀米應先行確派成數尅期解運也查杭嘉湖各州縣收
納漕糧湊集經費情形互異卽遲早有殊應由省局確查覈派
定某縣於某時某日可以趕解銀若干兩米若干石並爲覈計

起程先後道里遠近排列次序先期移明滬局以便滬局就現
到各海船驗實受裝米數分派縣分頒給旗幟俟剝船到時指
認號旗攏泊交兌其各縣業經派定起程銀米應請憲行通飭
不得臨時藉詞耽誤遷延致海船船戶人等曠日延望嘵嘵陳
訴
一海船進口日期及受裝米數應由滬局覈查飛移省局及杭嘉
湖府縣也漕糧由剝船交兌海船既恐海船久待而剝運遷延
尤恐剝運先來而無船受兌應由滬局俟甯船進口然後飛速
移知省局及各府縣趕將准備米石剝運來滬交兌迨甯艙將
次裝盡之時亦先由滬局查明現在雇定沙船衛船若干號約
計可裝糧米若干石飛移省局府縣庶幾船米相需兩無壅礙

一海船運米水脚應先行覈發爭執米色應派員監理也查蘇省章程各州縣運米到滬報明總局委員卽一面知會局董先將水脚各項銀兩發給船戶不經書吏之手並由董事傳帶斛手眼同斛兌正耗米石如有船戶分外挑剔米色或州縣剋船揑交等弊再由總局派員秉公酌辦以免勒掯爭執每兌一州縣一批之米裝海船幾隻由董事封記米樣隨時投局驗收封交沙船帶赴天津浙省均應仿照辦理

一總局支放各欵應統歸公正實在也凡局中放給欵項銀用曹平足兌洋錢照時作價銅錢無論多少俱以足串不得有輕平擡價短底短串等情使各色人等藉詞尅扣致於公事有礙每月終造具收支發給現存細數清冊移送省局以憑查考

一交兌銀米應由各州縣自派丁屬來滬料理也若州縣剝船到滬該縣押送家丁稟請糧憲驗米驗畢即知照委員傳知董事及船戶趕緊兌收兌完米數隨給兌單每完竣一船由海船付給全收米結該縣家丁仍至總局照驗掛號以憑隨時申報

一浦江巡綽彈壓等類委員浙省應無須添設也查蘇省章程所委巡緝彈壓各項文武員弁無不周詳備至浙局地居隔省且黃浦一帶交兌糧米除局中承辦一切事件均須浙省委員分司其事外其巡彈諸務議由總局浙員稟請上海道並移知蘇局大委員飭令所委員弁一總巡綽彈壓如有浙江剝船及承運浙漕海船水手人等滋鬧生事亦由浙局

員隨時分别遴交上海縣或蘇省巡彈委員懲治

咸豐二年十二月　　日具詳奉

巡撫部院黄　批冊開犒賞苫蓋等項一條由省局再行覆覈

至於海船剩船分埠停泊各屬糧米標識旗號撥解鐵斛酌帶

斗級以及銀米剋期解運交米自派丁屬共六條即通飭杭嘉

湖三府迅速辦理內海船赴滬停泊一條應並行甯郡諭知商

船一體查照其餘各條因事制宜由局酌量辦理所有收支銀

兩如詳飭令按旬摺報以昭覈實仰即分别查辦仍報明藩司

糧道可也此繳冊存

浙江海運省局護理鹽運司湖州府知府晏端書署杭捕同知
繆梓署仁和縣知縣楊裕深爲遵批分别查辦詳覆事咸豐二
年十二月十九日奉
憲臺批本護司等詳送滬局籌議交兑糧米各項章程等緣由
奉批册開犒賞苫蓋等項一條由省局再行覆覈至於海船剩
船分埠停泊各屬糧米標識旗號撥解鐵斛酌帶斗級以及銀
米尅期解運交米自派丁屬共六條即通飭杭嘉湖三府迅速
辦理內海船赴滬停泊一條應並行甯郡諭知商船一體查照
其餘各條因事制宜由局酌量辦理所有收支銀兩如詳飭令
按旬摺報以昭覈實仰卽分别查辦仍報明藩司糧道可也此
繳册存等因奉此遵查是項章程先經本護司等移行杭嘉湖

甯四府查辦在案茲奉前因查犒賞苫蓋等項一條均係仿照蘇省成規覈給應如所議辦理其餘各條亦屬因事制宜應准照行惟嘉屬各縣向無鐵斛存儲業由省局較準木斛兩副移送上海局其上海較斛即移借上海縣鐵斛較驗又各州縣每米千石備號旗一面長一丈二尺濶六尺預期解滬排船張掛復准上海局知會前項號旗各屬自製事涉煩瑣並恐不甚合式業由滬局代辦各屬於到滬後但須繳付旗價毋庸自製除錄批移行遵照外擬合備文詳覆伏祈

察查爲此備由呈乞

照詳施行

咸豐三年正月初十日具詳奉

巡撫部院黃　批如詳移行遵照辦理仍報明藩司糧道暨江蘇倪臬司可也此繳

浙江海運省局護理鹽運司湖州府知府晏端書署杭捕同知
繆梓署仁和縣知縣楊裕深為詳明事據上海局委員杭州中
防同知仲孫樊等稟稱竊奉
撫憲劄飭卑職等前赴江蘇上海縣訪延紳董籌辦浙江海運
事宜等因遵此卑職等於十一月間陸續來滬遵飭詳慎選訪
本地及寄居滬地各紳士務求公正誠實以資宣力辦公謹查
江蘇省上海海運總局本年延上海縣監生徐渭仁職員朱增
慎郁松年沈大本王承榮王慶勳王慶榮寶山縣職員沈譽來
等共理局務伏念今茲江浙兩省並行海運同在上海口岸交
兌出洋欽奉
諭旨責成江蘇臬司倪總司其事不分畛域妥速籌辦所有蘇省上

海各紳董浙省自應一體延請凡浙漕交兌一切事件令該紳董等照依江省成規經畫照料無分畛域業經卑職等敦請該紳士徐渭仁沈譽來公同襄辦浙省運務在案唯兩省漕糧同時交兌事務較繁且浙漕初次試行海運雖有成規之可仿尤須襄理之多資兼之浙江甯波府封雇三不像蜑船多籍隸浙東或係閩省寄籍今來蘇省海口受裝漕米不免人地生疎即甯郡承辦紳商於上海地面亦未熟諳必須選訪浙閩紳士素在上海經商貿易及住居上海多年者庶幾熟悉情形無殊土著而與甬上紳商各有鄉情故誼斯商情可以協和公事更臻妥速卑職等自來上海詳加採訪復經延請原籍福建現籍上海縣職員郭長祚浙江甯波府鎮海縣職員李容湖州府歸安

縣職員蔣維鏞等會同公延上寶紳董及甯郡來滬紳董俞斌
等一體襄同辦理浙漕交兌種種事宜該紳士等均公正誠實
允堪飭令經辦上海運局要務並經卑職等以禮延見許以事
竣之日無論兼辦江浙海運及專辦浙運紳董其實力實心始
終勤慎克濟急公者均准照案分別請獎以示鼓勵除移會蘇
省局員請飭紳董徐渭仁等一體公辦江浙運務並由卑職等
諄諭專辦浙局紳董郭長祚等協力和衷妥爲經理外合肅稟
陳等情到局據此相應備文詳明伏祈
察覈爲此備由呈乞
照詳施行
咸豐二年十二月二十二日詳

巡撫部院黄 批此案已據仲丞等會稟批局矣仰即查照前
批事理遵行此繳

浙江海運上海總局中防同知仲孫樊候補鹽運司運副祝維則補用通判李曾裕稟竊卑職奉委前赴江蘇上海辦理浙漕海運交兌事宜業經設局延董條議章程並將應辦事宜逐件籌商布置停妥節次詳稟在案伏查浙江海運初次試行上海設局地居隣省較之蘇省總局就設海防廳署又有上海縣近在同城幕友胥書可以兼資並理情形已自懸殊又浙省各州縣所提正款津欵均解歸省局轉解滬局分給水脚及神福苫墊等雜項銀兩較之蘇省飭令州縣各將銀錢解滬逕交錢店者規程亦微有不同卑職等公同籌議竊謂浙漕海運銀米統歸於總局而兌放徑由於外局事務既繁關係甚重付託不可不慎職任尤不可不專兼之丁胥易滋弊混須先事爲之防閑

商情每怯官場須紳士爲之道達前議總派委員紳士掌管文案銀錢帳目玆查有委員藩庫大使陳涑精細詳慎堪以綜稽文案兼覈銀米冊籍並有向在上海經商紳士江蘇元和縣措貲告假在籍之前浙江候補通判祝師紳浙江安吉縣優貢生就職訓導顏森玉明習算數熟悉滬地行市堪以管理收放銀錢鈎稽船米諸務均常川駐宿局中辦事至於紳董外局總司出入銀錢以及一切要務雖襄理須貲羣力而責成亦貴有攸歸卑職等現於紳董中敦請指捐浙江試用同知王慶勳候選知州蔣維鏞晨夕悉心綜覈主持職員李容監生俞斌於甬船最爲熟悉亦請其常在局協力辦理其外局幫辦之人亦由該紳士王慶勳等秉公延用仍派委員候補從九品鄭崇暄專主

外局較斛監兌稽查私弊等事該員勤敏精幹自能勝任凡省局解到銀錢預令王慶勳蔣維鏞李容俞斌祝師紳等承保殷實可靠錢舖四家隨時勻派存收於交兌時憑局中印票覈發庶幾官項益昭鄭重而支放一準公平再滬局清算書手俱由臨時募充猶恐該書等無所統率或有玩誤情事查有上海縣指捐浙江試用縣丞沈澄煜諳習海運文稿係倘卑職等專令在局督率書吏小心勤慎實力趨公以上各紳士等均踴躍急公專誠報効毋須議給辛修資費至於外局幫辦豆行經紀常川出力諸人查照蘇省章程向准開銷辛資等項者應由紳董隨時酌量仿照一體酬給以節糜費而策勤勞所有卑職等擬派委員紳士各司各職以專責成等情合肅稟陳

咸豐　年　月　日稟奉

巡撫部院黃　批能節糜費便于公事有益據稟前情仰海運省局迅即覈覆轉移遵照一面報明藩司糧道可也並候

督部堂批示此繳稟抄發

浙江海運省局護理鹽運司湖州府知府晏端書署杭捕同知
繆梓署仁和縣知縣楊裕深爲錄報事據上海局委員杭州中
防同知仲丞等移稱竊照奉委在滬設局辦理浙江海運事宜
所有紳董外局規條自應仿照蘇省成案辦理當經移抄去後
茲准江蘇海運上海總局抄錄移送前來合行抄錄移知煩爲
查照等情到局據此相應備文錄報伏祈
察查爲此備由呈乞
照驗施行
今抄呈上海外局規條清摺一扣
一各州縣解來漕斛宜常川輪流較准黎明開斛時發出若干隻
於當晚即著斛夫繳局點數收清封儲以昭慎重

一斛夫百名造具花名清冊呈送總局即在百名內挑選斛頭二名常川管帶在局不得出外閒蕩以便隨時開斛每斛米一石給錢五文按日照數給發飯食自備

一斛手錢文各州縣於派定船戶後按米數先行持錢送存外局以便逐日給發局中不能代墊

一各州縣米到先赴總局報明聽候扦驗一面仍赴外局掛號照派定船隻挨次裝載先到先兌以各州縣到局掛號之前後爲准不得攙越以昭公允

一各州縣運來之米其米質好醜悉由糧道扦驗與外局無涉

一豆行司月五家各舉一人常川在局分作五櫃管配斛脚運來

米數等事蓋爲數甚鉅必得分頭辦理庶無錯誤
一稅行將運米各船排定幫次標插旗號某船停泊某處開具清冊報明外局各董事頭緒紛繁仍自備資斧常川在局照料一切事竣照案詳請獎勵
一此次海運仍照道光二十七年章程開斛兌米悉由各州縣丁書斗級及剝船人等照料承運各沙船自有耆舵等記數萬無差誤各州縣所來之人究屬人地生疎與斛手運船人等恐言語不通別生枝節即由局中添派五六人常川在浦往來照料一切
一外局由總局派出局差四名以備差遣所需飯食由總局發給
一外局常川雇備渡船十二隻停泊龍王廟馬頭以備辦事人等

暨斛手往來渡浦每船每日仍由外局給發工食

一外局諭刻海運外局圖記一方并刻兌米單逐日回單兌竣回單兌米報單及銀米結等項以便臨時塡寫既昭憑信且不致遺漏差誤

一局中董事俱可自備資斧其餘一切應備物件及經帳奔走等事在在需人且頭緒紛繁非一二人所能經理應擇其至不可少至不能缺者准作一體開銷庶免誤公糜費

以上各條仰幫辦各董及稅行豆行人等一體遵照辦理毋違切切

咸豐三年正月十一日申

浙江撫院藩司糧道

浙江布政使麟
督糧道周　為移會事咸豐二年十二月二十六日准
蘇臬司倪　咨開據江蘇上海局委員何丞等稟稱奉札飭浙
江新漕試行海運預雇沙船先儘本省應用餘歸浙省湊用一
面將浙漕事宜遵照舊章會同浙省委員熟籌妥議現辦情形
稟候鑒覈等情到司據此合亟抄稟咨煩查照所稟各情如江
浙漕糧同時開兌船隻衆多若不分別地段必致擁擠羼雜互
相爭占諸多未便請飭仲丞等即照指定水次江省沙船停泊
浦江迤北浙省來船停泊浦江迤南此外剝船爲數更多挨次
掛剝不得遠離以免爭競而便配裝上海五方雜處宵小易潛
又當海運同舉人數加增數十萬若不分段嚴密巡查彈壓勢
必滋生事端除屆時多派文武委員帶領兵役往來梭織稽查

約束外希卽一體飭令仲丞等多帶幹練人役毋分雨夜挨段稽查隨時懲辦並於剝船入境照料催儹其耗米原爲天津籌補之用必須全數帶往不得水次折乾沿途盜賣以致到津虧短一經發覺不惟將該耆舵照例究辦該船戶亦難辭咎至水脚四錢應用九折給發并飭仲丞等均照江省一律辦理等由過道准此查前據上海局員仲丞等條議江蘇海運沙船歷年聚泊東門浦岸今裝運浙漕之甯波三不像蜑船擬令拼泊上海縣南門外之南馬頭又浙江剝船自閘行以東傍浦江北岸行走至南馬頭攏船交米江蘇剝船之由黃浦來者自閘行以東傍浦江南面行走駛過南門至東門馬頭攏船交米該剝船等乘潮而行各得水勢之便並無紆迴繞道而兩省船隻界限

判然不致釁雜以起爭端等情到道在案准咨前由合就移會
爲此合移
貴局煩爲查照希即移行上海局員會同江蘇滬局及上海縣
並文武委員外帶兵役毋論雨夜接段稽查倘有宵小逗留在
境立即隨時懲辦並於剝船入境沿途照料催儹仍即曉諭海
船耆舵務將貼耗全數帶津備用不得水次折乾沿途私賣以
致到津虧短其水腳四錢應以九折給發一切章程均照江省
章程酌覈妥爲辦理望切施行
咸豐三年正月二十一日移
海運省局

浙江海運上海總局委員杭州中防同知仲孫樊候補通判李
曾裕爲申報事竊照浙省杭嘉湖三府各屬漕糧現據秀水等
縣派遣丁書管解米石到滬謹擇於正月初十日開斛兌收理
合具文申報伏候
鑒覈爲此備由呈乞
照驗施行
咸豐三年正月初十日具申
浙江撫院藩司糧道

浙江海運省局為移送事案准移送海運米船戶[illegible]
執照照驗存查三聯單共五百張到局當經轉呈
藩
糧二憲蓋印發給並奉
憲行查收轉移上海局查明塡給並將塡給商船姓名隻數應
用號數開摺送查等因奉此相應備文移知為此合移
貴局煩為查照遵行開摺呈送並移本局備查望速施行
計移送三聯印單五百張
咸豐二年十二月二十八日移
上海局

浙江海運上海總局委員杭州中防同知仲孫樊候補通判李
會銜稟竊查海運米船一過二月初八日風信即可放洋長行
茲准蘇省委員松海防同知藍丞等移會今屆江浙兩省同時
並舉所有斛兌米船一經裝足即飭開行以免擁擠擇於二月
初一日會同（卑 職）等隨同
蘇松太道恭祀
海神一面押令兌竣各船一律駛至吳淞口候風放洋北上仍將
兌竣成數另行覈明詳請
奏咨除將前奉
撫憲飭發祭帛敬謹賫奉會同蘇省局員隨班恭祀行禮外肅
瀝稟陳

咸豐三年二月　日稟奉

督糧道周　批據稟已悉仰候

兩院憲暨　各道司批示繳

浙江巡撫部院黄　爲咨覆事咸豐二年十一月初九日准

江蘇撫院楊　咨開本年十一月初一日准貴部院咨浙省海

運漕糧事宜必須幫同籌辦庶資妥速等因除札蘇藩司移行

上海道縣暨藍丞遵照會同浙省委員將海運新漕事宜認眞

次第妥辦外咨覆查照等因到本部院准此合就轉行爲此仰

道卽便查照毋違須牌

咸豐二年十一月十四日行糧道

浙江海運上海總局爲移知事竊照杭嘉湖三府屬海運漕糧奉飭由甯波封雇三不像蛋船來滬裝運并准移知承攬船數在案茲據江蘇吳淞口委員寶山縣主簿吳文濬報于正月初八日起截至十五日止有甯船蔡祥元等現已陸續挂驗進口共計八十一隻開摺呈報前來查該船等俱已次第駛進浦江排泊受兌合行開單移知爲此合移請煩查照須移

咸豐三年正月二十一日移

浙江省局又於二月十五日移續到船二十八隻

浙江海運全案重編目錄

原案初編卷五

放洋巡護事宜

驗米大臣咨護送漕糧水師專任分任如何嚴密防護

提督咨覆護送漕船責成定海鎮並專任分任咨會徑送覈

奏

東撫奏山東各島口派員駐巡迎護

東撫奏海運糧船現入東境平穩情形

東撫片奏浙省首幫漕船北上

東撫片奏江浙海運漕船經過東洋出入島口船數

東撫咨最爲阨要之石島等處照案登州鎮前往防護

東撫咨各島口按段派兵巡護

浙江巡撫臣黃宗漢跪

奏爲海運漕白糧米頭批兌竣開行恭摺由驛具

奏仰祈

聖鑒事竊照浙省海運漕糧前經

奏明招雇甯波之蜑船三不像船取具承攬裝載其不敷之處由

蘇省協雇上海沙船惟兩省並運必須江省初次沙船抵通後

回南接辦欽奉

諭旨照議辦理等因欽遵在案茲查甯波受雇商船先有一百十四

號於上年十二月底駛至上海其餘船隻現在甯郡修艌不日

亦可赴滬並據上海局招雇天津衞船并經蘇省將餘賸沙船

撥交上海局裝運浙漕統計船數已足敷用所有浙省本年起

運新舊漕白二糧共交倉正耗及應給經紀剝船耗食等米六十四萬餘石現據杭嘉湖三屬剝運抵滬三十餘萬石於咸豐三年正月初十日開兌截至三十日止共兌米一十二萬餘石白糧亦全數裝兌卽於二月初四日頭批船隻駛抵吳淞口候風開放由海運局員詳請具

奏前來臣查道光五年江省海運案內欽奉

諭旨海船到津爲日甚速初次兌竣開行時由四百里馳奏等因本年浙江省海運漕糧旣據頭批兌竣開至海口候風自可揚帆北上除飛咨直隸山東江蘇各督撫臣轉飭水師營弁沿途接護外理合恭摺馳

奏伏乞

皇上聖鑒再臣前奏江浙並行海運船隻不敷應行兩次接運現在甬東及沙衞各船足敷裝載臣已飭令隨兌隨開以重倉儲而期迅速不復兩次接運合併陳明謹

奏

咸豐三年二月十一日具

奏二月二十六日奉

硃批該部知道欽此

戸部謹

奏爲江浙海運漕糧遲滯請

旨飭催恭摺奏祈

聖鑒事三月二十日蘇州布政使倪良燿奏報海運裝兌各船放洋

日期一摺本日奉

硃批知道了欽此欽遵由內閣抄出到部查原奏內稱蘇松常鎭太

四府一州屬咸豐二年漕白糧米奏明循案仍由海運復蒙

恩命綜理江浙兩省海運事宜臣遵卽督率兩省委員趕雇船隻催

令兌運茲催據江蘇委員具詳各屬將米石陸續赴滬兌裝自

正月開兌起至二月初七日止共兌漕糧正耗等米二十三萬

九千三百五十一石零白糧正耗等米一萬二千二百二十五

石零內除應給沙船漕白耗米及隨交津通食耗等欵外實共起運交倉漕白糧米二十二萬七千一百二二石零又於二月二十二日止共陸續兌漕糧正耗等米二十九萬九千七百九十九石零白糧正耗等米一萬四百七十三石零除應給沙船耗米以及津通食耗等欵外實共起運交倉漕白糧米二十八萬一百七十三石零連共交倉漕白糧米五十萬七千二百七十餘石飭令駛出吳淞口至十潊候風放洋並據浙江省委員具詳正月三十日止共兌米十二萬餘石於二月初四日駛抵吳淞於二月二十一日乘風先行放洋在後據各屬源源剝運到滬尚有二十餘萬石臣卽飭令不分晝夜趕緊兌裝接續跟艅前進并將在後米石仍由臣督飭江浙兩省委員隨到隨兌等

語臣等伏查江蘇省本年起運漕白正耗米一百四萬六千餘石浙江省本年起運漕白正耗米六十四萬七千餘石改由海運前據兩江總督江蘇巡撫等奏稱勒限於二月內全數放洋又據浙江巡撫奏稱三月中旬可以兌開完竣經臣部奏請飭江蘇浙江各巡撫諭令承辦各員提前趕辦及早放洋疊次飛催在案嗣於二月十八日欽奉

上諭據倪良燿奏海運漕米遲滯請勒限嚴參一摺江浙海運前有旨令倪良燿總司其事迭次飭部飛催正擬此時已可開船出洋何以遲至今日始奏稱漕米遲滯勒限嚴催耶該藩司若果及早催徵將延誤之州縣先行嚴參懲處亦何致相率效尤輒以軍書旁午花戶不前藉口推諉現在江浙各屬運米到滬者爲數尚屬

無多似此觀望遷延必至貽誤正供咎將誰歸倪良燿現已調補江蘇布政使責任更無旁貸着飭嚴飭各州縣趕緊運米赴滬勒限二月內掃數運到尅期放洋倘各屬再敢託故有意遲誤即行嚴參不但革職發往軍前効力必當從重拿問治罪等因欽此飭遵去後兹據陞任藩司倪良燿奏江蘇省兌運米現止五十萬七千餘石浙江省兌運米現止三十餘萬石核計兩省起運米數僅及其半較之歷屆海運三月中旬全數放洋日期亦形遲滯其未經裝兌沙船糧米江蘇省尚有五十餘萬石浙江省尚有三十餘萬石均未據該撫等咨報到滬亦未將遲滯緣由報明查核是該撫等督辦遲延該司催提不力已可概見值此京倉支絀之時河運梗阻江安江西漕糧不克運通湖南湖北漕

糧又已停運惟恃兩省海運米石藉資接濟不趁此風色順利
及早全數裝兌放洋倘有疏虞貽誤京倉支放關係匪輕應請
旨飭令江蘇浙江各巡撫暨總司海運事宜江蘇布政使倪良燿迅
卽催儹全數裝兌放洋務期速益加速毋稍遲延致滋貽誤臣
等爲慎重漕糧起見是否有當伏乞
皇上訓示謹
奏
咸豐三年三月二十五日奉
上諭戶部奏海運漕糧遲滯請旨飭催一摺本年江蘇浙江兩省起
運漕白正耗米石改由海運前經降旨飭令江蘇布政使倪良燿
嚴飭各州縣趕緊運米赴滬剋期放洋茲據戶部奏稱江蘇省兌

運米現止三十餘萬石核計兩省起運米數僅及其半較之歷居放洋日期亦形遲滯其未經裝兌糧米江蘇省尚有五十餘萬石浙江省尚有三十餘萬石未據各該撫等咨報天庾正供所關甚鉅豈可任意躭延致有貽悞著江蘇浙江各巡撫並總司海運事宜江蘇布政使倪良燿迅即催儹全數裝兌放洋毋得稍有遲誤欽此

浙江巡撫臣黃宗漢跪

奏爲浙省海運漕糧全數起運赴滬恭摺由驛馳

奏仰祈

聖鑒事竊照浙省咸豐三年海運二年漕白糧米六十四萬八千二十五石七斗三升二合七勺內除餘耗留變米一萬七千九百六十七石六斗二升九合實交倉正耗米五十六萬八千六百七十六石四斗一升三合四勺又應給經紀津剝商船耗食等米六萬一千三百八十一石六斗九升三勺又咸豐元年出陳易新白糧交倉正耗米一萬一千八百六十石四斗六升三合又應給經紀津剝商船耗食等米一千五百三十八石三斗八升五合二勺通共起運新舊漕白糧米六十四萬三千四百五

十六石九斗五升一合九勺除頭批開行日期并剝運兌交米數經臣節次奏明有案外所有續運之米現於三月中旬一律赴滬據淛省局員呈報截至二十日止已兌交商船五十二萬餘石尚有未兌米一十二萬餘石應需船隻飭據蘇省局員稟報無虞缺乏並准山東撫臣李僡知照由該省飭雇沙船五十一隻催令赴滬裝運現經臣飛飭蘇浙兩省各局員迅將未兌米石陸續兌開尅日前赴天津聽候驗收外合將浙省海運漕糧於三月中旬全數起運赴滬緣由恭摺馳

奏以慰

宸廑伏乞

皇上聖鑒謹

奏

咸豐三年三月二十八日具

奏四月二十日奉

硃批知道了戶部知道欽此

浙江巡撫臣黃宗漢跪

奏爲浙省海運漕米全數兌竣放洋恭摺馳

奏仰祈

聖鑒事竊於本月十二日承准軍機大臣字寄本年四月初二日奉

上諭海運米石現已遲誤有未經兌開者即着嚴飭委員趕緊督押赴滬放洋毋再遷延等因欽此臣查本年浙省海運新舊漕米六十四萬三千四百五十六石九斗五升一合九勺于三月中旬一律起運赴滬截至是月二十日止兌交商船五十二萬餘石業經臣於三月二十八日由驛

奏報在案所有未完之米十二萬餘石當即飛飭蘇浙兩省各局員迅速兌開毋得稍事遷延致誤京倉支放欽奉前因復經恭

錄轉行去後茲據省局轉據上海局委員仲孫樊具報已于四
月初十日兌竣統計本年海運漕米共裝船四百十四隻應給
水脚等項銀兩均經給發清楚放洋於二十日全數北上等情
詳請具
奏前來臣查沙船放洋全憑風色現值天氣晴和南風司令行駛
可期穩速除飛咨直隸山東江蘇各督撫臣轉飭水師營弁沿
途接護並咨
欽差驗米大臣倉場侍郎查照外所有浙省海運漕米全數兌竣放
洋緣由謹恭摺馳
奏以慰
宸廑伏乞

皇上聖鑒謹

奏

咸豐三年四月二十五日具

奏五月十四日在湖州舟次奉

硃批知道了欽此

浙江海運省局護理鹽運使湖州府知府晏端書署杭捕同知繆梓爲呈報事竊照杭嘉湖三屬海運漕白糧米業於四月初十日全數兌竣於四月二十日乘風放洋均經先後詳報在案茲准上海局員仲丞等移稱新舊漕白正米共五十八萬五百三十六石八斗七升六合四勺計裝甯沙衞船四百一十四隻內計甯船一百二十三隻實裝正米二十一萬九百四十九石六斗三升五合五勺沙船二百三十三隻實裝正米二十七萬九千二百七十二石二斗六升八合九勺衞船五十八隻實裝正米九萬三百一十四石九斗七升二合外加商耗經紀剝船等米共六十四萬三千四百五十六石九斗五升一合九勺移知查照等由到局准此相應備文呈報伏祈

察覈爲此備由呈乞

照驗施行

咸豐三年五月初二日申

浙撫院　浙藩司
蘇藩司　糧道並另移浙江海運天津局

浙江巡撫部院黃　爲咨明事案照浙江省來歲新漕辦理海
運籌議章程緣由業經本部院恭摺具
奏咨明在案所有巡哨防護宜加周密一條合再相應抄錄預先咨明
爲此合咨
貴部堂院提鎮煩請查照希卽一體移行遵照施行
計抄巡哨防護章程一條
一巡哨防護宜加周密也查道光五年江省海運漕糧遴委武員
派兵護送嗣於咸豐元年
奏明沿海水師巡防係其專職無庸派員調兵轉致稽延卽令各
該水師鎮將統帶弁兵沿途護送出境由部覈覆在案臣此次
當卽專咨提鎮嚴督水師將弁實力巡防如有疎虞卽行叅辦

仍俟漕艘出洋咨令遴委將弁逐程護送並咨山東直隸等省

一體接護毋稍鬆勁用冀正供無虧

天庾充溢

咸豐二年十二月　　日咨

兩江督院　江南提督　定海鎮　直隸天津鎮
直隸江蘇撫院　山東撫院　登州鎮　江南蘇松鎮

兼署閩浙總督部堂怡　爲咨覆事准
貴部院咨准
兩江督院陸　咨據蘇松鎮稟稱今浙省海運漕糧既由上海受兌出吳淞口過北較之往年浙省兵船僅在交界洋面堵截不同而浙江蛋船三不像船亦由上海裝米出口倘或私自偷泊恐江南官兵在洋未能約束有誤期限必得浙省巡洋官兵先期駕船來江會同巡護庶可彈壓稽查請於春夏兩季浙省米船裝運上海受載由吳淞出口放洋時應由定鎮統帶該標水師兵船預期來江會同江省師船一體巡護俾可約束浙省船戶設有南來盜匪阻擾並可江浙兵船合力會剿等情據此查江浙漕糧同時海運所有護送師船咨請責成定海鎮統帶

閩督咨覆飭定海鎮統帶舟師會同江省認真巡護　咸豐二年案

兵船預期來江協同巡護等因准此除飛札定海鎮遵照
貴部院來咨事理迅即統帶各員弁舟師配足軍火砲械預期
星馳赴江會同江省師船在洋一體認眞巡護毋稍疎虞仍將
遵辦緣由同護過米船日期具文報查并札浙藩司會同督糧
道暨海運省局一體轉移遵照外相應咨覆爲此合咨
貴部院煩請查照施行
咸豐三年　月　日咨
浙江撫院

署定海鎮印務右營遊擊周士法具稟案奉咨會咸豐三年正
月初六日准
兩江督院陸　咨開江浙漕糧同時海運所有護送師船自應
將弁營船隻全數出洋咨會責成定海鎮統帶兵船預期來江
協同巡護等因相應由五百里飛咨統帶兵船預期赴江協同
江省師船一體巡護等因奉此查是案前奉
撫部院檄飭將封雇赴滬受兌北船派委大員護送前來卑職
當經轉飭右營遊擊張夢熊帶領兵船護送前進在案現據稟
稱已將赴滬北船八十餘隻陸續護送先後開行尚有數十隻
雖經受雇尚未開行或尚未進關俟開往齊全護送前進開列
清摺具報到日另再稟報憲案茲奉前因除飭令遊擊張夢熊

帶同一綜兵船跟綜護送該北船赴江先行協同江省舟師小心防護外卑職現因本轄洋面遼闊往來督緝在在均關緊要若預期先去誠恐顧此失彼容俟該漕船可以裝兌開往過北屆期卽當率領師船馳赴江省洋面會同江省師船加意協同防範俾得約束稽查免致疎虞合將奉飭赴江巡護漕船緣由先行稟覆

咸豐三年　月　日稟

浙江撫院

欽差戸部左堂王　爲飛咨事查上年蘇省漕糧海運經兩江總督
等奏明沿海水師巡防是其專責卽令各該水師鎭將統帶備
弁兵船沿途護送出境仍咨直隸山東等省照案一律防範接
護等語經本部議覆奏准在案本屆江浙兩省漕糧海運事同
一律應辦一切事宜自應遵照奏案及早籌辦相應飛咨
貴撫卽將本屆護送海運漕糧各該水師鎭將備弁專任何人
分任何人如何嚴飭各該員弁實力防護不致稍有鬆懈並于
各省交界處所如何嚴密防範聲息相通不致互相推諉之處
迅速熟籌妥議具奏並由
貴省飛咨山東巡撫直隸總督一體遵照辦理以免疎虞而昭
愼重再該省海運漕糧一經兌竣放洋卽行奏報毋稍遲延可

也

咸豐三年　月　日咨

浙江撫院

浙江提督葉　爲咨覆事本年二月十五日准
貴部院咨開據海運省局詳本年浙省漕糧海運應請查照前
次
奏咨事件咨行各鎭營遴委將弁實力防護並將管轄洋面專任
分任各職名開摺咨
部查考並咨直隸山東江南等省一體照辦以昭愼重是否有
當相應咨覆
欽差戸部左堂王　暨分咨各督撫提鎭一體查照辦理實爲公便
等情到本部院據此查此案本部院先已分咨將如何責成沿
途水師各員弁防護浙省海運漕糧專任何人分任何人並于
交界處所如何嚴密接護之處開具員弁姓名淸冊剋日示覆

以便覈

奏在案據詳前情除分咨外合再由六百里飛咨查照前咨迅速

覈辦並祈即行示覆等因到本提督准此爲查此案係責成定

海鎮赴滬防護所有各員弁如何防護並管轄洋面專任分任

何人及交界處所如何接護各員弁姓名清冊前准咨會即經

咨請定海鎮開摺徑送

貴部院覈

奏並經咨覆各在案茲又准咨前因除再咨會定海鎮查開徑送

外相應咨覆爲此合咨

貴部院煩請查照施行

咸豐三年　月　日咨

浙江撫院

山東巡撫臣李僡跪

奏為籌辦本年海防情形恭摺仰祈

聖鑒事竊准部咨本屆江浙二省漕糧並行海運較上年米數船隻增多當此洋面巡防喫緊之時尤宜慎益加慎除廟島俚島烟臺等處各口照例嚴飭水師前後營督率備弁兵丁會哨迎護外所有登州鎮總兵屆時能否前往石島地方彈壓之處迅速

奏明辦理等因臣查道光六年及二十八年江省海運經過東洋舊章如登州府屬榮成縣之石島為全洋扼要應派登萊青道督率該縣文武彈壓此外文登縣之威海福山縣之烟臺蓬萊縣之廟島以及榮成縣之俚島等處亦應由省遴委幹練州縣佐貳等官分駐巡防並飭沿海各州縣團練壯勇分扼口岸

以杜內匪偷越一面咨明登州鎮臣親往督防以昭慎重在案
本年江浙漕糧並由海運自應加意認眞除分撥印委文武各
員嚴密巡防外仍咨會鎮臣武迎吉現雖守備黃富興修理師
船尚未回東應先添雇堅大商船撥帶軍火器械屆時督飭將
備分配駕駛各於交界處所會哨迎護設遇盜艓立即捕拏是
文武各有責成防護足示周密臣復不時稽察獎勤儆惰務使
天庾早達海滋肅清以期仰副
宸廑除俟海運船隻抵境另行奏報外爲此恭摺具
奏伏乞
皇上聖鑒謹
奏

咸豐三年二月十八日具

奏三月初三日奉

硃批知道了欽此

山東巡撫臣李僡跪

奏爲恭報江省海運糧船現入東境行駛平穩情形仰祈

聖鑒事竊照本年江省蘇松等府並浙江漕糧俱改海運由東省洋

面經過前經臣將豫籌防護情形恭摺奏

聞一面咨行鎮道督飭水陸文武各員分段稽查迎探一有入東船

隻妥爲防護茲准登州鎮臣武迎吉咨報自二月十五日至二

十四日探有江蘇船戶陶龍太馬隆順莊福興馬福興張增裕

等船五隻裝載青浦等縣漕糧先後駛入東省登州府屬榮成

縣石俚二島口岸現經該處文武各員催令陸續開行並據水

師巡洋員弁瞭探各船在洋風帆穩渡行駛迅疾洋面亦平靜

無事惟在後各船尙未據續報入境臣遠駐兗郡距登屬海口

千有餘里文檄往返需時且檢查上年海運各船多有乘順風
由大洋徑行北駛不收島岸故各島委員有不及探報者除飛
咨登州鎮臣並檄行登萊青道嚴飭水師將備務須統帶師船
商艇分段在洋迎探遇有經過糧船實力防護並飭文武各員
於各島收泊之船催令趕緊開行勿任藉詞逗遛以免疎虞外
所有江省海運糧船現入東境行駛平穩情形理合恭摺具
奏伏乞
皇上聖鑒謹
奏
咸豐三年三月初八日在兖州府途次具
奏本月二十日奉

硃批知道了欽此

山東巡撫臣李僡跪

奏再前准登州鎮臣武迎吉咨報江蘇省漕船駛入東境平穩情形經臣具摺

奏報在案兹據兼護登萊青道萊州府知府王鴻烈等禀報浙省嘉善等縣首幫漕米船戸童驊茂等裝載四隻計共六千六百餘石於三月初二日收泊威海芝罘各口旋即開行北上等情前來除仍飭文武員弁認眞巡防妥爲護送外理合附陳伏乞

聖鑒謹

奏

咸豐三年三月二十一日奉

硃批知道了欽此

辦理江南山東防堵事務山東巡撫臣李僡跪

奏再查江浙兩省海運漕船經過東洋出入島口船數節經臣先

奏報在案茲又准登州鎮臣咨報自五月二十一日起截至六月初六日止江省船戸陳森泰等船八隻裝載陽湖等縣漕米浙江船戸金恒發等船三隻裝載烏程等縣漕米行抵東洋收泊島口均經文武委員催令開行由巡洋水師儹護北上各船在洋行駛平穩惟江省黃勝和一船在模椰島外洋遭風大桅斷折船內米石並無損失旋飭修整出口連前統計已過船三百四十四隻查前據江蘇藩司及上海局詳報江省漕船五百八十餘隻浙省漕船四百餘隻共計一千餘隻時屆六月中旬出

入東洋島口船數尚未及半是否各船未經收口由外洋乘風徑渡抑在南洋別有阻滯除飭迎探確查一有續到之船趕緊催護北上外理合附片奏

聞謹

奏

咸豐三年七月初三日河南懷慶府大營具

奏七月十二日奉

硃批知道了欽此

山東撫院李　爲飛咨事咸豐三年二月初一日准

兵部火票遞到

戸部咨雲南司案呈查道光二十八年漕糧海運經前任山東巡撫奏明石島地方最爲扼要必須嚴密防護專委熟悉海疆情形之知府常川駐劄巡查彈壓其餘各島口亦俱遴委勤幹佐貳等官分駐巡防並咨商登州鎮總兵添雇堅大商船備帶軍火器械嚴飭水師前後營督率備弁兵丁分配駕駛各於交界處所會哨迎護仍責成該鎮道往來調度稽查毋任偷安島澳以收實效等因咸豐二年海運亦經遵辦各在案查本屆江浙二省漕糧並行海運較之上年米數船隻均有增多當此洋面巡防喫緊之時尤宜慎益加慎所有全洋扼要之石島本在

登州府屬榮成縣地方擬令登州鎮總兵屆時前往巡防彈壓以昭慎重其餘廟島俚島烟臺等處各口仍令分飭水師前後營督率備弁兵丁協力防護惟該鎮本任原有操防巡哨各事宜屆時是否可以前往之處本部似難懸擬相應飛咨山東巡撫通盤籌畫除廟島俚島烟臺等處各口照例嚴飭水師前後營督率備弁兵丁會哨迎護外卽將登州鎮總兵屆時能否前往石島地方巡防彈壓之處迅速奏明辦理並由東省知照浙江江蘇直隸各督撫一體嚴密防護務須聲息相通毋得稍有鬆懈其沙船入境出境日期仍應照例屆時奏報毋稍遲延可也等因到本部院准此查上屆咸豐二年及道光二十八年南糧由海運津均經

登州鎮咨報前往扼要之石島等處彈壓稽查有案本年江浙
二省漕糧並行海運米數船隻增多當此洋面巡防吃緊之際
自應照案辦理茲准前因除恭摺具
奏並分別咨行外相應咨明爲此合咨
貴部院煩請查照一體轉飭防護務期聲息相通施行
咸豐三年　月　日咨
浙江撫院

山東巡撫部院李　爲咨覆事咸豐三年二月十九日准
登州鎮武　咨竊准貴撫提部院咨以本年江浙二省漕糧並
行海運由鎮彈壓稽查並行司道委員前往巡防各事宜遵照
戶部來文巡防舊章另摺具
奏先行咨鎮屆期前往石島等處督同實力巡防彈壓一面分派
水師員弁管駕兵船按段護送在於要隘各島口派撥弁兵認
眞防護勿稍疎虞如有怠玩貽誤之員卽據實嚴条懲辦仍將
辦理緣由星馳移覆等因並准登萊靑道咨商本年漕船爲數
旣多爲日亦長當此海氛不靖巡防喫重應卽妥爲籌辦以期
有備無患惟陸營兵丁多有調赴皖豫防剿深恐不敷遣派自
應將經過各島口擇其緊要者照舊派兵防守如向無漕船停

泊守風之處亦卽酌量從減或竟無庸派防以昭覈實咨請查
照通盤籌畫何處應行派兵防守何處應行裁撤妥議章程移
覆辦理各到鎭准此查本年江浙南糧海運過境較上兩屆船
多漕重尤爲喫緊本省洋境東西與江直交界相距數千里歷
次漕船開行俱由南省派撥兵船護送至山東石島洋境交界
東省水師接護以期聲息相通今尙未准江省咨照來東而本
省之分段撥船巡護本鎭檢覈舊章自當查照通盤籌畫如守
備黃富興赴粤修船未到以前綜計僅存廣艇三隻紅頭船十
隻前經預飭前後文三營將備各就洋境分別最要次要究竟
需船若干隻確實議詳覈辦以期節省而免曠誤旋據將分段
需船數目呈覆前來本鎭覆加確覈誠與向章不甚叅差其廣

艇船三隻分之愈見其少而難期得力應於原有水勇六十名處專由文登營酌配官兵責令該管將備督帶於最要之石俚島上下洋面往來巡護以壯聲威此外三營亦飭先儘紅頭船配撥其分段不敷之船前已商准王護道即各循舊章移請由道飭雇民船頂替暫資應用仍俟黃富興駕船到東即行酌量裁撤以節經費一面按章飭行兵勇先期出洋清查本管島口即赴交界迎探以重漕行此次酌向章擬派水師駕船防護之大概情形也俟取到配船官兵姓名另再照案咨送查考至沿海口岸所須官兵巡查本鎮詳覈舊案當此經費支絀亦在力求節省況兩省遞運爲日尤長亟宜分別緩急先將歷屆漕船經由要口防兵或循照向章撥派或體察商情量爲增派以冀

帑不虛糜防收實效其向無漕船停泊守風處所非但各營額兵多經調赴皖省不敷遣派而孤懸曠遠偏僻港嶼即駐三五防兵亦屬徒滋耗費於事無濟不如暫爲裁撤統歸節省俟臨時察看事機有應變通之處再就近與道商酌辦理庶於愼防節費兩有裨益除分別咨行道營查照及酌量先期馳赴石島要隘督防日期同取到花名冊籍隨時分交另行咨達外合將水陸防漕按章酌量撥裁覈實議辦緣由開具淸摺一併備文馳復請祈查照覈示遵行並希將檄委在事文武職名地方明晰賜咨過鎮以便查考施行等因到本部院准此查咨送淸摺酌議各條均屬周備海運南漕指日北來應即迅速照辦除咨覆登州鎮並行藩司外相應飛咨爲此合咨

貴部院煩請查照希即一體轉飭水師員弁會哨防護施行

計開

文登營靖海汛石島礮臺一座原設協防外委一員馬兵二名守兵十四名該島係漕船入東首站上屆海運由營添撥兵十二名令該汛把總帶領巡防此次應仍循舊辦理

文登營榮成汛俚島礮墩一座原設守兵五名該島查係要口歷屆海運收泊漕船最多上次由營添撥兵十七名令該汛千總就近帶領巡防此次應仍循舊辦理

右營八角汛芝罘島即烟臺口礮臺一座原設協防外委一員防兵十名又礮墩一座原設防兵四名該處查係要口上屆海運由營添撥兵二十六名令該外委帶領兼防此次應仍循舊辦理

中營聲島上屆海運派官一員兵二十五名該處孤懸海中係

漕船經由要道此次應仍循舊辦理

以上四處係屬最要守口防兵數目內如有派赴皖省出師者

已令由營照數補足以重漕務

文登營靖海衛汛原設把總一員馬兵二名守兵十四名在彼

巡防

文登營靖海汛馬頭嘴礮臺一座原設馬兵二名守兵十四名令該汛

協防外委就近巡防

文登營榮成汛養魚池礮臺一座原設協防外委一員馬兵二名守兵

十四名在彼巡防又僻墩一座原設守兵五名令協防礮臺外

委就近巡防

文登營榮成汛龍口崖礮臺一座原設馬兵二名守兵十四名在彼巡
防又僻墩一座原設守兵五名在彼巡防
膠州營靈山汛古鎮口礮臺一座原設協防外委一員馬兵二名守兵
十名在彼巡防
膠州營靈山汛唐島礮臺一座原設馬兵二名守兵十四名令該汛千
總就近巡防
膠州營浮山汛青島礮臺一座原設協防外委一員馬兵一名守兵十
一名在彼巡防
右營八角口礮臺一座原設千總一員防兵九名在彼巡防
以上八處查非漕船收泊最要之口舊有額設官兵無論有無
派赴皖省此次應仍照常巡防毋庸再添以歸撙節

萊州營北海汛小石島僻墩一座原設把總一員守兵六名上屆海運添撥兵四名此次應行裁撤仍令原設弁兵巡防以節糜費

中營黃縣汛黃河營僻墩一座原設守兵六名上屆海運添撥兵四名外委一員此次應行裁撤令該汛把總帶領原設兵丁就近兼防以節糜費

中營黃縣汛屺㟂島僻墩一座原設守兵六名上屆海運添撥兵四名此次應行裁撤令該汛把總就近帶領原設兵丁巡防以節糜費

即墨營勞山頭上屆海運派即墨營官一員兵二十名此次應行酌減官一員兵十五名仍令該營派撥兵五名在彼巡探以節糜費

甯福營崆峒島上屆海運派甯福營官一員兵十名此次應請
酌減官一員改歸該營劉公島兵五名改歸該營威海衛仍令
該營派撥兵五名在彼巡探以節糜費
文登營北茶山上屆海運派文登營官一員兵六名此次應全
行裁撤以節糜費
文登營棉花島上屆海運派文登營官一員兵六名此次應全
行裁撤以節糜費
文登營海陽汛乳山口僻墩一座原設守兵五名上屆海運並未加添
此次仍令該汛協防黃島外委就近帶領巡防
右營長山島上屆海運因該處查報漕船無多惟係經由要道
已從減酌派登右營官一員帶兵十名赴該島巡防此次應仍

循舊辦理以昭周密

天橋口上屆海運從無報運漕船舊案常川駐守之官兵自應停派惟近接府城郎令後營存城弁兵就近巡查以壯聲威

甯福營海汛養馬島僻墩一座原設守兵六名上屆海運添撥兵四名今擬將此四名兵丁移併該營劉公島要隘添防仍令原設兵丁在彼巡防

甯福營威海衛原設把總一員馬兵六名守兵十五名在彼駐防今查該處係漕船收泊要口此次應再移添兵五名令該汛把總帶領巡防仍令該營都司不時親往稽查其原設防兵如有派赴皖省出師者令由營照數補足以重漕行

甯福營劉公島上屆海運派該營兵十六名令威海汛把總帶

領兼防該處係屬要隘爲威海口門屏障難於兼顧此次應移
添兵四名專派官一員帶領巡防令威海汛把總專防本汛仍
令該營都司不時親往稽查以重漕行
以上十三處係按地方衝簡酌量裁撤改添辦理
計開
第一段自鶯遊門起由嵐山頭至膠州頭營口止一帶洋面
派前營專巡千總一員帶領外委一員額外一名管駕兵船在
鶯遊門與江省接界洋面往來巡防巡護並與江省東海營兵
船會哨
第二段自頭營口起由青島至海陽縣之乳山口止一帶洋面
派前營專巡把總一員帶領外委一員管駕兵船往來巡防護

送

第三段自乳山口起由棉花島至文登縣之馬頭嘴止一帶洋

面

派前營專巡把總一員帶領外委一員額外一名管駕兵船往

來巡防護送

以上三段係前營洋面汛地應由該營總巡署遊擊分巡署守

備管駕兵船在於各要隘洋面漕船經由處所往來巡防護送

不時周歷稽查

第四段自馬頭嘴起由石島至倭島止一帶洋面

派文登水師營專巡千總一員帶領額外一名管駕兵船往來

巡防護送

第五段自倭島起由俚島至榮成縣之成山頭止一帶洋面

派文登水師營外委二員管駕兵船協同幫巡護送

以上洋面二段仍以該營千總爲專巡往來兼顧巡防以免諉卸而專責成

第六段自成山頭起由海驢島至文登縣之劉公島威海口止一帶洋面

派文登水師營專巡把總一員帶領額外一名管駕兵船往來巡防護送

第七段自威海口起由浮山島至福山縣之芝罘島止一帶洋面

派文登水師營外委二員管駕兵船協同幫巡護送以上洋面

二段仍以該把總為專巡往來兼顧巡防以免諉卸而專責成以上四段係文登水師營洋汛地當扼要極為衝繁應由該營總巡署副將分巡署守備管駕兵船隨時相機在各要隘洋面處所往來巡護彈壓督查以防疎虞而資策應

第八段自芝罘島起由八角口長山島至蓬萊縣之天橋口止一帶洋面

派後營專巡把總一員帶領外委一員額外一名管駕兵船往來巡防護送

第九段自天橋口迤北砲機島起至北隍城島奉天旅順洋面交界止一帶洋面

派後營專巡千總一員帶領外委一員額外一名管駕兵船往

來巡防

以上東路東北路洋面二段派該營署守備管駕兵船往來分

投巡防不時周歷稽查

第十段自天橋口西北廟島起至黃縣龍口止一帶洋面

派後營專巡把總一員帶領外委一員管駕兵船往來巡防護

送並與直隸兵船會哨

第十一段自龍口起至大沽河與直隸交界止一帶洋面

派後營專巡把總一員帶領外委一員管駕兵船往來巡防護

送

以上四段係水師後營洋汛除北路一段係赴奉天洋面其餘

三段南省漕船俱由此數處連檣赴津應令該管總巡遊擊帶

領額外一名管駕兵船在于各段洋面漕船經由處所往來督

查

以上二營按段撥船以巡爲護所需口糧即于例領巡洋口糧

動支由道給發至所需船隻飭令先儘營存各船配用不敷之

船仍照章行營移道飭雇民船暫用

咸豐三年　月　日咨

浙江撫院

浙江文叢

浙江海運漕糧全案重編

〔第二册〕

〔清〕馬新貽　等編

浙江古籍出版社

浙江海運全案重編目錄

原案初編卷六

津局事宜

省局稟赴津書吏盤費薪水
驗米大臣奏收糧情形
驗米大臣奏續報商船進口驗收情形並催糧道赴津
驗米大臣片奏江浙經費由津分別抵墊
糧道移知抵津日期
糧道申送津局委員分司執事清摺
驗米大臣覆奏糧道在途遇盜情形
驗米大臣片奏續收米數情形
直督咨浙省派委文武赴津稽查彈壓收發器械并米冊先
期遣送
直督咨送管駕哨船及各員弁銜名等清冊

糧道申送商船斛缺米石由津買米墊交全完清單

糧道呈報遭風遇盜各船缺米由津將買存餘米補交全完

津局申請坐糧廳給發倉收

坐糧廳咨送完照

坐糧廳完照式

糧道移送坐糧廳沙衞各船出具並無需索勒措甘結

糧道詳報海運漕白米石交卸全完各數

倉場奏漕白糧抵通起卸完竣

糧道申報撤局回浙各日期

戸部奏覆直隸墊用江浙海運經雜各費請免報銷並催解

歸欵

戶部謹

奏爲來歲南糧海運續議章程四條恭摺具

奏仰祈

聖鑒事竊查本年蘇松常鎮太四府一州漕白糧米改由海運一切章程均係按照道光六年及二十八年兩屆成案稍爲變通斟酌辦理現據兩江總督陸建瀛於堵築豐工事宜摺內聲明蘇松糧道所屬應行起運咸豐二年糧米仍應照案請辦海運以顧京倉而免遲延並經臣部行令按照本年辦理章程迅速妥辦在案伏查道光六年初次試辦海運計節省米六萬餘石及二十八年二次海運計籌補缺額米將及三十萬石數已加至五倍本年三次海運節省銀兩至六十六萬兩之多較上兩屆

成效漸有可觀惟事欲推行盡利弊當釐剔無私所有明年接辦海運事宜除遵照舊章毋庸另議各欵外仍有前議未及宜益求詳之處臣等公同酌覈謹續擬四條恭呈

御覽

一天津剝價應覈實給發也查剝價銀兩係江省解交天津道庫備用漕糧用官剝船洪斛每石剝價銀九分五釐九毫七絲三忽白糧用民剝船洪斛每石剝價銀一錢一分三毫四絲八忽向係按照時價易換錢文移交直隸局員給發不許絲毫尅扣第以銀易錢一入一出未免參差明年海運應令直隸總督轉飭天津道按米發銀先期將漕白糧洪斛每石剝價銀數及飯食米數並有無守候口糧張貼告示俾剝船戶共見共聞屆期

發交局員親給其銀數不及一兩未便零星散給者另行易錢
找給毋假胥吏之手如有向剝船戶需索錢文者准其扭稟沿
途兵役及通壩胥吏人等有向剝船戶藉端勒掯者並許喊控
如此覈實辦理剝船戶得項既優倘再有偷盜攙和等弊除責
令賠補外仍照例從嚴治罪毋稍寬貸
一通壩日起米數除奏報外應移知驗米大臣也查海運章程向
由驗米大臣督催起卸剝運赴通抵壩後隨到隨起每日總須
符例定三萬石之數倘或積壓張灣一帶便有頂阻不能前進
之虞總緣向來通壩不將日起米數開報驗米大臣以致無從
查覈明年海運應請
敕下駐通倉場於五日奏報摺內聲明每日起米均符三萬石之數

並轉飭駐通坐糧廳將每日起米若干石卸船若干隻按日開報驗米大臣以便查催而免貽誤

一通壩口袋應令足額並嚴查各處積壓也查起米口袋例定歲製十八萬條原足敷用而起米遲延總藉口於口袋不敷輪轉推求其弊則有缺額積壓兩端缺額之弊由於經紀侵蝕偷減積壓之弊由於橋倉阻滯故使周轉不及挾制分肥明年海運自應各清各弊隨時懲辦如橋有積壓當叅橋監督如倉有積壓當叅倉監督橋倉均有積壓當並叅橋倉若均無積壓而每日起卸不及三萬石之數是原備口袋之缺額可知當叅坐糧廳應令倉場侍郎轉飭坐糧廳務於辦理先漕事宜時認真點驗不得稍有缺少並嚴飭橋倉各監督迅速轉運毋許車戶花

戶八等故意留難致滋遲誤如有前項弊端立予究辦

一米色務須乾潔應令通壩切實驗收毋任諉卸也查海運章程向由驗米大臣會同駐津倉場坐糧廳直隸江蘇各委員查驗明確如本有霉變卽令沙船於耗米內賠補如係好米卽由坐糧廳取具該經紀米色乾潔米數無虧切結督令斛收此後均有經紀承運承交與沙船無涉查取結者駐津坐糧廳出結者帶赴天津之經紀如果米本霉變經紀豈甘出結一經出結是米色本屬乾潔米數亦無虧短何以抵壩之時間有潮溼短少入倉以後與原驗米樣不能一律相符此中情弊在於剝船開行以後可知應令駐津坐糧廳將所取經紀各甘結按日申報驗米大臣以憑查覈并令駐通坐糧廳臨時切實查究如有偷

漏攙和係由經紀拏獲則責令剝船獨賠治剝船以應得之罪

若經紀並未查出並未稟明或通同作弊分肥則責令經紀剝

船分賠並各治以應得之罪此後由壩運橋由橋交倉如有短

少潮溼均惟經紀車戶是問不得牽涉外河剝船更不得牽涉

原裝沙船入倉以後如有灰黯霉變則責令該倉賠補治花戶

以應得之罪不得牽涉經紀更不得牽涉剝船沙船應請

敕下駐通倉場於五日奏報摺內將米色米數切實聲明以免日後

牽混至橋倉各監督均係倉場管轄人員應令一併嚴飭迅速

妥辦毋許胥役人等滋生弊端任意諉卸以上四條臣等謹就

歷屆章程悉心推議以期密益加密有弊必除是否有當伏乞

皇上聖鑒訓示遵行謹

奏咸豐二年九月二十二日具
奏本日奉
旨依議欽此

浙江巡撫部院黃　爲詳請覈咨事據海運局員詳稱竊照道
光六年江省海運經
直隸督憲
奏明運米商船在上園地方停泊議以東岸泊剝船西岸泊海船
中空十餘丈以爲民船往來海船回空之路如剝船不敷輪轉
商船難以守候或在北倉截卸或在上園露囤嗣經
欽差大臣因截卸露囤顛抗狠籍概行停止來歲江浙並行海運船
數衆多若在一處停泊不惟挨擠堪虞兼恐混淆無別至商船
並集一時難以盡剝是否應須暫行截卸以免守候相應詳請
咨達

直隸督憲轉飭天津道府俟浙省委員抵津後會同相度商船

抵津是否即在上園地方一處排定或可另擇寬廣河面分別停泊俾免擠雜其剝船裝運是否隨時輪裝或有應須截卸之處亦應先期酌定以期迅速轉帆藉資二運等情到本部院據此相應咨達爲此合咨

貴部堂煩請查照施行

咸豐二年十二月二十四日咨

直隸督院

直隸總督部堂訥　為詳送事據天津道呈奉行准

浙江撫院黄　咨江浙海運漕船抵津是否卽在上園地方一處排定或可另擇寬廣河面分別停泊其剝船裝運是否隨時輸裝或有應須截卸之處先期酌定以冀迅速轉帆等因行據天津府轉據天津縣詳稱遵查本年江浙兩省漕糧由海運津重船停泊水次界址當經卑職親往上園沿海河岸一帶勘得上園以上仍泊蘇省沙船並挖泥壓載各照上屆原址毋庸另議其浙省重船停泊上園迤南對河大直沽處一俟起糧騰空後各船取土挖泥壓載卽在勘定大直沽以下之掛甲寺煬家莊二處分別挖泥壓空回帆時在於土城以下停泊免致擁擠除分別設立蘇浙停泊牌又插監旗幟交界水牌並票諭識認

外所有勘定住泊沙船及騰空挖泥壓載緣由擬合繪圖貼說
請查覈轉詳由府詳道轉送查覈移咨等情相應咨送請煩查
照飭知施行
咸豐三年四月初四日咨
浙江撫院

浙江巡撫部院黃　爲詳請覈咨事據海運局員詳稱案照商船到津隨到隨應過剝所有官民剝船自須先期在次守候查道光六年

直隷督憲

奏明剝船在津守候每船船戸一名舵工水手四名每名日給銀五分以十日爲限其二次海運到津令於雇價內自行通融不得再支歴年辦理在案查來歲江浙同時海運需用剝船甚多應卽先期雇備而經費支絀應給守候工食於原限十日尤應格外撙節至兩省船隻一時並集各商船無不爭先卸載應如何分別輪轉必須早定章程以免臨時周章其漕白二糧白糧全用民剝漕糧官民剝船兼用係屬江省舊章自當循照辦理

應請一併咨明

直隸督憲轉行天津道府查照等情到本部院據此相應咨明

爲此合咨

貴部堂煩請查照轉飭施行

咸豐二年十二月三十日咨

直隸督院

直隸督院訥　爲詳請等事據天津道張起鵷呈稱案蒙督院

牌開咸豐三年正月十二日准

浙江撫院黄　咨開浙省漕糧現届開運之時沿海水師巡防護送島嶼處所分別掛監號燈號旂俾商船不致迷於所向並將海運事宜馳遞公文皆關緊要現經仿照江省章程於郵封面上註明海運緊要公文限行幾日字樣咨請查照飭辦等因咨行到道蒙此查直隸洋面並無島嶼所有掛監號燈號旂之處應毋庸議惟歷届海運由天津鎮稟派弁兵管駕哨船出洋迎護並另派哨船在于攔江沙內外駐守導引此次自應循照舊章辦理至海運公文皆關緊要必須依限飛遞方無遲誤茲蒙前因除移會天津鎮循舊稟派並分行天河二府轉飭遵照

外擬合詳覆查覈移咨浙省知照實爲公便等情到本閣督部

堂據此相應咨覆爲此合咨

貴部院煩請查照飭知施行

咸豐三年　月　日咨

浙江撫院

戶部謹
奏爲查驗海運米石照案先期奏請
欽派事竊查上屆海運蘇州松江常州鎮江太倉四府一州漕白糧
到津交收經臣部援照成案預行奏請
欽派大臣一人會同倉場侍郎一人屆期赴津查驗一摺於咸豐二
年正月十五日具奏本日奉
硃批著派孫瑞珍慶祺屆期前往驗收欽此欽遵在案查本屆咸豐
三年起運咸豐二年江蘇蘇松常鎮太四府一州漕白米一百
四萬餘石並浙江杭嘉湖三屬漕白米六十四萬餘石均經各
該省先後奏
准全由海運較之上兩屆海運米石爲數尤多應即查照成案先期

奏請
欽派大臣一人會同倉場侍郎一人俟有天津鎮道呈報沙船抵津
信息即行率同隨帶司員遵奉前往理合恭摺具
奏
咸豐三年正月十一日具
奏本日奉
硃批著派王慶雲會同慶祺驗收欽此又於咸豐三年二月十八日
奉
上諭著改派孫瑞珍前往天津會同慶祺查收海運米石王慶雲著
毋庸前往欽此

驗米大臣戶部尚書臣孫瑞珍
倉場侍郎臣慶祺跪

奏為遵

旨前赴天津驗收海運南糧恭請

聖訓事竊本年二月十八日奉

上諭著改派孫瑞珍前往天津會同慶祺查收海運米石等因欽此

欽遵臣等伏查海運南糧到津向由兩江總督直隸總督各派委員駐津設立總局其應辦一切事宜應先事預籌由臣等督率安辦本年江浙兩省漕糧同辦海運共計漕白糧一百六十八萬餘石米數比較上屆尤多兹據天津鎮道呈報二月二十三日探有進口沙船一隻裝運蘇屬漕米一千二百石等因前來嗣後南風司令各船自必源源而來所有天津收米應辦一

切事宜臣等應卽率同隨帶司員前往督辦驗收除俟抵津後

再將辦理情形奏報外謹具摺奏

聞跪請

聖安恭聆

訓誨再戸部事務殷繁現值籌畫軍需更關緊要臣孫瑞珍現在出

差所有戸部漢尚書一缺暨管理三庫事務並翰林院掌院學

士各缺均應請

旨派員署理以重職守合併聲明伏乞

皇上聖鑒謹

奏

咸豐三年三月初二日具

奏奉

旨知道了欽此

總理海運局務護鹽運司湖州府知府晏端書署杭捕同知繆梓陞用同知嘉興縣知縣楊裕深稟竊照浙漕辦理海運所有天津局務業奉司道詳委卑職裕深及金華縣知縣邵凌霄等分司職事轉行到局奉此惟查應備津局用欵及收買餘米約銀六萬兩前經詳明擬先解銀五萬兩應由卑職裕深等管解以副支放至卑職裕深等委赴天津沿途盤費薪水在在需資現擬查照蘇省成案開摺具稟仰祈

察覈

批示遵行又津局委員秀水主簿祕雲書候補未入方理奉委管解天津剝價等銀七萬兩以每員各管解銀三萬五千兩查照歷年解餉章程每萬兩每站給路費銀五錢五分由卑職裕

深等領解銀五萬兩內覈實支銷造報合併聲明

今呈送

清摺二扣

咸豐三年正月二十五日稟奉

巡撫部院黃　批據稟已悉仰即查照單開各員銀數遵行繳

摺存

計開

陞用同知嘉興縣楊裕深　六百兩

金華縣邵凌霄　六百兩

秀水縣主簿祕雲書　三百三十兩

候補未入流張承志　三百二十兩

金華府通判胥涫　六百兩
候補運判周李燮　六百兩
烏程縣梁正標　五百兩
准補臨海縣黃檝　五百兩
候補從九品胡毓麒　三百二十兩
候補未入流方理　三百二十兩

總理浙江海運省局護鹽運司湖州府知府晏端書署杭捕同知繆梓陞用同知嘉興縣知縣楊裕深稟竊照浙漕海運已據具報放洋所有天津局務亟須馳往趕辦玆糧道定於二月十二日帶同委員楊令等起程赴津辦理收兌等項事宜自應選派書吏隨同前往承辦一切文移稿件查蘇省歷屆海運成案赴津書吏共給盤費薪水銀八百八十兩浙省經費支絀不得不稍事撙節本護司等擬請酌給銀六百兩以資道書辦公薪水及赴津往還盤費是否有當相應具稟伏乞

察覈批示以便移知津局委員楊令等遵照支給實爲公便

咸豐三年二月十二日稟

撫院

驗米大臣戶部尚書臣孫瑞珍倉場侍郎臣慶祺跪

奏爲遵

旨赴津驗收海運南糧謹將現辦情形恭摺奏祈

聖鑒事竊臣等於本月初九日率同隨帶司員臣部員外郎振麟主事成琦王友端何國琛由水路起程十四日行抵天津當即督飭該司員等及坐糧廳汪潤會同直隸總局通永道海瑛天津道張起鵷天津府錢炘和等先期辦理水次查驗監視斛收配給剝船疏通河道一切事宜次第整齊並令天津鎮特克慎督率員弁於查收器械導引進口之時逐船盤詰稽查不容匪徒溷跡現據報稱舵水人等均各安靜並無夾帶匪人等事蘇松糧道何俊亦已抵津並據詳稱本屆海運共米一百四萬二千

餘石旋經蘇撫議將丹陽縣漕糧一萬八千餘石全行截留又於蘇松等五屬酌截漕糧二十萬石作爲蘇省軍精實起運漕白糧米八十二萬三千餘石由蘇撫分別奏咨在案等語浙江糧道周起濱聞巳在途不日可到前據浙江撫臣奏稱本屆海運漕白糧實起運米六十四萬餘石該兩省沙船放洋風帆順利截至本月十八日止蘇省進口船一百三十七隻裝米十六萬五千餘石浙省進口船四十一隻裝米六萬八千餘石共計進口船一百七十八隻共裝米二十三萬四千餘石當此南風司令以後沙船自必源源而來臣等督飭該司員等會同坐糧廳暨總局委員眼同較明斛收一面催令剝船移近沙船應即親赴河干查驗米色趕緊斛收分起撥運運河之水現在足敷

浮送可無擁擠之虞再本屆海運米數較多撥船恐不敷用現

擬援照道光六年海運章程截留豫東軍船協撥此項軍船較

爲寬大能多受載以之協濟撥運可期迅速早達

天庾所有驗收海運南糧現辦情形理合恭摺具

奏伏乞

皇上聖鑒謹

奏

咸豐三年三月二十二日具

奏三月二十四日奉

硃批知道了欽此

驗米大臣戶部尚書臣孫瑞珍
倉場侍郎臣慶祺跪

奏爲續報海運商船進口現在驗收起運情形並請
旨飭催浙江糧道赴津交兌恭摺奏祈
聖鑒事竊臣等奉
命赴津驗收海運南糧前於三月二十二日謹將辦理大概情形恭
摺奏
聞拜摺後陸續據大沽協呈報截至四月初五日止江蘇進口船運
前共三百三十六隻共裝米四十二萬四千餘石浙省進口船
連前共一百八十二隻共裝米二十七萬六千餘石兩省前後
合算共計進口船五百一十八隻共裝平斛漕白米七十萬餘
石由海口挽抵上園水次江浙商船共二百八十九隻先後由

臣等督率司員坐糧廳等會同南北各總局每日親赴河干逐船逐艙查驗米色隨將乾潔米石飭令依次發給撥船斛收受兌現在起卸米十五萬四千餘石內已裝載開行撥船六百二十隻分作六起由津運通在後續裝撥船亦卽隨裝隨運銜尾遄行惟海運事煩責重向有南省先期奏派糧道赴津交兌除江蘇糧道何俊業於三月十六日抵津設局辦理外浙江總局僅有通判育涫一員其糧道周起濱並各該委員均未抵津而該省米船陸續抵次自應隨到隨驗隨卸臣等恐有貽誤不敢株守以待業經通融先辦一面就該省已到商船督率通判育涫先行查驗米色飭令撥運赴通一面行文該省及沿途各督撫查探該糧道等行抵何處迅卽催令北上臣等正在盼望之

際旋於四月初六日接據浙江撫臣咨會以該糧道行抵如皋縣因淮河道路梗塞未能即行前進飛飭由海押米赴津之江蘇職員徐雲會隨同直隸委員襄辦收兌各事宜並稱於三月二十二日附片具奏等因臣等伏查糧道專司漕務無論河運海運均應親身北上以期交兌無誤本屆浙省海運事屬創行責任尤重該糧道自應先期早到即或道途梗塞亦應如蘇省委員繞道行走今該撫任聽該糧道等半途中止並不嚴飭兼程前進該糧道等既不抵津以致會同查驗商辦撥運支發經費諸事均形棘手現雖督率通判育濬從權籌辦設法驗收起卸而該省米究係若干石有無短缺解津銀究係若干兩是否敷用一切事宜既非該員一手經理安能盡悉至該撫所稱職

員徐雲會臣等檢查前咨係江蘇捐職從九押帶頭次運船商
人既非官員又無職守臣等接准此次咨文後查探徐雲會業
已抵津飭令司員傳見面詢大概情形多未明曉是徐雲會只
能照料耆舵水手豈可以糧道專管之事責令經理該撫不思
事關重大率以數十萬
天庾正供委諸微末職銜之隔省商人實出情理之外臣等深恐貽
誤焦灼萬分相應請
旨勅下浙江撫臣嚴飭該糧道周起濱及各該委員剋卽起程迅速
北上倘再遲延卽行據實奏參所有臣等現辦海運情形並請
勅催浙江糧道赴津交兌各緣由理合恭摺具奏伏乞
皇上聖鑒訓示遵行謹

奏

咸豐三年四月初七日具

奏四月初十日奉

上諭孫瑞珍慶祺奏驗收海運米石並請飭催浙江糧道赴津交兌一摺本年江浙兩省辦理海運江蘇糧道何俊早已抵津其浙江糧道周起濱輒因淮河道路梗塞半途中止該糧道專司漕務責任綦重現在浙省米船陸續抵次僅據該撫飭令江蘇從九品徐雲會赴津襄辦以致查驗撥運支發經費等事諸多棘手殊屬不成事體著黃宗漢嚴飭該糧道周起濱及各委員等兼程北上倘該員等再敢託故遷延致有貽誤即着據實奏參毋稍迴護餘著照所議辦理該部知道欽此

驗米大臣戶部尚書臣孫瑞珍倉場侍郎臣慶祺跪
奏再查津通應用各欵向由該省分批解津支放本居蘇省海運經費前因匯寄銀十二萬餘兩尚未到津由蘇松糧道何俊詳請在於天津運庫借銀五萬兩應用俟蘇省銀到卽行歸欵茲據該糧道詳稱續准蘇藩司知會現在大兵雲集金陵需餉甚急海運經費現剩銀七萬兩運送維艱業經奉文將前項解津銀七萬兩就近截留由原委員徑解大營交收備用所有津通需用銀兩請於津通各庫內照數墊支等語并據該糧道以蘇省經費撥充軍需係屬先其所急例准作正開銷而津通用欵爲數本繁所匯銀兩原屬不敷今委解之七萬兩又經截留非但運庫之欵未能歸還以後用欵勢必不能接濟詳請籌撥等

因前來臣等伏查蘇省解津銀七萬兩旣經截留軍營自應准
其作正開銷另行籌欵抵撥現在撥價等項需用浩繁刻不可
緩臣等再四商酌擬請
飭下戸部查照蘇省截留金陵軍營銀七萬兩歸入軍需項下核辦
並請
敕下長蘆鹽政就近在於鹽課項下照數抵撥銀七萬兩作正開銷
如蒙
俞允再由臣等札行運庫除將前項暫借銀五萬兩畫抵免其歸還
外仍令提交銀二萬兩發給江蘇總局以符七萬兩之數至浙
江海運經費前據浙江撫臣咨報先撥銀七萬兩委員起解於
二月十二日起程續據咨稱天津需用銀兩前因江省道路戒

嚴已由委員發交商船賫帶赴津等語現據該省通判育滈以浙省經費由三不像船攜帶來津帶銀之船共計百有餘隻已到者七十餘隻所帶銀數不過二三萬兩除動用外別無存項轉瞬商船全數抵津驗收起撥經費必致短缺倘有貽誤關係匪輕等情稟請籌撥前來臣等伏查浙省海運經費酌需銀十餘萬兩該撫所稱發交商船之項是否在先撥銀七萬兩之外各商船所帶銀兩究有若干均未據原文聲叙詢之通判育滈既非該員經管亦復不能詳悉而撥價等項一經運米均須按日支放刻不可緩現在浙省商船進口已多撥運喫緊已到經費實屬不敷支用擬請查照奏定章程在於天津鹽關各庫暫行墊給俟浙省銀到亟行歸欵相應請

旨飭下直隸總督長蘆鹽政就近在鹽關各庫並天津道庫無論何
欵通融借墊以備目前支用俟浙省銀到再行分別還欵并請
敕下浙江撫臣迅將未到經費趕緊源源解津庶於海運要需不致
貽誤所有江浙兩省應解經費分別抵撥籌墊各緣由謹附片
陳明伏乞
皇上訓示遵行謹
奏請
旨
咸豐三年四月初七日具
奏四月初十日奉
上諭孫瑞珍慶祺奏江浙兩省應解海運經費請分別抵墊等語海

運船隻現已陸續抵津驗收起撥需費緊要所有江蘇省應解天津經費既經該省截解軍營銀七萬兩著即准其歸入軍需案內報銷並著於長蘆鹽課項下照數抵撥其已解未到銀兩仍著嚴催至浙江省海運經費未到銀兩亦准其於直隸鹽關各庫及天津道庫通融借墊以濟急需俟解到時即分別還款仍著浙江巡撫嚴催未到銀兩趕緊接解倘有延誤惟該撫是問餘著照所議辦理欽此

浙江督糧道周起濱爲申報事竊本屆浙省漕糧改由海運本道帶同委員由陸路赴津交兌當將自省起程日期申報嗣因賊匪竄擾江南道路梗塞又將行走未能迅速設法繞道前進情形節次具稟

憲鑒各在案茲於四月二十四日行抵天津除隨同

欽憲按船驗交並將一切事宜督同委員趕緊辦理外理合備文呈

報伏祈

察查爲此備由呈乞

照驗施行

咸豐三年四月三十日申

欽差大臣
倉場督院　直隸 閩浙 督院　江蘇 浙江 撫院　總漕部院并另移

蘇州浙江藩司　坐糧廳　浙江省局

浙江督糧道周起濵爲申送事竊照浙省本屆漕糧奉行海運
天津交米事宜奉
浙撫院
奏明由本道來津辦理旋經在浙會同藩司派定執事詳委陞用
同知嘉興縣知縣楊裕深等隨同幫辦諸務業將抵津日期申
報在案所有在津交米派委執事各員銜名理合開具清摺備
文申送仰祈
察覈爲此備由呈乞
照驗施行
計申送
清摺一扣

謹將在津交米派委執事各員銜名開摺呈送伏候

查覈須至摺者

計開

陞用同知嘉興縣知縣楊裕深

該員總理局務經管銀錢支銷稽察文案勾稽檔冊一切事

宜

金華縣知縣邵淩霄

該員駐劄總局經管收放銀錢辦理文案登覈賬籍并隨同

育倅伺值驗米事宜

秀水縣主簿祕雲書

候補未入流張承志

該二員幫辦總局銀錢文案并隨同育倅伺值驗米事宜張
末入由海赴津尚未見到合併聲明
金華府通判育湝
該員專司伺值驗米監視起斛卸剩交兌事宜
烏程縣知縣梁正標
准補臨海縣知縣黃檝
該二員駐劄分局經管迎提船隻排號給單查貨免稅收登
埶照清理詞訟稽察彈壓并隨同育倅伺值驗米黃令又另
委赴海口收發器械查報進出船隻事宜
候補從九品胡毓麒
候補未入流方理

該二員幫辦分局事務經管收繳軍械風晾米色并隨同育
倅伺值驗米胡從九又另委赴海口隨同黃令查報進出船
隻事宜

咸豐三年五月　　日申

欽差大臣

倉場督院

驗米大臣戶部尙書臣孫瑞珍
倉場侍郎臣慶祺跪

奏爲遵
旨查明浙江糧道在途遇盜情形被刦銀兩並無公項在內各緣由
恭摺具奏仰祈
聖鑒事竊臣等准戶部咨開咸豐三年五月初五日內閣奉
上諭黃宗漢奏遵旨嚴飭糧道兼程北上一摺浙江糧道周起濱此時計已行抵天津所有浙省米船兌交事宜着孫瑞珍慶祺督同該糧道迅速辦理毋致遲誤據該撫奏稱該糧道在阜甯板湖薛家蕩地方兩次遇盜委員烏程縣知縣梁正標等均受重傷並着孫瑞珍等查詢確情其被刼之欵是否公項一併查明具奏等因欽此欽遵知照前來伏查臣等前因浙江糧道周起濱及各委

員均未抵津奏請

飭催在案旋于四月二十四日據該糧道等同日抵津來謁臣等詢

悉該委員等在途遇盜受傷被刼銀兩各情並稱傷已平復被

刼盤費銀兩委無公項在內等語茲因欽奉

諭旨飭令查詢確情復經臣等傳到該糧道周起濱及委員烏程縣

知縣梁正標等詳加詢問並劄令按照所詢各欵據實詳覆去

後茲據該糧道詳稱遵查職道於二月十二日自浙起程趕緊

北上因江省道路戒嚴帶同委員嘉興縣知縣楊裕深烏程縣

知縣梁正標金華縣知縣邵凌霄臨海縣知縣黃檝秀水縣主

簿秘雲書候補從九品胡毓麒試用未入流方理等由福山取

道南通州前進二十七日行抵如皋閘淮河道路梗塞改道由

東臺鹽城阜甯等縣行走及抵阜甯縣因該處夫馬雇不敷用當令委員楊裕深梁正標黃檝胡毓麒于三月初十日先行前進詎是日行抵阜甯縣管轄之板湖地方被土匪執持器械蜂擁搶去盤費行李等物並將梁正標胡毓麒用刀背砍傷經該處開張飯鋪之朱姓趨救得脫旋經管姓將匪徒搶去物件繳還並云前途匪徒更甚于此難以過去即退回阜甯亦須雇人護送等語十一日由板湖折回行至薛家蕩地方復被土匪多人將銀兩行李全行搶去隨從家人間受微傷該委員報經該署縣龔舫親詣查拿起回衣被等物約有十之二三其餘銀兩均未起獲職道查驗梁正標胡毓麒兩臂受傷俱重飭令趕緊醫痊速整行裝並將委員被搶情形禀明浙撫憲一面探明可

走路途由阜甯起程仍繞道鹽城與化高郵淮安等府州縣地方前進於四月初二日渡黃二十四日行抵天津一路行程實由道路梗塞節次阻滯以致未能迅速委非託故遷延至委員楊裕深等在阜甯縣板湖薛家蕩地方被搶銀兩共計二千兩零俱係領給盤費緣海運經費統交商船帶津並無公項毋庸籌補梁正標等所受傷痕亦已平復等語　臣等核與前後所詢各情相符尚無捏飾其到津未能迅速委因繞道行走並非無故遲延應請免其置議現在浙省米船交兌事宜業經　臣等督同該糧道次第辦理以速補遲毋致延誤知縣梁正標等所受傷痕均已醫治平復分派管理總局一切事宜尚無貽誤其經費銀兩先經該省派令殷實商船均勻洒帶已到帶銀商船業

經陸續兌收支發剝價等項之用途中被刦銀二千兩零旣係
各委員所帶盤費並無公項在內毋庸另籌歸補至被盜地方
據稱報明有案應由臣等移咨兩江總督江蘇巡撫嚴飭所屬
趕緊緝捕照例懲辦所有臣等遵
旨查明各緣由理合恭摺具奏伏乞
皇上聖鑒謹
奏
再臣等驗收海運南糧前于三月二十二日及四月初七日業
將辦理情形兩次恭摺奏
聞在案拜摺後陸續據大沽協呈報截至五月十三日止江蘇進口
商船連前共五百十九隻裝米六十三萬九千餘石浙江進口

商船連前共三百六十隻裝米五十二萬五千餘石兩省前後
合算共計進口商船八百七十九隻共裝平斛漕白米一百十
五萬四千餘石先後由臣等督率各員親赴河干查驗米色乾
潔趕緊剝運現已運過江蘇漕白米共五十一萬九千餘石浙
江漕白米共三十六萬五千餘石兩省共運過漕白米八十八
萬四千餘石分作三十八起陸續赴通所有卸竣商船亦卽飭
令隨時回空不准逗遛水次江蘇委員除前次抵津各員外續
有候補同知朱鈞主簿王汝金附搭沙船航海到津浙江各委
員亦均同抵津門兩省總局一切事宜現俱次第齊全並無貽
誤各該省經費銀兩或由商船分帶或由期票滙兌津通所需
各欵尙敷支用伏查本屆海運南糧仰賴

聖主鴻福洋面肅清風帆順利抵津糧米已有一百十餘萬石北運
河因迭次得雨河水足資浮送尚無擁擠積壓之虞當此南風
司令未到商船若能銜尾而來不難尅期蕆事臣等仍當督率
司員會同各委員迅速妥辦以期早達
天庾所有續到海運南糧船米數目並現在辦理情形理合附片陳
明謹
奏
咸豐三年五月十五日具
奏十七日奉
硃批知道了欽此

直隸督院訥　爲咨明事據署天津鎮總兵大沽協副將特克慎天津道張起鵷會稟竊查海運章程向由蘇省遴派職分較大文武委員先期來津駐劄大沽海口會同大沽營員於沙船進口出口之時稽查彈壓並收發沙船砲械道光二十八年辦理海運蘇省派有副將顧清漣叅將陳長清暨通判知縣各一員來津專司其事一切悉稱順適咸豐二年海運蘇省僅委佐雜一員不足以資彈壓且到津較遲在前沙船先已進口由大沽營員收繳器械呼應不靈辦理諸多掣肘又沙船裝載米數應由蘇省先期造冊咨送以便查覈乃往往船已到津米冊始到以致稽考爲難本年蘇省漕糧仍由海運自應申明舊章覈實辦理浙江海運漕糧事同一律亦應查照辦理擬合會稟察

覈俯賜分咨
江蘇浙江撫院察照定章委派副叅丞倅知縣各員先期來津駐劄
海口專司稽查彈壓及收發沙船器械並飭上海局員將沙船
裝米數目預爲造冊務於沙船未到以前遞送來津實爲公便
等情到本閣督部堂據此相應咨明爲此合咨
貴部院煩請查照希卽委派文武各員先期來津以資稽查彈
壓收發器械並飭將沙船裝米數目預爲造冊務於沙船未到
以前遞送來津以便查考仍祈將委員銜名見覆施行
咸豐　年　月　日咨
浙江撫院

直隷督院諮　爲詳送事據天津道張起鵷呈稱竊照本年浙
江漕糧由海運津一切事宜悉照舊章派員辦理茲准天津鎮
轉據各營將管駕哨船巡護導引催提沙船剥船稽查彈壓並
往來巡查押運赴通各員弁兵丁銜姓花名以及安設馬撥兵
丁花名馬匹毛𪉖分項造册先後咨送到道覈與成案相符詳
送分咨等情據此擬合咨送清册爲此合咨
貴部院煩爲查照施行
計咨送清册七本
咸豐三年　月　日咨
浙江撫院

浙江督糧道周　爲咨送事竊照浙省本年起運上年漕白糧米由海運津所有運糧沙船前准蘇藩司移知
奏明准帶二成貨物免稅如未能儘數銷售仍須轉往奉天牛莊等處貿易自應循照蘇省上屆成案刊備執照將銷賸免稅貨物填入照內鈐蓋關防挨船給發等因准此當經循照辦理在案茲查浙省海運沙船現已全數斛收起卸完竣所有各該船隨帶二成貨物在津未能儘數銷售者除照蘇省上屆成案由局隨時填註免稅執照挨船發給收執外擬合將各沙船帶往奉天牛莊免稅各貨物督同局員造具花名清冊備文移送爲此合移
貴道請煩查照施行

計移送清冊一本

咸豐三年七月十四日移

天津道

旨依議欽此相應抄錄

奏奉

片咸豐三年正月初八日具

海運續議章程一摺又本部附片奏催海運沙船及早放洋一

戶部咨開雲南司案呈本部議覆浙江巡撫黃　奏浙省辦理

兵部火票遞到

巡撫部院黃　案行咸豐三年正月二十日接准

糧道周　文開本年正月二十二日奉

浙江海運省局移開二月初五日奉

年四月初四日蒙

浙江海運天津局同知銜金華府通判吉詳爲詳明不遵事本

諭旨鈔錄原奏附片飛咨浙江巡撫遵照可也等因到院行道查照

准咨奉

旨事理即便欽遵辦理計黏單等因到道鈔本移局查照分別移行

欽遵至賸耗糶變一節即由省局詳咨蘇省商辦示覆各等因

鈔本移煩查照欽遵等因蒙此遵查浙省海運奉委

本糧道帶同卑職等抵津辦理交米各事宜惟本糧道尚未抵

津所有浙省沙船餘賸耗米自應遵照蘇省章程辦理以歸畫

一所有蘇省沙船餘賸耗米現係如何辦理應請示覆以便遵

辦擬合具文詳請伏祈

查覈示遵爲此備由具申伏乞

照詳施行

咸豐三年四月初七日具詳奉

江蘇督糧道何　批查蘇省上屆辦理海運於沙船抵津將裝載漕糧交兌完竣後所餘耗米卽令起存棧房俟糧米全數交足聽候出示糶變本年循照辦理並先出示曉諭在案希卽查照此覆

浙江海運天津局爲曉諭事案奉
欽差大臣倉場督院札開查本屆江浙兩省海運所有沙船餘米札行江
蘇總局候選知府王承基協同各該總局預爲收囤並將現時
市價每石應需若干先期呈報俟收有成數即行呈請驗收備
價發給等因業此合行出示曉諭爲此示仰各沙船耆民人等
知悉所有該沙船裝運漕糧除交足正米外餘賸米石即全數
存儲公所收囤俟收有成數即行呈請驗收按照現時市價照
數發給各宜凜遵毋違特示

咸豐三年四月初十日示諭各沙船

浙江海運天津局諭運米各商船并日升糧店各鋪戶知悉照得本局漕糧由海運津所有各商船兌賸餘米曾經諭令日升糧店并陳天和福興和明和順天興天發店德發號各鋪戶收買在案迄今多日報數寥寥明係該鋪戶等買多報少抑或係各商船私行變賣亦未可定要知此項米石乃漕糧所餘設正兌或有因故短缺自應將餘耗抵補豈容任意銷售合行諭知諭到各商船等務將所餘之米向日升陳天和福興和明和順天興店天發德發號魁發號各鋪戶按照時價變賣抑或自向本局請領現銀均隨其便如本局動用各鋪戶買存之米亦按彼時之時價給發現銀并另加以盤量折耗之費決不使各商船并各鋪戶等兩有喫虧倘自諭之後各商船并各鋪戶等敢

再私相授受任意偷買偷賣或匿不報或以多報少一經查出定即併行送縣治以偷漏漕糧之罪再各鋪戶如有匿數不報之事許爾等各商船赴局稟明各商船如有私自變賣之事許爾等各鋪戶赴局呈首以憑查辦各宜懔遵毋違特諭

咸豐三年五月　日諭

總督倉場部堂爲飭遵事查直隸易薊二州
陵糈白米從前河運向於江浙二省五府白糧幫內遞年輪派在案近
年江蘇白糧改由海運自上年起遂將易糧在於海運蘇屬白
糧米內派撥薊糧在於海運松屬白糧米內派撥亦在案今江
浙二省本年起運白糧統歸海運自應仍照上年成案辦理所
有本年易州需用白糧應在海運江蘇常屬白糧米內派給薊
州需用白糧應在海運浙江嘉屬白糧米內派給此項
陵糈應令揀選乾潔白米截撥合將易薊應需米數鈔單行知爲此牌
仰浙江督糧道查照可也須至牌者

計黏單一紙

遵化州查報癸丑年供應

白米二百五十石　江米四十石

薊州應需

上白米一百七十五石　江米二十五石

豐潤縣應需

白米二百五十石　江米二十五石

易州應需

平上白米六百七十九石七斗二升九合

平次白米九十四石二斗三升二合

平江米一百四十四石四斗四升八合三勺

昌陵應需平上白米一百二十六石四斗六合九勺

平次白米三十五石九斗一升九合八勺

平江米一十八石九斗二合五勺

慕陵應需平上白米一百二十二石八斗四升五勺

平次白米三十四石九斗八勺

平江米一十八石三斗九升三合

昌西陵應需平上白米六十八石一斗五升

次白米一十九石三斗

江米一十石三斗五升

咸豐三年三月初七日行浙江糧道

浙江海運天津總局陞用同知嘉興縣知縣楊裕深等爲詳請
飭遵事案蒙
欽差大臣倉場督院札開准
駐通倉場部堂咨據易州知州程仁傑詳稱卑州本年供應
陵糈江白米石蒙在海運江蘇常屬白糧米內派給飭令遣派丁書赴
津領兌自應遵照辦理惟查去歲截收白米係在海運蘇屬白
糧內補派緣沙船窄小海氣薰蒸米質溼潮顆粒漲滿雖蒙飭
發一半耗米奈自津起程行至天津縣所屬之鐵頭堤阻淺有
該處人李姓用木植蓆片做閘蓄水送船挽行需索錢文刁惡
異常又行至靜海縣所屬之五龍口等處一帶淤泥阻淺數日
船不能行招雇小船剝運其各船戶乘勢居奇所費甚鉅卑州

書役因人地生疎呼應不靈辦理不易輾轉起卸至白溝河每石計傷耗米三四升不等且雇車運赴州倉又有折耗總之此項海運米石層層傷耗節節費用州前因事屬創始暫時變通不敢遽請籌議貼補將傷耗米石卽由州自行補苴今查江浙二省白糧統歸海運每歲均應如此領運若不明定章程將來一切傷耗年年委之州賠累實屬力有未逮所有本年奉派海運常屬白糧請查照上年成案由天津道派員押赴白溝河倉次交卸至一切傷耗米石及沿途雇撥費用錢文并押撥人役飯食等項可否卽請在南省解到海運經費內籌給交該委員妥爲領辦以昭慎重而免苦累之處擬合詳覆籌議示遵等情相應移咨查照等因前來查上年撥給易州

陵糈係於海運蘇屬白糧內揀派經本部堂驗明均係一律乾潔上好
之米並無米質潮溼顆粒漲滿情弊並據清河天津道詳請由
該道在津雇備民船派委妥員督同該州丁役押至白溝河卽
由該州雇車轉運所需水腳卽在蘇省解到海運經費內給發
其陸運車價由該州查照向例辦理並據聲明輾轉裝運折耗
較多所有蘇省原備耗米應以一半給與易州作爲陸路折耗
之用其餘一半耗米應同食米俱給撥船具領以昭平允嗣據
清河天津道於四月三十日飭委候選知縣汪鳴和押同該丁
役運至白溝河由該州委員教諭趙煊接替轉運等因在案本
年自應遵照上年成案辦理乃該州於未經派領之先輒將上
屆撥運一律乾潔之米指爲海氣薰蒸米質潮溼顆粒漲滿並

稱沿途阻淺雇船撥運輾轉起卸層層傷耗節節費用該州賠補力有未逮請將押運一切事宜責成天津委員其傷耗米石及沿途用項請在海運經費內籌給交該委員妥爲領辦各等語查上屆米色何以與本部堂所驗米色不符該州彼時何以不卽稟明查究卽使轉運不免折耗原給有一半耗米可以抵補況該州領米丁役有天津委員督同押運何得藉口於人地生疎呼應不靈並以米質潮溼土人刁惡船戶居奇傷耗費用砌詞具詳果如該州所云必此後不辦海運而後可必該州應領之米專俟旗丁自行運赴該州而後可該州所稟實屬藉詞諉卸此風斷不可長所有本年應領白糧仍應聽候派撥查照上屆成案妥爲辦理該州責無旁貸倘再藉詞推諉致有貽誤

本部堂惟有據實嚴叅勿謂言之不預也至本年薊易等州縣
應需截撥粳米向於江浙幫船內派撥在案江浙漕糧統歸海
運自應按照截撥白糧成案一律辦理據駐通倉場部堂抄單
移咨前來相應劄行浙江總局即將本年撥運薊易等州縣白
糧粳米一體照案妥辦俟辦結後詳贖備案等因蒙此查上年
蘇省海運米內奏撥薊易二糧俱由
坐糧廳選派撥運並蒙
天津道預飭各該州縣派撥丁役來津領兌由津備船派員監
兌押送至白溝河交替在案今屆薊易糧米奉行在於海運江
浙兩省白糧粳米內派撥自應循照成案辦理

一呈　坐糧廳

奉檄前因擬合具文詳請
查覈俯賜在於續驗裝運浙省白糧粳米沙船內選撥仍請將
撥定船名飭知局以便遵辦實爲公便爲此備由呈乞
照詳施行
一呈　天津道
奉檄前因擬合具文詳請
查覈俯賜飭令薊易等州縣卽日派撥丁役來津領兌並請派
員押至白溝河接替實爲公便爲此備由呈乞
照詳施行
咸豐三年　月　日具詳奉
天津道批查上屆薊糧係同交倉正米一併撥運赴通係由薊

州等州縣派令丁書赴通領運易糧係由易州派令丁書來津
領兌此次自應循照辦理前奉
倉憲檄行業經分行薊州等州縣遵照茲復據詳飭催仰即知
照繳

總督倉場部堂爲飭遵事照得浙省漕糧現在奏明試行海運凡一切經費章程循照江蘇成案在於河運經費額內支銷查各幫三升八合餘米每石例給本部堂衙門書吏飯銀二分又饗羨按每兩給銀一分所有道光六年二十八年咸豐二年江省辦理海運其前項饗羨餘米飯食銀兩俱經該糧道按照米數覈定銀兩隨同輕賫附搭解通今浙省辦理海運其例給本部堂衙門書吏饗羨餘米飯食銀兩自應查照江蘇歷屆成案由該糧道先行按照米數覈定該銀若干於起解輕賫時專批徑解本部堂衙門投交以憑覈給俾資辦公合行飭遵爲此札仰該道官吏遵照卽行覈算附搭解通以資辦公可也特札

咸豐三年十二月十六日行浙江糧道

浙江督糧道周起濱爲申覆事本年五月十八日奉
總督倉場部堂牌開照得浙省海運一切經費章程均照江蘇
成案辦理查各幫支領三升八合餘米價銀每石例給本部堂
衙門書吏飯銀一分又筐蓋每兩給銀一分前經本部堂飭該道按
照米數覈定該銀若干於起解輕齎時事批經解本部堂衙門
投交迄今未據呈解查此項銀兩係本部堂衙門辦公之需且
爲數無多似可先行詳解合亟飭催仰該道遵照即將此項銀兩
按照斛米每萬石餘米銀七兩六錢筐蓋銀一兩八錢一分
本屆實起運米若干共覈銀若干即在抵撥銀內劃出先
行呈解通署俾資辦公仍將起解日期呈報查覈毋遲等因奉
此遵查浙省應解

憲書飯食一款應於例領之節省羨餘米等款内扣抵計銀三百八十七兩八錢一分五釐前經彙同解給各款開摺遝解坐糧廳分别查收在案奉飭前因理合備文申覆仰祈

察查爲此備由呈乞

照驗施行

咸豐三年六月初五日申

駐通倉場部堂

浙江督糧道周　爲咨覆事本年五月初四日准

貴廳咨開本年四月十五日蒙

浙江巡撫知照咸豐三年海運二年分漕白糧米內除餘耗留

南變價米一萬七千九百六十七石六斗二升九合通共實起

運新舊漕白米六十四萬三千四百五十六石九斗零除頭批

撥運兌交米石業已開行外所有續運之米現於三月中旬一

律赴滬據浙省局員呈報截至三月二十日止已兌交商船五

十二萬餘石尚有未兌米十二萬餘石應需船隻無虞缺乏等

因茲准貴道移咨黏單內開應交正耗并餘米五十六萬八千

餘石帶交湖屬舊漕案內出陳易新白糧交倉正耗米一萬一

千餘石何以與奏報數目多寡竟致懸殊且浙省餘米向係奏

准留南變價此次原奏亦稱餘耗留變米一萬七千九百餘石何以單內又稱起運正耗餘米是與歷來成案及此次奏案均屬不符再漕米正改兌白糧正耗各數未經分晰粳秈白糯名目並交倉三升五升耗米細數礙難覈辦相應移道查照希將本年海運米數據實聲叙分凊漕米粳秈正改各數並白糧正耗三升五升欵目另繕清單卽日移送以憑詳細覈算再查經費銀兩交領數目一併開單知照等因並鈔黏過道准此查前據總局申報內叙餘耗留南變價米一萬七千九百餘石係在例給幫丁一五耗米內餘賸歸入節省之項業由浙省詳咨另行變價報撥在案並查浙省領劃餘米價銀係在二五交倉耗米內開銷緣此項米石浙省向係

奏明留南變價作爲調劑幫丁之用現應辦理海運將是項餘米

一併解通其價銀自應援案相抵業經詳奉

浙撫部院於咸豐二年十二月咨明

直隸督院
倉場部堂轉行知照各在案又於本月十四日准

貴廳咨催本年起運漕白正耗米分別移知等因查浙省本屆

起運新舊漕白米六十四萬三千四百五十六石九斗零內除

應給經紀津剝商船食耗等米六萬一千三百八十一石六斗

九升三勺又咸豐元年分出陳易新白糧交倉正耗米一萬一

千八百六十石四斗六升三合內除經紀津剝商船食耗等米

一千五百三十八石三斗八升五合二勺外實交倉漕白正耗

米五十六萬八千餘石覈與原奏數目相符除督同局員並飭

承將漕白各米查開正兌改兌粳糯各細數并經費銀兩同應
解應領數目一併開摺移送再摺開各欵均係查照河運向章
及叅以江蘇海運成案逐欵科算惟粳秈數目前准咨查卽經
飛移浙江省局查覆但距浙甚遠覆到覈辦恐稽時日現經專
委局員前往該經紀處查得卸過剝船漕米內僅有正耗秈米
六萬餘石每石餘米三升八合合算不過一千八百餘石今本
道從權變通擬以前項領價餘米一萬六千餘石之內以六千
石作爲秈米每石應減價銀一錢其餘概以粳米覈計有盈無
絀一面仍請飭令經紀收到秈米實數先行開單移覆以便兌
竣造冊分別呈送如浙江咨到確數有無增減亦卽再行移請
更正俾歸覈實合並移明爲此合咨

貴廳請煩查照施行

計送清摺一扣

計開

浙省咸豐三年起運二年分漕糧正米三十七萬九千三百二十五石一斗九升八合五勺

二五交倉耗米九萬四千八百三十一石二斗九升九合六勺

改兌正米二萬九千三百六十五石五斗

一七交倉耗米四千九百九十二石一斗三升五合

改漕正米二萬三千一百三十九石二斗八升九合一勺

二五交倉耗米五千七百八十四石八斗二升二合三勺

白糧正米二萬九千九百七十五石內

白粳米二萬五千三百四十九石
白糯米四千六百二十六石
交倉耗米一千二百六十三石一斗六升八合九勺內
三升交倉耗米三百五十三石三斗七升一合四勺
五升交倉耗米九百九石七斗九升七合五勺
又起運湖屬咸豐元年出陳易新舊白糧正米一萬一千三百
八十七石五斗七升一合六勺內
白粳米九千五百七十一石八斗七升八合八勺
白糯米一千八百一十五石六斗九升二合八勺
交倉耗米四百七十二石八斗九升一合四勺內
三升交倉耗米一百四十四石七斗三升七勺

咸豐三年案

銀六十五兩九錢五分三釐

米三千一百八十六石一斗一升一合九勺洪斛折實該去

一百二十四兩九錢七分一釐六毫八絲內除奉撥易州糧

漕糧以洪斛計每石二分五釐八毫七絲五忽該銀一萬一千

一應解給經紀飯米折色

石九斗五升一合九勺之數合併聲明

勺以符在浙起運漕白正耗米六十四萬三千四百五十六

倘有支給津剝商船耗米六萬二千九百二十石七升五合五

合四勺外

以上起運漕白正耗米五十八萬五百三十六

五升交倉耗米三百二十八石一斗六升七勺

白糧以平斛計每石二分五釐八毫七絲五忽該銀一千一百一十五兩一錢七分七釐一毫內除奉撥易州白糯米八十一石八斗八升三合八勺平斛計算該去銀二兩一錢一分九釐

一應解給經紀一半津貼

漕糧以洪斛計每石一分一釐二毫五絲該銀四千八百三十六兩九錢四分四釐二毫內除奉撥易州粳米三千一百八十六石一斗一升一合九勺折洪斛計算該去銀二十八兩六錢七分五釐

一應解給經紀個兒錢

漕糧以洪斛計每石二分七釐該銀一萬一千六百八兩六錢

六分六釐內除奉撥易州粳米三千一百八十六石一斗一
升一合九勺洪斛折算該去銀六十八兩八錢二分
白糧以平斛計每石二分七釐該銀一千一百六十三兩六錢
六分三釐一毫內除奉撥易州白糯米八十一石八斗八升
三合八勺平斛計算該去銀二兩二錢一分一釐
一應解給抗腳挖箵
漕糧以洪斛計每石二釐該銀八百五十九兩九錢一釐二毫
內除奉撥易州粳米三千一百八十六石一斗一升一合九
勺折洪斛計算該去銀五兩九分八釐
白糧以平斛計每石二釐該銀八十六兩一錢九分七釐三毫
內除奉撥易州白糯八十一石八斗八升三合八勺平斛計

算該去銀一錢六分四釐

一應解廳茶果

漕糧以洪斛計每石二分該銀八千五百九十九兩一分一釐

九毫內除奉撥易州粳米三千一百八十六石二斗一升一

合九勺折洪斛計算該去銀五十兩九錢七分八釐

白糧以平斛計每石二分該銀八百六十一兩九錢七分二釐

六毫內除奉撥易州白糯八十一石八斗八升三合八勺平

斛計算該去銀一兩六錢三分八釐

一應解倉茶果

漕糧以洪斛計每石五釐一毫七絲二忽五微該銀二千二百

二十三兩九錢一分九釐五毫內除奉撥易州粳米三千一

百八十六石一斗一升一合九勺折洪斛計算該去銀一十
三兩一錢八分四釐
一應解給倉役飯食
白糧以平斛計每石三分六釐三毫二絲該銀一千五百六十
五兩三錢四分二釐三毫內除奉撥易州白糯八十一石八
斗八升三合八勺平斛計算該去銀二兩九錢七分四釐
以上十一欵其銀四萬四千四十五兩七錢六分六釐八毫六
絲查奉撥易州粳米三千一百八十六石一斗一升一合九
勺以洪斛折算又白糯米八十一石八斗八升三合八勺以
平斛計算該除經紀飯米折色個兒錢等欵其銀二百四十
一兩八錢一分四釐外

實該解給銀四萬三千八百三兩九錢五分二釐八毫六絲
一應領篙夫每船五兩漕糧以淇斛計五百石爲一船每石計
銀一分該銀四千二百九十九兩五錢六釐
一應領羨夫每船四兩漕糧以淇斛計五百石爲一船每石計
銀八釐該銀三千四百三十九兩六錢四釐八毫
一應領紙張漕白均以淇斛計每萬石爲一幫每幫銀二兩該
銀九十二兩八錢八分六釐
一應領漕糧項下每石餘米三升八合其計米一萬六千四百
九石五斗三升九合六勺內以六千石爲秈米每石價銀六
錢以一萬四百九石五斗三升九合六勺爲粳米每石七錢
該銀一萬八百八十六兩六錢七分七釐七毫二絲

以上四欵其應領銀一萬八千七百一十八兩六錢七分四釐
五毫二絲內除
倉場書吏飯食銀三百八十七兩八錢一分五釐外應抵解
前項銀一萬八千三百三十兩八錢五分九釐五毫二絲業
蒙
浙江巡撫咨明
直隸倉場督院援照江省成案按數撥抵外
實該找解銀二萬五千四百七十三兩九分三釐三毫四絲
咸豐三年五月二十一日移
坐糧廳

浙江督糧道周　爲移請更正抵解事案准
貴廳咨覆浙省抵領經費欵內撥運易米項下例不給領萱羨
等四欵尚應找解銀一百七十一兩七錢八釐等因即經移請
在於溢扣秈米價內更正抑補未准咨覆兹查本屆漕糧在滬
裝運交倉正耗內粳米四十六萬七千五百九十九石二斗五
升五合每石例價七錢計銀九千九百九十七兩四錢五分三
合每石應領餘米三升八合該米一萬四千二百八十二石七
釐又秈米六萬九千八百三十九石三升九合五勺每石應領
餘米三升八合該米二千一百二十七石四斗六升三合六勺
每石例價六錢計銀一千二百七十六兩四錢七分八釐共該
抵領銀一萬一千二百七十三兩九錢三分一釐前曾請抵銀

一萬八百八十六兩六錢七分七釐七毫二絲計溢扣銀三百八十七兩二錢五分四釐除去易米項下不給篔羨等欵應行找解銀一百七十一兩七錢八釐尚餘存銀二百一十五兩五錢四分六釐應請收入浙省應解輕賫項下俾得各清各欵擬合備造分縣秈米實數細冊咨送為此合咨

貴廳請煩查覈更正希將抵收浙省應解輕賫銀二百一十五兩五錢四分六釐詳報

倉場部堂並移知本道備案幸勿稍遲望速施行

今移送冊一本

咸豐三年六月三十日移

坐糧廳

戶部坐糧廳汪　爲移覆事准

貴道移稱本屆海運漕糧兌交粳秈米內三升八合餘米價銀一萬一千二百七十三兩九錢三分一釐較與前咨清摺內開載餘米銀一萬八百八十六兩六錢七分七釐覈算數餘銀三百八十七兩二錢五分四釐內應補找解銀一百七十一兩七錢八釐尚餘銀二百一十五兩五錢四分六釐歸入輕齎項下

俾得各清各款希卽詳報

倉場部堂並移知本道備案等因本部覆覈前咨清摺內載銀米數目復經更正應找解銀一百七十一兩七錢八釐卽以餘秈米價銀款內斅餘銀劃抵外尚餘存銀二百一十五兩五錢四分六釐併入輕齎項下應俟浙省輕齎銀兩解到時再行詳

報

倉場部堂覈銷相應移覆爲此合移

貴道請煩查照施行

咸豐三年七月初七日移

浙江糧道

浙江督糧道周起濱為申送局墊補交米石彙開清單事竊照
本年海運漕白二糧自滬運津商船間有炎蒸耗重及因風拋
失稟請由局借補俟旋滬繳價等情當時剎卸喫緊未便任延
即令局員會同紳董察看商情除稍可彌縫之船業經令自行
買補外而金寶珍等九船短缺漕白米石俱稱人地生疎在津
無從措繳求請移行上海局縣由原攬稅行著落本船戶照數
繳銀歸墊均經員董等查明屬實量予允准由局取結定案隨
時詳道當即分別詳移並飭上海局縣著落追繳各在案茲因
局務告竣通將缺米船名并應追銀數彙開清單庶案歸一致
而瞭如指掌所有朱允利呂德源二船遇風被盜折回上海其
應交漕米早緣久不來津亦於津局買米墊交全完祇因該二

船未出江境應如何追繳統歸滬局覈辦理合開單備文詳送
伏祈
鑒覈爲此備由呈乞
照驗施行
計申送淸單一紙
今將各商船抵津斛缺米石由津墊給買補價值銀數彙列淸
單呈送
查覈
嘉興五號金寶珍船缺漕糧平斛米二百七十石二升八合由
津墊價銀三百七十八兩三分九釐二毫
烏程二十號宋祥泰船缺漕糧平斛米二十一石八斗七升五

合由津墊價銀三十兩六錢二分五釐

歸安十七號奚源利船缺漕糧平斛米三十一石九升六合二勺五杪由津墊價銀四十三兩五錢三分四釐七毫五絲

烏程二十二號金恆發船缺漕糧平斛米三十七石五斗由津墊價銀五十二兩五錢

德清十九號沈恆順船缺漕糧平斛米三十五石由津墊價銀四十九兩

烏程二十九號金合發船缺漕糧平斛米四十石由津墊價銀五十六兩

海甯二十號錢長源船缺漕糧平斛米五十二石五斗由津墊價銀七十三兩五錢

湖屬白糧十號姚天泰船缺白糧平斛米九十八石六斗一升除賠繳外實由津墊價銀一百兩計欠交平斛白糧米四十一石六斗六升六合七勺

湖屬白糧一號陸再利船斛缺白糧除賠繳外實欠交平斛白米六十二石五斗由津墊價銀一百五十兩

未到朱允利船原裝歸安縣漕糧并經耗津剝除商船耗不計外到津應交米一千二百三十二石七合由津墊價銀一千七百二十四兩八錢一分

未到呂德源船原裝烏程縣漕糧并經耗津剝除商船耗不計外到津應交米七百二十八石九斗三升七合五勺由津墊價銀一千二十兩五錢一分三釐

以上津局共墊觧缺漕白米價銀三千六百八十四兩五錢二

分二釐

咸豐三年　月　日申

浙江撫院並另移浙江省局

浙江督糧道周起濱為呈報事本年七月十二日准
蘇藩司咨開竊照本年江浙兩省海運糧米先後雇備沙船停
泊黃浦受兌陸續駛出吳淞口候風放洋北上業經詳咨
奏報取造均裝等冊詳咨照辦在案茲據滬局委員藍丞等稟據
崇明縣姚令稟稱五月二十八日據耆舵宋有年等呈稱管駕
崇字呂德源商船裝運浙省烏程縣三十一號糧米七百十石
并耗米七十五石零五月初五日由吳淞掛號至十滧守風放
行二十三日午前駛至佘山西南洋面猝遇盜船四隻盜匪多
人上船刼去糧米三百餘石等情據經會營分別前詣勘明該
船被刼情形並詢據各耆舵供與報詞相同又本月初二日據
耆民陸鳳洲呈報崇字一百十九號朱允利商船裝歸安縣第

三十一號漕糧共正米一千二百石并耗米九十六石又附裝客貨藥材等件於四月二十八日由吳淞掛號出口駛至十澂守風至五月二十四日放行往北二十五日午後駛至佘山北洋猝遇撑篷盜船五隻放炮追來舵水等見勢畏避退駛至黑沙嘴盜匪始去不料船遭擱淺是夜又遇大風船身擱壞無奈斫檣鬆艙將客貨拋去五十餘件正米約拋去二百餘石有在船焦錢二客可訊開單黏照呈請勘詳等情除諭令各船放回上洋外稟請查辦等情到局據此除飭該令詳報外伏查浙省滬局業已撤退委員仲丞等俱已回省應請咨明浙省辦理等情到司並據崇明縣姚令查勘具詳前來查上屆道光二十七年海運裝米沙船或在洋遭風或遇盜被刼均經移會津局先

於備帶經費銀內照數買補交倉一面由蘇查明餘賸米石追
繳變價歸款在案迨辦咸豐元年海運間有遭風遲到米船亦
俱照辦今江浙兩省海運商船被盜遇風漂失米石本省既無
款項可籌自應查照成案由津收買沙船餘耗補交俾免缺額
據稟前情除詳報
欽差大臣查考并移知浙藩司暨交米何糧道查照辦理外合亟移
知希將前二船應交漕糧正耗并津通食耗等米一千九百六
十石零一併在於解存經費銀內照數收買沙船餘耗補足交
倉并祈就近移知直隸海運局道并飭在津各委員知照等因
准此查呂德源船承運烏程縣漕糧米七百一十石又經紀津
剝食耗米一十八石九斗三升七合五勺又朱允利船承運歸

安縣漕糧米一千二百石又經紀津剝食耗等米三十二石七
合前因遲至六月下旬尚未抵津遍查行蹤並無消息未便曠
日久待轉稽通漕全局當經督令局員即將買存餘米補交足
額造具全完清冊詳報
欽差大臣暨
撫憲查覈在案所需米價每石合銀一兩四錢先經由局於經
費項下籌墊擬俟該二船到津即飭令變價歸欵茲准前因除
飭上海局員仲丞遵照迅將該二船承運米石由滬設法變價
並將領過水脚銀米分別著追一併解還歸欵外理合備文申
報爲此備由呈乞
照驗施行

咸豐三年七月　日申

浙江撫院并另移蘇藩司浙江省局札上海局仲丞

浙江海運天津總局陞用同知嘉興縣知縣楊裕深等爲申請
事竊照浙省本年漕白糧米由海運津現已斛收完竣船戶某
某等若干船其斛米執照業經昇局封送在案所有應發各船
倉收擬合開具花名米數具文申請
查覈俯賜將船戶某某等若干船倉收飭發到局以便轉給該
船戶收執回南實爲公便爲此備由具申伏乞
照驗施行
計黏船戶某某等若干船花名米數單一紙
咸豐三年　月　日隨時申請
坐糧廳

戶部坐糧廳汪　爲咨送事照得沙船起竣應出給完照咨送
貴局轉發船戶收執現在起竣沙船若干隻相應出給完照若
干張希卽轉發並取具沙船戶並無需索勒措甘結咨送過部
以便存查望切須至咨者
計咨送
完照若干張
咸豐三年　月　日隨時移送
浙江海運天津局

完照

戶部坐糧廳　　　　　　　　　　為
給發完照事照得本年浙省漕白糧米由
海運津今沙船商人　　　運到天津共計
應交　斛米　　　業已照數起卸全完
合行給發完照為此照給該商人收執以
便存查可也須至完照者

咸豐叁年陸月　　　　　日

部

浙江督糧道周　爲移送事案准

貴廳咨開照得沙船起竣應出給完照咨送轉發船戶收執並取具沙船戶並無需索勒捐甘結咨送過部以便存查望切等因准此本道查浙省海運漕白糧米共計裝運沙衛等船四百十四隻現已全數到津掃數起卸完竣所有各船請領完照均經按船發給取具並無需索勒捐甘結二紙除存留一分附卷外擬合將各船投到甘結備文移送爲此合移

貴廳請煩查收備案望切施行

計移送沙衛等船甘結四百十二張

咸豐三年七月　　日移

坐糧廳

糧道詳報海運漕白米石交卸全完各數　咸豐三年案

浙江督糧道周起濱爲詳報事竊照咸豐三年起運二年分浙省杭嘉湖三府屬漕白二糧並咸豐元年湖屬舊白糧米

奉准改由海運奉委本道督同正佐各委員前赴天津辦理交米事宜當將抵津日期呈報在案伏查各屬應徵漕白二糧陸續運至江蘇上海出口計裝本年起運咸豐二年漕白二糧正耗米五十六萬八千六百七十六石四斗一升三合四勺又帶運咸豐二年起運元年分湖屬白糧正耗米一萬一千八百六十石四斗六升三合二共交倉正耗米五十八萬五百三十六石八斗七升六合四勺又隨運經紀耗米八千八百三十七石三斗四升九合二勺以上漕白二糧交倉正耗並經紀耗米共五十八萬九千三百七十四石二斗二升五合六勺又天津剝船

食米六千七百七十七石八斗三合六勺商船耗米四萬七千三百四石九斗二升二合七勺統計海運新舊漕白二糧交倉正耗並經紀津剝商船耗食等米共六十四萬三千四百五十六石九斗五升一合九勺共裝商船四百一十四隻自三月二十六日起程陸續駛抵天津水次當蒙

欽差大臣督同隨帶司員坐糧廳暨直隸浙江二省在事人員逐船詣驗隨驗隨卸截至現在止業已陸續到齊計裝交倉漕白正耗米五十八萬五百三十六石八斗七升六合四勺經紀耗米八千八百三十七石三斗四升九合二勺二其交倉漕白正耗並經紀耗米五十八萬九千三百七十四石二斗二升五合六勺內除奉撥易州白糯米八十一石八斗八升三合八勺隨正

撥給經紀耗米一石四斗七升三合九勺漕糧米三千一百八十六石一斗一升一合九勺隨正撥給經紀耗米四十七石七斗九升一合七勺共撥易州漕白交倉正耗米三千二百六十七石九斗九升五合七勺又隨撥漕白經紀耗米四十九石二斗六升五合六勺均由天津道委員押解交收外其餘運通新舊漕白二糧交倉正耗并同奉撥薊遵豐白粳交倉正耗米六百七十五石白糯交倉正耗米九十石通計共米五十七萬七千二百六十八石八斗八升七勺又經紀耗米八千七百八十八石八升三合六勺二共米五十八萬六千五十六石九斗六升四合三勺均已全數運通顆粒並無短缺其隨正應給津剩食米商船耗米亦已一律如數給清合將全完米數造冊具文

詳報仰祈

察覈具

奏實爲公便爲此備由呈乞

照詳施行

今呈送冊一本

咸豐三年六月二十八日具詳

欽差大臣倉場督院 浙江撫院

巡撫部院黄 批據詳海運漕白米石業已交卸全完已悉仰候

欽差驗米大臣具

奏並候

倉場部堂批示繳冊存

署倉場侍郎臣全慶
倉場侍郎臣朱嶟跪

奏爲海運漕白糧米撥運抵通起卸完竣恭摺奏

聞仰祈

聖鑒事竊照本年江浙二省漕白糧米裝載沙船由海運津經

欽派大臣查驗督飭受兌剝船分起運通所有抵通開斛起卸日期

業經奏蒙

聖鑒在案除浙省沙船業經到齊兌運完竣外其江省沙船一時未

能到齊且尾數無多經

欽派大臣奏明折價交納以完正供續到沙船兌給經紀耗米茲據

江省留津委員朱鈞詳稱續到船隻將經紀漕糧耗米全數兌

給白糧耗米短數無多購買交足又交原截寶山縣兵米一千

石耗米十五石此外尚有未到船十隻裝米一萬一千一百餘
石擬交江省原截兵米現屆冬令一時未能收口請俟抵津交
天津道縣經理並據天津道詳稱續到沙船耗米全行兑完各
等情臣等查海運米石分起運通自第一起至六十二起除截
留津通兵米並撥運薊易及折價外其計江浙二省到通漕糧
洪斛米一百一萬三千二百七十五石零又漕糧經紀耗米除
抵賠沉濕漂淌外實起米一萬五千三十五石零白糧除撥運
薊易外計到通平斛米十一萬二千九百六十六石零又白糧
經紀耗米除抵賠沉濕虧短外實起米一千七百八十二石零
均經撥起運通經紀耗米隨正入倉抵補掣欠今據坐糧廳呈
報於十一月二十七日全行起卸完竣臣等仍嚴飭大通橋監

督趕緊轉運進倉以期早登
天庾所有江浙二省海運漕白糧米全數起竣緣由理合恭摺奏
聞伏乞
皇上聖鑒謹
奏
咸豐三年十二月初四日具
奏奉
旨依議欽此

浙江督糧道周起濵督同局員楊裕深等爲申報事竊照浙省杭嘉湖三府本年起運漕白糧米並帶運上年湖屬白糧歸由
海運
奏委本道暨各委員來津辦理交米事宜曾將抵津日期申報在案茲海運米石業經一律到津掃數兌交完竣卸空商船亦即各給回照完單飭令回南出口所需一切經費均經分別支放清楚此外並無未了事件現於本月二十日撤局並擬定二十四日起程回浙合將撤局起程日期先行具文通報仰祈
察覈爲此備由呈乞
照驗施行
咸豐三年七月二十日申

欽差大臣　直隸督院　總漕部堂　坐糧廳
倉場督院　閩浙　浙撫部院　並另移　天津道
蘇藩司　浙臬司
浙藩司　杭巡道　浙江省局

戶部謹

奏爲遵

旨查議具奏恭摺仰祈

聖鑒事據直隸總督桂良奏上年江浙兩省海運漕糧支用經雜各費循案請免報銷一摺咸豐四年二月二十五日奉

硃批戶部查議具奏欽此欽遵抄出到部據原奏內稱咸豐三年江蘇浙江漕糧海運計剝運江省漕白米八十二萬一千七百十六石零浙省漕白米五十八萬九千三百七十四石零自津至通剝船水腳及一切經雜各費撙節動支覈實銷算並將收回苫艙蓆片估計變價就款開除計江省海運共用九四平銀八萬八千七百四十五兩四錢一分八釐一毫除由蘇局解交銀

八萬三千六百四十五兩八錢八分九釐儘數支用外實墊銀五千九十九兩五錢二分九釐一毫浙省海運共用九四平銀六萬四千二百九十八兩四錢一分二釐三毫已由浙局解交銀六萬一千六百六十七兩三錢八釐儘數支用實墊銀二千六百三十一兩一錢四釐三毫其長墊銀兩應由江浙兩省撥解歸欵援案請免報銷並造具細冊咨送江浙兩省彙覈辦理長墊銀兩催解歸欵等語臣等伏查道光五年二十八年及咸豐二年海運成案天津應需剝船水脚及一切經雜各費向由南省籌備交天津總局覈給事竣後造具細冊咨送南省彙入沙船水脚案內辦理毋庸造冊報部歷經遵照辦理在案茲據直隸總督奏稱咸豐三年江浙兩省海運糧米所需剝船水脚

及一切經雜各費造具細冊咨送江浙兩省彙覈辦理並援案請免造冊報部等因臣等查與成案相符應如所奏歸入江浙兩省彙覈辦理應請
旨敕下直隸總督飭直隸總局造具細冊咨送江浙兩省逐款覈實銷算彙案覈辦至所稱江省海運該局長墊銀五千九十九兩五錢二分九釐一毫浙省海運該局長墊銀二千六百三十一兩一錢四釐三毫催令江浙兩省撥解歸款之處應一併
敕下兩江總督江蘇浙江各巡撫轉飭各該糧道查明前項銀兩是否長墊數目是否相符按冊覈算有無浮冒如實係應銷之款即行籌解歸款仍令報部查覈再現在經費支絀南省籌畫維艱天津轉運各費總宜力求撙節除前經臣部議令剝船飯米

折色項下每百石節省銀一兩一錢五分守候口糧一項全行
裁革外其餘一切用欵應令直隸總督嚴飭津局委員應裁者
裁應減者減務須覈實支銷毋任稍滋浮冒所有臣等遵
旨查議緣由理合恭摺具
奏伏乞
皇上聖鑒謹
奏
咸豐四年三月十五日具
奏本日奉
旨依議欽此

浙江海運全案重編目錄

原案初編卷七

運竣事宜

浙撫奏浙漕海運神佑請發扁額

局移奉發

御書扁額摹刊懸掛

局詳

御書扁額懸掛日期

監院呈

御書墨寶恭送

文瀾閣尊藏

浙撫奏謝

賞戴花翎交部議敘

恩

吏部題浙江糧道議敘

浙撫奏海運完竣酌保出力各員

浙撫奏海運出力紳商書吏請獎

省局司道詳急公領運船商牙埠一體奏獎

浙江巡撫臣黃宗漢跪

奏再本年浙漕海運事屬創始臣前任浙江臬司署藩司時素知在浙之候補同知繆梓有學有品於浙省錢漕鈎稽最精又不流於苛刻每幫辦藩司糧道衙門淸釐交代欵目精細持平輿論翕服上年八月臣抵任後卽入闈監臨適值繆梓總辦科場事務朝夕接見與之講求變通漕務該員力主海運之說臣出闈後再與司道熟商卽令繆梓會同湖州府知府晏端書詳議條欵公同酌定奏蒙

恩准並請於省城上海天津分別設局委員經理在案茲於三月中旬新漕米石均已起運全完所有總司省局尤爲出力之護理鹽運使捐輸案內咨部不論雙單月以道員選用之湖州府知

府晏端書署理杭州府總捕同知捐輸案内咨部以雙月知府
選用之候補同知繆梓自上年冬月設局以來核算鈎稽催提
銀米實心實力任勞任怨辦理極爲妥速且該員等各有本任
應辦公事又於本年正月以後隨同臣籌辦防堵一切均無貽
誤洵爲府廳中結實可靠之員臣仰承
恩遇任重事繁自恨一己之才力不足以圖報稱竊慕古大臣以人
事
君之義據實保奏又不敢指請陞階可否仰乞
天恩俯念今日需才孔亟先將各該員等量予超擢以示鼓勵出自
逾格鴻慈臣謹附片具
奏伏乞

聖鑒訓示再上海局委員中塘同知仲孫樊等天津局委員嘉興縣知縣楊裕深等應俟各局兌交事竣及以次出力人員容臣陸續擇尤酌保斷不敢稍涉冒濫合併陳明謹

奏

咸豐三年三月二十八日具

奏四月初九日内閣奉

上諭黄宗漢奏將辦理海運尤爲出力之知府同知量予鼓勵等語浙江湖州府知府晏端書候補同知繆梓於海運事宜實心經理著有勞績該撫先行保奏自係爲鼓勵人才起見惟浙江海運漕米尚未全數運抵天津據孫瑞珍等奏稱糧道周起濱現亦未到經費銀兩欠解尚多是該省辦理海運完竣尚需時日所有晏端

書繆梓二員着俟海運事竣再由該撫聲明請旨候朕施恩欽此

浙江巡撫臣黃宗漢跪

奏再中防同知仲孫樊江蘇吳江縣進士由臨海縣歷補今職年壯才優辦事亦甚練達海塘公務俱報安瀾上年委赴鄞縣查挐梟徒出力蒙

恩賞戴藍翎本年浙漕由臣奏委前赴上海駐局監兌計自上冬以來會督各委員辦理收兌漕糧文放銀兩事事悉臻妥協臣前因平望防堵緊要該員籍隸吳江於地方情形更爲熟悉指示機宜飭令兼辦尚能應手現在商船一律放洋收兌事竣臣未便沒其勤勞應將該員在局最爲出力緣由先行附片具

奏仍請俟天津交兌事竣並各局以次出力人員酌量保奏時聲

明請

旨再浙漕不敷船隻統由蘇省幫僱撥用該省局員與浙省局員和衷共事不分畛域實屬可嘉亦請俟津局事竣容臣會同蘇省督撫臣酌覈保奏出自

聖鑒謹

逾格鴻施伏乞

奏

咸豐三年四月二十五日具

奏五月十四日奉

硃批知道了欽此

驗米大臣戶部尚書臣孫瑞珍倉場侍郎臣慶祺跪

奏爲浙江海運南糧驗收全完先行恭摺奏

聞仰慰

聖懷事竊查本年江蘇浙江起運咸豐二年分漕白糧米全由海運計自三月中旬開斛以來兩省沙船陸續進口經臣等督飭各該員隨卸隨驗一力趲辦起運米數迭經先後奏報在案現在江蘇漕白糧米除該省截留米二十一萬餘石續據奏稱趕緊籌辦另行奏報外其業經放洋米八十二萬三千餘石較浙省爲多除抵津米七十六萬四千餘石先後驗收仍有米五萬九千餘石尚未抵津容俟續行奏報所有浙省原報沙船四百一十四隻裝運漕白糧米五十八萬五百三十六石八斗七升六

合四勺承運經紀交倉耗米八千八百三十七石三斗四升九
合二勺統共漕白二糧並經紀交倉耗米五十八萬九千三百
七十四石二斗二升五合六勺現俱照數查驗斛收米色均屬
乾潔內除撥運易州漕白正耗米三千三百一十七石二斗六
升一合三勺其餘交倉漕白二糧及應撥薊州白糧共計五十
八萬六千五十六石九斗六升四合三勺計用官民撥船二千
七百二十一隻分起兌裝運赴通壩加以沙船耗米撥船食米
五萬四千八十二石七斗二升六合三勺共計漕白二米六十
四萬三千四百五十六石九斗五升一合九勺覈與該省原報
起運數目相符臣等伏查本屆南漕前因豐工未合各幫繞湖
行走浙省回空漕船迄今尚未歸次繼因逆匪竄擾長江運道

梗阻以致湖南湖北漕船停運一年江西江安漕糧全數截留
合計四省糧米顆粒不能抵通儲蓄無餘轉輸乏術
京城仰食者數十萬人所關實非淺鮮仰賴
聖謨深遠
宸衷獨斷准令江浙兩省漕白糧米同辦海運而浙江海運事屬創
行復荷
恩施准將原辦河運各費併歸海運支銷一切章程均經浙江撫臣
黃宗漢督同該司道等慎重籌畫並叅酌江蘇歷屆海運成案
次第舉行該省在津設局交米經費照案支發前來未及四個
月即已起卸完竣較之該省上年滯漕早完五六個月即較之
該省常年河運亦早完三四個月不等一切辦理胥歸簡捷是

皆仰賴
聖主鴻福洋面肅清風帆順利現運蘇省已到糧米合算計有一百
三十餘萬石抵通不但支放有資而人心亦藉以安謐臣等欽
幸之忱實無旣極浙江糧道周起濱及正佐各委員一俟清釐
各案亦卽飭令回浙以便趕辦來歲新漕所有浙江省海運漕
白糧米起運全完緣由理合先行恭摺具
奏伏乞
皇上聖鑒再南省沙船一經起卸立卽飭令回空現在水次並無逗
遛船隻合併聲明謹
奏
再查上屆江蘇海運案內蘇省赴津交米之糧道及知縣佐雜

各員辦理無誤著有微勞經臣等於起運報完後叙其勞績欽

奉

上諭蘇松糧道陞任甘肅按察使倪良燿着交部從優議叙江南委員及佐雜各員着咨明該省督撫分别請獎等因欽此欽遵在案此次浙江海運前經浙江撫臣奏派浙江糧道周起濱來津總理交米事務知縣楊裕深邵凌霄梁正標黄檝及佐雜各員來津襄辦數月以來晝夜辛勤不辭勞瘁臣等隨時察看該糧道周起濱竭誠盡力籌畫精詳知縣楊裕深等或專司經費勾稽米數或排船編號催重儹空一切起剥事宜均無貽誤其佐雜及航海督押糧米各員亦均倍矢勤奮臣等目擊出力情形始終罔懈不敢壅于上

聞現當浙江海運事竣謹照道光六年及二十八年咸豐二年歷屆

鼓勵成案恭懇

恩施以昭激勸惟糧道周起濱係監司大員未敢擅議優叙

恩出

聖裁其知縣及佐雜各員臣等謹照成案各按勞績出具考語咨明

浙江撫臣援案分別請奬臣等爲海運出力鼓勵人才起見理

合附片陳明伏乞

皇上聖鑒

訓示遵行謹

奏請

旨

咸豐三年七月初七日奉
硃批另有旨欽此同日奉
上諭孫瑞珍慶祺奏浙江海運南糧驗收全完並援照成案懇請將
出力各員鼓勵等語此次浙江海運事屬創始經巡撫黃宗漢督
同該司道等叅酌成案經理得宜統計前後未及四個月卽已全
數起運交兌完竣辦理實爲妥速自應量予恩施以示鼓勵浙江
巡撫黃宗漢加恩着賞戴花翎糧道周起濱着賞戴花翎仍交部
議叙其餘辦理海運出力各員並該撫前次保奏在局最爲出力
之中防同知仲孫樊均着該撫確實查明酌量保奏候朕施恩其
江蘇海運米石尾數仍着孫瑞珍等督飭各該員等妥速驗收隨
時具奏該部知道欽此

驗米大臣戶部尚書臣孫瑞珍倉場侍郎臣慶祺跪

奏爲蘇省海運南糧驗收完竣恭摺具奏

聞仰慰

聖懷事竊查咸豐三年八月初五日臣等以蘇省海運米石尾數無多擬請折價交納並聲明續到沙船仍趕緊驗收等因具奏初七日奉

硃批另有旨欽此同日內閣奉

上諭孫瑞珍慶祺奏海運米石尾數請折價交納一摺江蘇省漕白糧米由海運至天津除現已驗收八十萬五千四百餘石其未到漕米一萬八千四百餘石尾數無多該尚書等請照京倉折放米石粳米每石一兩四錢之數飭令蘇松糧道折價交納派員解部

俾該糧道迅速回任趕辦來年新漕即着照所請行至撤局後其續到沙船即由慶祺督同坐糧廳將經紀耗米驗收撥運以清欵目餘着照所擬辦理該部知道欽此欽遵在案除日內續到沙船四隻業經驗收外伏查蘇省原報交倉漕白正耗米八十二萬三千九百六十石六斗一升五合六勺內撥運易州米一千二百九十一石六斗八升九合薊遵豐等州縣米一千四百七十石截留駐津官兵米三千石運通交倉米八十萬三千五百七石一斗七升六合九勺共計已到漕白糧米八十萬九千二百六十八石八斗六升五合九勺均經臣等驗收米色乾潔仍有未到漕糧米一萬四千六百九十一石七斗四升九合七勺以粳米每石一兩四錢例價核算應交庫平紋銀二萬五百六十

八兩四錢五分由臣等當面彈兌黏貼印花派員解部交納以
上銀米合計核與原報數目相符顆粒無虧外有沙船耗米剝
船食米經紀耗米共八萬九千餘石內除沙船撥船食耗等米
業經如數交清其經紀耗米一萬二千五百七十五石四斗二
升九合四勺除奉撥易薊遵豐等州縣米石業已撥給留津兵
糧並折價米石毋庸給與經紀耗米應歸另案覈辦外仍應交
經紀耗米一萬二千二百六十四石七斗五升二合七勺此項
經紀應得耗米現經提前交倉先儘正供收足應俟續到沙船
再由臣慶祺督飭坐糧廳汪潤查驗斛收撥運通州照例抵補
經紀掣欠以清款目臣等伏查江浙兩省同一海運而浙省撥
給沙船剝船經紀食耗等米共六萬二千餘石因無餘項措辦

卽在給丁耗米數內分款開支蘇省撥給沙船剝船經紀食耗等米共八萬九千餘石均係出諸州縣幫費除將食耗等米開銷外仍多撥解銀六十萬兩是浙省改辦海運漕糧可期迅速抵通蘇省改辦海運尤於倉儲庫款兩有裨益此江浙兩省海運大同小異之實在情形也況復本年運道梗阻轉輸之法舍海運別無他途仰賴

聖主鴻福洋面肅淸風帆順利統計江浙兩省起運米石全數兌竣在津文武員弁以及軍民人等莫不同聲相慶臣等欣幸之忱實無既極該兩省新漕業經欽奉

諭旨明年仍辦海運臣等已飭該糧道等迅速回南妥爲籌辦現當時勢艱難並諄囑以一切辦理務於循照舊章之中更籌節省

經費之法以冀精益求精速愈加速浙江糧道周起濱業於七
月二十四日呈報起程江蘇糧道何俊一俟清釐文案亦即回
蘇趕辦新漕沙船一千餘號業已陸續回空現在海口安靜如
常並無匪徒溷跡所有蘇省海運米石完竣緣由理合恭摺具
奏伏乞
皇上聖鑒再臣慶祺遵奉前
旨仍留天津專辦巡防事宜臣孫瑞珍於拜摺後率同隨帶司員由
水路起程回京恭覆
恩命合併聲明謹
奏

驗米大臣奏海運事竣在津出力各員分別獎勵并答片　咸豐三年案

驗米大臣戶部尚書臣孫瑞珍跪
倉場侍郎臣慶祺

奏爲本屆江浙兩省海運事務較繁謹將在津辦理尤爲出力各
員援照
恩准成案恭懇
天恩分別獎勵仰祈
聖鑒事竊查咸豐二年五月二十三日奉
上諭孫瑞珍慶祺奏海運事竣請將出力各員分別獎勵一摺本年
南糧海運前曾派孫瑞珍等前往天津督飭各該員妥爲籌辦現
在漕糧一百餘萬全數兌收各該員等著有微勞自應分別加恩
以昭激勸直隸清河道譚廷襄天津道張起鵷署天津鎮總兵特
克慎均著交部從優議叙隨帶司員戶部郎中董醇著交軍機處
記名遇有道員缺出請旨簡放先換頂戴戶部主事振麟著以員

外郎儘先陞用戶部候補主事王友端著遇有主事缺出儘先補
用戶部學習主事成琦著留于該部以主事儘先補用其天津府
以下各員及由通州調往之委員營委將弁均著咨明該省分別
請獎孫瑞珍慶祺督辦妥速均著加恩交部議叙餘著照所擬辦
理該部知道欽此欽遵在案臣等伏查本屆南糧始因豐工堵築
尚未合龍繼緣逆匪竄擾運道梗塞湖廣江西江安各省漕糧全
數未能起運仰賴
宸謨廣運准令江浙兩省漕白糧米同辦海運
京糈攸關顆粒均形寶貴現當部庫支絀之時一切支銷必須力
求撙節方可絲毫不動
帑項合計江浙兩省起運米一百五十餘萬石內交倉米一百四

十餘萬石比之上兩屆海運米數尤多事務較繁臣等自三月抵津以來督飭隨帶司員及坐糧廳會同直隸江蘇浙江各總局參酌成規妥爲商辦該員等無不竭誠盡力恪謹將事其導引進口撥排水次查驗米色監視斛收配給剝船疏通河道一切事宜以及辦理文案鈎稽銀米彈壓水手盤詰匪徒需員孔多該府縣丞倅及將弁等均能晝夜辛勤不辭勞瘁臣等在津數月之久目擊各該員始終罔懈不敢壅于上

聞謹照歷屆鼓勵成案恭懇

恩施查通永道海瑛幹練有爲開局以來辦理妥協嗣于六月經直隸督臣奏調總辦直隸糧臺天津道張起鵷曾經三次海運辦理起剝諸務始終其事毫無貽誤天津鎮總兵特克慎親督將

弁往來海口彈壓巡防較尋常倍加嚴密惟係鎮道大員未敢

擅議優叙

恩出

聖裁天津府知府錢炘和辦事認眞勤勞歷著惟該府向由臣等咨

明直隸督臣奏請獎勵應仍照成案併同天津縣知縣謝子澄

及調赴天津之丞倅知縣佐雜各員並營委將弁各按勞績咨

明直隸督臣分別辦理至臣部隨帶司員上屆海運均蒙

恩准獎叙此次隨帶四員內主事王友端係臣部雲南司正主稿職

司各省漕務於海運情形尤爲熟悉該員心精力果有守有爲

係此次總理一切收驗事宜最爲得力之員員外郎振麟成琦

候補主事何國琛皆臣部出色人員數月以來隨臣等驗米辦

理一切運務均能潔己奉公猷爲懋著臣等謹照道光六年及
二十八年咸豐二年鼓勵成案奏請
恩施可否仰懇
天恩准令員外郎振麟成琦遇有臣部郎中缺出無論題選咨留即
行陞補主事王友端遇有臣部員外郎缺出無論題選咨留即
行陞補候補主事何國琛現已頂補俟補缺後遇有臣部員外
郎缺出無論題選咨留即行陞補以上各員寔皆著有勞績臣
等仰體
聖主激勵人材至意援案聲請恭候
聖裁伏乞
皇上聖鑒謹

行□□□□□□冊之二驗米大臣等奏海運事竣請將出力委員分別獎敘摺
旨
咸豐三年案
運米石比較浙省爲多且籌給商船撥船經紀食耗等米均係
員均著該撫酌量保奏等因欽此欽遵各在案臣等伏查蘇省海
上諭糧道周起濱著賞戴花翎仍交部議敘其餘辦理海運出力各
日奏
江海運完竣臣等懇將浙江起津出力各員鼓勵於七月初七
員及佐雜各員著查明該督撫分別請獎等因欽此又本屆浙
上諭蘇松糧道陸任甘肅按察使倪良耀著交部從優議敘江南委
理無誤著有微勞經臣等於起運報完後聲敘勞績欽奉
再查上屆江蘇海運案內蘇省赴津交米之糧道及各委員辦
旨
奏請

出諸節省幫費並不在應征正耗米數之內開銷此外又有節省銀兩以供撥用較之浙省尤屬於公有益臣等抵津之日即據蘇松糧道何俊率同同知松海知縣姚鋭及各委員等馳抵津門辦理交米事務並據同知朱鈞等攜帶經費航海而至數月以來晝夜辛勤不辭勞瘁臣等隨時察看該糧道何俊實力籌辦練達精詳遇事能存大體其同知以下各員或專司經費勾稽米數或排船編號催重趲空以及一切起剝事宜均各倍矢勤奮臣等目擊各該員出力情形謹照歷屆鼓勵成案恭懇恩施以昭激勸惟糧道何俊係監司大員未敢擅議優敘

恩出

聖裁其同知知縣及佐雜各員臣等仍照舊章各按勞績出具考語

咨明兩江督臣江蘇撫臣援案分別請奬臣等爲海運出力鼓勵人材起見理合附片陳明伏乞
皇上聖鑒謹
奏請
旨
再查駐津坐糧廳工部郎中汪潤隨同臣等終日河干逐船逐艙查驗米色專辦收運一切事宜頗能挽回積習嚴禁在津經紀書役勒索刁難諸弊該員係原任大學士杜受田保舉及
京察一等並截取繁缺知府人員可否援照上屆
賞給道銜成案仰懇
天恩賞給道銜以示鼓勵出自

皇上鴻慈謹

奏請

旨

咸豐三年八月十一日具

奏均奉

硃批另有旨欽此八月十四日內閣奉

上諭孫瑞珍慶祺奏江浙兩省海運事竣請將出力各員分別請獎等語本年江浙兩省海運事務較繁前派孫瑞珍慶祺前往天津督飭各該員妥爲籌辦現在漕糧一百五十餘萬石全數兌收各該員著有微勞自應分別加恩以昭激勸委員江南蘇松糧道何俊直隸通永道海瑛天津道張起鵷天津鎮總兵特克慎均着交

部從優議敘坐糧廳汪潤著賞給道銜隨帶司員戶部員外郎振麟成琦均着遇有本部郎中缺出無論題選咨留卽行陞補主事王友端着遇有本部員外郎缺出無論題選咨留卽行陞補候補主事何國琛着俟補缺後遇有本部員外郎缺出無論題選咨留卽行陞補其天津府知府以下各員及由通州調往之委員暨委將弁並江浙委員及佐雜各員均着咨明各該省督撫分別請奬孫瑞珍慶祺兩次督辦甚屬妥協俱着加恩賞戴花翎餘著照所議辦理該部知道欽此

浙江巡撫部院黃　爲咨行事咸豐三年七月二十五日准

欽差戶部正堂孫倉場部堂宗室慶　咨開現在浙省海運辦理完竣除糧道業經本部堂保奏其知縣以下經本部堂隨時察看均能明幹曉事晝夜辛勤目擊各該員出力情形始終罔懈不敢壅於上聞業經奏明浙江委員知縣楊裕深等或專司經費勾稽米數或排船編號催重儹空一切起剝事宜均無貽誤其佐雜及航海督押糧米各員亦均倍矢勤奮查照成案各按勞績出具考語咨明浙江巡撫辦理援案分別請奬除將差次原奏及奉到

諭旨鈔錄咨送外所有在津出力各員應卽開單註明勞績移咨貴撫部院查照辦理可也等因到本部院准此合就轉行爲此仰該局查照准咨欽奉

上諭事理即便移行欽遵仍確切查明援案分别詳請

奏獎毋違

計黏單

陞用同知嘉興縣知縣楊裕深

該員在津勤辦交米綜理全局經管銀錢支銷查覈文案册檔

擘畫精詳詢以該省漕務利弊並辦理海運一切章程均能洞

悉洵爲該總局出色之員

金華縣知縣邵凌霄

該員在津辦理文案經管銀錢收放並伺值驗卸一切合宜始

終詳慎洵屬該總局得力之員

准補臨海縣知縣黃檝

該員總理分局彈壓水手遇有沙船控告事件持平審斷耆舵
悅服又委赴海口收發軍械查報進出船數尤著勤勞
烏程縣知縣梁正標
該員總理分局迎提船隻挨號給單收發執照事極煩瑣始終
出力頗爲幹練
同知銜金華府通判育湝
該員專司伺值驗米監視起卸督押曬晾彈壓水手頗著辛勤
捐班前先用未入流張承志
秀水縣主簿祕雲書
該二員幫辦總局銀錢文案輪赴水次伺值驗卸彈壓水手竭
盡心力事事妥協張承志於一切銀米款項極爲熟習現又不

避艱險航海赴津尤屬勇於任事
儘先補用從九品胡毓麒
候補未入流方理
該二員幫辦分局經管收繳軍械隨同驗米監兌詳慎出力胡
毓麒又委赴海口查報進出船隻不辭艱辛方理委令催重儹
空清理河道甚屬安詳
分發未入流張修睦
捐職從九品徐雲會
該二員先後督押糧米航海赴津涉歷重洋躬親護送抵津後
又復照料沙船卸米約束耆舵水手均屬踴躍急公張修睦於
商船一切事宜及海運情形極爲詳悉洵屬勞績尤著

以上共計十一員

咸豐三年七月二十七日行浙江海運省局

浙江巡撫臣黃宗漢跪

奏爲浙省海運漕糧默邀

神佑恭摺奏請

御書扁額仰祈

聖鑒事竊照浙省漕糧本年舉行海運事屬創始一切事宜均參酌

蘇省舊章辦理尙係人力所能爲而米船放洋以後自南至北

遠隔重洋一路風帆能否順利則必仰賴

神靈默爲呵護臣於米石起運赴滬時恭詣

風神廟

天后宮齋心虔禱祈保平安茲據天津局委員具報浙省漕米六

十餘萬石共裝四百餘船均於六月中旬全數抵津兌收完竣

各商船行駛迅速毫無疎失等情臣接閱來稟仰見
聖明在上百神效靈欣幸之餘彌深感佩所有浙江省城
風神廟
天后宮相應仰懇
天恩均請
御書扁額
頒發恭摹敬謹懸掛以昭
靈貺而答
神庥臣不勝顒抃之至謹恭摺具
奏伏乞
皇上聖鑒謹

奏

咸豐三年八月二十六日具

奏十一月十九日奉

硃批另有旨欽此同日奉到咸豐三年九月二十一日內閣奉

上諭黃宗漢奏

神靈默佑懇請頒發扁額一摺本年浙江省海運米石自放洋以

後風帆順利於六月中旬全數抵津毫無疎失此皆仰賴神靈默

爲呵護朕心實深寅感所有浙江省城

風神廟

天后宮朕特親書扁額各一方交該撫敬謹懸掛以答神庥欽此

浙江海運省局爲移知事本年十月十九日奉
浙撫部院黃　札開照得浙省海運漕糧放洋順利兌收完竣
請賜
御書扁額
頒發
天后宮
風神廟緣由經本部院於八月二十六日恭摺具
奏當經鈔摺行知在案今於咸豐三年十月十八日接准
兵部火票遞到
軍機處交出
發下

御書
天后宮
風神廟扁額各一方合行札發札局卽將發來扁額立卽欽遵敬
謹勾摹刊刻稟候擇吉懸掛併將
墨寶恭存與懸掛日期照例詳咨計恭發
御書扁額一匣內裝
欽頒
天后宮扁額海澨流慈四字又
欽頒
風神廟扁額宣仁利運四字等因奉此除欽遵敬謹勾摹刊刻扁
額稟請擇吉懸掛另行詳咨外合就移知爲此合咨
貴司煩請查照欽遵施行

咸豐三年十月二十九日移

蘇藩司暨移　浙藩司　浙糧道

甯巡道并札行杭嘉湖甯

四府

浙江海運省局署布政使黃樂之署鹽運使晏端書督糧道周
起濱督同總辦委員署紹興府知府繆梓等為詳請覈咨事案
於咸豐三年十月十九日奉
巡撫部院黃　札開照得浙省海運漕糧放洋順利兌收完竣
請賜
御書扁額
頒發
天后宮
風神廟緣由經本部院於八月二十六日恭摺具
奏當經抄摺行知在案今於咸豐三年十月十八日接准
兵部火票遞到

軍機處交出

發下

御書

天后宮
風神廟 扁額各一方合行札發札局卽將發來扁額立卽欽遵敬

謹勾摹刊刻稟候擇吉懸掛併將

墨寶恭存與懸掛日期照例詳咨計恭發

御書扁額一匣等因奉經本司道等欽遵督匠勾摹刊刻成扁稟奉

撫院擇於十二月十四日未時前詣

天后宮

風神廟敬謹懸掛除將

墨寶恭送

文瀾閣尊藏外合將懸掛日期照例詳報仰祈

憲咨

禮部查照爲此備由呈乞

照詳施行

咸豐四年正月二十一日具詳奉

巡撫部院黄　批仰候咨明

禮部查照此繳

崇文紫陽監院候選儒學爲遵札申覆事本年正月二十一日奉札
開照得浙省海運糟糧放洋順利奏奉
御書
頒發
天后宮風神廟扁額各一方業經督匠敬謹勾摹刋刻成扁擇吉恭懸在
案所有
墨寶應行恭儲合行札發札到該監院卽便查收恭送
文瀾閣尊藏仍將收到日期申覆備考毋違等因奉此遵將
墨寶於二月初一日恭送
文瀾閣敬謹尊藏理合備文申報仰祈
察查爲此備由具申伏乞

[illegible]卷七 監院呈 御書墨寶恭送 文瀾閣尊藏 全 咸豐四年案

照驗施行

浙江巡撫臣黃宗漢跪

奏爲恭謝

天恩仰祈

聖鑒事竊臣於九月十四日接准戶部咨開咸豐三年七月初七日

內閣奉

上諭此次浙江海運事屬剏始巡撫黃宗漢督同司道等參酌成案

經理得宜全數起運交兌完竣辦理實爲妥速加恩着賞戴花翎

仍交部議叙等因欽此當即恭設香案望

闕叩頭祇謝

天恩伏念臣職效鴳翔才慚鳩拙屬以漕河之偶阻議由瀛海以試

行

斷出
宸謨喜蒙
福庇自揚舲於滬浦暨艤檝於津沽海若效靈
神倉遄達迺膺
恩錫加以采章
龍光賚
湛露之濃鴻毛叶順風之遇憶昨輸誠助餉曾叨翠羽之
榮頒祇今循分供儲復拜
丹毫之
褒寵受
恩愈重思報彌虔慶溢彈冠倍切欽承於負荷敬襄勵翼豈徒耀飾

於觀瞻臣惟有益矢愚衷偕萬姓臚歡慮藻早籌新運祝千艘穩度蟬聯所有感激榮幸下忱謹繕摺恭謝

天恩伏乞

皇上聖鑒謹

奏

咸豐三年九月二十四日具

奏十一月初九日奉

硃批知道了欽此

吏部謹

題議得內閣鈔出咸豐三年七月初七日奉

上諭孫瑞珍慶祺奏浙江海運南糧驗收全完並援照成案懇請將出力各員鼓勵等語此次浙江海運事屬創始經巡撫黃宗漢督同該司道等悉酌成案經理得宜統計前後未及四個月即已全數起運交兌完竣辦理實爲妥速自應量予恩施以示鼓勵浙江巡撫黃宗漢加恩著賞戴花翎糧道周起濱著賞戴花翎仍交部議敘其餘辦理海運出力各員並該撫前次保奏在局最爲出力之中防同知仲孫樊均著該撫確實查明酌量保奏候朕施恩其江蘇海運米石尾數仍著孫瑞珍等督飭各該員等妥速驗收隨時具奏該部知道欽此欽遵鈔出到部除賞戴花翎各員臣部遵

旨註冊外查欽奉

諭旨交部議敘之浙江督糧道胡念貽給予加一級紀錄二次等因

具

題咸豐三年十月初九日奉

旨依議欽此

浙江巡撫臣黄宗漢跪
奏爲海運全竣酌保在事尤爲出力各員恭懇
天恩量予鼓勵仰祈
聖鑒事竊臣於咸豐三年三月間因漕糧起運全完附片陳明浙漕
籌議變通由候選知府繆梓力主海運之説會同署運司湖州
府知府晏端書酌議條欵辦理尤爲出力請量予鼓勵等因奉
上諭晏端書繆梓二員着俟海運事竣由該撫聲明請旨候朕施恩
等因欽此又於四月間因海船放洋事竣附片陳明總司滬局之
中防同知仲孫樊最爲出力俟天津交兑事竣保奏奉
硃批知道了欽此又於九月十月間先後准吏戸部咨七月初七日
內閣奉

上諭孫瑞珍慶祺奏浙江海運全完援照成案請將出力各員鼓勵等語此次浙江海運事屬創始經巡撫黃宗漢督同司道等叅酌成案經理得宜全數起運交兌完竣辦理妥速自應量予恩施以示鼓勵浙江巡撫黃宗漢加恩着賞戴花翎糧道周起濱着賞戴花翎仍交部議敘其餘辦理出力各員並該撫前次保奏在局最爲出力之中防同知仲孫樊均着該撫確實查明酌量保奏候朕施恩等因欽此欽遵移咨到臣仰見

皇上於微勞必錄之中寓覈實量能之意下懷欽感莫可言宣伏查浙省試行海運事屬創始關係重大分任需人經臣督同司道於議辦之初卽以籌欵爲濟用要需雇船爲運行關鍵而一切文案章程鈎稽冊檔以及驗米兌米各事宜均極繁重雖有成

案可稽而各省情形不同初次籌辦時虞窒礙難行必須得人勷助以期辦理周全當飭藩司麟桂糧道周起濱遴選實心勤幹之員各量材能分別派委復經臣隨時激勸逐件指示在事大小數十餘員晝夜奮勤不辭勞瘁或籌濟經費招雇商船或酌議章程綜覈文冊或驗兌漕糧迎提催儹或分赴津滬排船給單或專駐公所收發出入或航海赴津涉歷風濤莫不竭盡心力各供指臂現在漕白糧米六十餘萬石一律抵津交納以浙省未經試行之事上稟

宸謨如期妥竣自應量加鼓勵除糧道周起濱已蒙

恩旨賞戴花翎仍交部議敘不復請奬外查浙江布政使現署江甯藩司麟桂前派統領局務布置精詳歷陞安徽按察使前甯波

府知府畢承昭僱募甯波商船辦理妥速署運使陞任福建汀
漳龍道前湖州府知府晏端書總司省局實心籌畫頗著勤勞
惟係司道大員
恩出
聖裁臣未敢擬請優叙所有在事各員人數衆多臣不敢濫登薦牘
亦不敢泯没其勞謹擇其尤爲出力者開具清單恭呈
御覽可否仰懇
天恩量予鼓勵出自
鴻施至前任中防同知仲孫樊業經病故應毋庸議其餘各員應分
别咨部議叙由外記功覈實辦理其急公領運之紳商人等應
行獎勵遵照章程另行

奏咨辦理謹恭摺具
奏伏乞
皇上聖鑒訓示謹
奏
謹將浙省辦理海運各局在事出力人員開具清單註明實績
恭呈
御覽
省城總局
署理紹興府事雙月候選知府繆梓
該員才識素優浙省錢漕尤爲熟悉因河道阻滯力主試行海
運叅酌成案通籌各局章程親赴各屬籌費不避嫌怨力肩終

始俾得迅速蕆事洵爲實心任事之員該員本係雙月候選知
府應請免其捐足各班以知府留浙卽補
陞用同知提舉銜杭州府水利通判費文淦
該員督雇內河剝船支發水脚口糧事極煩瑣備著辛勤應請
賞加運同銜
玉泉場大使朱錫齡
該員幫辦文案經管銀錢始終其事均臻妥協應請以應陞之
缺儘先陞用
柯橋巡檢候選縣丞顧錕
該員遇事本屬勤幹此次幫理局務經管各屬解欵籌備津滬
用項稽覈帳目辦理文案甚爲得力該員本係雙月候選縣丞

應請開缺以縣丞留浙即補

湖州府經歷陳繩武候補州吏目周詒綬候補縣丞黃恩詔試

用從九品崔栻朱鼎元

該五員或雇備剝船或飭提銀米或赴甯滬催船往返河干迄

無休息陳繩武應請以應陞之缺陞用周詒綬黃恩詔應請俟

補缺後以應陞之缺陞用崔栻朱鼎元應請歸候補班先用

候選同知余鈞恩甬東司巡檢姚紹唐

該二員均在甯波封船得力余鈞恩本係在蘇需次來浙措資

因熟悉甯商情形由局派令馳赴海口會同紳董招商立攬姚

紹唐駐劄鄞縣由局札委稽查海口彈壓催駛赴滬實屬勤奮

余鈞恩應請俟服闋後以同知遇缺即選姚紹唐應請以應陞

之缺儘先陞用

上海分局

捐陞通判前玉泉場大使李曾裕

該員協同總司局務並於議辦之初首先赴上海會同江蘇委員邀集紳商雇募沙船設局以後辦理一切均合機宜勤勞最著該員業已捐陞通判應請俟引

見回省後遇缺即補

候補通判徐徵

該員專辦剝兌彈壓稽查始終勤奮應請歸本班先用

雙月候選知州嘉松分司運判莫嘉幹

該員幫理局務兼司驗船兌米不辭勞瘁經理得宜應請以知

州即選仍在任候選
試用布庫大使陳涑
該員綜稽文案及銀米冊籍均能妥協應請
賞加六品職銜
候補布理問戴賡保儘先補用布理問周理
該二員派司排船給單監兌彈壓倍著辛勤戴賡保應請
賞加知州銜周理應請遇缺即補
試用從九品鄭崇暄孫廷贊
該二員專駐外局監斛剝兌稽查彈壓頗著勤勞均請歸候補
班即補
江蘇候補知府署理松江府事藍蔚雯知府銜江蘇候補同知

梁逢辰
浙漕由滬起運越境設局辦事呼應恐有不靈該二員係由江
省奏派會同浙省委員封僱各船會商一切事宜彈壓稽查布
置周妥洵爲不分畛域實心實力共勷要務藍蔚雯應請
賞加陞銜梁逢辰應請俟補缺後以知府陞用
天津分局
題陞中防同知楊裕深
該員幹練老成在浙年久情形熟悉委赴天津交米總理局務
經管銀錢支銷查覈文案冊檔擘畫精詳最爲得力先因獲匪
出力奉
旨以同知陞用業經題陞同知應請俟奉准部覆後以知府留浙補

用先換頂帶
同知銜金華府通判育湇
該員專司伺億驗米監視起卸督押晒晾彈壓水手頗著辛勤
惟現已丁憂應請俟服闋引
見後以應陞之缺陞用
補用同知烏程縣知縣粱正標
該員幫理局務又復迎提船隻排號給單收發執照事極煩瑣
不憚辛勤該員先經獲盜引
見奉
旨以同知用應請以同知即補
金華縣知縣邵淩霄

該員先在省局勷理不辭勞瘁復赴津局辦理文案經管收放銀錢並伺值驗卸始終詳慎應請以同知陞用先換頂帶

臨海縣知縣黃檝

該員幫理局務亦復彈壓水手遇有沙船控告事件持平審斷委赴海口收發軍械查報船數尤著勤勞應請以應陞之缺陞用

秀水縣主簿秘雲書捐班前先用未入流張承志

該二員經理銀錢文案輪赴水次伺候驗卸彈壓水手事事妥協張承志前經在蘇襄辦海運銀米欵項俱悉茲又不避艱險航海赴津尤屬勇於任事秘雲書應請以府經縣丞陞用張承志應請俟補缺後以應陞之缺儘先陞用

儘先補用從九品胡毓麒俟補未入流方理
該二員經管收繳軍械隨同驗米監兌胡毓麒又委赴海口查
報進出船隻方理又委令催重趲空清理河道俱能詳慎出力
均請俟補缺後以應陞之缺陞用
已捐分發尚未掣省未入流張脩睦捐職從九品徐雲會
該二員先後由海赴津護送各船涉歷重洋復照料卸米事宜
約束耆舵水手人等無許滋事實屬急公張脩睦先經派充滬
局董事雇募商船經理兌裝悉臻妥善張脩睦應請以未入流
留於浙江儘先補用徐雲會應請
賞給六品頂戴
咸豐三年十二月二十七日具

奏咸豐四年正月二十二日奉到
硃批另有旨欽此咸豐四年正月初九日内閣奉
上諭黃　奏海運全竣酌保出力各員懇請鼓勵一摺此次浙江海
運辦理尚屬妥速所有在事尤爲出力人員自應量予恩施以示
獎勵現署浙江布政使麟桂安徽布政使前任甯波府知府畢承
昭陞任道員前湖州府知府晏端書均著交部從優議敘署理紹
興府事雙月候選知府繆梓著免其捐足各班以知府留於浙江
即補陞用同知提舉銜杭州府水利通判費文淦著賞加運同銜
玉泉場大使朱錫齡著以應陞之缺儘先陞用柯橋巡檢候選縣
丞顧錕著開缺以縣丞留於浙江即補湖州府經歷陳繩武著以
應陞之缺陞用候補州吏目周貽綬候補縣丞黃恩詔均著俟補

缺後以應陞之缺陞用試用從九品崔栻朱鼎元均著歸候補班先用候補同知余鈞恩著俟服闋後以同知遇缺即補甬東司巡檢姚紹唐著以應陞之缺儘先陞用捐陞通判前玉泉場大使李曾裕著俟引見後遇缺即補候補通判徐徵著歸本班先用雙月候選知州嘉松分司運判莫嘉榦著以知州即選仍在任候選試用布政司庫大使陳涑著賞加六品職銜候補布政司理問戴賡保著賞加知州銜儘先補用布政司理問周理著遇缺即補試用從九品鄭崇暄孫廷贊均著歸候補班即補署松江府知府現放江蘇遺缺知府藍蔚雯著賞加陞銜知府銜江蘇候補同知梁逢辰著俟補缺後以知府陞用題陞中防同知楊裕深著以知府留於浙江補用先換頂戴同知銜金華府通判育淯著俟服闋引見

後以應陞之缺陞用補用同知烏程縣知縣粱正標著以同知即補金華縣知縣邵淩霄著以同知陞用先換頂戴臨海縣知縣黄樾著以應陞之缺陞用秀水縣主簿秘雲書著以府經歷縣丞陞用捐班前選用未入流張承志著俟補缺後以應陞之缺儘先陞用儘先補用從九品胡毓麒俟補末入流方理均著俟補缺後以應陞之缺陞用已捐分發尚未掣省未入流張修睦著以未入流留於浙江儘先補用捐職從九品徐雲會著賞給六品頂戴該部知道單併發欽此

浙江巡撫臣黃宗漢跪

奏爲查明海運案內急公領運倡募招徠船隻之江浙紳董及甯波商埠並書吏人等恭懇

天恩量加鼓勵仰祈

聖鑒事竊照浙省初次試行海運雇募商船經臣議

奏章程查照蘇省成案以運米之多寡定獎敘之等差除一萬石以下在外分別賞給匾額外其自一萬石至五萬石以上應請分別給與職銜若已捐至五品另行酌獎均俟漕糧交兌完竣再行覈辦欽奉

諭旨允行在案茲據該司道等查明應行獎敘各紳董商埠及書吏人等開摺詳請具

奏前來伏思海船承運官米浙省事屬創行募雇之初甯波商人多存疑畏兼之兩省並運北上之船既多則不裝載漕糧之船在南較少漁利尤倍必須本地紳士曉以大義廣爲招募方肯立攬承載前經臣督飭司道轉行各地方官就地延邀紳士董理其事開誠曉諭釋其畏累之心示以體恤之意始據該船商取具攬呈踴躍受雇隨飭各紳董馳赴上海幫同江浙委員招徠沙衛各船照料一切俾各抵滬受兌該船商等感沐

皇仁咸知奮迅或首先承裝或親身押運經歷重洋剋期蕆事米數則毫無滲漏人船亦盡保平安募義從公爭先恐後至甯波牙埠人等隨同雇船立攬各局書吏核案放船驗米均能不避辛勤抒誠報効凡此衆情之鼓舞莫非

聖化之涵濡惟創始稍覺艱難故
恩敘請從優渥謹擇其實在出力者繕具清單恭呈
御覽可否仰懇
天恩一體准予鼓勵出自
鴻施除飭取年貌三代籍貫各冊另行咨部查覈發給執照外理合
恭摺具奏伏乞
皇上聖鑒再此外尚有上海商埠及沙衛各船因上海未平類多遷
徙經臣屢次飭查尚未能開報容俟趕緊查明另行辦理合併
陳明謹
奏
謹將海運案內急公倡募之江浙紳商及領運出力之甯波船

埠並各局書吏人等註明實績分別米數開單恭呈
御覽

慈谿縣前任福建建甯縣知縣張廣埏鄞縣候補布政司理問
童可忩慈谿縣候選府經歷王訓鎮海縣拔貢王引孫八品頂
戴李容監生俞斌
查浙漕議由海運商情多存趨避船隻不即進口希圖留南運
貨居奇獲利張廣埏童可忩王訓王引孫四員本係甯波船局
司事俞斌素爲衆商信服均志切急公涉歷各港汊諄勸船商
曉以有利而無累隨同委員押令各船進關李容將自置船隻
首先立攬承雇各船乃同聲樂從張廣埏王訓李容俞斌又馳
赴上海照料交兌自始至終俱臻妥協洵爲得力紳商張廣埏

應請

賞加知州銜董可鑑應請

賞加鹽提舉銜王訓應請

賞加六品職銜王引孫應請以教職本班儘先選用李宏俞鋐均請

賞給六品頂戴

上海縣分發浙江候補同知王慶勳元和縣浙江候補通判祝

師紳上海縣分發浙江縣丞沈涪熠吳江縣雙月候選從九品

仲孫懋

查浙漕由上海起運雖由蘇省委員封雇各船濟用而越境辦

事時恐疏虞必須本地紳商幫同照料斛兌稽查偷漏庶不致

有所攤派混淆員等或在本邑或在附近人船俱為熟悉查覈防

浙撫奏海運出力紳商書吏請獎

咸豐三年案

護極爲認眞王慶勲祝師紳復將自置沙船首先領運浙漕倡
募沙衛各船踴躍受雇尤爲急公慕義王慶勲應請俟到省後
遇缺即補祝師紳應請
賞加鹽提舉銜沈湋煜應請俟到省後儘先補用仲孫懋應請以從
九品分發浙江歸於候補班內遇缺即補歸安縣候選知州蔣
維鏞安吉縣候選訓導顔森玉該二員原籍浙江在上海日久
熟悉情形經理外局派船監斛支發水脚辛勤數月極爲奮勉
蔣維鏞應請以知州儘先選用顔森玉應請以訓導儘先選用
慈谿縣監生馮振鑣八品頂戴賞給鋕
以上二員各載米四萬餘石均屬急公承運載米數多查照蘇
省成案均請

賞給六品職銜
鄞縣船商粱騏周錡柴承愼徐允章慈谿縣船商葛維漢馮騤
周繼曾陸禹高盛鐘璋林鴻賚輔泮鎭海縣船商夏忠任
以上商船各載米一萬餘石親身押運查照蘇省成案應請
賞給九品職銜
慈谿縣商民楊學賢
該商自甬押運赴津董理甯屬各船掛剝起卸各事務悉臻妥
善洵屬不辭勞瘁應請
賞給從九品職銜
鄞縣牙行幫夥九品職銜李雲書鮑采臣鎭海縣牙行幫夥王
准

以上各牙埠等或在甯波幫辦或赴上海照料經理船務扦驗交兌毫無貽誤著有微勞李雲書本有九品職銜應請

賞給八品職銜鮑采臣王淮應請

賞給從九品頂戴

省城總局書吏陳文炳戴鴻鈞天津分局書吏周纘文周維溶上海分局書吏秦瀚毛緒源

該書等或總辦文案查核舊章或繕寫鈎稽清算銀米或隨赴滬津催船驗兌均屬始終勤奮著有微勞周纘文原派省局辦稿尚屬精細復赴天津尤爲辛勤周纘文應請以從九品歸部選用陳文炳戴鴻鈞周維溶秦瀚毛緒源均請

賞給從九品職銜

咸豐三年十二月二十七日具
奏咸豐四年正月二十二日奉到
硃批另有旨欽此咸豐四年正月十八日内閣鈔出初九日奉
上諭黄　奏查明海運案内急公倡募之紳商及領運出力之船埠
書吏人等懇恩鼓勵並開单呈覽一摺前任福建建甯縣知縣張
廣埏著賞加知州銜候補布政司理問童可忞著賞加鹽提舉銜
候選府經歴王訓著賞加六品職銜拔貢生王引孫著以教職本
班儘先選用八品頂戴李容監生俞斌均著賞給六品頂戴分發
浙江候補同知王慶勳著俟到省後遇缺即補候補通判祝師紳
著賞加鹽提舉銜分發浙江縣丞沈滄煜著俟到省後儘先補用
雙月候選從九品仲孫懋著以從九品分發浙江歸於候補班内

遇缺卽補候選知州蔣維鏞著以知州儘先選用候選訓導顔森
玉著以訓導儘先選用監生馮振鏕八品頂戴費綸鋕均著賞給
六品職銜船商梁騏周錡柴承愼徐允章葛維漢馮駿周繼曾陸
禹高盛鍾璋林鴻費輔泮夏忠任均著賞給九品職銜商民楊學
賢著賞給從九品職銜牙行幫夥九品職銜李雲書著賞給八品
職銜鮑寀臣王淮著賞給從九品頂戴書吏周纘文著以從九品
歸部選用陳文炳戴鴻鈞周維溶秦瀚毛緒源均着賞給從九品
職銜該部知道單併發欽此

浙江海運省局布政使韓椿督糧道周起濱署杭嘉湖道晏端
書督同總辦委員署紹興府知府繆梓等爲查明事上屆海運
案內急公領運之沙衛各船商埠人等詳請一體
奏獎事竊照浙省上屆試行海運雇募商船前經議詳請
奏章程查照蘇省成案以運米之多寡定獎敘之等差除一萬石
以下在外分別賞給扁額外其自一萬石至五萬石以上應請
分別給與職銜若已捐至五品另行酌獎均俟漕糧交兌完竣
再行覈辦等因奉
旨准行嗣據甯波府等查明急公領運倡募招徠船隻之江浙紳董
及甯波商埠並各局書吏人等開摺請獎就經轉詳請
奏並聲明尚有上海商埠及沙衛各船因上海未平類多遷徙俟

開報至日另行辦理在案兹據㕛局委員候補知府楊裕深詳
稱據職董王慶勳俞斌王慶模等稟稱上屆浙省海運創始維
艱經職董等剴切勸諭該船號商踴躍從公爭先兑運
正供早登
天庾上慰
憲廑甯郡承運各商已蒙恩奬而沙衞各船號以去秋滬城多
事散去經年迨本屆海運時始得陸續會集致遲造報現奉諭
示遵查上年承運漕米六十四萬三千四百五十六石九斗五
升一合九勺除甯船承運二十萬石已邀奬敘外所有沙衞各
船共計承運米四十餘萬石内有船號較小承運未及萬石者
不敢濫行請奬外承運一萬石至四萬石以上之船號各商其

計二十五名承運米三十四萬石暨朱通裕等牙行行夥二人
遵案開取履歴造冊稟報迅賜轉詳並請查照江蘇承運成案
與甯波船商牙夥一律
奏請奬敘等情據此擬合照開承運船商履歴清摺詳祈察轉等
情到局據此本司道伏查上屆浙漕海運沙衞各船裝兌較多
該船商等踴躍從公咸知奮迅尅期蕆事盡保平安其牙埠人
等亦皆不避辛勤抒誠効力前因散去各鄉未得同邀奬敘今
既查明實績自應並沐
恩施理合開具清摺備文詳請伏祈
憲臺俯賜察覈可否附片具
奏籲乞

天恩一體准予鼓勵出自

憲慈至該商埠等年貌三代籍貫各冊現在飭取另行詳請嚴

咨合並聲明爲此備由呈乞

照詳施行

今呈送　清摺一扣

謹將上屆海運案內急公領運之沙衛各船商埠人等註明實

績分別米數開具清摺恭呈

憲鑒

今開

天津縣監生錢鏞上海縣八品職銜王慶清

以上二員各載米四萬餘石均屬急公承運載米數多查照蘇

省成案均請

賞給六品職銜

元和縣理問銜祝繡紳嘉定縣船商金鳳歧上海縣船商李鴻

藻侯官縣船商鄭湘

以上商船各載米二萬餘石親身押運查照蘇省成案祝繡紳

應請

賞加五品職銜金鳳歧李鴻藻鄭湘應請

賞給八品職銜

上海縣附生艾恆錦船商李賡迪黃潤基崇明縣船商陳翔鸞

嘉定縣船商鄭桂森周日幹胡世林秦斐朱定華東臺縣船商

繆恆春甯河縣船商李樂善天津縣船商錢湘歸安縣船商蔣

錫琛烏程縣船商沈承恩寶山縣船商萬錫藩沈錫曾吳縣船商葉盛璜江陰縣船商蔣文泰鎮洋縣船商朱慎典
以上商船各載米一萬餘石親身押運查照蘇省成案艾恒錦應請
賞給八品職銜李曾迪黃潤基陳翔鸞鄭桂森周日幹胡世林秦斐朱定華繆恆春李樂善錢湘蔣錫琛沈承恩萬錫藩沈錫曾葉盛璜蔣文泰朱慎典應請
賞給九品職銜
寶山縣牙行幫夥萬洪學青浦縣牙行幫夥朱洪良
以上牙埠經理船務籤驗交兌毫無貽誤著有微勞應請
賞給從九品頂戴

咸豐四年閏七月初二日具詳

浙江海運全案初編　卷七　省局司道詳懇公領運船商牙埠一體奏獎　呈　咸豐三年案

浙江海運全案重編目錄

原案初編卷八

各項圖說

蜑船圖
考定蜑船式
三不像船圖
考定三不像船式
衞船圖
劉河水道規形合準全圖
海道針路
風報日期
附沙船傳驗風報日期
潮信說
黃浦潮信分四時表

海運圖

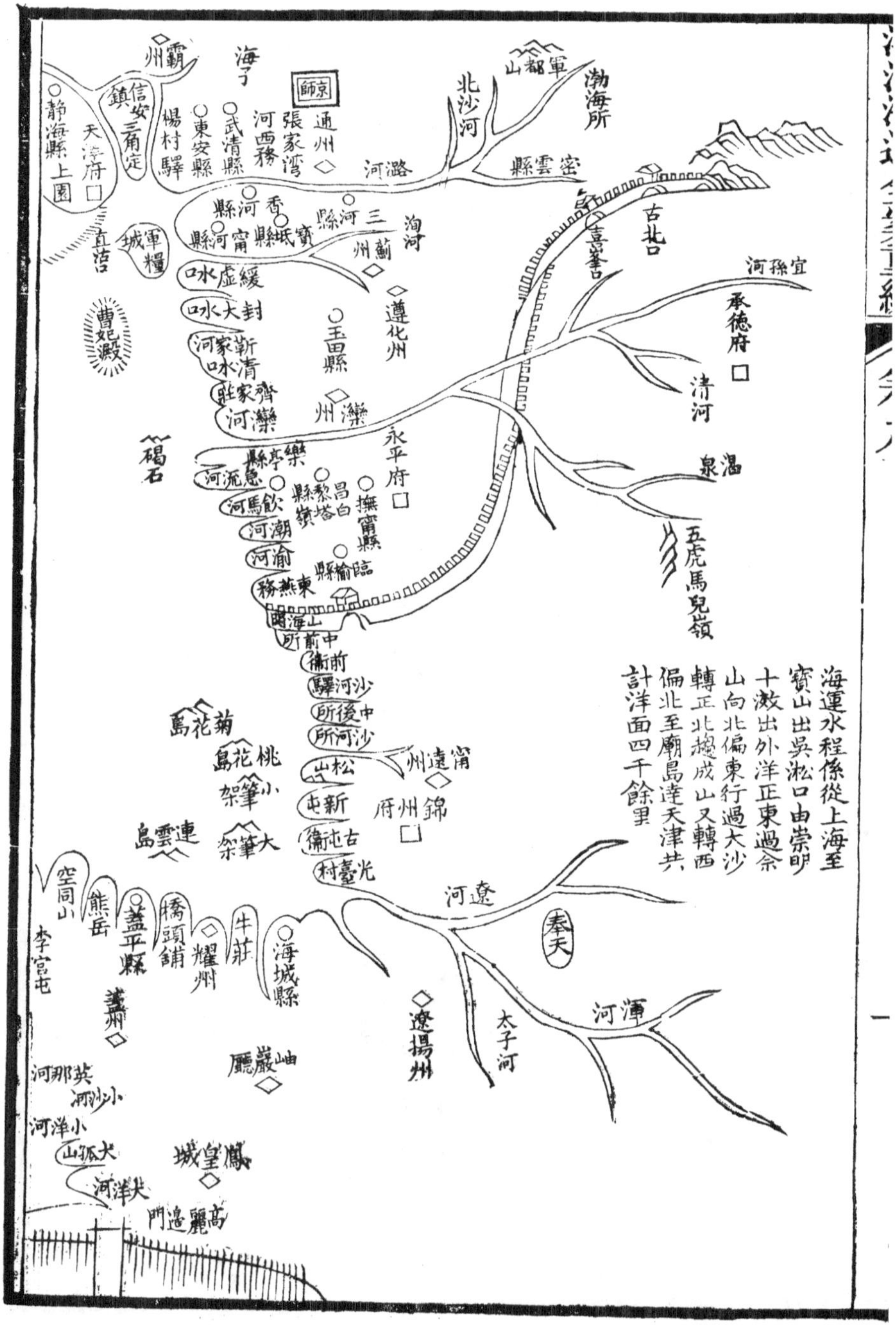
海運水程係從上海至寶山出吳淞口由崇明十滧出外洋正東過佘山向北偏東行過大沙轉正北趨成山又轉西偏北至廟島達天津共計洋面四千餘里
京師
通州
張家灣
河西務
武清縣
東安縣
楊村驛
天津府
靜海縣
上園
信安鎮
三角淀
霸州
海子
北沙河
軍都山
渤海所
密雲縣
潞河
古北口
喜峯口
承德府
清河
溫泉
五虎馬兒嶺
香河縣
三河縣
寶坻縣
甯河縣
泃河
薊州
直沽
軍糧城
曹妃甸
遵化州
玉田縣
灤州
永平府
樂亭縣
昌黎縣
撫甯縣
臨榆縣
碣石
山海關
菊花島
桃花島
連雲島
甯遠州
錦州府
遼河
奉天
渾河
太子河
遼陽州
海城縣
牛莊
耀州
橋頭舖
蓋平縣
熊岳
岫巖廳
鳳凰城
高麗邊門

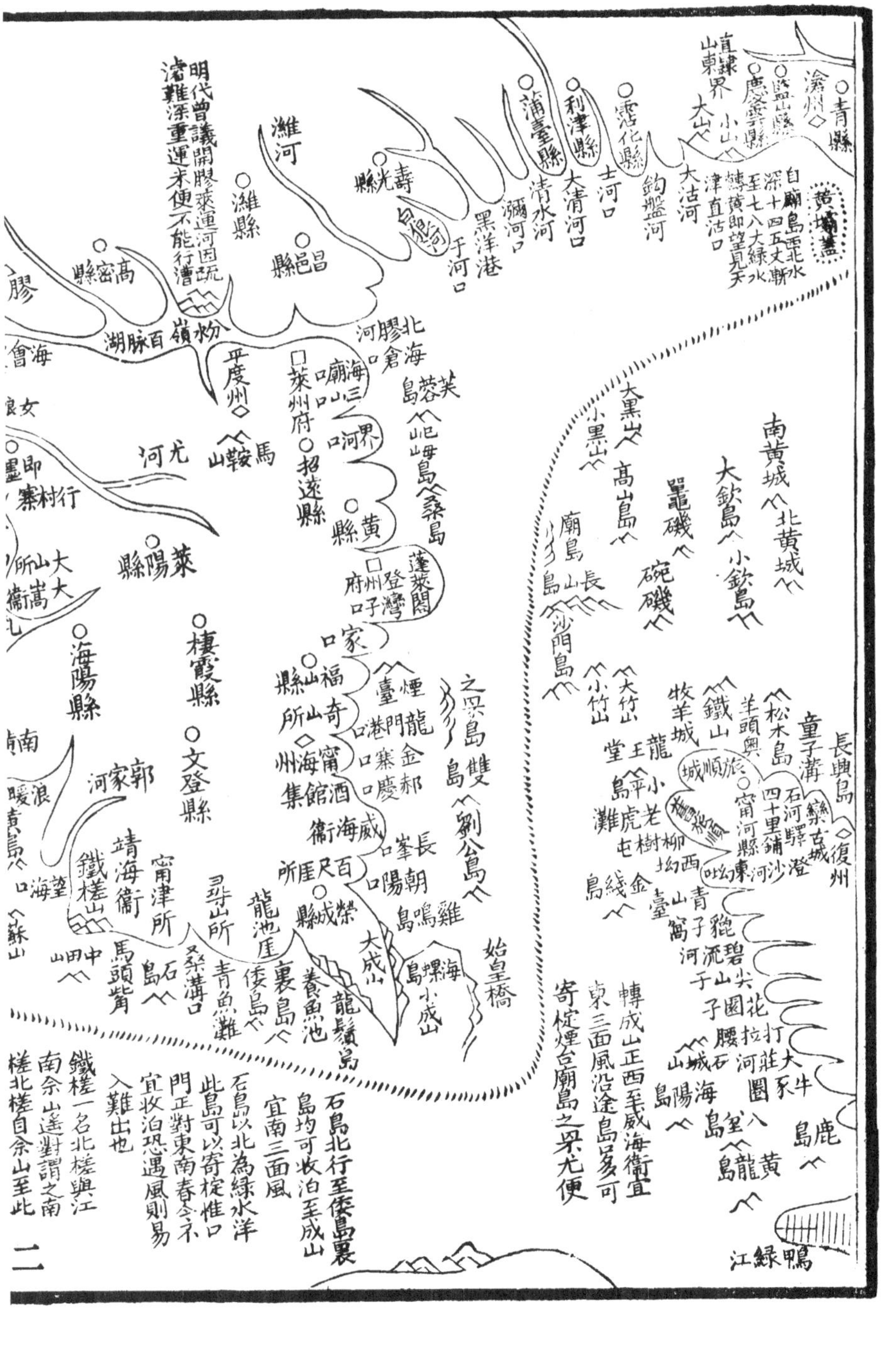
明代曾議開膠萊運河因疏濬難深重運未便不能行漕
自廟島西北水深十四五丈至七八大綠水漸轉黃即望見天津直沽口
石島北行至倭島裏島均可收泊至成山宜南三面風
石島以北為綠水洋此島可以寄椗惟口門正對東南春令不宜收泊恐遇風則易入難出也
鐵槎一名北槎與江南佘山遙對謂之南槎北槎自佘山至此
轉成山正西至威海衛宜東三面風沿途島多可寄椗煙台廟島之罘尤便
青縣
滄州
鹽山縣
慶雲縣
直隸山東界
霑化縣
利津縣
蒲臺縣
大沽河
鈎盤河
大清河口
清水河
黑洋港
壽光縣
濰河
濰縣
昌邑縣
高密縣
北海倉
膠河
芙蓉島
萊州府
平度州
馬鞍山
招遠縣
黃縣
桑島
蓬萊閣
登州府
萊陽縣
棲霞縣
海陽縣
文登縣
福山縣
奇山所
寧海州
煙臺
之罘島
雙島
劉公島
威海衛
長峯口
朝陽口
百尺厓所
榮成縣
雞鳴島
靖海衛
寧津所
鐵槎山
石島
馬頭觜
龍鬚島
養魚池
大成山
小成山
始皇橋
南黃城
北黃城
大欽島
小欽島
鼉磯
砣磯
大黑山
小黑山
高山島
廟島
長山島
沙門島
大竹山
小竹山
牧羊城
鐵山
羊頭凹
松木島
童子溝
長興島
復州
旅順城
金線島
鹿島
黃龍島
鴨綠江

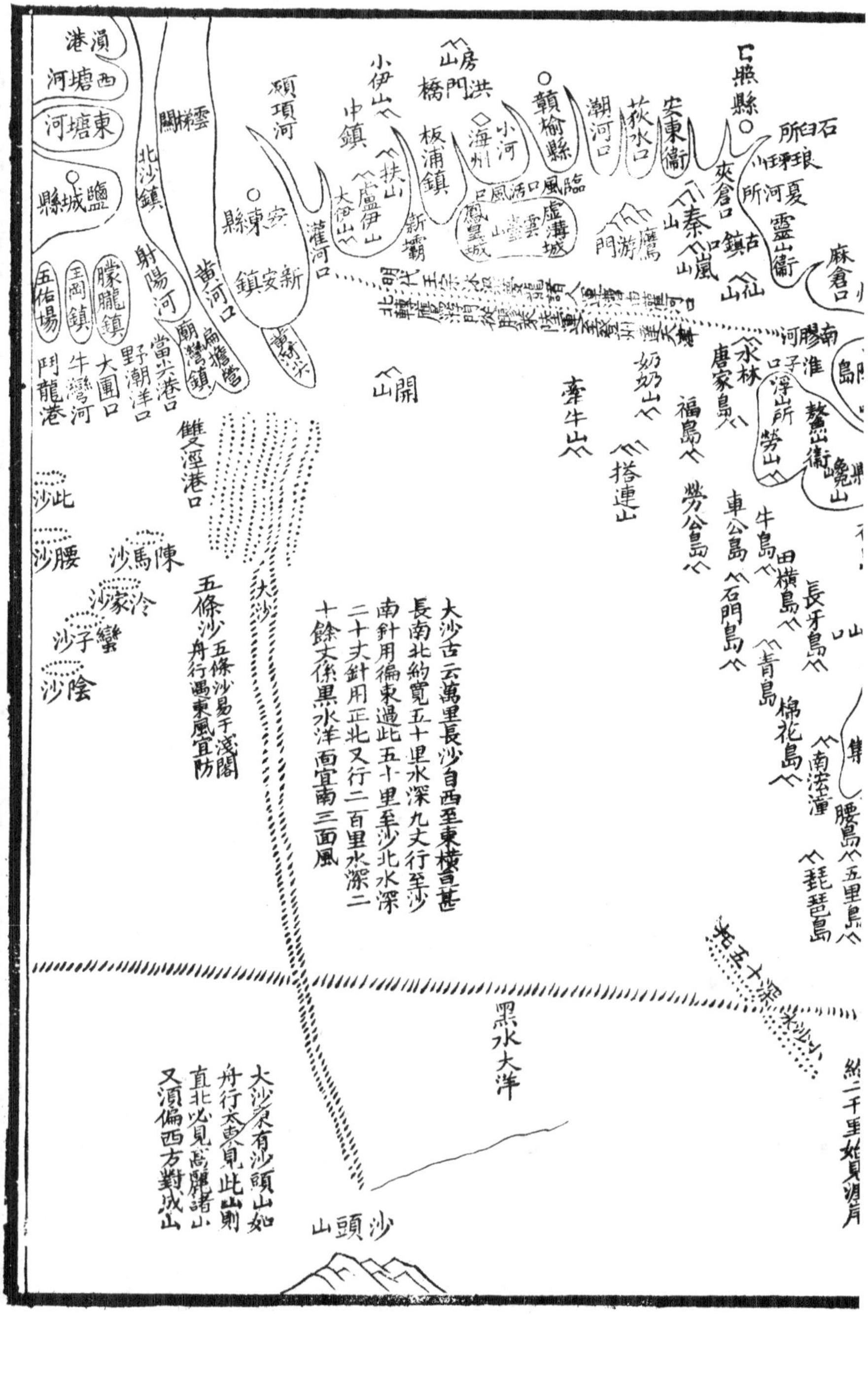
大沙古云萬里長沙自西至東橫亘甚長南北約寬五十里水深九丈行至沙南針用偏東過此五十里至沙北水深二十丈針用正北又行二百里水深二十餘丈係黑水洋西宜南三面風
五條沙
五條沙易于淺閣舟行遇東風宜防
大沙東有沙頭山如舟行太東見此山則直北必見高麗諸山又須偏西方對成山
沙頭山
黑水大洋
大沙
雙逕港口
開山
牽牛山
奶奶山
搭連山
福島
勞公島
車公島
牛島
田橫島
石門島
青島
長牙島
棉花島
南洋潼
琵琶島
陳馬沙
冷家沙
鑾子沙
陰沙
腰沙
此沙
澛港
西塘河
東塘河
鹽城縣
雲梯關
北沙鎮
射陽河
黃河口
廟灣鎮
新安鎮
安東縣
灌河口
頭項河
中鎮
小伊山
大伊山
扶山
新壩
板浦鎮
海州
小河
洪門橋
房山
贛榆縣
臨洪口
潮河口
荻水口
安東衛
照縣口
石臼所
琅琊夏河所
靈山衛
夾倉口
古鎮口
秦山
嵐山
鷹游門
麻倉口
淮子口
膠河
南島
浮山所
勞山
鰲山衛
水林
唐家島
五佑場
王岡鎮
滕朧鎮
鬥龍港
牛灣河
大團口
野潮洋口
當沙港口

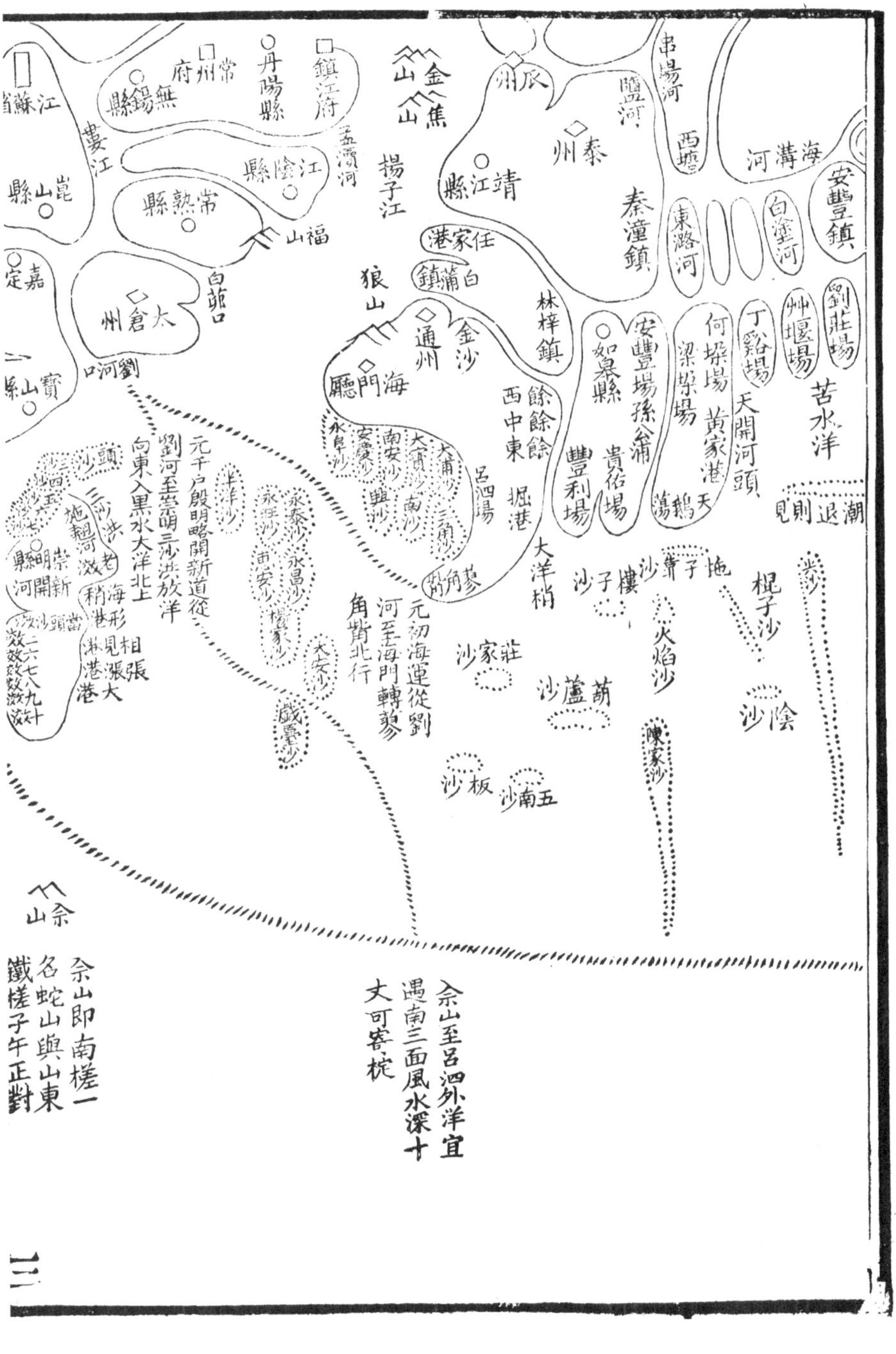
鎮江府
丹陽縣
常州府
無錫縣
江陰縣
常熟縣
崑山縣
太倉州
嘉定
寶山
劉河口
福山
白茆口
揚子江
孟瀆河
金山
焦山
狼山
通州
海門廳
金沙
任家港
白蒲鎮
泰州
靖江縣
林梓鎮
如臯縣
海溝河
安豐鎮
劉莊場
丁谿場
何垛場
梁垛場
安豐場
苦水洋
天開河頭
黃家港
豐利場
掘港
呂四場
大洋梢
潮退則見
火焰沙
陰沙
莊家沙
板沙
五南沙
佘山
元初海運從劉河至海門轉蓼角嘴北行
元千戶殷明略開新道從劉河至崇明三沙洪放洋向東入黑水大洋北上
佘山即南槎一名蛇山與山東鐵槎子午正對
佘山至呂泗外洋宜遇南三面風水深十丈可寄椗

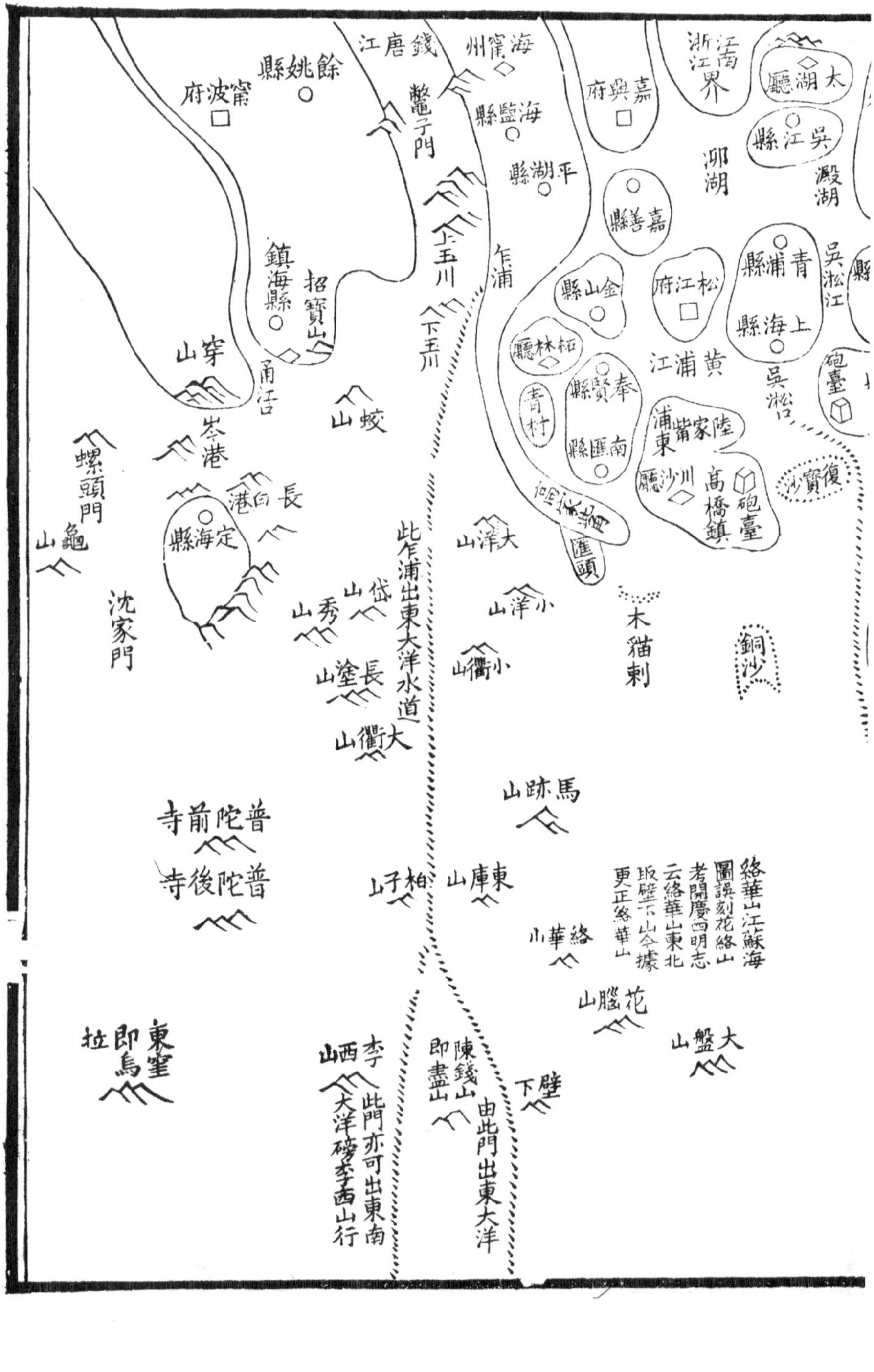
錢唐江
海甯州
海鹽縣
平湖縣
嘉興府
江南
浙江界
太湖廳
吳江縣
泖湖
澱湖
嘉善縣
青浦縣
上海縣
松江府
金山縣
吳淞江
柘林廳
黃浦江
奉賢縣
南匯縣
青村
吳淞口
砲臺
陸家嘴
浦東
川沙廳
高橋鎮
砲臺
復寶沙
餘姚縣
甯波府
鼇子門
上玉川
下玉川
乍浦
鎮海縣
招寶山
穿山
蛟山
岑港
螺頭門
長白港
定海縣
龜山
沈家門
大洋山
小洋山
岱山
秀山
長塗山
大衢山
小衢山
木猫刺
銅沙
此乍浦出東大洋水道
馬跡山
普陀前寺
普陀後寺
柏子山
東庫山
絡華山
絡華山江蘇海圖誤刻花絡山考開慶四明志云絡華山東北取壁下山今據更正絡華山
花腦山
大盤山
東霍即烏拉
李西山
此門亦可出東南大洋傍李西山行
陳錢山即盡山
由此門出東大洋
壁下

天津上園圖

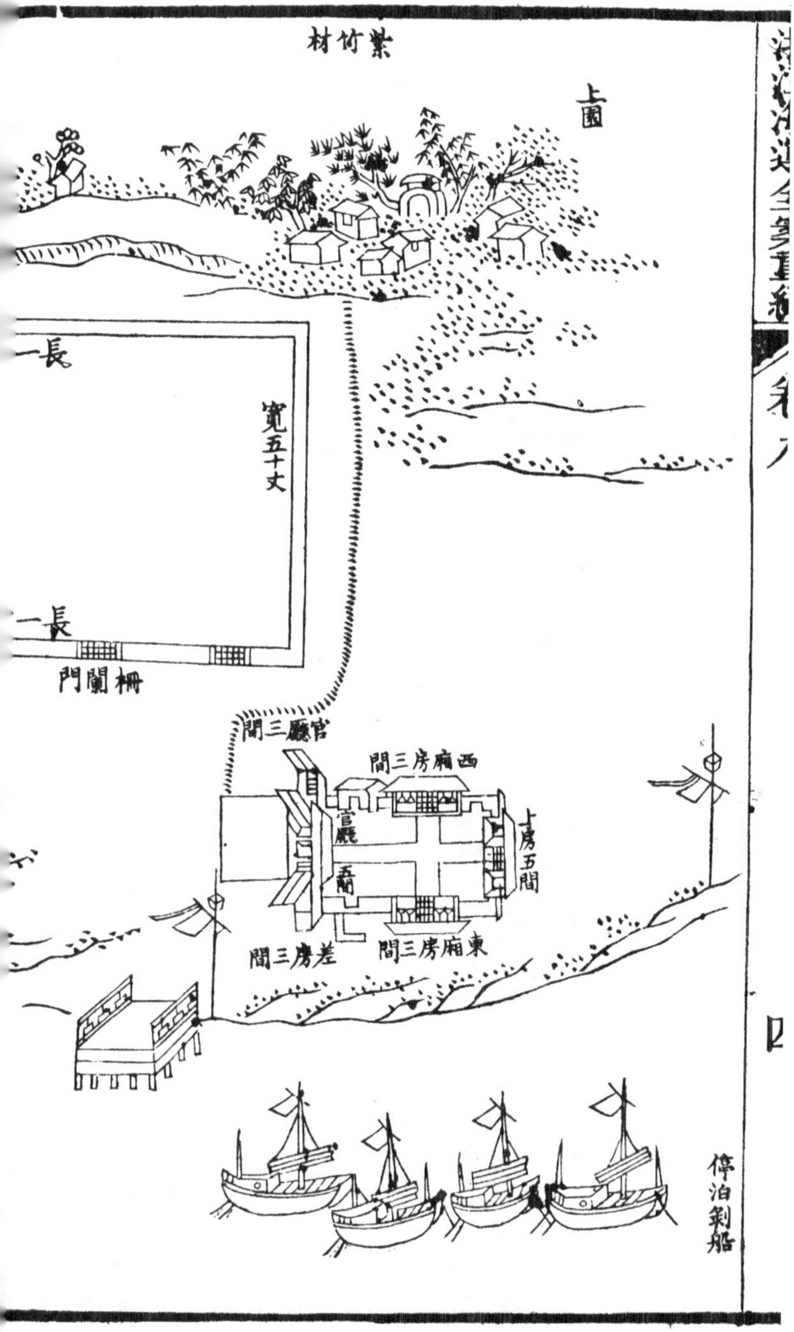
紫竹材
上園
寬五十丈
長一
長一
柵欄門
官廳三間
西廂房三間
上房五間
官廳
五間
東廂房三間
差房三間
停泊剝船

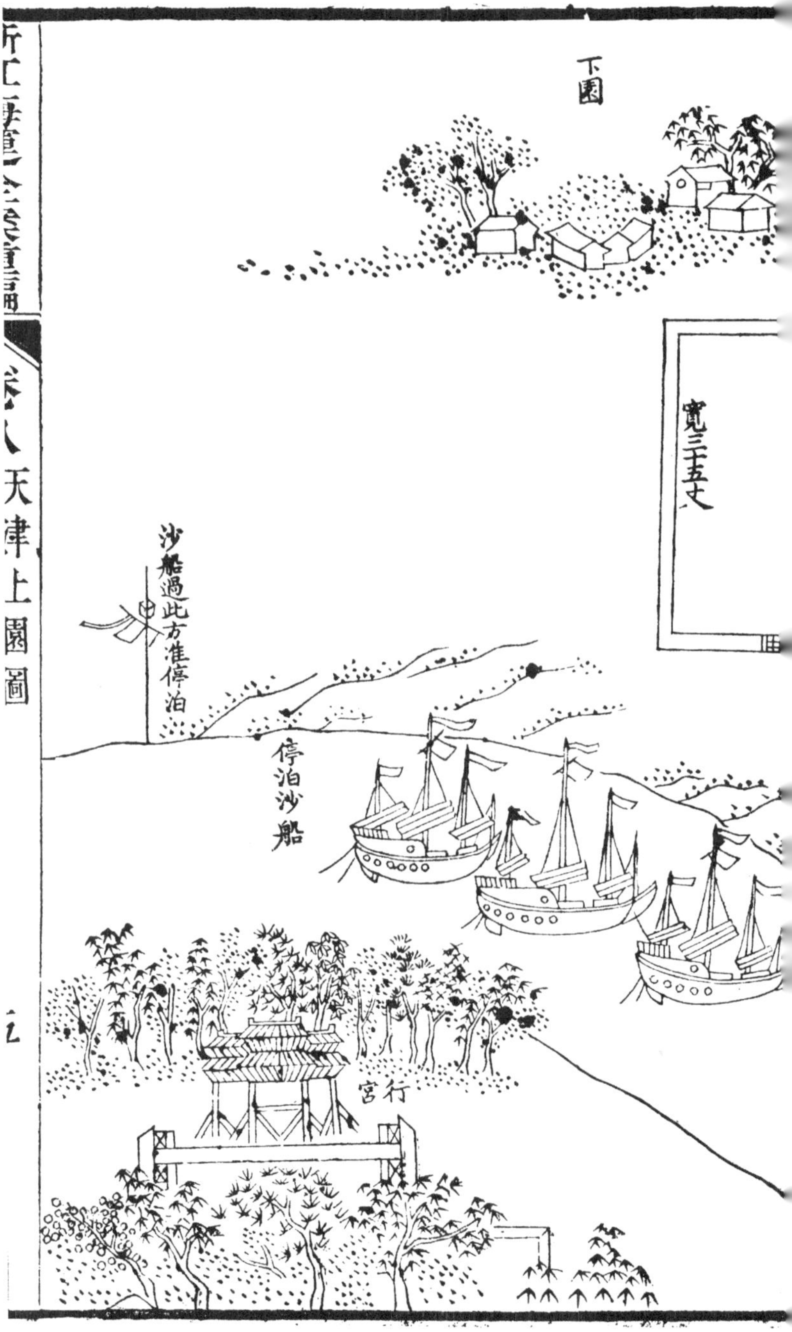
天津上園圖
下園
寬三十五丈
沙船過此方准停泊
停泊沙船
行宮

攔江沙圖

砲臺
標杆
兵房
炮臺

吴淞江圖

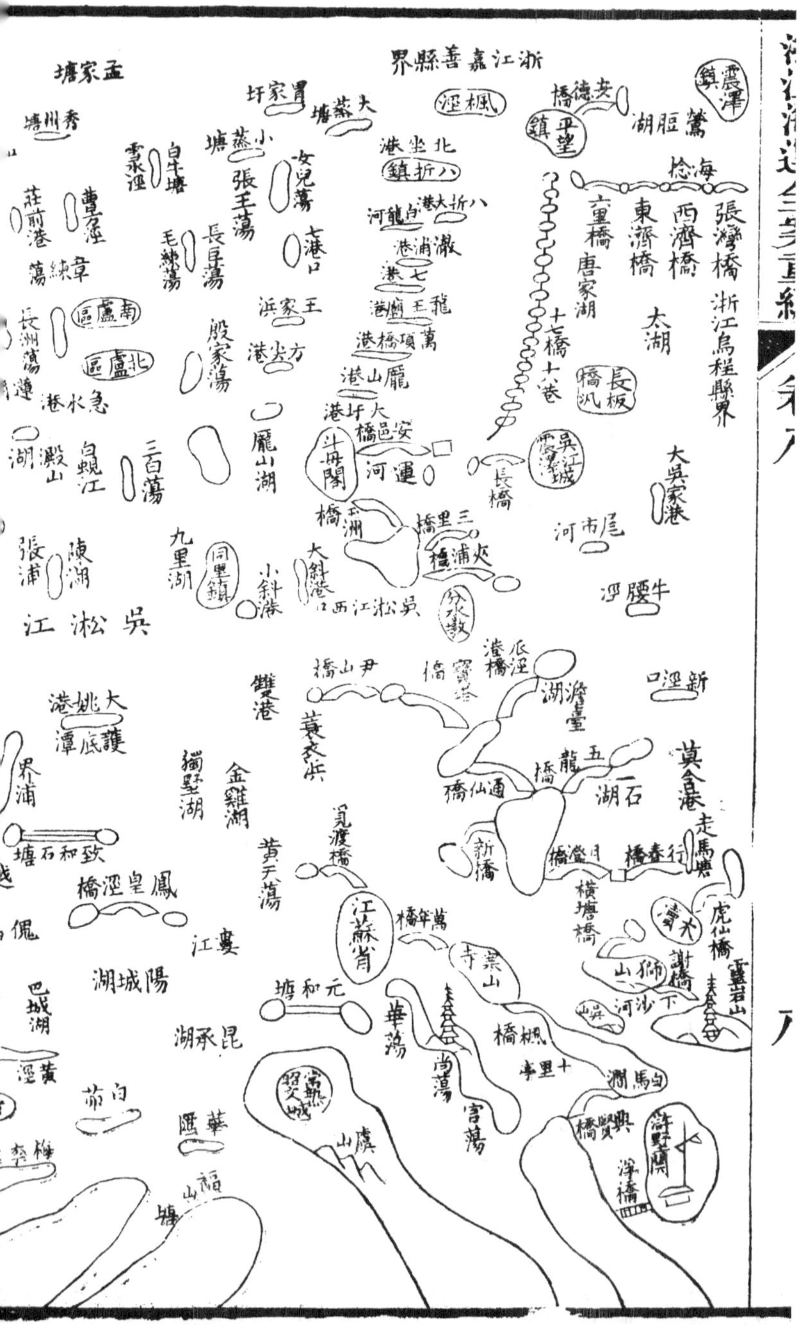
浙江嘉善縣界
孟家塘
秀州塘
大蒸塘
小蒸塘
楓涇
安德橋
平望鎮
震澤鎮
鶯脰湖
海捻
張灣橋
西濟橋
東濟橋
六里橋
唐家湖
太湖
浙江烏程縣界
十七橋
十八巷
長板橋汎
吳江縣城
長橋
尾市河
大吳家港
牛腰浮
北坐港
八折鎮
八折大港
白龍河
澈浦港
七港
張王蕩
長星蕩
王家浜
方尖港
般家蕩
麗山港
大圩港
安邑橋
運河
三里橋
夾浦橋
分水墩
吳淞江
吳淞江西口
小斜港
大斜港
同里鎮
九里湖
陳湖
張浦
三白蕩
白蜆江
澱山湖
急水港
北盧區
南盧區
長洲蕩
章練蕩
莊前港
雙港
黃衣浜
尹山橋
寶帶橋
澹臺湖
新涇口
大姚港
護底潭
界浦
獨墅湖
金雞湖
五龍橋
石湖
通仙橋
莫舍港
走馬塘
致和塘
鳳皇涇橋
黃天蕩
覓渡橋
新橋
月城橋
行春橋
橫塘橋
虎仙橋
江蘇省
萬年橋
寒山寺
獅山
下沙河
靈岩山
陽城湖
巴城湖
元和塘
昆承湖
華蕩
楓橋
十里亭
白馬澗
尚蕩
宮蕩
虞山
常熟縣城
許墅關
滸墅關
白茆
黃涇
華匯
福山
興賢橋
淨橋

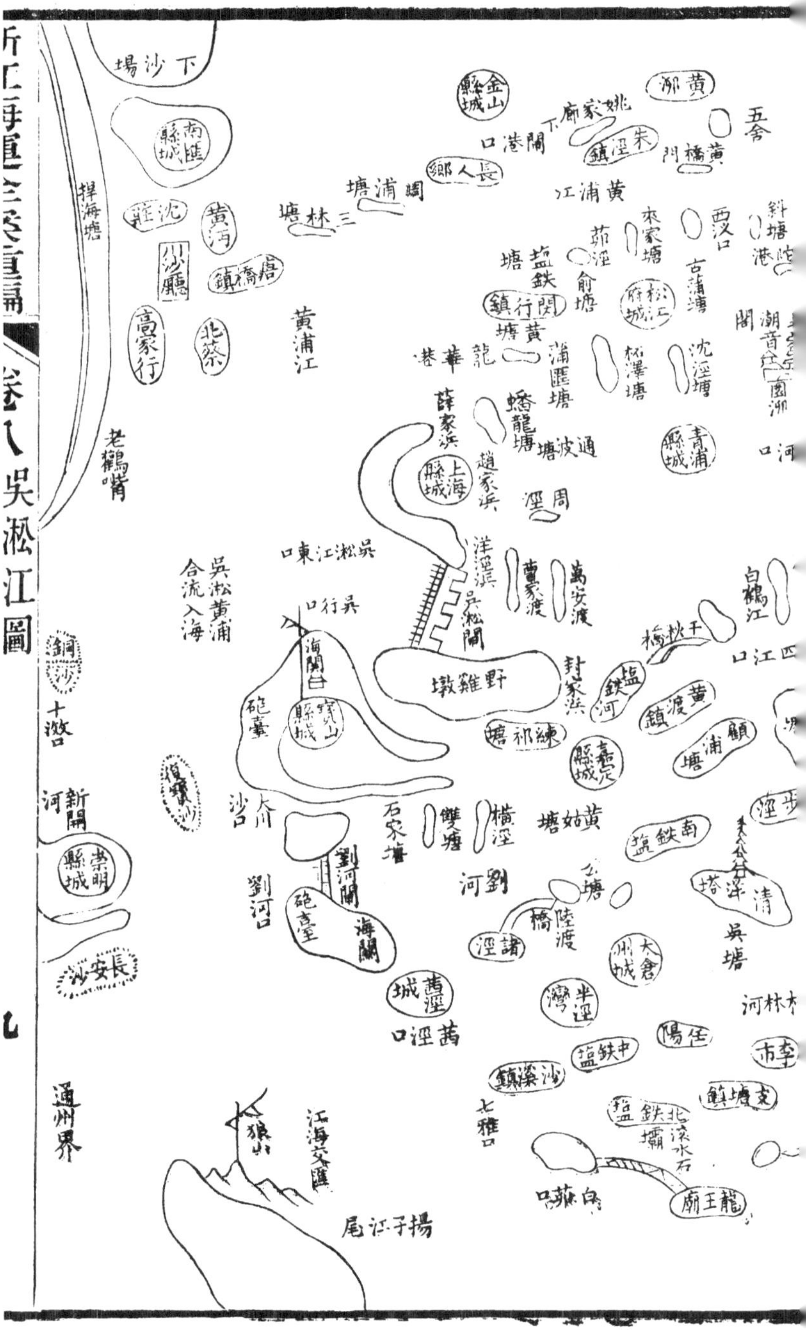
吳淞江圖
下沙場
南匯縣城
金山縣城
黃浦江
吳淞江東口
吳淞黃浦合流入海
吳淞口
寶山縣城
上海縣城
青浦縣城
松江府城
嘉定縣城
太倉州城
崇明縣城
野雞墩
劉河口
劉河閘
茜涇口
揚子江尾
狼山
江海交匯
通州界
老鸛嘴
長安沙
銅沙
十滧
新開河
高家行
北蔡
黃泥
沈莊
周浦
閘港口
姚家廊下
長人鄉
三林塘
龍華港
蟠龍塘
通波塘
周涇
趙家浜
薛家浜
曹家渡
萬安渡
白鶴江
四江口
千秋橋
封家浜
鹽鐵河
黃渡鎮
顧浦塘
練祁塘
橫涇
雙塘
黃姑塘
南鐵塘
劉河
清洋塔
陸渡橋
諸涇
半涇灣
中鐵塘
沙溪鎮
七鴉口
白茆口
龍王廟
五舍
西泖口
古浦塘
沈涇塘
松澤塘
閔行鎮
鹽鐵塘
俞塘
朱涇鎮
黃浦江
黃橋門
黃泖

黃浦江圖

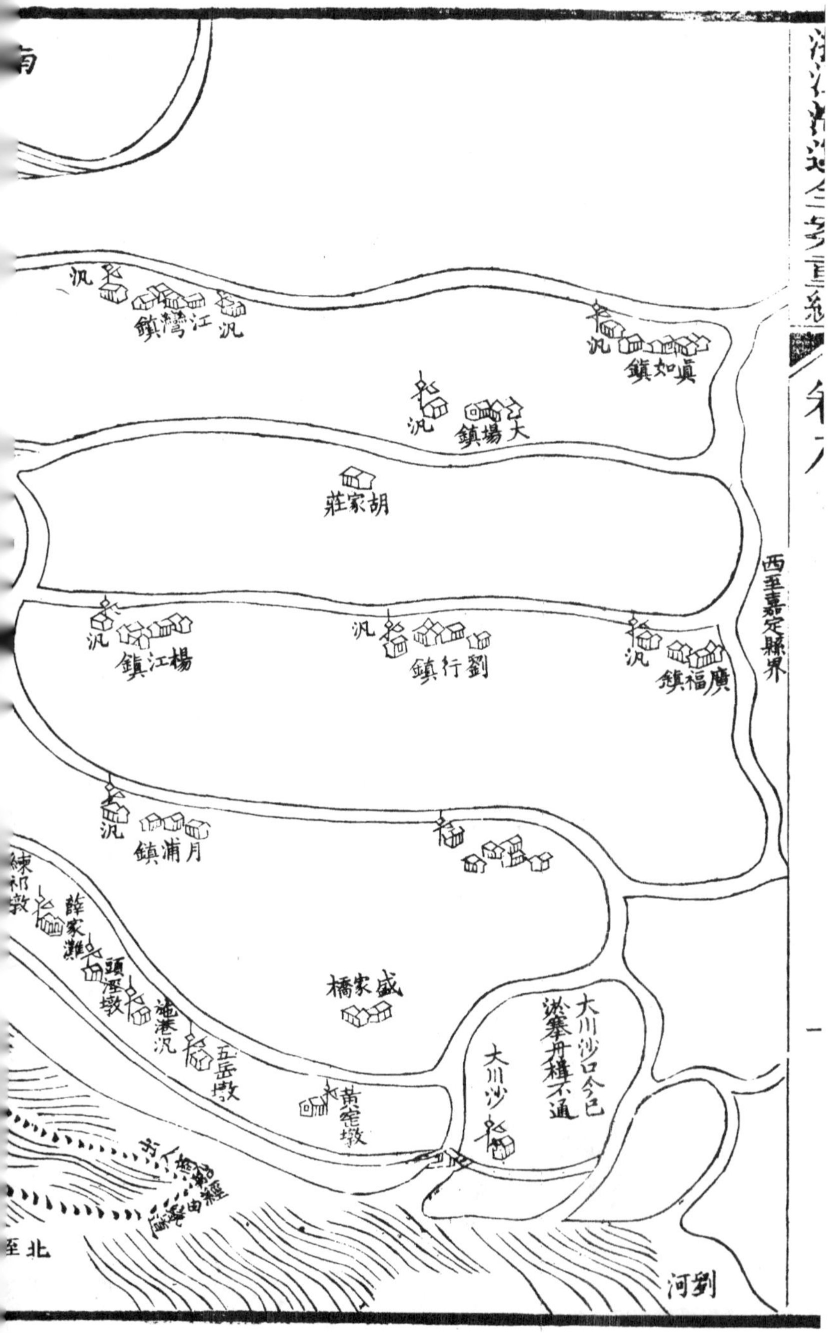

眞如鎮
大場鎮
江灣鎮
胡家莊
廣福鎮
劉行鎮
楊江鎮
月浦鎮
盛家橋
西至嘉定縣界
大川沙口今已淤塞舟楫不通
大川沙
黃窰墩
五岳墩
薛家灘
劉河
北至
汛

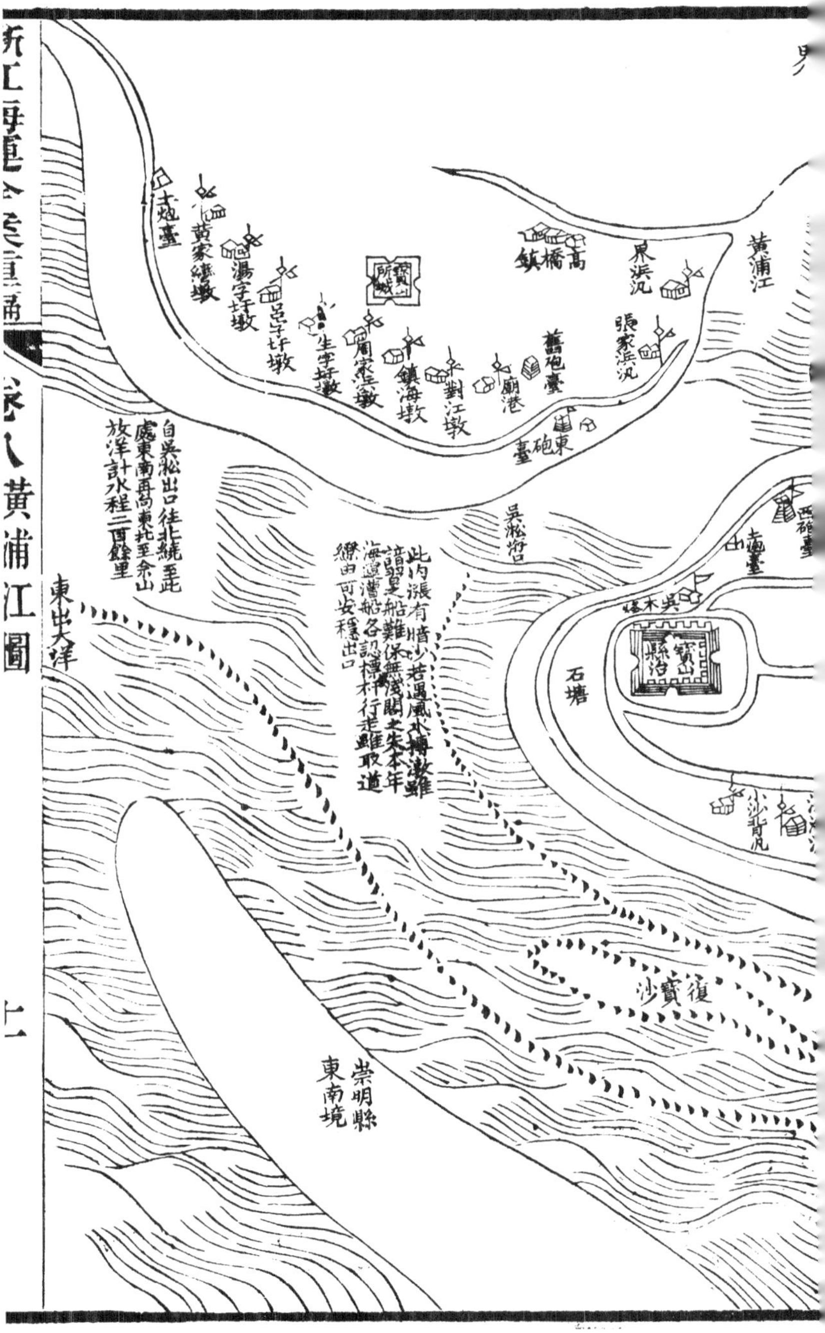
黃浦江圖
七二
大炮臺
黃家灣墩
湯字圩墩
呂字圩墩
生字圩墩
周家浜墩
寶山所城
鎮海墩
對江墩
廟港
舊砲臺
東砲臺
高橋鎮
界浜汛
張家浜汛
黃浦江
自吳淞出口往北繞至此處東南再向東北至佘山放洋計水程三百餘里
東出大洋
吳淞塔口
此內漲有暗沙若遇風水禦激雖諳習之船難保無淺閣之失本年海運漕船各認標杆行走雖取道繼曲可安穩出口
西砲臺
土砲臺
寶山縣治
石塘
沙背汛
復寶沙
崇明縣東南境

海河圖

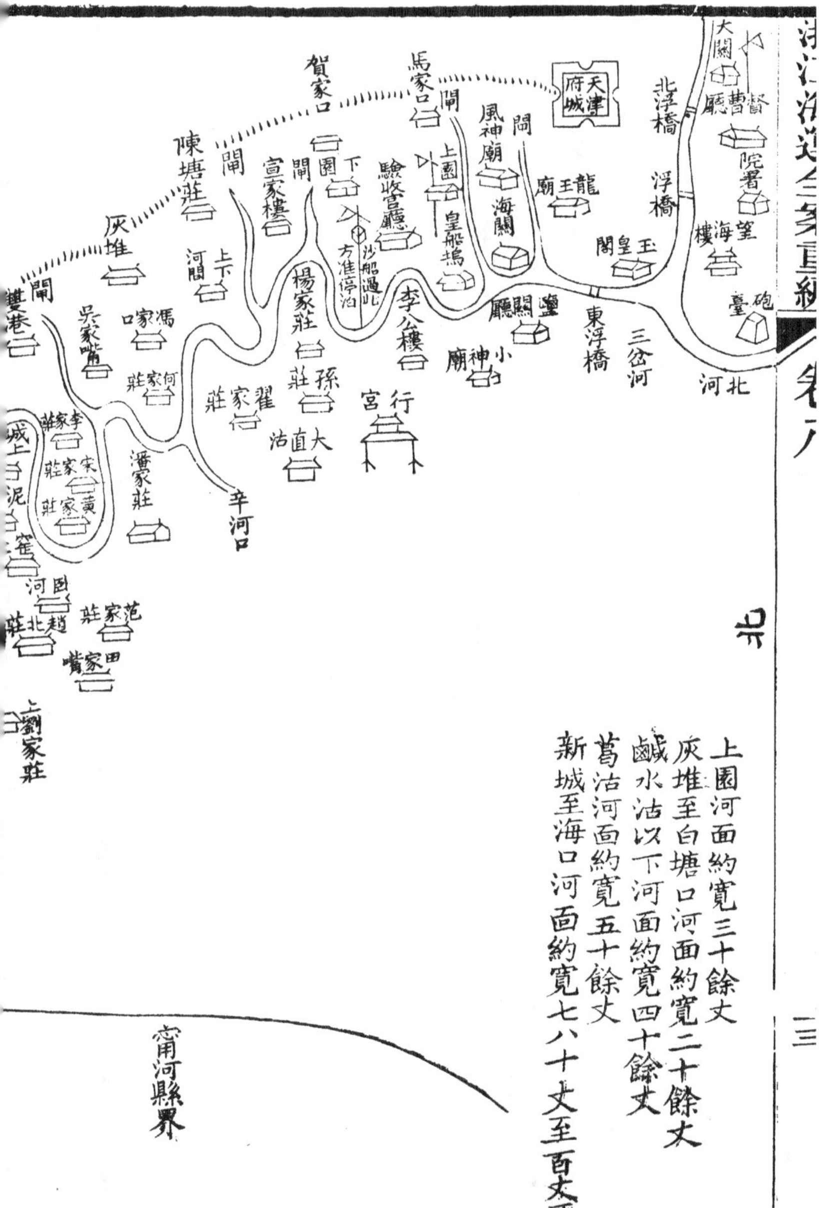
浙江海運全案重編 卷六
三
北
天津府城
督曹廳
大關
院署
望海樓
砲臺
北浮橋
浮橋
玉皇閣
龍王廟
閘
風神廟
海關
皇船塢
上園
驗糧官廳
沙船過此方准停泊
下園
閘
宣家樓
閘
陳塘莊
賀家口
馬家口
灰堆
上下河間
楊家莊
李公樓
鹽關廳
小神廟
東浮橋
三岔河
北河
行宮
孫莊
翟家莊
大直沽
何家莊
馮家口
吳家嘴
雙港
閘
李家莊
宋家莊
黃家莊
潘家莊
辛河口
城上
泥窩
范家莊
趙北莊
田家嘴
上劉家莊
甯河縣界
上園河面約寬三十餘丈
灰堆至白塘口河面約寬二十餘丈
鹹水沽以下河面約寬四十餘丈
葛沽河面約寬五十餘丈
新城至海口河面約寬七八十丈至百丈不等

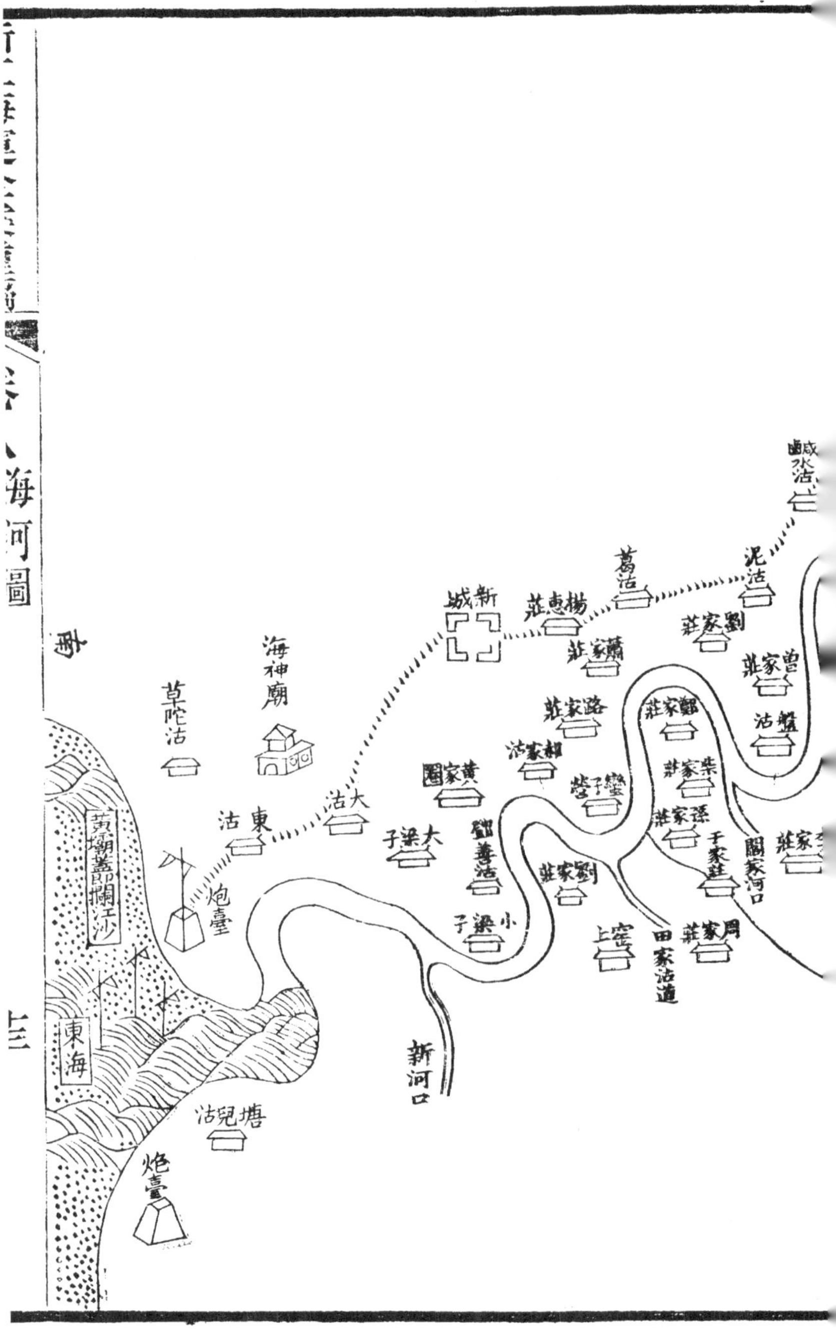
海河圖
東海
黃塌嘴蓋節攔江沙
炮臺
塘兒沽
炮臺
草陀沽
海神廟
東沽
大沽
新城
楊惠莊
葛沽
泥沽
鹹水沽
劉家莊
蕭家莊
曹家莊
路家莊
鄧家莊
盤沽
黃家圍
胡家沽
鑾子營
柴家莊
大梁子
劉善沽
孫家莊
于家莊
關家河口
劉家莊
小梁子
上窑
田家沽道
周家莊
新河口

三岔河四里至馬家口八里至賀家口七里至陳唐莊五里至灰堆十里至雙港五里至白塘口十五里至鹹水沽二十里至葛沽八里至新城二十四里至大沽四里至東沽三里至砲臺

以上陸路計一百十三里

三岔河四里至馬家口十里至賀家口八里至陳唐莊十五里至灰堆二十四里至雙港七里至白塘口三十二里至鹹水沽二十八里至葛沽十四里至新城二十八里至大沽五里至東沽五里至砲臺

以上水路計一百八十里

沙船停泊圖

沙船專行北洋身長倉淺頭狹腹闊無槳櫓之具利於揚帆艄形方俗呼方艄

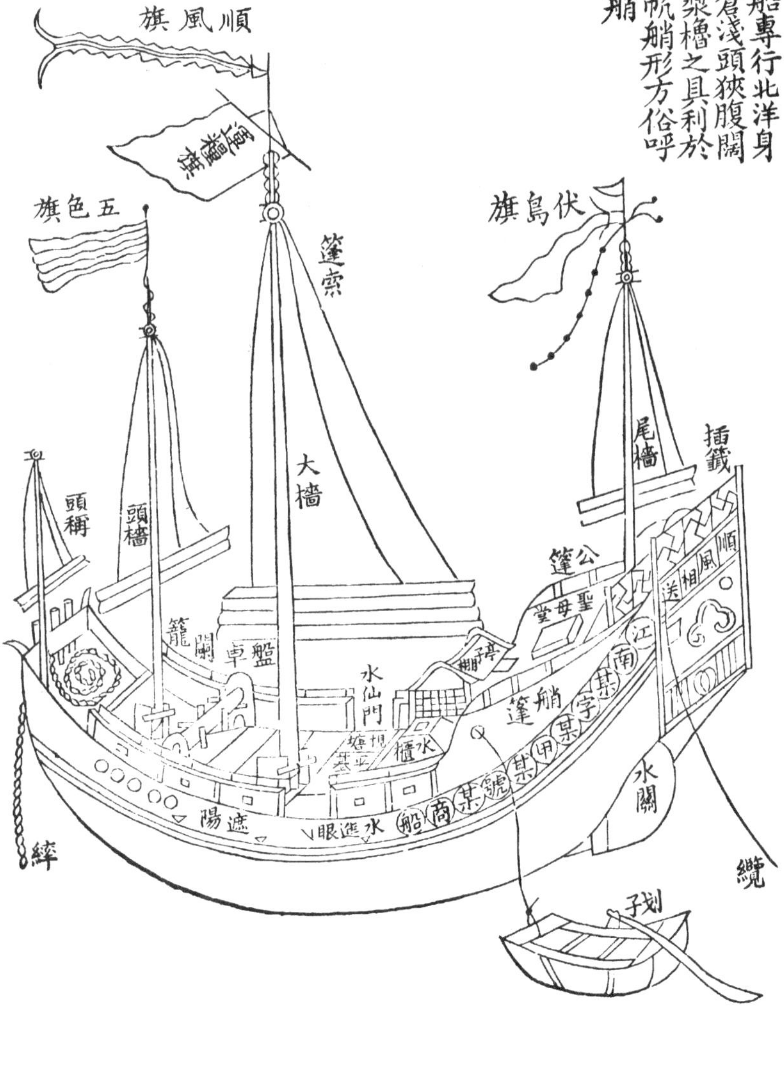

沙船行駛圖

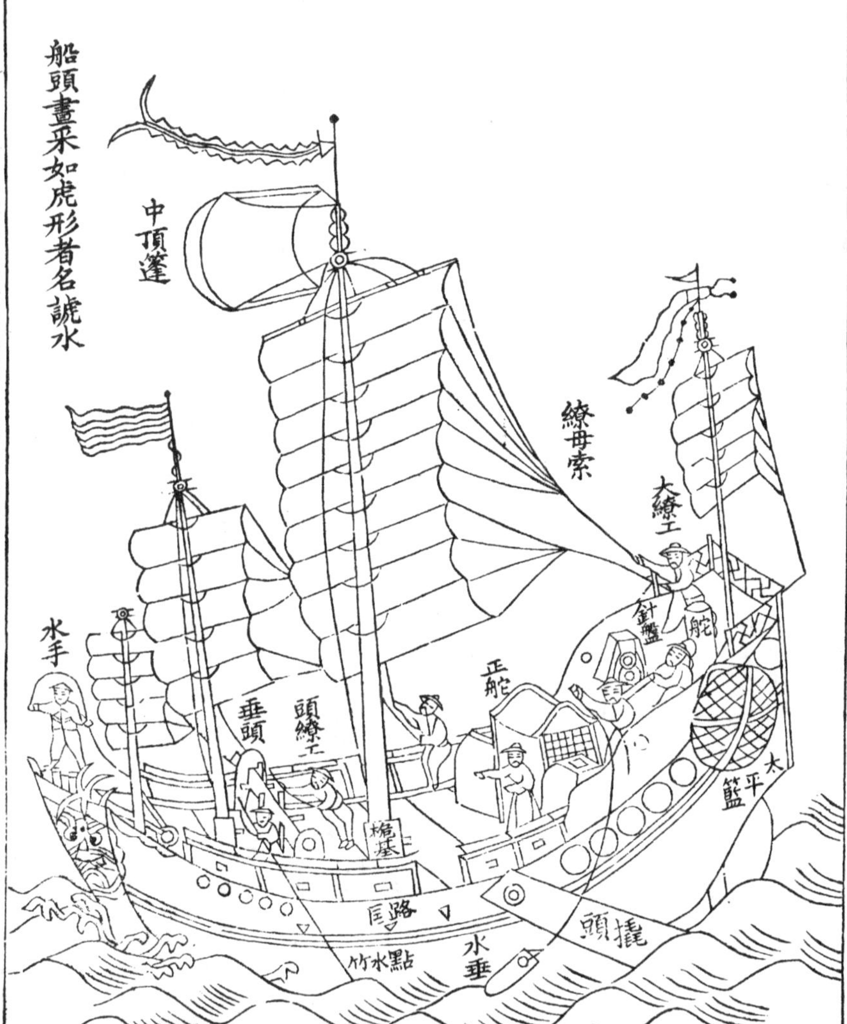

考定沙船式

大號沙船長十丈容斛一千五百石今舉以爲式中號小號由此漸殺或七成五成三成算有三三成四四成者皆可類推

凡沙船量以淮尺每尺當部尺一尺一寸長短廣狹以此爲準

利市頭寬一丈八寸 案船梁皆以直梁爲主丈尺皆準之定制如大面梁海底梁皆準直梁八成頭面梁準直梁七成利市頭準直梁六成造舟大率如此

涙斗倉 案此倉在頭檣之前梁腳四座每座相距三尺五格相聯故又名聯倉橫深一丈五尺直深一丈一尺

頭面梁寬一丈二尺六寸厚六寸 所以支頭檣

包頭倉 凡四倉自頭檣之後遞次至桅門倉之前每倉三尺八寸共一丈五尺二寸小號者祗三倉其制與涙斗倉畧同。

桅門倉 此倉內有半梁一座梁腳一座共作三格每格相距三尺八寸共一丈一尺四寸半梁者倉雖隔而可通者也

大面梁寬一丈四尺四寸厚八寸所以支大樯

太平倉凡四倉自大樯之後遞次至潮倉之前是爲船之中倉每倉三尺八寸共深一丈五尺二寸

潮倉案此倉又名出門倉橫深三尺八寸在第四太平倉之後船有潮濕於此察之水氣所聚故不貯載

進門倉在潮倉後內有半梁一座其成二格每格相距三尺八寸共深七尺六寸

直梁寬一丈八尺案直梁一名喬梁乃船中柱木通體隆殺準諸此

下篏倉

上篏倉

臥稟倉已上三倉俱在進門倉之後乃艄倉也爲水手寢息之所倉內兩腳有多至四五座五六座者橫深約二丈內外每船水手以二十人計船小可畧減其制則同

著舵梁寬一丈八尺

舵盤寬一丈八尺厚七寸

海底梁寬一丈四尺四寸厚七寸在船艙之下所以支水關

巾頂篷長三丈寬二丈四尺

巾頂繩五條

頭稱視尾檣差小無定制

頭檣長四丈三尺圍圓四尺

大檣長七丈圍圓五尺五寸

尾檣長二丈二尺圍圓三尺

頭稱篷視稱之大小用布無定制

頭篷長三丈六尺寬二丈二尺計二十四頁需上海布六十疋上海布名套段幅廣一尺一寸長十八尺

大篷長四丈三尺寬四丈計二十九頁需上海布八十疋

尾篷長二丈寬一丈六尺計十二頁需上海布三十疋

大貓重一千四百斤

二貓重一千二百斤

三貓重七百斤

行船棒長二丈

舵梗長二丈二尺

繚母索長十五託凡五尺爲一託

轆索長九丈

篷索大小十二條

大繂長六十步每步亦五尺合三十二股而成一

二繂長七十步合二十六股而成一

三繂長八十五步合二十股而成一

水匱設於潮倉板上兩旁貯水幾何以人之多寡路之遠近計

蛋船停泊圖

蛋船南北洋皆行身長倉深頭尾帶方船底及兩旁塗以蠣粉上橫抹以煤屑頭尾間刷以礬紅

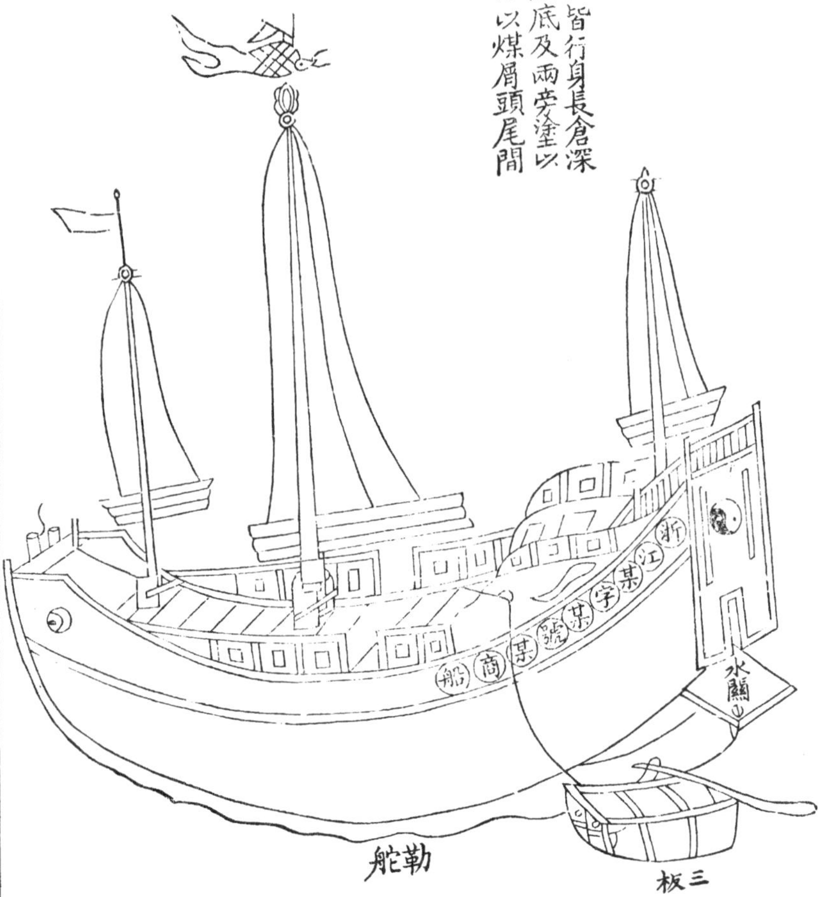

蜑船行駛圖

考定蜑船式

案蜑船三不象船量法皆以閩尺爲準酌中定制容一千八百石

正樣梁長一丈三尺二寸

照水板自此至水井梁長一丈五尺四寸

漏斗長九尺上有頭桅面梁一片長一丈五尺寬一尺四寸厚六寸

卧洞倉凡三倉共長九尺二寸內有牛梁二柱

水井梁自此至駛風梁長二丈九尺梁頭寬一丈七尺二寸斜深八尺駛艢一尺六寸

水井倉長三尺六寸

包倉凡二倉共長六尺四寸

暗倉長四尺二寸

桅門倉凡三倉共長七尺內有底橈二柱底橈者船底之牽條也

桅耳倉左右各一長各五尺內桅臼旁有底橈一根所以支柱大檣之脚

駛風梁自此至火洞梁長二丈七尺梁頭寬二丈三尺六寸斜深七尺四寸駛腦二尺二寸上有面梁一片長二丈三尺寬二尺厚一尺

太平倉凡六倉各長四尺五寸

火洞梁自此至兜水梁長二丈三尺五寸梁頭寬一丈四尺斜深七尺八寸駛腦二尺六寸

潮倉長三尺三寸

進門倉長四尺六寸

下簌倉長四尺六寸

上簌倉長四尺六寸

暗倉長六尺四寸分馬口兩倉

兜水梁自此至風稍腳梁長一丈二尺八寸梁頭寬一丈九尺四寸斜深九尺六寸駛腦一尺二寸

舵匱倉長八尺六寸凡二倉在水關兩旁

風稍腳梁上橫寬一丈七尺六寸下橫寬一丈四尺六寸高一丈三尺六寸上有順風梁一柱自正檽梁至順風梁長十一丈照水板至風稍腳梁共計倉口橫深十丈七尺七寸

中項篷二十頁方廣三丈二尺需甯波布六十四丈

頭檣長五丈四尺圍圓四尺六寸

大檣長八丈如用松木圍圓八尺若雜木差減一尺

尾檣長三丈七尺圍圓二尺五寸

頭篷二十一頁上橫寬二丈四尺下橫寬一丈八尺五寸需甯波布四十七丈

大篷三十三頁上橫寬四丈九尺下橫寬四丈一尺需用甯波布一百五十丈

尾篷十三頁上橫寬一丈三尺下橫寬一丈五寸需甯波布十五丈

大貓重九百斤

二貓重八百三十斤

木碇長二丈六尺其輕重視取材無定制

舵杆長三丈一尺附案金門洞圍徑一尺三寸沓拖一丈三尺五寸開廣八尺

大繂長六十八託需欆一千七百斤

二繂長六十八託需欆一千五百四十斤

三繂長六十八託需欆一千三百七十斤

餘與沙船同者不具載

三不象船停泊圖

三不象船多行北洋少行南洋身長腹闊頭鋭尾高船底及兩旁純塗蠣粉以驅兩洋水中鹹蟲頭尾間抹以礬紅其篷以竹箬爲之取其堅固然甚重今亦有用布者自頭至艄水闗上有索一棍名勒舵蛋船同

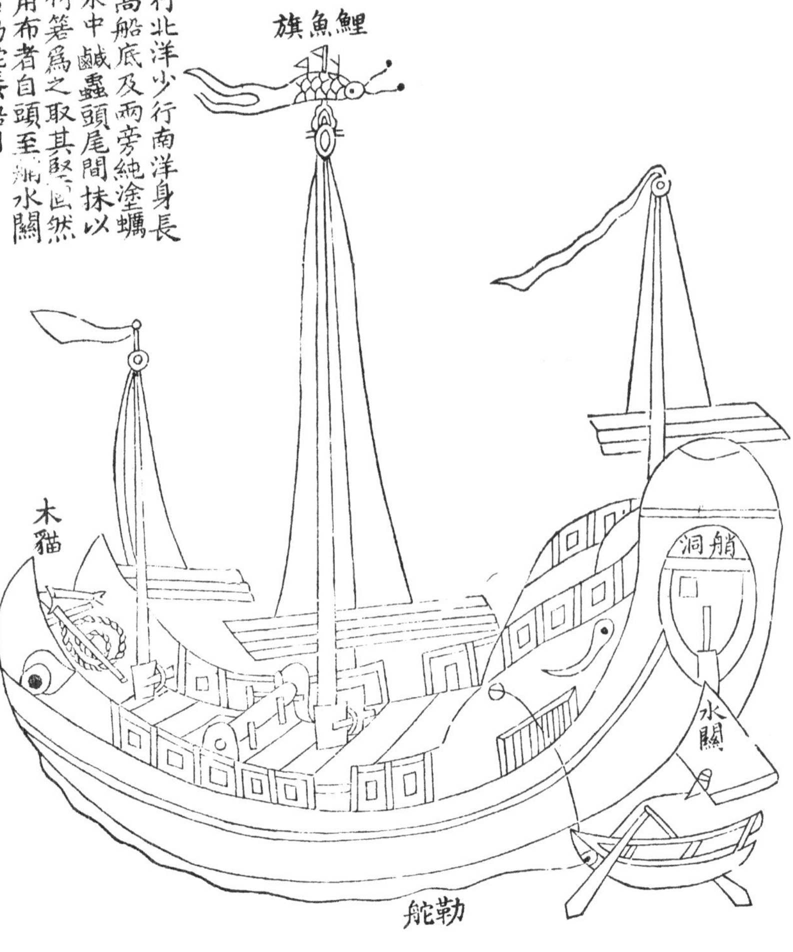

三不象船行駛圖

考定三不象船式

案三不象之制昉自康熙三十八年承運福建木料就釣船舊制增益以松木爲之其式不象江南之沙船不象福建之鳥船不象浙江之蜑船故名之曰三不象視蜑船差大容二千石

正櫺梁長一丈三尺六寸

照水板　自此至水井梁長一丈四尺六寸

浪斗長八尺六寸　上有頭櫺面梁一片長一丈五尺寬一尺四寸厚八寸

臥洞倉　凡三倉共長九尺內有半梁二柱

水井梁　自此至駛風梁長三丈一尺梁頭寬一丈七尺二寸斜深八尺二寸駛腦一尺四寸

水井倉長三尺五寸

包倉　凡二倉共長六尺

暗倉長三尺

桅門倉凡三倉共長一丈五寸內有底橈二柱

桅耳倉左右各一長各五尺內桅臼旁有底橈一根

駛風梁自此至火洞梁長二丈七尺梁頭寬二丈三尺八寸斜深七尺八寸駛腦二尺一寸上有面梁一片長二丈三尺圍圓五尺有奇

太平倉凡六倉各長四尺五寸

火洞梁自此至兜水梁長二丈五尺梁頭寬二丈四尺四寸斜深八尺二寸駛腦二尺六寸

潮倉長三尺二寸

進門倉長四尺

下簸倉聯倉長六尺四寸有半梁一根

上簸倉長三尺

暗倉長三尺

卧窠倉長五尺四寸

兜水梁寬一丈九尺八寸自駛腦四角至八仙板約長十一丈前自照水板後至兜水梁共計倉口

橫深九丈七尺六寸

巾項篷二十頁方廣三丈二尺需甯波布六十四丈

頭檣長五丈六尺圍圓四尺六寸

大檣長八丈如用松木圍圓八尺若雜木差減一尺

尾檣長三丈四尺圍圓二尺五寸

頭篷二十二頁上橫寬二丈五尺下橫寬一丈九尺五寸需甯波布四十九丈

大篷三十三頁上橫寬五丈二尺下橫寬四丈三尺需甯波布一百五十七丈

尾篷十三頁上橫寬一丈三尺下橫寬一丈五寸需甯波布十五丈五尺

大貓重一千斤
二貓重九百斤
木椗長二丈六尺其輕重視取材無定制
舵杆長三丈三尺
餘與蜑船略同

衛船停泊圖

衛船專行北洋身長腹闊頭尾不高檣短無棚旁無粉飾

衛船行駛圖

劉消水道規形合準全圖

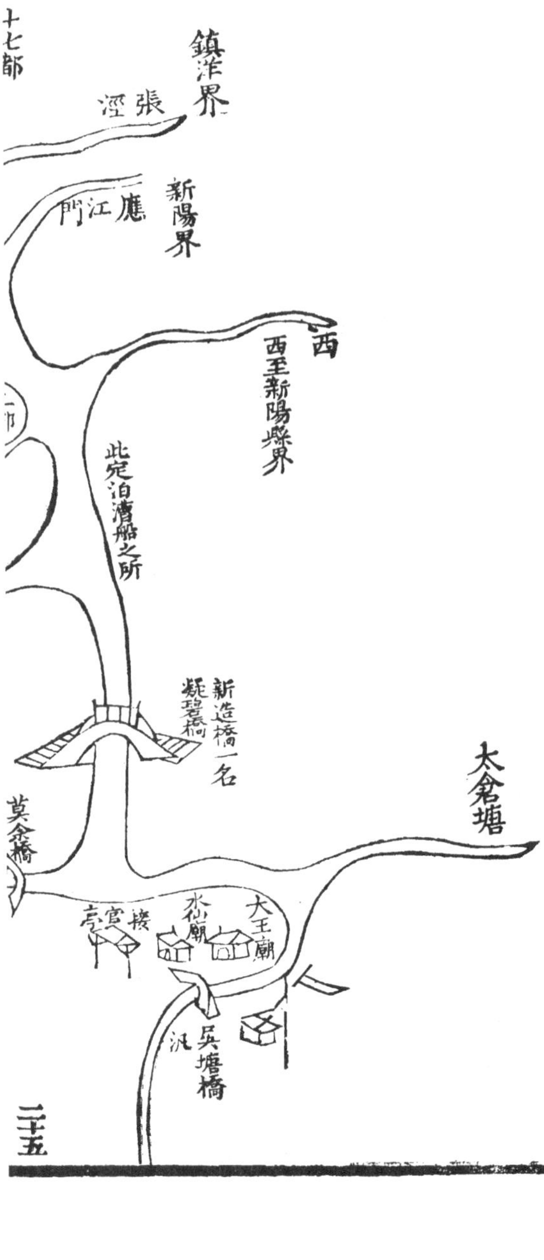
十七部
鎮洋界
張涇
新陽界
應江門
西
西至新陽縣界
此定泊漕船之所
新造橋一名凝碧橋
莫余橋
太倉塘
大王廟
水仙廟
接官亭
吳塘橋
汛

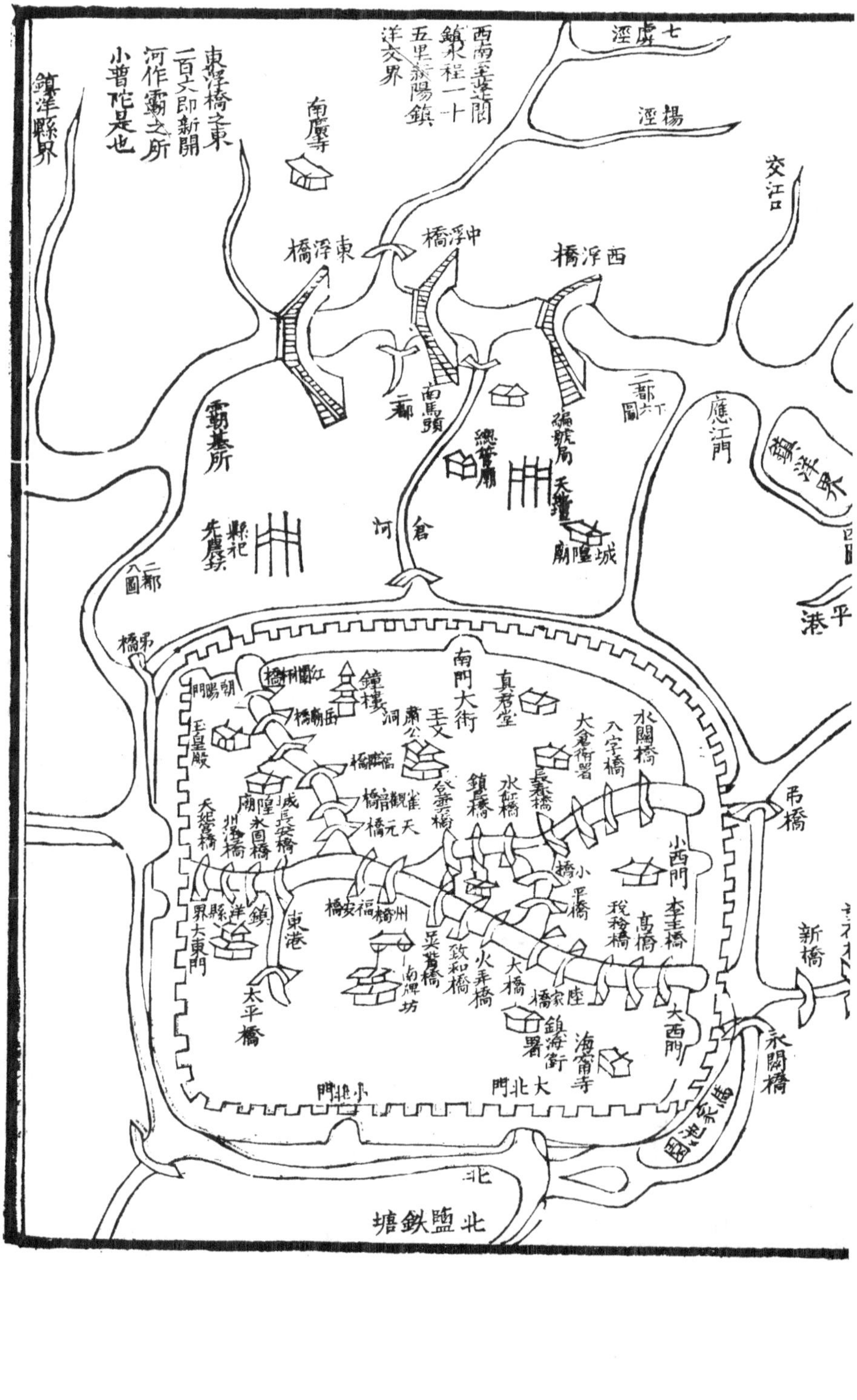
東浮橋之東
一百丈即新開
河作霸之所
小普陀是也
鎮洋縣界
西南至姜家閘
鎮水程一十
五里新陽鎮
洋交界
七虛涇
楊涇
交江口
南廣寺
東浮橋
中浮橋
西浮橋
霸基所
總督廟
城隍廟
倉河
應江門
鎮洋界
平港
南門大街
真君堂
鐘樓
水關橋
八字橋
大倉衛署
朝陽門
玉皇殿
天妃宮橋
大東門
太平橋
東港
吳家橋
致和橋
火弄橋
大橋
鎮海衛
海甯寺
大西門
永關橋
新橋
吊橋
小西門
小北門
大北門
北鹽鐵塘

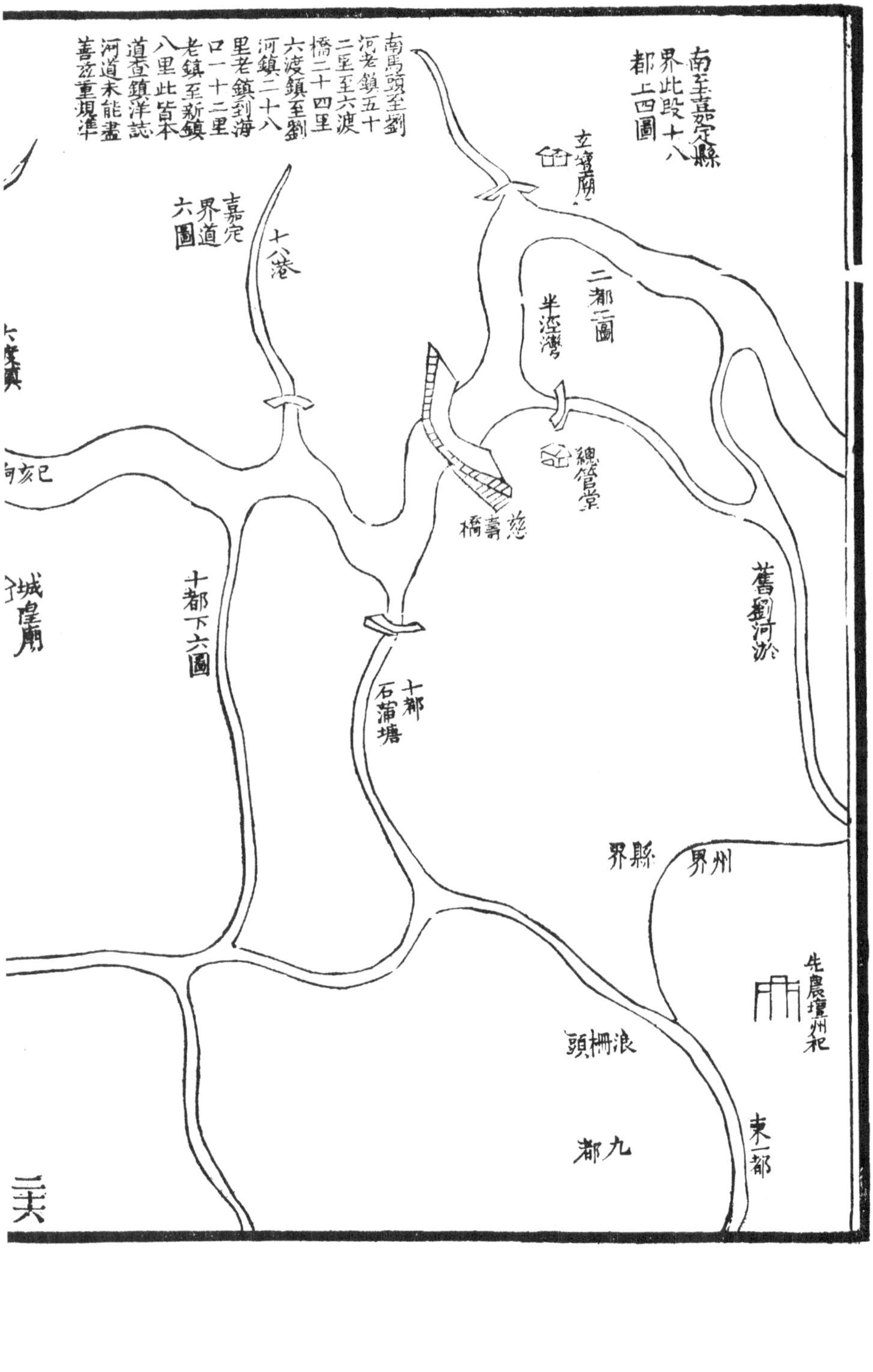
南馬頭至劉河老鎮五十二里至六渡橋二十四里六渡鎮至劉河鎮二十八里老鎮到海口一十二里老鎮至新鎮八里此皆本道查鎮洋誌河道未能盡善茲重規準
南至嘉定縣界此段十八都上四圖
嘉定界道六圖
十八巷
六渡鎮
二都二圖
半涇灣
總管堂
慈壽橋
已亥向
城隍廟
十都下六圖
十都石浦塘
舊劉河淤
縣界
州界
先農壇州祀
浪柵頭
九都
東一都

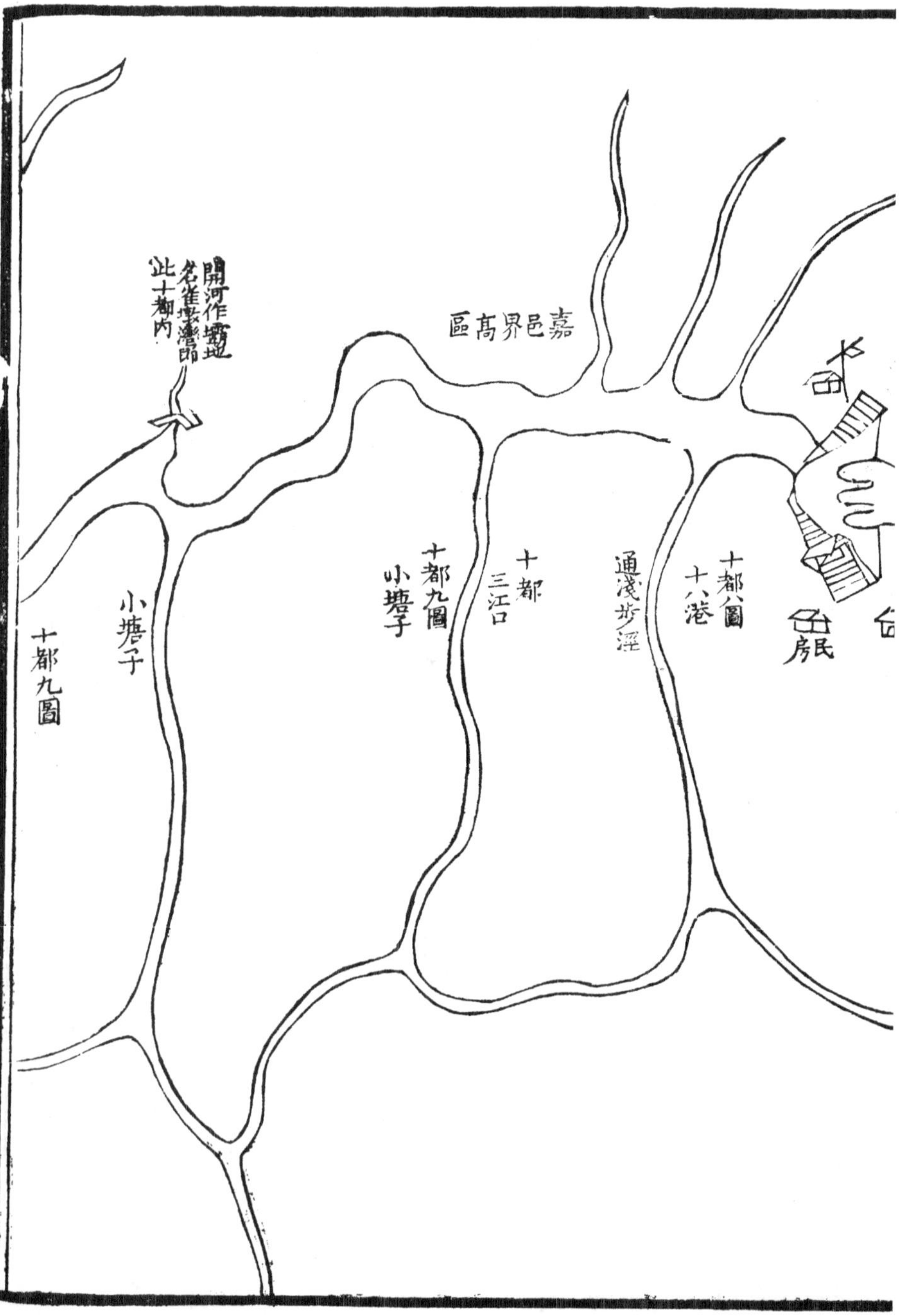
民房
十都八圖
十八港
通淺步涇
十都
三江口
十都九圖
小塘子
嘉邑界高區
小塘子
十都九圖
開河作壩起
名雀墩灣即
此十都內

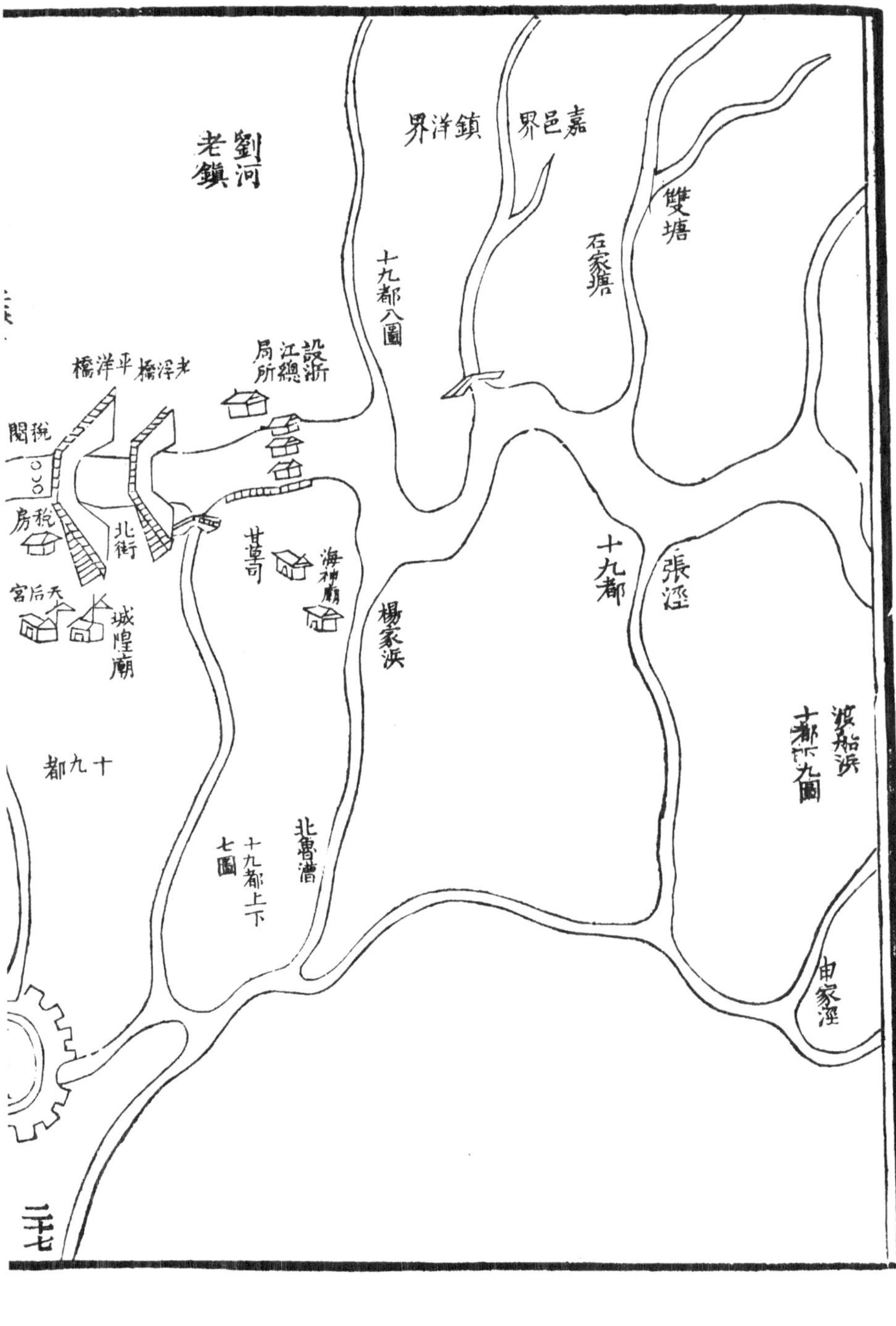
劉河老鎮
嘉邑界
鎮洋界
雙塘
石家塘
十九都八圖
設浙江總局所
老洋橋
平洋橋
稅關
稅房
北街
甘草司
海神廟
天后宮
城隍廟
楊家浜
十九都
張涇
十九都
波船浜
十一都圩九圖
北魯漕
十九都上下七圖
由家涇
三七

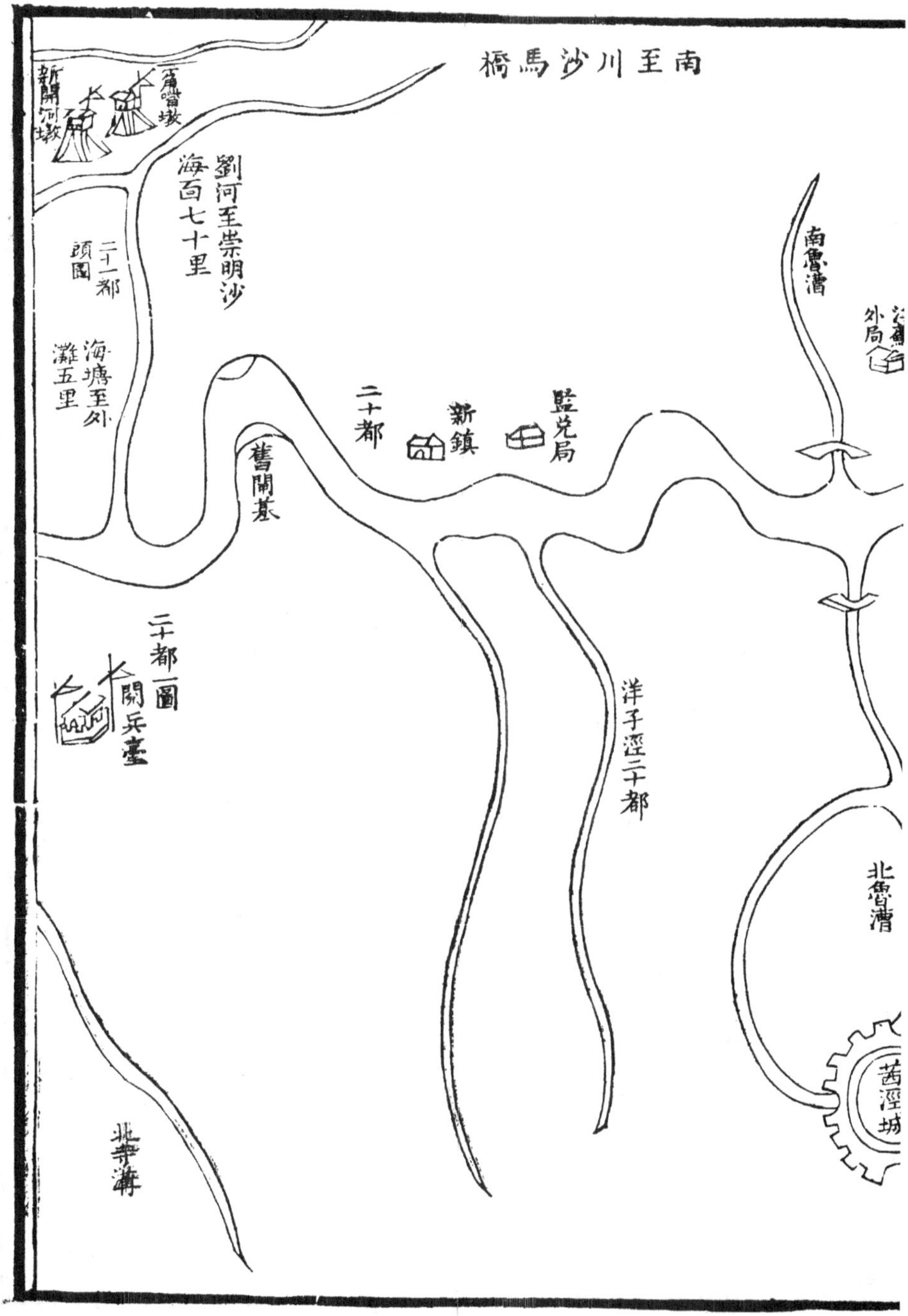
南至川沙馬橋
新開河墩
劉河至崇明沙
海面七十里
二十一都
頭圖
海塘至外
灘五里
南魯漕
外局
二十都
新鎮
鹽充局
舊閘基
二十都一圖
閱兵臺
洋子涇二十都
北魯漕
茜涇城
北華漕

大鴨路
劉河海口
砲臺
丁涇口
潮田港
三十八

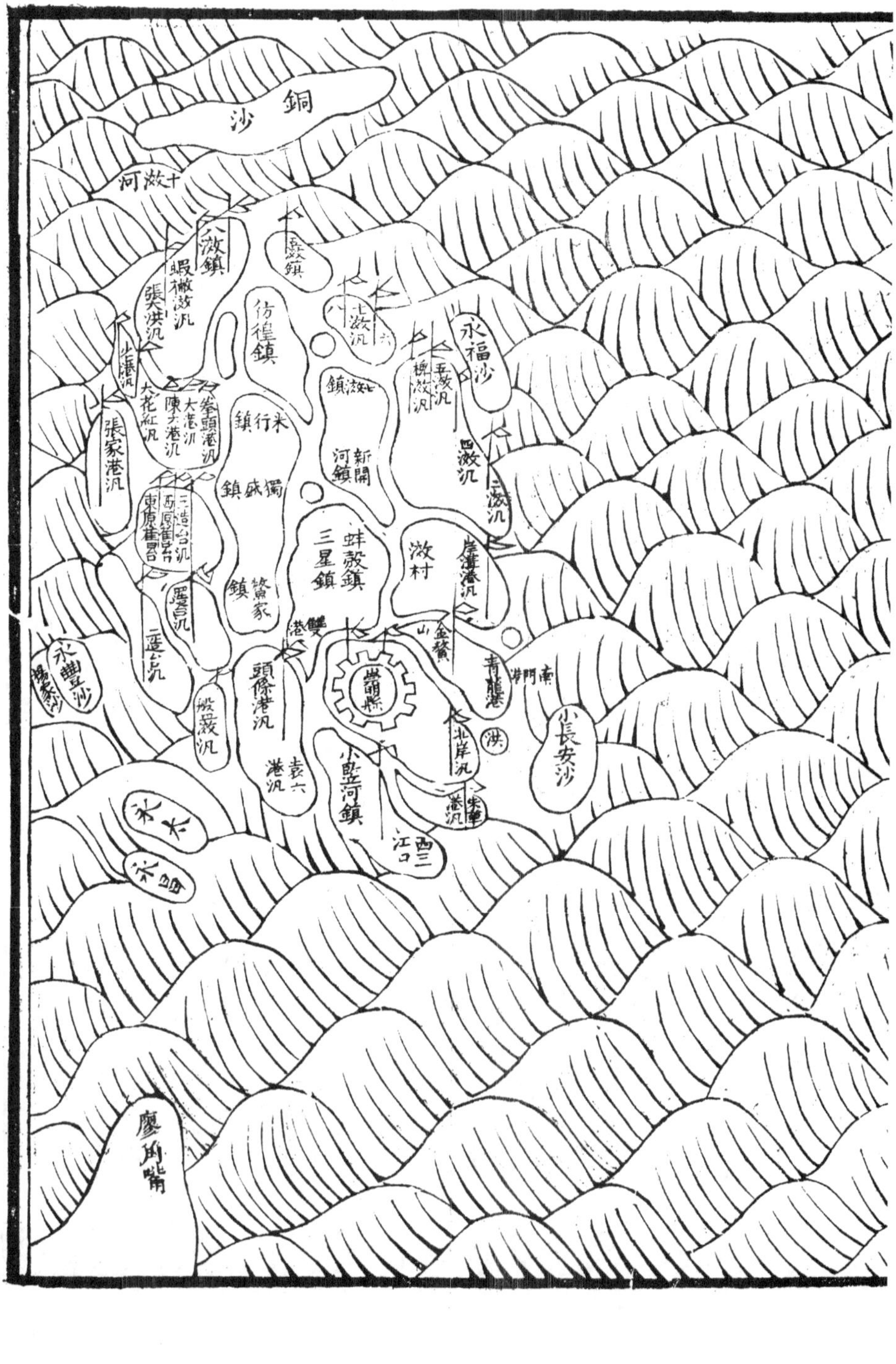
銅沙
十滧河
八滧鎮
蝦䉶滧汛
張洪汛
彷徨鎮
七滧汛
永福沙
五滧汛
米行鎮
新開河鎮
四滧汛
三滧汛
張家港汛
蚌殼鎮
三星鎮
滧村
崇明縣
青龍港
南門港
小長安沙
北岸汛
永豐沙
廖角嘴

南風則針頭偏東一個字如西南風則針用子午查江南佘山與山東鐵槎山南北遥對謂之南槎北槎行船應用子午正針因江境雲梯關外迤東有大沙一道自西向東接漲甚遠暗伏海中恐東風過旺船行落西是以針頭必須偏東一個字避過暗沙再換正針此沙徑東北積爲沙埂舟人呼爲沙頭山若船行過於偏東一直上北便見高麗諸山故將至大沙外仍須偏西始能對成山一帶也

第四段行過鷹游門對出之洋面往北卽山東日照縣界山東水師南洋汛所轄又北至文登縣之鐵槎山一名北槎山自佘山至此始見島嶼又北至文登縣之馬頭嘴入東洋汛界經由蘇山島靖海衛及榮成縣之石島養魚池石島居民稠密可泊

惟島門東南向春時乘風易入難出自鷹游門至石島約六百餘里大洋中雖舵工以針盤定方向猶須常用水托水托者以鉛爲墜用繩繫之探水取則也每五尺爲一托查十潋開船試水自十托至二十托上下行過奈山試水均在三十托上下順風二日餘均係黑水再試至十托上下卽知船到大沙洋面行過大沙試水漸深至五十托上下視水綠色則係山東洋面順風再一日試水二十托上下水仍綠色遥望北槎及石島一帶山頭隱隱可見再行半日卽至石島洋面此商船赴北一定針路也

第五段自石島至俚島洋面約一百六十里俚島至成山洋面約一百四十里俱榮成縣地爲南北扼要之所可泊水綠色針

海道針路

第一段海船自上海縣黃浦口岸東行五十里出吳淞口入洋繞行寶山縣之復寶沙迤至崇明縣之新開河計一百一十里又七十里至十滧是爲內洋十滧可泊船爲候風放洋之所崇明縣地

第二段自十滧開行卽屬外洋東迤一百八十里至佘山一名蛇山又名南槎山係荒礁上無居民不可泊但能寄椗爲東出大洋之標準蘇松鎮所轄

第三段自佘山駛至大洋向正北微偏東行至通州呂泗場對出之洋面約二百餘里水深十丈可寄椗從此以北入黑水大洋至大洋稍對出之洋面約一百四十里係狼山鎮右營所轄

又北如臯縣對出之洋面起至黃沙洋港對出之洋面約二百六十里又北泰州對出之洋面起至黃家港對出之洋面約二百二十里係狼山鎮掘港營所轄又北至鬬龍港對出之洋面約二百里又北至射陽湖對出之洋面約一百二十里係鹽城營所轄又北至黃河口對出之洋面約一百二十里係廟灣營所轄黃河口稍南有沙埂五條船行遇東風則慮淺擱宜避之又北至安東縣灌河口對出之洋面約九十里係佃湖營所轄又北至海州贛榆縣鷹游門對出之洋面約一百八十里係東海營所轄計自佘山大洋以北起至鷹游門對出之洋面止約共一千五六百里統歸狼山鎮汛地凡舟行過佘山即四顧汪洋無島嶼可依行船用羅盤格定方向轉針向北略東行如東

盤仍用子午略偏東從成山轉頭改針向西略北入北洋汛界至文登縣之劉公島約一百里又西至威海衛一百餘里又西至福山縣之之罘島一百里又北至蓬萊縣之廟島二百里以上自石島起至廟島止約共九百餘里之罘島西北一帶有暗礁船行偏東以避之又廟島之東有長山頭淺灘宜避試水在十五六托至二十托不等船至廟島以東南風爲大順計東省洋面共一百零五島中有二十五島最爲海道要地而廟島尤大可以停泊

第六段自廟島過掖縣小石島即入直隸天津海口約九百里針對大西偏北沿途試水在十四五托再試水至六托上下水黃色水底軟泥即可抛貓候潮進口約計天津海口逆流挽縴

一百八十餘里卽抵天津東關外

風報

正月初三日龍神會

初四日接神颶

初八日龍神會

初九日玉皇颶此日有颶後颶皆驗否則後亦多不驗

初十日大將軍降日逢煞期午後有風無風則雨

十二日龍神會

十三日關帝颶

二十一日大將軍降與初十日同

二十五日龍神會

二十九日龍神會又烏狗颶

三十日龍神會

二月初二日白鬚颶東西洋攷同嶺南雜記作初四

初三日龍神朝上帝

初七日春明報

初九日龍神朝上帝

十二日龍神朝上帝

二十一日觀音報

二十九日龍神朝上帝

三月初三日上帝颶又龍神朝星辰又眞武報此日最宜謹防

初七日閻王報又龍神朝星辰

十五日眞人颶又名眞君報

二十三日天后聖誕俗呼媽祖颶諺云眞人颶多風媽祖颶多雨

二十七日龍神朝星辰

二十八日諸神朝上帝

四月初一日白龍報

初八日佛子颶又名太子報龍會太白

十二日龍會太白

十七日龍會太白

二十三日太保報午時有大風雨

二十五日龍神太白報

五月初五日屈原颶係大颶之信天帝龍王朝玉帝

初十日申酉時有大風雨

十一日天帝龍王朝玉帝申酉時有大風雨

十三日關帝颶

二十一日龍母報

二十九日天帝龍王朝玉皇

六月初九日地神龍王朝玉皇

十二日彭祖颶嶺南雜記作十三

十八日彭祖婆颶

十九日觀音報

二十四日雷祖誕此報最準名爲洗炊籠颶自十二日至二十四日係大颱之旬

二十七日地神龍王朝玉帝卯辰有大風雨

七月初七日神煞交會

初八日神煞交會

初九日神煞交會

十五日鬼颶神煞交會

二十七日神煞交會

八月初一日竈君颶

初三日龍王大會

初五日大颶旬

初八日龍王大會

十四日伽藍報

十五日魁星颶

二十一日龍神大會

二十七日龍神大會

九月初九日重陽報嶺南雜記稱九降自初一至十八日風信靡常

十一日龍神朝玉皇

十五日龍神朝玉皇

十六日張良颶

十九日觀音颶龍神朝玉皇

二十七日冷風颶

十月初一日大颱旬

初五日風信報

初八日東府君朝玉皇

初十日水仙王颶

十五日東府君朝玉皇

十八日彌陀颱

十九日東府君朝玉皇

二十日東嶽朝天

二十六日翁爹颮

二十七日東府君朝玉皇

十一月十四日水仙報

二十七日晉安颮

二十九日四嶽朝天

十二月二十四日送神颱又名掃塵風自二十日至除夕多大風名送年風

二十八日有大狂風

又十二月二十日至三十日俱與明年按月相應二十一日有風則明年正月有大風二十二日有風則二月有大風餘可類推或一日之間風作二次則所應之月風亦如之

按風報日期本日及前後三日内皆當防之蓋俗傳報期或稱諸神誕日或稱龍神朝會雖各有所指實則不外日月躔度陰星之應惟報期甚多月躔箕畢表不足以槩之故復取嶺南雜記中山傳信錄兩洋攷福建通志所載以備參攷

附沙船者舵相傳歷驗風報

正月十五日鉀燈報此報不必避正月立春之後每有南風數日俗謂之拜年風北行之船正可趁此放棹

二月初八日張大帝報此報宜避

十九日觀音報此報不惡

三月初三日田雞報此報最險切宜豫防

四月無大風報

五月初五日端陽報不惡

十三日下陽報此報宜避

六月無大風報惟二十四日雷祖報最險但不必年年常有

七月十五日七月半報此報宜避七月東北風太緊往往有風潮之慮可知此報之險但不必年年有之

八月無大風報

九月初九日重陽報重陽後每有數日南風北行之船候至此時可以放棹二十四五等日往往大風過此便可行船諺云九月廿七朝前走十月無風慢慢來

十月十一日麻和尚報此報甚險宜避

二十日有報不必避

三十日犁星報冬至將近犁星著地必有大風凡見犁星著地其報非凡報可比若不見犁星著地亦即無報但行船不可不防

十一月十五日小雪報不必避

十二月初大雪報約在冬至後二十七日

二十四日掃塵報極險宜避

行船避報此規矩之常但報期太多若逢報必避則幾無可以行船之日矣蓋無關輕重之報原不必避即極險最惡之報亦

不必年年定有此在者舵之善於觀察以定之耳

潮信說

潮信各處不同今海運由上海黃浦兌米至吳淞出口自應以上海爲準案朝至曰潮夕至曰汐每月朔以子午時至日遲三刻至望日則子潮降而爲午午潮降而爲子如是半月以復其初月建大則潮五十八至月建小則潮五十六至月之麗天出東入西大建經天二十九次小建經天二十八次無三十次者潮秉月之精故亦無六十至也上海潮信吳淞口最早黃浦次之松江又次之先是潮由吳淞入朔望以子午爲信自李家洪之決海內徙遂早數晷至向來大信並無潮頭比年以來愈南愈大繫纜不謹每至傾側是以潮信不可不知攷宋元以來官榜潮信於亭以便行旅斯意良善故於此書詳載備推測焉

吳淞江潮信

初一辰戌末　初二巳亥正　初三巳亥末　初四午子初　初五午子正

初六午子末　初七未丑初　初八未丑正　初九申寅初　初十申寅正

十一申寅末　十二卯酉正　十三卯酉末　十四辰戌初　十五辰戌正

十六辰戌末　十七巳亥初　十八巳亥末　十九子午初　二十子午正

二十一子午末　二十二丑未初　二十三子午正　二十四寅申初　二十五寅申正

二十六寅申末　二十七卯酉正　二十八卯酉末　二十九辰戌初　三十辰戌正

黃浦潮信

初一巳亥正　初二巳亥末　初三子午初　初四子午正　初五子午末

初六丑未正　初七丑未末　初八寅申正　初九寅申末　初十卯酉正

十一卯酉末　十二辰戌正　十三辰戌末　十四巳亥初　十五巳亥正

十六巳亥末　十七子午初　十八子午正　十九子午末　二十丑未初

二十一丑未正　二十二丑未末　二十三寅申正　二十四寅申末　二十五卯酉初

二十六卯酉正　二十七卯酉末　二十八辰戌初　二十九辰戌末　三十辰戌末

黃浦潮信分四時表

吳淞江潮信準此早三刻可以類推表中但列十二時初正末而不列刻數者蓋潮從東北來東北風大則潮早西南風大則潮遲是又不可以刻分定也

	春秋	夏	冬
初一　十六	巳正 亥初 大	巳初 戌末 大	巳正 戌末 大
初二　十七	巳末 亥正 大	巳末 亥初 大	巳末 亥初 大
初三　十八	午初 亥末 大	午初 亥末 大	午初 亥正 大
初四　十九	午正 子初 大	午末 子初 大	午正 亥末 大
初五　二十	午末 子正 下岸	午末 子正 下岸	午末 子初 下岸
初六　二十一	未初 子末 漸小	未初 子末 小	未正 子末 漸小
初七　二十二	未正 丑初 漸小	未正 丑初 小	未末 丑初 小

初八 二十三	未末 丑末 漸小	未末 丑正 小	申初 丑末 小
初九 二十四	申正 寅初 小	申初 丑末 小	申正 寅初 小
初十 二十五	寅末 申末 交澤	寅初 申正 交澤	寅末 申末 交澤
十一 二十六	卯初 酉初 起水	寅末 申末 起水	卯初 酉初 起水
十二 二十七	卯末 酉正 漸大	卯初 酉初 漸大	卯末 酉正 漸大
十三 二十八	辰初 酉末 漸大	卯末 酉正 漸大	辰初 酉末 漸大
十四 二十九	辰末 戌正 漸大	辰初 酉末 漸大	辰末 戌初 漸大
十五 三十	巳初 戌末 大	辰末 戌初 大	巳初 戌正 漸大

浙江文叢

浙江海運漕糧全案重編

〔第三册〕

〔清〕馬新貽　等編

浙江古籍出版社

浙江海運漕糧全案續編

板存糧儲道庫

浙江海運全案續編原序

咸豐三年六月海運蕆事粵匪猶踞金陵揚鎮二城久爲犄角之勢江路梗阻杭嘉兩幫漕船仍留滯黃河以北部議咸豐四年起運三年漕糧仍由海道抵津而八月五日上海縣匪徒起事城陷旬日間蹦及嘉定寶山南滙青浦諸縣賊蹤逼松江府城江省告急臣宗漢以上海爲漕糧起運重地不可不急圖克復派撥兵勇駐紮東涇以保固松江門戶使無竄越浙境旋經江省兵勇收復嘉定諸縣浙兵卽由東涇進閔行鎮逐賊直抵滬城跨城東南爲水營江省大兵營於西北賊匪跧伏城內倚城東江岸列礮臺數座以死拒滬瀆之運道不通臣宗漢益深焦急念自軍興以來江廣諸省漕糧皆已改折正供愈缺浙漕

不能不貢
京師乃飛飭督防東浚署紹興府繆梓確查起運海口據博諮上
洋紳商旁詢海船耆舵進劉河出運之議恭疏以
聞得所請按劉河古爲劉家港元海運記云至元二十九年朱清等
建言命千戶殷明畧踏開生路自劉家港開洋至崇明三沙放
洋望東行入黑水大洋取成山轉至劉家島聚䑸到登州沙門
島於萊州放大洋入界河其顛末皆有可稽明代以來海運不
行港久淤塞江省前畺吏迭經濬治隨濬隨淤海口復有攔門
沙舟行不便幸近年沙漸退僅存陰沙一片伏水中而內河淺
狹不可不治遂咨商兩江督撫委員會勘由浙省籌借銀萬餘
兩備疏濬太倉州知州蔡映斗鎮洋縣知縣李翰文實司其事

匝月工竣於是江浙漕運遵
旨改道劉河起運浙漕自三月開運至七月而抵津畢兑又代粤東
採辦十萬餘石自六月開運至九月而抵津畢兑上海至太倉
僅百里米八十餘萬石銀數十萬兩萃於海濱滬匪之覬覦洋
盜之潛伺胥於是在臣宗漢夙夜祗懼遴委將弁派撥兵勇節
節防維自始事迄終事無纖塵之驚無秋毫之損豈臣宗漢區
區之力所能臻此實仰賴
聖天子赫聲濯靈以卒斯役也凡運務事宜率皆循舊惟改道劉河
自咸豐四年起運咸豐三年漕糧始爰取一切案牘彙爲續編
附劉港圖說及濬河工冊付諸梓人以資採擇
大清咸豐四年甲寅十一月朔

賜進士出身

誥授榮祿大夫兵部尚書兼都察院右都御史總督四川等處提督

軍務兼理糧餉前浙江巡撫

賞戴花翎加三級臣黄宗漢謹序

浙江海運全案重編總目

浙江海運全案重編目錄

原案續編卷一

省局事宜

浙撫片奏籌欵採辦米石運津以備抵補缺米

蘇撫咨興挑劉河口内河道卽委中防同知楊丞復勘

浙撫咨覆蘇省挑濬劉河專委地方官督辦

蘇藩司稟劉河挑工請由浙派員會辦

太鎮二州縣稟請飭員會同驗收河工趕緊開壩

太鎮州縣稟報劉河口内河道挑挖一律深通工竣

省局詳駁船編號駛赴劉河挨順交兌

省局轉詳劉河兌米須用剝船酌撥麻袋盛裝

省局轉詳添僱代馬船接遞公文

浙撫劄行飭派兵勇千名分批在於内河梭巡防護

省局劄平望局等査驗糧米

浙撫奏遴派水師大員赴津稽查彈壓

戶部奏覆御史彭慶鍾奏請節省海運經費

糧道移知輕賫銀兩批解清款

戸部謹

奏爲蘇松常鎮太四府一州浙江全省漕糧請

旨飭令兩省督撫仍循舊章由海運津恭摺奏祈

聖鑒事竊維咸豐三年應運咸豐二年漕糧江廣等省因河道梗阻

未能運京賴有江蘇蘇松糧道所屬暨浙江全省漕糧由海運

津藉資接濟各倉新舊糧米稉米一項約可放至明年九月稜

米一項仍按二斗五升折錢并以粟米五升抵放約可放至明

年八月臣等通盤合算本年各倉收受漕糧止及常年之半急

需來歲新漕接濟倉糧現在河道暢行尚稽時日豐工又報漫

塌不能不先事預籌俾各省督撫早爲妥辦免致觀望貽誤且

江蘇浙江兩省漕務積弊已深欲求裕

國恤民舍海運別無辦法應請

旨飭令兩江總督浙江江蘇巡撫督飭該糧道即將咸豐四年起運三年分漕白糧米派員經理一切事宜按照本年海運章程奏明辦理其江西兩湖江安江北漕糧容俟臣等妥籌奏辦謹先將籌辦江浙兩省漕糧仍由海運緣由恭摺具

奏伏乞

皇上聖鑒謹

奏咸豐三年六月二十八日具

奏本日奉

硃批依議行著戶部嚴行飭催不准各該督撫糧道等任意躭延欽

此

浙江巡撫臣黃宗漢跪

奏爲來歲新漕應速定起運海口及募雇各船先經豫籌咨辦緣

由恭摺覆

奏并請

飭催江蘇直隸山東各省迅速定地封船以速海運仰祈

聖鑒事竊臣於十一月初十日接准軍機大臣字寄咸豐三年十月

二十八日奉

上諭浙省漕米前經部咨令由乍浦海口兌裝上船放洋北上未據

咨覆到部漕糧關繫緊要上海尚未收復明年海運事宜必應及

早籌畫設法轉運著黃宗漢迅卽妥籌具奏不得藉詞軍務以致

臨時貽誤如上海卽日克復則江浙海運漕糧自可循照舊章辦

旨由五百里寄信前來查自八月初上海失陷後臣以該處馬頭尤

理等因欽此遵

關海運先後委員督帶兵勇二千餘名籌備軍火餉需陸續接濟馳往會勦至九月間尚未克復臣焦灼萬分適接部咨商令浙漕改由乍浦起運當查該處如果可行甯波商船尤必樂赴自應及早籌議移改即飭糧道周起濱局員楊裕深等速查議詳嗣據在省司道及該員等會詳業與甯波船戶熟商據稱乍浦海口有鐵板沙大船委難停泊從前截漕運閩由此出口不過數萬石船少隨兌隨開停泊不過二三日尚不聞有擱損今以七十萬石之數較之從前十倍有餘用船既多久聚候兌則風水可虞先後兌開則閱時逾久必致有誤風汛各船冒險而

來十分爲難本省船戶卽勉從而沙衞各船未經涉歷斷不願南下故前浙省每議海運輒復中止職此之故況剝船赴乍內河窄狹之處米多亦恐擁擠不開至於裝載麻袋及盤𩆍脚力須增經費猶其小焉者且該員等在天津時議改乍浦出運之說係上海未失守以前今該處密邇上海該匪旣未勦滅正須嚴防竄入更何敢以數十萬銀米置諸危險之地一經在乍受兌則閩廣人聚集尤多猝然內應防不勝防種種窒礙難行是以於接奉部咨之後以未改定起運地方不便空言咨覆滿望上海速平可以照舊辦理乃日復一日尚未奏㨿地方未定一切章程俱難覈議臣心急如焚於九月內復飛飭總辦海運局員現暫赴上海督勦之候選知府繆梓就近與沙船各商人籌

議究竟爾等船隻可否駛赴乍浦此外有何海口可以兌米上
船並委楊裕深確查各海口可以起運地方去後旋據繆梓稟
稱與該商王慶勳等六人連日邀同耆民舵工人等酌議僉稱
羊山以南暗礁分出每易擱損身家所係殊難冒險嘗試而漕
糧關
天庾正供同居
幬載敢不速籌辦法倘上海稍遲克復如蘇省寶山縣所屬之蘊草
濱河面深濶近日沙衛各船皆泊於此太倉州所屬之劉河口
本係海運故道因沙淤改途近年沙淤漸開沙船六七百石者
皆可收泊千石以上者須泊外口用小船過載該二處均堪起
運漕糧等語與楊裕深所查劉河口地方已復故道似可辦理

之稟相同臣接到各稟後旁參互證大畧相同郎於十月問飛
函兩江督臣怡良及蘇藩司陳啟邁速將該二處委員確勘酌
定一方議奏郎行咨覆以便浙省派員赴彼設局辦理茲據該
督臣及藩司覆稱已飭委署松江府藍守及太倉州蔡牧馳赴
該二處測量水勢有無窒礙酌覈定議具奏再行咨覆昨又接
繆梓來稟以劉河口地方可以出運已由署松江府藍守具稟
蘇省上司在案迄今蘇省尚未將定地出運之處咨浙此臣接
到部咨未能郎覆業已咨商江蘇勘辦之情形也至海運又以
雇船爲要務除甯波之蜑船及三不像船已由臣札飭該道府
及早封雇並飛咨奉天直隸山東各海口凡有甯船停泊郎押
令迅速回甯受雇外尚須添雇各船之處業經蘇省上年奏明

海運以稽覈銀米而無船責在蘇省立定章程在案此外再有不敷本年係由臣飛咨直隸山東飭令天津府錢炘和封雇衛船前來是以臣八月內覆奏新漕仍由海運摺內聲請

飭下兩江直隸山東各督撫臣照舊封雇船隻嗣由戶部議奏以上海沙船固應各歸水次其直隸之衛船山東之登由子船均由奉天裝豆運赴江省銷售亦必自北赴滬若責令該省代雇轉無把握著臣派員會同蘇省委員一律封雇等因行知到浙臣查在蘇各船由蘇封雇係屬照章辦理浙省未便越境封船業經咨明江蘇督撫臣仍照原奏封雇若直隸山東衛船本係詢明該商等向來舊章僅能裝載果品食物來南故赴滬之船甚少惟海運之年由官封雇始得裝豆駛進上海該船於受雇後

或在天津內河置貨或往奉天裝豆來南卸載後卽運漕米赴
津成規旣不得紊亂況該船向有承當裝運奉天黑豆及小米
差事亦應官爲分別辦理庶赴滬運漕各船一經封定得趕盡
年內置貨來春冰開卽向南駛行等語亦經臣將各情節先行
咨覆戶部一體咨飭照辦一面由臣於九月內八百里飛咨直
隸山東督撫臣并劄天津道府封雇各在案此臣於雇船事宜
接奉部覆後仍飛咨各省及早封雇之情形也欽奉前因除再
咨行各省欽遵查照外謹將豫行籌辦緣由恭摺覆
奏並請
飭下兩江督撫臣迅速委勘劉河口及蘊草濱兩海口何處堪以停
泊各船裝兌起運於具奏後卽行覆浙一面委員封雇沙船濟

用并請

飭下直隸山東督撫臣查照臣歷次飛咨各情飭屬立速多封衛船

務於來歲驚蟄前一概給照開行飭赴關東裝豆盡二月內一

併到南其奉天直隸山東各海口亦請

飭該府尹及各督撫臣委查凡有甯波船隻停泊押令迅速回浙聽

候封雇不准逗遛庶速海運而重漕務是否有當伏乞

皇上聖鑒訓示謹

奏

咸豐三年十一月十四日具

奏十二月初七日奉

硃批另有旨欽此同日奉到咸豐三年十一月二十五日內閣奉

上諭黃宗漢奏遵籌來歲海運事宜一摺前因上海尚未收復疊次諭令怡良等將明年海運事宜迅籌妥辦本日據黃宗漢奏稱蘇省寶山縣所屬之蘊草濱及太倉州所屬劉河口等處地方均堪起運漕糧業經咨商蘇省迅將出運地方及早勘定並咨奉天直隸山東豫備封雇船隻各等語南漕為天庾正供豈容稍有延誤現在上海尚未收復既據該撫將變通辦理各情分別咨商自應及早改移會同妥辦著怡良許乃釗迅即於劉河口及蘊草濱兩處海口委員勘定起運漕米地方一面奏聞一面知照浙江會同辦理並著直隸山東各督撫速派幹員封備備船並著奉天府府尹及各該督撫確查各處海口如有甯波商船停泊押令迅速回浙聽候封雇裝運漕糧斷不准胥役人等需索滋擾致生事端

原摺著鈔給閱看將此由六百里各諭令知之欽此

海運局委員署紹興府知府繆梓嘉興縣知縣楊裕深稟稱浙
省來春海運漕糧先擬乍浦地方籌辦嗣經查明該處洋面險
阻沙衞各船不能前來受兌復據該紳董俞斌張修睦等查得
江蘇劉河口藴草濱兩處可以出運飭查確查內外河道深淺
寬窄海船停泊有無窒礙內河運米剝船應由何處行走共計
水程若干是否一水可通先經卑職裕深選派家丁隨同該紳
董等前往逐一查看行至太倉州適值該州蔡牧亦奉
江蘇藩憲諭飭前詣該兩處查看海口河道情形該紳董卽帶
家丁隨同勘量茲據該紳董等到滬卑府梓當卽接見面稱查
得劉河口外約里許向有攔門沙一道現已逐漸消散惟存陰
沙一片漲潮之時卽裝載千餘石之船可以出入無礙其港口

內折回劉河新鎭約三四里河面甚寬沙衞各船約可停泊四五百隻不等惟從太倉之六渡橋至劉河舊閘河面曲折水不甚深內河剝船止能裝至百石漲潮之時稍有加增亦不過二百餘石上下至各屬運米交兑須由蘇州城外經過先到崑山計水程六十里再至太倉計水程四十里再至劉河口計水程五十里從杭城大關起至劉河口止共計水程五百二十里嘉興湖州可以按遠近減算伏查是處海口本係元明海運故道現在八烟稠密沙衞各船亦間有由此進出文員有州同衙門武弁有都司衙門並足以資彈壓似無他慮此劉河口可以出運之情形也至蘊草濱地方與吳淞口相近卽黃浦江之下流河面甚寬刻下沙衞各船停泊此間者約以千計其內河運米

由平望分路至盧區羅溪朱家角等處計水程一百六十里再至清浦四港口計水程七十里再至嘉定計水程三十里再至馬路新開河成家港蘊草濱等處計水程八十里從杭城大關起至蘊草濱止共計水程六百三十里若由此處出運河面較寬辦理似覺舒展惟離上海縣城相隔不過五六十里刻下賊匪未平未可輕易嘗試上海收復之後自應仍歸該處受兌以免更張設不得已而另籌海口則劉河口較蘊草濱爲穩當也除飭令該紳董等赴局面稟一切外肅泐具稟仰祈

憲臺察覈施行實爲公便

咸豐三年十一月十三日具稟奉

海運省局批據稟查勘劉河海口堪以出運情形仰候列入章

程轉詳

撫憲稾

奏繳

兩江督院怡　爲咨會事據蘇藩司等會詳稱竊奉函准
浙撫憲函開以今冬海運如難由滬起運應另議出口之地飭
據局員議覆寶山之蘊草濱太倉之劉河口皆可停泊沙船裝
載出運飭卽查覆等因當經札委署松江府藍守暨署太倉州
蔡牧馳赴該兩處勘明形勢通盤籌計衆議通稟察辦詳報在
案兹據署太倉州蔡牧稟稱遵於十一月初二日帶同鎮洋縣
李令前赴劉河口勘得該處港口外半里許曾有攔門沙阻礙
現雖逐漸消減尚存陰沙一道須於潮長時千餘石之沙船可
以出入查港口回至新鎮三四里港尚寬沙船約有四五百號
可停雇覓尚屬便利至各屬運米投兑卽由昇州與鎮洋縣境
經過一水可通惟從太倉六渡橋至劉河舊閘鎮共二十四里

河面曲折水勢較淺漕糧雇船剝運每船祗可裝米八九十石
亦須俟潮長時放行蓋緣該處河道久未挑挖多有淤墊是以
向來沙船進劉河口者無多細詢該處紳耆商牙僉稱今冬潮
水甚大較與往年稍便出入正在會同鎮洋縣查勘時適有浙
江委員俞斌同到港口勘量是浙省亦已預爲籌辦緣奉札飭
合將勘明形勢繪圖稟覆等情到司據此本司道等伏查上海
逆匪現經大兵圍勦原不難指日殲除第來春江浙兩省漕糧
海運關繫至重事務甚繁亟應先定海口設局委員招雇沙船
齊集候兌劉河係太倉所轄旣據該署牧勘明港面尚寬雇船
便利卽著署松江府藍守亦以上海已遭蹂躪海運新漕可改
劉河設局收兌具稟本司道等會同商酌意見相同應請以該

處定爲起運口岸通飭遵辦仍將內河淤淺處所責成該州覆
加查勘或應爬撈或需挑挖一面通稟一面趕辦務於本月內
一律疏通以利剝運是否有當詳候鑒覈會
奏再崇明縣孫豐議請由江陰口出江放洋一節查該處外有淤
沙內多淺阻向年曾有僅就常鎮二屬漕糧由此海運以省盤
費之議嗣因窒礙多端不能如愿應與寶山之蘊草濱均毋庸
議等情到本部堂據此查此案迭據該司等具詳均經咨明
貴部院查照在案據詳前情除批候
蘇撫部院會覈具
奏外相應咨明爲此合咨
貴部院煩請查照辦理施行

咸豐三年十一月　日咨

浙江撫院

兩江總督臣怡良
署江蘇巡撫臣許乃釗跪

奏爲籌備劉河口設局辦理海運事宜恭摺奏祈

聖鑒事竊照江浙兩省起運咸豐三年漕米接准部咨仍由海運惟上海尚未克復一切從何辦理行令查明奏報等因臣等伏查江蘇口岸惟上海爲商船聚集之所節次辦理海運俱有舊章可循其次則太倉州之劉河口本係前明海運故道尚有寶山縣之蘊草濱亦可停泊沙船飭據署太倉州知州蔡映斗等會同浙江委員查明蘊草濱切近上海未敢以百餘萬銀米運赴裝載其劉河口外半里許從前曾有攔門沙阻礙現已逐漸消減僅存陰沙一道潮長時裝載千餘擔之沙船可以出入自口門至新鎮三四里河面寬濶約有沙船四五百號可停雇覓亦

屬便利惟從太倉六渡橋至劉河舊牐鎮計二十四里河面曲
折水勢稍淺必須候潮而行此外別無阻礙由蘇藩司陳啟邁
蘇松糧道何俊會議詳奏前來臣等伏查上海逆匪現在大兵
會勦原不難指日殲除第海運漕糧若不另備一出口處所而
坐待上海之克復設有遲誤臣等獲咎益深旣據查明劉河口
尚堪雇船兌運應卽飭令先行設局委員招雇沙船齊集候兌
一俟上海克復仍由上海辦理以歸穩妥商之浙江撫臣黃宗
漢意見相同除由該司道等派委幹員前往督辦並責成太倉
州將內河淤淺之處設法疏通外所有籌備劉河口辦理海運
緣由理合恭摺由驛馳
奏伏乞

皇上聖鑒訓示謹

奏

咸豐三年十二月十五日具

奏十二月二十五日奉

硃批知道了戶部知道欽此

浙江巡撫部院黃　爲咨覆事本年十二月二十二日准

江蘇撫貴部院咨開據婁局委員浙江杭州中防同知楊裕深江蘇候補同知朱鈞等會稟稱浙省新漕海運改由劉河口出運所有該處內河必得挑挖深通方可濟運需用經費稟請移咨浙撫憲借撥銀一萬兩專委妥員覈實興挑期於明年正月十五日以前一律深通不致剝運守候至此項作何歸補俟工竣造報再請商辦如有不敷可否由蘇籌墊等情據此查河道旣須挑浚自應趁此水涸及早典工庶于漕行無所阻滯除批司飭令卽日集夫挑挖務使運行暢達外咨請酌量籌定迅賜示覆等因到本部院准此查此案前據署江蘇太倉州蔡牧等具稟到院卽經由浙撥借銀一萬兩分兩起行走並據海運省局具

詳頭批銀五千兩已委儘先從九品胡毓麒領解起程前赴太
倉州交收并由八百里飛咨
貴部堂院在案其第二批銀兩亦卽接續發解此項撥借銀兩自
應由
貴省於經費稍敷之日卽行移還浙省現在浙省庫項亦屬支
絀因挑濬前項河道事關漕務萬分緊要是以迅速撥借如工
用尚有不敷應由
貴省酌發准咨前因除咨
兩江督部堂并咨覆
江蘇撫部院外相應由六八百里飛咨爲此合咨
貴部堂院煩請查照希卽飭令蔡牧等速將劉河海口內河及早

興工趕緊一律疏濬深通以速海運是所盼切望速施行

咸豐三年十二月　　日咨

兩江督
江蘇撫院

浙江巡撫臣黃宗漢跪

奏爲浙省新漕海運改由劉河口受兌放洋籌議章程恭摺奏祈

聖鑒事竊照浙江新漕來歲仍由海運因上海地方尚未收復其起運海口應另行設法辦理前經飭據委員繆梓楊裕深等會同沙船商人酌度地勢稟稱蘇省之劉河口蘊草濱兩處沙船堪以停泊起運等情由臣馳奏欽奉

諭旨飭令江省督撫臣迅卽於兩處海口委員勘定起運漕米地方一面奏聞一面知照浙江會同辦理茲於十二月二十日准江省督撫臣將勘定太倉州屬之劉河口堪以雇船兌運

奏明改由該處設局辦理緣由鈔摺移咨到浙浙省自應照辦惟查內河剝運米石至劉河海口受兌必須經由太倉州城南馬

頭及六渡橋地方約計數十里水路淺狹剝船難於行駛經臣飛飭委員楊裕深馳往太倉州會同該署牧蔡映斗等再三籌度必須挑挖深通方可濟運估需挑工銀一萬餘兩蘇省無欵可籌稟請由浙撥借等因前來復於二十三日接准江蘇撫臣將前情飛咨到浙臣何敢稍分畛域致有稽延當經飭局發銀一萬兩立速解交該署牧蔡映斗等趕緊挑挖剋期正月十五日以前完竣俾漕糧得以迅速起運所有另改口岸一切章程雖無庸盡議更張亦必須因時制宜茲據該司道等籌議條欵會詳請

奏前來臣悉心察覈臚列十條謹繕清單敬呈

御覽是否有當理合恭摺由驛具

奏伏乞
皇上聖鑒訓示再浙省撥解挑河經費銀一萬兩將來應由蘇省籌
解歸欵合併聲明謹
奏
謹將浙省來歲新漕仍由海運辦理章程繕具清單恭呈
御覽
一浙省漕糧改由劉河海口受兌放洋其內河淤淺應趕緊挑濬
深通以利剝運也查上屆海運係由上海起運出吳淞口此次
因上海尚未克復經江省勘明改由太倉州劉河受兌出口浙
省自應照辦其太倉州至六渡橋一帶河道係剝運必由之路
據署太倉州蔡映斗等勘明淤淺急應趕緊挑挖現由浙省籌

借銀一萬兩解發署太倉州蔡映斗鎮洋縣李翰文上緊如式挑辦惟今屆浙漕係年內起運茲因改定口岸內河甫經挑濬興工若將漕米卽行剝運各船停泊日久米色必致變壞且多偷漏諸弊自應責成該牧令將挑濬事宜星夜趕辦分段開挑務於正月中旬一律挑濬深通俟工程將竣卽飭各州縣飛速運往受兌並令雇備剝船以三百石爲限免致臨時淺擱稽滯

一海運改由劉河出口其幫辦紳商及斛手人等宜先期預集也查向年辦理海運其支給水腳由各紳經手出具承攬由稅行呈送水腳銀色憑公估覈定斛運漕糧由豆行斛手承辦歷屆遵循相安無異現在口岸雖改若另易新章各商船不無畏縮自應一切循舊辦理惟自上海滋事紳商皆已搬移斛手人等

亦多失業分散且由上海出運各紳商及斛手均係就近辦理並得自顧本業劉河去上海百餘里祇能專辦運務所有前項人等已飭趕緊招徠妥爲安置俾得悉心幫辦則商船不慮更張而運務亦無停阻

一委員分辦以專責成也查海運事宜省城及劉河天津均應設局委員經理省局爲總滙之所已委署運司晏端書署紹興府知府繆梓題陞中防同知楊裕深先行籌辦並飭署藩司黄樂之糧道周起濱會督辦理及委員分司其事所有劉河海口經理一切事宜復經札委幫辦省局之題陞中防同知楊裕深馳往太倉會同江省地方官設局辦理其津局各事宜飭委候補知府玉環同知葉堃隨同糧道於親赴劉河驗米後帶同正佐

各員先期由陸路赴津會同直隸委員商辦至江省漕糧現議本折兼辦將來是否出運尚未可知若出運專係浙漕隔省辦事恐多窒礙應請

敕下江省派委大員管理仍行酌委熟悉海運之員駐劄劉河會同浙省委員籌辦一切以速運務

一商船承運漕糧應悉遵成案也查上屆辦理章程每米一石給水脚銀四錢漕糧給耗米八升白糧給耗米一斗此外神福犒賞席片氣筒鐵鍬土篋及雇用斛收折給縴夫等項各照江蘇定章覈給並以每船八成載米准令二成載貨海關查明免稅其載米較多之船商自一萬石至五萬石以上分別給予職銜若捐至五品無可再加或另行酌奬所給耗米嚴飭州縣本色

兌交上船准令該商船在津自行變賣各船如有遭風鬆艙等事卸載後驗明大桅已斫貨物已棄查照漕船失風之例奏明請豁並照例優邮如無故霉變短少大桅未斫貨物未棄卽令於備帶耗米內如數補交再有不足勒令買補均經奏明遵行在案此次仍應照辦惟船隻涉歷重洋設有事故應令報明所在地方縣汛驗明通報一面知照津局卽於備帶經費銀內動支買足交倉一面查明餘剩米石責令船主變糶繳解省局歸款其損失米石并同耗米水脚等項概免賠繳若因逗遛失事及並無實據者著落稅行船戶照數賠繳不准寬免以杜狡飾

一白糧宜先期起運並將樣米帶津呈驗也查上屆白糧米石飭令各州縣先期起運裝入麻袋由蘇省先撥寬大沙船裝運到

津一體交納每一石爲一袋此次仍應照辦並與漕白糧米均於正米內提出樣米一斗用麻袋裝盛黏貼印花交商船齎帶到津由委員呈請

欽派大臣查驗

一津通用欵應暫請墊給並席竹解銀購辦及豐羨餘米價紙劄等銀照案抵解也查上届津通用欵先經籌備銀十萬餘兩委員批解適因鎮揚失守道路梗塞起解則沿途之搶竊可虞滙兌則南北之鋪商多歇再三計議因交沙衞各船分賫抵津現在鎮城尚未收復屆期恐難起解自應仍交米船均勻配帶惟米船陸續到津先後不一津通用欵先時支放卽難如數應手歷年辦理海運均於長蘆鹽庫天津道庫借墊動放此次仍宜

援案辦理應請
敕下倉場侍郎直隸總督長蘆鹽政轉飭在於通濟庫以及鹽關各
庫暫行墊給一俟浙省各船陸續到齊隨時歸欵至席片毛竹
二項向由糧道衙門動支銀兩彙同輕齎等項解赴倉場衙門
酌量購買此次應請照辦再查上屆章程海運糧米到津應給
經紀箇兒錢飯米折色廳倉茶果等銀悉照蘇省定章以淇觧
五百石爲一船分別動支其應領豐羨餘米價紙劄等項照案
抵撥其不敷銀兩另由赴津委員如數解交
一剝船經紀食耗等米飭屬運解本色並天津剝船多爲雇備也
查上屆章程天津剝船食米不分漕白每石給米一升一合五
勺經紀耗米漕糧每石給米一升五合白糧每石給米一升八

合其經紀耗米亦係由津剝運赴通此項剝船一律照給食米
所有各剝船及經紀食耗等米同商船應給耗米均於原給旗
丁耗米款內開支覈計本年漕白二糧給丁耗米八萬五千二
百九石六斗三升九合七勺內除應給商船貼耗米五萬二十
五石七斗五升六合七勺經紀貼耗米九千三百五十六石四
斗八勺剝船食米七千二百八石九斗九升一合四勺計餘耗
米一萬八千六百一十八石四斗九升八勺又白糧項下串糙
米二千四百五十二石一斗三升一合六勺又清查追補三四
限漕糧原給旗丁耗米七千二百三十二石一斗四升八合二
勺內除應給商船貼耗米四千八百二十一石四斗三升二合
一勺經紀貼耗米九百四石一升八合五勺剝船食米七百三

欽派一二員前往又奉

上諭海船押運到津經紀人等難免需索刁難著責成大臣屆期奏請

漕糧海運欽奉

一天津交米之後循舊責成經紀以杜諉卸也查道光五年蘇省

提款預爲籌備以濟剝運

敕下直隸總督查明現在官剝船數或可儘數提用或須添雇民船

至天津剝船必須寬爲雇備庶海船到津無守候之虞應請

銀一兩飭令各州縣於廒滿後提變價解局移道報部候撥

八百七十三石八斗四升一合九勺援照上屆成案每石糶變

統計漕白二糧並漕耗搭運米石及由糧其餘耗米二萬一千

石四斗七升七合一勺計餘剩耗米八百三石二斗一升五勺

諭旨商船到津委員將樣米送交欽派大臣比較米色按冊驗收其過
剩事宜責成坐糧廳帶同經紀一手經理交米委員將漕糧兌給剝
船即爲竣事毋庸到通以免推諉等因上屆海運係由直隸派委天
津道駐津總辦倉場揀派坐糧廳酌帶經紀斛收並經戶部奏
請
欽派大臣赴津查驗事竣
奏報各在案此次浙漕海運仍請照案由各衙門屆時
奏派米到天津驗收之後即與沙船無涉免其羈候其由津運通
由通運倉應照上年戶部奏准章程責成經紀承管如有偷漏
攙和分別責令賠補究治
一商船放洋宜責成沿海水師防護也查上屆海運各船責成該

管水師鎮將統帶備弁兵船沿途護送出境一面咨明江南山
東直隸等省一體防範接護在案此次自行照案咨行本省各
鎮營將管轄洋面專任分任各職名開摺咨部查考並咨江南
山東直隸等省一體照辦仍准各商船仿照閩廣商船赴津貿
易之例各帶軍器俾資防護仍於入口時呈繳出口時給領以
備稽考
一海運經費應覈實支銷軍船宜酌加調劑也查浙省上届海運
奏奉
諭旨將河運一切經費併歸海運支銷嗣因力求節省復奏明將漕
截負重等欵銀兩開支其餘不敷儘提各州縣津貼辦理本年
鎮江未復上海復行滋事漕務彌形掣肘籌辦益覺維艱自應

仍遵前奉
諭旨將河運一切經費併歸海運支銷其能否節省之處自當隨時確覈辦理至浙省軍船杭嘉等幫回空因河道未通仍羈東境湖屬各幫全船停減應支月糧苫葢等銀自應循照上屆按海運米數空出軍船全支月糧其因災減歇軍船照半支月糧之例酌加三分統由糧道籌款分別優卹以資調劑
以上係就上屆成案叅酌時宜籌議章程臚列十條如有未盡事宜容當隨時酌覈奏辦合併陳明
咸豐三年十二月二十七日具
奏咸豐四年正月二十二日奉
硃批戸部速議具奏單併發欽此

戸部謹

奏爲遵

旨速議具奏仰祈

聖鑒事浙江巡撫黃宗漢奏浙省新漕海運改由劉河口受兌放洋

籌議章程一摺咸豐四年正月初九日奉

硃批戸部速議具奏單併發欽此欽遵於初十日由內閣鈔出到部

據原奏內稱浙江新漕海運因上海尚未收復勘定太倉州屬

之劉河口堪以雇船兌運改由該處設局辦理惟內河剝運米

石至劉河口必須經由太倉州城南馬頭及六渡橋地方約計

數十里水路淺狹剝船難於行駛必須挑挖深通方可濟運估

需挑工銀一萬餘兩蘇省無欵可籌由浙措借當經發銀一萬

兩解交趕緊挑挖尅期正月十五日以前完竣所有另改口岸一切章程雖毋庸盡議更張亦必須因時制宜臚列十條謹繕清單敬呈

御覽再浙省撥解挑河經費銀一萬兩將來應由蘇省籌解歸欵等因奉

旨交　臣部速議具奏除撥解挑河經費銀一萬兩應照所請仍由蘇省籌解歸欵外　臣等按照各條詳加酌覈恭摺覆奏謹呈

御覽

一浙省漕糧改由劉河受兌內河淤淺應趕緊挑竣一條據稱上海尚未收復改由太倉州劉河受兌出口其太倉州至六渡橋一帶河道淤淺急因趕緊挑挖現由浙省籌借銀一萬兩上緊

分段開挖務於正月中旬一律挑竣深通俟工程將竣即飭各州縣飛速運往受兑等語查太倉州至六渡橋一帶係剝運必由之路既經勘明淤淺應如所奏責令太倉州知州星夜挑挖迅速蕆事並飭各州縣將糧米趕緊運往受兑毋稍稽遲

一海運改由劉河出口其幫辦紳商及斛手人等宜先期預集一條據稱向來海運其支給水脚由各紳經手出具承攬由稅行呈送水脚銀色公估覈定斛運漕糧由豆行斛手承辦現在口岸雖改若另易新章各商船不無畏縮自應循舊辦理劉河去上海百餘里所有前項人等已飭趕緊招徠妥爲安置俾得悉心幫辦等語查南省海運向於上海設局均資該處紳商斛手人等幫辦此次口岸雖改該撫現已招徠前項人等幫同照料

既可以資熟手而商船亦得以相安應如所奏辦理

一委員分辦以專責成一條據稱省局已委署運司晏端書署紹興府知府繆梓題陞中防同知楊裕深先行籌辦並飭署藩司黃樂之糧道周起濱會督辦理所有劉河口一切事宜復經札委楊裕深馳往太倉會同江省地方官設局辦理其津局各事宜飭委候補知府玉環同知葉堃隨同糧道於劉河驗米後帶同正佐各員先期由陸路赴津會同直隸委員商辦至江省漕糧現議本折兼辦將來是否出運尚未可知若出運專係浙漕隔省辦事恐多窒礙應請

飭下江省派委大員管理仍酌委熟悉海運之員駐札劉河會同浙省委員籌辦等語查海運事宜省城及受兌處所並天津交米

均應設立總局此次海運省城及天津兩局業據該撫派員經理其劉河口係江省所轄地方又係初次辦理仍恐隔省呼應不靈應如所奏請

旨敕下江省派委大員管理並委熟悉海運之員駐札劉河會同浙省委員籌辦毋得稍分畛域至江省新漕現已奉

旨敕令全數運米不准改折即令一併趕緊設局派員辦理毋稍遲誤

一商船承運漕糧應悉遵成案一條據稱每米一石給水腳銀四錢漕糧給耗米八升白糧給耗米一斗神福犒賞等項各照定章覈給每船八成載米准令二成載貨免稅其載米自一萬石至五萬石以上分別給與職銜若捐至五品無可再加或另行

酌獎所給耗米嚴飭州縣以本色兌交上船准令在津自行變
賣各船如有遭風等事驗明大桅已斷貨物已棄奏明請豁並
照例優䘏如無故霉變短欠即令於耗米内如數補交再有不
足勒令買補惟船隻設有事故應令報明所在地方驗明通報
一面知照津局買足交倉一面查明餘賸米石責令船主變糶
繳解省局歸欵其損失米石並耗米水脚等項概免賠繳若因
逗遛失事及並無實據者著落稅行船戶照數賠繳等語查商
船承運漕糧所有應給水脚銀兩漕白耗米等項及准帶二成
貨物免稅並分別給獎之處均係照章辦理所給耗米應令嚴
飭各州縣務將本色交兌上船到津驗米時如無短缺霉變准
令該商船自行變賣如有短缺霉變即將此項米石賠補易換

毋許各州縣私給折色致令到津臨時掣肘至所稱各船如有遭風事故查明分別豁免賠補之處均係查照舊章應如所奏辦理

一白糧宜先期起運並將樣米帶津呈驗一條據稱上届白糧米石飭令各州縣先期起運裝入麻袋先撥寬大沙船裝運到津每一石爲一袋此次仍應照辦等語查白糧米質柔嫩理宜倍加慎重先期起運該撫所請先撥寬大沙船裝運到津之處應如所奏辦理仍令嚴飭承辦各員諄切曉諭各商船務將白糧全裝麻袋堆架船艙毋得散放在艙以致發熱變色如有疎忽惟承辦之員是問

一津通用欵應暫請墊給並席竹解銀購辦及嘗羨餘米價紙劄

等銀照案抵解一條據稱上屆津通用欵籌備銀十萬餘兩因
道路梗塞交沙衛各船分齎抵津現在鎮揚尚未收復屆期恐
難起解自應仍交米船均勻配帶惟米船到津先後不一即難
如數應手應請轉飭在於通濟庫以及鹽關各庫暫行墊給一
俟各船到齊隨時歸欵至席片毛竹二項向同輕齎等項解赴
倉場衙門酌量購買應給經紀箇兒錢飯米折色廳倉茶果等
銀以洪斛五百石爲一船分別動支其應領羨餘米價紙劄
等欵按數抵解不敷銀兩由浙補交等語查津通用欵向准於
通濟庫及天津鹽關各庫墊發俟南省銀兩到齊歸欵惟現在
各庫均形支絀應令先交放洋在前之米船趕緊帶津以便應
用席片毛竹二項仍令解銀由倉場購辦應給箇兒錢等項銀

兩卽令倉場查照該省應領舋羨等項按數抵扣不敷銀兩另由赴津委員解交其個兒銀一項前已議令給發錢文毋庸給與銀兩挖脅一項亦經議裁以歸節省再輕齎爲通庫要需務須趕緊如數解交斷不准截留改撥致滋貽誤

一剝船經紀食耗等米飭屬運解本色並天津剝船多爲雇備一條據稱天津剝船食米每石給米一升一合五勺經紀耗米漕糧每石給米一升五合白糧每石給米一升八合其經紀耗米亦係由津剝運赴通一律照給食米同商船應給耗米均於原給旗丁耗米內開支內除應給商船經紀貼耗剝船食米共餘耗米二萬一千八百七十三石八斗四升二合九勺援照上屆成案每石糶變銀一兩報部候撥至天津剝船必須寛爲雇備

應查明現在官剝船數或可盡數提用或須添雇民船趕緊籌
備以濟剝運等語查該省上屆海運所給商船經紀貼耗剝船
食米均於旗丁應得耗米內劃給此次自應照辦惟剝船每百
石食米一石一斗五升前經議令給與本色仍於飯米折銀內
按每石合銀一兩之數扣除銀一兩一錢五分以歸節省至該
省所餘耗米二萬一千餘石如能搭運赴津較之由南糶變更
有裨益所需運費並准作正開銷應令該撫酌覈辦理以期多
一石抵津即多一石儲備其應運漕白正米數目原奏漏未聲
敘應令該撫迅速咨報臣部以憑覈辦至剝船宜寬爲預備應
請
敕下直隸總督轉飭天津道先期調齊備用所雇民船毋庸開銷守

餱口糧以歸撙節

一天津交米之後循舊責成經紀以杜諉卸一條據稱上屆海運係由直隸總督派委天津道駐津總辦倉場揀派坐糧廳酌帶經紀斛收並經戶部奏請

欽派大臣赴津查驗此次仍請照案由各衙門屆時奏派米到天津驗收之後卽與沙船無涉其由津運通由通運倉應照奏准章程責成經紀承管如有偷漏攙和分別賠補究治等語除臣部屆時另摺奏請

欽派大臣及直隸總督倉場衙門照例奏派各員赴津經理外所請米到天津驗收之後卽與沙船無涉之處查係歷屆奏准成案應如所奏辦理至由津運通由通運倉如何稽查如何防範倘

有潮溼短少如何責令經紀剝船分賠獨賠之處均有成案可循惟在認眞覈辦毋稍寬縱以重倉儲而杜弊竇

一商船放洋宜責成沿海水師防護一條據稱上屆海運責成該管水師鎭將統帶備弁兵船沿途護送出境一面咨明江南山東直隸等省一體防範接護在案此次自應照案咨行本省各鎭營將管轄洋面專任分任各職名開摺咨部查考並咨江南山東直隸等省一體照辦仍准各商船各帶軍器俾資防護於入口時呈繳出口時給領以備稽考等語查海運章程均令沿途水師鎭將護送出境隣省防範接護此次自應照辦應令該省將管轄洋面各職名咨部備考並令江南山東直隸等省一體照辦毋得稍形鬆懈如有疎虞惟各該省水師鎭將是問其

商船備帶軍器於入口時呈繳出口時給領均係照章辦理應
令嚴密稽查毋任稍有疎忽
一海運經費應覈實支銷軍船宜酌加調劑一條據稱浙省上屆
海運將河運一切經費併歸海運支銷本年漕務彌形掣肘籌
辦益覺維艱自應仍將河運一切經費併歸海運支銷至浙省
軍船杭嘉等幫回空仍羈東境湖屬各幫全船停減應支月糧
苦荅按照海運米數空出軍船全支月糧其因災減歇軍船照
半支月糧之例酌加三分以資調劑等語查上屆該省海運奏
准將河運一切經費併歸海運開銷本年海運據稱籌畫經費
維艱自係實在情形仍應准其以河運經費作爲海運開銷在
津一切用欵無論鉅細應裁者裁應減者減尤宜應時制宜力

求撙節至各軍船分別支給口糧之處查係照案辦理應令查
明確數覈實支銷報部查覈
以上各條臣等謹叅酌成案公同詳覈恭摺覆奏此外應辦事
宜均有成規可仿如有應行變通之處仍由臣部隨時奏請遵
行所有遵
旨速議緣由謹恭摺具
奏伏乞
皇上聖鑒謹
奏
咸豐四年正月十六日具
奏奉

上諭戶部奏籌議浙江海運章程一摺本年浙省辦理海運改由劉河口受兌放洋一切經理事宜業經浙江巡撫黃宗漢派員妥辦惟該處海口係江蘇所轄若專令浙江委員催辦尚恐呼應不靈致有貽誤著怡良許乃釗立卽派委大員並熟諳海運之員駐紥劉河會同浙江委員設局妥速籌辦不得稍分畛域至海船駛抵天津以後應用剝船著桂良督飭天津道府寬爲預備以濟撥運其江蘇省海運事宜仍著該督撫迅籌具奏毋許藉口軍務因循延宕致誤正供餘依議欽此

浙江巡撫臣黃宗漢跪

奏再歷屆浙江海運到津如有短缺米石查照原

奏章程應行買補者即由津局委員於給商耗米內買補足額上

倉乃該商船耗米往往沿途食用到津總不足額上年浙省商

耗已無可買當向蘇省商耗買補今屆蘇省漕糧稀少倘浙省

有需買米殊費周章臣於春間開兌之初即嚴諭各商船今屆

耗米抵津如有短少嚴行懲辦並由局員楊裕深遍行示諭到

津之日按照市價每石加給銀一錢向其收買誘之以利令其

全數運津能否遵循尚未可知現在

京倉需米甚殷自應寬爲帶運以備不虞臣經札飭局員在於蘇

省產米地方採辦數千石配搭運津現據楊裕深禀稱遵即籌

備正米五千石給商耗米四百石另雇衞船一隻承運其餘分交原運漕糧各船十四隻加裝帶運各塡給三聯單一紙註明米數令其一律開行赴津交兌以備抵補缺米之需如海船順風穩速米數毫無缺少或抵補缺少之外尚有羸餘應卽一併交倉以實儲備此項米石係由浙省另行籌款採買應俟到津後作何收用再行分別咨部覈辦除分咨查照並札飭津局遵行外謹附片具

奏伏乞

聖鑒謹

奏

咸豐四年五月二十二日具

奏六月十八日奉

硃批戸部知道欽此

江蘇巡撫部院許　爲詳請示遵事據蘇藩司詳稱竊據署太倉州蔡映斗署鎮洋縣李翰文會稟稱本年江浙新漕海運改爲劉河出口飭將內河淺阻段落履勘撙節估計實需銀錢若干妥議稟辦等因卑職等督同紳董悉心查勘將極淺極淤之處逐段丈量計自小普陀起至石家塘止統共工長六千二百三十丈係江浙兩省剝運米船必由之路亟需挑浚深通俾資浮送隨督紳董撙節估計酌挑面寬六丈底寬二丈平水面淺深七尺共估工二十萬二千四百九方三分二釐每方折給錢二百四十文共估錢四萬八千五百七十八千二百三十七文又築東西兩大壩並通河泭港各小壩估需工料錢五千七百七千六百二十七文又車戽通河水工錢五千四百千文總共

估需錢五萬九千六百八十五千八百六十四文內壩工一欵
緣石家塘攔潮壩一道潮汐湍急必得加築副壩方資抵禦非
如上屆由平陸築壩無須用木排樁者可比且刻下木植昂貴
現照市價撙節估計實需工料前數委難再減仰祈委員復加
勘估一面將所估料工如數撥給以便督董及時興浚而利運
行除現造細冊繪圖另呈外稟祈示遵等情到司據此伏查此
案挑工原爲江浙兩省剝運流通內河要工起見惟是蘇省各
州縣漕糧已議請改徵折色專詳請
奏前項挑河今則專利浙漕且各屬折價悉已大加減讓本司擬
提節省沙船水脚以爲籌補錮減緩缺行月兵局恤米地步而
首府縣尙以辦公竭蹶一再面稟請免提解前項內河估需挑

費錢五萬九千餘串更屬欵無所出可否由浙省派委大員馳往該處會同該州縣撙節復估籌欵解發以臻妥速爲時已迫亟需興工詳請飛咨浙撫院迅賜委員前赴太倉會同該州縣復勘興挑實爲公便等情到本署部院據此查現已十二月下旬所有內河必須趁此水落之時趕緊挑浚若再由
貴省委員來蘇會勘誠恐貽誤昨准
貴部院咨會飭委題補中防同知楊裕深總司婁局事宜應即飭令該員會同地方官復加履勘以期迅速除批司轉飭外相應飛咨爲此合咨
貴部院請煩查照希卽一體轉飭施行
咸豐三年十二月　日咨

浙江撫院

浙江巡撫部院黃　爲咨覆明事本年十二月二十四日准

江蘇撫院咨開據蘇藩司詳稱據署太倉州蔡映斗署鎮洋縣
貴部

李翰文會稟稱本年江浙新漕海運改爲劉河出口內河淺阻段落估需工料錢文請如數撥給等情詳請咨浙委員前赴太倉會同該州縣復勘興挑等情據此查現已十二月下旬所有內河必須趁此水落之時趕緊挑浚若再由貴省委員來蘇會勘誠恐貽誤昨准咨會委題補中防同知楊裕深總司婁局事宜應卽飭令該員會同地方官復加履勘以期迅速除批司外飛咨一體轉飭等因到本部院准此查此案前據蔡牧等會稟請借挑河經費銀一萬兩卽經行據海運省局詳報先行委解銀五千兩解交蔡署牧查收業已起程其餘五千兩隨卽再解

現在浙省庫項亦屬支絀萬分祇以事關漕務緊要不得不先
行籌濟仍希
貴部堂院籌欵撥還浙省如工用尚有不敷並祈由蘇省酌發當
經咨明
貴部堂院在案今准前因除咨覆
江蘇撫兩江督院外相應咨明覆爲此合咨
貴部堂院煩請查照其挑濬劉河口內河事宜督飭雇募人夫非
本地方官呼應不靈希卽專委該署太倉州知州蔡牧署鎮洋
縣知縣李令迅速興工趕辦務速一律挑濬深通以濟漕運爲
時已迫斷不可延至懇至感望切施行
咸豐三年十二月　　日咨

兩江督
江蘇撫院

[illegible]卷一 浙撫咨覆蘇省挑濬劉河專委地方官督辦 三 咸豐三年案

江蘇布政使司陳啟邁爲據情轉詳事竊於十二月二十日據

署太倉州蔡映斗會同鎭洋縣李翰文稟稱本年江浙新漕海

運改由劉河出口奉飭將一切事宜趕速妥辦正在籌辦間適

浙撫憲委員楊丞來太當卽會同馳赴劉河逐細履勘將探量

海口水勢及內河淤淺應挑段落需用經費稟請移咨

浙撫憲籌撥銀一萬兩委員興挑惟查此項工程逐一勘估築

壩挑土等工已較道光十四年所辦工程減半估計茲經浙省

委員楊丞與卑職等酌議於減半工程之中再行減半委因兩

省經費支絀不得不爲此節省之計第恐將來剝船到境未能

一律通暢設有貽誤卑職等實難當此重咎且所需工費又係

由浙省借撥若專歸卑職等經理恐不足以昭公信稟乞轉請

浙撫憲迅即專委局員楊丞等飛速來太會同辦理等情到司據此伏查此項挑河利運浙漕所需工費前據該局員等稟請在浙籌撥銀一萬兩當經稟請

憲臺飭令浙藩司查覈借撥另委妥員解蘇給發以濟工需在案據稟前情除批飭該州縣等會同浙省委員實力妥辦務期款不虛糜工歸實在外相應具文轉詳伏候

憲臺鑒覈迅賜專札飭委中防同知楊裕深及候補通判徐徵等飛速到太將挑河事宜責成會同太倉州蔡牧鎮洋縣李令妥爲辦理以昭公信而利漕運所有前請籌撥銀款並請委員解蘇撥給以濟要公實爲公便爲此備由呈乞

照詳施行

咸豐三年十二月　　日具詳奉

浙江巡撫部院黃　批查挑濬河道督役趕辦必須由地方官提調方能得力若由外省委員會辦呼應反覺不靈該署太倉州知州蔡牧署鎮洋縣知縣李令素稱勤幹絕無畛域之分其所請由浙委員會辦乃係謙遜之詞其意原所以昭公信本部院深知此項工程估價已由該州等減之又減豈猶不足以示信所請委員會辦之處應毋庸議諒該州等勇於任事自已照

囑興辦可以剋期竣工矣仍希

貴司即飭趕緊督辦迅速完工以副諄囑至由浙籌借挑河經費銀一萬兩業已先後委員起解並即查照此覆

署江蘇太倉直隸州知州蔡映斗署鎭洋縣知縣李翰文稟稱
照劉河海口內河淤淺段落前奉
憲飭趕緊興挑業於上年十二月二十七日開工通報
憲鑒在案伏查此項工程本擬趕於正月二十日以前辦竣無
如開工以後雨雪交加以致未能剋期蕆事卑職等當即督同
各委員嚴押夫役竭力趕挑至本月初五日通河工竣祇因數
日以來冒雨工作間有高下不等未能如式之處必得趁此未
經開壩之先再加修治使河身一律深通剝船始得暢行無阻
現已嚴飭夫頭星夜趕辦一俟完竣卽可開壩剝船到境斷不
致有停待之虞惟工程已竣例應稟請委員驗收而爲日已遲
若待委員來太再行開壩未免稽延合無仰乞

憲恩即賜檄飭浙省嘦局委員楊丞蘇省嘦局委員朱丞就近會同驗收趕緊開壩以速運行而免遲逾實爲公便謹稟
咸豐四年正月　日具稟奉
巡撫部院黄　批仰海運省局飛飭楊丞會同蘇省嘦局委員朱丞剋日驗收開壩以速運行仍候
兩江督
江蘇撫　院批示繳稟鈔發

署江蘇太倉州知州蔡映斗署鎭洋縣知縣李翰文稟稱照挑
濬劉河海口內河淤淺工程奉飭趕速挑辦業於上年十二月
二十七日開工通報在案本應遵限於正月二十五日以前趕
辦完竣祇因開工以來雨雪過多晴霽日少是以稍遲經卑職
等督同各委員親駐河干押令夫役冒雨工作竭力挑挖至本
月初五日通河工竣正在稟請驗收間接奉藩憲札飭前項工
程已委浙江糧局委員楊丞蘇省糧局委員朱丞就近驗收等
因遵卽移會於本月初十日馳赴工次會同週歷確勘查驗封樁
如式挑竣並無偷減當於是日起土開壩探量水勢一律深通
裝載三百石以內之船足資浮送第恐各州縣所雇剝船大小
不等合並仰乞俯賜通飭各州縣運米剝船統以三百石爲率

切勿雇用大船以速轉運而免阻壓除將所用工費覈實造冊報銷外合將工竣開壩日期肅先稟報謹稟

咸豐四年二月十三日具稟奉

浙江海運省局批前據婁局委員中防同知楊丞會同江蘇委員即補同知朱丞具稟到局業已通飭各屬選雇三百石以內剝船裝運赴婁在案仰即知照仍候

各憲批示繳

浙江海運省局署布政使黄樂之署鹽運使晏端書督糧道周
起濱督同總辦委員署紹興府知府繆梓等爲詳明事竊據婁
局委員中防同知楊裕深等詳稱竊照浙漕海運改由劉河出
口淤淺內河已奉籌借銀兩發解太倉州鎮洋縣分段開挑務
令一律深通俟工程將竣卽飭各州縣運米受兑惟杭嘉湖三
府屬內河剥船咸願早卸早回將來兑交海船誠恐爭先越後
且連檣并行難免擁擠應令行抵太倉州南馬頭暫爲住泊報
明委員聽候編列號數駛赴劉河卽以號次之先後挨順交兑
而承運海船亦於雇報時先編號數次第受裝以昭平允除出
示太倉州南馬頭并劉河口實貼曉諭外相應備文詳祈察覈
轉報

撫憲一面仍請札飭杭嘉湖三府屬有漕各州縣傳諭剝船戶
并押送書差八等一體照辦實爲公便等情到局據此除通飭
各府州縣一體遵照外相應備文轉詳仰祈
憲臺俯賜鑒覈爲此備由呈乞
照詳施行
咸豐四年正月初四日具詳奉
巡撫部院黃　批如詳通飭遵照繳

浙江海運省局署布政使黄樂之署鹽運使晏端書督糧道周起濱督同總辦委員署紹興府知府繆梓等爲詳明事竊據婁局委員中防同知楊丞等詳稱竊查劉河海口之外向有攔門沙一道現雖飄散惟潮退之時隱隱暗伏據商船耆舵等僉稱裝一千石以内之船可以進口受兑其大號沙船裝至一千五六百石以上者即大汛亦難進口只得停泊沙外受載若令各州縣運米剥船出海交兑潮汛起落風汛靡常而内河摇船水手不知海洋水性傾覆堪虞殊非善全之策兹據紳董王慶勳等以黄浦江剥船向來專載沙船貨物往來大江熟悉水性應先行雇定二三十隻駛放劉河一俟米船行抵劉鎮即着該沙船耆舵帶領剥船到鎮較斛收兑自行運上沙船以昭穩實所

有應給船價飯食容俟該紳董議定再行申報惟此項漕米轉
輾過剝散裝不便須用麻袋盛裝應請籌備蔴袋一萬條飭運
前來俾得應用相應備文詳明伏賜察覈轉詳
撫憲實爲公便等情據此伏查此次海運漕糧改由劉河出口
大號沙船只得停泊口外受兌不得不另雇黃浦剝船轉運沙
船以昭穩實據稱須用蔴袋盛裝係爲杜絕散耗起見似不可
少現經本司道諭飭葉守楊丞將糶變備儲白米空出蔴袋三
千隻先行借撥劄飭赴嘉委員署錢塘縣縣丞方若金帶解應
用其餘不解尙多應由楊丞酌量緩急徧飭購辦設或備儲糙
米得以一併糶變應有空袋一萬數千隻變價無幾併可撥用
除俟續有空袋再行隨時酌發並批飭遵照外相應具文轉詳

伏候
憲臺俯賜鑒覈示遵為此備由呈乞
照詳施行
咸豐四年十二月十三日具詳奉
巡撫部院黃　批據詳此次海運漕糧另雇黃浦釗船轉運沙
船并先撥麻袋三千隻已悉其餘不敷麻袋仰仍督飭提炳丞等
酌量發給隨時妥辦以節經費為要此繳

浙江海運省局署布政使黃樂之署鹽運使吳端書督糧道周
起濱督同總辦委員署紹興府知府繆梓等為詳明事竊據嘉
局委員中防同知楊裕深等詳稱照得太倉鎮洋一州縣向無
驛站止有鋪遞而浙漕奉局設立劉河將近海口僻在鄉隅所
有發遞公文前經詳明雇用代馬船六隻分段接遞在案茲昔
各縣陸續剝米到劉裝兑出海正當喫緊一切詳禀文移無不
緊要自應添雇代馬船四隻梭織馳遞俾免遲誤相應備文詳
明伏祈察覈轉詳等情到局據此查該局前經詳明雇用代馬
船六隻分段接遞公文當經詳明
憲鑒並奉
憲批代馬船隻應否照雇日給船錢亦須酌覈仰仍由局查議
省局轉詳添雇代馬船接遞公文　　呈　咸豐四年案

具覆察奪此繳等因隨經札飭葉局遵照惟每船日給水脚錢七百文爲數較多卽行覈實酌減星速具復立等轉詳在案今據該局以各縣陸續剝米到劉裝兌出海正當喫緊一切詳稟文移無不緊要詳請添雇代馬船四隻梭織馳遞公文自爲趕催剝運力求迅速起見可否准其添雇至每船日給水脚錢文仍飛飭該局遵照覈實酌減星速詳復覈辦相應分别詳明仰祈

憲臺俯賜鑒覈爲此備由呈乞

照詳施行

咸豐四年三月二十六日具詳奉

巡撫部院黄　批現當剝運放洋喫緊之際一切文報均關緊

要所有代馬船一項如詳准其添雇四隻以速馳遞仍隨時酌
量裁減以節經費其日給船錢並行隻局覈實酌給具報可也
此繳

浙江巡撫部院黄　劄海運省局知悉照得浙省新漕由內河
剝運銀米自杭嘉湖蘇州太倉而至劉河沿途經歷河面既恐
剝船往來有所擁擠又須晝夜行走以期迅速誠恐抛錨夜深
或有宵小潛蹤希圖搶竊不可不預為之防除經飛劄沿途地
方文武選派幹弁兵小心防護外茲本部院特飭營務處派
委武職大員選挑精兵勁勇一千名配足大礮擡礮鳥鎗火箭
火罐長鎗大刀各件雇船隻分作二批行走作為遊巡精兵在
於蘇浙內河晝夜往來梭織巡邏諭令該員弁兵丁如遇賊匪
即督率各兵勇上前迎剿不使一名竄逸若河面剝船往來或
有擁擠爭競以致剝運銀米或有阻滯亦即飭派兵設法疏通倘
有諢刁船戶不遵即行拿送該管地方官嚴治繳期緝捕盜匪

浙撫劄行飭派兵勇各弁在於內河梭巡防護已
咸豐四年案

疏通河道以利剝運而重漕糧現在頭批官兵三百餘員名坐船數十隻發給護照並派文員前途迎探有無匪踪往來送信其第二批三批官兵隨後即續行派往合行劄知劄到該局即便查照毋違

咸豐四年三月二十八日行

浙江海運省局劄平望支應局乍防同知白丞
委員甯紹分司姚丞知悉本年四月
初六日奉
撫憲黃　閱發本道晏　呈送署嘉興縣楊令摺稱嘉興由平
望至蘇州一百六十里蘇州至維亭三十六里維亭至吉義九
里吉義至崑山二十七里崑山至太倉四十里太倉至劉河口
七十里共計官塘至劉三百四十二里查蘇州婁門至維亭四
九路程石塘坍卸數十年不修河中沉石擱淺難以行走糧船
過境俱係該處地保插標記認嘉興由冷水灣至三店十八里
三店至蘆墟三十六里蘆墟至莘塔十二里莘塔至周莊二十
四里周莊至池墓十八里池墓至崑山五十四里崑山至太倉
四十里太倉至劉河口七十里共計此路至劉二百七十二里

河道寬闊並無淺阻路逕較近來回可期迅速等情奉批有便道自當准行等因奉此查前據嘉興府鍾守稟稱各縣剝船經由城北冷水灣等處藉稱起剝拿船滋事且有使水偷漏等弊不可不嚴行查禁是以通飭各縣運米剝船概由官塘行走不准繞越在案今旣據楊令所稱由冷水灣至劉河口河路寬深且較由平望官塘近七十里自應聽由近便處行走以期迅速

惟查蘆墟一帶河蕩渺茫時有風浪支港叢雜易藏宵小務須嚴飭押運丁胥船戶人等格外小心免致疎虞是爲至要合亟但恐各縣准走僻河又用大船裝運平望不能稽查須由該員認眞查驗合亟札飭札到該員卽便遵照如有過大笨船卽行

札飭札到該局卽便知照毋違

截回是爲至要切切

咸豐四年四月初七日行委員白姚二丞并札嘉興府鍾守署

嘉興縣楊令

浙江海運省局札委員甯紹分司姚丞知悉照得海運漕白糧
米剝運赴婁交兑前因各屬有用湖廣扁子江東船車排子等
大號笨船阻塞河道當經本司道札委該員專駐太倉州南馬
頭督率委員嚴查運米剝船隨時編號挨次放行如有笨滯大
船阻礙河道無論裝米多少截令折回一面將押運丁胥先行
枷示河干一面將有意抗違之知縣詳請撤參並飭該員將辦
理情形隨時報查嗣奉
撫憲於嘉興楊令開送程途摺內手批有便道自當准行等因
復恐各州縣准走僻河仍用大船平望不能稽查須由該員認
眞查驗如有過大笨船即行截回又經札飭遵照在案現在各
屬報運米石蜂擁赴婁究於何日驗放何縣米船若干隻裝米

若干石未據該員按日報查無憑稽覈合亟飛催札到該員即便遵照速將驗放船米各數按日星飛具報

撫憲暨本局查考如有過大笨船阻礙河道即飭押運丁胥就近雇換小船前進勿任違誤切速飛速

咸豐四年四月初十日行

浙江海運省局署布政使黃樂之署鹽運使晏端書督糧道周
起濱督同總辦委員署紹興府知府繆梓等爲詳請
憲示事竊照浙省本年新漕奉准仍由海運業經詳蒙分咨
兩江直隸督憲
江蘇山東撫憲飭屬招雇沙衛等船來南裝運並經由局移行甯波
道府俟商船回浙全行封雇并將省城設立總局委員分任職
司另刊關防行用及應行請
奏各事宜先後詳請
憲臺察覈在案伏查海運事務頭緒紛繁雖應循照上屆成案
辦理惟其中稍有增損之處自應按欵詳明通行遵辦俾昭覈
實理合酌議條欵開摺備文詳請伏祈

憲臺俯賜察覈批示以便通飭遵辦至應設分局辦理交兌各
事宜容再籌議另行詳請合並聲明爲此備由呈乞
照詳施行
今呈送
清摺一扣
謹將新漕海運酌議外辦章程開具清摺呈送
憲鑒
今開
一漕截銀兩仍應飭屬解局并負重一欵由道移歸海運支銷也
查浙省各州縣河運給幫津貼無多旼行海運一切用欵不敷
前奉

奏准以漕截負重等欵歸入海運支銷今屆新漕各州縣隨徵漕糧漕截銀兩仍照上屆成案飛飭趕解省局如敢延欠卽詳請嚴參仍勒限清完其白糧改漕漕截并漕白負重等欵仍照案由道解局以濟支給庶免缺誤

一輕齎錢糧應飭提趕解以資北用也查輕齎銀兩爲北倉鋪修一切要需例應先漕解通上屆應解是項銀兩曾蒙

憲臺咨請抵撥在案今屆是否照辦抑或由道提齊專員解通另再詳請

憲示一面由道先行嚴提足數俾免遲誤

一提解津貼銀兩應照上屆章程嚴催彙解省局不准逾延也查各屬津貼銀兩上屆每石酌提自三錢起至七錢有零不等統

按實徵漕白正耗米數計算飭令解局分別開支今屆海運自應照辦一俟災歉定案以米計銀立限飭令趕解濟用倘有玩誤短解立予詳叅以示懲儆如能解運迅速銀米早清詳請記功用昭激勸

一各屬解局漕截等欵銀兩應照案塡給收照並暫行寄庫也查上屆海運案內各州縣解局經費詳明免其傾鎔並准銀洋並納嗣因所解銀色夾雜平水參差官銀號不能蓋戳包用上海局有需寶紋一有折耗無從彌補當卽通飭解洋劃一辦理各屬批解洋銀到局時卽傳官銀號看估各按本日市價合銀一面由局塡掣收照回銷其銀或卽時滙解滬局濟用或暫儲道庫責成庫官督率丁役晝夜巡防以昭愼重此次均應循照辦

理所有各屬解到洋銀先儘收津貼次收漕截抵支商船水脚并一切用欵仍按日將收數開單呈報並將收支各數按五日一次具文報查

一各屬開倉應嚴飭提前並愼選米色也查浙江杭嘉湖三屬土性本寒收穫較晚故河運之年開倉徵兌節節遲緩今屆新漕業經嚴飭提早開倉尤應加緊徵兌總期於二月內全數放洋俾得早抵津門其米色務須加意揀選白糧爲

天庾正供更宜愼之益愼一律乾圓潔淨不得攙雜混收致干駁換

一運米剝船應由縣自雇也查上屆海運所需內河剝船由局派員代雇或州縣自雇辦理本屬參差局中幾致賠墊今擬責成各州縣自行招雇民船運赴海口斛交海船受兌惟各屬相距

海日道里遠近不等查照上屆成案每石每百里給水腳銀一分六釐所有鋪艙蘆蓆押送飯食等項一併包括在內准於該縣應解津貼款內按數坐銷其應給海船鋪艙蓆竹鐵釘氣筒等用卽於前項水腳內每石提銀一分六釐解赴省局轉解分局彙給海船備用至剝船運米交兌每米一尺上鋪黃蔴紙一層間隔最上一層鋪紙後再鋪米一寸加用灰印立法本屬周密務須實力遵辦毋得視爲具文仍令各州縣遴派親信丁役管押以杜偷漏使水之弊

一商船耗米給予本色毋許私折也商船裝載正供漕糧每石給耗米八升白糧每石給耗米一斗均按交倉正米兌給以備彌補虧折應俟抵津交卸全完後如有盈餘聽候津

期迅速

干文作銀一兩計算均循舊章由分局隨米支給庶免守候而

局議定章程每千石米百石准開水手一名凡錢數定以每錢二

兩副舵每船一名給銀六錢水手每名給銀三錢並照上海分

錢一千文神福每船銀四兩耆舵每船各一名每名犒賞銀一

釐天津海口自雇縴夫每石錢四文挖泥壓鈔鐵鍬土筐每船

銀四錢仍按九折給發又蓆竹氣筒鐵釘折價每石銀一分六

一　商船銀米應照案支給也查海運水脚按抵津正耗米每石給

成分局委員實力稽查如有前項情弊即予從嚴究辦

充第恐不肖丁役勾通折乾或商船罔知顧公私自變賣應責

局示諭或局中收買或令自行變糶臨時酌辦惟各屬運米交

一畱南餘米仍應起運以實倉儲也查河運之年向有餘米一項每石給丁三升八合畱南變價運前撥給各丁以濟運務上屆飭令有漕州縣各將本色如數運通當此
京倉未裕前項餘米仍飭各屬隨同正漕一律兌運赴津於倉儲不無有裨此項餘米仍照上屆成案每石補提水脚合津貼銀一兩以濟支用

一三聯單應照章刊刷給執也查三聯印單上屆由分局刊刷備文申省鈐蓋藩司糧道印信隨時按船填給一聯發海船收執赴津交米一聯送派津局員按單查收一聯存局稽考應分別漕白交倉正耗及經給耗米天津剝船食米數目並某字第幾號船商耆舵姓名水手人數一一填明今屆仍應照辦至白糧

有粳糯之分漕糧有秈粳之別應飭令分艙存儲並於三聯單
及裝船米數冊內分晰註明以免混淆

一隨米應備什物分別局縣置辦也查州縣自雇剝船需用鋪艙
蘆蓆襯米黃裱紙張應照案備辦其運米赴商船交兌應酌派
斗級笆夫各二三名前往相幫照料並備帶木斛笆斗栲栳等
件隨米運往至所需樣米蔴袋以及商船號旗蓋艙稻草均歸
分局製備由縣繳價庶免參差

一員役薪水應照章覈給以示限制也查上屆章程在局同知知
縣等員每員月支薪水銀三十兩庫官并在局鹽場佐雜每員
月支薪水銀十五兩經書每名月給飯食銀四兩稿書清書每
名月給飯食銀三兩又　憲臺衙門稿清書各一名月給飯食

銀七兩又在局看管奔走人役每名月給飯食銀一兩五錢庫中書役共月給飯食紙張錢十一千文其局中紙張油燭等項每月支銀不得過四十兩均請循舊支給開局之初應需經費先於上運局存銀內撙節墊發俟各屬解到本届津貼按數劃還歸欵

咸豐三年十月二十五日具詳奉

巡撫部院黃　批漕糧漕截並津貼兩欵由各州縣逕行解局白糧改漕漕截及漕白負重等欵仍由糧道衙門解局輕齎錢糧由道提齊委員解通所有各屬解局洋銀先儘津貼次收漕截以及剥船由縣自雇米色加意揀選商船耗米給予本色留南餘米仍應起運水脚等項均照舊章支給隨米什物分別縣

局置辦并給發聯單員役薪水等等悉照摺開條欵辦理至現
在局中用欵暫借上運存銀一俟各屬解到新運津貼必須撥
數還欵以淸界限其白糧改漕項下漕截負重兩欵銀兩糧道
衙門務須如期解局以濟運用斷不可似上屆銀兩遲至此刻
一無移解也仰卽迅速分別移行遵辦餘已悉繳摺存

浙江海運省局署布政使黃樂之署鹽運使晏端書督糧道周起濱督同總辦委員署紹興府知府繆梓等爲詳請咨明事竊照河運到通有應給經紀個兒錢津貼飯米折色等項卽以旗丁應領餘米價竇羨紙劄等銀撥數抵撥如有不敷再行解交

上屆浙省海運當經詳奉咨達

倉場督院查照浙省幫丁例給之項撥米一萬石船二十隻合算照數抵撥其不敷之銀仍由浙省解交其餘米一項浙省河運向係留南變價爲調濟幫丁之用現在辦理海運卽將是項餘米一併本色解通其上屆曾經援案照抵本屆新漕仍由海運業經照案詳請咨明在案所有搭運清查三四限項下交倉正耗米六萬二百六十七石零現亦詳請一併由海運津其應

繳應領前項各欵自應與正漕一律辦理相應具文詳請伏候

憲臺鑒覈俯賜咨明

直隸倉場督憲轉行坐糧廳天津道府一體援照辦理至應繳廳倉茶果銀兩檢查江蘇省咸豐元年帶運白糧案內聲請免解有案曾否奉准邀免無從查悉現在飛移查復俟覆到再行覈辦合並聲明爲此備由呈乞

照詳施行

咸豐四年正月二十五日具詳奉

巡撫部院黃　批仰候咨明

倉場部堂　直隸督院轉飭坐糧廳天津道府一體援照辦理此繳

浙江海運省局署布政使黃樂之署鹽運使晏端書督糧道周起濱督同總辦委員署紹興府知府繆梓等爲詳請覈咨事竊照海運糟糧應給經紀箇兒錢津貼飯米折色等項卽以旗丁應領餘米價簟羡紙劄等銀按數抵撥所有搭運清查三四限交倉正耗米六萬二百六十七石零應領應繳各項自應與正漕一律辦理卽經詳請咨明

倉場
直隸督院轉飭援辦并聲明應繳廳倉茶菓銀兩檢查江蘇省咸豐元年帶運白糧案內先經請免曾否奉准移查覆到再行覈辦在案兹准江蘇司道咨覆蘇省道光三十年海運帶徵白糧援照道光四六等年帶徵道光三年分緩徵白糧成案均未解繳倉場衙門各役飯食茶果等銀今届浙省清查米石亦歸

海船搭運事同一律自應循照成案請免解繳相應備文詳請

伏祈

憲臺俯賜察覈咨達

戸部暨

倉場督院查照爲此備由呈乞

照詳施行

咸豐四年二月初十日具詳奉

巡撫部院黄　批仰候咨明

戸部暨

倉場部堂查照繳

浙江海運省局署布政使韓椿署鹽運使晏端書督糧道周起
濱督同總辦委員署紹興府知府繆梓等爲詳請具
奏事竊照浙江省咸豐三年糟白糧米
奏准仍由海運其天津交米事宜前蒙
奏明飭委候補知府玉環同知葉堃隨同本糧道於親赴劉河驗
米後帶同正佐各員先期由陸路赴津會同直隸委員商辦等
因在案茲本糧道酌帶委員金華縣知縣邵凌霄等於二十五
日先行起程馳赴津門商辦交兌事宜其葉守前委嚴州防堵
未回現已飛札飭調一俟來省即飭帶同委員紳董趕緊遄行
惟道路戒嚴誠恐行程未能迅速且商船一經放洋乘風疾駛
計日可到並擬遴派補用同知烏程縣知縣梁正標酌帶佐雜

各員乘坐頭批運米商船航海赴津俾免遲誤其劉河海口前
因內河淤淺急須挑浚深通當經由浙籌借銀一萬兩先後解
發江蘇太倉州責成該地方官督率趕挑現據該州蔡映斗等
暨婁局委員中防同知楊裕深先後稟報前項挑工業經督押
人夫無分雨夜竭力趲辦茲已通工告竣驗明如式起土開壩
探量水勢一律深通三百石以內剝船足資暢行無滯所有各
州縣徵存米石急須運婁候兌現已飛飭各屬將白糧正耗米
石首先儘數起剝其漕糧正耗及清查搭運米石亦即分批趕
運並札飭婁局委員先行派定商船一俟各屬運米到婁漏夜
裝兌押令乘風開放以期早達
天庾除俟頭批放洋另行詳請具

奏外合將本糧道起程赴津日期及挑河工竣現飭起運緣由先
行具文詳請伏候
憲臺鑒覈具
奏爲此備由呈乞
照詳施行
咸豐四年二月三十日具詳奉
巡撫部院黃　批海運漕糧運赴劉河緣由現經本部院恭摺
馳
奏矣仰即查照另札遵行繳

浙江海運省局爲呈覆事本年七月二十日奉
巡撫部院黄　批省局詳送各屬運裹漕白及剩耗米石支銷
內河剝船水腳并白糧口袋銀兩冊等緣由奉批如詳通飭有
漕各屬一體遵照仍令將未完漕截等銀按數馳解不得再延
至上屆每石百里開銷內河剝船水腳銀一分六釐原案一時
檢尋無着並即錄呈備查冊遲此繳冊存等因奉此遵查上屆
初辦海運先由糧道衙門主稿會同前藩司條議內河剝船由
省委員預雇駛赴徵存州縣趕速剝運迥而復始仍以道里遠
近給發水腳酌覈江蘇成案即於局內支銷詳奉
憲批鈔錄移行遵照嗣據湖州府稟請省局雇剝當即遴員專
辦而該屬復有自雇又據嘉興等縣稟請由縣自雇剝船運米

請銷水腳銀兩到局復查道光六年江蘇海運全案內載按每米一石每百里給銀二分應飭覈定米數里數准其坐支不得浮銷迨後江蘇續辦海運因銀價日昂酌減每石百里給銀一分六釐等因是以省局即照蘇案分別批飭覈實銷支各在案本屆仍由海運前於議詳外辦章程條欵案內聲明以上屆辦理參差擬請責成各州縣概行自雇內河民船運赴海口斛兌查照上屆成案准其按數坐銷每石每百里給水腳銀一分六釐所有鋪艙蘆席押送飯食等項一併包括在內其應給海船鋪艙等費即於前項水腳內每石提銀一分六釐解赴省局轉解分局彙給海船備用詳奉批准亦在案奉批前因相應備文申覆並照造上屆各州縣應銷內河剝船水腳里數銀數清摺

一分呈祈

憲臺俯賜察覈爲此備由呈乞

照驗施行

計申送清摺一分

咸豐四年七月二十七日具申

撫院

浙江巡撫部院黃　札江蘇布政按察司照得本年浙省新漕改由劉河口出海所有各屬內河剝糧船隻經由蘇省平望江震及蘇城婁門等處均有防堵鄉勇聲勢聯絡惟崑山新陽地面距滬較近現在上海逆匪尚未蕩平而該處爲浙糧船隻必由之路應由崑新兩縣會同營弁於糧船過境時帶領兵勇加意提防迎護以免疎虞至劉河爲交米收米總滙之區相距滬城不及百里且向非貿易馬頭閭閻殷庶茲以浙省海運設局該處銀米紛至帆檣雲集外則沙船水手動以萬計內則運米剝船以及稅行解手諸色人等萃聚龐雜難保無游手好閒之徒溷跡其間藉端滋事似應添派幹員巡查彈壓并行地方營汛督帶兵役小心巡緝庶昭慎重爲此行知查照迅速辦理可也

咸豐四年案

爲飛咨事照得本年浙省新漕改由劉河口出海所有各屬內河剝糧船隻經由蘇省平望江震及蘇城婁門等處均有防堵鄉勇聲勢聯絡惟崑山新陽地面距滬較近現在上海逆匪尚未蕩平而該處爲浙糧船隻必由之路應由崑新兩縣會同營弁於糧船過境時帶領兵勇加意提防迎護以免疎虞至劉河爲交米收米總滙之區相去滬城不及百里且向非貿易馬頭閭閻闐寂茲以浙省海運設局該處銀米紛至帆檣雲集外則沙船水手動以萬計內則運米剝船以及稅行斛手諸色人等羣聚麗雜難保無游手好閒之徒溷跡其間藉端滋事似應添派幹員巡查彈壓并行地方營汛督帶兵役小心巡緝庶昭愼重除行江蘇藩臬二司外相應飛咨爲此合咨

三　咸豐四年案

浙撫咨行巡查彈壓防護米船

爲飛咨事照得今屆浙省新漕改由劉河口出山海即須陸續放
洋歷屆海運出洋沿海鎮營各有專任內洋責成福山鎮會同
提右營參將及吳淞營參將彈壓巡防外洋責成蘇松鎮狼山
鎮各帶本標水師弁兵按段稽查迎護其山東直隸洋面應各
接各境嚴密巡查此大仍應照辦以期周密再沙船由崇明之
南宗山出口每於此處守風寄碇而該山四面皆洋輒有匪船
出沒島中徜徉遇船隻稀少即乘機搶劫應由江省專飭福山鎮
營等於南宗山洋面多派弁兵隨時護送俟沙船轉放大洋後
貴部堂院煩請查照希飭添派幹員巡查彈壓一面飭令地方營
弁加意巡防迎護俾免疎虞至紉至感望速施行

一咨　兩江督院　江蘇撫院

始准交與外洋水師營接護庶

天庾正供俾免疏虞以昭慎重除分咨外相應由六百里飛咨爲此

合咨

貴提督部堂/部院煩請查照希即飛飭定海鎮於江浙交界水師鎮將馳赴所轄洋面實力防

護施行

一咨　浙江/江南提督　直隸/山東督/撫院

爲飛咨事同前云云爲此合咨

貴鎮/鎮/鎮煩請查照希即統帶師船馳赴江浙交界洋面會同實力/所轄洋面實力巡防迎護/南汛山南面巡哨如遇海

防護施行/施行

運米船放洋隨時多派弁兵護送交界外洋水師員弁接護施行

一咨　蘇松/福山/狼山鎮

咸豐四年二月　日咨行

浙江巡撫臣黃宗漢跪

奏再查此次海運前經臣奏請將應給商船經紀貼耗剝船食米均於原給旗丁耗米内開支支給之外尚餘耗米二萬一千八百七十三石零援照上屆成案飭屬糶變每石價銀一兩報部候撥接准部議以所餘耗米如能搭運赴津較之由南糶變更有裨益令臣酌覈辦理奏奉

諭旨咨行到浙伏查通倉儲備原宜多多益善惟浙省產米不敷民食向賴湖廣江皖等省米商販運接濟上年臣因江路梗阻商販不通故請將支賸耗米留浙糶濟民食現在長江一帶梗阻如前米商仍多裹足未能源源販運且上年各屬起運漕糧僅止六十四萬餘石此次海運新漕及搭運清查案内追賠之米

共七十六萬餘石較上年計多運米十三萬餘石運赴天津者
數既增加則留存浙省者米即減少又各屬自上年夏秋水患
收成彌形歉薄民情將有食貴之虞理合仰懇
天恩俯准將前項餘耗米二萬一千餘石仍照前奏留浙糶變將每
石價銀一兩報撥以期於京外均有禆益據海運省局司道會
詳前來臣謹附片具
奏伏乞
聖鑒訓示謹
奏
咸豐四年三月十七日具
奏四月十二日奉

硃批著照所奏仍留浙以濟民食欽此

浙江巡撫臣黃宗漢跪

奏再此次海運於應行起解三年新漕正耗米七十萬餘石之外復將清查案內三限四限應行買補之米六萬七千餘石一併搭運業經臣將米數開單具

奏並咨部查覈在案惟查上年浙省海運章程自上海商船水腳暨天津剝船價值經紀津貼箇兒等款以及例無支銷用難刪減如內河剝船盤壩腳力雇募斛手麻袋席片三處設局經理各項合計運米一石實需經費八錢有零奏准將歷届河運各費併歸海運支銷其不敷之銀酌提各州縣津貼濟用此起運新漕米石所需經費之原委也至搭運清查買補之米係遵照

奏定章程由藩庫將各州縣所交清查案內追補銀兩每限先

買米五萬石運通每石止加津貼銀四錢以充兌費咸豐元年二年初限二限之米係由本省起剝隨漕搭運軍船已屬不敷應用當經

奏明於每石正米例支漕截耗重蘆蓆銀三錢九分九毫一絲耗米例支漕截銀三錢四分六絲兩項內覈給一半奉

硃批該部知道欽此欽遵在案此次改由海運赴蘇設局裝兌剝運之劉河道路較遠剝費既增又須雇募甯波上海商船給發水脚更非搭運軍船可比所需各項經費應照新增一律支給每石以八錢有零爲率原定之津貼銀四錢連前動支漕截等欵給予一半之數亦尚不及六錢自應再行籌欵動給以免支絀查漕截銀兩本係歷屆河運隨漕開支之欵現在海運新漕既

將河運各費一併支銷則搭運清查之米亦應將漕截等銀全數於清查追補欵內動支以濟運務再有不敷爲數尚少應即另行設法籌補據海運省局司道會詳前來臣細爲覈計確係實在必需且爲時已迫未便拘泥當經批令查覈米石分別正耗按例支銀數於清查案內繳存銀兩先行支給俾免延誤除咨部查覈外謹會同兼署閩浙總督福州將軍臣有鳳附片具
奏伏乞
聖鑒謹
奏
咸豐四年正月二十六日具
奏二月二十二日奉

硃批戶部知道欽此

浙江巡撫臣黃宗漢跪

奏爲遵

旨遴派水師武職大員馳赴天津稽查海運沙船恭摺由驛覆奏仰

祈

聖鑒事竊臣於咸豐四年二月二十九日承准軍機大臣字寄咸豐

四年二月十八日奉

上諭桂良奏請飭江浙派員來津稽查海運沙船一摺本年江浙漕

糧由劉河口放洋北上前據黃宗漢派委同知葉堃隨同糧道於

劉河驗米後帶同各員先期由陸赴津會辦茲據桂良奏稱上屆

海運江浙僅派文員來津不足以資彈壓靜海一帶賊氛甫退一

切稽查彈壓均不可稍涉疎虞昨經降旨令怡良等派狼山鎮總

兵泊承陞督帶師船於海運沙船放洋時護送出口惟天津進口仍須有江浙武職大員會同稽查更爲得力著怡良許乃釗黄宗漢於兩省水師內迅派武職大員酌帶兵丁隨同海運沙船頭起先來天津與所派文員稽查彈壓其沙船抵津後應行查驗人數收繳器械即責成該員弁等會同各該委員一體查辦至米數清冊並著飭令局員先期造報於沙船未到以前咨送到津以憑查覈將此由六百里各諭令知之欽此臣查浙省水師大員署定海鎮總兵周士法先經調赴鎮江協勦溫州黄巖兩鎮總兵自陳世忠湯倫叅革後均未

簡放有人其副叅遊各員或隨同赴江或護理鎮篆輾轉遞署鮮有實缺之員且天津爲近

畿重地靜海一帶賊氛甫靖江浙兩省海運沙船同時麕集舵水人等爲數衆多彈壓稽查均關緊要必須明白幹練之員方堪委令前往臣於奉

旨後卽飛咨提臣葉紹春詳加遴選茲據覆稱現護瑞安協副將之溫州鎮標中軍遊擊袁君榮堪以委赴天津等因前來除檄飭該遊擊酌帶弁兵駕坐艇船添雇熟悉北洋沙線舵工卽日馳赴劉河口隨同頭起海運沙船駛至天津將查驗人數收繳器械等項事宜會同糧道等及直省文武委員妥爲辦理並咨督臣將所遺員缺另行委員接署外所有遴選水師大員遵

旨派往天津稽查彈壓緣由謹繕摺由驛馳

奏伏乞

皇上聖鑒再米數清冊已飭局員趕緊造送以便先期飛咨到津合

併陳明謹

奏

咸豐四年三月十七日具

奏四月十二日奉

硃批知道了欽此

戶部謹

奏爲遵

旨查議具奏事御史彭慶鍾奏請節省海運經費一摺咸豐三年十

月三十日奉

硃批戶部查議具奏欽此欽遵於十一月初一日鈔出到部據原奏

內稱道光二十七年直隸總督飭委天津各員轉運江浙採買

洋米四十萬石所有由津抵通剝船剝價及員役薪水飯食一

切祇報銷銀三萬零𠎝計運米百石費用不到八兩而連年海

運江蘇近百萬石轉運之費幾二十萬兩浙江六十萬石轉運

之費需十餘萬兩以百石計則運費需二十兩較之二十七年

轉運洋米費用多至一倍有餘雖海運有案由道光六年酌議

第事屬初辦自應從寬計算且其時銀價每兩不過制錢一千一二百文自道光二十七年以來每兩制錢竟至二千有零若照轉運洋米之案覈實節省明年江浙海運計米一百五六十萬石卽可省轉運銀十八九萬兩又聞剝船剝價之外計給予飯米折銀而每百石又給食米一石實係重複似應刪除以百五六十萬石漕米計之可省食米一萬五六千石亦値銀數萬兩此等浮費一經覈實約計可省銀二十餘萬兩以歸公用似於庫項不無小補應請

飭令戸部議定明年海運查照道光二十七年轉運洋米之案辦理等語臣等伏查採買商米及海運漕糧由津運通運倉一切經費有由天津給發者係按平斛覈算其由通壩給發者係按洪

斛覈算其由津給發之欵商米案內開銷剝價及一切經費每百石合銀八兩一錢零海運案內按咸豐二年奏報開銷剝價及一切經費除油舩一項提存道庫不計外每百石合銀十兩一錢零內民船專裝白糧得項較優應行劃除毋庸比較其餘支銷比較商米每百石計多銷銀不及二兩緣商米不給船戶津貼海運例以津貼經紀二兩五錢分給剝船一半銀一兩二錢五分又商米進口係商人自行照料海運正漕進口需船迎護導引且米數較多時日又久雜費項下多銷銀七八錢不等此由津給發多銷銀不及二兩之原委也其由通給發之欵除箇兒錢銀業於北倉案內議令按照時價發錢連脚價等項同係支銷銀九兩一錢四分毋庸比較外商米案內添用脚價書

吏飯銀等欵每百石多銷銀九錢六分共銷銀十兩一錢海運案內例給一半津貼銀一兩二錢五分飯米折色銀二兩五錢八分零每百石多銷銀三兩八錢三分共銷銀十二兩九錢七分比較商米每百石計多銷銀二兩八錢七分緣商米係由天津給價派員押運赴通毋庸經紀人等在津斛收海運正漕米色之是否乾潔升合之有無短少皆由沙船兌交經紀尅期奏派坐糧廳帶同經紀斛手赴津收受及裝載剝船之後一切均責成經紀承運承交一手經理如有攙和潮溼短少均惟經紀是問是以准給飯銀津貼等項以資辦公此由通給發多銷銀二兩八錢七分之原委也該御史所稱商米每百石不到八兩者係單指天津剝運而言不知通壩仍銷銀十兩零也所稱海

運需銀二十兩者又係統津通兩處約畧而言不知天津轉運祇需銀十兩零也合計津通用欵商米共需銀十八兩二錢海運共需銀二十二兩九錢七分零計多銷銀四兩七錢七分以十成計算多銷二成有零原奏所稱多至一倍有餘者自係不知

臣部各案無從細覈惟究係目覩經費支絀力求撙節起見若果能將明年海運改照商米辦理雖未能節省十八九萬兩之多以百萬石計之約可節省銀四萬七千餘兩惟是海運正漕若不責成經紀眼同沙船斛收並責令經紀承運承交一手經理則米數之短缺米石之攙和潮溼究係何人賠交是辦理海運不得不奏派坐糧廳帶同經紀斛收赴津既經帶同赴津若不照例給予飯銀津貼勢必藉口辦公不敷需索沙船轉令

沙船畏累裹足不前且商米轉運均係動用庫欵海運經費歷

由南省各州縣自行籌備均經奏明絲毫不動帑項毋庸報部

覈銷在案既非報部之欵即無從提歸部庫以不能解部之欵

概令刪除在各州縣自必樂從而於天津交兌解收以及沿途

撥運抵壩起卸一切事宜在在俱形棘手近來豐工漫口賊匪

竄擾運道梗塞仰賴

聖謨深遠諭令辦理海運倉儲得以稍資接濟天津各總局辦理尚

能妥速似未便另議更張致於海運大局有礙惟經費支絀南

省籌畫維艱不得不量加裁減臣等通盤籌畫再四商量所有

明年海運擬將經紀俻兒錢銀按錢折給每百石可節省銀一

兩三錢五分又抗脚挖艄每百石銀二錢仍照例令經紀自行

酌給不准開銷並令天津總局於守候口糧一項全行裁革員
役薪水及一切雜費覈實酌減其餘例定支銷欵目謹據實陳
奏籲懇
天恩俯准仍照舊章辦理該御史所請改照商米覈辦之處應毋庸
議至剝船食米係屬重複應裁惟查船戶在津受兌後所給食
米飭令另存一艙至通漕糧或有短少即將食米抵補是優以
給之正嚴以防之食米似不可去而飯銀自應酌減擬將每百
石食米一石一斗五升在於飯米折銀內按南省糶變每石合
銀一兩價值減去銀一兩一錢五分其食米仍給本色以備抵
欠所有臣等遵
旨查議緣由理合恭摺具奏伏乞

皇上聖鑒訓示謹
奏
咸豐三年十二月初六日具
奏本日奉
旨知道了欽此

浙江督糧道周　爲移知事竊照本年浙省應解
通倉憲衙門輕齎席木及白糧由閘輕齎并改漕項下蘆席毛
竹等欵共銀九萬二千五百三十四兩五錢四分一釐均由各
海船先後帶津除三次委員解赴
通倉憲衙門銀六萬六百二十五兩四錢一分又
駐津坐糧廳賀　因天津應放經紀用欵孔迫而浙省應解飯
米折色銀兩業已解清尚不敷用移令在於輕齎欵內劃解銀
六千一百五十八兩一錢二分零一毫並續解銀五千兩連前
次解通銀數併計尚該找解銀二萬七百五十一兩一分九毫
現於本月十二日飭委烏程縣知縣梁正標解赴
通倉憲衙門交納合將輕齎銀兩批解清欵緣由備文移知爲

此合咨

貴局請煩查照施行

咸豐四年閏七月十九日咨

海運省局

浙江海運全案重編目錄

原案續編卷二

商船事宜

浙撫行准部咨飛咨各省封僱船隻駛赴劉河

放洋巡護事宜

浙撫奏海運放洋聞警改期現在趕兑日內放洋

浙撫奏海運頭批放洋日期並經費輕賫等銀交船搭運

浙撫片奏飭派船勇防護浙漕出洋情形

浙撫奏海運漕米全數放洋

省局轉詳護漕勇船請酌撥鎗礮藥彈

浙江巡撫臣黃宗漢跪

奏爲浙省本年新漕來歲仍行海運謹將奉文辦理緣由恭摺由

驛馳

奏仰祈

聖鑒事竊照戶部奏請江浙新漕來歲仍由海運所有一切事宜按

照本年章程奏明辦理欽奉

硃批依議行著嚴行飭催不准任意躭延等因欽此鈔錄原奏咨行

到浙臣查浙省漕糧上年試行海運經臣籲懇

天恩以河運經費作海運支銷並經臚列條欵恭呈

御覽均奉

諭旨准行是來歲起運新漕卽可循照舊章辦理惟海運以雇船爲

第一要務所有甯波之蜑船三不像船業經行令道府一俟該
商船自津回浙全行封雇外其上海之沙船直隸山東之衛船
相應請
旨敕下兩江直隸各督臣江蘇山東各撫臣飭屬趕緊廣爲招雇務
於年内連檣抵滬以資裝運除俟秋後覈明杭嘉湖三府屬應
徵銀米督飭糧道及早提前趕辦不敢稍事躭延並俟屆期分
別派員設局經理另行奏報外所有奉文辦理緣由合先恭摺
由驛具
奏伏乞
皇上聖鑒謹
奏

咸豐三年八月初十日具

奏九月初七日奉

硃批另有旨欽此八月二十三日內閣奉

上諭黃宗漢奏請飭備新漕海運船隻一摺著戶部速議具奏欽此

戶部謹

奏爲遵

旨速議具奏仰祈

聖鑒事咸豐三年八月二十三日內閣奉

上諭黃宗漢奏請飭備新漕海運船隻一摺著戶部速議具奏欽此

欽遵鈔出到部據原奏內稱竊照戶部奏請江浙新漕來歲仍

由海運一切事宜按照本年章程奏明辦理欽奉

硃批依議行著嚴行飭催不准任意躭延等因欽此鈔錄原奏咨行

到浙臣查海運以雇船爲第一要務所有甯波之蛋船三不像

船業經行令道府一俟該商船自津回浙全行封雇外其上海

之沙船直隸山東之衞船相應請

旨飭下兩江直隸各督臣江蘇山東各撫臣飭屬趕緊廣爲招雇務於年內連檣抵滬以資裝運等語臣等伏查本屆浙江海運所需船隻除甯波船三不像船由浙省自行封雇外其上海之沙船及直隸之衞船山東之登由子船係由浙省派員赴滬設立總局會同江蘇委員與蘇省所需船隻一同封雇所有來春海運自應照舊辦理查上海沙船年內固應各歸水次其直隸山東船隻均由奉天牛莊裝豆運赴江省銷售亦必自北而南連檣抵滬若責令直隸山東各督撫代爲招雇轉無把握仍應責令該撫早派妥員赴滬會同蘇省委員不分畛域一律封雇以資裝運毋得稍有貽誤並請

旨飭下兩江直隸江蘇山東各督撫即將應給商船每石腳價銀四

錢白糧每石食米一斗漕糧每石食米八升及神福犒賞准免二成稅貨並裝運一萬石至五萬石以上給予獎勵各章程各由本省刊刻告示遍行曉諭該商船等疊蒙
聖恩優渥自必急公赴募聞風而往惟在該撫及兩江總督江蘇巡撫及早提前趕辦毋任稍事躭延是爲至要至該省新漕應徵漕白正耗米數及屆期派員經理一切事宜仍應隨時奏報以憑覈辦所有臣等議覆浙江新漕海運雇船緣由理合恭摺具
奏伏乞
皇上聖鑒謹
奏
咸豐三年八月二十八日具

奏本日奉
旨依議欽此

浙江巡撫部院黃　爲行知事本年五月二十五日接准

欽差和碩鄭親王署倉場部堂戶部左堂全　咨開查前據戶部奏准江浙兩省海運沙船食米務須備帶本色除抵補缺額外所餘米石擬令官爲收買等因本爵部堂抵津後即飭令各總局儘數收囤除留備各該省抵補缺額及紳民購買交捐外其餘概不准私買私賣等因各在案惟查現到各船所餘米石甚屬寥寥相應移咨兩江總督浙江江蘇各巡撫轉飭承辦委員務將沙船食米兌交本色不得折色發給並諄飭各該商船除本船食米外概不准其沿途私賣以備抵津交足正供之後按照市價收買並當堂給價不假吏胥之手俾沾實惠如此辦理庶可稍補倉儲而各該商船得價既優自必樂於從事希即剴切曉諭一體遵照可

也等因到本部院准此除行斐局委員楊守暨紳董外合就鈔稿行知爲此仰該局卽便查照一體飛速飭遵毋違

咸豐四年五月二十七日行海運省局

總理浙江海運省局護理鹽運使晏端書署紹興府知府繆梓
陞用同知嘉興縣知縣楊裕深等爲詳請覈咨事竊照浙省今
冬新漕奉文仍行海運已蒙
憲臺
奏明循照舊章辦理請
旨敕下兩江總督江蘇巡撫飭屬趕緊廣爲招雇上海沙船務於年
内連檣抵滬以資裝運等因在案伏查海運漕糧首以雇船爲
先務浙省甯船爲數無多今冬起運米數雖災歉田地現未勘
實定案而
京倉需米甚殷總期多多益善尤賴寬備沙船俾得及時兌運不
致有停延缺誤之虞相應備文詳請伏祈

憲臺俯賜察覈咨達
兩江督院轉飭蘇藩司蘇松太道松江府松海防同知上海縣
江蘇撫
等一體遵照務期封雇堅固寛大沙船三四百號弔照立攬付
滬備用深爲公便爲此備由呈乞
照詳施行
咸豐三年九月十八日具詳奉
巡撫部院黄　批仰候由六百里飛咨
兩江督院轉飭遵照迅卽封雇堅固寛大沙船三四百號弔照
江蘇撫
立攬覆浙備用此繳

浙江海運省局護理鹽運使晏端書署紹興府知府繆梓陞用
同知嘉興縣知縣楊裕深爲詳請飛咨事竊照浙省今冬新漕
奉文仍行海運自應照案飭雇蜑船三不像船押令駛滬副用
惟該商船攬載漕糧得項本優衹因江浙兩省並行海運攬載
客貨易於居奇意存躲避值此派員封雇之際誠恐藉故遷延
徘徊中道不早返棹回甬查上屆章程各商船不運載漕米者
卽不准赴各海口貿易立法本屬周密相應備文詳請伏祈
憲臺俯賜察覈飛咨
山東撫院　直隸督　奉天府尹　轉飭沿海地方官嚴查浙江甯波逗遛各商船分別
示諭如無裝過漕糧執照呈驗者卽不許其裝載貨物以杜規
避而全要公至在前駛往各海口之船隻亦卽押令一律迅速

轉帆務期尅日趕返甯波海口聽候封雇并請札飭甯波道府縣即爲出示曉諭俾各商船知不受載漕糧不能駛向各海口貿易則封雇較有把握而運務可期無誤其較小不堪裝運之船隻仍應分别給予免裝印單俾該商船得以照常貿易以免各海口藉此留難實爲公便爲此備由呈乞

照詳施行

咸豐三年九月十八日具詳奉

巡撫部院黄　批仰候由八百里飛咨

直隸督
山東撫　院暨

奉天府尹轉飭遵辦並候札飭甯波道府縣一體妥爲辦理此

繳

浙江海運省局署布政使黃樂之署鹽運使晏端書督糧道周
起濵督同總辦委員署紹興府知府繆梓等為轉詳事據斐局
委員中防同知楊丞等詳稱竊據上海船商僉稱商等向來置
備沙船裝載貨物出口俱應各歸各縣請發印照凡遇關津執
此呈驗放行玆因滬城尚未克復未能易換新照應請即以上
屆舊照為憑呈驗立攬以歸簡便相應備文詳祈俯賜轉詳
撫憲咨明
兩江督 江蘇撫 院轉飭應給船照各州縣一體遵照辦理等情到局據
此相應備文轉詳伏祈
憲臺俯賜察覈咨明
兩江督 江蘇撫 憲轉飭應給船照各州縣遵照辦理並請分咨

直隸督
山東撫憲暨
奉天府尹
山海關一體飭遵實爲公便爲此備由呈乞
照詳施行
咸豐四年二月初六日具詳奉
巡撫部院黃　批仰候分咨繳

浙江海運省局署布政使黃樂之署鹽運使晏端書督糧道周
起濱督同總辦委員署紹興府知府繆梓等爲詳請分咨事竊
照上屆海運抵津商船查驗舵水人等與票填不符奉准
直隸督憲咨會嗣後領票出口務須確查船上舵水人數將姓
名籍貫覈寔註入票內不准一名遺漏亦不准一名頂替等因
在案本屆新漕海運現據要局詳請咨明概用舊照業經轉詳
請咨其在船耆舵水手人等姓名籍貫難免參差到津查驗必
致漫無稽考應由該局另刊護照於開行時確查填給隨經劄
據要局委員中防同知楊裕深等詳稱查海船裝載浙省漕白
糧米在船耆舵水手姓名籍貫必須確查填註現當海防嚴密
之際天津海口咫尺

京師尤宜倍加慎重應於開行時無論甯沙衛各船由浙江海運
褁局按船加給護照一紙註明耆舵水手姓名籍貫交給船戶
自劉至津凡遇海關執此呈驗以憑稽考理合擬定護照式樣
詳請察覈等情到局又經轉詳
憲臺覈示旋於二月二十七日奉到
憲批如詳照式刊刷仰卽由局詳請分咨毋違此繳護照式樣
一紙存等因奉此復經飭遵去後茲據該褁局委員遵飭刊刻
印就照樣呈候轉送分咨等情到本司道據此合將送到照樣
備文詳送伏祈
憲臺俯賜察覈咨明
兩江督
江蘇撫憲

直隸督
山東撫憲
奉天府尹
山海關監督一體查照實爲公便爲此備由呈乞

照詳施行

今呈送　刷印護照式樣八紙

咸豐四年三月初十日具詳奉

浙江巡撫部院黃　批仰候由六百里飛咨

兩江督
江蘇撫院暨
直隸督
山東撫院並咨明
奉天府尹
山海關監督一體查照此繳護照式樣存送

浙江巡撫部院黃　爲詳請事咸豐四年二月初七日准

戸部咨開雲南司案呈准浙江巡撫黃　咨據海運省局詳稱

竊照浙省來歲新漕奉文仍由海運業經詳奉奏請

敕下直隸總督山東巡撫飭屬覓雇衛船南來裝運并請咨達直隸

總督轉飭天津道府縣廣爲招募以期運務迅速各在案茲據

滬局委員詳據今春在上海立天順局總辦衛船運糧之天津

監生錢青選等禀稱向來衛船總於正二月間在天津道關署

換新牌照驚蟄開凍卽赴關東裝豆南來二月內總可趕到上

海今年新牌照直至三月始領到手因此抵滬遲延今奉招諭

明年趕早來南可否咨會直省查照通融辦理准各衛船先執

舊照赴東裝豆趕至南省卸貨受兑俟抵津交米時請換新照

並請給發諭單及海運局封條以便沿途遇船封雇不致觀望
遷延以免遲誤等情除給諭並發封條催令趕辦外倘以舊章
難遽更改請於驚蟄前一律給照以便遄行詳請覈咨前來伏
思該船戶等於驚蟄後赴關東裝豆駛南運米抵津不過四月
爲時無幾換照略有先後公事應無遲逾而於運務大有裨益
似可酌量變通准各衛船先執舊照赴東裝豆來南趕運浙漕
抵津呈換新照較爲便捷如舊章不能遽易務須統於驚蟄前
一律換給新照俾其及早卸豆運糧無誤風汛相應詳請咨部
查照並分咨直隸督院山東撫院奉天府尹分別轉飭天津道
府縣及沿海地方官一體遵照務令各衛船統於來年二月抵
南趕運新漕萬勿遲逾等情除分咨外相應飛咨等因前來相

應飛劄天津道府准令各船先執舊照赴關東裝豆駛南俟運
米抵津時再換新照或於𩦲𩢰前一律給照總期各船及早抵
南裝運海運漕糧無誤風汛方爲妥速並知照直隸總督山東
巡撫奉天府尹一體分別轉飭遵照辦理仍咨覆該撫可也等
因到本部院准此合就轉行爲此仰該局查照准咨事理卽便
轉行遵照毋違須至案者
咸豐四年三月二十八日行海運省局

浙江巡撫部院黃　爲欽奉事咸豐四年三月十四日准

戶部咨開雲南司案呈准浙江巡撫黃　咨據海運省局詳稱

奉准部咨浙江巡撫黃　奏蘇省寶山縣所屬之蘊草濱及太

倉州之劉河口等處地方均堪起運漕糧並咨奉天等省豫雇

船隻一摺咸豐三年十一月二十五日奉

上諭黃　奏稱蘇省寶山縣所屬之蘊草濱及太倉州所屬之劉河

口等處地方均堪起運漕糧業經咨商蘇省迅將出運地方及早

勘定並咨奉天直隸山東預備封雇船隻各等語南漕爲天庾正

供豈容稍有貽誤著怡良許乃釗迅卽於劉河口及蘊草濱兩處

海口委員勘定起運漕米地方一面奏聞卽一面知照浙江會同

辦理並著直隸山東各督撫速派幹員封備衛船並著奉天府府

尹及各督撫確查各處海口如有甯波商船停泊押令迅速回浙
聽候封雇裝運漕糧斷不准胥役人等需索滋擾致生事端欽此等
因查衞船沙船早經詳咨直隸山東江蘇各督撫暨奉天府尹
飭屬趕雇赴浙備用並請飭查海口如有甯船逗遛催令趕放
甬東具攬承運各在案玆江浙兩省漕糧已奉蘇省咨改於劉
河海口兑運放洋等因奉經詳委題陞杭州中防同知楊裕深
署杭州總捕同知徐徵前赴太倉設局辦理浙漕兑運事宜一
面督催有漕州縣上緊徵運現據安吉等縣接續具報滿厫而
甯屬蛋船三不像兩項船隻亦據該管道府取具承攬催令卸
貨燂洗趕緊駛妻候兑惟查甯屬北商船僅止一百三十餘隻
本屬無多至今尚有在津未回之船縱使甬江全船放棹旋甬

雇齊裝米不過二十二三萬石仍藉江省沙船天津衞船協濟

裝運且本年浙漕共米七十六萬餘石比較上屆數亦加增亟

應多爲雇備趕緊駛赴劉河海口以資運載時迫事急合再詳

請飛咨戶部一體飭催並咨直隸山東飭屬趕雇衞船并兩江

督憲江蘇撫憲飭屬多雇沙船一併發交浙省囤局委員派裝

兌運仍請咨明沿海各督撫暨奉天府尹轉飭海口各地方官

查明如有甯船及沙衞各船逗遛在洋一律飛飭趕駛江省太

倉劉河海口俾得陸續裝載放洋乘風北上庶

正供早達

天庾以慰

宸廑等情除分咨外相應飛咨查照一體分別飛催山東直隸江蘇

督撫及奉天府尹迅速飭屬務將前項沙衞等船卽速分別封雇查催趕駛江蘇太倉劉河海口發交浙省隻局委員派裝兌運新漕等因前來相應飛咨直隸總督兩江總督山東巡撫江蘇巡撫趕緊將沙衞各船及登由子船飭屬刻卽封雇迅駛江蘇太倉州劉河海口兌運新漕毋稍延緩並劄奉天府尹轉飭查明如有甯船及商衞各船在洋逗遛一律飛飭趕駛江省劉河海口裝載新漕仍咨覆浙江巡撫可也等因到本部院准此合就轉行爲此仰該局查照准咨事理卽便轉行知照毋違

咸豐四年四月十二日行海運省局

浙江巡撫臣黄宗漢跪

奏爲海運放洋因聞警改期現在趕緊裝兑准擬日內放洋先行

馳奏仰祈

聖鑒事竊浙省新漕今屆改由劉河起運該處迫近上海賊匪接濟

漸窮每有欲竄太倉圖刼浙省銀米之謠時刻皆有戒心臣亦

早慮及此實以

天庾正供關係綦重舍此別無辦法不堅持起運之議則百姓觀望

匪徒抗阻官吏侵漁勢必至於銀米兩空故凡徵收之難剝運

之艱謠言之四起皆以鎮靜處之竭盡血誠照常辦理志在於

必成而已正月底察看各屬徵收漸有成數劉河挑挖計期可

完大局頗有把握即於正月二十六日以海運糧艘將次受兑

放洋具奏一面距上海百里而近旣慮該匪竄撲一面自崇明至佘山又慮洋盜伺刼其竄踞獨流之匪剿捕如何情形尚未得確信隨於摺內聲請

飭下兩江山東督撫臣嚴飭水陸文武員弁兵役逐加防護并查天津海口可否照舊收泊船隻嗣於二月二十二日奉到

諭旨飭令狼山鎮總兵泊承陞督帶兵船於放洋時妥爲護送并著張亮基於經由地方節節防護至前踞獨流之賊現已潰竄距天津較遠所有浙江派赴天津委員仍卽照舊馳赴該處等因欽此

臣遵卽一面飛飭各屬上緊剝運米石至劉河一面飭令糧道周起濱於劉河驗米後卽赴天津候補府葉堃率同正雜官數員卽速由陸抵津又恐旱路河間府屬或有阻梗該員等不能

趕在海船到津之先復派卽補同知梁正標率同佐雜官數員於頭批船隻放洋時卽坐船赴津該員等均於二十六七八等日先後稟辭起行三月初接據劉河局員候補知府楊裕深稟稱各屬漕米已節次剝運前來現在陸續裝兌祇以由太倉至劉河運道雖經挑挖而港路本屬窄淺且須候潮而行時因擁擠遲滯而劉河口本有一綫陰沙二千石以上大船不能逾越進口現已多雇數十號剝船再行剝赴外洋裝兌節節棘手而多費資遠不如上海放洋之便每日兌上大船祇得一萬餘石甫經動手不免生疎以後辦理歸路每日裝兌自必較多定期三月初十日卽可放洋當經批令上緊剝兌如期放洋凡人力做得到者不惜費爲之萬萬不可遲誤乃臣於初九早忽接得

在上海督勇攻勦之留浙補用知府石景芬台州協副將豫祺等飛稟以蘇省北營於初七日被匪攻撲焚燒營盤數座兵勇潰散惟署臬司吉爾杭阿之營尚存而其勢已孤立浙勇駐紮南營惟有鼓勵勇力堵防兼施以無負委任等語次日復接得糧道周起濱自蘇來稟以該道自初七日行抵崑新眼見逃兵無數沿途不免搶掠當即喝住數兵究詰俱聲張賊勢猖獗大營已被焚燒潰敗居民聞此惶恐情形殊爲可憫河面我浙米船甚多並因初十日放洋之信趕運去銀十萬餘兩爲分配各船備帶天津用欵梁正標亦帶去銀五萬兩擬配船搭帶倉場衙門輕齎之欵俱剝運在途距劉河不遠業因前途梗塞不能前進該道即督押銀米各船一併折回蘇省等語查上海之匪

欲竄早在意中此次情形臣於初九日得石景芬來稟之後旣慮賊匪或竄蘇松復料逃兵之必搶掠浙省銀米在途至爲可危登時即派委武將管帶鎗礮兵三百餘名坐船四十餘隻連夜星馳行走直抵蘇州太倉防護剝船銀米諭令探明前途如已安定則護送至劉河若尚阻梗則官兵各船迎前勦捕銀米各船折回乍浦迨初十十一十二日連接石景芬之稟知該匪於初八初九初十十三天俱係大隊數千名來撲南營石景芬豫飭親冒矢石督同帶勇員弁勇目仲孫懋陶寶登黃一清王夢彪黃載清夏寶慶李恆淞李振林等各隊義勇分布各礮臺要隘與該匪力戰每日數時之久三戰三捷殺死賊匪數百名血流街巷生擒數名取首級數十顆奪獲旗幟鎗礮甚多我勇陣

亡數名受傷數十名有此三日之勝軍威復振賊匪畏懼仍退閉城中等因旋接撫臣許乃釗初十日來信深獎石景芬等調度有方各勇人人用命大獲勝仗除發銀獎賞該勇外其官弁勞績即行奏請

優獎是石景芬所稟不誣也而許乃釗之信仍囑臣將海運銀米暫緩劄赴劉河十四日接得石景芬來稟以十一日賊匪復竄北營亦經蘇省將弁收合各兵勇擊敗而返十五日接兩江督臣來咨以上海退回各兵已委員招集二千餘名督令回營地方安謐糧道周起濱來稟亦云現在道路可行已飭各船趕赴劉河而劉河局員楊裕深十二日之稟亦到據稱初十日放洋之期因初七日起警信頻聞人心驚惶諸事俱不應手其應行帶

解天津之銀尚未到齊且佘山以南洋盜必須格外嚴防近聞
狠山鎮總兵泊承陞蘇省將派赴天津稽查進口事務該局員
即會督商人公議雇募水勇礮船六隻甫經具稟到 臣 由省發
去大礮二十四尊亦在途未到是以不能如期放洋現俟銀米
及大礮續到上緊裝兌於本月二十日前後准可放洋 臣 覲此
情形焦急萬分上海之匪一日未平蘇浙河面一日不得安行
劉河一隅又爲該匪所垂涎現今 臣 派弁恭持令箭飛飭帶兵
官沿途防護剝船催儹前進並飛咨蘇浙各關柵如遇此項船
隻到關不論夜深立即放行疊次諭知各州縣源源運米不准
停留其太倉以上河道窄而兼淺所雇剝船須三百石以下之
小船庶往來靈快不致擁擠又飭令總理海運省局之候補道

晏端書馳赴劉河會同局員澈底計議以後四五月間風汛正
時必須竭盡心力多方設法嚴密籌防以速補遲仰副
聖主慎重倉儲至意所有海運漕糧准擬日內放洋緣由先行馳奏
仍俟放洋之後再行奏
聞伏乞
皇上聖鑒謹
奏
咸豐四年三月十七日具
奏四月十二日奉
硃批所奏甚屬詳明知道了欽此

浙江巡撫臣黃宗漢跪

奏爲報明海運放洋日期並到津需用及輕齎各項銀兩備齊交

商搭運恭摺馳奏仰祈

聖鑒事竊浙省應行起運漕糧及清查之米共七十六萬餘石當因

改由劉河口出運事屬創始隔省辦事甫經動手諸多未便復

以賊氛逼近一聞警報道路阻梗接准蘇撫臣來函囑將銀米

暫緩剝運是以不能如期放洋迨河路稍通卽派兵防護銀米

直抵劉河經臣於三月十七日以海運糧石准擬日內放洋先

行馳

奏在案數日來上海之匪未竄北營之兵已回各州縣起剝米數

具報省局者覈計已有二十萬餘石飛飭星速前進均可陸續

安抵劉河現據劉河局員楊裕深等稟稱今屆浙省漕糧及清查米石擬分六批起運每批十二萬餘石勻兌甯波及沙衞各船先因河道窄淺以及口門沙線大小船隻初次探量行走不免生疎故兌米較少近已漸臻熟悉兌數逐日加多所有頭批應行起運之米十二萬餘石配船八十隻已於三月二十日起陸續放洋駛至崇明十滧候風開行據省局司道會詳請

奏前來臣查歷屆海運成案於頭批兌竣放洋時應卽由驛具

奏此次由劉河起運浙省漕糧及清查米石旣據稟報頭批兌竣放至十滧候風卽日便當揚帆北上除飛咨直隸山東江蘇各

督撫臣轉飭水師營弁沿途妥為防護外理合恭摺馳

奏仰慰

聖鑒所有各船分兌米數清冊據局員稟稱日內即造報送省以便
飛咨到津如米冊未到海船順風飛駛已先抵津每船俱有三
聯單可以按數查收不致有所舛錯至應行備帶赴津濟用銀
兩向由天津各衙門庫欵墊借現已接直隸總督來咨以各庫
支絀委難先墊情形飛咨到浙其應行起解倉場衙門輕齎由
閘等銀亦接該侍郎咨同前情均囑臣將各項經費於頭批海
船放洋時一併交商配帶赴津臣思浙省此次起運糧石應行
買補清查之米六萬餘石并起運經費已需銀十餘萬兩其清
查漕白糧米七十萬餘石計需經費近六十萬兩加以輕齎由
閘各欵近十萬兩合計需銀八十餘萬兩各州縣徵收如此之
難上屆海運經費臣嚴切督催至今未解之欵尚有十餘萬銀

司道各庫又以本省防堵上海軍營金陵大營每月需餉十三
四萬羅掘殆盡籌墊幾窮而
天庾正供關係綦重又當竭力辦理力抵有成若照上屆舊章到津
需用各費未經解到以前由天津鹽關各庫先行墊借其輕齎
等欵亦照向來河運於六七月間始行起解尚可稍爲從容今
因京津各庫支絀勢難先墊必須由浙同時併解各州縣新漕
經費催解尚未及半自應於司道庫不論何項銀兩卽行挪動
起解所有天津用欵及輕齎等銀其籌挪二十餘萬兩現在已
先後派兵督運至劉河由局員交商配船裝運但辰下水路亦
多戒心搭解過多恐爲誨盜之端商人亦甚難包其頭批船隻
只能勻配强半其餘銀兩卽於二批開行之先掃數解淸如此

提前起運或可接續濟用倘遇有間斷不過數日之間仍由天
津各庫暫爲通融俾得早日竣事除分咨查照外合併聲明爲
此恭摺由驛馳奏伏乞
皇上聖鑒謹
奏
咸豐四年三月二十四日具
奏四月十七日奉
硃批戸部知道欽此

浙江巡撫臣黃宗漢跪

奏再今屆劉河起運因上海逆匪及尕山以南洋盜均有窺伺漕糧之謠水陸地方均須嚴防蘇省兵力無多節經臣派委戍什哈蔣坤把總朱朝英等帶兵一百二十名赴劉河岸上駐劄又捐給該處紳士毛宜信等雇募鄉勇三百名以資協防又飭令外局紳董王慶勲等雇船六隻招募水勇一百數十名由省運解大礮二十四尊安放各船配足火藥鉛彈委候補縣丞黃恩詔帶赴尕山以南洋面防護嗣因浙漕放洋日久盜風漸熾蘇省所派吳健彰原雇在上海之拖罾船四隻交與狼山鎮總兵泊承陞管帶至尕山一帶防護吳健彰因其防護浙漕未能發給船價口糧遲至四月初旬船隻尚未駛赴外洋該鎮泊承陞

甚爲焦急自劉河飛咨到臣以浙省有定海鎮師船四隻因護送甯波商船赴劉河裝米運津現未回浙請臣將此師船交伊統領赴洋臣立即飛飭定海水師守備傅聯輝等將管駕之同安艇三隻釣船一隻截留在洋與黃恩詔所帶之水勇䑸船六隻其兵勇船十隻一併咨交泊承陞統領由崇明至佘山往來防勦俾海船得以安行出口所需各兵勇船價口糧悉由浙省支銷查歷屆漕船運津沿途挑河及水陸防護一切經費均由該地方官支應今屆浙漕在劉河起運自挑挖河道起至防護出洋止浙省增添經費計須一萬數千兩俱於海運經費項下支用理合附片奏

聞至前次奏派署副將袁君榮赴津稽查海船進口係聲明駕坐

艇船前往嗣據局員稟稱該艇船舵工不諳北洋沙線未便乘
坐已查照蘇省成案令該員酌帶兵丁搭坐運米沙船赴津合
併陳明伏乞
聖鑒謹
奏
咸豐四年五月二十二日具
奏六月十八日奉
硃批知道了欽此

浙江巡撫臣黄宗漢跪

奏爲浙省海運漕米全數兑竣放洋恭摺馳

奏仰祈

聖鑒事竊查浙省今屆應行起運咸豐三年漕白二糧及三四限清查追賠米石先經奏明共七十六萬餘石嗣據糧道將各州縣零尾細數逐一核算應加起運漕糧七百餘石計應起運漕白清查正耗米七十七萬二百二十二石一斗六合九勺内除續

經奏奉

恩准留浙變糶餘賸耗米一萬九千四百二十一石七斗一升一合三勺外實應起運米七十五萬八百石三斗九升五合六勺擬分爲六批起運每批十一萬餘石勻派甯波及沙衛各船裝兑

赴津交納因劉河起運事業創始挑挖河道稍需時日加以二三月間警信頻聞辦理不免阻滯其頭批米石遲至三月二十日起始據局員報稱陸續兌竣放洋即經臣於三月二十四日

循例由驛馳

奏并分咨各處在案所有未兌之米前經臣督飭省局委員僅據各縣稟報陸續雇剝起運截至四月二十日止已全運至劉河候兌并飛催蘇省及甯波封船濟用計自三月二十日起至四月底止首批至五批其兌米六十二萬餘石配船三百九十二隻均即接續放洋其天津用項及倉場衙門輕齎等款俱於頭二批船內全數搭解起運當經先後造具銀米各清冊分別咨

明

欽派驗米王大臣並倉場侍郎直隸督院各衙門查照驗收嗣據省局轉據劉河局員稟報第六批米十二萬餘石亦於五月初六日配作商船八十八隻裝兌完竣即於初八日起跟接放洋並將六批米冊於十一日申送到省由臣分咨天津各衙門一律驗收惟劉河口門淺窄各批米船兌竣須於每月朔望較大之時方能大幫暢行兹於二十日據該局員楊裕深等報稱所有兌竣各船均於五月望汛全數乘潮駛赴十滧候風北上連前共兌米七十五萬八百石三斗九升五合六勺裝船四百八十隻應給水腳等項銀兩業經掃數全完所有文武員弁兵丁已於十一日起飭令回省銷差等因前來臣查上年浙漕由上海起運係於四月二十日全數放洋今年遲至五月望汛不免有

稽時日惟今屆米數稍多節候亦較遲現當天氣晴和南風司

令仰蒙

聖主福庇海船順風飛駛約計旬餘日定可安抵津門上紓

宸廑所有浙漕海運全數兌竣放洋緣田除分咨查照外理合恭摺

馳

奏伏乞

皇上聖鑒謹

奏

咸豐四年五月二十二日具

奏六月十八日奉

硃批知道了欽此

浙江海運省局布政使韓椿督糧道周起濱候補道晏端書督同總辦委員署紹興府知府繆梓等爲詳請飭給事竊據婁局委員中防同知楊丞詳稱案據紳董王慶勳張修睦王慶模俞斌等稟稱崇明所轄之佘山洋面爲海船放洋要道該處係爲盜藪上屆海運係由上海各船所設捕盜局撥船護送本年海運出口招雇甯波大白底硬檔船兩隻釣船四隻招集水勇送至佘山洋面折回循環護送俾得出口無虞共計六舟雇價工食等項每月約需洋七八百元鎗礟藥彈一切應請飭營提撥等情當經據情轉詳稟示今據各紳董開單請領鎗礟藥彈等件給發勇船備帶護送前來詳祈轉請

撫憲飭營提撥委員解赴劉河應用等情到局據此[illegible]查據請

大小礮四十尊劈山礮十二尊擡鎗四枝鳥鎗二十四枝省城是否均有現存除移營務處查明詳請酌撥並批飭將所需雇船募勇經費能否責成商船捐辦督董即日籌議詳辦外相應照錄清摺具文詳請伏候

憲臺察覈一體檄營遵照至火箭藥彈等件據請似屬過多應否酌給一半並請

憲臺覈示一併飭營撥解實爲公便爲此備由呈乞照詳施行

咸豐四年三月初六日具詳奉

巡撫部院黃　批已據詳札飭營務處查明酌撥矣仰卽知照

繳

浙江海運全案重編目錄

原案續編卷三

滬局事宜

津局事宜

戶部奏請驗收海運米石

直督鹽政奏覆海運商船礙難改泊葛沽

驗米大臣奏海運米船進口日期及現辦大概情形

驗米大臣奏海運漕糧開斛起卸日期

省局詳赴津書吏盤費

省局詳赴津委員盤費薪水

浙撫行准倉場咨撥給薊州白糧

直督咨勘明天津挖泥壓載地段

護瑞安協稟抵津日期會同稽查收繳並在洋遇風情形

糧道詳漕白清查糧米交卸全完

省局詳津局委員葉守等留津接辦新漕

驗米大臣奏海運事竣回京並將尤爲出力各員分别奬勵

目録

浙江海運省局署布政使黃樂之署鹽運使晏端書督糧道周
起濱督同總辦委員署紹興府知府繆梓等爲詳明事竊據婁
局委員中防同知楊裕深等詳稱竊照浙漕海運改由劉河出
口飭委卑職等前往劉河設局辦理當將開局日期申報在案
茲查劉河淺處業已築壩與挑浙省各屬旋即運米來劉內河
剝船自應挨順編號海口商船排定號次開斛受裝一面支發
水腳塡給聯單及招雇豆行斛手分派紳董專司其事茲就上
屆章程酌擬條欵備文詳祈轉詳
撫憲備查等情到局據此伏查所議各條或參酌成案循舊辦
理或因地制宜量予變通逐欵覆覈尙屬妥協惟所需較驗鐵
斛請由嘉屬就近撥解一條該屬向無鐵斛存儲業由省局將

上屆較準木斛兩副飭發應用其上年由津交給商船帶回之
道庫
部頒鐵斛尚未繳省自應即由斛局弔取鐵斛同省局所發木
斛互相覆較即將木斛存局俟各州縣運米到斛較準斛兒仍
將
部頒鐵斛於頭批海船放洋帶赴天津較驗應用除批飭遵照
外相應鈔錄斛局章程備文轉詳伏候
憲臺俯賜鑒覈為此備由呈乞
照詳施行
今呈送
斛局章程冊一本

今將浙漕海運劉河出口捐局章程照錄清冊呈送查覈施行

計開

一 劉河總局應派人專管銀錢賬目事宜也查總局日逐收放銀錢登簿稽賬冊總覈各州縣劉船運米到劉并漕白正耗銀米交兌海船斛量細數事務殷繁擬派精細妥幹委員一人紳士二三人常川駐局中專司一切以重責成而資考覈

一 紳商及牙行經紀宜先期預集也查海船兌米領銀上年設立公局經理本年自應照辦惟現改劉河出口必須招集上運辦過紳商牙行經紀熟手妥爲安置分別經辦其領放水腳及交兌米石等事並由紳董等自行添派諳習可靠之人常川在局覈辦以重責成

咸豐四年案 二 會局轉詳浙漕海運劉河出口捐局章程 卷三

一海船神福耆舵水手犒賞苫蓋墊艙挖泥縴夫等項應照案覈給也查海船應給雜欵内每石應給苫蓋墊艙銀一分六釐神福每船給銀四兩耆舵每船各一名各給銀一兩副舵每船一名給銀六錢挖泥壓鈔每船給錢一千文縴夫每名給錢四文又各船水手定以裝米一百石準開水手一名每名給銀三錢均循舊章辦理以上種種欵項每米一石約需曹平實銀二分八釐一毫總歸斛局給發應由省局隨同水脚銀兩一併解斛覈發

一承運海船應於雇報時先編號數次第兌裝也查海船進口候裝糧米咸願早兌早開得以趲行赴北各船駛到劉河海口卽以報到之後預先編列號數俟糧米剝運至劉挨號派裝不得

搀先越後

一承運海船裝運各縣糧米應辦標識旗號及驗米樣袋也查海運商船均應按船給與大旗一面寫明某府某縣使各縣剝船易於認識攏泊交兌查上屆杭州府屬用黃旗黑字上加紅帶嘉興府屬用紅旗黑字上加藍帶湖州府屬用藍旗紅字上加黃帶庶府分各有標識不虞混淆無別再查上屆章程海船每號齎帶樣米一袋并蓋艙稻草上年悉由滬局預行製備發用本年婁局仍應照辦

一各州縣帶來木斛應用鐵斛面同較準也查各州縣應帶道府印烙木斛十隻到滬請監兌委員用鐵斛眼同船戶較準即令船戶畫押再加監兌委員印封為據一縣之米即用較準之斛

收兌其所需鐵斛應於嘉興府屬最近劉河之縣撥解來劉存局備較再如杭州之於昌等縣湖州之武安等縣額漕無多似無須一律齎帶十隻應由省局酌定飭知

一海船收兌執照聯單應分別刊刷請印與准其各蓋圖記也查海船兌竣開行各給執照照驗二單一給海船收執赴津交米一送派津局員按單查收又存查一單存局稽覈謂之三聯單由婁局刊刷申送司道蓋印發局隨時填給又海船兌收各州縣米石即付兌單一紙各船兌足即交米結一紙均用二聯票式上鈐該船字號姓名戳記一付州縣一存該船備查本年婁局應用三聯單前經申送已蒙

各憲鈐印飭發到局其二聯單米結及局中應用大小各種報

單照單加裝黏單領結亦已刷印齊全備用凡委員船戶應蓋圖記俱令自爲刊刻隨時蓋用

一進口海船請委員協同紳董籤驗也查海運船隻由稅行報明各船受載米數總局卽派委員協同紳董查驗先到先裝以免各船戶有所藉口

一海船兌收漕白米石應用豆行斛手也查各縣運米來劉應雇用豆行斛手上屆係用六十名取具斛豆承認結狀並造送花名一冊隨時承應按照所斛米石給予工價每石五文各州縣仍隨運米剝船備帶笆斗栲栳並酌帶斗級二三名相幫照料以昭周妥

一海船進口日期及受裝米數應由婁局覈查稅行也漕糧由劉

船交兌海船既恐剝運遷延海船久待又恐漕米先來而無海船受兌應先由婁局俟各船進口後報明省局及移行府縣准備米石剝運來劉趕緊斛兌庶幾船米相需兩無窒礙

一海運船米水腳應即行覈發斟酌米色應派員監理也查各州縣運米到劉報明總局委員即由董事傳帶斛手分別正耗米石眼同斛兌一面即將水腳各項銀兩發給船戶如有船戶分外挑剔米色或州縣剝船攙交醜米等弊應由總局派員秉公酌辦以免勒措爭執其備帶米樣應由董事分別袋裝隨時投局再由總局黏貼印花發交海船帶赴天津以憑驗收

一總局支放各欵應統歸公正實在也凡婁局放給銀欵用曹平足兌洋錢照時作價銅錢無論多少給以足串不得輕平擡價

短底扣串使各色人等有所藉詞致於公事有礙仍按旬開報以昭覈實

一交兌漕米應由各州縣自派丁屬來劉料理也各州縣剝米到劉一經總局委員驗明卽知照董事給以兌單諭令各船戶趕緊兌收每兌竣一船由海船付給收到米結該縣家丁仍至總局照驗掛號以憑隨時申報

一委員紳董及牙行經紀辦理海船兌米領銀諸務應設立公局也查上屆上海章程所有紳董并牙行經紀等多係本地之人無庸來局住宿是以僅備內外兩局以爲辦公之所現在改設劉河其委員紳董以及經紀牙行斛手等等均應常川在局且委員弁兵較上屆爲多而一切經費銀兩又須暫存太倉城內

不能不分別尋覓公所以爲棲止所需房租應請歸入旬報辦
理
咸豐四年正月二十八日具詳奉
巡撫部院黄　批設立公局公所一條已據該局另詳明晰批
示在案木斛鐵斛一條卽將部頒鐵斛於頭批海船放洋時帶
赴天津較驗應用至於海船標識旗號收米卽付兑單酌帶斗
級剁船揑交以及自派丁屬赴劉料理等五條卽通飭有漕各
屬一體遵照所有收放銀兩飭令按旬開報以昭覈實其餘各
條仍由局因事制宜隨時酌覈仰再查明轉飭妥辦可也此繳
册存

浙江海運省局署布政使黃樂之署鹽運使晏端書督糧道周
起濱督同總辦委員署紹興府知府繆梓等爲據情覈議詳覆
事案奉
憲臺札開現在上海未平婁局存儲經費自應格外慎重少存
多放自是要着不可循蹈上屆舊章應由局員另籌收放之法
即如用項之最鉅者莫如商船水脚各船皆有船主船主多係
殷實之家便須豫先查明某船主有幾隻船到婁每船裝得多
少米約可得水脚銀若干即未經裝米之先如遇由省解銀到
婁某船主之家先給之若干按其船之多少勻配分給取具領
狀存案如或不用其船仍將銀繳清變通辦法不使銀多存局
中則匪類無從生心較之寄存蘇州錢莊及太倉城內更爲放

心其餘用欵仍當一體豫籌變通之法一則使未發之銀少存局二則使已發之銀終有着目下時事早晚情形不同合計水脚一項將屆三十萬之數應如何隨到隨給給後仍可繳還之處札局立速督同婁局委員悉心酌覈從長計議剋日詳覆亦不必定以鄙見爲然也等因奉經轉行婁局查議詳辦去後茲據該局楊丞等詳稱遵查本屆海運漕白并濤查各米除商船給耗不計外約米七十萬石共需水脚神福犒賞鋪艙等項銀二十七八萬兩又天津應用各欵如仍交沙船攜帶亦需銀十三四萬兩上下均應隨船支給惟劉河海口僻在一隅且逼近上海現雖設局辦理勢難存儲故擬在太倉州城內租覓公所以爲收放地步但太倉州城亦逼近嘉寶一帶奸民聚衆肆搶

之案層見疊出經費堆積其間終屬放心不下此外惟蘇州南北兩濠向爲銀錢聚集之所復擬在此間尋覓殷實錢店暫爲存儲或令沙船持票自行走取或令委員往來行提似較之太倉州城及劉河海運局署爲安當然刻下蘇州地方東有上海之賊不克蕩平西有鎮江金陵城池尚未收復謠言每每四起恐土匪藉此生心殊難逆料再四思維實無善策惟有遵照憲飭隨到隨放如甯波江蘇之船其船主是否殷實在局紳董自必知之最悉應諭令各紳董向各船主商安其結實可靠之船無論會否兌米卽將應得水脚約定大數籠統發給該船主先行具領仍取籠統領狀備查俟兌竣之後再行分別多寡填入三聯單內多繳少補另取收領各狀備案前領發還在該船主

得以先期置貨在海運局不致多存爲慮亦是兩得之道局中責成紳董紳董責成船主用則給不用則繳此先銀後米之一辦法也其餘單號船隻而紳董又素不相識止憑稅行保攬者仍俟兌米之後按數給以水脚免致糾纏又如天津衛船遠隔重洋其船主之殷實與否不得而知惟有仿照單號沙船一面兌米一面給銀此先米後銀之又一辦法也第放之之法如此而解之之法亦當籌及此項經費省局須得將銀彈兌劃一隻局之信一到需多需少卽便照信發行然必須雇定快船三四隻講定日子回空以四日爲率重裝以六日爲定風雨無阻其押解委員亦須先期委定專爲解銀而設隻局現有催提銀米之委員方若金李鎣可以備用除應得薪水而外似應加以體

恤日夜奔馳比不得在局中者可以諸事從省其省局所委之員除船價由省局付給外每次應給川費若干亦須向該員等說定在省局由省給發在婁局者由婁給發上下均不得任意索支解銀到太銀已起岸委員立應折回停泊杭州馬頭聽候信到領解不必在婁局守候緣委員親自帶信不如代馬船之迅速也省局起解之日務要先期飭知到局俾着鎗船前來迎接到平望而止平望局亦可飭令撥鎗船護送到太倉而止其由平望至杭應否撥護應由省局酌定如此一氣相通兩相照應似不難於辦理倘需者急急而應者遲遲抑或委員在路耽延所雇之船未肯趕行又或各州縣所解經費不敷支放則棘手之虞一言難盡矣至太倉州城內亦須存銀萬金以備不時

之用劉河局中除火食零用而外則竟不必存儲也抑卑職更
有請者甯波之船仿照上屆約裝米二十萬石約需水脚等項
八萬兩天津用欵每船分帶一千約銀十二萬兩如甯船紳董
在杭何不諭令卽就省局具領委員幫解至甯波船局卽交該
紳董先爲分散俟兌竣後由該紳董等按照所裝米數開單呈
送婁局再行填入三聯各單內則更較在此地辦之爲得也卽
江蘇沙船似亦可由省局頒諭婁局紳董王丞慶勳等如有各
船主愿意就杭具領者由婁局發給領票或紳董帶同各船主
自向省局請領亦可照甯波之式辦理則此銀更可無須解到
太倉矣王紳董刻因有事回家不日卽來局辦事容再與之熟
商是否如斯辦理仰祈察覈轉詳等情前來本司道等伏查該

丞等所議甯波江蘇各船應得水脚先行籠統給發俟兌竣之後再行塡入聯單多繳少補另取領狀備案其餘單號船隻及天津衛船仍一面兌米一面給銀係爲慎重䝉實起見均屬妥協應請照辦至省局給發銀兩何時應發若干須憑該局文到之時照給庶幾緩急得宜兩相照應惟銀兩必須委員領解加以鎗船沿途護送方昭愼密若先派委員預雇船隻待領給發旣恐多滋糜費倘臨時委員雇船起解又恐遲誤據稱該局現有催提銀米委員方若金李堃可以備用自應卽委該二員往來領解設或不敷再於現在婁局各員內擇其職司稍簡者隨時酌派仍由省局將銀兩預爲籌足兌準候領俟該委員賫到婁局印文卽行照數給發星飛趕解斷不致臨時守待使該局

有棘手之虞所需鎗船既經該局豫雇應卽於領銀委員自斐
起程時飭撥隨船護送毋庸由省另派鎗兵俾該委員到省領
銀後得以立時行走不致有雇船派兵輾轉耽延之慮各委員
領解銀兩往來約須八九日晝夜奔馳用度不免加增固應量
加體恤擬請每員領解一次不論銀數多寡於月給薪水之外
另給往來川費錢五千文以資貼補應需船隻卽坐該局備用
之船毋庸另給船價似此分別辦理則領銀遲早該局自有準
則而解銀費用亦無虛糜之患矣倘有殷實鋪戸可以滙兌銀
兩亦由該楊丞酌定申請省局照辦尤爲簡易妥到至據稱甯
船水脚及天津用欵如甯局紳董在杭卽諭令在省具領以及
江蘇沙船由省須諭斐局紳董王慶勳等如有願意在杭具領

者由斛局給票請領一節現在甯局紳董並無在省而甯船已據甯波府具報開行不日卽至劉河應由該局就近與押船各紳董妥爲商酌同江蘇沙船能否就杭具領一并定議詳候察辦以歸妥協相應覈議轉詳仰祈

憲臺察覈批示以便轉飭遵照爲此備由呈乞

照詳施行

咸豐四年二月初十日具詳奉

浙江巡撫部院黃　批如詳分別妥爲辦理仰卽飛飭遵照毋遲此繳

浙江海運省局署布政使貢璜又署鹽運使吳煦署督糧道周
赴寶會同總辦委員署紹興府知府繆梓等稟據轉詳事據
專局委員中防同知楊裕深等詳稱准總理太倉海運局候補
知府銜補同知朱鈞署川沙撫民同知李初圻署太倉州蔡映
斗署鎮洋縣李翰文移稱浙省漕改由劉河受兌放洋業經
招雇沙船取攬候兌在案茲據稅行顧誠信等稟稱沙船自吳
淞口驗赴劉河海口聞有道路不諳應請雇撥行風快船引導
等情移請招雇快船三隻懸挂大旗標明引導快船字樣於
劉河口至吳淞口一帶往來引導等由准此查沙船自吳淞口
驗赴劉河道路不諳自應雇船引導除招雇行風快船三隻輪
流引導外所有前項快船雇價口糧容俟議定另文申報相應

備文詳明伏祈察覈轉詳
撫憲備查等情到局據此相應據情轉詳伏祈
憲臺俯賜察覈爲此備由呈乞
照詳施行
咸豐四年二月二十二日具詳奉
巡撫部院黃 批海運沙船自吳淞口駛至劉河口如果不諳
沙線自行酌雇行風快船往來引導仰即飛飭葉局委員妥速
查辦所有雇價務須覈實籌議以節經費此繳

浙江海運省局布政使韓椿督糧道周起濱候補道晏端書督同總辦委員署紹興府知府繆梓等爲申覆事本年二月二十七日奉

憲臺批本局轉詳婁局動支月給油燭紙張銀兩以資辦公等緣由奉批油燭紙張每月支銀四十兩係上屆某局之章程今屆婁局應如何定見仰仍確覈具覆此繳等因奉此伏查上屆試行海運省城設局本糧道會同前藩司於籌議外辦章程内詳明局用油燭紙張每月不得逾四十兩之數續經省局酌定以二十兩給發書吏爲僉稿郵封紙張及辦公油燭之需其餘二十兩爲局中各委員辦事紙張簿籍油燭筆墨等項之用設有零星雜用皆取給於此不復另行開銷迨後上海設局亦照

每月支銀四十兩在案今屆改由太倉州劉河交兌委員書吏
分設數局人數不少應需紙張油燭亦不減於省局應請准其
照章支用以示畫一除錄批札飭該妻局遵照外擬合備文申
覆伏祈
憲臺鑒覈爲此備由呈乞
照驗施行
咸豐四年三月初七日具申
撫院

浙江海運省局布政使韓椿督糧道周起濱候補道晏端書督同總辦委員署紹興府知府繆梓等爲詳明事竊據婁局委員中防同知楊裕深等詳稱竊照本屆海運甬沙各船業已陸續進口而浙省各州縣漕白糧米分批起運不日到劉惟查劉河海口較淺二千石以上甯沙各船不能進口受兌而內河剝船不諳海道未敢出口兌交需用素習海道之船進口接運兌交海船庶可兩無窒礙查太倉鎭洋崇明寶山等縣地方向有提載船隻於劉河各口搬運貨物最爲熟悉已飭外局紳董前往揀選船身堅固者雇募四十號駛至劉河剝運每船約裝米二百五十石今據紳董王慶勳王慶模張修睦俞斌等議定每石給錢十五文坐日口糧每名每日給錢五十文事竣統由外局

開數報銷擬合備文詳明伏祈轉詳
撫憲察覈批示再查前詳擬雇黃浦江剝船奉批准轉在案今
因此項剝船不甚合用改雇提載所有前詳擬雇黃浦剝船一
層應毋庸議合並附詳察轉實爲公便等情到局據此伏查劉
河海口向有陰沙一道大號商船未能進口受兌自應另雇素
習海道之船進口接運以期妥協今據該局以前詳擬雇黃浦
剝船不甚合用改雇提載船四十號赴劉接剝每石給錢十五
文坐日口糧每名日給錢五十文係屬剝運必須之事似應即
飭該局督董上緊選雇以資轉運理合據情轉詳仰祈
憲臺俯賜鑒覈示遵爲此備由呈乞
照詳施行

咸豐四年三月十二日具詳奉
巡撫部院黃　批旣係剝運所必需自應速辦惟這四十隻船每日只裝米一萬石何時纔裝兌得完且二千石以上者不能進口必應如此辦理其二千石以下可以進口受兌者共有若干船每日可以裝多少米仰卽飛飭褁局委員查明詳細速覆嗣後凡封雇沙船凡二千石以下可以入口者似宜多雇以便裝兌毋稍刻延切切此繳

海運太倉總局委員卽補同知朱鈞卽補通判李初圻署太倉州知州蔡映斗前震澤縣知縣沈則柯署鎭洋縣知縣李翰文等爲申報事竊照江浙糧米由海運津需用船隻業經招雇沙衞船三百二十七隻具攬承運節次造冊稟呈

憲鑒在案伏查浙省起運漕白清查等米連船耗等欵共米七十五萬八百石有零江省起運白糧正米五萬五千餘石應需承運船隻不敷尚多復又嚴飭督催委員押令分投雇備今據該稅行顧誠信等連日招雇無字俞源利等沙衞船八十隻取具承攬呈送前來當飭各該船趕緊設法卸貨星飛駛抵劉河排泊備兌覈計除浙省蜑船三不像船一百九隻計裝米二十萬餘石外卑局先後招雇沙衞船四百七隻攬裝正米五十四

萬六千餘石連耗共應裝米六十萬二千餘石理合造具續雇
沙船花名清冊具文申報伏候
憲臺鑒覈爲此備由呈乞
照驗施行
咸豐四年四月二十日具申
浙江海運省局

浙江巡撫臣黃宗漢跪

奏爲海運糧艘將次受兌放洋如靜海獨流之匪尚未撲滅漕船赴津進口有無妨礙應否另移善地請

敕下直隸督臣迅卽確勘妥議奏咨辦理恭摺馳

奏仰祈

聖鑒事竊照浙省新漕仍由海運前經江蘇督撫臣奏請改由太倉之劉河口交商受兌起運飛咨到浙當經臣將應辦各事宜籌議條欵於上年十二月內由驛馳奏一面飭局撥銀解交太倉州地方官迅將內河淤淺運道趕緊挑濬其雇募商船招徠斛手諸務應先期布置者亦飭委中防同知楊裕深等馳赴劉河會同蘇省委員設局辦理其挑挖河道本擬正月半間竣事因

連旬雨雪交加難於動作計本月二十六七日卽可完工各屬漕糧亦皆收有成數轉瞬卽當起運放洋惟查天津之靜海獨流二處尚爲匪踞臣年內接閱邸鈔知我兵屢獲勝仗滿謂釜底游魂指日定當殄滅海船駛赴天津仍可進口收泊聽候查驗斛收今探聽逾旬未聞報捷雖大兵攻勦無難卽就盪平第海船乘風北駛迅捷如飛一經開放到津祇須旬日數十萬天庾正供關係非細凡經由地方收泊海口與夫轉運赴通之路必須先期相度以昭慎重浙省距津甚遠該處地勢情形無從懸擬應請

敕下直隸督臣迅將天津海口是否堪以照舊收泊商船設局斛收米石以及剝運入通能否一無妨礙倘因逆氛較近或有未便

有無善地可以量移即日委員逐一確勘妥籌覆奏一面迅速
飛咨蘇浙以便飭令赴津各委員及各商船遵照馳往俾免歧
誤至劉河口地方距上海僅止百里賊匪時有竄擾之謠而佘
山以南洋面時有海盜出沒伺刦均須嚴爲之防並懇
敕下江省督撫臣嚴飭水陸文武員弁兵役逐加防衛以免疎虞據
海運省局司道會詳前來除由臣先行分別飛咨查照外謹繕
摺由五百里馳
奏伏乞
皇上聖鑒謹
奏
咸豐四年正月二十六日具

奏二月二十二日奉

硃批另有旨欽此同日奉到咸豐四年二月初十日内閣奉

上諭據黃宗漢奏海運漕糧將次受兌放洋一摺本年浙省海運糧米經黃宗漢議由江蘇太倉州屬之劉河口受兌起運現在業經收有成數尅日卽可放洋北上所有經過各該處洋面海口自應嚴飭水陸文武員弁帶領兵役加意防衞以期妥速狼山鎮總兵泊承陞現帶水師在上海勦匪著怡良許乃釗卽飭令該鎮於漕米放洋時督帶兵船妥爲護送並著張亮基迅速揀派熟悉洋面之員於漕艘經由地方及收泊口岸節節防護毋任疎虞至駛抵天津海口時卽著桂良派委文武各員妥籌起撥仍遵前旨寬爲預備剝船以濟撥運至前踞獨流之賊現已潰竄河間屬境距天

津較遠所有浙江派赴天津會同收米各委員仍即照舊馳赴該
處隨同驗收毋稍遲誤將此由六百里加緊各諭令知之欽此

戶部謹

奏爲查驗海運米石照案先期奏請

欽派事竊查上届江浙兩省海運漕白糧米到津交收經臣部援照

成案預行奏請

欽派大臣一人會同倉場侍郎一人届期赴津查驗一摺奉

硃批著派王慶雲會同慶祺驗收欽此嗣奉

上諭著改派孫瑞珍前往天津會同慶祺查收海運米石王慶雲著

毋庸前往欽此欽遵在案查本届咸豐四年起運三年分浙省漕

白糧米七十六萬餘石業已奏報全由海運蘇省現在尚未奏

報除臣部另摺奏參外立即查照成案先期奏請

欽派大臣一人會同倉場侍郎一人俟有天津鎮道呈報沙船抵津

信息卽行率同隨帶司員遵奉前往理合恭摺具奏並將上三

屆驗收海運米石戶部尚書侍郎倉場侍郎開列名單恭呈

御覽伏乞

皇上訓示謹

奏咸豐四年二月十四日具奏本日奉

硃批著派刑部侍郎李鈞會同全慶驗收欽此又於咸豐四年三月

十一日內閣奉

上諭著改派鄭親王端華會同全慶前往辦理驗收海運米石事宜

欽此

直隸總督臣桂良
長蘆鹽政臣文謙跪
奏為遵
旨籌議恭摺覆
奏仰祈
聖鑒事竊臣桂良於咸豐四年三月初三日奉到
廷寄三月初二日欽奉
上諭齊承彥奏海運抵津請預籌防範一摺南糧海運一切事宜俱
有成案可循該副都御史因上年天津有水手滋事之案並恐米
船停泊閘口逼近天津郡城或有奸匪溷跡宜援商船例改泊葛
沽自為慎重起見現在海運計已放洋南首逆氛未靖所募水手
難保無奸匪冒充其應灣泊地方及兵勇駐劄之處並剝運事宜

皆應預爲籌畫勿致臨事周章著桂良悉心妥籌並傳諭文謙就近體察情形酌派兵勇實力巡查勿任滋事本日已諭李鈞全慶會同稽查彈壓矣原摺著鈔給閱看將此由四百里諭知桂良並傳諭文謙知之欽此臣文謙並奉

軍機大臣遵

旨傳諭前來當卽轉行天津鎮道體察情形妥爲籌議茲據天津鎮總兵特克愼署天津道錢炘和會同籌議具稟臣等查海運沙船抵津向在距城五里之上園紫竹林一帶停泊剝運咸豐三年因江浙漕糧同時海運沙船過多泊至閘口水次至葛沽相距郡城旱路計七十里水路計一百三十里道光二十二年籌辦海防善後案內經前督臣訥爾經額以閩廣商賈船多人雜

稽查匪易
奏明飭令在於葛沽停泊所帶貨物由該商另雇小船剝運赴津
投行貿易第葛沽水勢湍急歷年商人用小船剝運貨物往往
沉溺損米沙船米石顆粒皆
天庾正供非商船可比查海運章程凡漕米未經起剝以前如有損
失應由南省歸補業經起剝以後如有偷漏應由剝船賠償今
若於葛沽起剝設有沉溺情事在南省業已交卸在剝船並非
偷漏均難責令賠補且水程旣遠至一百餘里剝價即應加增
以兩省米數合計應增剝價爲數較鉅籌畫爲難況漕糧起剝
之時或查驗米色或封釘船艙或彈壓水手督催回空事務紛
繁有派令委員承辦者有必須地方官經理者是以歷屆海運

同城文武均須親赴水次因上圜一帶距城不遠可以兼顧如改泊葛沽起運不能逐日往還難免顧此失彼酌覈情形諸多窒礙因思稽察必應嚴加辦理尤當扼要海運沙船有無奸匪溷跡全在入口之時認真盤查臣桂良前因天津鎮道具稟上年查驗水手人數多與照票不符逐船稽察按名報究大費周章卽經奏請

敕下江蘇浙江巡撫臣於沙船受兌之後必須驗明人票相符方准放行如駛至天津海口查有人票不符卽移知該省查取原驗人員職名咨部議處並由各該省派委武職大員來津駐劄專司稽查彈壓以昭周密一面由直隸派委妥員前往海口會同認眞查辦務使奸匪無從溷入臣等悉心籌商所有沙船抵津

應請在於上園紫竹林一帶灣泊毋許改泊葛沽以免更張仍
嚴飭委員於進口之時細心盤詰勿任疎懈沙船水手本不許
其入城現當巡防緊要之時自應派員稽查並出示曉諭倘有
水手人等入城閑遊卽拏送懲處沙船卸空後卽催令迅速出
口不准無故逗遛致滋事端至兵勇駐劄之處臣文謙遵
旨就近體察情形詳細酌覈查紫竹林地方向有防兵紫竹林迤上
之馬家口現有義勇擬卽令紫竹林及馬家口兵勇會哨傳籌
梭織巡查再於郡城所募義勇內酌撥一二百名前往駐劄足
資防範其剝運事宜臣桂良前已飭令天津道循照舊章妥爲
預備總期隨到隨剝勿使稍有停待當經附片陳明在案除隨
時督飭巡查彈壓勿任滋事外所有遵

旨籌議緣由理合恭摺具

奏伏乞

皇上聖鑒謹

奏

咸豐四年三月二十六日具

奏四月初二日奉

硃批知道了著仍照舊章行欽此

驗米大臣和碩鄭親王奴才端華署倉場侍郎奴才全慶謹

奏爲恭報海運米船進口日期及現辦大概情形奏祈

聖鑒事竊奴才等奉

命赴津驗收海運米石於本月初八日跪聆

聖訓後初十日率同隨帶司員起程由水陸行走十五日行抵天津

本日據天津鎮呈稱探得攔江沙外到口漕船一隻船名謝提

慶裝嘉興縣漕糧一千零五十石詢據該船耆民等口稱於三

月十六日由劉河口裝糧四月初一日放洋十四日收天津海

口遵卽會同文武委員逐細查驗並無匪人亦無違禁物件並

據該耆民等口稱所過洋面安靜等語查本年海運南省放洋

較遲現當南風司令旣有進口船隻以後米船應卽跟幫駛至

聞浙江糧道已於二月底由陸路起程計日應可抵津所有應辦一切事宜當即督飭司員會同直隸總局司道等先期辦理庶免貽誤並面飭天津鎮道督率員弁於查收器械導引進口之時逐船盤查不容匪徒溷迹其運河水勢奴才等沿河察看深淺不一現已飭通永道督率汎弁遇有橫淺處所趕緊實力挑挖務期一律深通俾剝船行駛迅速至官剝船隻現已調齊二千餘號排列水次裝載白糧民船亦據天津道詳稱雇備七百餘隻聽候酌用一俟米船挽抵上圍水次奴才等即督率司員會同各該總局親赴河干逐船查驗趕緊剝運赴通以期早登

天庾惟通壩應辦口袋及裏河船隻大通橋車輛因經費支絀未據

先期辦齊誠恐臨時遲誤應請
飭下駐通驗米大臣及駐通倉場侍郎嚴飭坐糧廳及大通橋監督
趕緊預備齊全庶不致臨時掣肘所有海運米船進口日期及
現辦大概情形理合恭摺具奏仰慰
聖懷再由通至津一路民情均屬靜謐天津府城商民均各安堵奴
才等抵津之日天津團勇出城迎接排列河干綿亘數里一切
旗幟刀矛鳥鎗擡鎗均屬鮮明完備隊伍亦復整齊聲勢尚能
聯絡詢知該處現在蘆團擡鎗勇二百二十名水團擡鎗勇一
百六十名民團擡鎗勇一百名雁牌勇一百三十五名守城火
會勇二百六十八名雜技壯勇三千十七名以上三千九百名
均由軍需局按日給發口糧又義勇八百二十二名由本處紳

士捐給口糧又鹽商團練民勇三千五百四十八名操演時由鹽商自行給發口糧此外鋪勇戶勇計一萬餘名均屬自備資斧合計二萬餘人查天津團練自上年議辦後已有成效現今賊匪雖已遠颺而該處商民仍無鬆懈實屬好義急公辦理妥善奴才等留心察看洵足以資捍禦合併陳明伏乞

皇上聖鑒謹

奏

咸豐四年四月十七日具

奏四月十八日內閣奉

上諭端華全慶奏海運米船進口並現辦情形一摺本年海運南省漕糧本月十五日已有抵津船隻即日撥運赴通所有通壩應用

口岸及裏河船隻大通橋車輛自應先期備辦庶免臨時周章著

文彩李爾廣飭坐糧廳及大通橋監督趕緊籌辦齊全不得稍有

貽誤欽此

驗米大臣奏海運米船進口日期及現辦大概情形 三乙 咸豐四年案

駐通驗米大臣左副都御史臣文彩
署總督倉塲侍郎臣李菡跪
奏爲海運漕糧抵通開斛起卸日期恭摺奏
聞仰祈
聖鑒事竊照本年浙江省起運漕白糧米並江蘇省應運白糧經該
督撫奏明全行海運裝載沙船運抵天津由
欽派王大臣查驗督令斛收受兌剝船今於五月十一日運抵通壩
臣等擇吉十二日敬謹祭祀
河神開斛起卸督飭隨帶司員及坐糧廳隨到隨驗嚴飭經紀等
趕緊起卸轉運不准片刻停留騰空剝船仍飭沿河司漕員弁
無分晝夜催令迅速回津接運以資輪轉俾免貽誤所有海運
漕糧抵通開斛起卸日期理合恭摺奏

聞伏祈
皇上聖鑒再臣全慶現赴天津驗收海運米石未經列銜合併陳明
謹
奏
咸豐四年五月十四日具
奏奉
旨知道了欽此

浙江海運省局布政使韓椿署鹽運使晏端書督糧道周起濱督同總辦委員署紹興府知府繆梓等爲詳明事竊照上屆海運津局書吏由本糧道隨帶二名由陸赴津又另撥一名航海前往各給九四京平盤費銀二百兩共銀六百兩又回南時津局加給盤費庫平銀五十兩今屆新漕仍由海運所有天津交米事宜應帶書吏前由糧道衙門選派原在省局辦公以及上屆赴津各書四名分令隨同前往內周保之周輔成二名由陸隨行周纘文江元二名由劉河乘坐米船航海赴津所需盤費銀兩上屆三名每名各銀二百兩今屆派撥四名飭令分道赴津應由省局仍給銀六百兩按數勻給現在急須飭令起程應請先行酌給庫平銀三百兩以示體恤餘俟到津後由津局按

數覈準京平找給不得再行請增理合備文具詳仰祈
憲臺俯賜察覈實爲公便爲此備由呈乞
照詳施行
咸豐四年二月二十四日具詳奉
巡撫部院黄　批據詳已悉此繳

浙江海運省局布政使韓椿署鹽運使晏端書督糧道周起濱督同總辦委員署紹興府知府繆梓等爲詳明事竊照本屆新漕仍由海運天津交米事宜業經詳委候補知府王環同知葉堃總理並委正佐各員分司執事所有沿途盤費薪水查上屆楊丞齊倅邵令各給銀六百兩梁黃二令因順道進京各給銀五百兩佐雜三員各給銀三百二十兩續於到津後丞倅知縣各加給銀四百兩佐雜各加給銀二百兩又航海佐雜一員給銀四百二十兩紳董二員各給銀二百兩在案今屆應給各委員盤費銀兩自應分別覈定並請於各委員起程時先行酌給以資長途費用仍俟抵津後再由津局找給所有各員應給盤費薪水之外一概不准加給如有在途濫付以及抵津稟借定

惟發銀者是問叉紳董一員現據該訓導邵燮元稟稱情願自
備資斧赴津辦事應如所請毋庸動給盤費銀兩合將酌定并
先給銀數開摺具詳伏候

憲臺察覈批示爲此備由呈乞

照詳施行

今呈送清摺一扣

謹將酌給赴津交米正佐各員盤費薪水銀兩開摺呈候

憲鑒

計開

候補知府玉環同知葉堃

擬請酌給銀一千兩先給銀五百兩

候補同知烏程縣知縣梁正標
擬請酌給銀六百兩又航海加給銀一百兩先給銀四百兩
金華縣知縣邵凌霄
擬請酌給銀六百兩先給銀三百兩
候補鹽經歷高履亨
候補鹽經歷趙汝爽
候補從九品何　顯
候補從九品劉光祺
署甯波府經歷仁和縣主簿龔炳麟
以上五員擬請各酌給銀三百二十兩各先給銀一百六十
兩

泰順縣典史高道生
候補未入流張承志
以上二員擬請各酌給銀三百二十兩又航海加給銀八十兩各先給銀二百四十兩
咸豐四年二月二十四日具詳奉
巡撫部院黄　批據詳已悉此繳摺存

浙江巡撫部院黃　爲移咨事咸豐四年五月初五日准
倉場督院咨開照得咸豐二年易薊二州白糧在於江蘇海運
白糧米內撥給又上年亦在於江浙海運白糧內分撥各在案
查本年江浙二省白糧同歸海運所有易薊應需白糧自應悉
照上年成案辦理擬將本年易州白糧在到津之江蘇省海運
白糧內撥給薊州白糧在於到津之浙江省海運白糧內撥給
此係
陵糈白米應令揀選乾潔好米截撥以昭慎重相應將薊州應需米數
鈔單移咨
貴撫部院查照施行等因到本部院准此合就轉行爲此仰道局
官吏查照准咨事理卽便移行知照毋違須至案者

計開

甲寅年遵化縣應需白米三百石江米三十石

又薊州應需上白米一百七十五石江米二十五石

又豐潤縣應需白米二百五十石江米二十五石

咸豐四年五月十四日行糧道海運省局

直隷督院桂　爲詳送事據兼署天津道錢炘和呈稱蒙督院
牌開咸豐三年十一月十六日准
浙江撫院黄　咨開明歲浙漕海運商船抵津卸米後船身過
輕難以開洋應在該處挖泥壓鈔惟船數衆多恐該地土棍藉
端訛索請查照飭知曉諭等因咨行到道蒙此當經前道轉飭
遵照去後兹據署天津縣知縣錢萬青稟稱竊奉劄飭以本年
海運江浙兩省漕糧沙船到津卸載回空應照前次海運成案
卽在於海河兩岸李公樓等處勘明淤灘地段准其挖土壓載
仍曉諭兩岸居民人等不准擅行攔阻把持包攬繪圖貼説稟
候派員稽查等因遵卽傳集各該地方親詣查勘仍惟李公樓
唐家口賈家嘴挂甲寺楊家莊宣家樓等六處可備浙省起糧

騰空後各船取土壓載又挂甲寺楊家莊二處可備江省沙船
挖泥壓載各照上屆原址取土立定界址插立標杆並出示嚴
禁毋許居民人等擅行攔阻如有把持包攬以及勒索等弊許
該船戶等喊稟究辦除查照舊章辦理外所有遵照勘明取土
地方緣由理合繪圖貼說稟請查覈派員稽查實爲公便等情
據此除俟海運漕糧沙船到津由職署道派員前往彈壓外所
有送到圖說擬合具文詳送覈咨等情到本督部堂據此除咨
江蘇撫院外相應咨送爲此合咨
貴部院煩請查照施行
計咨送圖說一紙
咸豐四年五月　日咨

浙江撫院

護理瑞安協副將事温州鎮標中營遊擊袁君榮稟竊奉
憲檄飭赴劉河放洋前往天津查驗漕船人數收繳器械一切
事宜等因奉經自黃抵劉並撙節經費減帶兵丁改搭浙漕沙
船緣由又自劉河海口放洋日期均經前後稟報在案兹督率
大幫漕船於五月初五日行至尕山内洋寄椗守風於初八日
風順全行放洋十八日行抵山東黑水洋面陡遇東北颶風浪
急水湧難以戧駛卑職即幫同該船舵水人等妥慎保護無奈
彔風從辰至未愈起愈猛狂風急浪將該船頭稍雨篷吹刮海
中該處深水大洋實無錨地可抛船即隨風飄泊戌刻轉漂至
江南五條沙南幸船大堅固船身未損漕糧無虞亥刻風平即
令還就開行於六月初五日行至山東子午島洋面寄椗即置

買蓬布修裝完全於初七日開行放洋趕緊赴津初九日即抵
天津口外因有欄門大沙適值潮汐小淺船大載重未能進口
俟至十四日大汐水深方能收進津口隨飭該船趕赴天津交
卸卑職一面會同在津文武各員實力稽查彈壓收繳鎗礮器
械未敢稍形鬆懈以期仰副慎重之至意再查浙漕運船現今
抵津共有三百九十三隻俯俟全行到津後另再隨時稟報外
合將到津日期並聲明在洋遇暴緣由肅具稟報謹稟
咸豐四年六月　　日具稟奉
總督部堂王　批據稟已悉仰浙省海運局司道移行知照繳
巡撫部院黃　批據稟已悉仰海運省局轉移知照此繳稟鈔
發

三　糧道詳漕白清查糧米交卸全完　言　咸豐四年案

浙江督糧道周起濱爲詳報事竊照咸豐四年起運三年分浙
省杭嘉湖三府屬漕白二糧并搭運清查案內三四限追賠漕
米
奏准仍由海運奏委本道督同正佐各委員前赴天津辦理交米
事理當將抵津日期及辦理情形先後稟呈
鈞鑒在案伏查各屬應徵漕白二糧陸續運至江蘇劉河裝兌
海船由口計裝本年起運咸豐三年分漕白二糧正耗米六十
一萬七千五百十二石四斗一升七合二勺又搭運清查案內
三四限追賠漕糧正耗米六萬零二百六十七石九斗零一合
八勺二共交倉正耗米六十七萬七千七百八十石三斗一升
九合又隨運經紀耗米一萬零二百六十石四斗一升九合三

勺以上漕白二糧交倉正耗並經紀耗米共六十八萬八千零
四十石零七斗三升八合三勺又天津剝船食米七千九百十
二石四斗六升八合五勺商船耗米五萬四千八百四十七石
一斗八升八合八勺統計海運漕白二糧交倉正耗並經紀津
剝商船耗食等米共七十五萬零八百石三斗九升五合六勺
自四月二十八日起至七月十九日止陸續駛抵天津水次當
蒙
鄭親王
倉憲督同隨帶司員坐糧廳暨直隸浙江二省在事人員逐
船詣驗隨驗隨卸截至現在止業已陸續剝齊計裝交倉漕白
正耗米六十七萬七千七百八十石三斗一升九合經紀耗米
一萬零二百六十石四斗一升九合三勺二共交倉漕白正耗

並經紀耗米六十八萬八千零四十石零七斗三升八合三勺
內除奉撥易州糙粳米二百七十石三斗六升五合六勺隨正
撥給經紀耗米四石五升五合五勺係由天津道委員押解交
收外其餘運通漕白二糧交倉正耗并奉撥遵化州白粳米三
百石白糯米三十石薊州白粳米一百七十五石白糯米二十
五石糙粳米四百五十石豐潤縣白粳米二百五十石白糯米
二十五石糙粳米三百五十石及遵薊豐三州縣隨正撥給白
粳經耗米十三石零五升白糯經耗米一石四斗四升糙粳經
耗米十二石通計共米六十八萬七千七百六十六石三斗一
升七合二勺均已全數運通顆粒並無短缺其隨正應給津剝
食米商船耗米亦已一律如數給清台將全完米數造冊詳報

仰祈

憲臺察覈實爲公便爲此備由呈乞

照詳施行

咸豐四年七月二十五日具詳奉

巡撫部院黃　批據詳漕白二糧及搭運清查米石交卸全完

已悉仰海運省局轉移糧道查照可也繳詳鈔同清摺並發

浙江海運省局布政使韓椿督糧道周起濱署杭嘉湖道晏端書督同總辦委員署杭州府知府繆梓等為遵劄詳請示遵事

本年九月十七日接奉

憲臺劄開照得本年七月十七日接准

戶部咨開嚴飭各屬將應徵咸豐四年漕糧妥速徵收并嚴飭糧道查明徵收米數統限於本年十二月來年正月全數運赴海口派船裝兌放洋北上等因奏奉

諭旨依議欽此又於九月十三日接准

戶部咨開浙省新漕諄飭該藩司糧道等提前趕辦以期及早抵津等因奏奉

硃批依議速行欽此均經轉行欽遵在案合再札飭札到該局立即

遵照將新漕事宜速速開局並將提早起辦章程速議詳
奏并通飭杭嘉湖三府督飭所屬提早開倉并行甯處等八府屬
將應解漕項銀款提早趕解以資運用本部院已
奏明今屆十二月開兑緣京倉舊漕不能接濟所有新漕急須提
早到津且解津銀款若年年由海運津現在海盜充斥聞風豔
羨尤易誨盜本部院定於年前起解津款至現在留津委員候
至代粵採買之米到齊約在十月方得動身回浙到省已在年
底正月又須動身本部院擬留該員等毋庸回浙抑或酌留一
二員並即由局速議先覆一面飭遵可也等因奉此遵查咸豐
三年冬漕海運前經詳委候補知府葉堃等隨同糧道赴津辦
理交米事宜嗣經正漕全數交清其採辦交米事宜亦復兑辦

過半糧道於八月二十四日起程回浙飭葉守等留津經理今
奉前因查來歲新漕提早趕辦擬定正月放洋二月開凍即可
抵津則水次交兌葉守等自應仍委津局以資熟手所有留津
守候代粵採買交米之候補知府葉堃候補鹽經歷高履亨仁
和縣典史高道生三員應請飛飭毋庸起行一俟採辦米石交
卸竣事在津守候轉瞬新漕運津即堪接辦惟該員等羈留津
地爲日較長似應加給薪水俾資辦公擬照今春詳奉批准應
給盤費薪水之數酌量加給是否有當相應開摺備文詳請伏
候
憲臺鑒覈批示遵行至紳董邵燮元能否留津似應聽其自便
即飭葉守詢明具報爲此備由呈乞

照詳施行

今呈送

清摺一扣

咸豐四年九月二十一日具詳奉

巡撫部院黃　批已據詳由六百里飛飭葉守等在津守候接

辦新漕事宜毋庸回浙所有該守等薪水銀兩准其酌量加給

現亦一併行知矣仰仍一體轉飭遵照餘已悉此繳摺存

驗米大臣和碩鄭親王奴才端華署倉場侍郎奴才全慶謹

奏爲江浙海運正漕事竣遵

旨回京覆

命並將在津尤爲出力各員援照歷屆保舉奏准成案恭懇

天恩分别奬勵仰祈

聖鑒事咸豐四年七月二十四日内閣奉

上諭端華全慶奏海運正漕已全數驗收並江蘇起運糧石各省捐輸採買及截漕等米到津尚需時日請旨遵辦等語端華全慶著即回京此後抵津米石著譚廷襄督同天津道認眞驗收按照奏定章程妥辦餘著照所議辦理欽此奴才等應即遵

旨回京覆

命謹於本月二十六日率同隨帶司員由水陸起程所有以後未到

旨飭令留辦海運之順天府府尹譚廷襄督同天津道認眞驗收按

米石亦即遵

照奏定章程妥辦再查道光六年二十八年及咸豐二年三年

於海運事竣均將尤爲出力之員奏請獎勵在案本屆因運河

梗塞豫東江安江廣等省漕糧不克抵通所有江浙海運糧米

顆粒尤應愼重經紀撥船以及夫役人等積習相沿弊竇叢生

尤須逐層防範以期弊絕風清奴才等自四月抵津以來督飭

隨帶司員及坐糧廳會同直隸浙江江蘇各總局衆酌成規妥

爲商辦一切辦理文案鉤稽銀米並查驗米色監視斛收配給

撥船彈壓水手以及海口稽查迎護導引並沿途分設段落催

趲剝運到壩查驗印封各事宜各該文武無不竭誠盡力晝夜辛勤奴才等在津數月之久目擊該員等始終罔懈不敢壅於

上

聞謹照歷屆鼓勵成案奏懇

恩施查鹽運使銜署天津道清河道錢炘和實力實心慎重周密總理轉運一切事宜悉臻妥協浙江糧道周起濱老成練達辦事精詳交米一切事務均能妥速以上二員職分較大未敢擅議

優敘

恩出

聖裁其天津府知府以下各員及調津委員並營委將弁及江浙兩省派委赴津之文武各員奴才等認真考覈分別功過未便概

照舊章保奬除將不能得力員弁記過撤奬外餘均各按勞績咨明直隸兩江浙江江蘇各督撫臣奏請奬勵至奴才等隨帶司員五員內戶部員外郎遇缺卽陞郎中成琦戶部員外郎王友端均熟悉海運漕務情形辦事精詳才守兼優始終其事懋著勤勞此次總辦一切事宜最爲出色得力之員查員外郎成琦係遇缺卽陞郎中人員員外郎王友端在部亦應卽陞郎中均無可再爲保陞之處可否仰懇

皇上天恩將該二員

賞戴花翎以示鼓勵出自

鴻慈戶部郎中易文濬老成諳練人品端方正黃旗漢軍副參領明堯侍衛處委筆帖式喀輅明白謹飭隨同奴才等查驗米石經

理運務雖係初次均能潔己奉公謹愼將事協同辦理一切悉
臻妥善可否仰懇
皇上天恩將戶部郎中易文濬作爲歷俸期滿
交部記名以繁缺知府用先換頂戴副叅領明堯遇有本旗叅領缺
出卽行陞補委筆帖式喀輅遇有侍衞處本旗筆帖式缺出卽
行補用以上各員均能認眞襄辦　奴才等實因南糧海運大局
攸關必須深知利弊精益求精方能破除積習此次海運米石
毫無攙雜使水情弊較之歷屆辦理尤爲得收實效是以從優
請獎藉勵將來可否
恩施逾格之處恭候
聖裁伏乞

皇上聖鑒謹

奏請

旨

咸豐四年七月二十六日具

奏七月二十七日奉

硃批另有旨欽此同日奉

上諭端華全慶奏江浙海運正漕事竣請將出力各員分別獎勵一

摺本年江浙兩省籌辦海運前派端華全慶前往天津驗收現在

該二省正漕米石全數收兌各該員等著有微勞自應分別加恩

以昭激勸鹽運使銜署天津道清河道錢炘和浙江糧道周起濵

均著交部從優議敘戶部員外郎成琦王友端均著賞戴花翎戶

部郎中易文濬著作爲歷俸期滿交部記名以繁缺知府用先換
頂戴正黄旗漢軍副叅領明堯著遇有本旗叅領缺出卽行陞補
侍衛處委筆帖式喀輅著遇有侍衛處本旗筆帖式缺出卽行補
用另片奏請將辦理海運出力之坐糧廳及直隸委員獎勵各等
語坐糧廳監督吏部員外郎賀壽慈著賞加知府銜知州用直隸
候補知縣耿曰棠著補缺後以同知直隸州知州用捐陞知縣陳
寶著賞加知州銜其天津府知府以下各員及調赴天津委員將
弁并江浙委員均著咨明各該督撫分别請奬該部知道欽此

浙江海運全案重編目錄

原案續編卷四

採辦事宜

浙撫行准部覆採辦米石支給剝價銀數

津局稟留員襄辦採買米石交兌事務

戶部謹

奏爲倉儲亟宜籌備恭摺奏祈

聖鑒事竊自運道阻滯以來歲漕所入咸豐二年不及全漕四分之三咸豐三年不及全漕四分之一本屆豫東漕糧又經改辦折色江蘇雖設採買補運迄今未據覆奏惟浙江之漕白米七十六萬江蘇之白糧五萬餘石由海運津并不能及全漕四分之一覈計京倉米石稉米一項久經放完粟米一項僅敷放至本年五月粳米一項僅敷放至本年八月卽加以海運米石亦僅能放至明年二月臣等計慮及此焦灼萬分議捐輸則各項捐例紛繁勢不能令各該捐生不趨彼而悉趨此議折放則各色米石俱少勢不能將每月甲米不放米而盡放錢執是以思舍

採買別無善策本年三月十一日遵奉

諭旨

欽派採買米石大臣妥籌定議據該大臣等計議章程於山海關等處廣爲採辦一面設局開捐并議以河南折漕銀兩撥爲採買資本兵糈民食均資接濟第京倉放款甚鉅除稜米全行折色外其粟粳二色米石每月約需十餘萬石合計一年連閏所需約在二百萬石上下專恃山海關等處之採買尚恐不敷一年支放臣等伏思奉天之雜糧廣東之洋米福建之臺米素稱饒裕奉天河道鐵嶺一帶現准通行吉林等處糧石均能轉運是以臣部採買之議廣東福建而外首及奉天且查

盛京將軍等前奏內稱現已派委妥員在於囤糧處所趕緊採辦

動用何欵再行奏明等因是該處米糧儘可採買特籌欵無多
於事仍屬無濟北方採買以奉天米石爲大宗若撥給價銀及
時採辦較之口外各處似更有把握所有河南折漕銀兩現據
該撫奏報除節省二萬餘兩歸地丁項下徵解外共計折銀一
十六萬八千餘兩分三批起解等因擬請於每批解到部庫後
由臣部分撥一半行知順天府委員解往奉天加以該將軍等
現籌之欵當可採買雜糧數十萬石該處米價素稱平減且有
海道可通轉運亦易爲力所買米糧限於本年七八月間陸續
分起由海運津其廣東福建之洋米臺米經臣等於本年二月
十二日議令採買并節次催辦未據奏報惟查三月十九日兩
廣總督等於議覆上年有人條奏摺內有洋米不堪久儲之語

臣等熟思詳議洋米質雖柔嫩果能尅期運津亦可儘先搭放

福建臺米本自充盈上年九月雖據該省奏稱臺灣內地土匪

未靖暫緩設局勸捐等語現已事隔半年該省地方漸就肅清

若發價採買自較捐輸尤易仍請

飭令各該省採買洋米臺米各數十萬石或一時趕辦不及即於本

年趕運十數萬石餘俱於冬底備齊限來年正二月內全數放

洋北上所需米價廣東則無論正雜各款儘先動用并一面勸

捐以期迅速蕆事福建則提用江西折漕銀兩既已有款可撥

當不至無米可辦應請責成該府尹將軍督撫等迅即尅期妥

辦不得畏難諉卸坐誤機宜并不得任聽屬員多糜經費廣東

福建事務較繁廣東之採買責令該督撫會同粵海關監督辦

理福建之採買責令該督撫專委司道大員承辦以專責成而
期實效至兩廣總督前奏所稱擬俟紅單船經費有餘再行撥
銀往浙採買運津之處應令浙江巡撫查明該省銀兩如已解
到即行採買若干萬石由海運津再江蘇省本年應運漕糧前
經臣部議令採買補運應請
旨飭下該督撫等迅速奏報該省來歲新漕仍令徵收本色由海運
津其沙船水腳及津通正雜各欵查照浙江海運章程以河運
經費作爲海運開銷惟江蘇軍務紛繁其徵收起運事宜督撫
恐難兼顧擬請
飭令漕運總督於本年秋成後前往江蘇督辦一切俾免貽誤淮揚
下游各州縣向係產米之區似可勸捐米石由長江載至崇明

等處海口搭船運津亦卽令該漕督妥籌酌辦如此次第舉行再按京倉米數之多寡隨時分別成數本折兼放并令天津速立收米捐局廣爲招徠以補採買之不足其各省折漕銀兩除提用採買外餘俱提解部庫專供各倉折放之需似於倉庫均有裨益臣等愚昧之見是否有當伏乞

皇上聖鑒訓示遵行謹

奏請

旨

咸豐四年四月十九日具

奏奉

旨依議欽此

浙江巡撫臣黃宗漢跪

奏爲粵東應行採買米石由浙暫留餉銀先行代辦以實倉儲恭

摺馳

奏仰祈

聖鑒事竊臣於五月初三日接戶部鈔錄奏准籌備倉儲一摺飛咨到浙內開兩廣總督前奏所稱擬俟紅單船經費有餘撥銀往浙採買運津之處應令浙江巡撫查明該省銀兩如已解到即行採買若干萬石由海運津等因維時粵省銀兩旣未解到其紅單船經費有無餘賸擬解若干銀買若干米尚未接得粵東來咨殊覺茫然迨五月十五日復准戶部鈔錄廣東督撫臣續

奏一摺飛咨到浙臣查閱原奏方悉粵省奉

旨飭令採買米石礙難辦理奏請將秋季兵餉暫借二十萬兩委試
用同知瞿生瑞先解銀十萬兩於四月初五日由粵起程赴浙
採買其餘銀兩陸續委解並檄飭在籍之廣東試用通判朱聲
槐協同經理該二員籍隸浙江熟悉情形飭令隨時妥議章程
稟報再由該省另行具奏等因並由部咨臣於該委員等到浙
時飭令迅速購買運通仍咨該省將續撥銀兩尅期委解到浙
以期迅速蕆事此原奏及部咨皆令俟其銀兩及委員到浙飭
令迅速辦理也至五月二十日纔接得粵省督撫臣咨同前因
並鈔錄先後奏稿來浙囑臣飭屬協同該委員辦理並聲明已
先起解銀十萬兩由江西來浙咨請沿途催儹防護各等情前
來臣查浙省頻年災歉民間絶少蓋藏向賴皖廣之米由長江

剝運來浙上年春江路梗阻民食維艱經臣奏懇
恩准米穀俱免關稅以廣招徠復將前年滯漕舊米並兩次海運餘
賸耗米俱奏
准留浙糶變以濟民食此外惟蘇省下河之米時常接濟而東壩地
方不爲匪竄方有米船剝運來浙設有風鶴之警商船不到浙
省立時昂貴是浙之難於採買無異廣東臣再四熟籌江蘇漕
糧改折運京米石甚少尚可分路購買然由海運津必須風汛
得時粵距浙遠每有解餉過浙總在一百餘日現據所奏頭批
帶銀來浙採買之員係四月初五日動身計到浙當在七月初
其續撥之銀尚未有起解日期恐到浙亦在秋令彼時劉河之
局俱撤即商船亦難雇募本年因上海未平沙船分泊各處進

口之船本不多關吏復得錢賣放非該省大吏立將官書嚴懲
幾至貽誤大事若俟粵東委員到後赴劉設局纔議章程由粵
具奏卽買米雇船已非易易況風汎又非其時辦理定多費手
臣深悉情形何敢稍涉拘泥現在
京倉需米甚於需銀今屆海運到津以及勸捐採買能否用至來
歲新漕殊未可知
聖慮至爲焦勞臣心敢圖安逸四月間局員晏端書赴劉河督催臣
已諭令與本地紳董王慶勳俞斌等預籌買米運津之計而非
現銀難以應手浙省經此次海運之後籌墊一空雖有未解之
餉可以挪用以後無欵可歸亦不敢擅動茲因粵東將解銀二
十萬來浙採買亟應乘此南風司令設法挪移代爲速行購運

查運庫現有應解春夏季京餉各十萬兩銀先因奏明挪解盧
州軍需五萬後以另籌歸補探聽道路可行正在委員起解閒
因與藩司韓椿運司慶濂商議若將此項餉銀先解至劉河就
近買米乘時起運於倉儲似較有裨益俟粵餉到浙立速委員
解京一轉移間於銀米均歸有著不過遲早先後之分該司等
意見相同當因事關倉儲緊要恐誤風汛未及
奏候
諭旨遵行於十五日復接部咨之後即飛飭劉河局員楊裕深暫緩
撤局傳諭紳董王慶勳俞斌速照前說分赴各路購買十萬米
石務盡六月內運津一面分咨蘇省督撫 臣 迅飭封雇沙船濟
用隨於二十一日據楊裕深覆稱該紳董深明大義願效馳驅

即趕緊分頭購辦惟時屆仲夏本地所產糙粳俱已舂白即糙
籼亦無現成者可買各處米商向係收囤穀子遇有銷售纔行
趕礱聞蘇省亦有採辦漕糧十萬石之說如同時並購既慮價
高又恐礱坊趕辦不及有誤風汛當經諄諭設法趕礱以期迅
速所需經費請由省先撥十餘萬銀派兵護解到劉其餘銀俟
買得若干覈計尚需若干再行稟請撥解等語　臣即如稟札飭
運司於籌解春夏二季京餉欵內動支速行解往仍飭該局員
催令隨買隨礱隨到隨運能趕盡六月二十日以前一律起運
定當奏懇
恩施從優獎敘至此次代購米石天津驗收交倉自應札飭局員一
手辦理一切經費應如何支銷浙省並無成案可循當即飛咨

部示分別覈辦其未解銀兩及有不敷之處仍咨粵東一併解
浙除咨戶部覈覆並分咨
欽派驗米王大臣倉場侍郎直隸總督查照一體驗收外所有暫留
京餉代粵趲辦米石仍俟粵餉到浙速即解京緣由理合恭摺
馳
奏伏乞
皇上聖鑒訓示謹
奏
咸豐四年五月二十二日具
奏六月十八日奉
硃批所辦認眞之至戶部知道如有未盡事宜著隨時請旨欽此

驗米大臣和碩鄭親王奴才端華
署倉場侍郎奴才全慶謹

奏再據浙江糧道周起濱署天津道錢炘和會詳稱准浙江省局咨會採買米十萬石免交商船悉照海運漕糧一律支給准天津交卸漕糧每石應給經紀耗米一升五合撥船食米一升一合五勺新漕撥船食米一勺七抄二撮五圭以十萬石論共應給米二千四百十石一斗五升二合九勺請於米冊聯單內以正米列爲一條每石給商耗米八升其三項耗米總列爲備帶耗米若干所有運通究應給耗若干應聽驗米王大臣臨時覈辦等因查從前採買成案每石合銀二兩七錢二兩三四錢不等或商人自備資本或先領價銀俱係運至天津交卸耗米等項均已包括在米價之內自可毋庸給耗今由浙給價採買運

津既不能不另給商船耗米則由津亦不能不給撥船食米況
食米一項近年實存在倉以備賠補虧折於公事實有裨益既
經浙江備帶在船應請卽照海運一律撥給等語奴才等伏查
此次採買由官運津與二十七年由商自運者不同驗收時所
除氣頭艙底及盤量折耗沙船均須耗米抵補浙省所擬給與
沙船耗米之處自屬平允至撥船食米一項查道光二十七年
收買商米係用市斛量收較漕斛每石餘米三升四合每起撥
船運通均與批內聲明米石輾轉盤量折耗所餘之米除抵補
折耗之外下餘米石再行儘數交壩等語是所餘之米雖經交
倉原係預備交通折耗之用今浙省採買係以平斛交收並無
此項餘米名目若不將浙省帶津之一升一合五勺給與撥船

另存一艙帶通誠恐抵壩驗收時當溽暑天熱未免見風收縮
虧折以及駁同氣頭艙底之米無處購買補足擬請仍照海運
一律撥給以免缺額至經紀耗米一項現收採買米石照案由
天津道雇人斛收經紀既不承運自可毋庸撥給耗米應同新
增撥船食米一併作正交倉是否有當謹附片陳明請
旨
咸豐四年七月初八日具
奏初九日奉
硃批戶部知道欽此

戶部謹
奏爲遵
旨速議具奏仰祈
聖鑒事驗米王大臣端華全慶等奏酌定轉運採買米石一摺咸豐
四年七月初九日奉
硃批戶部速議具奏欽此欽遵到部據原奏內稱浙江巡撫奏粵東
應行採買米石由浙代辦天津一切經費應如何支銷等因准
戶部咨稱道光二十七年天津收買商米係照轉運奉天米豆
之案的津運通撥價計每百石折銀四兩八錢等語其鋪艙蓆
片溜米蓆筒及各色器具并官吏斗級擡斛人夫飯食一切應
需之項尚未議及因調取採買各案逐加檢閱查道光五年奉

天採買米石由津運通每百石共用銀十二兩八錢內除撥價照奉天米豆之案每百石給銀四兩八錢動用地丁外其餘每百石不敷銀八兩由直隸總督奏明在於庫存海稅盈餘銀內支用又道光二十七年收買浙江商米由津運通因無露囤各費每百石共用銀八兩一錢零內除撥價照奉天米豆之案每百石給銀四兩八錢在於各省解津米價內動用外其餘每百石不敷銀三兩三錢零除動道庫存項由江浙兩省解還一半下餘一半因解津米價銀兩均由該前道一手出入是以自願捐貲歸補各在案現據浙江巡撫杳稱採買米石應查照正漕一律辦理等語查海運章程天津用欵每百石連撥價約需銀十兩一錢零緣蓆片薪水等項之外近添封釘艙門襟糊艙裏

監視灰印分段稽查以期縝密益加密　並因南氛未靖於迎護導引外安設馬撥備用礮船出口稽查所有採買米石同係正供顆粒均應慎重若僅給撥價一項其餘一切辦法既令裁撤無論海口盤查未能嚴密即由津運通撥船不加封釘各段無人稽查誠恐到壩之米百弊叢生本年奉天米豆黴變一案是其明證擬即督飭直隸浙江各總局按照海運章程一律辦理據各該局逐款開單會詳請奏前來　奴才等按款覆覈均係必不可裁之款惟當此經費支絀之時採買用項與海運之出自幫費並不動用正款者實有不同自應力加撙節所有轉運採買米石應需各款擬即在於浙江省備帶經費內開銷除撥價一項按照奉天米豆之案每百石給銀四兩八錢外其餘一切必

需之費督令撙節支用總以道光二十七年每百石連撥價官役薪水等項其用銀八兩一錢零之案爲斷再有不敷即由該總局通融辦理似此酌定開銷數目既較之道光五年採買之案每百石可省銀四兩有餘而較之現辦海運亦可省銀二兩上下等因並聲明海運正漕截至本月初七日止浙省進口船四百六十一隻其裝米六十五萬四千餘石蘇省進口船三十九隻共裝米五萬一千餘石均過十分之九福建捐輸米石已據呈報進口米船一隻俟挽抵離城十里之大直沽即遵照戶部原擬前往查驗令天津道斛收撥運等語臣等伏查道光二十六年收買商米二萬八千八百餘石按照轉運奉天米石之案由津運通每百石給剝船價銀四兩八錢其例給水脚不敷

並委員盤費書役飯食鋪艙蓆片等項由天津道捐貲辦理道光二十七年收買商米四十萬石由津運通共用剝價銀一萬九千六百餘兩例給水脚不敷等銀一萬三千五百餘兩計每百石需銀八兩一錢零除撥價一項作正開銷其例銷不敷等項由外籌補歸款在案此次浙江巡撫代廣東採買米十萬石津通用欵前經臣部查明轉運奉天米豆之案每百石給剝價銀四兩八錢員役薪水每員日給銀一錢每役日給銀五分先後咨行浙江巡撫驗米王大臣查明辦理并以應需經費南省或未籌備行令直隸總督天津鹽政先行籌欵墊給其鋪艙蓆片等欵咨行直隸總督札令天津道查明應給銀兩是否按米覈算迅速詳報以憑覈辦七月初四日據浙江巡撫咨稱採買

米石查照正漕一律辦理等因臣等正在籌議間適據驗米王大臣等以浙江代粵東採買米石同係正供顆粒均應慎重飭據直隸浙江各總局按照現辦海運章程開單會詳逐欵覈覆請將天津轉運各欵應需銀兩在浙江省備帶經費內開銷除撥價一項按照四兩八錢之案支給外其餘一切必需之欵督令撙節支用總以道光二十七年每百石連剝價官役薪水等項共用銀八兩一錢零之案爲斷等因旣較之道光五年奉天採買米石每百石共用銀十二兩八錢之案省銀四兩有餘又較之現辦海運省銀二兩上下辦理尙屬覈實惟海運經費向不報部覈銷卽二十七年收買商米例銷不敷水腳等項因由外籌補亦未據將各欵細數分晰報部此次浙江代粵東採買

米石天津轉運各費旣據驗米王大臣奏稱採買運項與海運
之出自幫費並不動用正款者不同自應按款覈明除四兩八
錢之剩價每員日給一錢每役日給五分之薪水業經臣部前
咨詳細聲敘其鋪艙蓆片溜米蓆筒及各色器具其需用若干
應給價若干斗級搵斛人夫共計若干應給飯食若干以及現
辦章程一切應需款目如何分別支給應請
旨飭下驗米王大臣轉飭直隸浙江各總局先行逐款開單報部查
覈所需銀兩卽在浙江備帶經費內撙節動用不得恃有八兩
一錢零之案稍滋浮冒事竣後卽行造具細冊報部覈銷其餘
各省採買米石除奉天之粟米五萬石仍由直隸總督查明年
例轉運奉天米豆之案辦理外江蘇省採買米石計應不日抵

津所需轉運各費亦應令該省籌備覈實報銷倘有未盡事宜
以及應行酌減之處統由驗米王大臣隨時體察情形奏明辦
理至福建捐輸米石據稱進口米船已有一隻俟挽抵大直沽
即前往查驗令天津道斛收撥運之處應一併請
旨飭下驗米王大臣秉公查驗諄飭天津道趕緊撥運以昭慎重該
省採買米石天津轉運經費俟閩浙總督咨報到日再由臣部
酌覈辦理所有遵議緣由理合繕摺具奏伏乞
皇上聖鑒
訓示遵行謹
奏
咸豐四年七月十五日具

奏奉

旨依議欽此

浙江巡撫部院黃　爲飛咨飭速趕辦事本月十五日接到

部咨行令浙江採買米石由海運津其銀即由廣東委員陸續

解浙等因查廣東原奏內所稱係奉

旨飭令採買米石粵省採買維艱擬借動粵省秋季兵餉銀二十萬

兩委員解浙採辦米石欽奉

諭旨准行由部行知到浙令浙省遵照辦理現在粵東之銀尚未解

到浙省亦未接有粵省咨文惟原奏內有四月初五日先行起

解十萬兩其餘陸續委解之語是該省雖先行起解十萬兩而

粵東到浙總須三個月計期已須七月間以後陸續撥解之銀

又不知何時方可起身何時方能到浙且係借動秋季兵餉則

起解亦未必能早若俱俟秋令方能到齊彼時縱有米可買有

船可運而風汛已非其時
京倉需米正殷
聖心重煩焦慮前接
部咨計咸豐三年江浙兩省漕米全數到津亦僅足敷至來歲
二月之糧若俟四年新海運到津早亦在四月間事則中間已
缺兩月之米若今屆到津之米不能足額則已不敷用至二月
閩省採買勸捐並行昨有委員過浙面詢二十萬石之數尚未
敢必今粵東復難以採辦奏明解銀來浙辦理是該二省之米
數俱尚虛懸思之殊爲焦急惟查浙省今屆漕糧及淸查米石
連正耗合計起運七十五萬餘石比較往年已多運米十餘萬
石赴津上年災歉情形與蘇省同並非豐稔向來浙米本不敷

食用歷由長江濟運而來其米源全資於
貴省閩或有臺灣之米接濟者近來海道多梗臺米到浙本少
加以閩省現辦採買則臺米斷不能來浙浙之米無從採買具
明証也而兩屆辦理海運其船隻更係由
貴省封雇濟用廣東原不知底蘊而爲此奏第己經奉
旨准行何敢稍存推諉再四思維若俟廣東委員解銀到浙則時候
已遲現當南風司令正好趕兌北行之期自應先爲墊辦以無
誤風汛而浙省此次全漕起運東挪西掩搜羅一空每月上海
金陵本省三大宗軍需防費已在十四五萬自正月至今此項
用度又已七八十萬本部院豈眞有點金妙術能爲不涸之倉
乎萬分拮据情形凡身歷公事者不必言亦自共喻惟查運庫

有春季應行起解京餉十萬兩多方延宕迄未能起解屢奉部
咨嚴催幾將遲誤
奏叅業已逾期至今斷不能不設法湊集起解現在正當札催委
解之時其夏季尚有十萬應行解京卽任其延緩至遲六月間
亦當籌解合計自此至六月有此二十萬京餉可以暫畱墊辦
如以後粤東之銀無誤俟其到日卽仍解京餉倘或不到則浙
省係以京餉墊辦京米並非有所貽誤似此一轉移間或可望
銀米兩不誤也除飭司備銀委員採買外所需船隻若非
貴部堂院鼎力玉成則此事亦斷不能成諒
盡懷察此情形爲粤浙計爲
京倉計定荷

飭令迅速雇剥沙船足敷十萬石之米移交浙局裝兌運津如

蒙

台允希將何日內得以封雇齊全緣由先行

示覆以便定規後迅速覆

奏是爲切囑爲此咨請

貴部堂院請煩查照施行切速切速

咸豐四年五月　日咨

兩江督
江蘇撫院

浙江海運省局布政使韓椿督糧道周起濱甯紹台道晏端書
督同總辦委員署紹興府知府繆梓等爲據情詳明事竊據婁
局委員楊守稟稱本年五月十七日奉
撫憲劄開現接
戸部咨文由浙江採買米十萬石由海運津着卽責成王慶勳
等各領價分赴採買趕兌運津劄到立卽傳諭紳董一面移知
江蘇局封船濟用乘此南風司令趕辦完竣卽
奏請
優加獎敘毋得推諉延誤致干嚴參等因奉此身職當與外局紳董
王慶勳等商酌一面將遵飭趕辦情形稟明
撫憲在案茲據外局紳董王慶勳俞斌等稟稱奉飭採辦米十

萬石續運赴津等因職董等素荷
憲恩愧難圖報當此
京倉需米孔殷之際食毛踐土同具天良尤當力思報稱惟數至
十萬之多時屆仲夏糙米俱已出白購辦尤非易易況江省現
在採買米十萬石業經飭人分往兩省同時購買恐商賈居奇
難保不立時昂價若不先期籌度必致臨事周章職董悉心酌
議若待省局發價始行採買已落人後一面先飭誠實可靠之
商夥於米市較旺之處先期馳往確探價值職董俞斌即日由
海赴仙女廟一帶王慶勳即赴蘇關外一帶先行籌帶銀洋早
日赴定分頭辦理現在節交夏至一經購齊亟須放劉於一月
內趕兑趕運俾可早抵津門以仰副急公利運之至意所有米

價水腳銀兩務祈詳請迅速發給俾可接濟至海運公事已竣
續辦採買所有一切外局應裁應節酌量變通之處開呈察轉
等情并送條欵清摺前來查該紳董等所稟各條均係實在情
形應請察覈辦理至現在內局委員惟有杭府司獄沈起鶚候
補從九鄭崇暄二員書吏酌留六名差役酌留六名以資辦公
其薪水飯食即照海運章程給發太倉州城局亦經裁撤所有
委員秀水縣主簿秘雲書仍令移住劉河經理銀錢出入事件
備用船隻酌留三四隻以應不時之需并委員紳董往來海口
監兌之用其代馬船除減去四隻外其現在所留之六隻不惟
文件絡繹而且往來蘇州并駛赴海口探報一切非此不足應
用未可裁撤此外概歸節省似可毋庸另議章程至海運用帳

卽截至本月二十日爲止採買用帳卽從二十一日爲始各歸各帳以免混淆再應用漕斛兑竣之後各縣均已領回應請飭令嘉興秀水兩縣於月內各解十隻來劉以便應用合並稟明並呈外局條欵摺一扣到局據此除所請漕斛已飛飭嘉秀二縣各備漕斛十隻勒限於五月內專差解婁應用外合將外局條欵照錄詳送仰祈

憲臺俯賜鑒覈爲此備由呈乞

照詳施行

今呈送婁局轉送外局條欵摺一扣

謹將續辦採買米石外局條欵錄呈

憲鑒

一經費銀兩宜分撥存開陸續領給也現在採辦米石應領米價水脚各欵應請先發銀五萬兩即日解劉應用以四萬兩解交平望局暫存七萬兩解存蘇省李洪順朱恆和布號可以就近支取其餘俟開兌時陸續稟請撥用劉河地僻未敢多儲銀洋分項存開隨時請領庶可接濟辦公而昭慎重

一外局及豆行飯食一項宜酌量裒益也查外局豆行每月均給火食錢各一百千文現在往來商夥較多外局飯食應請酌加十分之二豆行司事人等所辦十萬米石無需多人業已酌量撤退其飯食一項應請酌減十分之四雖爲數無多而隨時變通庶足兩昭平允

一外局辦公之所宜酌請增減也現奉　憲飭責成職董等採買

米十萬石運津則外局爲職董等集衆辦公之所未便即撤因請酌量添給一月房價暫緩出房免致重遷監兌處爲會集之所刻下米到尚早應請暫退以節冗費俟開兌時再行酌辦惟採買公事與各縣漕運稍異漕運有各縣丁書等隨米赴地賃住照料採買則均須職董等邀集親信商夥管駕催趲及排船交兌各務在在均須人手則住房臨時必須酌量添借俾可常川照料駐局辦公

一斛手宜酌量去留以節費用也查雇募斛手爲交兌要務惟現在米到尚須時日多人在地無事閒遊難免轉生事端應請暫行遣回可省飯食之費酌留斛頭幾名發給飯食在劉守候一俟米到有日先期飭令斛頭往招可以一呼即至不致誤公而

節浮費

一請撥給船隻俾資辦事也職董等奉飭採買米石而米市隨地起價早晚不齊必須廣飭可靠之夥分赴各處採聽價值職董等均須分頭親往採買方可覈實不致浮冗而劉河地僻別無船隻則船隻必須雇備在地應請憲局稟請雇劉之船隻酌量撥給二三隻飭赴外局以資辦公

一外局紳董及司事等宜酌量增減也海運公事現已告竣司事亦宜裁撤除將實力辦公者酌留數人外其餘夥友及監兌處添募各司事一併撤退如米到之後人或不敷隨時再添亦可少節辛資飯食之需惟職董王慶勳馳赴關外一帶分頭採辦職董俞斌須馳赴仙女廟一帶採辦而張未入修睦刻日押運

赴津局中惟王耒入慶模一人在局辦公人少所有銀錢出入及函信往返均須照料查紳董李曾裕内局公事已竣應請即飭移至外局作爲外局紳董襄辦局務較爲妥便

一各縣漕斛宜酌留撥用也採買之米一經往定即飭陸續放劉天時漸熱亦當趕即兌運必須備有漕斛三四十隻方可敷用查各縣漕斛該丁書等於兌竣後帶回繳縣應請轉飭各縣尚未起程之丁書到局先將縣斛留局檢有若干隻如不敷用並祈預期移縣解劉俾無遲誤

咸豐四年五月二十九日具詳奉

巡撫部院黃　批據詳漕斛一項已飛飭嘉秀二縣各備十隻解滬應用已悉至搢開採買經費已發銀十六萬兩該滬局委

員楊守計早已收到矣其餘各條如豆行飯食去畱斛手酌撥船隻添給房價以及紳董司事酌量增減等等仰仍督飭東局委員楊守隨事隨時妥爲酌辦以節經費爲要又來詳所敘酌畱委員書差并備用代馬各船暨海運漕糧與採買用帳各歸各帳等事均如詳辦理可也此繳摺存

浙江海運省局布政使韓椿督糧道周起濱署杭嘉湖道晏端書督同總辦委員署紹興府知府繆梓等爲詳送事案奉

憲臺行准

戸部咨兩廣總督等奏籌撥銀二十萬兩委員解赴浙江採買米石由海運津等因業奉

憲臺馳

奏請將運庫應解春夏季京餉先解劉河就近購買乘時起運仍俟粵餉到浙再行委員解

部等因鈔摺行局奉經轉飭粵局委員候補知府楊守遵照趕辦去後茲據該守詳稱遵卽督同紳董分投購辦隨運隨兌截至六月二十四日止一律兌竣共裝商船七十二隻計兌正米

九萬七千四百二十石四升四合備帶耗米二千五百九十七石九斗五升六合商船耗米七千七百九十二石一斗六升三合六勺通共正耗米十萬七千七百九十二石一斗六升三合六勺於六月二十八日起陸續駛至崇明十滧乘風放洋合將浙省代粤採買米石全數起運緣由造具船名米數清冊詳候轉

詳

撫憲分咨并請逕飭津局查照等情到局據此合將送到清冊

備文詳送伏祈

憲臺俯賜察覈飛咨

欽差驗米王大臣暨

倉場督院轉飭駐津通坐糧廳天津道一體查照實爲公便爲此

直隸

備由呈乞

照詳施行

今呈送　清冊七本

咸豐四年六月二十八日具詳奉

巡撫部院黃　批現由六百里排遞飛咨

欽派驗米王大臣暨

直隸倉場督院并行天津道及駐津通坐糧廳暨周糧道並天津局委

員葉守等查照矣此繳冊存送

浙江海運省局布政使韓椿督糧道周起濱署杭嘉湖道晏端書督同總辦委員署紹興府知府繆梓等爲詳送事據委員候補知府楊裕深詳稱竊奉

撫憲劄准

部咨由浙採買米十萬石運津交兌等因遵經飭令各紳董購買米十萬七千七百九十二石一斗六升三合六勺配船七十二隻於六月十二日起陸續開放並經造具放洋米數清冊詳請轉詳分咨在案惟現當

京倉需米孔殷之際節奉劄飭多爲採運以資儲備茲卑職與各紳董商議再添辦正米九千三十三石一斗五升九合八勺備帶耗米二百四十石九斗三升七合商船耗米七百二十二石

六斗五升二合八勺共正耗米九千九百九十六石七斗四升九合六勺計裝商船八隻趕緊完竣跟同前船一律開行統於七月初三日全數放洋赴津交卸連前共計採辦正耗米一十一萬七千七百八十八石九斗一升三合二勺理合造具續辦米石船名米數清冊詳祈覈轉分咨並行津局查照等情到局據此除飭津局委員葉守遵照外合將送到清冊備文詳送伏祈

憲臺俯賜察覈飛咨

欽差驗米王大臣暨

倉場直隸督院轉飭駐津通坐糧廳天津道一體查照實爲公便爲此

備由呈乞

照詳施行

今呈送　清冊七本

咸豐四年七月初二日具詳奉

巡撫部院黃　批現由六百里排遞飛咨

欽派驗米王大臣暨

直隸倉場督院并行天津道及駐津通坐糧廳暨周糧道並天津局委

員葉守等查照矣此繳冊存送

浙江巡撫部院黃　爲欽奉事咸豐四年六月二十八日接准
兵部火票遞到
戶部咨開雲南司案呈浙江巡撫奏粵東應行採買米石由浙
留餉代辦一摺咸豐四年六月初五日奉
硃批所辦認真之至戶部知道如有未盡事宜著隨時請
旨欽此欽遵於本月初七日鈔出到部查原奏內稱此次所買米
石天津驗收交倉一切經費應如何支銷浙省並無成案可循
即飛咨部示分別覈辦等因查道光二十七年天津收買商米
係照轉運奉米奉豆之案辦理由津運通每石每百里給剝價
銀一分五釐以三百二十里覈算計每百石給銀四兩八錢此
次該省採買米石自應照辦相應鈔錄原奏恭錄

硃批由五百里飛咨浙江巡撫查照可也等因到本部院准此查此案原奏暨欽奉
硃批即經分別咨行在案今准前因合就轉行爲此仰該局查照准咨欽奉
硃批事理即便移行欽遵
咸豐四年七月初四日行海運省局

浙江海運天津局候補知府葉堃稟案奉

鄭親王劄開浙省代粵採買米石業經

奏明酌留浙局委員在津辦理交米事宜應飭該守仍留天津並

由該守酌留二三員幫同辦理務須恪謹將事等因奉此竊查

採辦米船現已陸續進口自應酌定員名以資共襄厥事現擬

請以候補鹽經歷高履亨候補訓導邵燮元仁和縣典史高道

生等三員仍留天津辦理採辦事務除轉飭該員等遵照外合

肅稟明

咸豐四年閏七月十六日具稟奉

巡撫部院黃　批據稟候補鹽經歷高履亨等仍留天津辦理

代粵採買米石交兌事宜已悉仰海運省局轉飭知之此繳稟

鈔發

浙江文叢

浙江海運漕糧全案重編

〔第四册〕

〔清〕馬新貽　等編

浙江古籍出版社

浙江海運漕糧全案新編

板存糧儲道庫

浙江海運全案重編總目

浙江海運全案重編目錄

新編卷一

減漕事宜

浙撫咨送戶部減定無閏額漕並昌化月糧覈正清冊

閩浙總督臣左宗棠跪

奏爲覆查杭嘉湖三屬徵收漕糧積弊並現籌覈減大概情形恭

摺具

奏仰祈

聖鑒事竊臣欽奉同治二年六月初三日

上諭浙省疊遭兵燹小民流離失所殊堪軫念自應將該省漕糧量

予減免以示公溥之仁著左宗棠通飭杭嘉湖三屬將實在應徵

漕糧稅則詳細確查各按重輕分成量減奏明辦理欽此當因杭

嘉湖三屬均未克復戶口流亡徵册燬失應俟地方肅清各就

各地情形分别裁減於上年十二月覆奏在案本年八月湖州

克復浙西一律肅清卽與布政使蔣益澧糧儲道楊昌濬商議

於省城設立清賦總局悉心規畫期於周妥查杭嘉湖三府漕額之重與江蘇蘇松太等蘇松太既議減三分之一則杭嘉湖亦宜仿照辦理就杭嘉湖三屬徵糧科則言之又以嘉湖爲重杭州次之就嘉湖兩府言之又以歸安烏程嘉善嘉興秀水爲最重平湖海鹽桐鄉石門德清次之長興武康各屬又次之杭屬臨安於潛昌化新城等縣山多田少故較之嘉湖糧賦固輕出産亦遠遜也嘗攷杭嘉湖三屬賦重之由始於宋季賈似道之官田元代因而增之明初張士誠據姑蘇兼有嘉湖各郡明祖平張士誠遂用其租籍收糧已而又括官田之糧均之民田

層遞加增民困獨甚我

朝定鼎以來康熙中免三分之一者一年全免者一年雍正六年

又減嘉湖二府額賦十分之一計銀八萬一千餘兩中間偶逢水旱偏災無不隨時蠲緩

厚澤深仁有加無已故民力得以稍紓至乾隆嘉慶年間家給人足曾歷辦全漕道光癸未辛卯以後兩次大水民間元氣大傷賦重之處未能全漕起運遂歲報災歉蠲緩頻仍然

朝廷雖屢沛殊恩而小民未盡霑實惠蓋一縣之中花戶繁多災歉蠲免悉聽經書冊報世家大族豐收者亦能蠲緩編氓小戶被歉者尚或全徵且大戶僅完緵正額小戶更任意誅求遲至廒滿停收即須改徵折色每石價至五六千文不等以小戶之浮收抵大戶之不足官吏徵收不善小民咨怨有詞故鬧漕之案往往因之而起然州縣浮收亦非能盡飽私橐也從前河運

之時旗丁需索幫費如咸豐初年每兌漕一石除給報部漕截銀三錢四分六絲外尚須由州縣貼給費錢千文幫費一日不清幫船一日不開州縣惟恐有悞運期不得不浮收以塡谿壑而小民苦於苛歛弱者日受追呼桀者或從中持之因而竄入大戸以致小戸日少大戸日多旗丁之索費日重州縣之虧項日積民以完漕爲苛政官以辦漕爲畏途積弊相因官民交困咸豐二年改行海運每石連商船水腳及南北用欵統計約需銀八錢有零會奏准以給幫漕截抵支水腳其不敷之項按各州縣幫費重輕酌提解省津貼自七錢至四錢不等較河運之時已爲節省兹奉

恩旨飭議覈減漕糧將舉數百年積困而紓之崇朝固三郡羣黎所

呼籲祈禱而不得者臣等躬逢
盛世若不能博訪利弊之所在而悉心叅酌衷諸至當以規永久不
獨無以副
朝廷曠古未有之
隆施亦何以慰草野久困思蘇之至意謹就現在漕務應行籌辦大
概情形列爲四條敬爲我
皇上陳之一曰減正額浙省杭嘉湖三屬額徵漕白改漕南匠行月
等米共一百一十餘萬石徵糧之則大小不同卽浮額之糧亦
多寡不一現須分別量減自應先去浮額之甚以除輕重不均
之弊擬各按上中下賦則分別定數如每畝徵米一斗一升以
上至一斗八九升者爲上則自六升以上至不及一斗一升者

爲中則不及六升者爲下則按科則之重輕分別覈減總期於額徵數目酌減三分之一庶科則定而減數因之而均也一曰減浮收向來收漕加耗每石自一二斗至七八斗不等各視花戶貴賤强弱以定收數多寡今額漕既經減定則浮收之欵豈可任其因循惟州縣辦漕有修倉搭棚紙張油燭之費有倉夫斗級漕記差役飯食之費有內河運米交兌夫船耗米之費有交米書役守候之費一切用欵甚鉅且收漕交兌相隔一二月風晾搬轉虧折必多不能不於正漕之外酌留運費以資津貼應俟查明各州縣用項由外覈實辦理其向來加尖加價勒折諸弊自覈定之後概行裁革紳民一律均收不得再有大戶小戶之分庶穀祿平而公利因之而利也一曰籌運費浙省向辦

海運每石需費約銀八錢除向給幫丁漕截銀三錢四分六絲抵支外尚不敷銀四錢五分零現正額浮收概行分別覈減自未便再由州縣議提津貼擬請將海運經費每石定以八錢爲額除支漕截外不敷之欵另行籌足查浙漕如照統減三分之一每年起運之米不過六十萬石上下漕截不另覈減計可餘銀十餘萬兩又節省給幫本折行月經費食米可得銀十二三萬兩又屯田租息及節省幫弁廉俸可得銀數萬兩統計將及三十萬兩足抵海運經費至所動正欵八錢按年將動用欵目據實奏結應請毋庸造冊報銷以歸簡便並不得逾八錢之數以示限制庶浮費裁而上下因之而利也一曰裁陋規向來州縣收漕一切陋規極爲繁雜此次覈定新章應令各州縣據實

查明開摺呈送分別裁減庶弊竇清而漕政因之而肅也嗣後
非實在旱潦不得再報災歉即實在民欠亦不得再報墊完而
近數十年相沿陋習亦可除矣至應減米數須查明科則方能
覈定現地方新復冊籍無存已飭各屬勒限趕造除白糧粳糯
爲
天庾正供擬仍照額辦運擬減之數應統於漕糧項下註扣此外南
糧行月匠糧等仍各歸各欵按成扣減至杭嘉湖三屬漕糧稅
則輕重不同自應查照各按科則量減再併計總數共減若干
伏查各處被擾情形如杭屬之臨安新城於潛昌化湖屬之長
與武康孝豐安吉皆路通徽甯受害尤烈室廬盡成灰燼田地
久已荒蕪即招集遺黎亦寥寥可數從前道光年間及咸豐初

年辦理漕運每屆皆不過七八十萬石及五六十萬石不等現
擬照杭嘉湖全額統減三分之一　如能辦理全漕與歷屆尚不
相上下惟刻下三屬情形即照減三分之一明歲新漕亦斷難
如數徵納而欲為經久之計又不能不通計
國賦盈虛以為定則可否仰懇
皇太后
皇上天恩俯准將杭嘉湖漕糧統減三分之一　明歲新漕再酌量辦
理之處出自
聖裁至海運經費每石向祇支銷漕截銀三錢四分六絲此次請以
八錢作為定額與部案不符惟查商船水腳及南北用費每石
實需銀八錢其餘不敷之項皆係各縣津貼此時不將津貼一

項裁革則雖有覈減之名仍未能得覈減之實故不得不據實
瀝陳籲懇
聖恩准於漕截並行月屯租各項下照數動支庶漕弊可以盡革又
通省地漕銀兩及浙東各屬南米或關係餉需或抵支兵食除
正額毋庸查減其浮收之款亦應分別裁革現甯波紹興溫州
三府業已定章處州亦經減定其餘各屬應卽一律覈減以昭
公溥除俟查明各州縣酌減額數另行具
奏外理合將議減杭嘉湖三屬漕糧大概情形恭摺具
奏伏乞
皇太后
皇上聖鑒訓示施行再臣於十月二十四日交卸撫篆此摺係由臣

先行定稿是以護撫臣未經列銜合併聲明謹

奏

同治三年十月二十六日具

奏奉

旨戶部議奏欽此

戶部謹

奏爲遵

旨議奏仰祈

聖鑒事閩浙總督左宗棠奏議減杭嘉湖三屬徵收漕糧大概情形一摺同治三年十二月初二日議政王軍機大臣奉

旨戶部議奏欽此欽遵由內閣鈔出到部據原奏內稱查杭嘉湖三府漕額之重與江蘇蘇松太等蘇松太既議減三分之一則杭嘉湖亦宜仿照辦理就杭嘉湖三屬徵糧科則言之又以嘉湖爲重杭州次之就嘉湖兩府言之又以歸安烏程嘉善嘉興秀水爲最重平湖海鹽桐鄉石門德清次之長興武康各屬又次之杭屬臨安於潛昌化新城等縣山多田少故較之嘉湖糧賦

固輕出產亦遠遜也從前河運之時旗丁每兌漕一石除給報部漕截銀三錢四分六絲外尚須由州縣貼給費錢積弊相因官民交困咸豐二年改行海運每石連商船水腳及南北用欵統計約需銀八錢有零會奏准以給幫漕截抵支水腳其不敷之項按各州縣幫費重輕酌提解省津貼自七錢至四錢不等較河運之時已爲節省茲奉

恩旨飭議覈減漕糧謹就現在漕務應行籌辦大概情形列爲四條等語臣等伏查同治二年六月間臣部議覆潘祖蔭丁壽昌等請減漕糧摺內議令閩浙總督署浙江巡撫左宗棠通飭所屬將各府州縣實在應徵漕糧科則詳細確查各按重輕分成量減又於上年十一月間議覆沈秉成奏請分別覈減湖州府漕

糧摺內議以科則之重輕當以每畝徵收若干爲斷請
飭令浙江巡撫體察情形按畝議減其杭嘉二府應減銀米亦卽照
此分別辦理均經奉
旨允准遵行在案茲據左宗棠奏陳浙省漕務積弊並現籌覈減大
概情形臣等督飭司員悉心查覈如議減正額一條據稱杭嘉
湖三屬額徵漕白改漕南匠行月等米共一百一十餘萬石擬
各按上中下賦則分別實數如每畝徵米一斗一升以上至一
斗八九升者爲上則自六升以上至不及一斗一升者爲中則
不及六升者爲下則按科則之輕重分別覈減總期於額徵數
目酌減三分之一等語臣等查各省漕額以江蘇浙江爲最重
而浙省漕額又不若蘇省之多臣部前議覈減蘇省漕糧請將

蘇松太三屬統按原額酌減三分之一常鎮二屬照原額酌減十分之一統計蘇松常鎮太四府一州原額徵米一百六十六萬餘石除酌減外尚可得米一百二十餘萬石是江蘇一省統減米數係於三十分中減去八分浙省杭嘉湖三屬額徵漕白改漕正耗米九十五萬餘石通盤覈計原比蘇省較少該督請將該三屬漕額統減三分之一未免過多臣等公同商酌擬請將杭嘉湖三屬漕糧仿照江蘇辦法統按原額於三十分中減去八分至白糧粳糯爲

天庾正供應如該督所奏仍照原額辦運應減之數准其統於漕糧項下註扣惟各屬賦則多寡不同應令該督撫確切查明如每畝徵米一斗一升以上至一斗八九升者爲上則自六升以上

至不及一斗一升者爲中則不及六升者爲下則各按重輕分別多寡量爲覈減總以統計杭嘉湖三屬額漕量減三十分之八爲率仍將各該州縣上中下等田各若干畝舊額若干酌減若干迅速分晰開列奏報至行月二糧原係隨漕徵收自應隨漕遞減惟南匠米石額徵之數與支放之數不甚相懸並無贏餘毋庸議減俾資辦公又該督議籌運費一條據稱浙省向辦海運每石需費約銀八錢除向給幫丁漕截銀三錢四分六絲抵支外尚不敷銀四錢五分零現在正額浮收槪行分別覈減自未便再由州縣議提津貼擬請將海運經費每石定以八錢爲額除支漕截外不敷之欵另行籌足查浙漕如照統減三分之一每年起運之米不過六十萬石上下漕截一欵不另覈減

計可餘銀十餘萬兩又節省給幫本折行月經費食米變價可
得銀十二三萬兩又屯田租息及節省幫弁廉俸可得銀數萬
兩統計將及三十餘萬兩足抵海運經費至所動正款八錢按
年將動用數目據實奏結應請毋庸造冊報銷並不得逾八錢
之數以示限制等語查浙省海運向只支銷漕截銀兩其不敷
之數皆由州縣酌提津貼並不動用庫款是以准免報銷今該
督以正額浮收概行覈減請將津貼一項裁革自係爲釐剔漕
弊起見但所需運費總宜於漕務項下寬爲籌備俾敷應用不
得於漕項之外再動別項正款至一切支銷如有應裁應減者
亦宜分別裁減力求撙節不得卽以八錢作爲定額應仍令該
督撫從長計議量入爲出將籌備款項及應用數目再行據實

覆奏由臣部覈定後方准照數動支如有盈餘報部候撥准免造冊報銷以歸簡便至該督所議減浮收裁陋規兩條據稱向來收漕加耗每石自一二斗至七八斗不等各視花戶貴賤强弱以定收數多寡今額漕既經減定則浮收之欵豈可任其因循惟州縣辦漕用欵甚鉅虧折亦多不能不於正漕之外酌留運費以資津貼應俟查明各州縣用項由外覈實辦理其向來加尖加價勒折諸弊自覈定之後概行裁革紳民一律均收不得再有大戶小戶之分又稱向來州縣收漕一切陋規極爲繁雜此次覈定新章應令各州縣據實查明開摺呈送分別裁減各等語所奏實爲理漕要務應令該督撫督飭藩司糧道等將浮收陋規兩項覈實裁減明定章程嗣後收漕州縣如再有陽

奉陰違復蹈從前惡習卽行嚴參懲辦毋稍狥隱又原奏內稱
從前道光年間及咸豐初年辦理漕運每屆皆不過七八十萬
石及五六十萬石不等現擬照杭嘉湖全額統減三分之一如
能辦理全漕與歷屆尚不相上下惟刻下三屬情形卽照減三
分之一明歲新漕亦斷難如數徵納可否仰懇
天恩俯准將杭嘉湖漕糧統減三分之一明歲新漕再酌量辦理之
處等語查杭嘉湖三屬漕糧臣部現議仿照江蘇辦法統按原
額於三十分中酌減八分原爲經久之計通盤覈算著爲定則
惟各處被兵年久民力彫殘本屆新漕仍難責以按照減定之
額如數全完應請
旨准令該督撫將本屆新漕體察情形酌量辦理嗣後非實在旱潦

不得再報災歉即實在民欠亦不得再報墊完總期有弊必除
有犯必懲庶於
國計民生兩有裨益至所稱通省地漕銀兩及浙東各屬南米或
關係餉需或抵支兵食除正額毋庸查減其浮收之款亦應分
別裁革現甯波紹興溫州三府業已定章處州亦經減定其餘
各屬應即一律覈減等語應如所奏辦理所有臣等遵議緣由
理合恭摺覆奏伏乞
皇上聖鑒訓示遵行謹
奏
同治四年正月二十五日具
奏奉

旨依議欽此

閩浙總督臣左宗棠
浙江巡撫臣馬新貽跪

奏爲遵
旨查明杭嘉湖三府額徵漕糧酌定應減分數籲懇
天恩准予減免以紓民力恭摺會
奏仰祈
聖鑒事案於同治二年六月初三日奉
上諭浙省迭遭兵燹小民流離失所殊堪軫念自應將該省漕糧量
予減免以示公溥之仁著左宗棠通飭杭嘉湖三屬將實在應徵
漕糧稅則詳細確查各按重輕分成量減奏明辦理欽此經臣宗
棠於克復湖州之後飭令司道設立清賦局悉心規畫妥爲籌
辦並於上年十月間將該三屬漕糧積弊及籌辦大概情形據

實詳細具

奏奉

旨戶部議奏欽此嗣准戶部議覆請將杭嘉湖三府漕糧倣照江蘇
辦法統按原額於三十分中減去八分白糧粳糯准於漕糧項
下計扣確查賦則各按重輕量爲覈減開列奏報其南匠米石
收支相埒並無嬴餘毋庸議減所需運費宜於漕務項下寬爲
籌備俾敷應用不得於漕項之外再動別項正欵所有浮收陋
規兩項覈實裁減明定章程嗣後收漕州縣再有陽奉陰違卽
行嚴叅懲辦本屆新漕體察情形酌量辦理嗣後非實在旱潦
不得再報災歉卽實在民欠亦不得再報墊完總期有弊必除
有犯必懲庶於

國計民生兩有裨益等因具奏奉
旨依議欽此欽遵行文到浙臣宗棠先已統兵入閩臣新貽接奉後
細繹部議爲
國恤民兼籌並顧而於公私用項亦均計及實係斟酌至當遵即
督飭司道確覈妥辦去後茲據總辦清賦局布政司蔣益澧護
糧道薛時雨詳稱查浙省額徵漕白改漕南匠行月等米共一
百一十四萬七千三百餘石內除南匠正耗米十三萬三千八
百六十三石零白糧舂辦米一萬三千三十九石零均不議減
又白糧粳糯爲
天庾正供應照額辦運所減之數統於漕糧項下註扣外今核額徵
漕白改漕正耗行月等米一百萬四百石零照部議三十分之

八爲率覈計共應減米二十六萬六千七百六十五石零恪遵
諭旨分成量減各按各州縣田地山蕩科則重輕以分多寡額重者
減數宜多以蘇其積困額輕者減數遞少以示其均平仍於上
中下三則之中再分五等如上則之一斗六升至一斗九升酌
減十分中之三分上則之一斗一升至一斗五升酌減十分中
之二分五釐中則之九升至一斗酌減十分中之二分中則之
六升至八升酌減十分中之一分五釐六升以下之下則統減
十分中之一分均按整數覈減畸零細數不再瑣扣通籌合算
適符前數科則殊而輕重有別分數定而多寡同霑等情造冊
詳請具
奏前來臣等伏查杭嘉湖三府屬糧額之重起於前代我

朝二百年來業已
殊恩疊沛減之又減而較之他郡糧數尚屬懸絶民以賦重爲苦官
以費繁爲累在平時已有積重難返之勢當此大刼之餘戶口
減少物力凋殘正窮極變通之會仰蒙
特旨飭令按則覈減以昭公溥凡在臣民莫名欽感現經臣等督同
司道確切覈計除南匠等米外該三府原額漕白行月等米一
百萬四百石零按三十分之八分共應酌減米二十六萬六千
七百六十五石有奇本應遵照部議分縣造冊開報奈因兵燹
之後各處冊籍蕩然無存現據各州縣開送頃畝漕南等冊皆
倣照殘佚志乘及遠年賦役全書所造雖大數不致舛錯而畸
零尚難準確須俟各案查鈔齊全另行覈對分造細冊送部覈

覆定案今就各州縣開送田地山蕩頃畝額數及分別擬減米
數按照府總繕具清單恭呈
御覽合無仰懇
天恩俯准如數減免以示溥仁紓數代相沿之民困實曠古未有之
鴻慈行見率土騰歡定必輸將恐後雖目前瘡痍未復尚難照減全
徵而他日元氣漸充即可概行起運嗣後非實遇凶荒不准輕
議蠲緩以實倉儲而重
國用至臣宗棠前議減浮收籌運費裁陋規均爲理漕要領容臣
等督飭司道將兌運經費徵收章程通盤籌畫悉心覈議另行
奏報總期上下交益歷久奉行以仰副
聖主惠愛黎元之至意所有查明杭嘉湖三府額徵漕糧應減米數

緣由謹會同漕運總督臣吳棠恭摺由驛具

奏伏乞

皇太后

皇上聖鑒訓示施行再此摺係臣新貽主稿合併陳明謹

奏

謹將杭嘉湖三府屬田地山蕩塘灘原額暨分則分等擬減米

數繕具府總清單恭呈

御覽

計開

杭州府屬仁錢等九州縣

額田二萬一百一十五頃三十四畝零

閩浙督撫會奏酌定浙漕應減分數　同治四年案

額地六千六百五十一頃三畝零

額山一萬二百二十六頃四十八畝零

額蕩塘一千五百八頃七十八畝零

以上共原徵米一十七萬八千一百八十九石五斗零今

擬減米二萬五千七百三十五石四斗八升八合零除減

實徵米一十五萬二千四百五十四石一升八合按則捧

算合減十分中之一分四釐四毫四絲

嘉興府屬嘉秀等七縣

額田三萬六千八百四十二頃八十四畝零

額地一萬一千五百十七頃

額山一百八十頃六十畝零

額灘蕩七百七十四頃一十九畝零
以上共原徵米五十八萬七千四百七十五石一斗零今
擬減米一十四萬五千四百一十六石三斗一合除減實
徵米四十四萬二千五十八石七斗九升九合按則撙算
合減十分中之二分四釐七毫五絲
湖州府程安等六縣孝豐一縣向不科米請免覈減
額田二萬九千二百二十一頃三十六畝零
額地五千四百二十九頃七十一畝零
額山七千三百九十四頃七十三畝零
額蕩二千五百三十七頃一畝零
以上共原徵米三十八萬一十四石八斗零今擬減米九

萬五千六百一十三石八斗四升三合零除減實徵米二十八萬四千四百石九斗五升七合按則捧算合減十分中之二分五釐一毫六絲
以上杭嘉湖三屬田地山蕩塘灘共一十三萬一千九百三十九頃一十三畝零原徵米一百一十四萬五千六百七十九石四斗零共擬減米二十六萬六千七百六十五石六斗三升二合零通盤捧算合減十分中之二分三釐二毫八絲計實徵漕南等米八十七萬八千九百一十三石七斗六升八合除南糧並白糧舂耗兩欵不計外實計原額漕白行月食正耗米一百萬四百石五斗五升一合四勺擬減前數以符部議三十分之八分

杭嘉湖三府屬田地山蕩塘灘科則

上則科徵一斗六升至一斗九升以上

田地共三萬五十八頃七畝零原徵米四十三萬五千七百四十九石一斗四升零擬減米一十二萬九千一百九十七石一斗二升四合

上則科徵一斗一升至一斗五升以上

田地共二萬二千八百三十頃七十三畝零原徵米三十一萬六千八百五十四石二斗一升九勺零擬減米七萬六千九百一石二斗九升

中則科徵九升至一斗以上

田地共一萬六千四百三十七頃九畝八分零原徵米一

十六萬八百一十四石三斗零擬減米三萬五百九十石
四斗七升八合
中則科徵六升至八升以上
田地共二萬三千一十九頃一十七畝原徵米一十七萬
二千九百一十三石八斗二升三合八勺零擬減米二萬
四千二百九十七石四斗八升三合
下則科徵不及一升至五升以上
田地山蕩塘灘共三萬九千五百九十四頃七畝零原徵
米五萬九千三百四十七石九斗六升三合零擬減米五
千七百七十九石二斗五升七合六勺
同治四年閏五月初一日具

奏軍機大臣奉

旨另有旨欽此同治四年閏五月十一日内閣奉

上諭前因浙江疊遭兵燹小民流離失所諭令左宗棠將杭嘉湖三屬應徵漕糧稅則查明各按重輕分成奏請減免嗣據奏請將杭嘉湖三屬漕糧酌量覈減經戸部議覆統按原額於三十分中減去八分業經降旨允准茲據左宗棠馬新貽奏稱查明杭嘉湖三屬漕糧除南糧併白糧舂耗兩欵毋庸議減外杭州府九州縣額徵米十七萬八千一百八十九石零擬減米二萬五千七百三十五石零嘉興府屬七縣額徵米五十八萬七千四百七十五石零擬減米十四萬五千四百十六石零湖州府屬除孝豐一縣向不科米應免覈減外其餘六縣額徵米三十八萬十四石零擬減米

九萬五千六百十三石零通計杭嘉湖三屬共減米二十六萬六千七百六十五石零等語加恩著照所請各按科則重輕分別上中下三則一律永遠減免以紓民力自此次減免之後該督撫務當督飭各該州縣按照奏定新章覈實徵收斷不准有浮收抑勒等弊至大戶包攬及一切陋規概行禁革以除積弊該督撫卽刊刻謄黃徧行曉諭務使實惠及民用副朝廷軫念民艱之至意餘著照所議辦理該部知道單併發欽此清單同日奉
旨覽欽此

浙江巡撫部院馬　爲詳請覈咨事據清賦總局司道詳稱竊

照杭嘉湖三府屬應徵漕糧前奉

恩旨分別減免遵經將該三屬原額應徵分別上中下三則覈明應

減各數造冊詳送覈明

奏咨在案現在開辦新漕所有各屬應減實徵漕糧行月米石分

欵額數必須一律覈定俾徵兌皆有準則前飭各屬趕緊覈明

造報雖據陸續申送覈多舛錯若俟飭換準確再行稟定勢必

躭延時日貽悞堪虞自應由局先爲覈定飭遵以歸迅速而昭

覈實除通飭遵照外詳祈察覈咨明

大部查照至各屬應造分則分欵減定實徵每畝細數清冊現

在嚴催造送俟送齊覈準後即行轉造另呈其同治四年開徵

冬漕各州縣除荒蕪田地外實在堪徵成熟漕白糧米若干統
俟勘報齊全覈定確數由海運局司道造報詳請奏咨合並聲
請咨明等情到本部院據此相應咨明為此合咨
貴部請煩查覈施行
計咨送　冊一本
同治四年十一月十四日咨
戶部

浙江清賦總局司道謹將浙江省杭嘉湖三府屬各州縣同治四年有閏漕白行月等米除減實徵額數造具淸冊呈送伏候查覈施行須至冊者

計開

杭嘉湖三府屬

同治四年分

額徵漕糧正兌正米五十八萬四千七百四十九石三斗五升四合五勺內減米一十七萬二千二百三十九石二斗三升四勺

應徵米四十一萬二千五百一十石一斗二升四合一勺

耗米二十三萬三千八百九十九石七斗四升一合
八勺內減米六萬八千八百九十五石六斗九升
二合一勺
應徵米一十六萬五千四石四升九合七勺
改兌正米二萬九千三百五十三石二斗
耗米一萬一千七百四十一石二斗八升
改漕正米三萬六千二百九十石七斗七升三合六勺
內減米一萬一千八百六十二石二斗六合四勺
應徵米二萬四千四百二十八石五斗六升七合二
勺
耗米一萬四千五百一十六石三斗九合五勺內減

米四千七百四十四石八斗八升二合四勺

應徵米九千七百七十一石四斗二升七合一勺

白糧正米二萬九千九百七十五石

耗米一萬三千四百八十八石七斗五升

行糧本色米一萬六千三百七十七石内減米四千八

百三十三石四斗七升二合七勺

應徵米一萬一千五百四十三石五斗二升七合三

勺

月糧本色米二萬三千五百四十三石八斗三升四合

一勺内減米四千一百九十石一斗四升八合

應徵米一萬九千三百五十三石六斗八升六合一

勺

經費本色食米七千九百三十八石

以上共米一百萬一千八百七十三石二斗四升三合五勺內減米二十六萬六千七百六十五石六斗三升二合

應徵米七十三萬五千一百七石六斗一升一合五勺

杭州府

額徵漕糧正兌正米九萬七千五十七石三斗一合九勺內減米一萬五千九百二十四石七斗三升五合四勺

應徵米八萬一千一百三十二石五斗六升六合五
勺
耗米三萬八千八百二十二石九斗二升九勺内減
米六千三百六十九石八斗九升四合一勺
應徵米三萬二千四百五十三石二升六合八勺
改兑正米四千八百九十二石一斗九升七合
耗米一千九百五十六石八斗七升八合八勺
行糧本色米二千六百六十四石内減米四百三十九
石四斗九升八合八勺
應徵米二千二百二十四石五斗一合二勺
月糧本色米一萬九千六百四十石一斗五升九合五

勺內減米三千一石三斗五升九合七勺

應徵米一萬六千六百三十八石七斗九升九合八勺

以上共米一十六萬五千三十三石四斗五升八合一勺內減米二萬五千七百三十五石四斗八升八合

應徵米一十三萬九千二百九十七石九斗七升一勺

嘉興府

額徵漕糧正兌正米二十八萬三千七百二十四石一斗五升七合四勺內減米九萬三千七百三十六石

一斗五升七合八勺
應徵米一十八萬九千九百八十七石九斗九升九
合六勺
耗米一十一萬三千四百八十九石六斗六升二合
八勺 內減米三萬七千四百九十四石四斗六升
三合二勺
應徵米七萬五千九百九十五石一斗九升九合六
勺
改兌正米一萬四千六百七十六石五斗九升
耗米五千八百七十石六斗三升六合
改漕正米二萬二千五百六十六石一斗四升 內減米

七千四百五十八石九斗六升八合
應徵米一萬五千一百七石一斗七升二合
耗米九千二十六石四斗五升六合內減米二千九
百八十三石五斗八升七合
應徵米六千四十二石八斗六升九合
白糧正米一萬八千五百八十七石四斗二升八合四
勺
耗米八千三百六十四石三斗四升二合八勺
行糧本色米八千七石內減米二千六百四十九石一
斗八合三勺
應徵米五千三百五十七石八斗九升一合七勺

月糧本色米三千二百四十九石三斗四升九合三勺
內減米一千九十四石一升六合七勺
應徵米二千一百五十五石三斗三升二合六勺
經費本色食米四千七百八十八石
以上共米四十九萬二千三百四十九石七斗六升
二合七勺內減米一十四萬五千四百一十六石
三斗一合
應徵米三十四萬六千九百三十三石四斗六升一
合七勺

湖州府

額徵漕糧正兌正米二十萬三千九百六十七石八斗九

升五合二勺內減米六萬二千五百七十八石三斗三升七合二勺
應徵米一十四萬一千三百八十九石五斗五升八合
耗米八萬一千五百八十七石一斗五升八合一勺
內減米二萬五千三十一石三斗三升四合八勺
應徵米五萬六千五百五十五石八斗二升三合三勺
攺兌正米九千七百八十四石四斗一升三合
耗米三千九百一十三石七斗六升五合二勺
攺漕正米一萬三千七百二十四石六斗三升三合六

勺內減米四千四百三石二斗三升八合四勺

應徵米九千三百二十一石三斗九升五合二勺

耗米五千四百八十九石八斗五升三合五勺內減

米一千七百六十一石二斗九升五合四勺

應徵米三千七百二十八石五斗五升八合一勺

白糧正米一萬一千三百八十七石五斗七升一合六

勺

耗米五千一百二十四石四斗七合二勺

行糧本色米五千七百六石內減米一千七百四十四

石八斗六升五合六勺

應徵米三千九百六十一石一斗三升四合四勺

月糧本色米六百五十四石三斗二升五合三勺内減

米九十四石七斗七升一合六勺

應徵米五百五十九石五斗五升三合七勺

經費本色食米三千一百五十石

以上共米三十四萬四千四百九十石二升二合七

勺内減米九萬五千六百一十三石八斗四升三

合

應徵米二十四萬八千八百七十六石一斗七升九

合七勺

仁和縣

額徵漕糧正兌正米三萬一千五百八十三石五斗九升

四合五勺內減米五千八百八十九石九斗八升
一勺
應徵米二萬五千六百九十三石六斗一升四合四
勺
耗米一萬二千六百三十三石四斗三升七合八勺
內減米二千三百五十五石九斗九升二合
應徵米一萬二百七十七石四斗四升五合八勺
改兌正米一千八百七十九石五斗八升二合
耗米七百五十一石八斗三升二合八勺
行糧本色米八百五十八石內減米一百六十石七合
二勺

應徵米六百九十七石九斗九升二合八勺

月糧本色米五千七百一十石六斗六升五合九勺內

減米一千六十四石九斗七升四合一勺

應徵米四千六百四十五石六斗九升一合八勺

以上共米五萬三千四百一十七石一斗一升三合內

減米九千四百七十石九斗五升三合四勺

應徵米四萬三千九百四十六石一斗五升九合六

勺

錢塘縣

額徵漕糧正兌正米一萬三千三百七十三石九升八合

五勺內減米一千七百九十六石二斗八升一合

三勺
應徵米一萬一千五百七十六石八斗一升七合二
勺
耗米五千三百四十九石二斗三升九合四勺內減
米七百一十八石五斗一升二合五勺
應徵米四千六百三十石七斗二升六合九勺
改兌正米八百九石一斗七升
耗米三百二十三石六斗六升八合
行糧本色米三百七十八石內減米五十一石七斗七升
三合一勺
應徵米三百二十七石二斗二升六合九勺

内減米五百九十二石四斗二升九勺

應徵米二千六百七十二石三斗六升五合四勺

以上共米五萬三千五百五十五石三斗七合八勺

内減米九千二百四十七石四斗九升七合八勺

應徵米四萬四千三百七石八斗一升

富陽縣

額徵漕糧正兌正米三千三百二十一石一斗三升六合五勺内減米三百三十六石八斗二合一勺

應徵米二千九百八十四石三斗三升四合四勺

耗米一千三百二十八石四斗五升四合六勺内減米一百三十四石七斗二升八勺

應徵米一千一百九十三石七斗三升三合八勺
改兌正米三百五十一石二斗六升
耗米一百四十石五斗四合
行糧本色米九十石內減米九石一斗二升七合一勺
應徵米八十石八斗七升二合九勺
月糧本色米一千九百四十五石八斗九升九合三勺
內減米一百九十七石三斗三升七合
應徵米一千七百四十八石五斗六升二合三勺
以上共米七千一百七十七石二斗五升四合四勺
內減米六百七十七石九斗八升七合
應徵米六千四百九十九石二斗六升七合四勺

餘杭縣

額徵漕糧正兌正米七千八百二十六石八斗一升五合四勺內減米八百五十五石六斗七升四合

應徵米六千九百七十一石一斗四升一合四勺

耗米三千一百三十石七斗二升六合二勺內減米三百四十二石二斗六升九合六勺

應徵米二千七百八十八石四斗五升六合六勺

行糧本色米一百九十五石內減米二十一石三斗一升八合六勺

應徵米一百七十三石六斗八升一合四勺

月糧本色米五百七十二石一斗八升一合四勺內減

米六十二石五斗五升四合三勺

應徵米五百九石六斗二升七合一勺

以上共米一萬一千七百二十四石七斗二升三合

內減米一千二百八十一石八斗一升六合五勺

應徵米一萬四百四十二石九斗六合五勺

臨安縣

額徵漕糧正兌正米三千一百二十石四斗八升九合五勺

內減米四百六十一石四斗九升九合一勺

應徵米二千六百五十八石九斗九升四勺

耗米一千二百四十八石一斗九升五合八勺　內減

米一百八十四石五斗九升九合六勺

米五百七十七石五斗三升一合五勺
應徵米三千六百九十六石八斗二升八合九勺
於潛縣
額徵漕糧正兌正米一千四百八十五石八斗一升九合三勺內減米一百五十七石二斗九升一合八勺
應徵米一千三百二十八石五斗二升七合五勺
耗米五百九十四石三斗二升七合七勺內減米六十二石九斗一升六合七勺
應徵米五百三十一石四斗一升一合
行糧本色米三十石內減米三石一斗七升五合九勺
應徵米二十六石八斗二升四合一勺

月糧本色米九百八十七石二斗五升九合七勺內減
米一百四石五斗一升三合二勺
應徵米八百八十二石七斗四升六合五勺
以上共米三千九十七石四斗六合七勺內減米三
百二十七石八斗九升七合六勺
應徵米二千七百六十九石五斗九合一勺
昌化縣
額徵漕糧正兌正米一千五十六石六斗三升二合三勺
內減米一百一十二石三升二合一勺
應徵米九百四十四石六斗二勺
耗米四百二十二石六斗五升三合內減米四十四

千四百五十九石一斗八合四勺
應徵米三千二百一十石九斗一升四合二勺
耗米一千八百六十八石九合內減米五百八十三
石六斗四升三合三勺
應徵米一千二百八十四石三斗六升五合七勺
白糧正米三千八百五十一石四斗六升七合
耗米一千七百三十三石一斗六升二勺
行糧本色米一千六百八十九石內減米五百二十七
石七斗一升三合五勺
應徵米一千一百六十一石二斗八升六合五勺
月糧本色米二千二百九十七石三升九合八勺內減

米七百一十七石六斗九升三勺

應徵米一千五百七十九石三斗四升九合五勺

經費本色食米一千八石

以上共米一十萬一千四百八十四石九斗四升九合內減米二萬八千三百五十一石四斗八升八合五勺

應徵米七萬三千一百三十三石四斗六升五勺

秀水縣

額徵漕糧正兌正米四萬九千九百九十四石三斗八升三合內減米一萬八千六百三十石九斗五升八勺

應徵米三萬一千三百六十三石四斗三升二合二
勺
耗米一萬九千九百九十七石七斗五升三合二勺
內減米七千四百五十二石三斗八升三勺
應徵米一萬二千五百四十五石三斗七升二合九
勺
改兌正米二千五百八十六石一升四合
耗米一千三十四石四斗五合六勺
改漕正米三千九百八石六斗五升七合六勺內減米
一千四百五十六石六斗三合八勺
應徵米二千四百五十二石五升三合八勺

耗米一千五百六十三石四斗六升三合一勺内減
米五百八十二石六斗四升一合六勺
應徵米九百八十石八斗二升一合五勺
白糧正米三千二百一十五石二升五合
耗米一千四百四十六石七斗六升一合三勺
行糧本色米一千二百六十三石内減米四百七十石
六斗七升七勺
應徵米七百九十二石三斗二升九合三勺
經費本色食米八百八十二石
以上共米八萬五千八百九十一石四斗六升二合
八勺内減米二萬八千五百九十三石二斗四升

七合二勺

應徵米五萬七千二百九十八石二斗一升五合六

勺

嘉善縣

額徵漕糧正兌正米五萬五千七百七十二石九斗六升

五勺內減米二萬二千三十九石九斗三升三合

九勺

應徵米三萬三千七百三十三石二升六合六勺

耗米二萬二千三百九石一斗八升四合一勺內減

米八千八百一十五石九斗七升三合五勺

應徵米一萬三千四百九十三石二斗一升六勺

改兑正米三千一百一十四石三斗七升六合
耗米一千二百四十五石七斗五升四勺
改漕正米四千五百一十二石八斗四升六合八勺内
减米一千七百八十三石三斗五升二合五勺
应征米二千七百二十九石四斗九升四合三勺
耗米一千八百五石一斗三升八合七勺内减米七
百一十三石三斗四升一合
应征米一千九十一石七斗九升七合七勺
白粮正米三千七百四十六石三斗六升二合四勺
耗米一千六百八十五石八斗六升三合一勺
行粮本色米一千七百一十三石内减米六百七十六

石九斗三升三勺

應徵米一千三十六石六升九合七勺

月糧本色米九百五十二石三斗九合五勺內減米三

百七十六石三斗二升六合四勺

應徵米五百七十五石九斗八升三合一勺

經費本色食米八百八十二石

以上共米九萬七千七百三十九石七斗九升一合

五勺內減米三萬四千四百五石八斗五升七合

六勺

應徵米六萬三千三百三十三石九斗三升三合九

勺

海鹽縣

額徵漕糧正兌正米三萬一千七百一石四斗二升四合

内減米七千九百一十九石六斗一升一合九勺

應徵米二萬三千七百八十一石八斗一升二合一勺

耗米一萬二千六百八十石五斗六升九合六勺内

減米三千一百六十七石八斗四升四合八勺

應徵米九千五百一十二石七斗二升四合八勺

改兌正米一千五百八十八石六合

耗米六百三十五石二斗二合四勺

改漕正米二千五百二十二石四斗九升八合内減米

六百三十石一斗六升七合四勺

應徵米一千八百九十二石三斗三升六勺

耗米一千八石九斗九升九合二勺內減米二百五

十二石六升六合九勺

應徵米七百五十六石九斗三升二合三勺

白糧正米二千六十八石三升二合九勺

耗米九百三十石六斗一升四合八勺

行糧本色米八百七十三石內減米二百一十八石九

升一合八勺

應徵米六百五十四石九斗八合二勺

經費本色食米六百三十石

以上共米五萬四千六百三十八石三斗四升六合九勺內減米一萬二千一百八十七石七斗八升二合八勺

應徵米四萬二千四百五十石五斗六升四合一勺

平湖縣

額徵漕糧正兌正米三萬二千九百九十石三斗一升三合九勺內減米一萬七百一十八石八斗四升三合五勺

應徵米二萬二千二百七十一石四斗七升四勺

耗米一萬三千一百九十六石一斗二升五合五勺內減米四千二百八十七石五斗三升七合四勺

應徵米八千九百八石五斗八升八合一勺
改兌正米一千六百五十六石四斗九升七合
耗米六百六十二石五斗九升八合八勺
改漕正米二千六百六十八石八斗四升一合五勺內
　減米八百六十七石一斗三升一勺
應徵米一千八百一石七斗一升一合四勺
耗米一千六十七石五斗三升六合六勺內減米三
　百四十六石八斗五升二合
應徵米七百二十石六斗八升四合六勺
白糧正米二千一百八十一石九斗一升八合四勺
耗米九百八十一石八斗六升三合三勺

行糧本色米九百九十二石內減米三百二十二石六
斗三升四合四勺
應徵米六百七十石三斗六升五合六勺
經費本色食米五百四石
以上共米五萬六千九百二石六斗九升五合內減
米一萬六千五百四十二石九斗九升七合四勺
應徵米四萬三百五十九石六斗九升七合六勺
石門縣
額徵漕糧正兌正米三萬三百三十一石六斗九合內減
米九千七百六十三石二斗六升八合四勺
應徵米二萬五百六十八石三斗四升六勺

耗米一萬二千一百三十二石六斗四升三合六勺
內減米三千九百五石三斗七合四勺
應徵米八千二百二十七石三斗三升六合二勺
改兌正米一千四百八十三石三斗一升四合
耗米五百九十三石三斗二升五合六勺
改漕正米二千二百八十六石七升四合二勺內減米
七百三十五石八斗五升一合四勺
應徵米一千五百五十石二斗二升二合八勺
耗米九百一十四石四斗二升九合七勺內減米二
百九十四石三斗四升五勺
應徵米六百二十石八升九合二勺

白糧正米一千八百七十九石七斗七升三合
耗米八百四十五石八斗九升七合八勺
行糧本色米七百五十三石內減米二百四十二石三
斗七升八合九勺
應徵米五百一十石六斗二升一合一勺
經費本色食米五百四石
以上共米五萬一千七百二十四石六升六合九勺
內減米一萬四千九百四十一石一斗四升六合
六勺
應徵米三萬六千七百八十二石九斗二升三勺

桐鄉縣

額徵漕糧正兌正米二萬五千六百三十五石一斗二合
內
減米六千七百六十一石一斗六升八合六勺
應徵米一萬八千八百七十三石九斗三升三合四
勺
耗米一萬二百五十四石四升八勺內
減米二千七
百四石四斗六升七合五勺
應徵米七千五百四十九石五斗七升三合三勺
改兌正米一千二百八十三石七斗一升二合
耗米五百一十三石四斗八升四合八勺
改漕正米一千九百九十七石一斗九升九合三勺內
減米五百二十六石七斗五升四合四勺

應徵米一千四百七十石四斗四升四合九勺
耗米七百九十八石八斗七升九合七勺內減米二
百一十石七斗一合七勺
應徵米五百八十八石一斗七升八合
白糧正米一千六百四十四石八斗四升九合七勺
耗米七百四十石一斗八升二合三勺
行糧本色米七百二十三石內減米一百九十石六斗
八升八合七勺
應徵米五百三十二石三斗一升一合三勺
經費本色食米三百七十八石
以上共米四萬三千九百六十八石四斗五升六勺

内減米一萬三百九十三石七斗八升九勺

應徵米三萬三千五百七十四石六斗六升九合七勺

歸安縣

額徵漕糧正兌正米五萬七千二百三十三石四斗八升八合二勺内減米二萬五百二石三升八勺

應徵米三萬六千七百三十一石四斗五升七合四勺

耗米二萬二千八百九十三石三斗九升五合三勺

内減米八千二百石八斗一升二合三勺

應徵米一萬四千六百九十二石五斗八升三合

改兌正米三千三百石二斗九升六合
耗米一千三百二十石一斗一升八合四勺
改漕正米四千一百一十九石六斗三升六合內減米
一千四百七十五石七斗二升五合二勺
應徵米二千六百四十三石九斗一升八勺
耗米一千六百四十七石八斗五升四合四勺內減
米五百九十石二斗九升一勺
應徵米一千五十七石五斗六升四合三勺
白糧正米三千四百一十三石一斗一升二合三勺
耗米一千五百三十五石九斗五勺
行糧本色米一千六百四十一石內減米五百八十七

石八斗三升四合七勺

應徵米一千五十三石一斗六升五合三勺

月糧本色米三十五石四斗三升八勺內減米一十二石六斗九升一合九勺

應徵米二十二石七斗三升八合九勺

經費本色食米九百四十五石

以上共米九萬八千八十五石二斗三升一合九勺

內減米三萬一千三百六十九石三斗八升五合勺

應徵米六萬六千七百一十五石八斗四升六合九勺

烏程縣

額徵漕糧正兌正米六萬六千二百四十石一斗八升八
合內減米二萬五千四百三十四石一斗二升
應徵米四萬八百六石六升八合
耗米二萬六千四百九十六石七升五合二勺內減
米一萬一百七十三石六斗四升八合
應徵米一萬六千三百二十二石四斗二升七合二
勺
改兌正米四千一百六十二石二斗八升
耗米一千六百六十四石九斗一升二合
改漕正米四千九百五十七石一斗六升四合五勺內
減米一千九百三石三斗九升三合一勺

應徵米三千五十三石七斗七升一合四勺
耗米一千九百八十二石八斗六升五合八勺內減
米七百六十一石三斗五升七合二勺
應徵米一千二百二十一石五斗八合六勺
白糧正米四千一百六十九石三斗五升九勺
耗米一千八百七十六石二斗七合九勺
行糧本色米一千七百七十三石內減米六百八十石
七斗七升五合五勺
應徵米一千九十二石二斗二升四合五勺
月糧本色米一十九石四升四合八勺內減米七石三
斗一升二合六勺

應徵米一十一石七斗三升二合二勺

經費本色食米一千一百三十四石

以上共米一十一萬四千四百七十五石八升九合

一勺內減米三萬八千九百六十石六斗六合四

勺

應徵米七萬五千五百一十四石四斗八升二合七

勺

長興縣

額徵漕糧正兌正米三萬四千四百七十一石三斗八升

四合內減米五千一百五十五石七斗七升九合

一勺

應徵米二萬九千三百一十五石六斗四合九勺
耗米一萬三千七百八十八石五斗五升三合六勺
內減米二千六十二石三斗一升一合六勺
應徵米一萬一千七百二十六石二斗四升二合
改漕正米一千九百六十六石七斗四升七合四勺內
減米二百九十四石一斗六升三勺
應徵米一千六百七十二石五斗八升七合一勺
耗米七百八十六石六斗九升九合內減米一百一
十七石六斗六升四合二勺
應徵米六百六十九石三升四合八勺
白糧正米一千六百五石三斗九升九合二勺

耗米七百二十二石四斗二升九合七勺

行糧本色米九百五十一石內減米一百四十二石二斗三升八合二勺

應徵米八百八石七斗六升一合八勺

月糧本色米二百七石六斗九升一合內減米三十一石六升三合七勺

應徵米一百七十六石六斗二升七合三勺

經費本色食米四百四十一石

以上共米五萬四千九百四十石九斗三合九勺內

減米七千八百三石二斗一升七合一勺

應徵米四萬七千一百三十七石六斗八升六合八

勺

德清縣

額徵漕糧正兌正米三萬三千二百四十七石三斗五升七合內

減米九千八百六十九石一斗四升四合六勺

應徵米二萬三千三百七十八石二斗一升二合四勺

耗米一萬三千二百九十八石九斗四升二合八勺內

減米三千九百四十七石六斗五升七合八勺

應徵米九千三百五十一石二斗八升五合

改兌正米一千六百三石六斗六升二合

耗米六百四十一石四斗六升四合八勺

改漕正米二千二百五十石七斗四升九合九勺內減

米六百六十八石一斗一升二合五勺

應徵米一千五百八十二石六斗三升七合四勺

耗米九百石三斗內減米二百六十七石二斗四升

五合

應徵米六百三十三石五升五合

白糧正米一千八百五十二石九斗一升六合五勺

耗米八百三十三石八斗一升二合四勺

行糧本色米九百六十六石內減米二百八十六石七

斗四升七合四勺

應徵米六百七十九石二斗五升二合六勺

月糧本色米一十三石七斗三升一合八勺內減米四

石七升六合二勺

應徵米九石六斗五升五合六勺

經費本色食米五百四石

以上共米五萬六千一百一十二石九斗三升七合

二勺內減米一萬五千四十二石九斗八升三合

五勺

應徵米四萬一千六十九石九斗五升三合七勺

武康縣

額徵漕糧正兌正米七千三百一十五石五斗七升三合

内減米一千五十二石八斗二升一合三勺

應徵米六千二百七十二石七斗五升一合七勺

耗米二千九百三十石二斗二升九合二勺内減米四百二十一石一斗二升八合六勺

應徵米二千五百九石一斗六勺

改兌正米四百二十九石五斗三升五合

耗米一百七十一石八斗一升四合

改漕正米四百三十石三斗三升五合八勺内減米六十一石八斗四升七合三勺

應徵米三百六十八石四斗八升八合五勺

耗米一百七十二石一斗三升四合三勺内減米二

十四石七斗三升八合九勺
應徵米一百四十七石三斗九升五合四勺
白糧正米三百四十六石七斗九升二合七勺
耗米一百五十六石五升六合七勺
行糧本色米二百一十石內減米三十石一斗八升九
勺
應徵米一百七十九石八斗一升九合一勺
月糧本色米一十石八斗四合八勺內減米一石五斗
五升二合九勺
應徵米九石二斗五升一合九勺
經費本色食米一百二十六石

以上共米一萬二千三百九石二斗七升五合五勺
內減米一千五百九十二石二斗六升九合九勺
應徵米一萬七百一十七石五合六勺
安吉縣
額徵漕糧正兌正米五千四百四十九石九斗五合內減
米五百六十四石四斗四升一合四勺
應徵米四千八百八十五石四斗六升三合六勺
耗米二千一百七十九石九斗六升二合內減米二
百二十五石七斗七升六合五勺
應徵米一千九百五十四石一斗八升五合五勺
改兌正米二百八十八石六斗四升

耗米一百一十五石四斗五升六合
行糧本色米一百六十五石內減米一十七石八升八合九勺
應徵米一百四十七石九斗一升一合一勺
月糧本色米三百六十七石六斗二升二合一勺內減米三十八石七升四合三勺
應徵米三百二十九石五斗四升七合八勺
以上共米八千五百六十六石五斗八升五合一勺
內減米八百四十五石三斗八升一合一勺
應徵米七千七百二十一石二斗四合

浙江海運省局司道
浙江布政使
浙江按察使署理督糧道爲詳請

奏明事竊減賦案內查覈浙漕額徵漕白改漕南匠行月等米共一百一十四萬七千三百餘石內除南匠正耗米十三萬三千八百六十三石零白糧加三舂辦米一萬三千三十九石零均不議減又白糧粳糯照額辦運所減之數統於漕糧項下註扣外計按額徵漕白改漕正耗行月等米一百萬四百石零內照部議分數覈減米二十六萬六千七百六十五石零共應存正耗等米七十三萬餘石經清賦局詳請

奏明在案惟浙省兵燹之後各處冊籍蕩然無存原奏內聲明僅據各州縣開送頭畝漕南等冊皆仿照殘佚志乘及遠年賦役全書所造尚難準確加以有閏無閏冊據參差以致數目未能

準的是以籌抵海運經費案內米數亦多未符旋復逐加考覈詳細匀稽釐定準確計原額應徵米一百一十四萬七千三百餘石除南匠正耗及加三舂辦兩欵不減外共應徵有閏米一百萬一千八百七十三石二斗四升三合五勺再除奉減米二十六萬六千七百六十五石六斗三升二合實應徵漕白正耗行月等米七十三萬五千一百七石六斗一升一合五勺內行月糧本色米三萬八百九十七石二斗一升三合四勺白糧項下經費本色食米七千九百三十八石二共米三萬八千八百三十五石二斗一升三合四勺奉准變價撥抵海運經費應扣除覈算外共計應徵有閏漕白正耗米六十九萬六千二百七十二石三斗九升八合一勺業將覈定各屬分欵準確細數造

具清冊咨送
戸部查照亦在案第減賦案內各欵米數及籌抵運費案內行
月食等數目與咨
部清冊間有未符委以冊檔無稽遠搜旁証致前後未能脗合
應請統以續行釐定各屬分欵米數咨送
戸部清冊爲準至無閏之年除照額減定及南匠舂辦二項仍
照原額不減徵收外共應徵漕白正耗米六十九萬六千六百
三十五石九斗七升八合一勺行月食三欵應徵變價米三萬
七千四石五斗九升六合一勺再昌化縣加閏月糧一欵係查
照咸豐十年起運九年分奏銷冊案覈數轉少於無閏之年業
已另文詳請咨

部查示現在月糧加閏無閏米數仍照奏冊覈算一俟
部覆到日再行咨明更正合併聲明合將查明徵運確數備文
會詳仰祈
憲臺俯賜察覈具
奏實爲公便爲此備由呈乞
照詳施行
同治五年十月二十八日奉
撫憲馬　批仰候覈
奏另札行知仍補詳
督
漕部堂查覈繳

二品頂戴浙江布政使浙江督糧道浙江海運局司道為詳復事本年十月二十二日奉

憲臺　箚查據部咨司道會詳減賦案內額徵各款米數覈與奏銷冊所開

抵運費等款數目未符應請明晰以憑定各屬分數爲準等情詳

請具

奏前來查詳敘此次計應徵有閏漕白正耗米六十九萬六千一百

七十二石零無閏之年共應徵漕白正耗米六十九萬六千六

百二十五石零計多米二百六十三石五斗八升無閏之年何

以多於有閏是否以南抵漕應即隨案聲明以清眉目等查到

司立即會同糧道暨海運局逐細查覈明確即日詳復以憑

覈

奏毋延等因奉此遵查浙省漕糧以額徵正改免原石正耗各米

同治五年業

併算計數加閏與無閏原屬無所多寡除正改兌向不徵閏外惟內有改折灰石正耗米石一款遇閏之年應行加閏徵收其加閏之米卽在於漕糧正改兌正耗米內扣出以作灰石閏米是以有閏之年灰石加增漕糧轉少緣奉簽查理合開具有閏無閏應徵款目細數淸摺備文詳覆伏祈
憲臺俯賜察覈實爲公便再此案係海運省局主稿合併聲明爲此備由呈乞
照詳施行
計呈　淸摺一扣
謹將浙省額徵漕白正耗米石數目理合開具有閏無閏各款米數淸摺恭呈

憲鑒

今開

原額除減漕米外應徵漕白各欵正耗米石項下內

有閏之年

應徵漕糧正改兌灰石正耗米六十三萬七千六百二十五石四斗二升三合八勺內除奉文改折灰石正耗米一萬九千一十六石七斗六升應歸另欵以一兩二錢折銀解道外

實徵漕糧正改兌正耗米六十一萬八千六百八石六斗五升三合八勺

應徵改漕白糧等欵正耗米七萬七千六百六十三石七

斗四升四合三勺
二共實徵有閏漕白正耗米六十九萬六千二百七十二
石三斗九升八合一勺
無閏之年
應徵漕糧正改兌灰石正耗米六十三萬七千六百二十
五石四斗一升三合八勺內除奉文改折灰石正耗
米一萬八千六百五十三石一斗八升應歸另欵以
一兩二錢折銀解道外
實徵漕糧正改兌正耗米六十一萬八千九百七十二
石二斗三升三合八勺
應徵改漕白糧等欵正耗米七萬七千六百六十三石七

斗四升四合三勺

二共實徵無閏漕白正耗米六十九萬六千六百三十五

石九斗七升八合一勺

浙江巡撫臣馬新貽跪

奏爲查明浙省減賸漕糧徵運確數仰祈

聖鑒事竊照浙省杭嘉湖三府減賦案內覈明除南匠正耗白糧加三舂辦均不議減又白糧粳糯照額辦運所減之欵統於漕糧項下註扣外計按額徵漕白改漕正耗行月等米一百萬四百石零內照部議分數覈減米二十六萬六千七百六十五石零共應存正耗等米七十三萬餘石前經

奏明在案惟浙省兵燹之後各處冊籍蕩然無存原奏內聲明僅據各州縣開送頃畝漕南等冊皆仿照殘佚志乘及遠年賦役全書所造尚難準確加以有閏無閏冊據叅差以致數目未能準的是以籌抵海運經費案內米數亦多未符旋復逐加考覈

詳細勾稽釐定準確計原額應徵米一百一十四萬七千三百
餘石除南匠正耗及加三舂辦兩欵不減外共應徵有閏米一
百萬一千八百七十三石二斗四升三合五勺再除奉減米二
十六萬六千七百六十五石六斗三升二合實應徵漕白正耗
行月等米七十三萬五千一百七石六斗一升一合五勺內行
月糧本色米三萬八百九十七石二斗一升三合四勺白糧項
下經費本色食米七千九百三十八石二共米三萬八千八百
三十五石二斗一升三合四勺奉准變價撥抵海運經費應扣
除覈算外共計應徵有閏漕白正耗米六十九萬六千二百七
十二石三斗九升八合一勺無閏之年除照額減定及南匠舂
辦二項仍照原額不減徵收外共應徵漕白正耗米六十九萬

六千六百三十五石九斗七升八合一勺行月食三欵應徵變
價米三萬七千四石五斗九升六合一勺至浙省漕糧加閏與
無閏原屬無所多寡惟內有改折灰石正耗米石一欵應行加
閏在於漕糧正改兌正耗米內扣出以作灰石閏米是以有閏
之年灰石加增漕糧轉少又查昌化縣加閏月糧一欵係查照
咸豐十年起運九年分奏銷冊案覈數轉少於無閏之年業已
咨請部示現在月糧加閏無閏米數仍照奏冊覈算一俟部覆
到日再行咨明更正除將續行釐定各屬分欵準確細數造具
清冊咨送戶部查照外據省局司道會詳請
奏前來臣覆覈無異謹恭摺具
奏伏乞

皇太后

皇上聖鑒勅部查照施行謹

奏

同治五年十月二十九日具

奏同治六年正月十八日差弁賫回原摺後開

軍機大臣奉

旨戶部知道欽此

浙江巡撫部院馬　爲詳請覈咨事據署糧儲道王凱泰詳稱
竊照浙省額編漕項銀米分縣各數兵燹以後上下冊案蕩然
前經咨
部檢發近年有閏無閏
奏銷各冊曁陞坍各案雖奉頒到
奏冊爲額而陞坍各數仍無稽考卽有閏無閏銀米款目年分亦
屬參差不一前經逐案稽覈悉心搜求業將無閏年分原額漕
項銀米卽以奉
部檢發咸豐二年分
奏冊爲額有閏年分原額漕項銀米卽以奉
部檢發咸豐元年分

奏冊爲額唯月廩一欵係屬次年
奏銷元年冊內並未列有加閏之欵所有有閏原額月廩銀兩係
查照督漕憲檄發咸豐十年起運九年分
奏銷冊案辦理業經署道將遵辦各緣由於本年
奏銷案內分晰聲明在案第查杭州府屬之昌化縣原額月糧米
石以及金華府屬之蘭谿縣衢州府屬之龍游縣原額月折月
本銀兩有閏額數較與無閏原額轉致減少細繹其故殆由無
閏原額係照咸豐二年
奏冊爲額有閏原額係照咸豐十年
奏冊爲額其中年分相隔較遠或有陞坍奉豁致有參差今昌化
蘭谿龍游三縣額徵有閏月糧銀米應否即遵照奉發咸豐十

年

奏冊作爲定額其該三縣額徵無閏月糧銀米若即遵照奉發咸

豐二年

奏冊爲額覈與有閏年分原額較多未免兩歧應否即遵照咸豐

十年有閏原額銀米匀閏覈減作爲定額之處理合查明該三

縣有閏無閏各原額及匀減欵目細數開摺詳候咨請

戶部覈示遵行等情到本部院據此相應咨請

貴部煩請查照覈覆飭遵施行

同治五年十月二十六日咨

戶部

今將昌化蘭谿龍游三縣有閏無閏原額漕項銀米數目並

擬請匀減閏月銀米各數開摺咨請

覈示

計開

昌化縣

咸豐二年無閏

原額本色月糧米六百三十二石九斗八升七合四勺

內除減漕案內減徵米六十六石一斗二升

七合七勺外

實徵無閏米五百六十六石八斗五升九合七勺

咸豐十年有閏

原額本色月糧米六百二十三石六斗八升四合五勺

內除減漕案內減徵米六十六石一斗二升
七合七勺外
實徵有閏米五百五十七石五斗五升六合八勺
前件擬請有閏之年仍照咸豐十年原額徵收外
如遇無閏之年請照有閏原額擬再勻減閏
米四十二石八斗八升九合實徵無閏米五
百一十四石六斗六升七合八勺

蘭谿縣

咸豐二年無閏
原額折色月糧銀五百六十三兩八錢七分三釐
原額本色月糧銀七十五兩四錢九釐

原額淺貢銀四百四十九兩九錢五分一釐
其無閏銀一千八十九兩二錢三分三釐
咸豐十年有閏
原額折色月糧銀五百五十二兩四釐
前件擬請有閏之年仍照咸豐十年原額徵收外
如遇無閏之年請照有閏原額擬再勻減閏
銀四十二兩四錢六分二釐實徵無閏銀五
百九兩五錢四分二釐
原額本色月糧銀七十九兩四錢五分一釐
前件擬請有閏之年仍照咸豐十年原額徵收外
如遇無閏之年請照有閏原額擬再勻減閏

銀六兩一錢一分二釐實徵無閏銀七十三
兩三錢三分九釐
原額淺貢銀四百三十七兩六錢三分六釐
前件擬請有閏之年仍照咸豐十年原額徵收外
如遇無閏之年請照有閏原額擬再勻減閏
銀三十三兩六錢六分四釐實徵無閏銀四
百三兩九錢七分二釐
其有閏銀一千六十九兩九分一釐無閏其減
閏銀八十二兩二錢三分八釐共實徵無閏
銀九百八十六兩八錢五分三釐
龍游縣

咸豐二年無閏

原額折色月糧銀二千二百五十二兩八錢九分七釐

原額淺貢銀六百六兩三錢五分二釐

共無閏銀二千八百五十九兩二錢四分九釐

咸豐十年有閏

原額折色月糧銀二千二百六兩四錢一分二釐

前件擬請有閏之年仍照咸豐十年原額徵收外

如遇無閏之年請照有閏原額擬再勻減閏

銀一百六十九兩七錢二分四釐實徵無閏

銀二千三十六兩六錢八分八釐

原額淺貢銀五百九十三兩九錢六分八釐

前件擬請有閏之年仍照咸豐十年原額徵收外
如遇無閏之年請照有閏原額擬再勻減閏
銀四十五兩六錢九分實徵無閏銀五百四
十八兩二錢七分八釐
共有閏銀二千八百兩三錢八分無閏共減閏
銀二百一十五兩四錢一分四釐其實徵無
閏銀二千五百八十四兩九錢六分六釐

浙江巡撫部院馬　爲遵飭造冊詳請覈咨事據糧儲道英樸
詳稱案於同治六年二月初二日接准
兵部火票遞到
戶部咨開浙江永減漕糧一案前據督撫等奏稱本應遵照部
議分縣造冊開報奈因兵燹之後冊籍無存奇零尚難準確須
俟各案查鈔齊全另行覈對分造細冊送部覈覆定案等因欽
奉
上諭一道業經鈔錄行知在案茲據奏稱查明減賸確數並據聲稱
造具清冊咨送本部等因查各屬減賸確數細冊爲永遠徵漕
根據最關緊要現據奏稱咨部而此項清冊仍未送到應飛咨
該撫趕緊專案送部毋再稍遲至昌化蘭谿龍游三縣有閏無

閏年分原額漕項銀米各數擬請勻減一節查咸豐二年奏册
歷年較遠或有歷坍豁除未免參差又咸豐十年奏册尚未據
題到部未便率准援引且以有閏年分銀米之額勻減作爲無
閏年分定額亦未允愜今本部查浙省到部册籍至咸豐九年
分止無閏之年應卽查照咸豐九年分奏册作爲定額有閏之
年應卽查照咸豐七年分奏册作爲定額相應鈔錄該二年昌
化蘭谿龍游等三縣額徵漕項銀米各數目開單咨覆浙江巡
撫遵照本部單開該二年作爲定額毋庸輕議更張惟單開各
欵均係減漕以前數目查浙省減漕案內奏准量減三十分之
八行月二糧隨漕遞減其餘漕項銀兩均不覈減今本部單開
昌化等縣漕項銀米數目除銀欵及米石折徵銀欵均無庸覈

減外其向徵本色米石者卽由該撫按照各該縣應減之數作爲定額仍將減賸各數專案報部查覈等因到院行道並奉戶部札同前因各等因奉此遵將昌化縣原額月糧本色米石並蘭谿龍游二縣原額漕項正耗銀兩遵奉戶部鈔發有閏無閏原額銀米各數以奉文之日爲始札飭各該縣應以同治六年起遵照戶部鈔發原額作爲徵解定額外所有杭嘉湖三府屬各州縣減定漕糧各欵本色正耗米石并實徵各數現在查照部發鈔案內開昌化縣月糧本色米石咸豐十年有閏原額項下聲請扣除豁免數目其咸豐八年無閏原額覈係該年尚未遇豁以致較與有閏原額轉大似應查照咸豐十年冊內扣豁之數一

律扣除則有閏之年原額方不致轉少遵經逐案悉照
戶部鈔發之數一律更正計除有閏變價米數合符原報外實
在有閏之年應徵漕白正耗米六十九萬六千二百七十二石
三斗九升八合一勺其無閏之年應扣除昌化縣原豁月糧本
色米四十九石七斗三勺外實應徵漕白正耗米六十九萬六
千五百八十六石二斗七升七合八勺理合造具各州縣有閏
無閏減定實徵各欵本色米石細數淸冊詳候咨送
戶部查覈等情到本部院據此相應咨明爲此合咨
貴部請煩查照施行須至咨者
計咨送　冊二本
同治六年六月　日咨

戶部

按查咨送清冊係有閏無閏分冊造送惟閏年米數細冊卽照同治四年十一月清賦案內咨部冊籍造送米數悉屬相符業已備載於前不復重列所有無閏聚正細數清冊刊載於後

二品頂戴浙江督糧道　爲咨送事今將杭嘉湖三府屬各州縣額徵無閏漕糧改漕白糧行月食等本色米石除減實徵數目理合分晰開造清冊咨送

查覈施行須至冊者

今開

浙江省

額徵漕糧正兌正米五十八萬四千九百九十六石七斗五升四合五勺內減米一十七萬二千二百三十九石二斗三升四勺

實徵米四十一萬二千七百五十七石五斗二升四合一勺

耗米二十三萬三千九百九十八石七斗一合八勺內減

米六萬八千八百九十五石六斗九升二合一勺

實徵米一十六萬五千一百三石九合七勺

改兌正米二萬九千三百六十五石五斗

耗米一萬一千七百四十六石二斗

改漕正米三萬六千二百九十石七斗七升三合六勺內減米

一萬一千八百六十二石二斗六合四勺

實徵米二萬四千四百二十八石五斗六升七合二勺

耗米一萬四千五百一十六石三斗九合五勺內減米四

千七百四十四石八斗八升二合四勺

實徵米九千七百七十一石四斗二升七合一勺

白糧正米二萬九千九百七十五石
耗米一萬三千四百八十八石七斗五升
行糧本色米一萬六千三百七十七石內減米四千八百三十
三石四斗七升二合七勺
實徵米一萬一千五百四十三石五斗二升七合三勺
月糧本色米二萬一千七百一十三石二斗一升六合八勺內
減米四千一百九十石一斗四升八合應徵米一萬
七千五百二十三石六升八合八勺嗣奉
大部鈔發冊開應扣昌化縣原豁米四十九石七斗
三勺
實徵米一萬七千四百七十三石三斗六升八合五勺

經費本色食米七千九百三十八石

以上共米一百萬四百六石二斗六合二勺內減米二十六萬六千七百六十五石六斗三升二合應徵米七十三萬三千六百四十石五斗七升四合二勺嗣

奉

大部鈔發冊開應扣昌化縣原豁米四十九石七斗三勺

實徵米七十三萬三千五百九十石八斗七升三合九勺

杭州府

額徵漕糧正兌正米九萬七千九十八石四斗九升八合九勺

内減米一萬五千九百二十四石七斗三升五合四

勺

實徵米八萬一千一百七十三石七斗六升三合五勺

耗米三萬八千八百三十九石三斗九升九合七勺内減

米六千三百六十九石八斗九升四合一勺

實徵米三萬二千四百六十九石五斗五合六勺

改兌正米四千八百九十四石二斗六升

耗米一千九百五十七石七斗四合

行糧本色米二千六百六十四石内減米四百三十九石四斗

九升八合八勺

實徵米二千二百二十四石五斗一合二勺

月糧本色米一萬八千一百九石五斗二合七勺內減米三千一石三斗五升九合七勺應徵米一萬五千一百八石一斗四升三合嗣奉
大部鈔發冊開應扣昌化縣原豁米四十九石七斗
三勺
實徵米一萬五千五十八石四斗四升二合七勺
以上共米一十六萬三千五百六十三石三斗六升五合三勺內減米二萬五千七百三十五石四斗八升八合應徵米一十三萬七千八百二十七石八斗七升七合三勺嗣奉
大部鈔發冊開應扣昌化縣原豁米四十九石七斗

三勺
實徵米一十三萬七千七百七十八石一斗七升七合
嘉興府
額徵漕糧正兌正米二十八萬三千八百四十三石六斗九升
七合四勺內減米九萬三千七百三十六石一斗五
升七合八勺
實徵米一十九萬一百七石五斗三升九合六勺
耗米一十一萬三千五百三十七石四斗七升八合八勺
內減米三萬七千四百九十四石四斗六升三合二
勺
實徵米七萬六千四十三石一升五合六勺

改兌正米一萬四千六百八十二石七斗五升

耗米五千八百七十三石一斗

改漕正米二萬二千五百六十六石一斗四升內減米七千四百五十八石九斗六升八合

實徵米一萬五千一百七石一斗七升二合

耗米九千二十六石四斗五升六合內減米二千九百八十三石五斗八升七合

實徵米六千四十二石八斗六升九合

白糧正米一萬八千五百八十七石四斗三升八合四勺

耗米八千三百六十四石三斗四升二合八勺

行糧本色米八千七石內減米二千六百四十九石一斗八合

額徵漕糧正兌正米二十萬四千五十四石五斗五升八合二

湖州府

實徵米三十四萬六千八百五十九石八斗

減米一十四萬五千四百一十六石三斗一合

以上共米四十九萬二千二百七十六石一斗一合內

經費本色倉米四千七百八十八石

實徵米一千九百五石六斗九升九勺

九十四石一升六合七勺

月糧本色米二千九百九十九石七斗七合六勺內減米一千

實徵米五千三百五十七石八斗九升一合七勺

三勺

勺內減米六萬二千五百七十八石三斗三升七合

二勺

實徵米一十四萬一千四百七十六石二斗二升一合

耗米八萬一千六百二十一石八斗二升三合三勺內減

米二萬五千三十一石三斗三升四合八勺

實徵米五萬六千五百九十石四斗八升八合五勺

改兌正米九千七百八十八石四斗九升

耗米三千九百一十五石三斗九升六合

改漕正米一萬三千七百二十四石六斗三升三合六勺內減

米四千四百三石二斗三升八合四勺

實徵米九千三百二十一石三斗九升五合二勺

耗米五千四百八十九石八斗五升三合五勺內減米一
千七百六十一石二斗九升五合四勺
實徵米三千七百二十八石五斗五升八合一勺
白糧正米一萬一千三百八十七石五斗七升一合六勺
耗米五千一百二十四石四斗七合二勺
行糧本色米五千七百六石內減米一千七百四十四石八斗
六升五合六勺
實徵米三千九百六十一石一斗三升四合四勺
月糧本色米六百四石六合五勺內減米九十四石七斗七升
一合六勺
實徵米五百九石二斗三升四合九勺

經費本色食米三千一百五十石

以上共米三十四萬四千五百六十六石七斗三升九合九勺丙減米九萬五千六百一十三石八斗四升三合

實徵米二十四萬八千九百五十二石八斗九升六合九勺

仁和縣

額徵漕糧正兌正米三萬一千五百九十六石九斗三合五勺丙減米五千八百八十九石九斗八升一勺

實徵米二萬五千七百六石九斗二升三合四勺

耗米一萬二千六百三十八石七斗六升一合四勺丙減

米二千三百五十五石九斗九升二合
實徵米一萬二百八十二石七斗六升九合四勺
改兌正米一千八百八十石三斗七升
耗米七百五十二石一斗四升八合
行糧本色米八百五十八石内減米一百六十石七合二勺
實徵米六百九十七石九斗九升二合八勺
月糧本色米五千三百九石二斗六升七合五勺内減米一千
六十四石九斗七升四合一勺
實徵米四千二百四十四石二斗九升三合四勺
以上共米五萬三千三十五石四斗五升四勺内減米
九千四百七十石九斗五升三合四勺

實徵米四萬三千五百六十四石四斗九升七合

錢塘縣

額徵漕糧正兌正米一萬三千三百七十八石九斗八合五勺

內減米一千七百九十六石二斗八升一合三勺

實徵米一萬一千五百八十二石六斗二升七合二勺

耗米五千三百五十一石五斗六升三合四勺內減米七百一十八石五斗一升二合五勺

實徵米四千六百三十三石五升九勺

改兌正米八百九石五斗一升

耗米三百二十三石八斗四合

行糧本色米三百七十八石內減米五十石七斗七升三合一

勺
實徵米三百二十七石二斗二升六合九勺
月糧本色米二千一百五十八石四斗六升七合二勺內減米
三百二十八石九斗五升二合三勺
實徵米一千八百二十九石五斗一升四合九勺
以上共米二萬二千四百石二斗五升三合一勺內減
米二千八百九十四石五斗一升九合二勺
實徵米一萬九千五百五石七斗三升三合九勺
海甯州
額徵漕糧正兌正米三萬三千三百九十五石八斗九升一合
九勺內減米六千五十七石三斗八升七勺

實徵米二萬七千三百三十八石五斗一升一合二勺

耗米一萬三千三百五十八石三斗五升六合八勺內減

米二千四百二十二石九斗五升二合三勺

實徵米一萬九百三十五石四斗四合五勺

改兌正米一千八百五十二石九斗七升

耗米七百四十一石一斗八升八合

行糧本色米九百六十三石內減米一百七十四石七斗四升

三合九勺

實徵米七百八十八石二斗五升六合一勺

月糧本色米三千七十六石二升六勺內減米五百九十二

石四斗二升九勺

實徵米二千四百八十三石五斗九升九合七勺

以上共米五萬三千三百八十七石四斗二升七合三勺內減米九千二百四十七石四斗九升七合八勺

實徵米四萬四千一百三十九石九斗二升九合五勺

富陽縣

額徵漕糧正兌正米三千三百二十二石五斗六升一合五勺

內減米三百三十六石八斗二合一勺

實徵米二千九百八十五石七斗五升九合四勺

耗米一千三百二十九石二升四合六勺內減米一百三十四石七斗二升八勺

實徵米一千一百九十四石三斗三合八勺

改兌正米三百五十一石四斗一升

耗米一百四十石五斗六升四合

行糧本色米九十石内減米九石一斗二升七合一勺

實徵米八十石八斗七升二合九勺

月糧本色米一千七百一十三石一斗五升二合五勺内減米

一百九十七石三斗三升七合

實徵米一千五百一十五石八斗一升五合五勺

以上共米六千九百四十六石七斗一升二合六勺内

減米六百七十七石九斗八升七合

實徵米六千二百六十八石七斗二升五合六勺

餘杭縣

額徵漕糧正兌正米七千八百三十石一斗三合四勺內減米
八百五十五石六斗七升四合
實徵米六千九百七十四石四斗二升九合四勺
耗米三千一百三十二石四升一合四勺內減米三百四
十二石二斗六升九合六勺
實徵米二千七百八十九石七斗七升一合八勺
行糧本色米一百九十五石內減米二十一石三斗一升八合
六勺
實徵米一百七十三石六斗八升一合四勺
月糧本色米四百九十六石八斗一升三合六勺內減米六十
二石五斗五升四合三勺

實徵米四百三十四石二斗五升九合三勺

以上共米一萬一千六百五十三石九斗五升八合四勺內減米一千二百八十一石八斗一升六合五勺

實徵米一萬三百七十二石一斗四升一合九勺

臨安縣

額徵漕糧正兌正米三千一百二十一石八斗四合五勺內減米四百六十一石四斗九升九合一勺

實徵米二千六百六十石三斗五合四勺

耗米一千二百四十八石七斗二升一合八勺內減米一百八十四石五斗九升九合六勺

實徵米一千六十四石一斗二升二合二勺

行糧本色米七十五石内減米一十一石九升一合
實徵米六十三石九斗八合
月糧本色米一千三百五十一石三斗五升三合一勺内減米
三百七十三石九斗四升八勺
實徵米一千九百七十七石四斗一升一合三勺
以上共米六千七百九十六石八斗七升九合四勺内
減米一千三十一石一斗三升一合五勺
實徵米五千七百六十五石七斗四升七合九勺
新城縣
額徵漕糧正兌正米一千九百八石七斗六升内減米一百五
十七石七斗九升四合二勺

實徵米一千六百五十石九斗六升五合八勺

耗米七百六十三石五斗四合內減米一百三石一斗一升七合七勺

實徵米六百六十石三斗八升六合三勺

行糧本色米四十五石內減米六石八升二勺

實徵米三十八石九斗一升九合八勺

月糧本色米一千四百五十二石五斗六升二合八勺內減米二百一十石五斗三升九合四勺

實徵米一千二百四十二石二升三合四勺

以上共米四千一百六十九石八斗二升六合八勺內

減米五百七十七石五斗三升一合五勺

實徵米三千五百九十二石二斗九升五合三勺

於潛縣

額徵漕糧正兌正米一千四百八十六石四斗七升六合三勺

內減米一百五十七石二斗九升一合八勺

實徵米一千三百二十九石一斗八升四合五勺

耗米五百九十四石五斗九升五勺內減米六十二石九斗一升六合七勺

實徵米五百三十一石六斗七升三合八勺

行糧本色米三十石內減米三石一斗七升五合九勺

實徵米二十六石八斗二升四合一勺

月糧本色米九百一十八石八斗七升八合內減米一百四石

五斗一升三合二勺

實徵米八百一十四石三斗六升四合八勺

以上共米三千二十九石九斗四升四合八勺內減米

三百二十七石八斗九升七合六勺

實徵米二千七百二石四升七合二勺

昌化縣

額徵漕糧正兌正米一千五十七石八升九合三勺內減米一

百一十二石三升二合一勺

實徵米九百四十五石五升七合二勺

耗米四百二十二石八斗三升五合八勺內減米四十四

石八斗一升二合九勺

實徵米三百七十八石二升二合九勺

行糧本色米三十石內減米三石一斗八升八勺

實徵米二十六石八斗一升九合二勺

月糧本色米六百三十二石九斗八升七合四勺內減米六十六石一斗二升七合七勺應徵米五百六十六石八斗五升九合七勺嗣奉

大部鈔發冊開應扣原豁米四十九石七斗三勺

實徵米五百一十七石一斗五升九合四勺

以上共米二千一百四十二石九斗一升二合五勺內減米二百二十六石一斗五升三合五勺應徵米一千九百一十六石七斗五升九合嗣奉

大部鈔發冊開應扣原豁米四十九石七斗三勺

實徵米一千八百六十七石五升八合七勺

嘉興縣

額徵漕糧正兌正米五萬七千三百二十二石五斗四升內減

米一萬七千九百二石三斗八升七勺

實徵米三萬九千四百二十石一斗五升九合三勺

耗米二萬二千九百二十九石一升六合內減米七千一

百六十石九斗五升二合三勺

實徵米一萬五千七百六十八石六升三合七勺

改兌正米二千九百六十五石九斗二升

耗米一千一百八十六石三斗六升八合

改漕正米四千六百七十石二升二合六勺內減米一千四百
五十九石一斗八合四勺
實徵米三千二百一十石九斗一升四合二勺
耗米一千八百六十八石九合內減米五百八十三石六
斗四升三合三勺
實徵米一千二百八十四石三斗六升五合七勺
白糧正米三千八百五十一石四斗六升七合
耗米一千七百三十三石一斗六升二勺
行糧本色米一千六百八十九石內減米五百二十七石七斗
一升三合五勺
實徵米一千一百六十一石二斗八升六合五勺

月糧本色米三千一百二十石五斗二升五合二勺內減米七
百一十七石六斗九升三勺
實徵米一千四百二石八斗三升四合九勺
經費本色食米一千八石
以上共米一十萬一千三百四十四石二升八合內減
米二萬八千三百五十一石四斗八升八合五勺
實徵米七萬二千九百九十二石五斗三升九合五勺
秀水縣
額徵漕糧正兌正米五萬一十五石三斗八升五合內減米一
萬八千六百三十石九斗五升八勺
實徵米三萬一千三百八十四石四斗三升四合二勺

耗米二萬六石一斗五升四合内減米七千四百五十二
石三斗八升三勺
實徵米一萬二千五百五十三石七斗七升三合七勺
改兌正米二千五百八十七石一斗
耗米一千三十四石八斗四升
改漕正米三千九百八石六斗五升七合六勺内減米一千四
百五十六石六斗三合八勺
實徵米二千四百五十二石五升三合八勺
耗米一千五百六十三石四斗六升三合一勺内減米五
百八十二石六斗四升一合六勺
實徵米九百八十石八斗二升一合五勺

白糧正米三千二百一十五石二升五合

耗米一千四百四十六石七斗六升一合三勺

行糧本色米一千二百六十三石內減米四百七十石六斗七升七勺

實徵米七百九十二石三斗二升九合三勺

經費本色食米八百八十二石

以上共米八萬五千九百二十二石三斗八升六合內

減米二萬八千五百九十三石二斗四升七合二勺

實徵米五萬七千三百二十九石一斗三升八合八勺

嘉善縣

額徵漕糧正兌正米五萬五千七百九十六石四斗九升六合

五勺內減米二萬二千三十九石九斗三升三合九
勺
實徵米三萬三千七百五十六石五斗六升二合六勺
耗米二萬二千三百一十八石五斗九升八合五勺內減
米八千八百一十五石九斗七升三合五勺
實徵米一萬三千五百二石六斗二升五合
改兌正米三千一百一十五石六斗八升
耗米一千二百四十六石二斗七升二合
改漕正米四千五百一十二石八斗四升六合八勺內減米一
千七百八十三石三斗五升二合五勺
實徵米二千七百二十九石四斗九升四合三勺

耗米一千八百五石一斗三升八合七勺內減米七百一
十三石三斗四升一合
實徵米一千九十一石七斗九升七合七勺
白糧正米三千七百四十六石三斗六升二合四勺
耗米一千六百八十五石八斗六升三合一勺
行糧本色米一千七百一十三石內減米六百七十六石九斗
三升三勺
實徵米一千三十六石六升九合七勺
月糧本色米八百七十九石一斗八升二合四勺內減米三百
七十六石三斗二升六合四勺
實徵米五百二石八斗五升六合

經費本色米八百八十二石
以上共米九萬七千七百一石四斗四升四勺內減米
三萬四千四百五石八斗五升七合六勺
實徵米六萬三千二百九十五石五斗八升二合八勺

海鹽縣
額徵漕糧正兌正米三萬一千七百一十四石七斗八升內減
米七千九百一十九石六斗一升一合九勺
實徵米二萬三千七百九十五石一斗六升八合一勺
耗米一萬二千六百八十五石九斗一升二合內減米三
千一百六十七石八斗四升四合八勺
實徵米九千五百一十八石六升七合二勺

改兌正米一千五百八十八石六斗七升
耗米六百三十五石四斗六升八合
改漕正米二千五百二十二石四斗九升八合內減米六百三
十石一斗六升七合四勺
實徵米一千八百九十二石三斗三升六勺
耗米一千八石九斗九升九合二勺內減米二百五十二
石六升六合九勺
實徵米七百五十六石九斗三升二合三勺
白糧正米二千六十八石三升二合九勺
耗米九百三十石六斗一升四合八勺
行糧本色米八百七十三石內減米二百一十八石九升一合

八勺

實徵米六百五十四石九斗八合二勺

經費本色食米六百三十石

以上共米五萬四千六百五十七石九斗七升四合九勺內減米一萬二千一百八十七石七斗八升二合

八勺

實徵米四萬二千四百七十石一斗九升二合一勺

平湖縣

額徵漕糧正兌正米三萬三千四百石二斗四升五合九勺內減

米一萬七百一十八石八斗四升三合五勺

實徵米二萬二千二百八十五石四斗二合四勺

耗米一萬三千二百一石六斗九升八合三勺內減米四
千二百八十七石五斗三升七合四勺
實徵米八千九百一十四石一斗六升九勺
改兌正米一千六百五十七石一斗九升
耗米六百六十二石八斗七升六合
改漕正米二千六百六十八石八斗四升一合五勺內減米八
百六十七石一斗三升一勺
實徵米一千八百一石七斗一升一合四勺
耗米一千六十七石五斗三升六合六勺內減米三百四
十六石八斗五升二合
實徵米七百二十石六斗八升四合六勺

白糧正米二千一百八十一石九斗一升八合四勺
耗米九百八十一石八斗六升三合三勺
行糧本色米九百九十三石內減米三百二十二石六斗三升
四合四勺
實徵米六百七十石三斗六升五合六勺
經費本色食米五百四石
以上共米五萬六千九百二十三石一斗七升內減米
一萬六千五百四十二石九斗九升七合四勺
實徵米四萬三百八十石一斗七升二合六勺
石門縣
額徵漕糧正兌正米三萬三百四十四石三斗五升內減米九

千七百六十三石二斗六升八合四勺
實徵米二萬五百八十一石八升一合六勺
耗米一萬二千一百三十七石七斗四升內減米三千九
百五石三斗七合四勺
實徵米八千二百三十二石四斗三升二合六勺
改兌正米一千四百八十三石九斗四升
耗米五百九十三石五斗七升六合
改漕正米二千二百八十六石七升四合二勺內減米七百三
十五石八斗五升一合四勺
實徵米一千五百五十石二斗二升二合八勺
耗米九百一十四石四斗二升九合七勺內減米二百九

十四石三斗四升五勺

實徵米六百二十石八升九合二勺

白糧正米一千八百七十九石七斗七升三合

耗米八百四十五石八斗九升七合八勺

行糧本色米七百五十三石內減米二百四十二石三斗七升

八合九勺

實徵米五百一十石六斗二升一合一勺

經費本色食米五百四石

以上共米五萬一千七百四十二石七斗八升七勺內

減米一萬四千九百四十一石一斗四升六合六勺

實徵米三萬六千八百一石六斗三升四合一勺

桐鄉縣

額徵漕糧正兌正米二萬五千六百四十五石九斗內減米六千七百六十一石一斗六升八合六勺

實徵米一萬八千八百八十四石七斗三升一合四勺

耗米一萬二百五十八石三斗六升內減米二千七百四石四斗六升七合五勺

實徵米七千五百五十三石八斗九升二合五勺

改兌正米一千二百八十四石二斗五升

耗米五百一十三石七斗

改漕正米一千九百九十七石一斗九升九合三勺內減米五百二十六石七斗五升四合四勺

實徵米一千四百七十石四斗四升四合九勺
耗米七百九十八石八斗七升九合七勺内減米二百一
十石七斗一合七勺
實徵米五百八十八石一斗七升八合
白糧正米一千六百四十四石八斗四升九合七勺
耗米七百四十石一斗八升二合三勺
行糧本色米七百二十三石内減米一百九十石六斗八升八
合七勺
實徵米五百三十二石三斗一升一合三勺
經費本色食米三百七十八石
以上共米四萬三千九百八十四石三斗二升一合内

減米一萬三百九十三石七斗八升九勺

實徵米三萬三千五百九十石五斗四升一勺

安吉縣

額徵漕糧正兌正米五千四百五十二石二斗內減米五百六十四石四斗四升一合四勺

實徵米四千八百八十七石七斗五升八合六勺

耗米二千一百八十石八斗八升內減米二百二十五石七斗七升六合五勺

實徵米一千九百五十五石一斗三合五勺

改兌正米二百八十八石七斗六升

耗米一百一十五石五斗四合

行糧本色米一百六十五石內減米一十七石八升八合九勺
實徵米一百四十七石九斗一升一合一勺
月糧本色米三百三十九石三斗七升一合四勺內減米三十
八石七升四合三勺
實徵米三百一石二斗九升七合一勺
以上共米八千五百四十一石七斗一升五合四勺內
減米八百四十五石三斗八升一合一勺
實徵米七千六百九十六石三斗三升四合三勺

歸安縣
額徵漕糧正兌正米五萬七千二百五十七石七斗七升一合
二勺內減米二萬五百二石三升八勺

實徵米三萬六千七百五十五石七斗四升四勺
耗米二萬二千九百三石一斗八合五勺內減米八千二
百石八斗一升二合三勺
實徵米一萬四千七百二石二斗九升六合二勺
改兌正米三千三百一石六斗四升
耗米一千三百二十石六斗五升六合
改漕正米四千一百一十九石六斗三升六合內減米一千四
百七十五石七斗二升五合二勺
實徵米二千六百四十三石九斗一升八勺
耗米一千六百四十七石八斗五升四合四勺內減米五
百九十石二斗九升一勺

實徵米一千五十七石五斗六升四合三勺
白糧正米三千四百一十三石一斗一升二合三勺
耗米一千五百三十五石九斗五勺
行糧本色米一千六百四十一石內減米五百八十七石八斗
三升四合七勺
實徵米一千五十三石一斗六升五合三勺
月糧本色米三十二石六斗九升四合九勺內減米一十二石
六斗九升一合九勺
實徵米二十石三合
經費本色食米九百四十五石
以上共米九萬八千一百一十八石三斗七升三合八

勺內減米三萬一千三百六十九石三斗八升五合

實徵米六萬六千七百四十八石九斗八升八合八勺

烏程縣

額徵漕糧正兌正米六萬六千二百六十八石六斗三升七合

內減米二萬五千四百三十四石一斗二升

實徵米四萬八百三十四石五斗一升七合

耗米二萬六千五百七石四斗五升四合八勺內減米一

萬一百七十三石六斗四升八合

實徵米一萬六千三百三十三石八斗六合八勺

改兌正米四千一百六十四石三升

耗米一千六百六十五石六斗一升二合

改漕正米四千九百五十七石一斗六升四合五勺內減米一
千九百三石三斗九升三合一勺
實徵米三千五十三石七斗七升一合四勺
耗米一千九百八十二石八斗六升五合八勺內減米七
百六十一石三斗五升七合二勺
實徵米一千二百二十一石五斗八合六勺
白糧正米四千一百六十九石三斗五升九勺
耗米一千八百七十六石二斗七合九勺
行糧本色米一千七百七十三石內減米六百八十石七斗七
升五合五勺
實徵米一千九十二石二斗二升四合五勺

月糧本色米一十七石五斗五升八合內減米七石三斗一升二合六勺

實徵米一十石二斗四升五合四勺

經費本色食米一千一百三十四石

以上共米一十一萬四千五百一十五石八斗八升九勺內減米三萬八千九百六十石六斗六合四勺

實徵米七萬五千五百五十五石二斗七升四合五勺

長興縣

額徵漕糧正兌正米三萬四千四百八十五石九斗內減米五千一百五十五石七斗七升九合一勺

實徵米二萬九千三百三十石一斗二升九勺

耗米一萬三千七百九十四石三斗六升內減米二千六
十二石三斗一升一合六勺
實徵米一萬一千七百三十二石四升八合四勺
改漕正米一千九百六十六石七斗四升七合四勺內減米二
百九十四石一斗六升三勺
實徵米一千六百七十二石五斗八升七合一勺
耗米七百八十六石六斗九升九合內減米一百一十七
石六斗六升四合二勺
實徵米六百六十九石三升四合八勺
白糧正米一千六百五石三斗九升九合二勺
耗米七百二十二石四斗二升九合七勺

行糧本色米九百五十一石內減米一百四十二石二斗三升八合二勺

實徵米八百八石七斗六升一合八勺

月糧本色米一百九十一石七斗三升一合一勺內減米三十一石六升三合七勺

實徵米一百六十石六斗六升七合四勺

經費本色食米四百四十一石

以上共米五萬四千九百四十五石二斗六升六合四勺內減米七千八百三石二斗一升七合一勺

實徵米四萬七千一百四十二石四升九合三勺

德清縣

額徵漕糧正兌正米三萬三千二百六十一石四斗內減米九千八百六十九石一斗四升四合六勺

實徵米二萬三千三百九十二石二斗五升五合四勺

耗米一萬三千三百四石五斗六升內減米三千九百四十七石六斗五升七合八勺

實徵米九千三百五十六石九斗二合二勺

改兌正米一千六百四石三斗四升

耗米六百四十一石七斗三升六合

改漕正米二千二百五十石七斗四升九合九勺內減米六百六十八石一斗一升二合五勺

實徵米一千五百八十二石六斗三升七合四勺

耗米九百石三斗內減米二百六十七石二斗四升五合

實徵米六百三十三石五升五合

白糧正米一千八百五十二石九斗一升六合五勺

耗米八百三十三石八斗一升二合四勺

行糧本色米九百六十六石內減米二百八十六石七斗四升

七合四勺

實徵米六百七十九石二斗五升二合六勺

月糧本色米一十二石六斗七升六合六勺內減米四石七升

六合二勺

實徵米八石六斗四勺

經費本色食米五百四石

以上共米五萬六千一百三十二石四斗九升一合四
勺内減米一萬五千四十二石九斗八升三合五勺
實徵米四萬一千八十九石五斗七合九勺

武康縣

額徵漕糧正兌正米七千三百二十八石六斗五升内減米一
千五十二石八斗二升一合三勺
實徵米六千二百七十五石八斗二升八合七勺
耗米二千九百三十一石四斗六升内減米四百二十一
石一斗二升八合六勺
實徵米二千五百一十石三斗三升一合四勺
改兌正米四百二十九石七斗二升

耗米一百七十一石八斗八升八合
改漕正米四百三十石三斗三升五合八勺內減米六十一石
八斗四升七合三勺
實徵米三百六十八石四斗八升八合五勺
耗米一百七十二石一斗三升四合三勺內減米二十四
石七斗三升八合九勺
實徵米一百四十七石三斗九升五合四勺
白糧正米三百四十六石七斗九升二合七勺
耗米一百五十六石五升六合七勺
行糧本色米二百一十石內減米三十石一斗八升九勺
實徵米一百七十九石八斗一升九合一勺

月糧本色米九石九斗七升四合五勺內減米一石五斗五升
二合九勺
實徵米八石四斗二升一合六勺
經費本色食米一百二十六石
以上共米一萬二千三百一十三石一升二合內減米
一千五百九十二石二斗六升九合九勺
實徵米一萬七百二十石七斗四升二合一勺

浙江海運全案重編目錄

新編卷二

省局事宜

司道會詳籌辦新漕海運派委省局委員
省局呈報開設省局並開用關防日期
省局呈報添員辦理省局事務
省局呈報飭委杭州府暨仁錢二縣幫同照料局務
省局咨臬司衙門海運公文飭屬加緊馳遞
浙撫咨請轉飭海運公文依限飛遞
糧道移知撫院衙門添設辦理海運各房書給予辛飯紙張
銀兩
撫院飭知添僱繕書給予辛飯紙張銀兩
浙撫片奏白糧蠲荒徵運
省局飭知白糧扣蠲荒田不能於已種田内再扣災歎

省局咨行內河運米剝船給發印旗各釐卡隨驗放行

省局通飭各屬嚴禁剝船使水攙雜短少

浙撫咨明漕白糧米於正米內提出樣米一斗帶津呈驗

浙撫咨明經耗剝食於原給丁耗內支給本色

浙撫咨請直督早爲預備官剝船隻

浙撫咨送新漕起運漕白交倉支給分欵米數細冊

省局飭發滬津局起運漕白交倉支給米數細冊

省局飭發各州縣起運漕白交倉支給米數細冊

浙撫咨明嘉湖各縣赴江南採買白糯各局卡查驗放行

浙撫咨請蘇省浙漕剝米赴滬轉飭營縣撥護

浙撫咨明浙省奉頒木斛帶津較驗

浙江巡撫臣馬新貽跪

奏爲籌議海運經費請

旨飭部覈覆以便遵辦恭摺仰祈

聖鑒事竊照浙省杭嘉湖三府漕糧米石前奉

恩旨減免額徵經臣等查明應減成數奏奉

諭旨各按科則重輕分別上中下則一律永遠減免以紓民力等因

欽此欽遵刊刻謄黃徧行曉諭在案所有議籌運費一款先經

督臣左宗棠具

奏接准部覆內開查浙省海運向只支銷漕截銀兩其不敷之數

皆由州縣酌提津貼並不動用庫款是以准免報銷今該督以

正額浮收概行覈減請將津貼一項裁革自係爲釐剔漕弊起

見但所需運費總宜於漕務項下寬爲籌備俾敷應用不得於
漕項之外再動別項正欵至一切支銷如有應裁應減者亦宜
分別裁減力求撙節不得卽以八錢作爲定額應令該督撫從
長計議量入爲出將籌備欵項及應用數目再行據實覆奏由
臣
部覈定後方准照數動支如有盈餘報部候撥准免造冊報
銷以歸簡便等因當經轉飭藩司糧道通籌妥議詳辦去後兹
據該司道等詳稱查浙西漕米除照額覈減外共存正耗米七
十萬三千餘石內海運新章每石給商船耗米八升以全漕起
運而論應扣去米五萬餘石無須運費所有起運需費之米祇
六十五萬餘石每石以八錢覈計約需銀五十二萬兩按漕截
一欵例應給幫改行海運以後業經

奏准提解每石三錢四分六絲今擬全數動用計正銀二十六萬
一千一百四十九兩零隨耗五千三百二十九兩零又白糧經
費項下劃出漕截銀一萬三千一兩零此外自應遵照部議
奏准之案於漕糧項下酌提不敢動用別項正欵如減存之行月
等米既不給幫自應變價擬照經費食米定價每石作銀一兩
五錢現除減免外仍應共收米三萬四千二百五十四石零計
銀五萬一千三百八十一兩零又查南月米一項此時亦不給
幫共收正米七千一百石每石作銀二兩計銀一萬四千二百
兩杭嘉湖三府行糧折徵項下共銀一萬一千四百五十二兩
零隨耗五百三十八兩零月糧折徵項下共銀五百四十八兩
零隨耗二十七兩零經費食米折徵項下共銀三千八百四十

一兩零隨耗一百八十一兩零以及甯紹等府本色月糧項下共銀五萬九千七百三十一兩零又耗三千六百四十二兩零折色月糧項下共銀六萬八千七百二十四兩零又耗三千九百四十五兩零合之漕截銀兩已共銀四十九萬七千六百八十九兩零以全漕起運之年約需銀五十二萬兩計之所絀無幾如有不敷之處再於漕務項下設法撥補所提各欵皆係河運年間給幫之欵今河運易爲海運酌量籌抵仍係以漕辦漕未動正欵等情詳請具

奏前來臣等伏查從前海運經費不敷皆由各州縣酌提津貼每石自七錢至四錢不等此項津貼銀兩該州縣豈能自捐廉俸無非取自民間雖欲不浮收而不可得矣今正額既蒙

恩減浮收更應禁絶所有海運經費一項除動支漕截而外斷不可
再令州縣津貼以致重累吾民惟有遵照部議於漕務項下寛
爲籌備今據該司道等議請以減存行月南月各米分別變價
以及杭嘉湖三府行月食米折徵之欵甯紹等府本折月糧等
欵抵備海運經費以昔年給丁之項爲今日運米之用以公濟
公不動別項正欵尚屬妥協此外漕務項下尚有一二未提之
欵萬一經費不敷亦可隨時撥補固不必另提正欵亦毋庸再
議津貼也其部議每石運費不准拘定八錢之數查原奏所謂
八錢者不過約計之詞以示限制之意原難作爲定額惟海運
自滬及津僱船設局用費浩繁不得不寛爲籌備以免臨時掣
肘臣等仍當督飭該司道等力求撙節覈實支銷如有盈餘存

於道庫聽候撥用並將動用數目按年
奏結免其造冊報銷以歸簡易至從前辦理河運用欵尤多將來
如果復行以此八錢之欵作爲給幫之用是否相當尚難懸揣
今但就海運而言辦理自可裕如矣除覈減浮收裁革陋規等
事現在確切訪查總期官民兩便以垂久遠俟覈定章程另行
奏報外謹將籌議海運經費緣由會同閩浙總督臣左宗棠漕運
總督臣吴棠合詞恭摺具
奏伏乞
皇太后
皇上聖鑒敕部覈覆施行謹
奏

同治四年八月初四日具

奏奉

旨戶部速議具奏欽此

按籌抵海運經費案內米數間有參差業將準確分欵細

數專案

奏明備載前卷

戶部謹

奏爲遵

旨速議具奏事浙江巡撫馬新貽奏籌議海運經費一摺同治四年

八月十五日軍機大臣奉

旨戶部速議具奏欽此欽遵於十六日交出到部據原奏內稱浙省

杭嘉湖三府漕糧米石前奉

恩旨減免額徵經臣等查明應減成數奏奉

諭旨一律永遠減免欽遵刊刻謄黃徧行曉諭在案所有議籌運費

一欵先經督臣左宗棠具

奏接准部覆等因當經轉飭藩司糧道通籌妥議詳辦去後茲據

該司道等詳稱查浙西漕米除照額豁減外其存正耗米七十

萬三千餘石內海運新章每石給商船耗米八升以全漕起運
而論應扣去米五萬餘石無須運費所有起運需費之米衹六
十五萬餘石每石以八錢覈計約需銀五十二萬兩按漕截一
欵例應給幫改行海運以後業經奏准提解每石三錢四分六
絲今擬全數動用計正銀二十六萬一千一百四十九兩零隨
耗五千三百二十九兩零又白糧經費項下劃出漕截銀一萬
三千一兩零此外自應遵照部議奏准之案於漕糧項下酌提
不敢動用則項正欵如減存之行月等米既不給幫自應變價
擬照經費食米定價每石作銀一兩五錢現除減免外仍應共
收米三萬四千二百五十四石零計銀五萬一千三百八十一
兩零又查南月米一項此時亦不給幫共收正米七千一百石

每石作銀一兩計銀一萬四千一百兩杭嘉湖三府行糧折徵
項下共銀一萬一千四百五十一兩零隨耗五百三十八兩零
月糧折徵項下共銀五百四十八兩零隨耗一十七兩零經費
食米折徵項下共銀三千八百四十一兩零隨耗一百八十一
兩零以及甯紹等府本色月糧項下共銀五萬九千七百三十
一兩零又耗三千六百四十一兩零折色月糧項下共銀六萬
八千七百二十四兩零又耗三千九百四十五兩零合之漕截
銀兩已共銀四十九萬七千六百八十九兩零以全漕起運之
年約需銀五十一萬兩計之所絀無幾如有不敷之處再於漕
務項下設法撥補等情伏查從前海運經費不敷皆由各州縣
酌提津貼每石自七錢至四錢不等此項津貼銀兩該州縣豈

能自捐廉俸無非取自民間今正額既蒙
恩減浮收更應禁絕所有海運經費一項除動支漕截而外斷不可
再令州縣津貼以致重累吾民今據該司道等擬請以昔年給
丁之項爲今日運米之用以公濟公不動別項正欵此外漕務
項下尙有一二末提之欵萬一經費不敷亦可隨時撥補固不
必另提正欵亦毋庸再議津貼也其部議每石運費不准拘定
八錢之數查原奏所謂八錢者不過約計之詞以示限制之意
原難作爲定額惟海運自滬及津僱船設局用欵浩繁不得不
寬爲籌備以免臨時掣肘臣等仍當督飭該司道等力求撙節
覈實支銷如有盈餘存於道庫聽候撥用並將動用數目按年
奏結免其造冊報銷以歸簡易除覈減浮收裁革陋規等事俟

覈定章程另行奏報外謹將籌議海運經費緣由具奏等語臣等伏查浙江漕糧自行海運以來除將漕截銀兩抵作運費外不敷之數另由州縣酌提津貼上年督臣左宗棠奏杭嘉湖三屬收漕積弊摺內請革除津貼另籌運費實爲漕務正本清源之論經臣部議令量入爲出從長計議去後兹據撫臣馬新貽奏稱據藩司糧道詳稱浙西漕米減存正耗米七十餘萬石除支海運商船耗米外所有起運須費之米每石以入錢覈計約需運費銀五十餘萬兩以額徵漕截正耗銀兩合之減存行月南月各米分別變價銀兩及杭嘉湖等府行月食米折徵三欵甯紹等府本折月糧等欵共銀四十九萬七千餘兩全漕起運如有不敷再於漕務項下撥補等語查津貼既永遠革除運費

必寛爲籌備該撫等請將昔年給丁之項爲今日運米之資以漕辦漕並不動用別項辦法尙爲妥洽其漕截一欵已據該撫另片奏准毋庸覈減應卽准其照舊徵收抵充運費此外議提各欵均請准如所奏辦理惟向來該省辦漕祇准動用漕截現在議增之欵幾至一倍有餘原恐各州縣藉口津貼重累閭閻故爲此破格之舉自此次明定章程後辦運旣無虞掣肘紳衿更無可挾持該督撫大吏務宜嚴飭所屬照例徵收永禁津貼名目倘有仍前積習浮勒絲毫者卽行嚴条究辦至漕務各欵不在此次議提之列者尙多應令該撫照例冊報仍於每年奏報起運米數摺內將應徵漕項欵目若干已動銀米若干實存銀米若干逐一隨摺聲明不得籠統開報致滋弊混其一切運

費亦應力求撙節不得以每石八錢卽爲開銷定額所有動支之欵仍照案免其報銷以歸簡易如有盈餘報部候撥再左宗棠前奏減浮收裁陋規兩條尤爲理漕要務現在旣增加運費倘中飽仍未盡除殊負

朝廷破格恤民之至意應由該督撫訪查確實妥議章程趕緊奏明辦理以清積弊而垂久遠所有覈覆籌議海運經費緣由理合恭摺具

奏伏乞

皇上聖鑒謹

奏

同治四年八月二十三日具

奏本日奉

旨依議欽此

浙江巡撫臣馬新貽跪

奏爲嚴減漕南浮收禁革陋規以肅漕政而蘇民困恭摺仰祈

聖鑒事竊照浙省正漕分成嚴減業奉

恩准嗣遵部議以漕項籌抵運費復經臣具

奏覆准在案漕額既減運費亦籌軫恤民艱有加無已而額外浮收若不痛加裁汰嚴覈酌留仍無以蘇民困查從前浮收之由始則河運之貼幫繼則海運之貼費浙省自改辦海運以來津貼之多寡卽視幫費之輕重爲定每運漕米一石自三錢至七錢不等統算約計五錢有奇以銀合米每石須加米三斗以上以全漕九十五萬石計之約計收米三十餘萬石方敷海運津貼之費加以州縣辦漕用欵名目紛繁內有紳衿大戸正賦之

外顆粒不加甚至有把持包攬等事勢不能不取盈於鄉曲之小戸以爲挹茲注彼之謀其中本折並收或以米加耗或以錢合米大小戸長短不等最重之戸正漕一石竟有完米至一石七斗以上者此完漕之不均浮收之所自來也臣與藩司蔣益澧前護糧道薛時雨訪查各州縣徵收漕南舊規從嚴釐剔除酌留耗餘以爲辦公之用照現改新章徵收計杭州府屬共可減浮收米六萬四千六百五十三石嘉興府屬共可減浮收米二十八萬五千三百八十七石湖州府屬共可減浮收米一十三萬六千八百六十六石三府共計減去浮收米四十八萬六千餘石又漕南統徵分解米欵向以徵贘漕米歸南多係疲玩小戸歷來折錢完納亦有浮收今一併嚴減杭嘉湖三府南米

共可減浮收錢二十四萬七千餘串此從前漕南收數過多現
擬覈減之大概情形也所有原奏內州縣辦漕如修整倉厫書
役辛工剝兌守候等費皆屬萬不可省之用並有漕倉剝船各
處折耗爲數亦多現在酌留耗餘僅勉敷辦公從前一切陋規
浮費概行裁汰飭將留裁各欵目造冊存案並明白曉示勒石
永禁漕糧概完本色紳民一律徵收不得再有大小戶名目其
有情願完折者按照市上米價隨時收納悉聽民便至杭屬之
新城於潛昌化等縣完納漕糧向收折色官爲辦運應仍照舊
辦理按照市價徵收如敢仍蹈從前勒折浮收陋習一經發覺
嚴參治罪惟大戶向完漕米並不加耗此次改定新章酌留漕
用既云紳民一律自不得再分軒輕恐各大戶仍以從前完數

藉口不肯加耗起而與地方官爲難一縣之中大戸居其半若
小戸有耗大戸無耗必至復事浮收否則不敷漕用於漕務新
章大有妨礙嗣後倘有紳衿恃勢把持仍前包攬短交自應一
併從嚴參辦茲據該司道具詳前來臣復覈無異應俟收漕時
嚴督州縣正已爲先除酌留耗餘外不准顆粒浮收仍沿積習
庶民心悅服照章樂輸至大小衙門一應陋規抽風等項概行
禁革如敢違犯官參吏處以杜弊源而肅漕政臣謹會同閩浙
督臣左宗棠恭摺具
奏伏乞
皇太后
皇上聖鑒訓示再本年應徵起運新漕米數早經飭查具報祇因杭

湖二府克復未久冊檔遺失田地荒熟錯雜履勘非易急切未
能覈定現仍勒限嚴催一俟彙齊即行馳
奏合併聲明謹
奏
同治四年九月二十八日具
奏奉
旨另有旨欽此十月初九日內閣奉
上諭馬新貽奏覈減漕南浮收禁革陋規以肅漕政一摺浙省正漕
前經降旨分成覈減並准部議以漕項籌抵運費皆所以軫恤民
艱兹據馬新貽奏稱請將額外浮收痛加裁汰覈實酌留耗餘辦
公以蘇民困計杭州府屬共可減浮收米六萬四千六百餘石嘉

興府屬其可減浮收米二十八萬五千餘石湖州府屬其可減浮收米一十三萬六千八百餘石杭嘉湖三府南米其可減浮收折色錢二十四萬七千餘串從前一切陋規槪行裁汰各等語即著照所請將留裁各欵目造冊存案並著該撫等明白曉示勒石永禁漕糧槪完本色其有情願完折者按照時價收納悉聽民便至杭屬新城於潛昌化等縣漕糧向收折色官為辦運仍著照舊辦理按照市價徵收倘有不肖州縣仍敢蹈從前勒折浮收陋習即著該督撫嚴參治罪至所稱浙省大戶完漕並不加耗甚至把持包攬等弊經此次改定新章之後紳民一律徵收不准有大小戶名目再分軒輊倘有紳衿等恃勢把持仍前包攬短交著一併從嚴參辦餘著照所議辦理欽此

浙江巡撫臣馬新貽跪

奏爲查明嘉善縣從前丈缺田地攤賠銀米籲懇

鴻慈准予豁免以甦民困恭摺具

奏仰祈

聖鑒事據嘉興府屬之嘉善縣知縣傅斯懌轉據闔邑紳民呈稱竊於前明宣德五年分嘉興縣之思賢等六鄉爲嘉善縣計區二十計額田六十萬一千三百一十六畝有奇因與嘉興秀水二縣壤地相連故善境嵌有興秀田畝區圖雖別冊籍無稽萬歷十年善令於世延創互推之法康熙十年善令莫大勳有查丈之舉而疆界卒未能清賦額各仍其舊至康熙三十八年紹興府通判吳家瑜按畝清丈計虧缺田二百三十九頃所有丈缺

田畝應徵糧銀經前任巡撫張志棟
題請於丈實數內按畝加徵均攤補額四十一年奉部飭查四十
二年又委杭州府同知陳忱旦復行丈量四十三年前任巡撫
張泰交
題明該縣地屬水鄉波濤衝激河港日漸廣濶田地日漸坍削以
致缺額再奉部駁四十七年飭令嘉興秀水二縣隨同丈量復
經前任巡撫王然
題明按冊合算丈實坐欹并丈缺各數均與從前兩次丈量之數
相符並無欺佔隱漏等弊經部定議均攤賠補以符原額乾隆
五年前任巡撫盧焯以賠補艱難
題請豁免未蒙覈准迄今百數十年歷久攤賠萬分苦累查全書

額載善邑田六十萬一千三百二十六畝有奇每畝額徵米一斗九升三合五抄銀一錢六分三釐九毫七絲復因查虧衝缺按田每畝加徵米七合九勺九抄一撮每畝加徵銀六釐八毫六絲七忽是以實田而計已暗徵米至二斗一合一勺增銀至一錢七分二釐七毫不特較同府各屬爲數獨多卽較之通省各州縣亦所僅見當承平之日小民安居樂業雖輸將竭蹷敢不勉力支持自髮賊據擾三載於茲顛連困苦不能磬述克復以來商賈稍稍復業而農民無以爲生所恃者惟此田畝虛村絕戶敗壘荒墳田之廢棄者無論矣卽有可耕之田苦無能耕之人兼之農具旣不皆備耕牛盡被宰傷往往數家之中置器一分而彼此通用一村之內蓄牛一頭而先後遞耕播種旣不同

時收成必多偏歉加以傭工有費壅田有費貸牛賃具又有費竭終歲之勞所得不償所費身家不暇計而先籌夫維正之供衣食且不資而更困以公攤之欵民力幾何焉能不盡幸蒙
殊恩特沛漕糧統減三十分中之八分合郡士民同深感戴但減賦原所以恤民而恤民莫要於除累以嘉善而言賦雖減而缺田未除將來按畝起科仍須於減定新賦之外每畝加攤銀米方符減額查原丈缺田二百三十九頃應賠米四千六百一十三石八斗七升賠銀三千九百六十六兩七錢五分再以減額遞覈仍應賠米三千二百五十一石五斗七升無論兵燹之餘民力實有未逮即以衡坍而論康熙三十八年以前缺額已如此之多距今百有餘年坍削又不知凡幾而逆匪之掘港開濠通

河決壩而毀缺者更不知凡幾若舉行丈量則勞民傷財曠時
失業流弊不可勝言若仍前賠補則虧外尚有續虧累中復多
暗累遺患更不堪設想民至於萬不得已則弱者逃而强者抗
於官有礙考成於民不免追呼官至於無可如何則輕報歉而
重報災在上仍須蠲緩在下未沾實惠是徒有補虧之名究無
補虧之實既無補虧之實則雖强符乎原額而要無濟於倉儲
於
國計民生兩無所益際此
皇仁渥沛豈宜再三瀆請惟念荒田墾種可待來年缺額攤賠迄無
了日以重賦之區當大兵之後益以二萬餘畝之虛糧困以百
數十年之積累此時救死不贍治生綦難實田猶是荒拋虛畝

何堪科派減賦尚難羅掘加攤何以補苴籲懇將善邑從前丈缺額田二百三十九頃攤賠銀米並請豁除等情具詳到臣當經批司覈議去後茲據陞任藩司蔣益澧會同清賦局司道具

詳請

奏前來臣查嘉興府屬之嘉善一縣本係嘉興縣之東北六鄉前於有明宣德年間畫分爲縣其間田地雖就畫分之界按畝釐剔因奸民取巧隱匿有司隔縣推收遂致彼此互攤竟成嵌田弊政嗣因賦多缺額轇葛難清又復以攤徵補課勻額賠糧迨後議請清丈共丈缺田地二百三十九頃有奇復將缺田應徵銀米按畝勻加改更科則以免有虧

國課至乾隆年間屢請豁除攤賠無著銀米未經議准第查嘉善

境內官田最多賦額本重加以攤賠之糧更屬累上加累在承平時民力尚紓或可竭力輸將今則亂離之後元氣過傷縱無水旱偏災額賦已形竭蹷賠糧實有難支况小民終歲勤動得不敷用抗欠疲玩勢所必至轉使每年錢漕不能全完徒有攤賠之名仍無輸納之實我
皇上軫念民依所有杭嘉湖三府屬應徵永定之漕額尚蒙
恩施逾格普予量減此項勻攤缺糧尤為嘉善縣獨有之積累何忍置之膜視且統計歲入之數銀米兩項均不足四千即使毫無蒂欠所補於
國用者無幾而小民之苦累無所底止合無仰懇
天恩疊沛准將嘉善縣丈缺田二百三十九頃有零應攤徵銀三千

九百六十餘兩米三千二百五十餘石一併豁免以紓積困如

蒙

俞允並乞明降

諭旨俾得恭刊謄黃徧行曉諭以廣

皇仁而杜流弊至前項丈缺田地頃畝因代遠年湮文案毀失無憑

分晰稽覈並懇

敕部檢查原案發浙覈准應豁銀米確數另行咨報作爲該縣徵解

定額其未奉減定以前仍暫照原額徵解除咨部科外臣謹會

同閩浙總督臣左宗棠漕運總督臣吳棠合詞恭摺具

奏伏乞

皇太后

皇上聖鑒訓示謹

奏

同治五年四月十八日具

奏奉

旨戶部議奏欽此

浙江巡撫部院馬　爲恭錄曉諭事照得查明嘉善縣從前丈
缺田地攤賠銀米籲懇
鴻慈准予豁免以甦民困一案經本部院會同
爵督
漕運部堂左
吳　恭摺具
奏奉
旨戶部議奏欽此欽遵在案尚未接准
部覆茲本部院恭閱邸鈔內開同治五年五月二十六日內閣
奉
上諭戶部奏遵議豁免嘉善縣攤賠銀米一摺浙江嘉善縣丈缺地
畝銀米向在丈實田地內按畝勻攤補額百姓歷年攤賠久形苦
累現值兵燹之後閭閻元氣至今未復若將丈缺田畝攤賠銀米

概行徵收民力恐益形拮据加恩著照所請所有嘉善縣丈缺田畝應攤徵銀三千九百六十餘兩米三千二百五十餘石著一併永遠豁免並著浙江巡撫即行刊刻謄黃徧行曉諭務使實惠永霑用副朝廷軫念民瘼至意餘依議欽此查前項缺額賠糧歷今數百餘年從前屢請豁除未經議准今仰蒙特恩豁免實係非常曠典至減免年分必須分晰辦理以示均平查本年錢糧尚未覈定減數仍照原額徵解亦經奏明在案所有該縣缺額賠糧案內錢糧一項應以同治六年爲始漕米一項即以同治五年冬漕爲始一律減免永遠豁除以蘇民困除俟接准部文恭刊謄黃另行頒發外合亟恭錄出示

曉諭爲此示仰嘉善縣糧户人等一體欽遵知照如有經書庄書人等妄稱使費藉端科派一經指控立卽嚴拏究辦毋違特

示

同治五年　月　日

戶部謹

奏爲遵

旨議奏事竊據浙江巡撫馬新貽奏嘉善縣從前丈缺田地攤賠銀米籲懇豁免以甦民困一摺同治五年四月二十八日奉

旨戶部議奏欽此欽遵在於三十日由內閣抄出到部據原奏內稱嘉興府屬之嘉善縣知縣傅斯懌轉據闔邑紳民呈稱竊嘉善縣額田六十萬一千三百一十六畝有奇康熙三十八年紹興府通判吳家瑜按畝清丈計虧缺田二百三十頃所有丈缺田畝應徵糧銀經前任巡撫張志棟

題銷於丈實數內按畝加徵勻攤補額乾隆五年前任巡撫盧焯以賠補艱難

題請豁免未蒙覈准迄今百數十年歷久攤賠萬分苦累查全書額載邑田六十萬一千三百十六畝有奇每畝額徵米一斗九升三合五勺銀一錢六分五釐九毫七絲復因查虧衝缺按田每畝加徵米七合九抄一撮每畝加徵銀六釐八毫七絲七忽是以實田而計已暗徵米至二斗一合一勺增銀至一錢七分二釐七毫不特較同府各屬爲數獨多卽較之通省各州縣亦所僅見查原丈缺田二百三十九頃應賠米四千六百一十三石八斗七升應賠銀三千九百六十六兩七錢五分無論兵燹之餘民力實有不逮卽以衝消而論康熙三十八年以前缺額已如此之多距今百有餘年坍削又不知凡幾而逆匪之掘港開濠通河挖壩而毀缺者更不知凡幾若舉行丈量則勞民傷

財曠時失業流獘不可勝言若仍前賠補則虧外尚有續虧累
中復多賠累遺患更不堪設想我
皇上軫念民依所有杭嘉湖三府屬應徵永定之漕額尚蒙
恩施逾格普予量減而此項勻攤缺糧尤爲嘉善縣獨有之積累何
忍置之膜視且統計歲入之數銀米兩項均不足四千卽使毫
無蒂欠所補於
國用者無幾而小民之苦累無所底止合無仰懇
天恩疊沛准將嘉善縣丈缺田二百三十九頃零應攤徵銀三千九
百六十餘兩米三千二百五十餘石一併豁免以紓積困至前
項丈缺田地頃畝因代遠年湮文案燬失無憑分晰稽覈並懇
飭部檢查原案發浙覈准應豁銀米確數另行咨報作爲該縣徵解

定額其未奏減定以前仍暫照原額徵解等語臣部查原奏內稱康熙年間嘉善縣清丈地畝虧缺田二百三十餘頃經前撫臣張志棟題請按畝加徵均攤補額乾隆年間前撫臣盧焯以賠補艱難題請豁免未蒙覈准等語查康熙乾隆年間各原案已經百數十年於咸豐九年臣部失火均被燬無存無從檢查其該省應造賦役全書內向有地畝及銀米細數例應十年造送一次迄今三十餘年之久總未據該撫造送以致地畝及銀米數目無從查覈且該撫奏稱丈缺田二百三十九頃應賠米四千六百一十三石八斗七升又稱統計歲入之數銀米兩項均不足四千又稱懇將應攤徵銀三千九百六十餘兩米三千二百五十餘石一併豁免臣等督飭司員案照原奏內額徵及

加徵數目細加覈算計銀數尚屬相符而米數前後則大相懸
殊應令該撫將原額田畝及應徵攤徵銀米確數詳細造具清
冊送部備案其該省應造送賦役全書一併令其趕緊造送至
稱嘉善境內官田最多賦額本重加以攤賠之糧更屬累上加
累在承平時民力尚紓或可極力輸將今則亂離之後元氣過
傷縱無水旱偏災額徵已形竭蹶賠糧實有難支懇將嘉善縣
丈缺地畝應攤徵銀米一併豁免等語查丈缺地畝攤徵銀米
乾隆年間題請豁免未經議准者良以承平之時年穀順成卽
有攤徵之欵小民俱有天良無不樂于輸將率行議蠲未便照
准今浙省新遭淪陷元氣未復百姓困苦力誠未逮若以丈缺
之地仍加攤徵銀米勢必至積欠疲玩徒有攤賠之名終無徵

收之實且據稱此項勻攤缺糧爲嘉善縣獨有之積累更未便
令其向隅應如所請將嘉善縣丈缺田二百三十九頃有零應
攤徵銀三千九百六十餘兩米三千二百五十餘石一併豁免
如蒙
俞允並乞明降
諭旨由臣部行文該撫刊刻謄黄徧行曉諭務使實惠均霑以副我
皇上軫念民瘼之至意所有臣等遵議豁免嘉善縣攤缺銀米緣由
謹恭摺具
奏伏乞
皇上聖鑒謹
奏同治五年五月二十五日內閣奉

上諭戶部奏遵議豁免嘉善縣攤賠銀米一摺浙江嘉善縣丈缺地畝銀米向在丈實田地內按畝均攤補額百姓歷年攤賠久形苦累現值兵燹之後閭閻元氣至今未復若將丈缺田畝攤賠銀米概行徵收民力恐益形拮据加恩着照所請所有嘉善縣丈缺田畝應攤徵銀三千九百六十餘兩米三千二百五十餘石著一併永遠豁免並著浙江巡撫即行刊刻謄黃徧行曉諭務使實惠永霑用副朝廷軫念民瘼至意餘依議欽此

戶部謹
奏爲江浙二省來年海運及山東等省新漕請
旨飭催趕辦恭摺仰祈
聖鑒事竊維京倉爲根本至計近來儲備久虛本年蘇省起運米數無多浙江則顆粒未運臣部開放俸甲米石復於本年秋間奏准分別加成以示體恤所入益不敷所出惟賴江浙兩省來歲新漕趕辦運京得以接續開放查江蘇省本年起運松太二屬正漕並蘇屬租捐提成採買共米三十餘萬石除去沙斛食耗外實止進倉米二十九萬餘石常鎮二府並未一律辦運伏思租捐一節乃暫時變通之法前據該撫奏稱蘇城初復業戶未能收租僉願官爲經理是以設立租捐現在辦理善後事宜已

及兩年紳民當各安舊業且奉
恩旨將漕額減輕則照章輸納無不樂從蘇州一屬自可停止租捐
全辦正漕卽常鎮二屬漕額亦經議減開徵自易爲力並可酌
量起運相應請
旨飭下兩江總督江蘇巡撫督飭藩司糧道等將來歲海運漕糧多
爲籌辦諸事提前俾得迅速抵津以資接濟至浙江省漕糧前
據護撫臣蔣益澧奏稱杭嘉湖三屬克復未久民情困苦上年
漕米未能徵解請俟本年冬漕察看情形勉爲辦運奏
旨允准在案茲查杭嘉湖三屬漕額已明奉
恩旨於三十分中減去八分現又據撫臣馬新貽奏海運經費均於
漕務項下籌備復經臣部議准是賦額既減有定數經費亦不

至廑懸即可妥籌徵解所有來年海運事宜應請
飭下浙江巡撫援照成案從速辦理仍令江蘇浙江各督撫先期奏
報米數上慰
宸廑其山東省應運漕糧定例於三月初一日抵通並請
飭令山東巡撫將來年新漕趕緊開兌務於南糧未到以前全數抵
通交納總以京倉緊要能多一石起運即多一石儲備該督撫
等顧全大局深恐倖糈支絀情形前此瘡痍未復且於無可設
措之中力籌起運目今民困漸蘇正漕日有起色更宜同心協
力設法多籌切勿遷延觀望貽誤倉需是為至要再查江蘇省
漕額僅據該督等奏稱蘇松太三屬按則分別遞減統照部議
三分減一之數常鎮二屬一律普減各照部議十分減一之數

至減定賦則詳細數目尚未據分晰奏報浙江省雖據開單奏明減定分數亦未將冊籍送部應令該督撫等迅即將各府州縣原定額數及此次議減成數分晰造冊報部查覈除豫省新漕現據該撫奏請照舊折徵應由臣部覈辦外所有奏催江浙山東等省新漕緣由謹繕摺具奏伏乞

皇上聖鑒謹

奏請

旨同治四年八月二十五日具奏本日奉

上諭戶部奏江浙兩省本年海運及山東新漕飭催趕辦一摺京倉儲備久虛開放俸甲米石復於本年秋間分別加成所入益不敷所出惟賴各該省來歲新漕趕辦運京以供支放江蘇本年起運

松太二屬正漕並蘇屬租捐提成採買除去沙剝食耗外實止進
倉米二十九萬餘石常鎮二屬並未一律辦運現在辦理善後已
及兩年紳民當各安舊業蘇州一屬自可停止租捐全辦正漕常
鎮二屬漕額亦經議減開徵自易為力著李鴻章劉郇膏督飭藩
司糧道等將來歲海運漕糧多為籌辦諸事提前俾得迅速抵津
以資接濟浙江省杭嘉湖三屬漕額業經降旨於三十分中減去
八分又據馬新貽奏海運經費均於漕務項下籌備是賦額既減
有定數經費亦不致虛懸自可妥籌徵解所有來年海運事宜著
左宗棠馬新貽援照成案迅速辦理江蘇浙江米數並著各該督
撫先期奏聞山東省應運漕糧定例於三月初一日抵通著閻敬
銘督飭糧道將本年新漕趕緊開兌務於南糧未到以前全數抵

通交納至江蘇漕糧據該督等奏稱蘇松太三屬按則分別遞減
統照部議三分減一之數常鎮二屬一律普減各照部議十分減
一之數減定賦則詳細數目尚未據分晰奏報浙江省雖據開單
奏明減定分數亦未將冊籍送部著該督撫等迅即將各府州縣
原定額數及此次議減成數分晰造冊報部以備查覈前據吳棠
奏採買米石試辦河運當經降旨如能挽行無滯來歲江北新漕
即可復河運成規現在試辦河運之米挽過津關運道無阻且江
北久經肅清各屬本年新漕應即徵收本色著吳棠仿照本年河
運成案掃數起運惟本年河運封僱民船誠恐米數太多不無掣
肘如江北全漕不能概行河運即由該省酌量情形劃分成數河
海並運一切章程即著吳棠會同李鴻章劉郇膏趕緊妥議奏明

辦理漕糧爲天庾正供各該督撫等素顧大局務當協力同心認
眞趕辦毋得遷延觀望貽悞欽此

浙江布政使蔣益澧署理浙江督糧道王凱泰爲詳請示遵事查接管卷內本年九月十五日奉

憲臺札開照得本年浙省漕白糧米前奉

諭旨於明春仍行由海運津所有新漕一切事宜必須早爲籌畫浙省前辦海運係照蘇省章程今冊案蕩然事同創始且前以各縣津貼作爲經費現在津貼

奏請革除業由清賦局會議以漕截行月食等米折價解道抵作省滬一切運費情形與前不同查從前海運向以二月初十以前一律全數放洋茲已九月中旬尚未據具報設局似難再遲究竟杭嘉湖三府屬實可徵運米若干石行月等米折價應如何酌定期限批解甯沙等船可敷裝運由縣赴滬宜如何剝運

上海應如何設局津通應如何設局交兑急應將省局開設庶可提綱挈領次第查辦札道立即遵照務於九月二十日以前開設海運省局並於丞倅大員中遴選諳練之員詳請駐局專辦并派精明幹達之員分司襄理至該道衙門及各局辦理文案各書亦須揀選熟諳者經理俾臻妥速其海運案内應須咨

題具

奏各案俟開局後即照向章分別具詳覈辦事關新漕海運要公務當迅速籌辦毋稍刻延等因奉此伏查本年杭嘉湖三府各州縣應徵起運糧米祇因清釐稅賦奉減糧額辦理實非易易嘉屬各縣雖將實徵米數開報前來亦須悉心確覈按欵勾稽其杭湖二府屬之仁和錢塘海甯富陽餘杭烏程歸安德清等

州縣實運米數未據確切勘報業已飛催委勘趕緊定案即可催令試徵提早開倉至奉定海運經費遵經由道按欵嚴催批解道庫以資移局辦理惟查歴屆奉辦海運應需承運商船除由浙省將甯波海口之蛋船三不像等船全行封僱爲數亦不過一百餘隻儘裝之外尚有不敷悉由江省封僱沙衛等船移付浙局派裝來歲新漕現奉

諭旨仍行海運自應循舊辦理除移行甯波道府縣將甯船全行封僱其江省沙衛等船亦應另案詳請咨行封僱外第查浙省海運冊案蕩然無存一切籌辦事同初創省局係爲總滙之所事務紛繁自應遴委熟悉海運之員駐局分司經理方期周妥奉飭前因本司道查有補用知府李壽榛補用知府署甯紹運副

桑樹勲候補知縣許嘉德試用縣丞江湜試用縣丞周鋭候補
從九品史孝善堪以經理謹擇於十月初一日在糧儲道署遵
飭先行開設省局循舊由司刊刻關防將一切應辦事宜督同
委員次第籌辦隨時詳請察覈相應具文會詳仰祈
憲臺俯賜察覈批示祇遵實爲公便再此案係糧道衙門主稿
合併聲明爲此備由呈乞
照詳施行
同治四年九月二十九日奉
撫憲馬　批據詳已悉仰卽嚴督各該委員速將應辦新漕起
運一切事宜趕緊籌畫分案詳辦毋任懈忽仍將如何辦理章
程尅日妥議先行開摺詳送察覈勿稍延漏此繳

浙江海運省局爲呈報事案奉

憲臺 撫憲 札飭本年浙省漕白糧米現奉

諭旨於明春仍行由海運津所有新漕一切事宜必須早爲籌畫飭

卽開設海運省局遴員分司襄理等因本司道遵經遴員擇吉

於十月初一日在糧儲道署開設海運省局並准

藩司衙門刊刻關防前來卽於是日開用除將應辦事宜督同

委員認眞經理外相應具文呈報仰祈

憲臺俯賜察覈爲此備由呈乞

照驗施行

同治四年十月初六日呈

漕憲 撫憲 並咨明

藩司　運司
臬司　糧道　江蘇糧道　四巡道
清賦局　札知杭處等十一府
有漕仁和等州縣
鄞鎮二縣

浙江海運省局爲呈報事竊照來歲新漕仍行海運當經設立
省局詳奉
憲臺飭委各員辦理在案惟省局事務紛繁尚須添員經理查
有補用同知候補知縣虞慶瀾熟悉海運情形堪以添委辦理
除札委外相應備文呈報仰祈
憲臺俯賜察覈爲此備由呈乞
照驗施行
同治四年十月二十日呈
撫憲

浙江海運省局爲呈報事竊照本屆浙省漕白糧米業奉
諭旨仍行由海運津遵經開設海運省局循照向章次第提辦在案
惟省局事務紛繁歷屆海運均係飭委首府及仁錢一縣隨
時赴局幫同照料本屆自應循案辦理除檄飭代辦杭州府劉
守暨仁和縣翁令錢塘縣蕭令遵照外理合備文呈報仰祈
憲臺察覈爲此備由呈乞
照驗施行
同治四年十月二十九日呈
撫憲

浙江海運省局爲咨請事竊照浙省本年杭嘉湖三府漕白糧
米前奉
撫憲札飭欽奉
諭旨仍行由海運津卽經於十月初一日在糧儲道署設立海運省
局並由
藩司衙門刊送關防業將開局並開用關防日期分別移行在
案查海運公文無不事關緊要必須加緊投遞庶無貽悞歴屆
海運均於郵封面上加蓋海運公文飛速馳遞如違查究等字
樣紅戳凡遇前項蓋用紅戳公文各站夫務須毋分雨夜加緊
投遞歴經移請通飭遵照在案今屆自應循舊辦理相應備文
咨請爲此合咨

貴司衙門請煩查照希卽嚴飭兼管驛務之縣令及專管之驛丞凡遇本局及上海天津三處往來公文上有紅戳者務宜加緊馳遞倘敢稽遲有悞海運輕則記過重必叅辦庶各知所儆惕不致任意躭延望速施行

同治四年十月十二日咨

臬司衙門

浙江巡撫部院馬　爲詳請覈咨事據海運省局司道詳稱竊照浙漕海運向於省城上海天津三處設局經理所有往來文件均極緊要誠恐各省驛站視爲隔省公文並不依限飛遞貽悞匪輕歷屆均係仿照江省章程於郵封面上蓋用海運公文飛速馳遞如違查究木戳各局一體照辦在案本屆海運自應循案辦理相應詳請分咨

江蘇山東直隸各省通飭有驛州縣凡遇浙省往來海運文報務各依限飛遞如有遲逾挨站查究以期迅速而免遲悞實爲公便等情到本部院據此除分咨外相應咨明爲此合咨

貴部堂院請煩查照希卽通飭各縣驛遵照凡遇浙省往來海運文報隨時依限飛遞毋致遲悞望切施行

同治四年　月　日咨

直隸督
江蘇撫院

署理浙江督糧道爲移知事查接管卷内本年九月初六日奉
撫憲馬　札開本年試辦海運事務繁多本部院衙門照舊設
局戶房添書五名咨房添書二名承發添書一名每名日給辛
工銀一錢飯食銀八分每月油燭紙張筆墨銀四兩自九月十
六開局之日起支合行札道郎在備公欵内按月動支給領毋
違等因奉此查此項銀兩歷屆於海運經費項下動支茲奉前
因相應移知爲此合移
貴局請煩查照施行須至移者
同治四年十月初七日移
海運省局

浙江巡撫部院馬　劄海運省局知悉據本部院衙門吏房書吏稟稱吏等繕辦新漕海運咨移文件事務繁多稟請援照戶咨兩房成案添僱繕書二名並請每名每月照案給發薪飯油燭銀五兩四錢并每月加給紙張等銀四兩等情前來除批准外劄局查照於十一月初一日起支按月給領具報可也此劄

同治四年十月二十八日劄

浙江巡撫臣馬新貽跪

奏再查浙江省嘉湖二府屬各縣應徵白糧正耗米四萬三千四百六十餘石例應照額徵收全數起運本屆除長興武康二縣已奉

恩旨全行蠲免外其餘各縣自應照例按額徵運經臣飭據該管知府稟稱各該屬荒田甚多成熟田畝又被水災以致續有荒廢農情益形困苦且秋禾受傷過甚半多青腰白臍若將白糧全額徵辦則未種荒產及被災田畝輸將無出秖有在於漕糧項內提糙舂白無如新墾之田蟲水相侵米色未能圓潔一經舂辦折耗既重且多細碎難以合式卽使糧戶上米時選剔發換又因米色大畧相同無可更易惟有請照漕糧分數辦運等情

又經臣督飭司道確查茲據藩司蔣益澧糧道王凱泰以本屆酌辦試徵剔荒徵熟而熟田中又遭水蟲之災或係補種或竟無收或受傷後米質柔嫩不得不再於成熟之内量爲變通酌覈蠲數是以起運漕白爲數無多如於漕米内提糙舂白旣多折耗米質亦難完整若糧戶完米時轉輾挑剔又恐有悞兌運且向來舂白之米徵收耗米較多民力尤有未逮應請按照漕糧成熟分數一律蠲荒徵運以恤時艱雖白糧稍少而漕糧加增於起運總數仍屬無損庶於

國計民生兩有裨益等情會詳請

奏前來臣查白糧粳糯爲

天庾正供自當照額辦運惟嘉湖一一屬兵燹之後土曠人稀本年已

種田畝夏秋之間先被水淹繼受蟲傷以致收成大爲減色所

稟委係實情合無仰懇

天恩逾格俯念嘉湖二屬被兵過甚新漕事同創始係屬試辦酌徵

與歷屆情形大不相同准將本年應徵白糧按照漕糧成熟分

數收運以紓民力謹附片具

奏伏乞

聖鑒訓示謹

奏

同治四年十一月十六日附片具

奏奉

旨著照所請戸部知道欽此

浙江海運省局爲明晰飭知事照得該屬各縣應徵白糧米石
前據嘉湖二府稟稱因荒田既多加以蟲水之傷米質類多靑
腰白臍舂辦輒碎飭換爲難未能照額辦運業經本藩司糧道
會詳
撫憲
奏懇
特恩將荒蕪田地應徵白糧按照漕糧一律扣蠲辦運在案惟已種
各田內尚有被災應行蠲緩之數仍應按照白糧遇災向例在
於漕糧項下抵補辦運不能再將白糧照徵七蠲三及被水災
歉另行扣除蠲數除將起運各米另行分款飭知外誠恐各屬
尙有悞會合再明晰飭知爲此劄仰該府縣立卽轉飭遵照辦理

毋稍違悞切切

同治四年十二月初八日劄嘉湖二府嘉歸十縣

浙江巡撫部院馬　爲詳請咨明事據署糧儲道王凱泰詳稱竊照杭嘉湖三府屬各州縣應行起運改兌米石原係運解徐州廣運倉之欵迨後改歸通倉名曰改兌向來遇有災荒蠲緩均在正兌米內分別徵蠲其改兌米石係照原額起運歷經辦理有案伏查本屆起運漕白米石除杭州府屬之臨安新城於潛昌化湖屬之長興武康安吉等七縣被災較重已奉

恩旨全行蠲免其餘各該州縣又因荒蕪田地甚多其開種成熟頃畝續被水災均經確勘分別徵蠲辦理至白糧米石例不蠲緩向係照額全數起運祇緣本屆試辦新漕係於無可措施之中設法勸徵與歷辦情形大不相同民情久困待蘇被水熟田米質柔嫩春辦尤多粞碎無可選剔不得不因時度勢格外求通

請將白糧米石按照漕糧成熟分數一律徵運詳請附
奏仰乞
特恩俞允在案所有前項改兌米石亦卽請照正糧一律分别扣除
徵蠲以昭劃一相應詳請咨明
戸部查照立案等情到本部院據此相應咨明爲此合咨
貴部煩請查照立案施行
同治四年十二月初五日咨
戸部

戶部爲咨覆事雲南司案呈准浙江巡撫馬　咨據署糧儲道
王凱泰詳稱竊照杭嘉湖三府屬各州縣應行起運改兌米石
向來遇有災荒蠲緩均在正兌米內分別徵蠲其改兌米石係
照原額起運歷經辦理有案伏查本屆起運漕白米石除臨安
等七縣被災較重已奉
恩旨全行蠲免其餘各該州縣又因荒蕪田地甚多其開種成熟頃
畝續被水災均經確勘分別徵蠲辦理至白糧米石例不蠲緩
向係照額全數起運祇緣本屆試辦新漕係於無可措施之中
設法勸徵與歷辦情形大不相同民情久困待蘇被水熟田米
質柔嫩舂辦尤多糲碎無可選剔不得不因時度勢格外求通
請將白糧米石按照漕糧成熟分數一律徵運詳請附

特恩俞允在案所有前項改兌米石亦應請照正糧一律分別扣除
徵蠲以昭劃一相應詳請咨部查照立案等情相應咨明等因
前來查改兌米石例應照額起運不准蠲緩茲據浙江巡撫咨
稱杭嘉湖三府屬州縣應運改兌米石遇有災荒蠲緩均在正
兌米內分別徵蠲其改兌米石係照原額起運白糧米石例不
蠲緩祇緣本屆試辦新漕被水熟田米質柔嫩不得不因時度
勢奏請將白糧米石按照漕糧成熟分數一律徵運在案所有
改兌米石亦應請照正糧一律分別扣除徵蠲咨部立案等語
查浙省改兌米石既據該撫比照白糧米石章程請照正糧一
律分別扣除徵蠲咨部立案並聲明本屆試辦新漕係於無可

奏仰乞

措施之中設法勸徵與歷辦情形大不相同各等語應如所請
以昭畫一應咨該撫即飭查照辦理可也
同治五年六月十九日咨
浙江撫院

浙江海運省局爲詳覆事本年十月十八日准藩司衙門移開

本年十月初六日奉

憲臺批錢塘縣會稟並送荒熟田地徵錮銀米冊摺由奉批據稟荒熟徵錮銀米各數是否屬實仰布政使確查彙覈詳辦一面轉移海運省局查明該縣本年漕糧額徵應否連閏計算其摺開起運五年無閏字樣覈與嘉屬各縣稟報連閏計算之案兩歧並即由局確覈詳覆事關緊要毋任稍涉舛混切切此繳冊摺存查等因移局查明錢塘縣本年漕糧額徵應否連閏計算其摺開起運五年無閏字樣與嘉屬各縣稟報連閏計算之案因何兩歧刻日確核逕行詳覆並移司查考等因准此查歷來辦理漕運無論河運海運

奏銷案内均以乙年起運甲年之米造報本屆新漕乃同治五年
起運四年之米該縣摺開起運五年無閏字樣似係誤會月糧
提徵遂指作下年之欵復查漕糧項下本色米石有加閏月糧
一欵向來各屬徵收在於上年開徵之時預徵下年之米名爲
提徵月糧始自何年案卷蕩然無從查覈現在三年既未啟徵
則同治四年分月糧米石自應於本年冬漕一律加閏徵收並
嗣後亦各按本年漕月並徵毋庸預先提徵業由清賦局專案
詳請咨
部立案在案所有各屬徵收銀米各欵凡應行加閏者悉照本
年加閏辦理奉飭前因相應備文詳覆仰祈
憲臺俯賜察覈爲此備由呈乞

照詳施行

同治四年十一月初二日奉

撫憲馬　批據詳已悉仍將本屆起運米數及應辦內外章程

即速查議分別詳辦毋稍延悞切切此繳

浙江巡撫部院馬　爲詳請覈咨事據淸賦總局司道會詳稱竊照各屬徵收漕糧項下內有月糧米石一欵河運之時係爲預給各幫津貼養贍之用是以各州縣徵收甲年漕糧卽並徵乙年月糧以濟支放此例起自何年無從追溯現當兵燹之後試辦新漕從前之遞年預徵月糧毋庸照辦所有四年冬漕案內應徵月糧卽係四年有閏之欵誠恐各屬尚有誤會并將來造報奏銷與從前遞年預徵之案不符或奉

部詰自應將現辦情形詳請咨明俾昭覈實理合具詳仰祈察覈俯准將杭嘉湖三屬今屆徵運四年漕米卽並徵四年月糧以後按年並徵毋庸再照從前之案遞年預徵以歸一律應請

咨明

戶部立案等情到本部院據此除批如詳辦理外相應咨明為此合咨

貴部煩請查照立案施行

同治四年十月二十日咨

戶部

浙江巡撫部院馬　爲飭知事同治伍年四月初四日准

戸部咨開雲南司案呈准浙江巡撫馬　咨據清賦總局司道會詳稱竊照各屬徵收漕糧項下內有月糧米石一欵河運之時係爲預給各帮津貼養贍之用是以各州縣徵收甲年漕糧卽並徵乙年月糧以濟支放現當兵燹之後試辦新漕從前之遞年預徵月糧毋庸照辦所有四年冬漕案內應徵月糧卽係四年有閏之欵誠恐各屬尚有誤會并將來造報奏銷與從前遞年預徵之案不符或奉部詰自應將現辦情形詳請咨明俾昭覈實理合詳請察覈俯准將杭嘉湖三屬今屆徵運四年漕米卽並徵四年月糧以後按年並徵毋庸再照從前之案遞年預徵以歸一律應請咨部立案等情除批如詳辦理外相應咨

明等因前來查浙省各屬徵收漕糧項下內有月糧米石從前
係爲預給各帮津貼養贍之用是以各州縣徵收甲年漕糧卽
並徵乙年月糧以濟支放歷年辦理在案今據浙江巡撫咨稱
現當兵燹之後試辦新漕從前預徵月糧毋庸照辦咨部立案
等語應如所請將應徵月糧按年徵收毋庸遞年預徵仍咨該
撫轉飭一律遵辦並咨照漕運總督可也等因到院行道查照
准咨事理卽便轉飭遵照辦理毋違
同治五年四月十四日行糧儲道

署浙江督糧道　爲咨覆事案准
貴局移查有閏之年漕糧覈扣灰石細數並月糧加閏米數各
等因查上年清賦局查辦減漕案內杭嘉湖三府屬各州縣額
徵米石係照同治四年有閏年分覈減造冊詳請咨
部在案其原額有閏米數內除改漕白糧正耗行食本色米石
向不加閏外查有閏漕糧正改兌正耗米石係遵照
部發咸豐二年起運元年分有閏
奏冊爲額月糧本色米石係遵照奏發咸豐十年起運九年分有
閏
奏冊爲額分別減定至減定免徵米石如遇無閏之年亦照此減
免卽如同治五年冬漕應徵無閏其徵無閏漕糧正改兌正耗

米石應遵照
部發咸豐三年起運二年分無閏
奏冊爲額月糧本色米石亦遵照
部發咸豐三年起運二年分無閏
奏冊爲額第查有閏無閏原額各欵米數相較從中間有叅差推
原其故皆由咸豐元年以後各縣似有陞坍之案兵燹之後無
案可稽前經由道詳請咨明應俟
大部頒發近年陞坍冊案到日再行彙案查辦所有漕糧改折
灰石一欵原由漕糧正改兌正耗米内扣出改折每石一兩二
錢折銀解道名爲漕糧改折灰石銀兩另列專欵造報惟漕糧
向不徵閏迨後減徵漕糧改爲灰石其改折灰石米石應行加

閏徵解歷遇有閏之年灰石加閏米若干仍在漕糧正改兌米
內扣除若干是以有閏之年應徵灰石米多而漕糧米數轉致
減少此歷辦之原委也合將遇閏加減米石數目並月糧加閏
米數分縣開單咨明爲此合咨
貴局請煩查照覈辦施行
計　開
仁和縣
遇閏之年減徵漕糧正兌正米一十三石三斗九合耗米五
石三斗二升三合六勺
減徵改兌正米七斗八升八合耗米三斗一升五合二勺
加徵灰石正米一十四石九升七合耗米五石六斗三升

八合八勺

加徵月糧米四百一石三斗九升八合四勺

錢塘縣

遇閏之年減徵漕糧正兌正米五石八斗一升耗米二石三斗二升四合

減徵改兌正米三斗四升耗米一斗三升六合

加徵灰石正米六石一斗五升耗米二石四斗六升

加徵月糧米二百九十石五斗四升二合八勺

海甯州

遇閏之年減徵漕糧正兌正米一十四石一斗三升三合耗米五石六斗五升三合二勺

減徵改兑正米七斗八升五合耗米三斗一升四合
加徵灰石正米一十四石九斗一升八合耗米五石九斗六升七合二勺
加徵月糧米一百八十八石七斗六升五合七勺

富陽縣

遇閏之年減徵漕糧正兑正米一石四斗二升五合耗米五斗七升
減徵改兑正米一斗五升耗米六升
加徵灰石正米一石五斗七升五合耗米六斗三升
加徵月糧米二百三十二石七斗四升六合八勺

餘杭縣

遇閏之年減徵漕糧正兌正米三百二斗八升八合耗米一石三斗一升五合二勺

加徵灰石正米三石二斗八升八合耗米一石三斗一升五合二勺

加徵月糧米七十五石三斗六升七合八勺

臨安縣

遇閏之年減徵漕糧正兌正米一石三斗一升五合耗米五斗二升六合

加徵灰石正米一石三斗一升五合耗米五斗二升六合

加徵月糧米一百七十七石九升八合七勺

新城縣

遇閏之年減徵漕糧正兌正米八斗三合耗米三斗二升一合二勺

加徵灰石正米八斗三合耗米三斗二升二合二勺

加徵月糧米一百五石六斗五升七合八勺

於潛縣

遇閏之年減徵漕糧正兌正米六斗五升七合耗米二斗六升二合八勺

加徵灰石正米六斗五升七合耗米二斗六升二合八勺

加徵月糧米六十八石三斗八升一合七勺

昌化縣

遇閏之年減徵漕糧正兌正米四斗五升七合耗米一斗八

升二合八勺

加徵灰石正米四斗五升七合耗米一斗六升二合八勺

減徵月糧米九石三斗二合九勺

按查昌化月糧米前因有閏之年轉致減徵冊卷無稽業已詳

請咨　部覈覆現奉

戶部鈔發咸豐十年冊內聲明應扣原豁米四十九石七斗三

勺則無閏之年應實徵月糧米五百一十七石一斗五升九合

四勺遇閏應加徵米四十石三斗九升七合四勺詳載前卷

嘉興縣

遇閏之年減徵漕糧正兌正米二十四石一斗七升五合耗

米九石六斗七升

減徵改兌正米一石二斗四升九合耗米四斗九升九合
六勺
加徵灰石正米二十五石四斗二升四合耗米一十石一
斗六升九合六勺
加徵月糧米一百七十六石五斗一升四合六勺
秀水縣
遇閏之年減徵漕糧正兌正米二十一石二合耗米八石四
斗八勺
減徵改兌正米一石八升六合耗米四斗三升四合四勺
加徵灰石正米二十二石八升八合耗米八石八斗三升
五合二勺

嘉善縣

遇閏之年減徵漕糧米二十三石五斗三升六合耗米九石四斗一升四合四勺

減徵改兑正米一石三斗四合耗米五斗二升一合六勺

加徵灰石正米二十四石八斗四升耗米九石九斗三升六合

加徵月糧米七十三石一斗二升七合一勺

海鹽縣

遇閏之年減徵漕糧正兑正米一十三石三斗五升六合耗米五石三斗四升二合四勺

減徵改兑正米六斗六升四合耗米二斗六升五合六勺

加徵灰石正米一十四石二升耗米五石六斗八合

平湖縣

遇閏之年減徵漕糧正兌正米一十三石九斗三升二合耗

米五石五斗七升二合八勺

減徵改兌正米六斗九升三合耗米二斗七升七合二勺

加徵灰石正米一十四石六斗二升五合耗米五石八斗

五升

石門縣

遇閏之年減徵漕糧正兌正米一十二石七斗四升一合耗

米五石九升六合四勺

減徵改兌正米六斗二升六合耗米二斗五升四勺

加徵灰石正米一十三石三斗六升七合耗米五石三斗

四升六合八勺

桐鄉縣

遇閏之年減徵漕糧正兌正米一十石七斗九升八合耗米

四石三斗一升九合二勺

減徵改兌正米五斗三升八合耗米二斗一升五合二勺

加徵灰石正米一十一石三斗三升六合耗米四石五斗

三升四合四勺

歸安縣

遇閏之年減徵漕糧正兌正米二十四石二斗八升三合耗

米九石七斗一升三合二勺

減徵改兌正米一石三斗四升四合耗米五斗三升七合六勺

加徵灰石正米二十五石六斗二升七合耗米一十石二斗五升八勺

加徵月糧米二石七斗三升五合九勺

烏程縣

遇閏之年減徵漕糧正兌正米二十八石四斗四升九合耗米一十一石三斗七升九合六勺

減徵改兌正米一石七斗五升耗米七斗

加徵灰石正米三十石一斗九升九合耗米一十二石七升九合六勺

加徵月糧米一石四斗八升六合八勺

長興縣

遇閏之年減徵漕糧正兌正米一十四石五斗一升六合耗米五石八斗六合四勺

加徵灰石正米一十四石五斗一升六合耗米五石八斗六合四勺

加徵月糧米一十五石九斗五升九合九勺

德清縣

遇閏之年減徵漕糧正兌正米一十四石四升三合耗米五石六斗一升七合二勺

減徵改兌正米六斗七升八合耗米二斗七升一合二勺

加徵灰石正米一十四石七斗二升一合耗米五石八斗
八升八合四勺
加徵月糧米一石五升五合二勺
武康縣
遇閏之年減徵漕糧正兌正米三石七升七合耗米一石二
斗三升八勺
減徵改兌正米一斗八升五合耗米七升四合
加徵灰石正米三石二斗六升二合耗米一石三斗四合
八勺
加徵月糧米八斗三升三勺
安吉縣

遇閏之年減徵漕糧正兌正米二石二斗九升五合耗米九斗一升八合

減徵改兌正米一斗二升耗米四升八合

加徵灰石正米二石四斗一升五合耗米九斗六升六合

加徵月糧米二十八石二斗五升七勺

同治五年八月十七日咨

海運省局

浙江巡撫臣馬新貽跪

奏爲查明浙江省杭嘉湖三府屬試徵新漕米數並預籌提欵濟

運情形恭摺仰祈

聖鑒事竊臣承准軍機大臣字寄內開同治四年八月二十五日欽

奉

上諭浙江省杭嘉湖三府屬漕額業經降旨於三十分中減去八分

又據馬新貽奏海運經費均於漕務項下籌備是賦額既減有定

數經費亦不至虛懸自可妥籌徵解所有來年海運事宜著左宗

棠馬新貽援照成案迅速辦理浙江米數並著先期奏聞等因欽

此當經欽遵督同司道籌辦在案兹據署糧道王凱泰詳稱浙

省屢歲軍興甫於上秋一律肅清民間困苦流離不堪言狀仰

蒙

恩綸特沛永減額漕

聖德如天歡臚動地並經籌定章程飭令各該州縣清糧招墾相輔

而行祗因被兵較重業戶轉徙流亡不知凡幾即召佃者亦屬

寥寥各屬插種之田又因夏秋之交先被水淹繼受蟲傷民情

倍形竭蹷惟漕糧爲

天庾正供自應勉籌徵運以備積儲現屆新穀登場應就成熟開漕

提前徵運即經嚴飭杭嘉湖三府督屬勘報覈實稟辦茲據各

該府先後勘覆約可試徵起運漕白正耗米一十九萬四千六

百餘石開摺詳請具

奏前來臣查杭嘉湖三府被兵之後戶口大減田荒過半孑遺之

民竭資以供籽本冀獲豐稔乃夏秋之際蟲水為災收成歉薄
困苦情形非言可喻若當
國庫充盈之際不特乞
恩蠲免尤須量為賑濟以拯窮黎今以
京倉之儲備久虛上煩
宸廑不得不於稍有收成之熟田項下酌辦試徵以供起運臣惟有
督同司道嚴飭各屬潔己奉公徵勸兼施趕收交兌以期無悞
放洋至海運經費尤須先事預籌查津貼運費業已裁革本屆
應遵
奏定之案飭提漕截之外即將從前給幫之漕白項下行月南月
食米折暨甯處等八府屬之本折月糧正耗各款催提濟用每
浙撫奏新漕試徵米數並紅白粳秈並納　同治四年案

石概以八錢爲率不再另動正欵支銷必當力求撙節而提解不容稍事遷延庶幾經費無絀得以迅速起運不致遲悞除將一切章程及詳細米數另行奏報外所有來歲新漕試徵米數及提欵濟運情形謹會同閩浙督臣左宗棠漕運總督臣吳棠恭摺馳陳伏乞

皇太后

皇上聖鑒再現據杭嘉湖三府屬各州縣以成熟之田悉係新墾籽種錯雜不齊加以入夏以後先被水淹繼受蟲傷以致米色未能純潔飭據司道查係實在情形應請循照歷屆奏案准其紅白兼收秈粳並納以示體恤除仍飭認眞揀選毋許濫收滋弊並咨戶部暨倉場侍郎查照外合併陳明謹

奏

同治四年十一月十六日具

奏奉

旨戶部知道欽此

浙江巡撫臣馬新貽跪

奏爲浙省來歲新漕籌議海運章程恭摺仰祈

聖鑒事竊照本年冬漕仍行海運經臣分飭趕辦先於省城開設總局將應辦一切事宜督同司道暨各局員悉心籌畫次第舉行並將試徵新漕米數具

奏在案伏查浙省自遭兵燹田地荒蕪上年克復以後卽飭令各屬提緊招徠墾復並蒙

恩旨通漕三十成中減免八成

聖澤汪洋自必輸將恐後除杭屬之臨安新城於潛昌化湖屬之武康安吉六縣被擾尤重經臣援案

奏准將同治四五兩年錢糧銀米全行蠲免又長興縣因被兵既

重麥收蠶事無多又經臣
奏准將同治四年錢漕銀米全行豁免外其餘仁和等十五州縣
雖經招徠開墾種植無多兼之本年夏間屢遭雨水田禾多被
淹浸嘉屬復受蟲傷被災均重惟有酌量情形於已種各田之
中剔荒徵熟再行分別蠲免試辦酌徵以期上充
國課下恤民艱又白糧一項因荒田既多加以蟲水之傷米質類
多青腰白臍舂辦輒碎飭換爲難未能照額辦運復又奏懇
特恩將荒蕪田地應徵白糧一律扣蠲其已種各田內有被災應行
蠲緩之數仍在於漕糧項下抵補辦運現將杭嘉湖三屬仁和
等十五州縣荒蕪災歉田地覈實釐剔除分別蠲免外統計起
運熟田漕白正耗米一十六萬九千八百四十三石零經剔商

耗等米一萬八千四百二十八石零餘賸耗米六千三百八十一石零共米一十九萬四千六百五十四石零又白糧賸耗申糙米一千六十石零由各司道督飭各州縣提早開倉妥速徵運總期商船乘風放洋漕糧早登

天庾惟向辦海運一切事宜均有舊章可循本屆冊案被毀事同創始謹督同局員熟加籌畫或仿照舊案或參以蘇省章程酌議章程十二條會詳請

奏前來臣復覈無異相應繕具清單恭呈

御覽是否有當理合恭摺附驛具

奏伏乞

皇太后

皇上聖鑒訓示謹

奏

謹將浙省來歲新漕酌擬海運章程繕具清單恭呈

御覽

一委員分辦以專責成也查本屆辦理新漕必須細查減額改覈經費實屬難於往屆加以兵燹之後册檔蕩然事同創始非慎選熟悉諳練之員分别經辦難期周妥省城爲總滙之地公事最繁應仍照向章設立海運省局由各司道總司其事督同各委員赶緊次第籌辦至上海天津二處亦應一律照章設局委員籌辦所有滬局一切事宜已委補用道候補知府王慶勳補用知府候補同知朱其昂等赴滬設局會辦至天津交米事宜

係糧道專責一俟周歷嘉湖等府及赴滬查驗米色之後帶同
津局總辦委員候補知府郭式昌補用同知候補知縣虞慶瀾
等於明春趕先由陸路赴津會同直隸委員分別妥爲辦理
一起運新漕仍由上海受兌放洋並沙船由蘇省協僱移浙應用
也查浙省歷屆海運漕米均剝赴上海受兌由吳淞出口放洋
今屆自應循照辦理惟江浙兩省同在上海交米應責成滬局
委員會同蘇省委員及地方官將泊船處所先期勘定務令兩
省剝船海船各歸各處不致擁擠混雜所有紳商稅行斛手人
等亦應由上海局預爲招集以免臨時缺悮至白糧一項向來
專用上海寬大沙船其餘漕米亦因本省甯船不敷裝運均由
蘇省封撥沙船及東衛等船移付浙局派兌咸豐二年浙漕海

運案內經蘇省
奏定章程以派僱沙船責成滬局倘有米無船即將蘇省經辦委員叅處若有船無米或無水脚即將浙省辦漕州縣嚴叅懲辦歴久遵循在案本届起運新漕除飭甯波道府將本省蛋船三不像船趕速全行封僱外所有白糧米石應由蘇省趕先封撥寬大沙船承裝首先放洋此外如甯船不敷自應查照舊章均由蘇省委員封僱移送浙局受兌除咨明兩江督臣江蘇撫臣查照外並請
敕下蘇省督撫轉飭局員一俟浙漕到滬趕先封撥寬大沙船承載白糧其餘如甯船儘數派裝尚有不敷務須多僱沙船及東衛各船隨時移浙俾漕糧得以隨到隨兌不致守候躭延

一餘賸給丁耗米及白糧串糙應同漕糧起運一律交倉也查漕白二糧應給經紀耗米天津剝船食米商船食米之外尚有餘賸耗米又白糧餘耗項下應行串糙米石從前或留南變價或搭運交倉現常

京倉支絀之時自應隨同正漕一律運津交納以實倉儲

一經耗剝食商耗等米仍於給丁耗內支銷並商耗飭帶本色起運也查天津剝船食米每漕白米一石給米一升一合五勺通倉經紀耗米每白糧一石給米一升八合漕糧一石給米一升五合此項經紀耗米俱應由津運通亦須隨給剝船食米每石給米一升一合五勺又沙船耗米每白糧一石給米一斗漕糧一石給米八升以上各欵浙省自改辦海運以來均於河運給

丁耗米款內動支飭屬備齊本色隨正交兌運津分別運給歷經遵辦在案本屆海運漕白正耗等米自應循照舊章將前項各米仍於給丁耗米項下按數動支以符定案至給商耗米原備到津折耗賠補之用如交兌後仍有盈餘向准該商船在津自行變價咸豐四年奉准部文由官給價收買歷經飭令在津委員按照時價給銀收買以備留抵正漕之不足本屆白應照飭津局給價收買並嚴飭各屬於上海裝兌時全以本色起運不准水手人等私行變賣致有短缺

一天津剝船應寬爲籌備也查商船連檣運糧到津非多備剝船隨驗隨剝必有擁擠守候之虞從前額設官剝一千九百餘隻儘用官剝不敷添僱民剝惟浙漕停運數年現在天津官剝實

有若干有無朽壞應行修艌之處未能深悉明歲漕糧雖未能
照額辦運然江浙兩省同辦新漕自較前兩屆蘇省獨辦之海
運米數爲多所用剝船必須寬爲籌備方期迅速轉運應請
敕下直隸總督轉飭天津道等查明寬爲籌備俾免停米待剝致多
遲滯
一白糧米石仍應裝盛蔴袋先期起運並樣米帶津呈驗也查歷
年海運因白糧米色柔嫩易於蒸變每平斛米一石裝盛蔴袋
一隻由蘇省先撥寬大沙船趕先裝兌頭批放洋本屆白糧因
嘉湖地方新復荒廢甚多成熟之田又復被水被蟲米質受傷
難於照額舂辦業經
奏明剔除荒蕪田地徵運在案除長興武康二縣已奉

恩旨全行蠲免外所有嘉興等十縣應行起運白糧粳糯正耗及經剩商耗等米共一萬五千二百六十三石零自應查照舊章分裝蘇袋免交沙船首批放洋又漕白糧米向於正米內提出樣米一斗裝入蘇袋黏貼印花交海船賫帶到津由委員呈請

欽派大臣查驗本屆亦應照辦

一商船照給水脚等項並二成免稅酌定賞罰也查浙漕海運商船歷照蘇省章程除給耗米之外每米一石給予水脚銀四錢並給神福犒賞蓆片氣筒鐵鍬土筐并僱用斛手折給縴夫等項又商船八成載米准令二成帶貨各海關查明免稅至載米較多之商船自一萬石至五萬石以上分別給予職銜若已捐至五品無可再加統於事竣後

奏明酌獎如各船在洋有遭風鬆艙等事卸載後驗明大桅已砍

貨物已棄查照糧船失風之例

奏明減豁並照例優恤如無故短少貨物並未拋棄獨棄官糧者

雖鬆艙屬實所少米數仍令賠補商船在洋設有事故應令呈

報所在地方縣汛驗明通報確查屬實亦照遭風豁免之案辦

理所少米石即由津局於備帶經費內動支買足交倉事竣作

正開銷歷經

奏明遵行在案本屆自應照辦又洋藥一項蘇省奉有部行海運

漕米二成載貨免稅係指尋常貨物而言若攜帶洋藥應令照

水路每百觔徵銀三十兩以防包私漏稅等因本屆浙漕承運

商船亦應照案帶貨二成免稅如或由滬受兌開行後在各口

帶有洋藥均令遵照新章完納稅銀以杜包私

一津通經費應照案備帶如銀兩未到先請墊給並筐羨等欵按數抵解也查歷屆海運除毛竹蓆片由糧道衙門附同輕賫由閘等欵照例批解外所有天津官民剝價以及津通正雜各欵均由浙省委員帶津會同直隸委員按照米數分別支用內抗腳挖𥂝守候口糧前已全行裁除剝船飯食折銀每百石減去銀一兩一錢五分箇兒錢一項

奏准每石給銀二分咸豐十年蘇省按照採買章程無分漕白每百石交天津道剝價雜賫京平銀八兩一錢四釐箇兒錢每百石給銀二兩經戶部議覆以蘇省正漕全完後續到米船由天津道驗收運通因係正漕之外另行籌備之欵是以准照採買

之案辦理今海運正漕應仍照上屆新章每百石給剝價雜費銀八兩四錢四分七釐三毫民剝每百石給銀九兩八錢八分四釐八毫由該省如數解交天津道庫應用等因本屆浙漕仍應查照舊章備帶支給至備帶經費從前或交海船分帶或覓妥商滙兌並無一定章程此次應屆時察看情形再行酌辦惟商船一經放洋若風帆順利旬日即可抵津如前項經費未能早到一切用款即無從開支是以歷屆海運均請由天津各庫就近借墊動支應照案請

旨飭下倉場侍郎直隸總督長蘆鹽政轉飭在於通濟庫直隸藩庫天津道庫以及鹽關各庫暫行墊給一俟浙銀到津即由津局照數歸款庶緩急有恃無悞運需又應給經紀筎兒錢飯米折

色及廳倉茶果等銀按米計算動支仍照成案將應領蘆羨餘米價紙張等欵按數抵解其不敷銀兩由津局如數解交

一商船准帶礮械並飭令沿海水師會同防範也查歷屆海運成案准令裝米商船各帶礮械軍器防護於入口時呈繳出口時給領仍責成各省沿海水師鎮將統帶備弁兵船沿途遞相護送並於上海由商董選備輪船送至東省會同巡護在案查蘇省上屆海運仍由滬商捐辦雙輪船出洋護運惟浙漕停運數年甯波商船能否一律捐置輪船護運之處現飭查議或由甯商捐辦輪船護送或請蘇省輪船帶護以期周密除俟議覆到日另行酌辦外經臣咨明本省水師各鎮轉行沿海將備會同巡緝其山東直隸等省洋面循案請

旨敕下各該督撫提鎮督飭水師各按所轄洋面實力迎護加意防
範如有疎虞惟該水師是問並令開具專任分任各職名送部
查考
一天津交米之後應循舊責成經紀以杜諉卸並正漕完竣續到
米船即由天津道驗收也查道光六年欽奉
諭旨海船到津難免經紀需索刁掯著軍機大臣屆期奏請欽派一二
員前往又奉
諭旨商船到津委員將樣米送交欽派大臣比對米色按冊驗收其過
剝事宜責成坐糧廳帶同經紀一手經理交米委員將漕糧交給剝
船即爲竣事毋庸到通以免推諉各等因欽此浙省歷屆海運均經
欽遵在案本屆米到天津仍由委員將樣米呈驗俟

欽派大臣驗收斛交剝船卽責成經紀承管運通與商船無涉責任
既專則剝船中途攙雜使水等弊亦當不禁自除又歷屆海運
均由戶部屆時奏請
欽派大臣赴津查驗並倉場揀派坐糧廳酌帶經紀斛收正漕米數
全完續到米船卽由天津道驗收運通在案今屆應請照辦一
俟正漕米數報完續到米船卽責成天津道查照成案驗收運
通
一海運經費覈實支銷如有不敷應隨時覈辦也查浙省咸豐二
年海運案内
奏奉
諭旨以河運一切經費作海運支銷並將負重漕截等銀歸入海運開

支其餘不敷儘提各州縣津貼濟用現在應提津貼一款業已
奏請裁革所需運費除將漕截照案濟支外不敷之銀將杭嘉湖
三府屬行月折色及甯處等八府屬本折月糧並向來給幫行
月兩月經費食米飭屬變價解充海運經費亦經
奏明由部覆准在案自應嚴飭各屬趕緊徵解以資南北用款仍
當督飭各局員覈實開支撙節動用遵照定案每石不准逾八
錢之數惟查本屆漕糧起運無多經費不致不敷若辦理全漕
原定籌抵之數本非有餘倘甯紹等府或遇偏災蠲緩則所提
各款更形短少不敷甚鉅且或遇失事及事故商船其米石必
須由津買補運倉固不在八錢約數之內所費尤無一定自應
隨時酌量另行

奏明提撥至起運較少之年經費或稍有盈餘應請儘數提存糧
道庫留作下屆新漕之用不准別項借提以免臨時竭蹶
一天津交米應將本省部頒斛隻帶津較對也查歷屆海運糧道
赴津須將本省部頒鐵斛由陸攜帶赴津俟
欽派驗米大臣抵津後卽將本省鐵斛與倉場衙門木斛天津鐵斗
一律較對準確方始開斛交兌歷經遵辦在案今屆自應循舊
辦理惟浙省自匪擾之後原存鐵斛業已燬失已准戶工二部
另行頒發木斛飭縣依式成造較對準確兌收所有帶津較對
之斛自應卽將部頒木斛由糧道查照向章攜帶赴津與倉場
木斛天津鐵斗一律較對以歸劃一
同治四年十二月初四日具

奏奉

旨戶部速議具奏單併發欽此

戶部謹

奏爲遵

旨速議具奏恭摺仰祈

聖鑒事浙江巡撫馬新貽奏酌議新漕海運章程一摺同治四年十

二月十四日軍機大臣奉

旨戶部速議具奏單併發欽此欽遵鈔出到部據原奏內稱浙省自

遭兵燹田地荒蕪上年克復以後卽飭令各屬趕緊招徠墾復

並蒙

恩旨通漕三十成中減免八成

聖澤汪洋自必輸將恐後除杭屬之臨安新城於潛昌化湖屬之武

康安吉六縣被擾尤重經 臣 援案奏准將同治四五兩年錢漕

臣

銀米全行蠲免又長興縣因被兵既重麥收蠶事無多又經

奏准將同治四年錢漕銀米全行豁免外其餘仁和等十五州

縣雖經招徠開墾種植無多兼之本年夏間屢遭雨水田禾多

被淹浸嘉屬復受蟲傷被災均重惟有酌量情形於已種各田

之中剔荒徵熟再行分別蠲免試辦酌徵又白糧一項因荒田

既多加以蟲水之傷米質類多青腰白臍舂辦輒碎飭換爲難

未能照額辦運復又奏懇

特恩將荒蕪田地應徵白糧一律扣蠲已種各田內有被災應行蠲

緩之數仍在於漕糧項下抵補辦運現將杭嘉湖三屬仁和等

十五州縣荒蕪災歉田地覈實釐剔除分別蠲免外統計起運

熟田漕白正耗米一十六萬九千八百四十三石零經剎商耗

等米一萬八千四百二十八石零餘𦢊耗米六千三百八十一
石零其米一十九萬四千六百五十四石零又白糧𦢊耗申糙
米一千六十石零由各司道督飭各州縣提早開倉妥速徵運
總期商船乘風放洋漕糧早登
天庾惟歷辦海運一切事宜均有舊章可循本屆冊案被燬事同創
始熟加籌畫或仿照舊案或參以蘇省章程酌議章程十二條
繕具清單恭呈
御覽等語臣等伏查浙江省本屆新漕前經臣部奏令妥籌徵解並
將海運事宜援照成案作速辦理嗣據該撫將試徵新漕米數
預籌提欵濟運並應徵白糧按照漕糧成熟分數一律蠲荒徵
運等因奏明在案茲據該撫奏稱杭嘉湖三屬統計起運熟田

漕白正耗米一十六萬九千八百四十三石零經剝商耗等米一萬八千四百二十八石零餘賸耗米六千三百八十一石零其米一十九萬四千六百五十四石零又白糧賸耗申糙一千六十石零由各司道督飭各州縣提早開倉妥速徵運並將海運事宜酌議章程十二條具奏前來臣等查該撫所擬或仿照舊案或參以蘇省章程均爲慎重漕糧起見謹督飭司員悉心酌覈繕具清單恭呈

御覽所有臣等遵

旨速議緣由謹恭摺具

奏伏乞

皇上訓示遵行謹

奏

謹將浙省海運章程分別覈覆繕具清單恭呈

御覽

一委員分辦以專責成一條據稱本屆辦理新漕必須細查減額改覈經費實屬難於往屆加以兵燹之後冊檔蕩然事同創始非慎選熟悉諳練之員分別經辦難期周妥省城爲總滙之地公事最繁應仍照向章設立海運省局由各司道總司其事督同各委員趕緊次第籌辦至上海天津二處亦應一律照章設局委員籌辦所有滬局一切事宜已委補用道候補知府王慶勳補用知府候補同知朱其昂等赴滬設局會辦至天津交米事宜係糧道專責一俟周歷嘉湖等府及赴滬查驗米色之後

同津局總辦委員候補知府郭式昌補用同知候補知縣虞慶瀾等於明春由陸路趕先赴津會同直隸委員分別妥爲辦理等語查浙省海運章程均於省城及上海天津三處設局委員分辦本年海運新漕應請准如所奏查照成案辦理

一起運新漕仍由上海受兑放洋並沙船由蘇省協僱移浙應用

一條據稱歷屆海運漕米均剝赴上海受兑由吳淞出口放洋今屆自應循舊辦理惟江浙兩省同在上海交米應責成滬局委員會同蘇省委員及地方官將泊船處所先期勘定所有紳商稅行斛手人等亦應由上海局預爲招集至白糧一項向來專用上海寬大沙船其餘漕米亦因本省甯船不敷裝運均由蘇省封撥沙船及東衢等船移付浙局派兑咸豐二年浙漕海

運案內經蘇省奏定章程以派僱沙船責成滬局倘有米無船即將蘇省經辦委員叅處若有船無米或無水脚即將浙省辦漕州縣嚴叅懲辦歷久遵循在案本屆起運新漕除飭甯波道府將本省蜑船三不像船趕速全行封僱外所有白糧米石應由蘇省趕先封撥寬大沙船承裝首先放洋此外如甯船不敷自應查照舊章均由蘇局委員封僱移送浙局受兌等語查浙省海運漕糧向由上海受兌所需運米船隻均由蘇省協僱移浙應用歷經遵辦在案本屆起運新漕應令該撫查照舊章責成滬局委員會同蘇省委員及地方官將泊船處所先期勘定所有紳商稅行斛手人等亦宜預爲招集免致臨時掣肘並請

飭下蘇省督撫轉飭局員一俟浙漕到滬趕先封撥寬大沙船承載

白糧其餘如甯船不敷務須多僱沙船及東衛各船隨時移浙應用不得稍分畛域致有停米待兌之虞

一餘賸給丁耗米及白糧申糙隨漕起運交倉一條據稱漕白二糧應給經紀耗米天津剝船食米商船食米之外尚有餘賸耗米及白糧餘耗項下應行申糙米石隨同正漕一律運津交納以實倉儲等語查歷屆海運案內餘賸給丁耗米及白糧申糙均係搭運交倉現據該撫奏請隨同正漕一律運津交納應如所奏辦理

一經耗剝食商耗等米仍於給丁耗內支銷並商耗飭帶本色一條據稱天津剝船食米每漕白米一石給米一升一合五勺通倉經紀耗米每白糧一石給米一升八合漕糧一石給米一升

五合此項經紀耗米俱應由津運通亦須隨給剝船食米每石
給米一升一合五勺又沙船耗米每白糧一石給米一斗漕糧
一石給米八升以上各欵浙省自改辦海運以來均於河運給
丁耗米欵內動支飭屬備齊本色隨正交兌運津分別運給歷
經遵辦在案本屆海運漕白正耗等米自應循照舊章將前項
各米仍於給丁耗米項下按數動支以符定案至給商耗米原
備到津折耗賠補之用如交兌後仍有盈餘向准該商船在津
自行變價咸豐四年奉准部文由官給價收買歷經飭令在津
委員按照時價給銀收買以備留抵正漕之不足本屆自應照
飭津局給價收買並嚴飭各屬於上海裝兌時全以本色起運
不准水手人等私行變價致有短缺等語查歷屆海運成案商

船耗米由滬支給經剝食耗等米由津支給均於原給旗丁耗米欵內開支本屆自應照辦至商船耗米原備到津折耗賠補之用應令該撫諳飭各屬於上海裝兌時全以本色起運不准水手人等私行變價抵津後正額無虧仍有盈餘由津局給價收買隨運交倉另檔存記

一天津剝船寬爲籌備一條據稱商船連檣運米到津非多備剝船隨驗隨剝必有擁擠守候之虞從前額設官剝一千九百餘隻官剝不敷添僱民剝明歲江浙兩省同辦新漕自較前兩屆蘇省獨辦之海運米數爲多所用剝船必須寬爲籌備應請轉飭天津道等查明寬爲籌備俾免停米待剝等語查江浙兩省同時辦運米數較多必須多備剝船方免遲滯現在應用官剝

爲數無幾應請

飭下直隸督臣轉飭天津道將官剝船隻認眞油艌完固並將加修船隻趕緊一律修齊仍先期多爲封僱裝米二百石以上民船

備用

一白糧米石裝盛蔴袋先期起運並樣米帶津呈驗一條據稱查歷年海運因白糧米質柔嫩易於蒸變每平斛米一石裝盛蔴袋一隻由蘇省先撥寬大沙船趕先裝兌頭批放洋本屆白糧因嘉湖地方新復荒廢甚多成熟之田又復被水被蟲米質受傷難於照額春辦業經奏明剔除荒蕪田地徵運在案除長興

武康二縣已奉

恩旨全行蠲免外所有嘉興等十縣應行起運白糧粳糯正耗及經

剝商耗等米共一萬五千二百六十三石零自應查照舊章分
裝蔴袋兌交沙船首批放洋又漕白糧米向於正米內提出樣
米一斗裝入蔴袋黏貼印花交海船賫帶到京由委員呈請
欽派大臣查驗本屆亦應照辦等語查白糧一項向來均係照額起
運今歲浙省田禾因被淹傷經該撫奏明將白糧一項剔荒徵
熟蠲緩之數以漕糧抵額辦運等因在案應准其就數起運此
後仍不得援以為例至分裝蔴袋及樣米黏貼印花等事宜查
與歷屆海運成案相符應准照辦
一商船照給水脚等項並二成免稅酌定賞罰一條據稱浙江海
運商船除給耗米之外每米一石給予水脚銀四錢並給神福
犒賞蓆片氣筒鐵鍬土筐並僱用舵手折給縴夫等項又商船

八成載米准令二成帶貨各海關查明免稅至載米較多之商船自一萬石至五萬石以上分別給予職銜若已捐至五品無可再加統於事竣後酌獎如各船在洋有遭風鬆艙等事卸載後驗明桅斫貨棄查照糧船失風例奏明豁免並照例優恤如無故短少貨物並未拋棄獨棄官糧者雖鬆艙屬實所少米數仍令賠補商船在洋設有事故應令呈報所在地方縣汎驗明通報確查屬實亦照遭風豁免之案辦理所少米石即由津局於備帶經費內動支買足交倉事竣作正開銷歷經奏明遵行在案本屆自應照辦又部行海運漕米二成載貨免稅係指尋常貨物而言若攜帶洋藥應令照水路每百觔徵銀三十兩以防包私漏稅等語查運米商船除給耗米外應給水腳神福犒

賞蓆片氣筒等項又八成載米准令二成帶貨查明免稅至載
米較多之船酌予獎勵如各船有遭風等事呈報驗明分別賠
豁均有舊章可循應准照辦惟二成載貨免稅係指尋常貨物
而言如攜帶洋藥仍令遵照新章完納以杜包私

一津通經費先請墊給並置羨等項按數抵解一條據稱查歷屆
海運除毛竹蓆片由糧道衙門附同輕賫由閘等欵照例批解
外所有天津官民剝價以及津通正雜各欵均由浙省委員帶
津會同直隸委員按照米數分別支用內抗脚挖筲守候口糧
先已全行裁除剝船飯米折銀每百石減去銀一兩一錢五分
箇兒錢一項每石給銀二分每百石交天津道剝價銀八兩四
錢四分七釐三毫民剝每百石給銀九兩八錢八分四釐八毫

解交天津道庫應用至備帶經費從前或交海船分帶或覓妥
商滙兌並無定章惟商船一經放洋旬日即可抵津如經費未
能早到用欵即無從開支是以歷屆均請由天津各庫就近借
墊動支應照案請
旨飭下倉場侍郎直隸總督長蘆鹽政轉飭在於通濟庫直隸藩庫
天津道庫以及鹽關各庫暫行墊給一俟浙銀到津即由津局
照數歸欵又應給經紀笘兒錢飯米折色及聽倉茶果等銀按
米計算動支仍照成案將應領篔羨餘米價紙張等欵按數抵
解其不敷銀兩由津局如數解交等語查歷屆海運津通用欵
該撫請在通濟庫直隸藩庫天津鹽關各庫暫行墊給均經臣
部以各庫支絀議令先交放洋在前之船帶津或先期委員由

陸運解各在案現在各庫仍形支絀恐難墊給所有津通用欵應令該撫體察情形或交放洋在前之船分帶或先期遴員由陸運解總期商船到津無悞要需至所稱天津官民剝價各欵照章解交天津道庫應用又應給經紀箇兒錢飯米折色及廳倉茶果等銀按米計數動支仍照案將應領瓮羨餘米價紙劄等欵按數抵解其不敷銀兩由津局如數解交之處查與歷屆成案相符應准照辦

一商船准帶礮械並令沿海水師會同防範一條據稱查歷屆海運准令商船各帶礮械防護於入口時呈繳出口時給領仍責成各省沿海水師鎮將統帶備弁兵船沿途護送並於上海由商董選備輪船送至東省會同巡護在案查蘇省上屆海運仍

由滬商捐辦輪船出洋護運惟浙漕停運數年甯波商船能否
一律捐置輪船護運之處現飭查議或由甯商捐辦輪船護送
或請蘇省輪船代護以期周密除俟議覆到日另行酌辦外經
臣咨明本省水師各鎮轉行沿海將備會同巡緝其山東直隸
等省洋面循案請
旨飭下各該督撫提鎮督飭水師各按所轄洋面實力迎護加意防
範並令開具專任分任各職名送部查考等語查歷屆海運商
船放洋責成各省各沿海水師沿途護送並
欽派鎮將大員在洋督巡咸豐五年復經臣部會議令山東添造戰
船招募粵勇並令該撫體察情形或添調奉天師船或添僱水
勇均歸登州鎮總兵督帶巡護在案來年海運新漕除應用輪

船應由該督撫妥籌辦理並於江浙洋面咨明水師各鎮會同
巡緝外其餘山東直隸等處洋面應請
飭下直隸總督山東巡撫查照奏案嚴飭該管水師營汎實力迎護
並將專任分任各職名送部備查至所請商船各帶礮械出口
給領入口呈繳亦與歷届成案相符應准照辦
一天津交米之後循舊責成經紀以杜諉卸一條據稱查道光六
年欽奉
諭旨海船到津難免經紀需索刁措著軍機大臣届期奏請欽派一二
員前往又奉
諭旨商船到津委員將樣米送交欽派大臣比對米色按冊驗收其過
剁事宜責成坐糧廳帶同經紀一手經理交米委員將漕糧交給剁

船即爲竣事毋庸到通以免推諉各等因欽此浙省歷屆海運均經
欽遵辦理在案本屆米到天津仍由委員將樣米呈驗俟
欽派大臣驗收斛交剝船即責成經紀承管運通與商船無涉責任
既專則剝船中途攙雜使水等弊亦當不禁自除又歷屆海運
均由戶部屆時奏請
欽派大臣赴津查驗並倉場揀派坐糧廳酌帶經紀斛收正漕米數
全完續到米船即由天津道驗收運通在案今屆應請照辦一
俟正漕米數報完續到米船即責成天津道查照成案驗收運
通等語查海運成案米到天津驗收後即令坐糧廳督飭經紀
斛收兑剝運通取具經紀米色乾潔米數無虧切結存案其由
津運通如有潮溼攙雜等弊惟經紀剝船是問均不得牽涉原

裝沙船至正漕完竣均經驗米大臣奏明續到米船由天津道驗收本屆自應照辦惟南省兌交米石務須一律乾潔不得稍有含混全米到天津如商船米有潮溼攙雜卽令實力挑晾不得勒令經剝兌運如米本乾潔經剝故意需索勒措卽行從嚴究辦以杜推諉而清弊端

一海運經費覈實支銷如有不敷應隨時覈辦一條據稱查浙省所需運費除將漕截照案濟支外不敷之銀將杭嘉湖三府屬行月折色及甯處等八府屬本折月糧並向來給幫行月南月經費食米飭屬變價解充海運經費亦經奏明由部覆准在案自應嚴飭各屬趕緊徵解仍當督飭各局員覈實開支撙節動用遵照定案每石不准逾八錢之數惟查本屆漕糧起運無多

經費不致不敷若辦理全漕原定籌抵之數本非有餘倘甯紹
等府或遇偏災蠲緩則所提各欵更形短少不敷甚鉅且或遇
失事及事故商船其米石必須由津買補運倉固不在八錢約
數之内所費尤無一定自應隨時酌量另行奏明提撥至起運
較少之年經費或稍有盈餘應請儘數提存糧道庫留作下屆
新漕之用不准別項借提以免臨時竭蹷等語查浙江海運經
費前經臣部奏令力求撙節不得卽以每石八錢作爲定額所
有漕務項下酌提銀兩原係照全漕米數寬爲籌備將來全漕
起運必不至不敷應用本年運米較少原提經費除動支外覈
計當有盈餘應令查明數目報部撥用所請提存糧道庫留作
下屆新漕之用應毋庸議

一天津交米應將本省部頒斛隻帶津較對一條據稱查歷屆海運糧道赴津須將本省部頒鐵斛由陸攜帶赴津俟驗米大臣抵津後卽將本省鐵斛與倉場衙門木斛天津鐵斗一律較對準確方始開斛交兌歷經遵辦在案今屆自應循舊辦理惟浙省自匪擾之後原存鐵斛業已燬失已准戶工二部另行頒發木斛飭縣依式成造較對準確兌收所有帶津交兌之斛自應卽將部頒木斛由糧道查照向章攜帶赴津與倉場木斛天津鐵斗一律較兌以歸畫一等語查與辦過成案相符應准照辦

同治四年十二月二十四日具

奏本日奉

旨依議欽此

浙江海運省局爲酌擬新漕海運外辦章程詳請

憲示事竊照浙省同治五年起運四年新漕奉准仍由海運業經設立省局派委妥員分別趕辦並籌議內辦章程詳請具

奏在案伏查海運事務頭緒紛繁冊案蕩然事同初創加以本屆改提經費酌覈開支及一切滬局交兌事宜尤須逐細妥籌方期周妥謹擬外辦章程十二條開摺備文詳請伏祈

憲臺俯賜察覈批示以便通飭祗遵如有一切未盡事宜容再接續議詳合併聲明爲此備由呈乞

照詳施行

謹將新漕海運酌議外辦章程開具清摺呈送

憲鑒

今開

一海運經費應及早提解道庫撥局應用並輕賫錢糧應飭趕解以資北用也查浙漕歷辦海運所需運費漕截之外酌提各州縣津貼由局提催收納本年津貼一欵業奉

奏明裁革除漕截仍歸海運支銷外並將杭嘉湖三府行月折色甯處等八府本折月糧及向來給幫之行月米經費食米每一石變價銀一兩五錢南月米每石變價銀二兩按數解抵海運經費亦蒙

奏明

勅部議覆准行在案應飭各州縣將海運經費逕解糧庫按納隨時移局支給各屬仍隨文報局俾資查覈其南月變價一欵應由

藩司衙門覈數移知一併由糧道衙門收納以歸一律至海運用欵均須年內備齊方資支給所有前項經費銀兩自應由糧道衙門按欵勒限於年內提解足數庶免臨時竭蹶又查輕賫銀兩爲北倉鋪修一切要需歷屆海運均經糧道委員解通今屆自應照案專委妥員先漕解通應由糧道衙門飛催各屬首先批解庶免遲悞

一各屬徵兌應嚴飭提前並秈米不准攙入也查杭嘉湖三屬漕糧河運之年開倉徵兌節節遲緩自改辦海運以來均經嚴飭提早開倉加緊徵兌限於二月內全數放洋歷久遵辦尚無貽悞本屆新漕自應飭屬趕速徵運並循照向章限於年內由縣陸續起剥赴滬裝兌海船總期於二月內一律全數放洋毋許

稍有遲悞其各屬徵收米石不得藉粳秈並納曾經稟過有案
多收秈米卽或間有秈米交納者務須另艙存儲不准攙入粳
米致抵津難於交兌至白糧一項爲
天庾玉粒更宜愼益加愼一律乾圓潔淨不准攙入糲碎仍首先剗
運上海趕於頭批放洋
一通飭愼收好米並禁止吏胥包戸牙商包價也查民間完納漕
糧必不敢以低潮雜米完納卽地方官收漕亦斷不致濫收低
雜次米然剗滬交兌往往多低雜不堪或由於官爲折收牙商
以賤價包辦低雜次米交兌或胥吏包戸人等暗向民間折價
包買醜米唐突上倉官不及察卽爲蒙混湖屬之程安等縣向
來米色更屬不堪南局旣難裝兌北局尤礙驗收退換則轉輾

霜時承運則驗收受累臨時周章不成事體自應嚴飭各屬一
律徵收本色擇選乾潔好米嚴禁胥吏包戶折收包米並禁縱
丁商包辦攙交倘仍有低次壞米兌交者除由滬局退換外一
面稟請將壞米各州縣分別嚴行參辦仍密查舞弊盜包之丁
商包戶吏胥一併嚴提究治

一 內河剝運米石應嚴禁使水短少並禁丁役不准勒扣水腳也
查各屬由內河運米赴滬向章飭屬裝兌剝船每米一尺上鋪
黃稜紙一層間隔最上一層鋪紙後再鋪米一寸加用灰印立
法頗為周密乃查歷屆剝米到滬經滬局委員驗兌每有攙水
潮雜及短少之弊若果各州縣以好米兌剝如法鋪紙何至向
有潮雜使水之米細者其故非書解丁役挾同船戶中途偷賣

使水攙雜卽丁役尅扣水脚致令船戶不敷食用因而偷竊使水屢有騐換頻費周折必得明定章程庶使杜絶積弊應通飭各屬於剝運糧米務令如法舖紙毋任視爲具文並令分批愼選親信可靠家丁一人誠實差役數人小心管解并註明某丁役押解某某船戶米船若干隻每船米若干石隨米開具花名清摺申送滬局倘何船有使水攙雜等弊卽將管解何船丁役由滬局總辦委員鎖押刑責並枷號河干示衆如係船戶通同一併枷責一面責令各州縣將使水米石更換如有短少飭令補足至給發船戶水脚各州縣自應傳齊各船戶當堂面給不得輾轉剋削致船戶竊米使水若滬局丁書人等有意留難亦

卽查明嚴辦

一內河剝價等項由縣開支並酌帶斛斗夫役也查歷屆海運所需內河剝船責成各州縣自行招僱民船運赴上海斛交海船受兌各屬距滬遠近不等定以每石每百里給水腳銀一分六釐剝船鋪艙蘆蓆押送飯食一併在內准於應解津貼款內坐扣開銷在案本屆海運津貼已奉裁革應需前項水腳業經清賦局於酌定收漕新章案內詳定在於各州縣每石酌留辦公餘耗米二斗五升變價項下專款開支毋庸由局覈辦其運米到滬向由滬局僱備豆行斛手斛兌海船每斛米一石給斛夫錢五文又每船須製樣米蔴袋一隻以及商船應用號旗價值蓋艙稻草統應照清賦局覈定新章在於滬局公費雜用款內由各屬自行按數隨米解交滬局以便分別支給備辦仍照章

飭屬酌派斗級笆夫各二三名赴滬幫同照料并備帶較準木斛數張及笆斗栲栳等件隨米運滬以資應用

一海船苫蓋墊艙應用蓆片氣筒等項由局撥銀分給備辦也查向來海運應需海船苫蓋鋪艙蓆片鐵釘氣筒等項定以每米一石給銀一分六釐其銀即於各州縣坐銷剝船水腳銀內劃提在案現在津貼裁革所有內河剝船水腳已由縣在於辦公餘耗變價項下開支前項海船所需苫蓋墊艙蓆片鐵釘氣筒每石價銀一分六釐未便再令各屬支給應由滬局在於省局撥解海運經費項下動給海船備用無須由州縣支給以示體恤

一白糧口袋仍飭屬備辦應需袋價由縣開銷也查白糧米石向

用蔴袋裝運每米一石裝袋一隻初二屆海運由局製備發給應用後改由嘉湖各縣自備其銀在於應解津貼銀內坐扣本屆白糧需用蔴袋應仍飭各縣自行購辦所有袋價一欵向在津貼銀內動支今津貼裁革業經清賦局於酌覈收漕新章案內詳定前項白糧袋價在於各屬辦公餘耗變價項下開支毋庸由局給銀仍飭各縣認眞購辦務須雙繇緊密不得稀疎鬆懈致易損壞

一商船耗米給予本色毋許私折也查歷屆海運成案凡商船裝載

正供漕糧每石給耗米八升白糧每石給耗米一斗均按交倉正耗米數兌給以備抵補該船折耗及到津兌米虧短之用俟抵津

交卸全完後如有盈餘聽候津局收買運倉留抵正漕之不足如津局業已收買足數或諭令自行變糶均須臨時覈辦是前項商耗甚爲緊要豈容營私折價致有短少應即先行通飭各屬務將商耗一項全數斛交海船不准丁役勾通船商折錢付給一面由上海局示諭各商船務以本色帶津俟交卸全完後聽候津局給價收買毋許私自變賣並由滬局於交兌時將該船應給商耗內覈出三成米數於三聯單內註明若干石抵津交卸時由津局委員查明如不足三成米數即責令該商船照正米短少賠補之例就地買補交納仍由滬局分派委員實力稽查如有折乾及預賣情弊立即從嚴究辦

一商船銀米照案支給也查歷屆海運支給海船水腳除商耗外

自應查照向章按石給發又海船苫葢墊艙蓆片氣筒鐵釘折價每石銀一分六釐天津海口自僱縴夫每石錢四文回空須用挖泥壓鈔應用鐵鍬土筐每船錢一千文神福每船銀四兩耆舵每船各一名每名各犒賞銀一兩副舵每船一名給銀六錢水手每名給銀三錢每裝米百石准開水手一名凡錢款定以每錢二千文作銀一兩以上各欵除水脚外所有苫葢等欵約計每石開支銀二分八釐左右統由上海分局隨米支給在案今屆海運自應仍照向章按欵給發惟現在銀價較從前低少應由上海局照時價覈給以昭平允

一三聯單仍照章刊刷給執也查三聯印單歷屆均由上海局刊刷備文送省鈐葢藩司糧道印信隨時按船塡給一聯發海船

執赴天津交米一聯送津局委員按單查收一聯存局稽考本年海運仍由上海局刊刷齊全送省盖印照章塡給仍飭令滬局註明漕白交倉正耗及經紀耗米天津剥船食米數目並某字第幾號船商耆舵姓名水手人數并竅出商耗三成米數另行註入聯單作爲正米交兌如抵津短少查係私賣飭令賠補毋許稍有遺漏至白糧有粳糯之分漕糧有秈粳之别仍飭令分艙存儲於三聯單及裝船米數冊內分晰註明以免混淆

一飭發滬局樣斛仍就近借上海鐵斛較準也查各屬解米赴滬向由各屬自帶木斛眼同斛兌海船應由糧道衙門製備火烙樣斛二隻頒給滬局以便與各屬木斛較對事竣繳儲道庫仍查照向章由滬局就近移借上海縣部頒鐵斛一律較驗準確

俾免參差

一本局員役薪飯應分別酌給以示限制也查向章知府薪水月支銀四十兩同通州縣月支銀三十兩佐雜月支銀十五兩又憲臺衙門書吏八名奉飭每名月給辛工銀三兩飯食銀二兩四錢又油燭紙張月給銀四兩又奉飭添設繕書二名每名月給辛飯銀五兩四錢加給油燭紙張銀四兩又本局經稿各書十二名每名月給辛工銀三兩飯食銀二兩四錢又在局聽差號役人等酌用四名每名日給飯食錢文酌量支給其局中紙張油燭等項查從前海運成案每月以四十兩爲率內以二十兩給各書支用二十兩留局開銷倘有盈餘以抵零星用項歷經照支辦理現在百物昂貴恐有不敷自當格外撙節仍照向

章支給以示限制
同治四年十一月二十八日具詳奉
撫憲馬 批所議海運外辦章程均屬妥協仰卽通飭遵辦至
海運一切經費務須遵照
奏定之案格外撙節支用不得稍涉浮濫一俟事竣卽將用過數
目詳請
奏結一面將收支各數造具細冊送候查覈此外如有未盡事宜
並卽隨時覈議詳辦均毋延漏此繳摺存

浙撫咨請蘇省轉飭釐卡浙漕剝運米船查驗印旗放行　同治四年案

浙江巡撫部院馬　為詳請事據海運省局司道詳稱竊據海運滬局總辦候補知府王守等呈詳條議應辦事宜摺稱各屬起運米石行抵蘇省水卡該處商船過往均有米捐應請飭屬逐船給發印旗一面開明某州縣運滬漕白糧米填明月日石數咨請蘇省釐局轉飭各卡隨驗隨放若照依向章該屬丁書押護多船彼此行駛不無先後等待執批呈驗凡遇港口俱有捐卡浦江潮汛可虞恐滋貽誤仍飭各船于交米時隨將印旗呈繳滬局以杜影射等情據此伏查各屬運米剝船由內河行走向章每批派撥丁書押護必待執批呈驗放行該米船行駛先後不齊難免停船待驗恐有耽延即米船屬集各釐卡亦形擁擠應如所議通飭各屬按船給發印旗一面開明某州縣運

滬漕白糧米若干石並剝運月日凡各米船以印旗爲憑由各
局卡隨驗隨放較爲便捷仍俟到滬後卽將印旗呈繳滬局似
亦無虞影射之弊除咨蘇省牙釐總局江蘇松滬捐釐總局轉
飭查照并通行杭嘉湖三屬一律遵照外相應詳請咨明
兩江督
江蘇撫憲轉飭經由各釐卡查照凡遇浙省運米剝船過卡卽
查驗印旗隨時放行俾昭迅速等情到本部院據此除咨
江蘇撫
兩江督院外相應咨明爲此合咨
貴部堂
院請煩查照轉飭隨時驗放望切施行
同治四年十二月二十四日咨
兩江督
江蘇撫院

浙江海運省局爲咨請飭遵事據海運滬局總辦候補知府王守等呈詳條議應辦事宜摺稱各屬起運米石行抵蘇省水卡該處商船過往均有米捐應請飭屬逐船給發印旗一面開明某州縣運滬漕白糧米塡明月日石數咨請蘇省釐局轉飭各卡隨驗隨放若照依向章該屬丁書押護多船彼此行駛不無先後等待執批呈驗凡遇港口俱有捐卡浦江潮汛可虞恐滋貽誤仍飭各船於交米時隨將印旗呈繳滬局以杜影射等情據此查各屬運米剝船由內河行走向章每批派撥丁書押護必待執批呈驗放行該米船行駛先後不齊難免停船待驗恐有耽延即米船麕集各釐卡亦形擁擠應如所議通飭各屬按船給發印旗一面開明某州縣運滬漕白糧米若干石並剝運月日

凡各米船以印旗爲憑由各局卡隨驗隨放較爲便捷仍俟到

滬後卽將印旗呈繳滬局似亦無虞影射之弊

咨江蘇牙釐 江蘇松滬捐釐總局 除詳請

撫憲核咨并通飭各屬遵照外相應備文咨請爲此合咨

貴局請煩查照轉飭經由各釐卡凡遇浙省運米剝船過卡卽

查驗印旗隨時放行俾免耽延望速施行

札杭嘉湖三府 有漕州縣 除詳請

撫憲咨明蘇省並咨請

江蘇牙釐 江蘇松滬釐捐總局查照外合行通飭爲此札仰該府州縣立卽轉

飭遵照每剝運漕白米船一隻製備大旗蓋印並開明船戶花

名裝運某州縣糧米若干石註明剝運日期分給各剝船凡行

抵
蘇省釐卡卽將印旗呈驗放行到滬後將印旗呈繳滬局查銷
毋任稍違悞切切
札滬局 除詳請
撫憲鑒咨
江蘇督撫憲轉飭經由各釐卡遵照並咨明
蘇省牙江蘇松滬捐釐總局轉飭並通行各屬遵辦外合行札知札到
該局卽便遵照一俟各屬釗船到滬將該船印旗驗明收回册
稍違誤切切
同治四年十二月二十日咨
江蘇牙釐松滬釐捐總局札杭嘉湖三府仁海等十五州縣滬局

浙江海運省局爲再行飭遵事據海運滬局總辦候補知府王
守等詳據外局紳董王慶樸稟稱海運漕糧以慎選米色爲要
務各州縣剝米至滬遇有潮溼霉變之米委派之船咸赴外局
爭吵抗不受兌以致遲延時日動多轇轕附各屬起運之先無不
揀選精潔而丁舵船戶沿途攙水間雜泥沙所封米樣非不精
純潔淨而剝船以千百計即一船之中各艙米色亦參差不齊
豈能一律皆如樣米應請于各州縣米到後飭知外局督飭司
事斛手親赴剝船按艙扦驗米樣臨兌嚴對務使一律圓潔樣
米相符則兌運不致稽延倘有沿途攙水并雜泥沙立即飭令
退換等情詳請通飭各州縣慎選丁舵嚴禁船戶使水等弊以期
滬兌津交庶可迅速等情到局據此查各屬剝米運滬應行嚴

省局通飭各屬嚴禁剝船偸米攙雜短少之 同治四年案

禁使水短少並禁丁役不准剋扣水腳業經本局嚴定章程詳

請

撫憲并通飭各屬遵辦在案據詳前情合再通飭爲此札仰該府州縣立即轉飭查照本局所議章程一律遵辦不得陽奉陰違虛應故事倘米到上海查有從前積弊即將管解丁役及剝運船戶一併由滬局鎖押刑責並枷號河干示衆仍將使水之米退換該縣亦干重咎該府責任督察并干未便切速火速

同治四年十二月二十一日札杭嘉湖三府並有漕各州縣

浙江巡撫部院馬　爲詳請覈咨事據海運省局司道詳稱竊照浙省海運漕白糧米各屬剩米到滬逐一盤驗裝兑商船向於正米内提出樣米一斗裝盛蘇袋粘貼印花交商船帶津呈驗本屆海運自應查照仍每船於正米内提出樣米一斗用蘇袋盛裝粘貼印花交商船攜帶天津由浙省赴津委員呈送驗米大臣查對米色俾昭覈實除經彙入章程詳

奏外相應詳請咨明

欽派驗米大臣倉場督憲直隸一體查照實爲公便等情到本部院據此除分咨外相應咨呈明爲此合咨呈

貴部堂大臣謹煩請查察照施行

同治　年　月　日咨呈

倉場
直隸督院

欽派驗米大臣

浙江巡撫部院馬　爲詳請彙咨事據海運省局司道詳稱案查浙省歷屆奉辦海運應給經紀耗米剝船食米均於原給丁耗項下開支本屆海運自應照案飭令各州縣將前項耗米剝赴上海隨正兌交商船搭運赴津一律給與本色除業經彙入章程詳

奏外相應詳請咨明

倉場直隸督憲轉飭坐糧廳天津道府查照辦理等情到本部院據此除咨

直隸倉場督院外相應咨明爲此合咨

貴部堂請煩查照轉飭坐糧廳天津道府查照辦理望切施行

同治　年　月　日咨

倉場
直隸督院

浙江巡撫部院馬　爲詳請覈咨事據海運省局司道詳稱竊
照商船運米到津必須隨到隨剝庶免守候擁擠之虞所有官
民剝船自應先期備齊守候浙省初屆海運白糧全用民剝漕
糧官民剝船兼用咸豐九年江省海運案内直省續增官剝船
隻已奉
天津驗米大臣
奏准大加修整連額剝船共有一千九百五十餘隻白糧額數無
多固應專用官剝運送漕糧米石亦應一律先儘官剝毋庸再
僱民剝以符定例經
直隸督院轉飭天津縣將楊村原額續增官剝船隻悉數調驗
毋任短缺等因在案本屆海運自應遵照全用官剝惟江浙新

漕同時並運商船到津無不爭先卸載需用剝船較多所有官
剝船一千九百餘隻應即預爲備齊或有應行修艌之處更須
趕速修整方免臨時缺悞除經彙入章程詳
奏外相應詳請咨明
直隸督憲轉飭天津道府務須預爲趕速辦理實爲公便等情
到本部院據此相應咨明爲此合咨
貴部堂請煩查照希即轉飭天津道府將前項官剝船隻預爲
趕速備辦望切施行
同治　年　月　日咨
直隸督院

浙江巡撫部院馬　爲造冊詳請覈咨事據海運省局司道詳
稱竊照同治五年應行起運四年分杭嘉湖三府屬漕白正耗
並支剩餘耗白耗串糙及支給經剝商耗等款數目業經詳請
察覈具
奏在案所有應行交倉漕白正耗支剩餘耗白耗串糙並分別支
給經紀耗米剝船食米商船耗米新增經耗項下剝船食米等
款各州縣細數理合開造清冊三本計六分共一十八本詳請
分咨
戶部
直隸督憲
倉場督憲
蒞津倉場督憲　并俟
欽派驗米大臣一體咨送查照實爲公便等情到本部院據此除分

咨外相應咨送為此咨呈 合咨

貴部大臣謹請察照施行
部堂煩查照施行

計咨送

冊三本

同治　年　月　日咨呈

欽派驗米大臣

戶部
直隸督院
倉場
莅津倉場

浙江海運省局
呈爲造送事今將浙江省同治五年起運四年分杭嘉湖三府
屬仁和等州縣漕糧正兌改兌改漕白糧粳糯交倉正耗米數
及原給旗丁耗米項下支銷經耗津剝商耗食等米并新增經
耗項下津剝食米各數分晰造具清冊呈送
查覈施行須至冊者
今開
浙江省
同治五年起運四年分
實該起運漕改正耗米一十五萬六千三百三十一石一
斗五升三合内

正兌糧米一十一萬六百六十二石六升一合五勺

二五交倉耗米二萬七千六百六十五石五斗一升

五合三勺

改兌糧米八千五百三十五石六斗八升二合五勺

一七交倉耗米一千四百五十一石六升六合

改漕糧米六千四百一十四石三斗四升二合二勺

二五交倉耗米一千六百三石五斗八升五合五勺

以上各欵共符前數係應交倉實米

原給丁耗項下支銷耗食等米一萬六千六百七十六石

三斗五升二合二勺內

一升五合經紀耗米二千三百四十四石九斗八升

三合七勺
一升一合五勺天津剝船食米一千七百九十七石
八斗二升九勺
新增一升一合五勺經耗項下津剝食米二十六石
九斗六升七合三勺
八升商船耗米一萬二千五百六石五斗八升三勺
以上各欵共符前數係應支給實米
實該起運白糧正耗米一萬三千五百一十一石二斗八
升四勺內
供用庫白粳米六千九百七十一石八斗一升五合
二勺

五升交倉耗米三百四十八石五斗九升七勺
酒醋麵局白糯米九百六十一石三斗二升八勺
五升交倉耗米四十八石六升六合
光祿寺白粳米四千四十八石八斗三升八合五勺
三升交倉耗米一百二十一石四斗六升五合一勺
光祿寺白糯米九百八十一石七斗三升二合二勺
三升交倉耗米二十九石四斗五升一合九勺
以上各欵共符前數係應交倉實米
原給丁耗項下支銷耗食等米一千七百五十二石五斗
七合五勺內
一升八合經紀粳耗米二百六石八斗三升二合八

勺
糯耗米三十六石三斗七升二勺
一升一合五勺天津剝船粳食米一百三十二石一
斗四升三合一勺
糯食米二十三石二斗三升六合六勺
新增一升一合五勺經耗項下津剝粳食米二百三
斗七升八合六勺
糯食米四斗一升八合二勺
一斗商船粳耗米一千一百四十九石七升九勺
糯耗米二百二石五升七合一勺
以上各欵共符前數係應支給實米

仁和縣

實該起運漕糧正耗米九千八百四十二石八升九合內

正兌糧米七千三百六十九石九升五合七勺

二五交倉耗米一千八百四十二石二斗七升三合

九勺

改兌糧米五百三十九石七升六合四勺

一七交倉耗米九十一石六斗四升三合

以上各欵共符前數係應交倉實米

原給丁耗項下支銷耗食等米一千四十九石八斗八升

二勺內

一升五合經紀耗米一百四十七石六斗三升一合

三勺

一升一合五勺天津剝船食米一百一十三石一斗

八升四合

新增一升一合五勺經耗項下津剝食米一石六斗

九升七合八勺

八升商船耗米七百八十七石三斗六升七合一勺

以上各欵共符前數係應支給實米

查杭屬除全行蠲豁外其錢塘海甯富陽餘杭

四州縣試徵漕糧各按起運米數分縣分

欵仿照前式造列不全載

嘉興縣

實該起運漕改正耗米一萬八千八百四十一石四斗八
升八合三勺內
正兌糧米一萬三千八十五石四升二合五勺
二五交倉耗米三千二百七十一石二斗六升六勺
改兌糧米九百八十四石六斗九升四勺
一七交倉耗米一百六十七石三斗九升七合四勺
改漕糧米一千六十六石四斗七升七合九勺
二五交倉耗米二百六十六石六斗一升九合五勺
以上各欵共符前數係應交倉實米
原給丁耗項下支銷耗食等米二千九石八斗六升八合
六勺內

一升五合經紀耗米二百八十二石六斗二升二合

三勺

一升一合五勺天津剝船食米二百一十六石六斗

七升七合一勺

新增一升一合五勺經耗項下津剝食米三百二斗

五升一勺

八升商船耗米一千五百七石三斗一升九合一勺

以上各欵共符前數係應支給實米

實該起運白糧正耗米一千九百九十六石九斗五升二

合內

供用庫白粳米一千五十五石三斗八升二合一勺

五升交倉耗米五十二石七斗六升九合一勺
酒醋麵局白糯米一百三十二石八斗三升二合八
勺
五升交倉耗米六石六斗四升一合六勺
光祿寺白粳米五百八十石八斗八升七合九勺
三升交倉耗米一十七石四斗二升六合六勺
光祿寺白糯米一百四十六石六斗一升三合五勺
三升交倉耗米四石三斗九升八合四勺
以上各欵共符前數係應交倉實米
原給丁耗項下支銷耗食等米二百五十九石一升八合
六勺內

一升八合經紀粳耗米三十石七斗一升六合四勺

糯耗米五石二斗二升八合七勺

一升二合五勺天津剝船粳食米一十九石六斗一

升四合三勺

糯食米三石三斗四升六勺

新增一升一合五勺經耗項下津剝粳食米三斗五

升三合三勺

糯食米六升一勺

一斗商船粳耗米一百七十石六斗四升六合六勺

糯耗米二十九石四升八合六勺

以上各款共符前數係應支給實米

查嘉屬秀水嘉善海鹽平湖石門桐鄉六縣均
各按試徵漕白起運米數分縣分欵仿照
前式造列不全載
烏程縣
實該起運漕改正耗米一萬二千五百二十七石五斗二
升九合內
正兌糧米八千五百六十三石五斗六升五合七勺
二五交倉耗米二千一百四十石八斗九升一合四
勺
改兌糧米八百七十三石四斗九升六合五勺
一七交倉耗米一百四十八石四斗九升四合四勺

改漕糧米六百四十石八斗六升四合八勺
二五交倉耗米一百六十二石二斗一升六合二勺
以上各欵共符前數係應交倉實米
原給丁耗項下支銷耗食等米一千三百三十六石三斗
四升二合八勺內
一升五合經紀耗米一百八十七石九斗一升二合
九勺
一升一合五勺天津剝船食米一百四十四石六升
六合六勺
新增一升一合五勺經耗項下津剝食米二石一斗
六升一合

八升商船耗米一千二石二斗二合三勺
以上各欵共符前數係應支給實米
實該起運白糧正耗米一千五百二十一石一斗九升內
供用庫白粳米七百六十五石九升三合四勺
五升交倉耗米三十八石二斗五升四合七勺
酒醋麵局白糯米九十六石八斗一升五合三勺
五升交倉耗米四石八斗四升八勺
光祿寺白粳米四百八十七石四斗四升
三升交倉耗米一十四石六斗二升三合二勺
光祿寺白糯米一百一十石七斗九升八合六勺
三升交倉耗米三石三斗二升四合

以上各欵共符前數係應交倉實米

原給丁耗項下支銷耗食等米一百九十七石三斗九合

內

一升八合經紀粳耗米二十三石四斗九升七合四

勺

糯耗米三石八斗八升四合

一升一合五勺天津剥船粳食米一十五石一升二

合三勺

糯食米二石四斗八升一合五勺

新增一升一合五勺經耗項下津剥粳食米二斗七

升二勺

糯食米四升四合七勺
一斗商船粳耗米一百三十石五斗四升一合一勺
糯耗米二十一石五斗七升七合九勺
以上各欵共符前數係應支給實米
查湖屬除全行蠲豁外其歸安德清兩縣各按
試徵漕白起運米數分縣分欵仿照前式
造列不全載

浙江海運省局

呈爲造送事今將浙江省同治五年起運四年分杭嘉湖三府屬仁和等州縣搭運漕改白糧原給旗丁耗米項下支剩米石交倉及支銷經紀津剩商船耗食等米并新增經耗項下津剩食米各數分晰造具清冊呈送

查覈施行須至冊者

今開

浙江省

同治五年起運四年分

共搭運漕改給丁耗項下支剩米二千八百四十八石三斗一升五合四勺

又白糧給丁耗項下支剩米三千五百三十二石五斗八升六合八勺

以上共支剩米六千三百八十一石九斗二合二勺

內

交倉米五千七百六十六石七斗四升八合八勺

以上漕米係應交倉實數

支銷耗食等米六百一十五石一斗五升三合四勺內

一升五合經紀耗米八十六石五斗一合二勺

一升一合五勺天津剝船食米六十六石三斗一升七合六勺

新增一升一合五勺經耗項下津剝食米九斗九升

四合七勺
八升商船耗米四百六十一石三斗三升九合九勺
以上各款共符前數係應支給實米

仁和縣

漕糧給丁耗項下支剩米一百七十九石四斗七升一合
七勺內
交倉米一百六十二石一斗七升二合三勺
以上漕米係應交倉實數
支銷耗食等米一十七石二斗九升九合四勺內
一升五合經紀耗米二石四斗三升二合六勺
一升一合五勺天津剝船食米一石八斗六升五合

新增一升一合五勺經耗項下津剝食米二升八合

八升商船耗米一十二石九斗七升三合八勺

以上各欵共符前數係應支給實米

此外杭屬各州縣照前式分造列冊不全載

嘉興縣

漕改給丁耗項下支剩米三百三十九石三斗三升八合

二勺

白糧給丁耗項下支剩米五百二十一石八斗一升八合

以上共支剩米八百六十一石一斗五升六合二勺

內

交倉米七百七十八石一斗四升九合二勺

以上漕米係應交倉實數

支銷耗食等米八十三石七合內

一升五合經紀耗米一十一石六斗七升二合三勺

一升一合五勺天津剝船食米八石九斗四升八合

七勺

新增一升一合五勺經耗項下津剝食米一斗三升

四合二勺

八升商船耗米六十二石二斗五升一合九勺

以上各欵共符前數係應支給實米

此外嘉屬各縣照前式分縣列册不全載

烏程縣

漕改給丁耗項下支剩米二百四十五石二斗二升六合
白糧給丁耗項下支剩米三百九十八石七斗一升四合
六勺
以上共支剩米六百四十三石九斗四升六勺內
交倉米五百八十一石八斗七升九勺
以上漕米係應交倉實數
支銷耗食等米六十二石六升九合七勺內
一升五合經紀耗米八石七斗二升八合一勺
一升一合五勺天津剝船食米六百六斗九升一合
五勺
新增一升一合五勺經耗項下津剝食米一斗四勺

八升商船耗米四十六石五斗四升九合七勺

以上各欵共符前數係應支給實米

此外湖屬各縣照前式分縣列冊不全載

浙江海運省局

呈爲造送事今將浙江省同治五年起運四年分嘉湖二府屬嘉興等縣搭運白糧剩耗項下申糙米石交倉及支銷經耗津剝商船耗食等米并新增經耗項下津剝食米各數分晰造具清冊呈送

查覈施行須至冊者

今　開

浙江省

同治五年起運四年分

共搭運白糧剩耗項下申糙米一千六十石七升六合內

交倉米九百五十七石八斗九升四合九勺

以上漕米係應交倉實數

支銷耗食等米一百二石一斗八升一合一勺內

一升五合經紀耗米一十四石三斗六升八合四勺

一升一合五勺天津剝船食米一十一石一升五合八勺

新增一升一合五勺經耗項下津剝食米一斗六升五合三勺

八升商船耗米七十六石六斗三升一合六勺

以上各款共符前數係應支給實米

嘉興縣

白耗項下申糙米一百五十六石五斗四升五合四勺內

交倉米一百四十一石四斗五升六合

以上漕米係應交倉實數

支銷耗食等米一十五石八升九合四勺內

一升五合經紀耗米二石一斗二升一合八勺

一升一合五勺天津剝船食米一石六斗二升六合

七勺

新增一升一合五勺經耗項下津剝食米二升四合

四勺

八升商船耗米一十一石三斗一升六合五勺

以上各欵共符前數係應支給實米

此外有白糧各縣均照前式分縣造冊不全載

浙江海運省局爲札發事照得本屆海運杭嘉湖三府屬各州縣實應起運漕糧改漕白糧及剩耗米石實應交倉支給各欵細數茲准

糧道衙門覈明開册移送到局除通飭杭嘉湖三府暨仁錢海等州縣遵照外合行抄册札發爲此札仰該局卽便查照辦理毋違切切

計發米數册三本 照咨部分欵細册飭發

同治四年十二月初六日札滬津二局

浙江海運省局爲札發事照得本局海運該屬各州縣屬實應
起運漕糧改漕白糧及剩耗米石交倉支給各款細數茲准
糧道衙門暨明開冊移送到局合行抄冊札發爲此札仰該府州縣
立即轉飭所屬遵照迅將應運漕白米石趕緊妥速征收剩運
仍飭將白糧米石首先運滬以副頭批放洋並將剩運米數船
名隨時報查毋稍遲延切切
計發冊一本　照咨部分款細冊按屬抄發
同治四年十二月初六日札杭嘉湖三府仁海十五州縣

浙江巡撫部院馬　爲據情詳請事據署糧儲道王凱泰詳稱竊據嘉興府詳稱嘉善縣專派家丁前赴無錫溧陽等處購買白糯米石運回脊辦請轉詳咨各關驗放等情並據嘉興石門二縣稟報專丁分赴江南常熟金壇溧陽等處買糯請賜詳咨各等情據此伏查浙省向不産糯各屬赴運白糯米石向赴外江採辦誠恐沿途稽阻歴届詳請咨

關驗放惟現在尚未開關除咨牙釐局轉飭本省各局卡查照外詳請咨明

江蘇撫憲轉飭各釐卡凡遇浙省嘉湖各縣採買白糯米船過境卽速查驗放行勿稍稽阻實爲公便等情到本部院據此相應咨明爲此合咨

貴部院請煩查照轉飭遵照施行

同治四年十二月初七日咨

江蘇撫院

浙江巡撫部院馬　爲咨請事據海運省局司道詳稱竊照本屆新漕仍由海運所有杭嘉湖三屬漕白糧米剝運赴滬係由內河行走沿途應行撥護歷屆均經移行杭嘉湖三府協暨經過各縣並詳請飛咨

兩江督 江蘇撫 憲轉飭會同營汛一體防護在案本年漕糧已據各縣陸續具報開倉轉瞬即須剝米赴滬交兌所有沿途經由縣汛自應加意逐程護送方昭慎重除移行杭嘉湖三府協并經過之仁和石門桐鄉嘉興秀水嘉善歸安烏程德清等縣會同營汛逐程護送外相應詳請飛咨

兩江督 江蘇撫 憲轉行蘇臬司通飭松江所屬經由各廳縣會同營汛一體防護並請飭行杭嘉湖三府協暨經過各縣　體遵照等

情到本部院據此查本年應徵漕糧業據各屬開倉收納所有
各屬運米赴滬自應沿途撥護以資周密而昭慎重據詳前情
咨　兩江督部堂　江蘇撫部院
除札浙省經過各府協遵照外相應飛咨爲此合咨
貴爵部堂　部院煩請查照轉飭遵辦施行
札杭嘉湖三府協鎮　仁和石門桐鄉嘉興秀水　嘉善歸安烏程德清等縣知悉云云除咨
江省督撫院轉飭遵照外合亟札飭札到該府協縣立卽督飭各縣汛
遵照一俟各屬漕糧到境卽速會同地方官營汛多派兵役逐程護
送毋稍疎虞致干重咎仍將過境日期報查切切
同治四年十二月十三日咨行

浙江巡撫部院馬　爲詳請覈咨事據海運省局司道詳稱竊照收兌漕糧本用漕斛向來河運抵通概以洪斛交納仍折漕斛覈算浙省歷屆海運係在上海兌交商船飭令各屬備帶漕斛就近借用上海縣鐵斛由監兌委員較準印烙加貼印花交商船帶赴天津仍將浙省糧道衙門

部頒鐵斛飭發交米委員解往天津呈請

驗米大臣與天津鐵斗倉場木斛互相較驗運竣仍將浙省

部頒鐵斛交海船帶回呈繳歷辦在案本屆海運自應仍令各屬備帶漕斛解送滬局循舊辦理並屆期將浙省糧道衙門此次奉

部頒發木斛飭令交米委員解往天津呈請

驗米大臣聽候飭調鐵斗木斛互相較驗以昭畫一除稟入章程請
奏外相應詳請咨明
戶部暨
直隸倉場督院轉飭天津道府坐糧廳查照辦理並請俟奉
欽派驗米大臣一體咨明實爲公便等情到本部院據此除分咨外相應咨呈明爲此咨呈合咨
貴大臣部堂請煩察照查照轉飭天津道府坐糧廳查照辦理望切施行
同治　年　月　日咨呈
欽派驗米大臣
戶部
直隸倉場督院

浙江巡撫部院馬　爲詳請給咨事據署糧儲道王凱泰詳稱
竊查浙省有漕各州縣徵糧漕斛向由本道衙門照依
部頒鐵斛如式製造較準烙發行用溯查原頒鐵斛自乾隆九
年奉頒之後已歷百餘載銹裂不堪前經王前道詳請前撫院
晏　咨請
戶工二部換頒新鐵斛一張發浙行用迨咸豐十一年省垣被擾
鐵斛毀失又經前署薛道于上年詳請撫部院咨
部另頒嗣據委員朱廷梁領解回浙係木斛一張卽經照式製
造轉發各州縣斛兒各在案查斛隻爲徵糧要件不容合勺參
差是以從前奉
部頒發均係生鐵鑄就上冬奉發木質粗斛不特易于裂縫且

自辦海運以來祖斛必須由陸帶津較對山路崎嶇車行震動
難保無鐵攀寬鬆板身欹裂自應請咨
大部另頒鐵斛方足以昭法守查現在候補從九品錢振衡尙
須赴
部呈解木斛工價理合詳請給發
戶工二部咨文以便卽飭該員就近請領實爲公便等情到本部
院據此除咨
戶工部外相應給咨賫投爲此合咨
貴部請煩查照給領施行
同治五年五月二十六日咨
戶工部

浙江海運省局爲詳明事竊查浙省本屆海運津局交兑事宜業經遴委台州府知府吳守艾生等赴津設局總辦並分委各員襄理在案所有該守等赴津川資薪水自應照章覈給俾資應用又查滬局總辦委員候補知府王守維圻候補知縣虞令慶瀾亦應一併酌覈支數其餘分司各委員仍照章同通州縣月支薪水銀三十兩伙食六兩佐雜各員月支薪水銀十五兩伙食五兩至朱丞其昂會辦滬局吳守艾生赴滬委驗米色事務較繁費用較大應由本司道察覈情形酌數總給不在月支之列理合開摺備文詳送伏祈

憲臺俯賜察覈實爲公便爲此備由呈乞

照詳施行

計呈　清摺一扣

謹將津局委員酌給川資薪水銀數及滬局總辦委員薪水銀數開摺呈送

憲鑒

今開

津局

總辦台州府知府吳艾生　酌給川資薪水銀八百兩

會辦處州府同知常　紱　酌給川資薪水銀六百兩

會辦候補同知朱其昂　酌給川資薪水銀六百兩

委員補用通判馬秉鈞　酌給川資薪水銀四百兩

委員候補知縣李繼章　酌給川資薪水銀四百兩

同治五年案

省局詳赴津各員及滬局薪水盤費數目

同治五年十二月十七日詳奏

總辦候補知縣虞慶瀾　覈給薪水銀六百兩

總辦候補知府王維圻　覈給薪水銀六百兩

滬局

委員試用從九品吳承恩　酌給川資薪水銀一百四十兩回南川資一百六十兩共三百兩

委員試用縣丞蘇　杰　酌給川資薪水銀一百四十兩回南川資一百六十兩共三百兩

委員候補縣丞錢振衡　酌給川資薪水銀一百四十兩回南川資一百六十兩共三百兩

委員候補縣丞董叶庚　酌給川資薪水銀一百四十兩回南川資一百六十兩共三百兩

委員候補主簿江泰祥　酌給川資薪水銀一百四十兩回南川資一百六十兩共三百兩

委員鹽郎場大使申　祜　酌給川資薪水銀一百四十兩回南川資一百六十兩共三百兩

委員候補布理問傅　瀗　酌給川資薪水銀一百四十兩回南川資一百六十兩共三百兩

撫憲馬　批本届海運應給津滬兩局總辦會辦差遣各委員川資薪水銀兩均應查照去年新定章程發給仰即遵照辦理仍將給過銜名銀數開摺詳報毋稍浮濫切切此繳摺存

戶部

奏覆浙江巡撫馬　奏浙省同治六年起運五年冬漕籌議海運章程

一天津剝船寬爲籌備一條據稱商船運橋運米到津必須多備剝船隨到隨剝庶免守候擁擠上屆米數較少剝船已屬支絀明年江浙新漕較多剝船更虞不給況津次爲洋商擁擠若令商船守候碰磕在所不免非寬備剝船隨驗隨卸不足以示體䘏所有奉部酌派湖南湖北江西三省承造剝船是否齊全如再不敷應如何寬爲籌備之處應請

飭下直隸督臣飭屬趕速寬備濟剝並將承造剝船一律趕緊排造其舊存官剝有應加修者趕緊修整如須添雇民剝務令雇備

堅固寬大船隻以資轉運等語查津通轉運剝船爲第一要需
現在津次船隻擁擠尤宜轉運迅速以免碰磕沉溺之虞本年
兌收海運米石停驗待剝沉船迭出即由於剝船損壞短少所
致來年浙省新漕米數較多蘇省漕米自必一律加增若不先
期多備剝船必致臨時掣肘前經臣部行令天津道將承造兩
湖剝船三百隻即行造齊其代造江西剝船三百三十四隻亦
令趕緊籌辦在案應請
飭下直隸總督三口通商大臣責令天津道將排造船隻趕緊辦理
並將留修剝船三百餘隻一律修齊缺額船二百九十七隻一
併補造足額此外官剝船隻仍令認眞油艌並先期覓雇寬大
堅固民船備用漕米到津如剝船短少以致停驗待剝或船身

損壞碰磕沉溺除將米石照例罰賠外即將天津道從嚴
叅處

一商船免稅之貨請以米石計觔並船旁跨帶竹木免其輸稅

一條據稱商船承運漕糧所帶二成貨物按米石觔數計算浙省初行海運經該商等稟明定以一百二十觔爲一石又該商船兩旁跨帶竹木防禦風濤爲保護漕船起見向免輸稅上屆米船經過關口關吏以百觔爲一石船旁護漕竹木亦飭納稅是以各船商紛紛求免伏思商船承運官糧非軍船可比不得不格外優䘏所有准帶二成貨物請即以一百二十觔爲一石船旁跨帶竹木既係護漕之用且屬粗笨之貨似應一律免稅等語查海運商船二成帶貨向係按米石觔數計算浙省初行海運曾經酌定以一百二十觔爲一石有案自應准其查照覈計

至商船兩旁跨帶竹木係因遠涉重洋爲防禦風濤之用原與所帶各貨有別且係粗笨之物例定稅則無多亦應准其與二成貨物一律免交關稅應由三口通商大臣直隸總督山東江蘇浙江各巡撫轉飭沿海各關一體周知俟海運商船到口卽行查照辦理

一商船回空裝貨照免天津牛莊等處關稅一條據稱商船承運漕糧回空生計以北洋豆貨爲大宗近因夾板洋船攘奪其利沙船日久疲乏上屆海運經通商大臣崇厚署兩江總督臣李鴻章奏奉

諭旨准令此項卸運回空船隻裝貨南下時免交北稅漕船到津米石交淸後卽由津局蘇浙糧道分別塡給該船原裝米數某日

交清准在天津牛莊自運回貨仝行免稅印照持赴天津牛莊

各關呈驗放行交米未清之船概不給照其甯波等處船隻應

請一律准予免稅等因遵奉在案復因商船驗卸後放空出口

或往奉天之錦州葢州或往山東之膠州石島煙台利津大山

各口岸販貨本無一定又經通商大臣崇厚奏請將各船放空

出口無論駛往奉天山東各口販貨准其一律免稅奉

旨該衙門知道欽遵亦在案所有本屆海運米船抵津交卸後自應

遵照奏定章程按船給予免稅印照無論駛往奉天山東等各

口岸販貨一律免予納稅其交米未清之船概不給照以杜拖

欠等語查與歷屆奏准成案相符本屆承運浙糧無論何省海

船均准照辦其有交米顆粒未清者均毋庸給予印照以示區

別而昭覈實

一米船抵津交卸應嚴禁經紀斛手剝船勒索浮費一條據稱商船運糧抵津經

欽派大臣查驗米色後由直隸局派定剝船起卸並督令經紀斛手迅速斛收原所以卹商人而速運務誠恐斛手及剝船戶等向商船勒索浮費故意留難應請嚴禁剝船人等毋許藉端浮索並令經紀斛手秉公斛收毋許需索刁掯等語查商船抵津經驗米大臣驗定米色後例應責令經紀斛手即時斛收由直局派定剝船趕緊起運不准稍有需索例禁極嚴特恐日久視爲具文仍不免有勒掯情弊應請

飭下直隸總督轉飭天津道嚴禁剝船人等毋許藉端浮索並令倉

場侍郎轉飭坐糧廳監督先期揀派妥實經紀斛手帶往天津
倘有需索刁揹情弊查係剝船船戶即由驗米大臣將天津道
粢辦查係經紀斛手即由驗米大臣將駐津坐糧廳粢辦
同治五年十二月二十五日具
奏同日奉
旨依議欽此
餘條不全載

浙江海運全案重編　卷二

新編

省局詳定同治六年起運五年冬漕外辦章程摘錄二條

計　開

一上海交兑事宜統歸滬局辦理不必另設外局也查上海向有內外局之分內局委員經辦外局紳董經辦同一兑米事宜劈分兩處稽覈固多未便任聽司事人等上下其手先船後裝後船先裝致使商船嘖有煩言州縣藉口使費皆由於各分一處兩無查考今屆不分委員紳董統駐滬局一處不必另立外局名目庶期委紳耳目較周排船驗兑悉由總辦委員督同紳董親赴江干查驗派裝毋得專恃司事人等赴船裝兑所有商船到次編列次序挨次遞裝不得先後倒置並責成總辦委員嚴查積弊以昭覈實

一飭屬愼選米色不准多收秈米並嚴禁奸商包辦舞弊也查浙
省漕糧例定徵收粳米上年因秋雨過多又以新復之縣籽種
不一米色未能一律純潔是以詳請
奏明秈粳並納原爲體恤小民起見乃各州縣藉有奉文之案濫
行收納甚至任聽奸商包辦包交以秈易粳層層漁利侵蝕復
以潮雜不堪之米攙和易换滬局兌收又不加愼以致津局交
卸大費周章實屬不成事體本屆新漕自應明定章程嚴飭收
漕各該州縣於開倉時親駐倉廒愼選乾潔純淨粳米如有一
二小民籽種不齊間以秈米交納者不能不曲加體恤酌准斛
收然總不得逾十分中之五釐以示限制應飭將所收秈米數
目先行報明本局暨糧道衙門查覈知照滬局方准剗運交兌

倘不先稟報確數並於報數之外或有多運准令滬局剝回易
換其剝運米石嚴禁奸商包辦包交并不准以低潮醜米攙雜
倘滬局查有前項情弊即將玩悞各州縣嚴行參辦並密拏奸
商從重究治仍飭行滬局認眞驗兑勿得狥情包庇

浙江巡撫臣馬新貽跪

奏再查浙省嘉興湖州二府屬各縣應徵白糧米石例應照額徵收全數起運上年該二屬因辦試徵又遇蟲水爲災經臣

奏請按照漕糧成熟分數收運蒙

恩允准在案茲同治五年冬漕啟徵之際經臣飭將白糧照額辦運去後現據嘉湖二府稟稱被兵以後力籌招徠無如土著人少即外來佃種亦屬無多荒未全闢成熟之田土性堅瘠培壅不能深透既苦限於人力而水旱不常又復礙於天時現以新穀試礱米質柔嫩即使挑剔發換舂白亦難合式況提糙於漕無非就荒產之白糧全徵於成熟之糧戶白糧例耗又較漕耗加增草野無知轉生加賦之疑舂耗加多又有短漕之慮當此民

情困苦顆粒悉成寶貴與其增白糧而漕運愈少何如減白糧
而漕數較多請將白糧米石按照漕糧成熟分數徵運等情又
經臣督飭司道確切訪查委係實在情形茲據藩司楊昌濬督
糧道英樸會詳請
奏前來臣查白糧梗糯爲
天庾正供例應照額起運上年因試辦酌徵蒙
恩准照成熟分數徵運本不能援以爲例惟嘉湖二府兵燹之後地
曠人稀本年雖續有開墾之田數尚無多夏初受旱秋又被霜
收成僅止中稔而荒蕪之產更非尋常水旱偏災可比察看情
形白糧一項仍難照額起運合無仰懇
天恩逾格俯准將本年應徵白糧仍按漕糧成熟分數收運以紓民

力謹附片具

奏伏乞

聖鑒訓示謹

奏

同治五年十一月二十二日由驛附片具

奏十二月初二日奉

旨著照所請戸部知道欽此

浙江巡撫部院馬　爲行知事同治六年二月十三日接准
兵部火票遞到
戶部咨開查江南司案呈准浙江巡撫馬　咨據布政使楊昌濬
糧儲道英樸會詳稱竊查杭嘉湖三府屬自肅清以後農佃流
亡轉徙招募隣佃開荒者居多地力連年失肥土曠人稀驟難
一律開種兼之本年夏秋先因亢旱缺水秋後又被霜侵其籽
種錯雜不齊以致含漿未足穀多細小空癟米色黑暗柔嫩更
有青腰白臍未能一律飽綻據該管知府並各州縣具稟前情
呈請紅白兼收秈稉並納前來查漕糧爲
天庾正供首以米色爲重豈容藉口天年濫行收納轉使交兌周章
惟新舊開墾荒田雖多方培壅而肥潤失當籽種又復不齊本
同治六年案　撫院行准戶部咨覆米色必須乾潔轉飭認眞監兌

年夏秋先經受旱續被嚴霜秋登穀多空癟米多青腰白臍未
能圓綻委係限於天時均屬實在情形並無捏飾應請援照歷
屆遇災成案奏明紅白兼收秈粳並納又恐米難久儲並請咨
明戶部倉場先行搭放等情據此除分別奏咨外相應咨明等
因前來查該省新漕紅白兼收秈粳並納前於上年十二月間
據該撫隨摺聲明業經通行知照茲復據咨稱前因查米色雖
可通融米質必須乾潔何得以米難久儲預爲地步相應由五
百里飛咨浙撫嚴飭糧道認眞監兌毋稍含混致干叅辦可也
等因到本部院准此合就轉行爲此仰道官吏查照准咨事理
卽便遵照辦理毋違須至案者
同治六年二月十六日行浙江糧道

浙江文叢

浙江海運漕糧全案重編

〔第五册〕

〔清〕馬新貽　等編

浙江古籍出版社

浙江海運全案重編目錄

新編卷三

商船事宜

鎮海縣稟覆甯船今昔情形並進口存港船數
浙撫咨請各省轉飭沿海營縣查催停泊甯船趕駛回南
浙撫咨請蘇省再飭多備沙衞等船移浙裝運並催各省船
隻南來
浙撫咨請蘇省東衞等船進口一律封僱並東直省船隻趕
催南下
委員甯府會稟進口存港甯船數目
甯波府詳送封僱甯船承攬
省局詳先行借給甯船修費銀兩於水腳內扣除
省局飭令先借水腳銀兩不准擅扣欵項
省局呈報甯關項下借給甯船水腳銀兩解還藩庫作收關

目錄

北稅

總理衙門奏覆海運回空沙船請免天津牛莊關稅

三口通商大臣片奏海運回空甯沙各船無論駛往何處一律免稅

省局咨請覈辦承運甯船船捐並輪船護費請免抽捐

省局飭知甯商應繳船捐並輪船護費准暫免捐

省局咨請覈辦承運甯船請免小貨捐錢

省局飭知承運甯船裝帶小貨准暫免捐

浙撫咨明浙漕商船由滬局加給護照查驗

商船護照式

浙撫奏承運商船賠累困苦請酌加水腳銀

浙江海運省局爲札移請飭查開報事本年十月初七日准
糧道衙門移開奉
撫憲馬　札開照得杭嘉湖三屬漕額遵
旨覈減起運均經先後具
奏在案轉瞬卽屆冬漕一切章程必須預爲釐定以免臨時倉猝
查前辦海運向雇甯波之蜑船三不像等船承載初冬卽須雇
定札道立卽移行道府確查現存三不像船約有若干隻可裝
米若干石開具船戶花名清冊并查明前辦之商伢船埠人等
有無尙存星馳稟候察覈以便飭令訂雇毋得票令書差封雇
致有勒索縱放情事有誤漕運關係甚大毋稍遲延等因奉此
除移行甯波道府縣將在甯船隻預爲訂雇外移局一體飭催

等因到局准此查辦理海運以封船爲第一要務浙省歷届海運係先儘本省之蜑船及三不像船承裝現値冬漕在卽亟應寬爲雇備俾資裝運惟浙省自匪擾之後所存三不像蜑船究有若干隻每隻可裝米若干石必須趕緊確查卽日開報合亟移飭爲此札仰該縣立卽轉飭合移貴道請煩查照希卽轉飭寗波府督飭鄞鎭二縣將在甯船隻趕緊確切查明數目勒限五日內開摺送局一面督飭稅行刻速立攬封雇事關海運毋得稍事刻延致干未便火速飛速幸勿稍稽望速施行

同治四年十月初十日移

甯巡道札甯波府鄞鎭二縣

浙江巡撫部院馬　爲詳請咨行事據海運省局司道詳稱竊

奉憲飭浙省本年杭嘉湖三屬漕白糧米已奉

諭旨於明春仍行由海運津應需甯沙各船飭即趕緊封僱承裝等

因伏查辦理海運以封船爲第一要務設有短缺關係匪輕浙

省歷辦海運係以本省甯波之蜑船三不像船幷蘇省之沙船

天津之衛船及東省之登油等船派裝兌運其白糧一項有關

天庾玉粒一經春辦米質柔嫩向因甯船底淺均係松木成造深恐

裝載白糧米身受傷故浙省之白糧尤專用蘇省之堅固寬大

沙船承裝歷由蘇省及早封僱移交浙局俾白糧到滬剋期受

兌首先放洋此外甯船不敷裝運亦由蘇省協僱沙船並東衛

各船應用久經

奏咨照辦在案本屆蘇浙二省同辦海運所需裝糧船隻必多亟
應及早封僱除蜑船三不像船業經由局移行甯波道府督飭
鄞鎮二縣將在甬船隻查開確數飛報並飭稅行查照向章立
攬封僱外所有蘇省沙船應請咨請
江蘇撫憲轉飭上海道縣照歷屆章程迅速查封移交浙局庶
免臨時掣肘相應詳請飛咨
江蘇撫憲轉飭上海道縣檢選堅固寬大沙船一百餘號并衛
東等船趕緊一併協同封僱一面咨請
直隸督憲
山東撫憲嚴飭天津府縣暨登萊青三府縣將衛船及登油等
船趕緊催令赴滬承裝海運漕糧實爲公便等情到本部院據

此除分咨外相應咨請爲此合咨

貴部院堂院請煩查照希卽轉飭上海道縣迅速照數檢選堅固寬
嚴飭天津府縣及登萊青三府縣速將
大沙船並衞東等船趕緊一併封僱押送浙滬局承裝漕糧望
衞船及登油等船趕緊催令赴滬承裝漕糧望切望速施行
切望速施行

同治四年十月十五日咨

江蘇撫
直隸督
山東撫
院

浙江海運省局爲呈報事竊照浙漕奉文仍行由海運津所需甯波商船除業經催令甯波道府將在甯各船確查開報外查歷辦海運先儘甯波之蛋船三不像等船裝兑糧米並派由紳董趕先招僱押令赴滬受兑在案今屆新漕起運在卽自應仍派紳董幫同趕爲封僱儘數押令赴滬俾免貽誤查有鄞縣職員候選同知盧以瑛慈谿縣職員前任福建建甯縣張廣埏歷屆派令經辦頗爲熟悉應卽仍派該紳等趕速封僱除照案給諭外理合備文呈報仰祈

憲臺察覈爲此備由呈乞

照驗施行

同治四年十月十六日呈

撫憲

浙江海運省局爲呈報事竊照本屆海運需用甯船疊經稟行
甯波道府督飭鄞鎮二縣趕速招僱立攬駛滬受兌並諭派鄞
縣職員候選同知盧以瑛慈谿縣職員前任福建建甯縣張廣
埏幫同封僱並令前赴上海經理受兌事宜在案現在各屬已
報開倉不日卽須剥米赴滬前項甯船亟須備齊且上海照料
甯船兌務亦屬緊要應行添派紳董幫同襄理茲查有紳董舉
人章鏊堪以諭令前往除諭飭該紳董遵照外理合備文呈報
伏祈
憲臺俯賜察覈爲此備由呈乞
照驗施行
同治四年十二月初一日呈

撫憲

浙江海運省局爲札飭事照得浙省本屆起運漕白糧米現奉

諭旨仍行由海運津除滬局兌米各務業委候補知府王守會同該員總辦外惟辦理海運以封船爲第一要務所有甯波之蛋船三不像等船自經匪擾究存若干每隻可裝米若干前經移行道府縣暨飭北號紳董張廣埏盧以瑛確切查報至今尚未覆局新漕迫屆急須委員赶速會同查明封僱庶免臨期遲誤合行札飭札到該丞立卽遵照赶先前赴甯郡會同府縣紳董迅將甯船查明實存確數務須寬爲封辦飛報察奪一面火速督令稅行立攬送查一俟甯船辦有端倪卽行赴滬設局總理裝兌事務毋稍違延火速飛速

同治四年十月二十三日札滬局總辦委員補用同知朱丞　其

昂

浙江海運省局爲移請飭催事本年十月十六日奉
撫憲馬　札開照得浙省杭嘉湖三府屬漕糧由海運津向雇
甯波之蜑船三不像船及江省之沙船山東之衛船裝載承運
歷經照辦在案現在時屆冬令亟須籌辦新漕惟海運漕糧以
雇船爲先務本屆起運米數較昔年爲少所有甯波之蜑船三
不像船每船約可載米若干現存若干隻今屆漕糧是否足敷
裝運自應迅速查明趕緊先期招雇以免停米待船臨時缺誤
前經札飭甯波道府確查禀復去後迄今未據覆到除再飛催
該道府迅速查明現存前項各商船共有若干隻每隻約計裝
米若干石的限文到三日內先行開具船戶花名籍貫清冊星
馳禀候察奪一面派委妥員逐一封雇取具各船承攬及互保

各結卽日詳送覈辦外札局卽便一體移飭遵照毋延等因奉
此查本屆杭嘉湖三府屬起運漕白糧米現在上緊査辦卽日
開倉所需承運商船亟應趕緊封雇立攬務於年內一律押令
駛滬候兌庶免停米待船前經移請飭査甯船確數在案茲奉
前因除札飭遵照外相應備文飛催爲此合移
貴道請煩査照希卽督飭甯波府鄞鎭二縣並諭北號紳董迅
査在甯各商船共有若干務卽一律全行封雇吊照立攬先將
船戶花名裝米數目清冊同承攬互保各結於文到三日內由
甯府轉送到局立等覈辦勿任再延望速施行
同治四年十二月十七日移
甯紹道

甯波府鄞縣知縣姚光宇敬稟者竊奉
憲臺札奉
撫憲札開前辦海運向雇甯波之蛋船三不像等船承載今昔情形不同應即確查現存船隻約有若干每隻可裝米若干石開具船戶花名清冊并查前辦商伢船埠人等有無尙存稟候察覈以便飭令訂雇等因轉飭下縣奉此遵查辦理海運以封雇船隻爲第一要務轉瞬即屆冬漕自應趕緊查明訂雇庶免臨時貽誤卑職當經督飭各稅伢確查去後茲據稅伢葉順利鮑宇春王裕順李元祚湯咸順稟稱伊等均係前辦伢戶向來海運於十一二月內北船進口先由鎮海縣吊照送府諭飭伢行向各號立攬訂雇取同伢保甘結呈由本府轉報

各憲一面給發護照駛往上海驗收聽候派運糧米歷辦如是
兹查甯港給照蛋船三不像等船共計一百九十餘隻現在停
泊船四十二隻內有二十七隻因年久黴爛難以裝運其實在
可用者僅止十五隻前皆運過漕糧每隻約載散裝漕米一千
五六百石袋裝白糧祇可八成此外各船俱放北未歸進口遲
早莫定大約年內回南者不過百號其中仍不無稍待修整之
船俟到時續行開報等情卑職復加訪查委係實情第恐將來
不敷雇用已傳諭關書遇有回南進口船隻毋許再行駛放出
關俾資多雇并移會鎮海縣隨時吊照呈送並着該稅伢等陸
續據實開報卑職仍不時稽查以杜隱避不敢票差書役封雇
致有勒索縱放情弊緣奉前因合將查明現存船隻實數花名

先行開冊稟送察覈除稟

撫憲暨

糧道　藩道　本道　憲外謹稟

計呈　清冊一本

同治四年十月二十七日稟

省局

代理甯波府鎮海縣知縣顧德恆敬稟者竊奉本府札奉
撫憲札以轉瞬卽屆冬漕一切章程必須預爲釐定以免臨時
倉猝飭卽確查現存蛋船三不像等船約有若干隻每隻可裝
米若干石開具船戶花名清冊并查明前辦之商僱船隻入等
有無尙存轉飭巡稟查覈聽候飭雇毋得票封致有勒索縱放
情事等因又奉
憲臺糧道憲札飭前因並令督飭稅行循照向章預爲訂雇並諭令
闞書查看情形如果進口蛋船等項不多恐將來不敷僱用遇
有載豆回南船隻毋許再行駛放出關以免鈌誤等因各下縣
奉此遵查此項蛋像各船從前鄞鎮二邑原有三百餘號歷屆
辦運亦雇三百號之則迨自內地連遭兵燹外洋盜匪充斥往

來駕駛維艱貿易類多虧折商情竭蹶業歇船停無力修葺日久霉朽或變賣作料拆改小船居多地方蕭清以後執領鄞鎮二邑牌照者約共一百九十餘隻其中執領卑邑牌照者計有五十六隻現在泊存鄞港船四十二隻內有船身霉爛者二十七隻船身堅固者只十五隻茲又先後進口經由卑縣收照船十九隻每船約可裝米一千五六百石餘未到口一俟船隻進口卽當隨時收照送雇如果以後情形不多其載豆回南之船亦當一體遵辦所有現泊鄞港各船應由鄞縣辦理除移會查辦並將卑縣收照十九船另文申送本府飭令鄞佀立攬訂雇外合將遵查現存蜑像船數緣由並開具收照送雇十九船花名清摺肅泐馳稟仰祈

察覈誠爲公便再卑邑現在尚存前辦伢人沈德茂胡益茂二
戸合併聲明敬請
勳安伏乞
垂鑒除稟
撫憲暨巡糧道憲外卑職德恆謹稟
計呈　清摺一扣
同治四年十一月初一日稟
省局

浙江巡撫部院馬　爲詳請覈咨事據海運省局司道詳稱本年十月二十一日奉憲臺批鄞縣稟遵札查明蛋船三不像船開冊呈送一案由奉批查漕糧海運船隻最關緊要據稟甯港現在停泊可用之船僅止十五隻不敷甚鉅仰海運省局立速移行甯波道府督飭鄞鎮二縣迅將現存可用各船先行封雇照章取具承攬及保行互保各結詳送備查毋任書差賄縱一面由局詳候咨請各省轉飭沿海地方文武查明如有甯船在途即令上緊南下俾便招雇均毋違延切切此繳冊存等因奉此伏查本屆海運需用甯船迭經飛飭甯波府縣趕速廣爲招雇去後旋據鄞縣姚令稟報甯港僅存可用船十五隻其餘放北未歸並據鎮海縣顧令稟報續進口船十九隻各開摺呈送

到局除經批飭甯波府督飭該二縣將所報各船即日立攬封雇押令年內駛滬俟兑並飭將續到船隻隨時封雇報查外惟新漕米數雖屬無多然在甯各船兩共僅止三十四隻不敷甚鉅時已仲冬爲期甚迫所有甯波之蛋船三不像等船尚未全數南歸自必沿途逗遛必須趕速催令歸甯俾便雇載而免缺誤奉批前因除再移行甯波道府鄞鎮二縣一體多爲招雇外相應詳請咨請

直隸督
兩江督憲
山東
江蘇撫憲飛飭沿海各營縣如有甯船停泊在口即速催令趕遣回南勿任稍事逗遛實爲公便等情到本部院據此相應由五百里排遞飛咨爲此合咨

貴部堂院請煩查照希即飛飭沿海各營縣查明如有甯船停泊在口即速催令趕趲回南勿任稍事逗遛足紉

舟誼望速施行

同治四年十一月十四日咨

直隸督院
兩江督院
山東撫院
江蘇撫院

浙江巡撫部院馬　爲詳請飛咨事據海運省局司道具詳竊於本年十一月初八日奉憲札開本年十月二十六日准

暫護江蘇撫院劉　咨開浙省海運歷屆先儘甯波之蛋船三不像船裝載次由蘇省撥送封雇東衛船隻裝運倘再不敷再撥雇定江省之沙船承運在案惟查沙船大小不一每隻裝米五六百石至二千數百石不等近年生意虧折不能轉運停泊浦江日久船身朽壞行駛維艱各商疲乏無力重修十之七八業經飛咨

直隸督院
山東撫院
奉天府尹　轉飭沿海各州縣招雇催令各船來南裝運在案除蘇省本應需沙衛東船招雇裝運糧米外約有船若干隻可運浙漕此時難以懸定自當臨時酌量分撥裝運咨明查照等因

到本部院准此查前據該局詳請飛咨各省封雇沙衛登油子
等船業經分咨在案惟歷屆海運浙省漕糧因甯船不敷裝兌
向由蘇省先雇沙船移浙應用其白糧一項尤須專用沙船應
再咨請蘇省委員督同各號商趕緊招雇一面將先封各船酌
量分撥浙局以免浙省停米待船此外尚有東衛各船亦應咨
催
直隸督 山東撫 院轉飭沿海州縣押令提前南下承運漕糧准咨前因
札局立卽遵照詳候分咨一面由局飭催甯波道府將在甬各
船一體封雇駛赴上海排泊候兌並行滬局委員遵照均毋延
誤切速計抄咨等因奉此伏查浙省初屆海運業經
兩江督憲陸 江蘇撫憲楊 奏准派雇沙船責成滬局委員尚有米無船卽

將蘇省經理委員查明參處若有船無米或無水脚卽將浙省
辦漕各縣揭參懲辦等因歷屆遵辦在案又歷屆海運白糧一
項因米質柔嫩甯船係松木造成易於蒸變向由蘇省專撥寬
大沙船首先承裝趕頭批放洋此外漕糧甯船不敷兌運亦責
成蘇省委員會同浙員封雇沙衞各船移浙裝用歷經
奏咨照辦亦在案本年海運需用商船業經叠次移行甯波道府
趕速招雇並先後詳請飛咨
兩江督憲
直隸江蘇山東撫憲飭催沿途逗遛船隻並請雇備沙衞東各船協濟在
案查本省之蛋船三不像船爲數向屬無多兼之連年停泊朽
壞不少必藉沙衞各船協濟方不致有誤兌運且白糧一項必

須專用沙船裝載現在各屬將次開倉轉瞬即須剝運赴滬是
前項沙衞等船待用孔迫奉札前因除再移行甯波道府並飭
滬局遵照外合再備文詳請祈賜察核飛咨
兩江督
江蘇撫憲轉飭上海道海防廳並蘇局委員查照歷屆成案多
備堅大沙船並東衞各船移浙應用並請再咨
直隸督
山東撫憲飛催東衞各船趕速來南裝運實爲公便等情到本
部院據此除分咨外相應飛咨爲此合咨
貴部堂
部院請煩查照希即轉飭上海道海防廳並蘇局委員查照
歷屆成案多備堅大沙船並東衞各船移浙應用足紓
舟誼望速施行
咨　兩江督
江蘇撫院

同治四年十二月二十三日咨

浙江巡撫部院馬　爲再行詳請覈咨事據海運省局司道詳稱竊據滬局詳送籌議條欵內開浙省自創行海運以來因甯船三不像等船爲數無多除江省移撥沙船先儘白糧裝載並裝漕糧外尚有不敷兼雇衛船協濟歷次辦理有案本年米數較前雖少而甯沙船隻大半失修似宜寛爲預備應請詳咨凡有進口衛船一律封雇移送浙局協運等情前來查浙省歷辦海運應需商船係以本省甯波之蜑船及三不像等船并蘇省沙船天津衛船山東登油等船派裝兑運業經循案詳請分別咨行封雇在案今據滬局呈詳以甯沙等船大半失修恐有不敷自應寛爲預備應再詳請分咨庶免臨期缺悞相應具文詳請仰祈察覈飛咨

江蘇撫憲轉飭上海道廳縣凡有衛東等船進口一律封雇並
將應撥沙船趕緊照章一併移交浙局裝兑並咨請
直隸督山東撫憲嚴飭天津府縣暨登萊青三府縣迅將衛東各船趕
緊催令南下承裝浙省漕糧等情到本部院據此除分咨外相
應飛咨爲此合咨
貴部堂院請煩查照希即轉飭上海道廳縣凡有衛東等船進口
一律封雇並將應撥沙船趕緊照章一併移交浙局裝兑望速
東各船趕緊催令南下承裝浙省漕糧望切施行
施行
同治四年十二月二十八日咨
江蘇撫
直隸督
山東撫
院

委辦海運滬局補用同知朱其昻
道銜甯波府知府邊葆誠敬稟者竊卑職其昻接奉
憲札以浙省本屆起運漕白糧米仍行由海運律惟辦理海運以封船爲第一要務所有甯波之蜑船三不像等船自經匪擾究存若干每隻可裝米若干飭卽趕赴甯郡會同府縣紳董迅將甯船查明實存確數寬爲封辦督令稅行立攬送查一俟辦有端倪卽行赴滬設局總理裝兌事務毋稍違延等因遵卽由省起程於十一月初二日抵甯卑府葆誠前奉
憲飭均經轉行鄞鎭二縣暨北號紳董督同稅行查封在案茲又會同飭據鄞縣稟報給照蜑船三不像等船現在停泊甯港四十二隻其實在可用者僅止十五隻又據鎭海縣先後將裝貨進口船隻吊繳牌照四十八紙大小牽算每隻可裝米一千

委員甯府會稟進口存港甯船數目　同治四年案

五六百石造具花名清冊連同牌照備文申送並據鄞縣稟稱共計進口及停港船六十三隻內有應修之船需費甚鉅各商因情形拮据力難墊辦請借水脚銀三萬兩迅速給發以資趕修等情前來卑職等覆加訪查委係實情復詢據紳董稅牙人等僉稱續後進口船隻連現在已到者年前約有一百二十號之數察看情形似不致貽誤除由卑府葆誠另行詳請憲臺籌欵借給一面將已到船隻照章委員查驗飭伢立攬訂僱取同伢保甘結呈送覈辦並嚴催鄞縣將停港各船趕緊吊照送查并行催鎮海縣俟各船陸續進口一律吊照報候查驗封僱取具承攬派員押赴滬局聽候裝兑外合將查明先後進口及停泊甯港船隻數目先行開摺稟報仰祈察覈再卑職其

昂
會辦甯船已有端倪定於十二日即行赴滬設局總理裝兌
事務並封備沙船以資裝運合併聲明肅泐謹稟
同治四年十二月初一日稟
省局

甯波府爲詳送事案奉
憲行本年冬漕仍由海運飭將甯波蛋船三不像等船照章封
雇駛滬受兌等因奉經轉飭鄞鎮二縣吊照封僱去後茲據委
員鄞縣姚令第一次申送金駿興等北船承攬保結五十四紙
前來除按船給發護照催令迅速開行赴滬受兌外合將送到
承攬開摺具文詳送仰祈
憲臺察覈除申報
撫憲暨 糧藩巡 憲外爲此備由呈乞
照詳施行須至書冊者
今詳送　承攬五十四紙　清摺一扣
同治四年十二月二十三日詳

省局

浙江海運省局為詳明事竊據鄞縣姚令詳稱奉飭前辦海運
向僱甯波蜑船三不像等船承載轉瞬即屆冬漕應先確查現
存船隻若干開送清冊以便飭令訂僱等因奉經查明實存船
數開冊通稟一面邀集紳董行號會商諭令立攬封僱去後茲
據北商義記永和等四十三號公稟向來蜑船三不像等船裝
運漕糧應先於十一二月內分別修整添備槓具方能赴滬受
兌此項費用歷屆由商等墊發兵燹之後衆商自顧不暇情形
甚為拮据且又時屆歲暮無處挪借誠恐貽誤要公現在會同
紳董張廣埏盧以瑛等再四商酌惟有先懇在海運水腳項下
借領銀三萬兩以便各船回南陸續分給早為布置修理俟赴
滬受兌即在應給欵內由滬局照數扣除俾全運務仍由該紳

董商號等出具領狀保結送查轉詳等情卑職伏查海運船隻理應一律完固節經察議委係修費繁重商力維艱勢難墊發較往歲情形不同可否先行籌借銀三萬兩俾資趕修仍俟受兌時按數扣還詳祈察覈示遵等情到局據此伏查本局海運需用甯船業經催據鄞鎮二縣先後稟報存港進口船共四十號均已批飭甯波府趕速先行立攬仍飭廣爲招僱務於年內一律駛滬兌運在案今據鄞縣具詳以兵燹之後商情拮据請先借銀爲修整船隻槓具之用在於應領水腳款內扣還查覈所稟尙屬實情應如所請辦理惟爲數太多擬請先行借給庫平銀二萬兩俾資修備應請卽在甯郡關稅項下就近動撥借給仍飭取具該號商領狀紳董保結送候備查一面由本局照

數移解藩庫還欵以免解往之煩除移請甯巡道就近動撥並
咨藩司衙門查照外相應備文詳明伏祈
憲臺俯賜察覈爲此備由呈乞
照詳施行
同治四年十一月三十日奉
撫憲馬　批如詳借給銀二萬兩仰卽移知甯巡道在於關稅
項下就近動撥一面由局籌足移解藩庫歸欵仍飭滬局屆時
扣還毋延此繳

浙江海運省局爲諭札飭事照得商船載運漕糧應給水腳銀兩前據該鄞縣具詳以商情拮据請先借領銀兩爲修船之用俟受兌時由滬扣還等情當經准予借給庫平銀二萬兩移請甯巡道就近在於關稅項下動撥給發該號商領回並飭將應修各船趕緊修葺備齊稟具務於年內一律駛滬候兌在案惟查前屆蘇省海運沙船亦有先借水腳之案迨至兌足糧米急須開行而先借銀兩業爲扣除船主欠欵耆舵等水腳轉致無着停船守候累月經旬貽誤耽延不成事體現在甯商借給水腳銀兩係屬體卹商情起見不准擅扣款項將來船到上海受兌責成該號商紳董將應付耆舵水手沿途水腳悉數給足不准稍有短少如因扣欵致令停船守候惟該號商並紳董是問

省局飭令先借水腳銀兩不准擅扣欵項　同治四年案

札寧波府鄞鎮二縣諭紳董盧丞合行札諭飭為此札諭仰該府縣紳董立即轉飭鄞鎮二縣督同各紳董號商傳諭各號商
同紳董各號商一體遵照如滬局查有甯船兌足之後停船守候水脚有誤放洋風汛定惟該號商是問該紳董亦難辭咎仍飭將修葺完竣開放赴滬船名報候查考毋稍任違誤切切

札滬局　除諭甯船紳董並飭甯波府縣轉飭遵照外合行札飭札到該局卽便遵照如甯船於兌足之後查有前項情事立卽責成甯紳及號商如數給足不准稍有短少致誤放洋並於甯船抵滬時先將各船確切查明督同甯紳分別支給勿使臨時守候并一體先期切致甯船紳董盧遐丞張前令遵照毋違切切

同治四年十二月初六日札甯波府鄞鎮二縣滬局諭甯紳

浙江海運省局爲呈報事竊照承裝海運漕糧甯船案據鄞縣詳請先行借領水腳銀三萬兩爲修整船隻槓具之用俟赴滬受兌於應領水腳欵內扣還等情當查所請尙屬實情惟爲數太多准予借銀二萬兩卽在甯郡關稅項下就近借給由局解還藩司衙門歸欵業經詳明憲臺並咨請甯紹道就近動撥并咨藩司衙門查照在案茲於海運經費項下動支庫紋銀二萬兩解還藩司衙門作收甯紹道移解關稅相應備文呈報伏祈憲臺俯賜察覈爲此備由呈乞照驗施行

同治四年十二月初一日呈

撫憲

省局飭查金晉發等船是否堪用　同治四年桼

浙江海運省局爲飭查事據鎮海縣申報奉僱甯船陸續進口牌名謝捷慶等六十九船先後申送立攬在案茲又進口牌名金晉發新慶安二船據該書禀稱查驗金晉發一船係本地釣船式樣新慶安一船係閩船式樣船內俱是閩人撑駕等語卑職復驗無異第該二船是否堪以裝運應請本府驗奪除掛號着令進甯卸貨候驗並俟續有進口再行收照送僱外申祈察覈等情據此查本局海運需用甯船業據鄞鎮二縣先後申報存港可用及陸續進口共船八十四號應由該府轉飭趕速立攬送覈毋任延誤所稱金晉發一船係釣船式樣又新慶安一船係閩船式樣俱是閩人撑駕究竟該船等是否歸入甯波船號常在甯郡貿易能否裝運漕糧合行飭查爲此札仰該府立

卽遵照轉飭鄞鎭二縣會同甯紳盧選丞以瑛張前令廣埏確切查明前項二船如係向歸甯幫誠正可靠堪以裝運漕糧一併立攬封僱仍飭取該號商承保無誤甘結送候存查倘係不堪裝運亦卽據實禀覆切切

同治四年十二月十四日札甯波府

浙江海運省局爲呈報事案查本屆海運需用甯船業據鄞鎮
二縣先後申報存港可用及陸續進口共船一百零三隻均經
報明在案茲據甯波府邊守詳稱查得原報進口之金允昇金
允生金源祥金鼎春四船或係釣船式樣或係閩人撑駕均不
歸入甯波船號亦非常在甯郡貿易船身甚小難達重洋請賜
釋放等情前來伏查裝運漕糧必須寛大及切實可靠商船方
可承儎釣船難涉重洋閩船向不裝載糧米並係船身甚小均
屬不堪承運據查四船自應准其釋放除批示外理合備文呈
報伏祈
憲臺俯賜察覈再鄞鎮二縣原報存港進口共船一百零三隻
現除釋放船四隻外實計進口船九十九隻合並聲明爲此備

由呈乞

照驗施行

同治五年二月初四日呈

撫憲

浙江巡撫部院馬　爲詳請覈咨事據海運省局司道詳稱竊
照海運商船裝載漕米援案裝米八成准帶貨二成又蘇省前
奉
部行若帶有洋藥每百觔徵稅銀三十兩以防包私漏稅等因
自應遵照辦理惟各商船至各關口掛驗恐胥吏藉端需索不
特遲悞行駛且令商船畏阻有悞新漕自應循案詳請咨明
直隸督憲轉飭各關口岸凡載浙糧商船經過毋許吏胥藉端
强索分文仍於執照內註明一應關津渡口驗照放行經過各
關毋許吏胥恃强勒索庶幾上重
正供下恤商情而於運務益昭迅速擬合詳請覈咨實爲公便等情
到本部院據此相應咨明爲此合咨

貴部堂請煩查照轉飭各關口岸遵照辦理施行

同治　年　月　日咨

直隸督院

浙江巡撫部院馬　爲詳請覈咨事據海運省局司道詳稱案
查商船放洋浙省歷屆海運係照江省章程仿照閩廣商船赴
津貿易之例准令商船各帶軍器仍於入口時呈繳出口時給
領以備稽考而資防護在案本屆自應照案辦理除彙入章程
請
奏並再飭委員隨時實力稽查毋任稍滋流弊外相應詳請咨請
直隸督憲轉飭天津道府暨大沽協查照辦理實爲公便等情
到本部院據此相應咨請爲此合咨
貴部堂請煩查照轉飭天津道府暨大沽協查照辦理施行
同治　年　月　日咨
直隸督院

浙江巡撫部院馬　爲詳請覈咨事據海運省局司道詳稱案查海運漕米商船到津自大沽進口至東門外上園地方計程一百八十里係屬逆流必須人夫縴挽方能前進浙省歷屆海運係仿照江省成案縴夫工食折給沙船由該船戶自雇給價毋須官爲發給應請照案咨明

直隸督憲轉飭查照至天津海口向有硬沙商船乘風疾駛每致爲其阻擱浙省初屆海運係咨請直省轉飭代雇漁船引路咸豐九年蘇省海運案內亦經咨請

直隸督憲轉飭大沽海口文武派撥哨船三隻每船派千把一員兵二十名代爲引路同治二年蘇省又以起運無多咨請減派各在案今屆浙漕海運自應仿照江省減派成案辦理相應

詳請咨明
直隸督憲轉飭大沽海口文武一俟沙船進口有期仍撥哨船於攔江沙內外迎護導引俾商船進口免致疎虞實爲公便等情到本部院據此相應咨明爲此合咨
貴部堂請煩查照希即轉飭大沽海口文武一俟沙船進口有期仍撥哨船于攔江沙內外迎護導引俾商船進口免致疎虞
望切施行
同治　年　月　日咨
直隸督院

浙江巡撫部院馬　為循案詳請覈咨事據海運省局司道詳
稱案查海運商船抵津交米之後船身太輕難於出洋向于天
津官灘由委員會同天津縣勘定地方該船戶自行挖泥壓儎
以資駕駛惟船數衆多恐該地土棍藉端訛索歷屆均經詳請
咨明
直隸督
長蘆鹽憲飭行天津道府縣出示諭禁在案本屆海運自應循
舊辦理相應詳請咨明
直隸督憲飭行天津道府縣查照向章先行出示曉諭凡浙省
商船卸交漕糧之後准其擇曠挖泥壓儎如有藉端勒措由該
船戶稟知在津委員知會該地方官查拿究辦至應用鐵鍬土
筐等物仍由滬局給價令各商船自行置備合併聲明等情到

本部院據此相應咨明爲此合咨

貴部堂請煩查照飭行天津道府縣照章出示曉諭凡浙省商船卸交漕糧之後准令擇曠挖泥壓儎如有藉端勒捐之徒隨時查拿究辦施行

同治　年　月　日咨

直隸督院

浙江巡撫部院馬　爲詳請覈咨事據海運省局司道詳稱竊

照杭嘉湖三府本年應行起運漕白糧米已奉

諭旨仍行由海運津遵經籌議分別辦理外惟查嘉湖二府屬起運

白糧米石向因一經春辦米質柔嫩易于蒸變每石裝盛蔴袋

飭屬趕先運滬由蘇省選擇堅固沙船分艙架擱趁頭批放洋

今屆白糧業奉

奏明除荒辦運爲數較少向須沙船二十餘隻除飭屬趕先于第

一次運剝到滬候兌外相應詳請咨請

兩江督　江蘇撫　憲并行蘇松太道查照於年內趕雇堅大沙船二十餘

隻先行裝載浙省白糧俾免停米待船致米質傷變其餘漕糧

如甯船不敷裝載自應照案仍由蘇省協雇隨時濟用等情到

本部院據此除咨

江蘇撫
兩江督院外相應咨請爲此合咨

貴部堂院請煩查照希卽轉飭蘇松太道遵照辦理施行

同治四年十二月十六日咨

兩江督
江蘇撫院

浙江巡撫部院馬　爲詳請覈咨事據海運省局司道詳稱竊照海船承運漕糧自應循案准令八成裝米二成載貨凡遇海

關

恩免納稅現經籌議章程詳請覈

奏在案所有浙省甯波蜑船三不像等船已據鄞鎮二縣先後陸續立攬承雇不日卽須押令駛滬候兌惟查該船自甯至滬應帶二成南貨准其照例裝載一經行抵上海卽行攏泊受兌所有例帶二成貨物自應免予輸稅如帶有洋藥應遵蘇省奏到部行每百觔徵銀三十兩不在尋常貨物之例相應詳請咨明

兩江督
江蘇撫 憲并行蘇松太道查照辦理實爲公便等情到本部院

據此除咨

江蘇撫
兩江督院外相應咨明爲此合咨
貴部堂
院請煩查照轉行蘇松太道查照辦理施行

同治　年　月　日咨

兩江督
江蘇撫院

浙江巡撫部院馬　爲行知事據護海關申報海運各船免稅章程仿照江海關辦理等情到本部院據此合就行知爲此仰該局卽便查照須牌

計粘抄申文

按察使銜護理浙江海關印務分巡甯紹台道史致諤爲報明事竊查浙海關甯波口常稅向來全賴本港大船往關東天津牛莊等處貿易出口稅貨并回船商稅爲大宗統年錢糧出諸該船十居其四上年冬間各船奉准封僱裝載糧米因浙省之糧俱在上海受載出口是以甯港各船封僱後卽駕赴上海聽候裝糧惟查從前成案有准其帶貨二成免其納稅之例若就甯港各船而論理應空船駕往上海如該船

可裝一千石者應以八成裝米二成裝貨方符定例無如本港各船一經封僱即在甯地紛紛裝貨任意滿載兼之細貨居多不待查驗揚帆出口實則糧米升合未裝而稅貨已統船俱免矣顯係藉運糧之名偷漏應征之稅與額課大有關係本年春間據關書稟報前情即經飛飭鄞縣并諭令北號紳董傳知商號牙戶將已裝貨物各船開單報關查驗乃各船仍復置若罔聞以致本年常稅短絀更甚似此情形若不申明成案切實曉諭難挽積弊查關署向無辦理海運裝糧專案當經咨詢江海關兹准移覆辦理海運封僱沙船運米赴津查照成案准其八成裝米二成搭貨免其納稅以示體邺每屆海運先由海運省局列入章程詳請

督撫憲
奏准遵行照辦滬關向章如沙船力勝一千石者以八百石裝
米二百石搭貨每年海運由海關刊刻海運米船二成免稅
執照俟該沙船受兌漕米將所裝二成貨物開報稅行轉報
大關查驗貨數相符准其免稅填給免稅執照飭給該船執
赴天津呈驗一併免稅倘所帶貨物查驗如逾二成以外餘
貨仍照例科稅浙省漕糧同辦海運由貴關封僱甯船來滬
兌運浙漕該甯船等由甯裝貨進口報明係備帶二成貨物
本關亦免徵進口稅銀俟該船裝米出口報關查驗隨帶貨
物一體填發免稅執照給執出口彙總造冊作抵額稅如所
帶貨物在滬銷售本關照例徵稅歷來如是辦理至沙船赴

北裝貨回南進口本關例徵稅課向無免稅之例上年辦理

海運奉

通商大臣李　奏准蘇浙海運回空商船在北裝貨請免天津牛莊關稅係專免北省各關稅課現在各沙船陸續裝運北貨回南進口本關仍照例徵收並未免稅等因查江浙兩省運糧免稅事同一律今後甯港封僱運糧各船一切章程應援照蘇省辦理除札飭甯波府鄞縣凡有封僱運糧船隻隨時將船戶姓名開單報關並曉諭各商船并論知北商司事及各商號牙戶等務將運糧各船所帶二成貨物開報稅行轉報大關聽候查驗由關給發免單方准駕往上海照驗進口所帶貨物如逾二成仍應輸稅其免過稅貨担數名目

逐船登記彙總造具清冊其免過若干稅銀俟關期年滿時

詳請咨

部覈銷作抵額稅似此辦理庶於額課卹商兩無窒礙合將

查辦運糧免稅章程仿照江海關辦理各緣由備文報明仰

祈

憲臺察覈實爲公便爲此備由呈乞

照驗施行

同治五年十月二十三日行海運省局

通商大臣署兩江總督臣李鴻章跪

奏爲蘇浙海運回空沙船裝貨請免天津牛莊關稅以廣招徠恭

摺仰祈

聖鑒事竊照蘇浙海運漕糧歷係上海沙船承僱裝載由滬運津向無貽誤沙船生計以北洋豆貨爲大宗自爲外國夾板船攘奪其利沙船日就疲乏無力出洋大半廢擱今屆漕數較增不敷

僱用

京儲根本攸關亟應綢繆未雨上年臣在蘇撫任內奏奉

諭旨准令此項沙船販運奉省雜糧本年復將上海助餉船捐全行蠲免總理各國事務衙門亦議辦北洋豆稅經部議定應交稅課其豆稅須華洋並收方可開辦是南捐甫減而北稅驟增誠

恐商力仍未能紓運務究無大補與籌救之初意不符在該船
承運
天庾正供往返海洋與自行販運者本有不同若查明運卸回空船
隻裝貨南下時准其免交北稅旣於體䘏之中仍示區别而華
商得以邀免子稅洋商亦無從藉口先准總理衙門公函籌商
並以糧船向有帶貨二成免稅成案今議回空全行免稅其南
省如何給照爲憑北省如何稽查影射應由臣與三口通商大
臣臣崇厚會商妥議奏辦等因當經彼此抄函知會由臣鴻章
飭據江海關道會同海運局員查議稟覆前來覆加酌覈緣運
漕海船自南省裝米到津必須津局收清方知其交卸是否無
悞若由南預給回空免稅執照不特易生影射且恐北地稽查

爲難擬請明年海運漕船到津米石交清卽由津局蘇浙糧道分別塡給該船原裝漕米若干石某日交清准在天津牛莊自運回貨全行免稅印照持赴天津牛莊各關呈驗放行其交米不清之船概不給照以杜拖欠此議係專爲體恤沙船維持海運起見今屆船不敷用必須兼僱甯波等處船隻該船雖與沙船情形不同而運北回南並無殊致應請一律准予免稅其重運帶貨二成免稅事宜仍照舊章辦理與現議回空裝貨全免北稅各爲一事不相牽涉至於北省如何稽查之法臣崇厚查天津戶關向不徵收豆貨雜糧均歸天津道所轄海關抽收亦係徵收進口者居多其出口豆貨雜糧總以牛莊一關爲大宗應如何嚴查影射等弊屆時當轉飭山海關監督及天津道認

眞稽核毋令奸商假冒偷漏其該漕船所免前項稅欵仍由天
津牛莊各關作正開除以重課額計明春兌運在邇必須先事
籌定合無仰懇
天恩俯准照辦俾免遲悞除分咨外所有蘇浙海運回空沙船請免
北口豆貨雜糧各稅緣由謹會同三口通商大臣臣崇厚恭摺
由驛具
奏伏乞
皇太后
皇上聖鑒訓示謹
奏
同治四年十二月初三日具

奏奉

旨該衙門速議具奏欽此

總理各國事務衙門等謹

奏爲遵

旨速議具奏事據通商大臣暫署兩江總督李鴻章奏蘇浙海運回空

沙船裝貨請免天津牛莊豆貨雜糧各稅一摺同治四年十二

月十一日軍機大臣奉

旨該衙門速議具奏欽此欽遵於本月十一日由軍機處交出到部

據原奏內稱竊照蘇浙海運漕糧歷係上海沙船承僱裝載由

滬運津向無貽誤沙船生計以北洋豆貨爲大宗自爲外國夾

板船攘奪其利沙船日就疲乏無力出洋大半廢擱今屆漕數

較增不敷僱用上年臣在蘇撫任內奏奉

諭旨准令此項沙船販運奉省雜糧本年復將上海助餉船捐全行

蠲免總理各國事務衙門亦議辦北洋豆稅經部議定應交稅課其豆稅須華洋並收方可開辦是南捐甫減而北稅驟增誠恐商力仍未能紓在該船承運

天庾正供往返海洋與自行販運者本有不同若查明運卸回空船隻裝貨南下時准其免交北稅既於體恤之中仍示區別而華商得以邀免子稅洋商亦無從藉口先准總理衙門公函籌商並以糧船商有帶貨二成免稅成案今議回空全行免稅其南省如何給照爲憑北省如何稽查影射應由臣與三口通商大臣崇厚會商妥議奏辦等因當經彼此抄函知會由臣李鴻章飭據江海關道會同海運局員查議稟覆前來覆加酌覈緣運漕海船自南省裝米到津必須津局收清方知其交卸是否

無悞若由南預給回空免稅執照不特易生影射且恐北地稽查爲難擬請明年海運漕船到津米石交清卽由津局蘇淅糧道分別塡給該船原裝漕米若干石某日交清准在天津牛莊自運回貨全行免稅印照持赴天津牛莊各關呈驗放行其交米不清之船概不給照以杜拖欠今屆船不敷用必須兼僱甯波等處船隻應請一律准予免稅其重運帶貨二成免稅事宜仍照舊章辦理至於北省如何稽查之法　臣　崇厚查天津戸關向不徵收豆貨雜糧均歸天津道所轄海關抽收亦係徵收進口者居多其出口豆貨雜糧總以牛莊一關爲大宗應如何嚴查影射等弊居時當轉飭山海關監督及天津道認眞稽覈毋令奸商假冒偷漏其該漕船所免前項稅欵仍由天津牛莊各

關作正開除等語臣等伏查本年四月間江蘇巡撫李鴻章奏
上海關稅以沙船爲大宗近因沙船停泊稅項日絀若將奉天
等處糧食與油豆餅一律販運則商船得有利益不唯歲捐可
期起色卽每年海運漕糧需用沙船不致缺少等情當經總理
衙門會同戶部覆奏准如所奏辦理於五月初一日奉
旨允准在案又於本年九月間據山海關監督成林呈稱奉天所產
米穀雜糧既准沙甯等船販運若定例輕於豆稅則商船勢必
裝糧者多其豆額則更形虧短等語亦經戶部奏明擬請仿照
臨淸關雜糧每石稅銀一分一釐之例再行減去一釐定爲每
石納稅一分仍俟試辦數年再行纂入則例等因於十月初一
日具奏奉

旨依議欽此欽遵行知亦在案今據通商大臣李鴻章奏請蘇浙海
運回空沙船販運奉省雜糧本年復將上海助餉船捐全行蠲
免經部議定應交稅課是南捐甫減而北稅驟增誠恐商力仍
未能紓在該船往返海洋與自行販運者本有不同查明運卸
回空船隻裝貨南下時准其免交北稅擬請明年海運漕船到
津米石交清即由津局蘇浙糧道分別填給該船原裝漕米若
干石某日交清准在天津牛莊自運回貨全行免稅印照持赴
天津牛莊各關呈驗放行其交米不清之船概不給照以杜拖
欠今屆船不敷用必須兼僱甯波等處船隻應請一律准予免
稅其重運帶貨二成免稅事宜仍照舊章辦理該漕船所免前
項稅欵仍由天津牛莊各關作正開除等語臣等公同商酌該

大臣所奏係爲愼重海運體恤沙船起見應如所奏辦理相應

請

旨飭下直隸總督轉飭天津道及山海關監督俟明年蘇浙海運沙

船裝貨回空到關時認眞稽查毋令奸商偷漏影射等弊並移

咨通商大臣俟前項沙船起運時卽將船戶姓名船隻數目號

頭造具細冊送部應俟山海等關造送免稅冊到日以憑覈對

其免過稅銀仍造入該關稅銀奏報案內聲明辦理所有臣等

速議緣由理合恭摺具

奏伏乞

皇上聖鑒訓示遵行再此摺係戶部主稿會同總理各國事務衙門

辦理合併聲明謹

奏請

旨

同治四年十二月二十日具

奏本日奉

旨依議欽此

三口通商大臣奴才崇厚跪

奏再本年江浙兩省海運回空沙甯各船前經署兩江督臣李鴻

章會同奴才奏明請免天津牛莊關稅以廣招徠業蒙

恩旨允准通飭欽遵在案茲據江蘇糧道奇克坦泰浙江臬司署糧

道王凱泰會同詳稱轉據津局沙甯各船紳董稟稱查兩省商

船承運漕白二糧抵津驗卸後放空出口或往奉天牛莊或往

錦州蓋州或往山東膠州石島烟台利津大山等處販貨本無

一定如天津就地販貨逕行回南及駛往牛莊販貨者既得仰

邀

皇仁全免關稅卽駛往他口者自必一體免稅惟細繹原奏內僅止

聲明天津牛莊並無他口字樣恐將來給單時不以註明駛往

他口照驗有碍請將本年海運沙甯各船放空出口無論駛往何處販貨回南應准一律免稅等情據稟會詳請
奏前來奴才查南船販運豆貨雜糧原以天津牛庄兩口爲大宗本屆海運沙甯各船已蒙
諭旨允准天津牛莊回空免稅該船商等仰沐
皇仁至優極渥惟海運船隻較多回空載貨不一勢不能同在一處購運北地口岸各有土產皆藉南船販運流通且內地船隻非比外國商船祇准前赴通商口岸沿海各口皆准貿易故歷屆交米完竣該船即分赴各口販貨回南並不拘定天津牛莊兩處所請將奉天之錦州蓋州山東之膠州石島利津烟台大山各口岸該商船販運豆貨雜糧回南與天津牛莊一律准予免

稅委係實在情形自應仰體

聖恩准予一律照免以廣

皇仁而恤商情奉天山東各該口所免稅項仍按照天津牛莊兩關

作正開除以昭劃一除飭仍由該道等於各船漕米交完後給

予免稅單以憑照驗並分別咨行各口督撫監督查照辦理外

理合會同署兩江總督臣李鴻章附片具

奏伏乞

聖鑒謹

奏

同治五年四月十八日具

奏奉

旨該衙門知道欽此

省局咨請核辦承運甯船船捐輪船護費請免輸捐　同治五年案

浙江海運省局爲咨請覈辦事據甯郡牙釐局會辦甯波府邊守等詳稱據北號紳董張廣埏慮以瑛張斯安禀稱竊埏等前奉省局諭辦甯船赴滬受兑事宜茲查甯船貿易出口照章捐繳船捐計每錦担錢一百六十五文六毫現該船等具攬放空赴滬運糧應請免其捐繳船捐至具攬船隻已有七十餘號續進之船亦應一體承運俟有成數即開各船花名另呈察覈再慶孚局寶順輪船護送商船近年由局抽收護費今該輪船奉飭護送糧船至佘山以南往來梭巡埏等禀明省局在案查輪船經費本屬北商自行捐辦本年重辦海運護送往來添備舴水砲勇辛工煤炭等項需費更爲浩繁且護送糧船事關重大非歷數月之久不能蕆事所有本年護洋經費并乞免捐以紓

商力稟請察覈等情據此伏查北幫商船放空赴滬承裝海運漕糧及慶字公所之寶順輪船護送糧艘至佘山以南梭巡均屬急公報効所有商船船捐并輪船護費可否准予免其抽捐以恤商情之處理合據情詳請祈賜察覈批示飭遵等情到局據此查浙漕商船放洋前經查據甯紳張前令等會稟仍由該商等捐備寶順輪船出洋護運業經據情轉詳

撫憲附

奏在案所有抽捐輪船護費以及承運商船封僱赴滬船捐應否免其抽捐之處事隸

一咨藩司衙門

牙釐省局主政覈辦據詳前情除咨請

牙釐省局覈辦外相應咨請爲此合咨

貴司衙門請煩一體覈辦示復望速切速施行

一咨牙釐省局

貴局主政覈辦據詳前情相應咨請爲此合咨

貴局請煩覈辦示復望速切速施行

同治五年正月十四日咨

藩司衙門

省城牙釐總局

浙江海運省局爲札知事案查前據該局詳甯商應捐船捐並輪船護費可否准予免其抽捐一案並據該府等各具詳前情到局當經據情咨請

牙釐省局覈辦兹准移復文開此案前據甯郡牙釐局並詳到局當查船捐護費准其免捐仍俟六月初一日起再行照舊抽捐卽經批飭遵照在案准咨前因移復查照飭遵等因准此合行札知爲此札仰該府縣局立卽傳諭各號商遵照辦理毋違

同治五年三月初九日行甯波府甯郡牙釐局鄞縣

浙江海運省局爲咨請嚴辦事據寗郡牙釐局會辦寗波府邊
守等詳稱據鄞縣姚令詳稱據耆民余茂林舵工周麟龍等稟
稱伊等及水手人等向在北號撑駛北船因辛金甚微蒙號主
定規船内許帶小貨俾沾微利比年設局捐餉所帶小貨南貨
出口每石捐錢二百三十四文北貨每石亦捐錢二百三十四
文係小貨號司事收繳無缺溯查咸豐年間試行海運商船裝
帶貨物曾蒙
奏定免稅蓋念伊等用力貧民涉波蹈險躬當半年苦役曲示體
恤故也玆本年重辦海運所有出口南貨稅課仰蒙循例豁免
號主船捐亦經請免在案伊等小貨自必槪豁現在赴滬在即
誠恐局中仍向伊等收取小貨捐錢叩准免捐等情到縣據此

查海運章程各船帶裝貨物及水手人等所帶小貨均准免收稅課捐錢事同一律似應一體邀免理合詳請祈賜批示飭遵並懇轉請

省城牙釐總局通飭經過各局卡一律免捐俾各船得以趕緊駛放免致沿途阻滯等情據此查昨據甯郡北號紳董張廣埏等稟稱北幫商船遵飭駛滬承運漕糧請免船捐等情卽經詳請嚴示在案據詳各船水手所帶小貨請一律免其抽捐以示體恤之處卑局未敢擅便理合據情詳請祈賜批示祗遵又據甯波府暨鄞縣並詳各等情到局據此

一咨藩司衙門　查各項捐欵事隷

牙釐省局主政前據甯郡牙釐捐局詳稱承運漕糧甯船請免

船捐等情卽經咨請
牙釐省局暨
貴司衙門一體主政覈辦在案茲據詳請商船水手等隨帶小
貨一律免予抽捐是否可行除請
牙釐省局覈辦外相應備文咨請爲此合咨
貴司衙門請煩查照希卽一體覈明示復施行
一咨牙釐省局　查各項捐欵事隸
貴局主政前據甯郡牙釐捐局詳稱承運漕糧甯船請免船捐
等情卽經咨請
貴局主政覈辦在案茲據詳請商船水手等隨帶小貨一律免
予抽捐是否可行相應備文咨請爲此合咨

貴局煩請查照希卽嚴明辦理如准所請並祈通飭經過各局卡凡有甯船赴滬承運漕糧所帶小貨一律免捐並卽覆局望速施行

同治五年正月十九日咨

藩司衙門
省城牙釐總局

浙江海運省局爲札知事案查前據該局詳承運漕糧甯船水手隨帶小貨是否免其抽捐一案並據該府等各具詳前情當經據情咨請

牙釐省局覈辦今准咨復文開是案前據甯郡釐局暨甯波府具詳到局當查海運漕糧五月內當可竣事所有各船裝帶小貨准暫免捐仍俟六月初一日起再行照章抽捐卽經批飭遵照在案咨復查照等因准此合行札知爲此札仰該府縣立卽傳諭各號商遵照辦理毋違

同治五年三月初八日行甯波府甯郡牙釐局鄞縣

浙江巡撫部院馬　爲詳請覆咨事據海運省局司道詳稱竊
照浙省初次海運各商船抵津查驗舵水人等與票填不符奉
准
直隸督憲咨行到浙嗣後領票出口務須確查船上舵水人等
姓名籍貫覈定註明票內不准一名遺漏亦不准一名頂替等
因遵經歷屆各商船裝運浙糧赴津由滬局每船塡給護照一
紙註明耆舵水手姓名籍貫發給船戶凡遇關津執此呈驗稽
考在案今屆自應循照辦理茲據滬局總辦王守慶勳等詳送
護照式樣前來理合照案轉送咨明
直隸兩江督憲暨江蘇撫憲
奉天府尹
山海關查照實爲公便等情到本部院據此除分咨外相應

咨明爲此合咨

貴部堂院府尹關部請煩查照轉飭認眞稽查望切施行

計咨送護照式樣一紙

同治五年正月二十六日咨

直隸兩江督院
江蘇撫院
奉天府尹
山海關

浙江海運滬局　爲給發護照事照得咸豐二年海運抵津商船查驗舵水人等與票塡不符奉

憲行准

直隸督憲咨會嗣後沙船領票出口務使確查船戶者舵水手人數將姓名籍貫覈實註入票內不准一名遺漏亦不准一名頂替等因遵照在案現當海防嚴密之際自應倍加慎重以杜奸匪混跡所有承運米船於開行時由局確查加給護照一紙將舵水姓名籍貫逐一塡註凡遇經過關隘以及運米到津呈驗以歸覈實除詳明分咨外爲此照給該船戶收執凡遇所過關隘及運米到津卽將此照呈驗查對毋得頂替致干究治須至護照者

計開

船戶　係　縣人耆民　係　縣人

舵工　係　縣人副舵　係　縣人

水手　係　縣人水手　係　縣人

水手　係　縣人水手　係　縣人

水手　係　縣人水手　係　縣人

水手　係　縣人水手　係　縣人

水手　係　縣人水手　係　縣人

水手　係　縣人水手　係　縣人

水手　係　縣人水手　係　縣人

水手　係　縣人水手　係　縣人

水手　係　縣人水手　係　縣人

水手　係　縣人水手　係　縣人

水手　係　縣人水手　係　縣人

水手　係　縣人水手　係　縣人

同治五年　月　日給

回帆繳銷

浙江巡撫臣馬新貽跪

奏爲海運商船賠累困苦請酌加水腳以示體恤而廣招徠恭摺

仰祈

聖鑒事竊照海運漕糧以商船爲第一要務商船缺悞關係匪輕是

以歷届運務必先提前趕辦設法招徠無如兵燹之後沙船稀

少甯船亦僅百餘號上年米數較少已屬封僱維艱本年新漕

奉文仍由海運所有甯波商船先經分别飭令甯波府縣查議

並飭號商多方設法必得寬爲招集以期無悞漕運旋據甯波

府縣先後轉據北號紳商等稟陳北船攬裝各貨往還不過五

十餘日承運官糧自冬月封僱以迄抵津交清回南首幫動逾

半年後幫更復過期耆舵水手辛工不能不加篷索檳具籌備

浙撫奏承運商船賠累困苦請酌加水腳銀　同治五年案

不能不寬以及守候費用逐處加增從前每石水脚四錢原實
不敷彼時裝貨回南獲有利息藉資貼補今則運船販貨旋南
爲夾板等船攘奪以致無船不虧折本錢回空之船盡屬賠累
商號已多閉歇船隻任其朽壞停港拆毀及無力承裝者實已
不少惟漕糧爲
天庾正供豈容任聽歇業致悞起運轉輾籌商委無勸導招徠善策
惟有籲請每石酌加水脚銀數錢俾得用費稍充免致賠累或
期各船踴躍聞風麕集以全運務各等情經臣督飭海運省局
各司道確加訪察委係實在情形查本年戸部原奏內稱近年
南糧均借資商船濟運欲期呼應較靈總當優加體恤俾船商
樂於從事不致聞風裹足等因實係洞知灼見該司道等公同

籌議擬於例給水脚之外每石酌加銀一錢五分俾商船獲有
微利不致賠累等情會詳請
奏前來臣查海運漕糧以封僱商船爲首務浙省本屆新漕米數
較增必須寬爲籌備乃近年商船生意虧折歇業居多其船身
損壞無力修葺者尤應格外體恤庶足以廣招徠而速漕運函
詢江蘇情形亦復相同合無仰懇
天恩俯准按石酌加水脚銀一錢五分以資津貼所加銀兩仍於籌
抵海運經費項下儘數動用如有不敷應遵部議在於漕務款
內別籌支給不動正項統歸濟運水脚案內另款開報動用何
款隨時咨部立案此係加給水脚不在原定每石八錢之內以
清界限除先飭令趕緊招僱商船以便剋期受兌外臣爲體恤

商船顧全運務起見是否有當謹恭摺具

奏伏乞

皇太后

皇上聖鑒訓示再查甯船歷屆承運浙漕向來不敷尚需蘇省代僱

沙船及東衛等船協運是以浙省從無裝運本省糧米之外再

有餘船撥濟蘇省現因被兵後舊船朽壞新船無增甯船僅賸

一百餘號更少於前今上海沙船短少浙省甯船不足相應請

旨飭下直隸山東等省卽飭產船各地方官儘數挑選堅實東衛等

船趕緊駛滬協濟裝運臣仍當飛咨該二省一體催辦以免延

悞合併陳明謹

奏

同治五年十一月二十二日具

奏奉

旨另有旨欽此同治五年十二月初二日內閣奉

上諭馬新貽奏海運商船賠累請酌加水腳並請飭產船地方僱船協濟一摺近年海運漕糧均係借資商船該商等承運官糧往返動逾半年費用加增每多賠累自應優加體恤以廣招徠著准照馬新貽所請此次海運封僱各商船於例給水腳之外每石酌增銀一錢五分以資津貼浙江本屆新漕米數較增尤須多備船隻俾敷裝運著直隸總督山東巡撫即飭產船各地方官儘數挑選堅實東衞等船趕緊駛赴上海協運俾免貽悞餘著照所議辦理該部知道欽此

兩江總督臣李鴻章
江蘇巡撫臣郭柏蔭跪

奏爲海運商船修艌需貲擬請暫加水脚籌欵動給以利漕運恭

摺奏祈

聖鑒事竊照蘇省漕糧改由海運僱募沙衞等船每兌米一石給水脚銀四錢自道光二十八年試辦以來歷今幾及二十年均經

列入章程

奏明給發本不容藉口賠累率請加增惟粤匪竄擾以後商民交困元氣大虧沙船生理以北來油豆餅片爲大宗近年夾板洋船均赴牛莊等口一體販運以致北地之貨價日昂南省之銷路日滯從此沙船販北貨無不大虧資本商情困乏莫甚於今即本年抵津糧米間有受潮霉黯亦由商力拮据船身失修所

致茲據各商船稟請酌加運米水脚每石二三錢以免悞運若不量予調劑則船身愈久愈損米色漸不能純實於
天庾正供關係匪輕擬請本屆每石酌加銀一錢五分傳諭號商承領分派督令將承運各船購料鳩工大加修整不准草率裝飾卽東衞各船亦一體支給以示公溥第當減賦裁浮之後此項加給水脚在州縣既屬無欵可籌且道庫六分漕項及屯衞津貼各屬節省丁耗行月耀價已於裁免津貼案內搜括無遺司庫所收兵恤局糧折價各有本欵應支僅能以兩抵石勉强敷衍均無盈餘可籌惟有同治四年分一屆解道四分漕項尚堪酌動撥今冬約運米四五十萬石而計必需銀七萬有零方可敷用明知四分漕項應行報部候撥未便由外支銷奈沙船類

多損壞修費急切待支且現准部議奏明無論河運海運必須體恤船戶洵屬確論海運涉歷重洋全賴船身堅固值此積困之餘尤應破格優恤而藩關各庫同形支絀舍此道庫四分漕項實無堪動墊欵既以漕項抵支運漕之費名實尚屬相符應請就欵開銷免其報撥如有不敷再於司關各庫暫爲設法籌墊先行給領興修以期無悞仍俟續解五年分四分漕項提還司道各庫歸欵據署蘇州藩司王大經蘇糧道奇克坦泰蘇松太道應寶時會詳請

奏前來臣等覆加查覈無異除咨明戶部查照外理合會同漕運總督臣張之萬恭摺具

奏伏乞

皇太后
皇上聖鑒訓示謹
奏
同治五年十一月二十二日具
奏

戶部咨雲南司案呈內閣鈔出署兩江總督李　等
奏海運商船修艌需資擬請暫加水腳等欵動給一摺同治五年
十二月十四日軍機大臣奉
旨著照所請該部知道欽此除鈔錄原奏恭錄
諭旨行文江蘇巡撫一體欽遵辦理外查道庫四分漕項係奏明報
部候撥之欵原不應由外動支惟本屆海運酌增水腳係爲體
恤商船起見既據該撫等聲稱漕務項下所籌運費均無盈餘
而沙船損壞藉水腳爲修費急切待支應准其將四年分道庫
四分漕項暫行動用如有不敷卽在司關各庫設法籌墊仍俟
五年分四分漕項徵有成數卽行提還歸欵並將四五兩年分
徵存四分漕項銀兩共有若干查明分晰報部至本屆海運商

船既已酌增水脚自應踴躍承運現據另摺奏報起運米數及
浙撫奏報起運米數皆比上屆加多商船亦宜寬爲預備庶無
停米待兑之虞應咨江蘇巡撫轉飭局員趕緊僱運以期及早
放洋毋稍遲誤可也
同治六年　月　日咨
江蘇巡撫

浙江海運省局爲詳請示遵事竊據甯商紳董盧以瑛張廣埏等稟稱竊照浙甯承運商船裝貨回甯自應照章繳捐惟裝漕回甯之船往返日期既遠甯市本息尤重糧回各船竟有全儎無貨者其帶貨之船又因各貨滯消虧折益甚懇請恩准承運各船裝載客貨照北貨釐捐章程減半繳捐以示體恤又耆舵水手等終歲生計全賴回貨餘利運船往返日期既遠食用較大一遇貨物滯消本貲全虧應請將耆舵等回空小貨釐金恩准全行免捐祈請轉詳恩准等情前來查近年甯船承運漕糧運船販貨南來爲夾板等船攘奪其利以致無船不虧折本錢回空之船疲乏之賠累是以另案詳請

奏加水腳恩至渥也惟海運以商船爲第一要務兵燹之後船隻

稀少商號以巨萬之船本任聽船隻朽爛不加脩整非不寶貴
實苦於無利可圖轉欲賠累以故歇業多而船隻少然承運漕
糧除商船之外別無可運之船竊慮愈久愈疲年復減少於運
務大有關係似須大加恩恤俾商船以不得承運糧米爲慽則
招徠較易廢歇自興惟該紳董等所請回空南來帶貨進口減
半繳捐未免過優可否仿照二成免稅之例准減二成繳捐似
未始非挽救商船一道至耆舵水手回空所帶小貨爲數無多
可否全行免捐以示體郵是否有當相應備文詳請仰祈
憲臺俯賜察覈批示遵行爲此備由呈乞
照詳施行
同治五年十二月十二日具詳

撫憲

浙江捐輸牙釐總局爲移會事同治五年十二月十五日奉

撫憲馬　批

貴局詳甯船回空南來所帶貨物請酌減繳捐並水手小貨全行免捐請示緣由奉批據詳甯船回空帶貨免捐二成小貨全免係爲體卹商情起見惟與通省釐捐有無窒礙之處仰捐輸牙釐總局迅速覈議卽日詳奪毋延切切此繳等因奉此查甯波船隻向裝海運漕糧搭貨二成准免捐稅其回空船隻一律捐釐並不減免第兵燹之後船隻較少而起運漕米逐漸加多自應格外體卹

貴局詳請將甯船回空南來所帶貨物減捐二成各水手名下小貨全行免捐自係體卹承運漕米商船起見惟回空甯船必

須查明實係回空糧船有據可驗者所帶貨物無論多寡總以十成計算八成抽捐二成免捐至所帶小貨是否盡係水手之貨其中頗難覈實如果定以正貨減捐二成小貨全免勢必正貨指爲小貨無所區別且易於影射致滋爭執應請與號商回南各貨一律予減二成抽捐用昭劃一而免牽混事關

天庾正供是以量加體邺此外商船不得援以爲例似與通省釐捐尚無窒碍除詳請

撫憲咨明

蘇撫院轉飭上海釐卡一體照辦外擬合移知爲此合移

貴局請煩查照施行須至咨者

同治六年正月二十六日咨

海運省局

浙江海運省局爲劄移知事本年二月十九日准

捐輸牙釐總局咨開同治六年二月初一日奉

撫憲馬　批本局詳覆飭議甯船回空南來所帶貨物並水手小貨請一律予減二成抽捐緣由奉批據詳實係回空糧船有據可驗者所帶無論正小各貨概以十成之中二成免抽釐捐所議尚屬周妥仰即嚴飭海口釐卡委員認眞驗明照單實係回空糧船免捐二成釐捐此外商船不得隱混並嚴禁巡丁司事藉名買放商船庶與釐捐無礙亦不致船商藉口仍候飛咨江蘇撫院轉飭上海各釐卡一體照辦可也此繳等因奉此查此案奉飭議詳當經咨明在案奉批前因除咨行外咨局飭遵等因准此查此案議詳前准咨局當經分別咨行在案今准前

因查商船承運糧米赴津兌卸後所有裝運北貨前奉

通商大臣

奏明商船回空北貨赴奉天牛莊山東等各口岸准予免繳北稅並在津交卸顆粒無欠由駐津糧道給發回空免予北稅印單赴口照驗在案此次回南商船免抽二成釐金即以糧道給予免稅印單為憑查明並無交米未清字樣即便驗免正小各貨二成捐項俾免弊混相應咨明為此合咨

合行劄知為此札仰該府立即轉飭遵照毋違

貴道請煩查照轉飭施行

同治六年二月二十七日移

劄寧波府

寧巡道

浙江海運省捐輸牙釐總局爲會議詳覆事案奉

憲臺牌行本年四月初九日准

署江蘇撫院郭　咨開據松滬捐釐總局稟稱甯船裝米赴津回空南來所帶貨物奉准減捐二成雖經浙局詳定此外商船不得援以爲例惟上海沙船亦奉派裝糧米若甯船減捐沙船亦必藉口紛紛援請實於釐務大有關係現在前路各軍需餉甚殷礙難遵辦等情到本署部院據此查浙省海運回空商船裝貨到滬請減免二成釐捐蘇省漕船並未議免誠屬偏枯必致援案瀆請實與釐捐有礙相應咨商查照希即轉飭另行妥議詳辦仍望示覆等因到本部院准此仰卽會同牙釐總局尅日妥議詳辦毋違等因奉此伏查甯波口岸遠不及滬上之繁

盛甯屬商船向不及滬船之衆多彼此情形本屬迥别且甯屬郡縣自咸豐十一年冬慘遭粤逆竄陷北號商人流離遷徙存號之貨被掠一空未到之貨中途折變空船在港者半遭折燬其幸而避出者久泊外洋亦多損傷迨同治元年四月郡縣先後克復各商遲之又久零星漸歸家業蕩然生意停歇修船無力運貨無資經該道府縣再三勸諭始能湊集資本合力經營以冀重興口岸然北駛船隻已不及從前十分之一乃北口貨源先爲外國洋船捷得南來銷路盡被佔奪取盈商人虧本靡不望洋氣沮此固滬甯兩地商船同受其累而甯商之負債貿易力盡筋疲其苦尤甚是以甯郡官紳於三四兩年稟請將北號貨船釐捐陸續減抽十分之三五年二月

憲臺巡閱海疆復據甯商環求稟蒙覈減釐捐一成此歷年北
號商船減捐之原委也至甯船承攬海運漕米曩年每屆可僱
二百餘隻被寇之後船少且朽上屆漕運悉數封僱堪用僅七
十餘隻頗爲將來海運不敷之慮旋據甯波牙釐府局詳請將
放空赴滬受兌漕米之船免繳船捐小貨及免捐運漕完竣回
南所帶小貨等情前來即經牙釐省局批飭放空赴滬受兌之
船免其抽收船捐小貨其回南船貨統以六月初一日起一律
照章收捐是運米甯船前已議有減捐章程本屆漕米較多需
船增倍以各商困苦賠累每漕米一石加給水腳銀一錢五分
奏咨在案又據該商等以商困仍未能舒籲懇減抽回空釐金
並小貨全免捐項經本司道會議酌准減抽回南甯船正貨小

貨釐捐各二成以示矜恤業已移行飭遵詳奉
憲臺咨明蘇省照辦亦在案此甯船運漕減免釐捐之原委也
本屆辦理海運甯船趕修承攬其有一百十餘隻卽此見商情
踴躍感
恩急公且浙省酌減釐捐原不自今歲爲始亦不獨甯船爲然
本司道等非不知軍餉協餉善後塘工各經費全藉釐捐接濟
勢難減輕惟商人受累太深則甯船日見其少於漕運殊有關
礙不能不稍紓商力顧全大局玆江蘇松滬捐局旣稱礙難照
浙減捐自係各就地方商情立論浙省減捐章程早經通行未
便議改致使商人疑慮本司道等公同商議擬以運漕回南甯
沙各船到甯銷貨卽照浙省新章減捐其到滬淞卸貨銷售者

仍照蘇省向章一律繳捐用昭平允奉飭前因理合將會議緣由詳復是否有當祇候
憲臺批示遵辦並請轉咨
蘇撫憲查照飭遵實爲公便爲此備由呈乞
照詳施行
同治六年四月二十八日會詳奉
巡撫部院馬　批所議尚屬周妥應准如詳辦理仰即轉飭遵照並候咨明
江蘇撫院查照飭遵繳

辦理三口通商大臣崇　爲咨會事同治五年三月初五日據
天津道詳稱同治五年三月初二日奉
直隸總督部堂劉　札開同治五年二月二十四日准
欽命總理各國事務衙門咨開江蘇巡撫咨報今届冬漕海運江浙
並辦需船較多天津交米水次中外商船雜處行泊不便請飭
外國火輪夾板等船妥順行走停泊以免磕碰自應將船路安
置停妥以利飛挽抄單轉咨查照設法辦理等因到本部堂准
此查前准江蘇撫院抄單咨會當經分別咨照札飭遵照在案
茲准前因除咨三口通商大臣並札司轉移遵辦外合亟札飭
札到該道卽便遵照稟商三口通商大臣相度情形設法辦理
轉飭英領事預爲妥置務使中外各船兩相讓護是爲至要一

面將辦理緣由詳請咨復切速特札計抄咨單一紙內開照錄
江蘇巡撫來文內章程一天津交米水次中外商船雜處行泊
不便應請咨明
總理衙門照會天津英領事飭令外國火輪夾板等船妥順行
走停泊以免磕碰也查天津水次河面狹窄從前江浙同時海
運已多擁擠之虞自外國通商後將津河之最寬紫竹林一帶
築爲馬頭所有火輪夾板各船均在該處停泊從前紫竹林一
帶本係糧船拼泊驗卸之所今爲外國馬頭所佔不能停泊不
得不提進裏河驗卸而米船出入必由紫竹林經過無如外國
各船任意往來行駛毫不照顧米船重載掉轉不靈躲避不及
往往被撞損傷該外國領事反歸過于米船罰令賠銀甚至中

國船停泊靠岸輪船行駛磕碰又指爲停不如式動輒議賠去
春江蘇米船因磕議賠者已屬層見疊出今春江浙同辦海運
船數較多更虞磕碰
天庾正供關繫匪輕應請咨明
總理衙門照會英領事旣經和好通商則中外各商船自應一
體飭令兩相讓護不得率意行泊倘輪船碰壞米船傷損
正供應令議賠該領事不得稍存徇庇并請移咨
直隸督院
三口通商大臣
預爲設法其應如何排泊受兌之處先期安置
停妥以便船到交兌庶免臨事掣肘又開
欽命總理各國事務衙門爲咨行事同治五年二月十三日准江蘇
巡撫咨稱今屆同治四年分冬漕海運江浙並辦需船較多均

遵

奏案辦理幾同創始自應參酌時宜熟籌妥辦今酌議辦理章程開單咨送覈辦等因前來查章程內開天津交米水次中外商船雜處行泊不便請飭令外國火輪夾板等船妥順行走停泊以免磕碰等語

天庾正供關繫匪輕自應將船路安置停妥以利飛挽相應抄錄原單轉咨貴督查照相度情形設法辦理轉飭英領事頭爲妥置卽行咨江蘇巡撫查照並咨復本衙門查覈可也等因奉此職道查本年海運江浙並辦船隻較多自應先期相度形勢設法佈置俾中外各船不致互相磕碰當與辦理海運總局委員等勘度籌商查從前海運沙船進口江蘇浙江各分水次每排四

五隻不等現在外國通商設立新關自紫竹林一帶歸外國停泊輪船而輪船重大駕駛又速自應寬留河道以便行走現擬自風神廟起至砲臺止爲上水次凡進口沙船不論江蘇浙江由提調沙船委員會同江浙委員紳董按進口先後挨次排列上水次二十四排至砲臺止以兩隻爲一排其續進海口沙船直頂至新關以下止爲下水次應以一隻銜尾挨次停泊西岸靠邊拋錨並由江浙糧道派令委員紳董在于停泊處所逐船看守寬留中泓俟上水次驗收幾排完竣即由提調沙船委員等催放出口一面將下水次重船挨次提排上水次候驗不准越次爭先其上下水次應令其各立標杆再查從前回空沙船向在紫竹林李家樓等處停泊挖土現在輪船進出必須寬留

河道擬令在土城以下一帶挖載俾重船停泊之處相距較遠方不致彼此擁擠至彈壓巡催向派海河主簿又查江浙米船大小不等如上海之大沙船以及浙江甯波船喫水甚重不能過壩河邊如外國輪船進口有信應請憲臺先期飭知俾該米船預爲留意以上各條是否允協擬合遵照檄飭具文詳請憲臺察覈示遵以便將辦理緣由詳復
督憲轉行咨復並據候補知州馬繩武何道增候選知縣耀昌候補知縣童恒麟天津縣知縣楊國杞稟稱竊卑職等於二月十六日接奉憲札飭將海運米船停泊章程妥議稟辦等因卑職等遵查去年海運自風神廟起至砲臺止爲米船停泊上水次自梁家園起至土城止爲米船停泊下水次除上水次外國

船隻向不行走外卑職等查得自梁家園關房以下起至土城迤南四里之陳林莊共計水陸十六里東岸二溜潮落時水深一丈五尺至一丈不等西岸二溜潮落時水深一丈至六七尺不等輪船喫水深重應以西岸米船停泊水次內有卦甲寺賀家口河灣兩段應不准其停泊其餘十三四里河道端直米船靠岸單隻停泊夾板輪船往來出入彼此均無妨礙謹擬章程條款另繕清摺謹呈鈞電伏乞札飭天津道派委武弁二員並請飭知南省糧道派委紳董會同在于下水次一帶常川稽查以昭周密所有卑職等遵議米船停泊緣由理合具稟請示遵行計稟呈清摺一扣各等情據此查該道覈議海運米船停泊情形覈與天津縣會同新關委員所議章程大致無異惟夾板

同治五年案

輪船喫水較重應照天津縣並新關委員所議在于東岸行走米船在于西岸停泊其河灣處所仍不准其停泊免致有擱淺磕碰之虞至所議南省委員紳董在下水次米船停泊之所駐守稽查最關緊要除稟批示該道一體多派文武委員乘船于下水次一帶往來巡查分段駐守並批示天津縣將所議章程刊刻刷印多張交大沽海口委員按船散放一體遵照暨分別咨行外擬合咨會爲此合咨

貴撫部院請煩查照施行

計開章程

同知直隸州用候補知縣童恒麟

運同銜候補知州何道增

知府用候補知州馬繩武

運同銜候補知縣耀昌

運同銜天津府天津縣知縣楊國杞

呈

計開

一自天津以至大沽海口所有河身灣處窄狹處海運米船概不准拋錨停泊

一米船向來於住船後船上僅留水手一二人看守以致遇有妨碍船上人少亦趕辦不及嗣後總須多留水手以防設法

一米船停泊之時必須近岸順溜前後拋錨河面須露出錨標不准當河停泊拋錨務須單隻停泊不許三三兩兩並排

一米船停集蔔沽處所應照閩廣商船停泊章程在玉皇閣以東河身直處三兩傍岸停泊不得仍前五六成排長放錨纜窒礙中流

以上四條如有違者應由南省委員議罰究辦

一英國船隻有巡赴天津紫竹林停泊者有在大津海口停泊者由稅務司轉飭該處扦子手妥爲安排停泊

一自天津以至大沽海口所有河身灣處窄狹處英國船隻概不准抛錨停泊如違每一次罰洋不得過二百元

一英國船隻河中來往拋錨之時必須盡力近岸露出錨標如有違者每次罰銀五十兩再如因不小心比有碰船之事另外賠補

以上三條如有英國船隻歸英國領事官辦理

同治五年三月二十九日咨

浙撫部院

浙江巡撫部院馬　爲詳請咨送事據海運省局司道詳稱案
奉
欽差大臣辦理通商事務署兩江督憲李　札准
戶部咨會議蘇浙海運回空沙船裝貨請免天津牛莊豆貨雜
糧各稅一摺於同治四年十二月二十日具
奏本日奉
旨依議欽此抄奏移咨上海通商大臣轉飭遵照抄單轉行到局奉
經分別移行欽遵並抄錄原奏呈報在案惟查
部議內開
通商大臣李　奏請蘇浙海運回空船隻裝貨南下時准其免
交北稅擬將明年海運漕船到津米石交清，卽由津局蘇浙糧道分別填給該船原裝漕米若干石某日交清准在天津牛莊自運回貨全行免稅印照持赴天津牛庄各關呈驗放行其交米不清之船概不給照以杜拖欠今屆船不敷用必須兼雇甯波等處船隻應請一律准予免稅其重運帶貨二成免稅事宜仍照舊章辦理該漕船所免前項稅欵仍由天津牛庄各關作正開除等語臣等公同商酌該大臣所奏係爲慎重海運體恤沙船起見應如所奏辦理相應請

旨飭下直隸總督轉飭天津道及山海關監督俟明年蘇浙海運沙船裝貨回空到關時認眞稽查毋令奸商偷漏影射等弊並移咨通商大臣俟前項沙船起運時卽將船戸姓名船隻數目號頭造具細冊送部應俟山海等關造送免稅冊到日以憑覈對

其免過稅銀仍造入該關稅銀奏報案內聲明辦理等因查浙
省本年海運派裝甯沙各船共九十四隻所有該船戶姓名及
裝載米數自應遵照造具細冊呈請轉咨
通商大臣咨送
大部查覈理合詳送咨請
欽差大臣辦理通商事務署兩江督憲轉咨
大部查照等情到本部院據此相應咨送爲此合咨
貴大臣請煩查照轉咨
戶部查覈施行
計咨送　冊二本
同治五年五月初一日咨

欽差通商大臣署兩江爵督部堂李

浙江海運省局爲呈送事今將同治五年起運四年分浙漕全

數放洋船名米數理合開造清冊呈送

查核施行

今開

上字船戶孫常泰裝桐鄉縣米一千七百一十五石三斗四升二

合四勺

太字船戶吳萬利裝嘉善縣米五百五十三石三斗三升六合二

勺

鄞字船戶盛裕恒裝烏程縣米二千一百五十八石一升一合四

勺

贛字船戶金利發裝秀水縣米一千七百八十石一斗六升八勺

鎮字船戶金寶泰裝海甯州米一千五百四十九石三斗四升一合五勺

按冊共船九十四隻不全載

同治五年四月　日

浙江海運省局爲詳請事案查海運商船入成載米二成載貨

海關查明免稅歷經

奏准遵行在案其回空南來貨物應繳釐捐上屆海運以商困未

紓暫請以運漕回南甯沙各船到甯銷貨無論正小各貨一律

減免二成釐捐其到滬銷售者仍照蘇省一律繳捐會同牙釐

局詳奉

憲臺批准通飭遵照在案第查商船承運漕糧每裝米一石原

給水腳曹平銀四錢上屆加給銀一錢五分並將各船所帶正

小各貨暫免二成釐捐係屬格外優恤本屆又據各商援照蘇

省現行之案稟懇每米一石於原給水腳四錢之外仍加給銀

一錢五分詳奉

憲臺批准轉行亦在案是商船水脚既經援照蘇省之案准其加給則二成釐捐亦應援照蘇省之案一律抽收且浙省海運歷屆均係仿照蘇省章程辦理此項貨釐蘇省並不減捐浙省自應照辦今屆海運回空商船所帶正小各貨應令照章捐釐毋庸減免二成其自甯至滬出口貨物亦飭一體抽捐以歸一律除移行甯波道府并牙釐省局甯局轉飭遵照並一面出示曉諭外理合備文詳請仰祈

憲臺俯賜察覈批示並請札行甯波道府并各釐卡遵照凡運糧船隻自甯至滬及回南所帶貨物除照例免輸關稅外所有應繳釐捐仍照舊章一律抽收毋庸減免二成以昭劃一爲此備由呈乞

照詳施行

同治六年十一月十九日詳奉

撫憲馬　批如詳辦理仰即出示曉諭各商船一律照舊捐釐

不准再行減免並候札飭甯波道府傳諭各商暨行牙釐總局

甯波釐局一體遵照可也繳

浙江海運全案重編目錄

新編卷四

經費事宜

浙撫咨明廳倉茶果等銀請以餘米價篷羨等欵抵撥
倉場奏江浙等四省篷羨餘米等銀請以七成折給扣減三
成備辦先漕用欵
戸部奏覆江浙等四省折給篷羨餘米等銀扣存三成備辦
先漕
浙撫咨明浙漕津通用欵委員或未解到援案暫墊
撫院行准倉場咨通庫支絀難於墊給津通經費請先期解
到
浙撫咨明剝價箇兒錢廳倉茶果等欵由浙備帶均以洪斛
算給
浙撫咨明天津道縣經雜各費酌減二成直隸文武酌派三

分之一

浙撫咨明委解楊村剝船修費銀兩

省局呈報飭發滬局經費銀兩

滬局呈覆津通經費銀兩分交各號滙津

津通解支各欵

戶部謹

奏爲遵

旨妥議具奏事同治三年十月十七日奉

上諭沈秉成奏請分別覈減浙江湖州府屬漕稅並將漕截一項隨漕另徵各摺片著戶部妥議具奏欽此欽遵鈔出到部據原奏內稱杭嘉湖三府漕額以湖州爲最重而湖州漕額又以烏程歸安德清爲最重今三縣編徵銀米較同府之安吉孝豐額重三分之二較同府之長興武康額重十分之五其吉武孝半屬山鄉與程安德三縣地勢懸殊自未可比擬若長興則與程安德俱鄰太湖田畝犬牙相錯高下肥瘠亦復相同其所以輕重懸殊之故起於宋而甚於明小民在承平之日已疲做不堪遭此

兵燹尤爲困苦請將烏程歸安德清三縣應徵銀米照長興縣

上則平坦田一律起科其長興武康安吉孝豐四縣卽照江蘇

漕額本輕之常鎭二府例一體量爲覈減又片奏內稱浙江漕

截每米一石徵銀三錢四分七釐比江蘇已多三分之二較江

西湖廣等省尤屬懸殊且併入地丁統徵耗上加耗民力難支

亦宜量予蠲減並令將漕截一項隨漕另徵各等語臣等伏查

上年六月間臣部議覆潘祖蔭丁壽昌等請減漕糧摺內議令

浙江巡撫通飭所屬將各該府州縣實在應徵漕糧科則詳細

確查各按重輕分成量減俟奏到之日由臣部覈覆辦理等因

又本年九月間臣部奏江浙軍務已平請籌辦新漕並遵前

旨將該二省應減漕額確查覆奏等因先後欽奉

諭旨行知各在案今該侍讀奏陳湖州府民困情形請將烏程歸安德清三縣銀米照長興縣上則平坦田一律起科長興安吉武康孝豐四縣照江蘇常鎮二府例量爲覈減等語查浙江杭州府額徵漕糧正耗米一十三萬五千八百餘石嘉興府額徵漕白正耗米四十二萬四千一百餘石湖州府額徵漕白正耗米三十萬二百餘石以額徵總數計之湖州漕米之多不及嘉興惟科則之重輕當以每畝徵收若干爲斷各府州縣地有廣狹田有肥磽上中下賦則各不相同若不按畝而稽仍不足以昭平允應請

旨飭下浙江巡撫查閱該侍讀所奏詳細體察情形仍按臣部前次片奏各照舊額之重輕按畝分別議減並將各該州縣上中下

戶部奏覆沈侍讀請減湖屬漕糧並漕截銀両　同治三年案

等田舊額銀米若干酌減若干迅速分晰開列奏交　臣部覈議
其杭嘉二府應減銀米亦卽照此分別辦理務期實惠均霑毋
令畸輕畸重是爲至要又該侍讀片奏所稱酌減漕截銀兩隨
漕另徵一節查漕運全書內載漕截銀兩歸於地丁統徵分解
有照依地丁一律徵耗者乾隆七年題准令有漕各屬於隔歲
年底刊刻易知由單地丁加耗若干漕截加耗若干於單內逐
一註明該戸照單完納如有多派立卽嚴叅從重治罪是漕截
加耗原與地丁不相牽混如有多派例禁綦嚴且併入地丁統
徵分解亦不僅浙江一省應仍照舊辦理毋庸隨漕另徵以歸
簡易至此項漕截銀兩每米一石徵銀三錢四分七釐較之江
安糧道所屬每米百石徵銀五兩米五石蘇松糧道所屬每米

百石徵銀十兩米五石多寡實相懸殊應如何量爲覈減俾有利民生仍不致有妨漕運之處應並令浙江巡撫通盤斟酌情形一體奏明由臣部酌覈辦理勿再遲延所有臣等遵議緣由謹繕摺覆奏伏乞

皇上聖鑒謹

奏

同治三年十二月初一日具

奏奉

旨依議欽此

浙江巡撫臣馬新貽跪

奏再前准戶部咨議覆翰林院侍讀沈秉成片奏請將浙江漕截銀兩量予蠲減與地丁分而爲二庶免牽混等語經部臣議覆漕截銀兩併入地丁統徵分解不僅浙江一省應仍照舊辦理毋庸隨漕另徵以歸簡易至此項漕截銀兩每米一石徵銀三錢四分七釐較之江安糧道所屬每米百石徵銀五兩米五石蘇松糧道所屬每米百石徵銀十兩米五石多寡實相懸殊應如何量爲覈減俾有利民生仍不致有妨漕運之處應令浙江巡撫通盤斟酌情形一體奏明由部酌覈辦理等因具奏奉

旨依議欽此臣查漕截一項原爲給幫濟運而設浙省漕截雖較重於他省然方今既減漕額又禁浮收百姓具有天良當不致再

以賦重藉口且現在海運經費旣不准動用別欵又不便再提津貼舍此漕截銀兩幾於無欵可籌一經嚴減將來運費不敷不得已而取給於州縣必致復啟浮收之漸減有定之漕截增無名之科派百姓亦何所利之臣仰體
朝廷德意總期實惠及民不敢博減賦之美名而貽浮收之大害況漕截旣與地丁並徵愚民無知以爲杭嘉湖三府不僅減漕並減錢糧勢必各存希冀之心紛紛陳請轉多窒礙所有浙省應徵漕截銀兩應請照舊辦理毋庸覈減臣惟有督飭司道遵照定例令有漕州縣於隔歲年底刊刻易知由單地丁加耗若干漕截加耗若干於單內逐一註明該花戶照單完納如有多派立卽嚴叅從重治罪以紓民力是否有當謹附片具

奏伏乞
聖鑒敕部一併覈覆施行謹
奏
同治四年八月初四日附片具
奏八月二十四日准
兵部火票遞回原片後開軍機大臣奉
旨著照所請戶部知道欽此

浙江巡撫片奏漕截銀兩毋庸覈減　　同治四年案

浙江海運省局爲飭催趕解以濟海運事照得歷屆海運經費
飭提杭嘉湖所屬津貼解局濟用現在津貼一項業已裁革所
有該屬各州縣衛所應解
糧道衙門行折月折漕截等銀暨行月經費食米變價本色月糧銀兩前
經
撫憲
奏奉
諭旨作抵海運經費在案惟查海運米石例應歲內全數運滬所需
一切運費迫如星火斷難稍事刻延除由糧道衙門專札提催
外合再飛飭爲此札仰該府立卽遵照迅督所屬各州縣衛所將
應完前項銀兩勒限于歲內掃數批解

糧道衙門投納並隨文報局以憑移撥津滬要需毋任泄延飛速切切
同治四年十一月十二日札杭處等十一府

浙江巡撫臣馬新貽跪

奏再杭嘉湖三府屬月糧本色折徵項下共銀五百四十八兩零

隨耗二十七兩零業經臣議請提歸運費於籌抵海運經費摺

內

奏准在案茲據藩司楊昌濬署糧道王凱泰會同海運省局各司

道詳稱月糧本色折徵一欵尚有湖屬之孝豐縣額徵月糧本

色折徵銀二千一百一十兩五錢九分七釐內除減徵不徵耗

外僅徵隨耗銀二兩五錢八分五釐當時因孝豐一縣向不徵

漕是以漏未併欵第查不徵漕之甯紹等府本色月糧銀兩亦

經併提歸入運費則孝豐縣之額徵本色月糧折徵銀二千一

百一十兩五錢九分七釐隨耗銀二兩五錢八分五釐自應併

提運費以歸畫一計杭嘉湖三屬月糧本色折徵歸入海運經費項下共該正耗銀二千六百八十六兩一錢三分八釐遇閏之年共該銀二千九百一十二兩九錢八分四釐前次籌抵案內漏未併欵以致銀數參差等情詳請

奏咨前來臣覆查無異除咨戶部更正外理合附片陳明伏乞

聖鑒勅部查照施行謹

奏

同治五年十月二十九日具

奏同治六年正月十八日差弁賫回原片後開

軍機大臣奉

旨戶部知道欽此

浙江巡撫部院馬　爲欽奉事同治六年二月二十一日准
戶部咨開雲南司案呈內閣鈔出浙江巡撫馬　奏籌抵海運
經費摺內孝豐縣額徵本色月糧折徵銀兩前次漏未併歎請
更正附片一件同治五年十二月初七日奉
旨戶部知道欽此欽遵於初八日鈔出到部十三日由福建司付送
前來相應恭錄
諭旨行文浙江巡撫遵照可也等因到本部院准此合就轉行仰局
查照准咨奉
旨事理即便移行遵照毋違須至案者
同治六年三月初二日行海運省局

浙江布政使蔣　爲查明開數移覆事准
貴道移開南月米石已奉
撫憲
奏明此時亦不給幫共收正米七千一百石每石作銀二兩計銀
一萬四千二百兩抵充海運經費經
部議覆准在案自應飭屬趕辦何縣應派若干道中無從稽覈
咨請將杭嘉湖三屬各州縣應派南月米石數目分縣派定開
數移覆俾可飭屬變價提解濟運至此項米石河運之年湊給
各幫海運之年奉抵運費此次各縣派定後毋論河海二運即
作爲永遠定額編解糧道衙門之欵以省輾轉之煩應請飭屬
遵辦示覆等由過司准此查年額南米項下撥幫月米七千一

百石歴係坐撥嘉屬之嘉興秀水嘉善海鹽平湖石門桐鄉七
縣湖屬之烏程歸安德清三縣計每縣米七百一十石按年造
報
題銷現奉抵充海運經費其撥解縣分米數應請仍循其舊飭令
前指坐撥各縣按數變解濟運至此項南月米石起自乾隆年
間由司於年額南米項下分縣派撥并由
貴道衙門於撥給各幫每石扣米價銀一兩二錢移解司庫入
撥現辦海運雖奉抵充運費但復河運給幫仍當扣解米價報
撥本難作爲編解
貴道衙門之欵況須歸入南米項下覈計考成造報
題銷尤難劃由

貴道衙門辦理並請毋庸更張循舊按年移司飭撥解濟以符
例案而免窒碍除飭撥解濟外緣准前由理合查明開數移覆
貴道察照飭解須移

計　開

同治四年分

嘉興縣月糧七百一十石
秀水縣月糧七百一十石
嘉善縣月糧七百一十石
海鹽縣月糧七百一十石
平湖縣月糧七百一十石
石門縣月糧七百一十石

桐鄉縣月糧七百一十石
烏程縣月糧七百一十石
歸安縣月糧七百一十石
德清縣月糧七百一十石
同治四年十一月二十三日咨
糧道

署理浙江督糧道爲開冊咨送事案查同治四年分杭嘉湖三
府屬各州縣額徵月本行糧漕截改兌漕截食米折并車夫項
下抵解白糧漕截銀欵又甯處等八府屬各廳縣衛所額徵月
本月折銀兩又杭嘉湖三府屬額徵行糧月糧本色米經費食
米並坐派之南月米飭屬變價業奉
奏明解道撥抵海運經費在案除俟覈定各屬灾歉分數扣明實
徵準確應解銀欵另行咨明外所有額徵各欵數目理合先行
開造清冊備文咨送爲此合咨
貴局請煩查照施行須至咨者

今咨送

清冊一本

仁和縣

額徵月本有閏銀一百四十三兩七錢六分無閏徵銀一
百三十三兩一錢一分二釐
耗銀四兩三錢一分三釐無閏徵銀三兩九錢九
分三釐
行糧銀六百五十兩八錢六分六釐
耗銀一十九兩五錢二分六釐
改兌漕截有閏銀五十一兩一錢三分四釐無閏徵銀
五十一兩一錢五分五釐
耗銀一兩四分四釐無閏徵銀一兩四分四釐
漕截有閏銀一萬四千一百七十三兩二錢二分五釐

[illegible]

四分又遇閏加徵米四百一石三斗九升八合四

變價銀一兩五錢該銀六千三百六十六兩四錢

月糧米四千一百四十四石二斗九升三合四勺每石

釐

價銀一兩五錢該銀一千四十六兩九錢八分九

額徵行糧米六百九十七石九斗九升一合八勺每石變

變價項下

百八十九兩三錢六分九釐

耗銀二百八十九兩一錢四分七釐無閏徵銀一

釐

無閏徵銀一萬四千一百七十九兩一錢九分六

勻該變價銀六百二兩九分八釐

錢塘縣

額徵月本有閏銀六十三兩三分無閏徵銀五十五兩四錢一分

耗銀一兩八錢九分一釐無閏徵銀一兩六錢六分二釐

行糧銀二百五十八兩六錢七分六釐

耗銀七兩七錢六分

旼兌漕截有閏銀二十二兩一分三釐無閏徵銀二十二兩二分三釐

耗銀四錢四分九釐無閏徵銀四錢五分

漕截有閏銀六千六兩五錢一分五釐無閏徵銀六千九兩一錢二分

耗銀一百二十二兩五錢八分一釐無閏徵銀一百二十二兩六錢三分四釐

變價項下

額徵行糧米三百二十七石二斗二升六合九勺每石變價銀一兩五錢該銀四百九十兩八錢四分一釐

月糧米一千八百二十九石五斗一升四合九勺每石變價銀一兩五錢該銀二千七百四十四兩二錢七分二釐又遇閏加徵米二百九十石五斗四升二合八勺該變價銀四百三十五兩八錢一分五

釐

海甯州

額徵月本有閏銀八十二兩三錢九分七釐無閏徵銀七

十七兩三錢九釐

耗銀四兩九錢四分四釐無閏徵銀四兩六錢三

分九釐

行糧銀六百二十兩五錢七分三釐

耗銀三十七兩二錢三分五釐

改兌漕截有閏銀五十兩三錢八分八釐無閏徵銀五

十兩四錢一分

耗銀一兩二分八釐無閏徵銀一兩二分九釐

同治四年案

又遇閏加徵米一百八十八石七斗六升五合七

變價銀一兩五錢該銀三千七百二十五兩四錢

月糧米二千四百八十三石五斗九升九合七勺每石

分四釐

價銀一兩五錢該銀一千一百八十二兩三錢八

額徵行糧米七百八十八石二斗五升六合一勺每石變

變價項下

兩七錢五分二釐

耗銀三百四兩六錢一分四釐無閏徵銀三百四

無閏徵銀一萬四千九百三十二兩一釐

漕截有閏銀一萬四千九百一十六兩八錢八分一毫

勺該變價銀二百八十三兩一錢四分八釐

富陽縣

額徵月本有閏銀四十九兩六錢六分五釐無閏徵銀四十三兩五錢七分三釐

耗銀一兩九錢八分六釐無閏徵銀一兩七錢四分三釐

行糧銀六十八兩九錢五分三釐

耗銀二兩七錢五分八釐

改兌漕截有閏銀九兩五錢五分六釐無閏徵銀九兩五錢六分

耗銀一錢九分五釐無閏徵銀一錢九分五釐

漕截有閏銀一千五百五十一兩四錢八分八釐無閏
徵銀一千五百五十二兩一錢五分三釐
耗銀三十一兩六錢六分三釐無閏徵銀三十一
兩六錢七分六釐

變價項下
額徵行糧米八十石八斗七升二合九勺每石變價銀一
兩五錢該銀一百二十一兩三錢九釐
月糧米一千五百一十五石八斗一升五合五勺每石
變價銀一兩五錢該銀二千二百七十三兩七錢
二分三釐又遇閏加徵米二百三十二石七斗四
升六合八勺該變價銀三百四十九兩一錢二分

餘杭縣

額徵月本有閏銀一千四兩三錢九分二釐無閏徵銀一千二兩四錢三分三釐

耗銀七錢一分九釐無閏徵銀六錢二分一釐

行糧銀一百八十二兩三錢八分七釐

耗銀九兩一錢一分九釐

漕截有閏銀三千三百二十六兩九錢八分三釐無閏徵銀三千三百二十八兩三錢八分一釐

耗銀六十七兩八錢九分七釐無閏徵銀六十七兩九錢二分六釐

變價項下

額徵行糧米一百七十三石六斗八升一合四勺每石變
價銀一兩五錢該銀二百六十兩五錢二分二釐
月糧米四百三十四石二斗五升九合三勺每石變價
銀一兩五錢該銀六百五十一兩三錢八分九釐
又遇閏加徵米七十五石三斗六升七合八勺該
變價銀一百一十三兩五分二釐

臨安縣

額徵月本有閏銀六十二兩五錢九分八釐無閏徵銀五
十九兩一錢一分七釐
耗銀三兩一錢三分無閏徵銀二兩九錢五分六釐
行糧銀七十六兩二釐

耗銀三兩八錢

漕截有閏銀一千三百二十六兩四錢四分二釐無閏徵銀一千三百二十七兩一釐

耗銀二十七兩七分無閏徵銀二十七兩八分二釐

變價項下

額徵行糧米六十三石九斗八合每石變價銀一兩五錢該銀九十五兩八錢六分二釐

月糧米一千九百七十七石四斗一升二合三勺每石變價銀一兩五錢該銀二千九百六十六兩一錢一分九釐又遇閏加徵米一百七十七石九升八合七勺該變價銀二百六十五兩六錢四分七釐

新城縣

額徵月本有閏銀三十九兩三錢一分九釐無閏徵銀三十六兩五錢八釐

耗銀二兩三錢五分九釐無閏徵銀二兩一錢九分一釐

行糧銀三十六兩三錢五分六釐

耗銀二兩一錢八分一釐

漕截有閏銀八百一十一兩二分五釐無閏徵銀八百一十一兩三錢六分六釐

耗銀一十六兩五錢五分二釐無閏徵銀一十六兩五錢五分八釐

變價項下

額徵行糧米三十八石九斗一升九合八勺每石變價銀一兩五錢該銀五十八兩三錢八分

月糧米一千二百四十二石二升三合四勺每石變價銀一兩五錢該銀一千八百六十三兩三分五釐

又遇閏加徵米一百五石六斗五升七合八勺該變價銀一百五十八兩四錢八分七釐

於潛縣

額徵月本有閏銀二十六兩一錢八分五釐無閏徵銀二十四兩二錢八分七釐

耗銀一兩三錢九釐無閏徵銀一兩一錢一分四釐

行糧銀四十二兩四錢八分四釐
耗銀二兩一錢二分四釐
漕截行閏銀六百三十一兩五錢八分五釐無閏徵銀
六百三十一兩八錢六分四釐
耗銀一十二兩八錢八分九釐無閏徵銀一十二
兩八錢九分五釐
變價項下
額徵行糧米二十六石八斗二升四台一勺每石變價銀
一兩五錢該銀四十兩二錢三分六釐
月糧米八百一十四石三斗六升四合八勺每石變價
銀一兩五錢該銀一千二百二十一兩五錢四分

七釐又遇閏加徵米六十八石三斗八升一合七
勺該變價銀一百二兩五錢七分三釐

昌化縣

額徵月本有閏銀一十七兩二錢六分二釐無閏徵銀一
十六兩一錢六分一釐
耗銀一兩三錢八分一釐無閏徵銀一兩二錢九
分三釐
行糧銀二十兩一錢四分二釐
耗銀一兩六錢一分二釐
漕截有閏銀四百四十九兩一錢四分八釐無閏徵銀
四百四十九兩三錢四分二釐

耗銀九兩一錢六分六釐無閏徵銀九兩一錢七分

變價項下

額徵行糧米二十六石八斗一升九合二勺每石變價銀

一兩五錢該銀四十兩二錢二分九釐

月糧米五百六十六石八斗五升九合七勺每石變價

銀一兩五錢該銀八百五十兩二錢九分又遇閏

減徵米九石三斗二合九勺該減銀一十三兩九

錢五分五釐

按查呂化月糧現奉

部覆應扣原豁米四十九石七斗三勺計額徵米

五百一十七石一斗五升九合四勺遇閏加徵米

四十石三斗九升七合四勺變價銀兩照此覈算

嘉興縣

額徵月本有閏銀五十七兩七錢九分二釐無閏徵銀五

十三兩一錢三分

耗銀二兩八錢九分無閏徵銀二兩六錢五分七釐

行糧銀一千二十一兩三錢九分八釐

耗銀五十一兩七分

改兌漕截有閏銀八十兩六錢五分三釐無閏徵銀八

十兩六錢八分七釐

耗銀一兩六錢四分六釐無閏徵銀仝

漕截有閏銀二萬五千五百三十五兩六錢五分七釐

無閏徵銀二萬五千五百四十六兩四錢三分

耗銀五百二十一兩一錢三分二釐無閏徵銀五

百二十一兩三錢五分二釐

食米折銀四百九十三兩九錢二分

耗銀二十四兩六錢九分六釐

車夫項下抵解白糧漕截銀一千六百七十兩五錢七分四釐

變價項下

額徵南月米七百一十石每石變價銀二兩該銀一千四百二十兩

行糧米一千一百六十一石二斗八升六合五勺每石變價銀一兩五錢該銀一千七百四十一兩九錢三分

月糧米一千四百二十石八斗三升四合九勺每石變價

銀一兩五錢該銀二千一百四兩二錢五分二釐

又遇閏加徵米一百七十六石五斗一升四合六

勺該變價銀二百六十四兩七錢七分二釐

經費食米一千八石每石變價銀一兩五錢該銀一千

五百一十一兩

秀水縣

額徵行糧銀一千一百四十四兩三分四釐

耗銀四十五兩七錢六分二釐

攺兌漕截有閏銀七十兩三錢五分二釐無閏徵銀七

十兩三錢八分二釐

耗銀一兩四錢三分六釐無閏徵銀同

漕截有閏銀二萬二千二百八十兩二錢六分無閏徵銀二萬二千二百八十九兩六錢二分

耗銀四百五十四兩六錢九分五釐無閏徵銀四百五十四兩八錢八分七釐

食米折銀四百三十二兩一錢五分

耗銀一十七兩二錢八分六釐

車夫項下抵解白糧漕截銀一千三百九十四兩五錢一分七釐

變價項下

額徵南月米七百一十石每石變價銀二兩該銀一千四

百二十兩
行糧米七百九十二石三斗二升九合三勺每石變價
銀一兩五錢該銀一千一百八十八兩四錢九分
四釐
經費食米八百八十二石每石變價銀一兩五錢該銀
一千三百二十三兩
嘉善縣
額徵月本有閏銀二十三兩九錢六分三釐無閏徵銀二
十二兩二分九釐
耗銀九錢五分八釐無閏徵銀八錢八分一釐
行糧銀九百一十一兩四錢五分六釐

耗銀三十六兩四錢五分六釐

改兌漕截有閏銀八十四兩七錢二分六釐無閏徵銀

八十四兩七錢六分一釐

耗銀一兩七錢二分九釐無閏徵銀一兩七錢三分

漕截有閏銀二萬四千九百四十六兩八錢九釐無閏

徵銀二萬四千九百五十七兩三錢三分二釐

耗銀五百九兩一錢一分四釐無閏徵銀五百九

兩三錢二分九釐

食米折銀四百三十一兩九錢四分二釐

耗銀一十七兩二錢七分八釐

車夫項下抵解白糧漕截銀一千六百二十四兩九錢

八分五釐

變價項下

額徵南月米七百一十石每石變價銀二兩該銀一千四百二十兩

行糧米一千三十六石六升九合七勺每石變價銀一兩五錢該銀一千五百五十四兩一錢四釐

月糧米五百二石八斗五升六合每石變價銀一兩五錢該銀七百五十四兩二錢八分四釐又遇閏加徵米七十三石一斗二升七合一勺該變價銀一百九兩六錢九分一釐

經費食米八百八十二石每石變價銀一兩五錢該銀

一千三百二十三兩

海鹽縣

額徵行糧銀六百三十八兩八錢七分二釐

耗銀三十八兩三錢三分二釐

改兌有閏漕截銀四十三兩二錢二釐無閏徵銀四十
三兩二錢一分九釐

耗銀八錢八分二釐無閏徵銀仝

漕截有閏銀一萬四千一百七兩三錢二釐無閏徵銀
一萬四千一百一十三兩二錢四分五釐

耗銀二百八十七兩九錢二釐無閏徵銀二百八
十八兩二分三釐

食米折銀三百八兩七錢
耗銀一十八兩五錢二分二釐
車夫項下抵解白糧漕截銀八百九十七兩九釐
變價項下
額徵南月米七百一十石每石變價銀二兩該銀一千四
百二十兩
行糧米六百五十四石九斗八合二勺每石變價銀一
兩五錢該銀九百八十二兩三錢六分二釐
經費食米六百三十石每石變價銀一兩五錢該銀九
百四十五兩
平湖縣

額徵行糧銀五百六十三兩四錢八分四釐
耗銀二十二兩五錢四分
改兌漕截有閏銀四十五兩六分五釐無閏徵銀四十
五兩八分四釐
耗銀九錢二分無閏徵銀仝
漕截有閏銀一萬四千六百八十二兩四錢二分九釐
無閏徵銀一萬四千六百八十八兩六錢二分六釐
耗銀二百九十九兩六錢三分九釐無閏徵銀二
百九十九兩七錢六分五釐
食米折銀二百四十六兩四錢三分一釐
耗銀九兩八錢五分八釐

車夫項下抵解白糧漕截銀九百四十六兩四錢七釐

變價項下

額徵南月米七百一十石每石變價銀二兩該銀一千四百二十兩

行糧米六百七十石三斗六升五合六勺每石變價銀一兩五錢該銀一千五兩五錢四分八釐

經費食米五百四石每石變價銀一兩五錢該銀七百五十六兩

石門縣

額徵行糧銀七百一十兩

耗銀二十八兩四錢

改兌漕截有閏銀四十兩三錢五分三釐無閏徵銀四十兩三錢七分
耗銀八錢二分三釐無閏徵銀八錢二分四釐
漕截有閏銀一萬三千四百八十三兩三錢七分五釐
無閏徵銀一萬三千四百八十九兩四分
耗銀二百七十五兩一錢六分九釐無閏徵銀二百七十五兩二錢八分四釐
食米折銀二百四十六兩九錢六分
耗銀九兩八錢七分八釐
車夫項下抵解白糧漕截銀八百一十五兩三錢五分一釐

變價項下

額徵南月米七百一十石每石變價銀二兩該銀一千四百二十兩

行糧米五百一十石六斗二升一合一勺每石變價銀一兩五錢該銀七百六十五兩九錢三分二釐

經費食米五百四石每石變價銀一兩五錢該銀七百五十六兩

桐鄉縣

額徵行糧銀四百九十六兩一錢五分二釐

耗銀二十四兩八錢七釐

旼兌漕截有閏銀三十四兩九錢二分三釐無閏徵銀

三十四兩九錢三分八釐
耗銀七錢一分三釐無閏徵銀仝
漕截有閏銀一萬一千四百七兩五錢九分二釐無閏
徵銀一萬一千四百一十二兩三錢九分六釐
耗銀二百三十二兩八錢六釐無閏徵銀二百三
十二兩九錢四釐
食米折銀一百八十五兩二錢二分
耗銀九兩二錢六分一釐
車夫項下抵解白糧漕截銀七百一十三兩四錢五分
四釐
變價項下

額徵南月米七百一十石每石變價銀二兩該銀一千四百二十兩

行糧米五百三十二石三斗一升一合三勺每石變價銀一兩五錢該銀七百九十八兩四錢六分七釐

經費食米三百七十八石每石變價銀一兩五錢該銀五百六十七兩

安吉縣

額徵月本有閏銀九兩二錢四分八釐無閏徵銀八兩五錢三釐

耗銀五錢五分五釐無閏徵銀五錢一分

行糧銀九十一兩九錢二分七釐

耗銀五兩五錢一分六釐

攺兌漕截有閏銀七兩八錢五分二釐無閏徵銀七兩

八錢五分六釐

耗銀一錢六分無閏徵銀仝

漕截有閏銀二千四百三十一兩四錢六分無閏徵銀

二千四百三十二兩四錢八分三釐

耗銀四十九兩六錢二分一釐無閏徵銀四十九

兩六錢四分二釐

變價項下

額徵行糧米一百四十七石九斗一升一合一勺每石變

價銀一兩五錢該銀二百二十一兩八錢六分六釐

月糧米三百一石二斗九升七合一勺每石變價銀一
兩五錢該銀四百五十一兩九錢四分六釐又遇
閏加徵米二十八石二斗五升七勺該變價銀四
十二兩三錢七分六釐

歸安縣

額徵月本有閏銀八錢九分六釐無閏徵銀八錢二分四
釐
耗銀四分四釐無閏徵銀四分一釐
行糧銀一千一百七十四兩八錢七分五釐
耗銀五十八兩七錢四分四釐
改兌漕截有閏銀八十九兩七錢八分四釐無閏徵銀

八十九兩八錢二分
耗銀一兩八錢三分三釐無閏徵銀仝
漕截有閏銀二萬五千六百四十一兩六錢一分四釐
無閏徵銀二萬五千六百五十二兩四錢七分一
釐
耗銀五百二十三兩二錢九分四釐無閏徵銀五
百二十三兩五錢一分五釐
食米折銀四百五十三兩二分四釐
耗銀二十二兩六錢五分一釐
車夫項下抵解白糧漕截銀一千四百八十兩四錢三
分七釐

變價項下

額徵南月米七百一十石每石變價銀二兩該銀一千四百二十兩

行糧米一千五十三石一斗六升五合三勺每石變價銀一兩五錢該銀一千五百七十九兩七錢四分八釐

月糧米二十石三合每石變價銀一兩五錢該銀三十兩四釐又遇閏加徵米二石七斗五升五合九勺該變價銀四兩一錢四釐

經費食米九百四十五石每石變價銀一兩五錢該銀一千四百一十七兩五錢

烏程縣

額徵月本有閏銀四錢八分七釐無閏徵銀四錢四分七

釐

耗銀一分九釐無閏徵銀一分八釐

行糧銀一千二百五兩八錢九分六釐

耗銀四十八兩二錢三分六釐

改兌漕截有閏銀一百一十三兩二錢三分四釐無閏

徵銀一百一十三兩二錢八分二釐

耗銀二兩三錢一分一釐無閏徵銀二兩三錢一

分二釐

漕截有閏銀二萬九千八百一十三兩九分五釐無閏

徵銀二萬九千八百二十五兩八錢八分四釐
耗銀六百八兩四錢二分六釐無閏徵銀六百八
兩六錢八分七釐
食米折銀五百一十八兩一錢三分九釐
耗銀二十兩七錢二分五釐
車夫項下抵解白糧漕截銀一千八百八兩四錢五分
六釐
變價項下
額徵南月米七百一十石每石變價銀二兩該銀一千四
百二十兩
行糧米一千九十二石二斗二升四合五勺每石變價

銀一兩五錢該銀一千六百三十八兩三錢三分
七釐
月糧米一十石二斗四升五合四勺每石變價銀一兩
五錢該銀一十五兩三錢六分八釐又遇閏加徵
米一石四斗八升六合八勺該變價銀二兩二錢
三分
經費食米一千一百三十四石每石變價銀一兩五錢
該銀一千七百一兩
長興縣
額徵月本有閏銀五兩二錢二分五釐無閏徵銀四兩八
錢四釐

耗銀三錢一分三釐無閏徵銀二錢八分八釐
行糧銀七百九十一兩八分一釐
耗銀四十七兩四錢六分五釐
漕截有閏銀一萬四千六百五十二兩九錢二分四釐
無閏徵銀一萬四千六百五十九兩九分四釐
耗銀二百九十九兩三分七釐無閏徵銀二百九
十九兩一錢六分三釐
食米折銀二百一十六兩九分
耗銀一十二兩九錢六分五釐
車夫項下抵解白糧漕截銀六百九十六兩三錢四分
二釐

變價項下

額徵行糧米八百八石七斗六升一合八勺每石變價銀一兩五錢該銀一千二百一十三兩一錢四分三釐

月糧米一百六十石六斗六升七合四勺每石變價銀一兩五錢該銀二百四十一兩一釐又遇閏加徵米一十五石九斗五升九合九勺該變價銀二十三兩九錢四分

經費食米四百四十一石每石變價銀一兩五錢該銀六百六十一兩五錢

德清縣

額徵月本有閏銀三錢四分五釐無閏徵銀三錢一分八
釐
耗銀二分一釐無閏徵銀一分九釐
行糧銀六百九兩五錢一分三釐
耗銀三十六兩五錢七分一釐
改兌漕截有閏銀四十三兩六錢二分七釐無閏徵銀
四十三兩六錢四分六釐
耗銀八錢九分無閏徵銀八錢九分一釐
漕截有閏銀一萬四千七百七十兩六錢七分無閏徵
銀一萬四千七百七十六兩九錢九釐
耗銀三百一兩四錢四分無閏徵銀三百一兩五

錢六分七釐

食米折銀二百四十六兩九錢六分

耗銀一十四兩八錢二分八釐

車夫項下抵解白糧漕截銀八百三兩七錢三釐

變價項下

額徵南月米七百一十石每石變價銀二兩該銀一千四

百二十兩

行糧米六百七十九石二斗五升二合六勺每石變價

銀一兩五錢該銀一千一十八兩八錢七分九釐

月糧米八石六斗四勺每石變價銀一兩五錢該銀一

十二兩九錢一釐又遇閏加徵米一石五升五合

二勺該變價銀一兩五錢八分二釐

經費食米五百四石每石變價銀一兩五錢該銀七百

五十六兩

武康縣

額徵月本有閏銀二錢七分二釐無閏徵銀二錢五分

耗銀一分六釐無閏徵銀一分五釐

行糧銀一百三十七兩七錢一分一釐

耗銀八兩二錢六分二釐

改兌有閏漕截銀一十一兩六錢八分六釐無閏徵銀

一十一兩六錢九分

耗銀二錢三分八釐無閏徵銀二錢三分九釐

漕截有閏銀三千二百八十四兩八錢一分六釐無閏

徵銀三千二百八十六兩一錢九分九釐

耗銀六十七兩三分六釐無閏徵銀六十七兩六

分五釐

食米折銀六十二兩七錢四分

耗銀三兩七錢五釐

車夫項下抵解白糧漕截銀一百五十兩四錢二分一

釐

變價項下

額徵行糧米一百七十九石八斗一升九合一勺每石變

價銀一兩五錢該銀二百六十九兩七錢二分九

釐
月糧米八石四斗二升一合六勺每石變價銀一兩五
錢該銀一十二兩六錢三分二釐又遇閏加徵米
八斗三升三勺該變價銀一兩二錢四分六釐
經費食米一百二十六石每石變價銀一兩五錢該銀
一百八十九兩

孝豐縣
額徵月本有閏銀二千二百八十六兩四錢八分七釐無
閏徵銀二千一百一十兩五錢九分七釐
耗銀二兩八錢一分三釐無閏徵銀二兩五錢八
分五釐

定海廳

額徵月本有閏銀一百五十九兩一錢九分一釐無閏徵銀一百三十五兩七錢二分五釐

耗銀一十二兩七錢三分五釐無閏徵銀一十兩八錢五分八釐

鄞縣

額徵月本有閏銀二千五百七十九兩七錢四分三釐無閏徵銀二千二百四十三兩二分三釐

耗銀一百五十四兩七錢八分四釐無閏徵銀一百三十四兩五錢八分一釐

月折有閏銀一千八百八十七兩一錢五分無閏徵銀

一千七百一十一兩七錢三分
耗銀一百一十三兩二錢二分九釐無閏徵銀一
百二兩七錢四釐
慈谿縣
額徵月本有閏銀一千四百四十兩無閏徵銀一千三百
兩
耗銀七十二兩無閏徵銀六十兩
月折有閏銀一千五十五兩二錢六釐無閏徵銀九百
三十九兩七錢六釐
耗銀五十二兩七錢六分無閏徵銀四十六兩九
錢八分五釐

奉化縣

額徵月本有閏銀一千四百一十六兩無閏徵銀一千三百兩

耗銀八十四兩九錢六分無閏徵銀七十二兩

月折有閏銀一千五百二十六兩五錢九分六釐無閏徵銀一千三百八十六兩五錢九分六釐

耗銀九十一兩五錢九分六釐無閏徵銀八十三兩一錢九分六釐

鎮海縣

額徵月本有閏銀一千五百四十一兩四錢三分九釐無閏徵銀一千三百一十四兩二錢九釐

耗銀九十二兩四錢八分六釐無閏徵銀七十八
兩八錢五分二釐
月折有閏銀一千五百五十四兩無閏徵銀一千四百
兩
耗銀九十三兩二錢四分無閏徵銀八十四兩

象山縣

額徵月本有閏銀五百八十七兩五錢六分七釐無閏徵
銀五百二十七兩五錢六分七釐
耗銀四十七兩六釐無閏徵銀四十二兩二錢六
釐
月折有閏銀二百九十兩四錢五分一釐無閏徵銀二

百三十一兩六錢五分二釐
耗銀二十三兩二錢三分六釐無閏徵銀一十八
兩五錢三分二釐
山陰縣
額徵月本有閏銀五千五百五十八兩九錢四分八釐無
閏徵銀五千一百三十六兩五錢二分九厘
耗銀三百三十三兩五錢三分七釐無閏徵銀三
百八兩一錢九分二釐
月折有閏銀六千一百一十五兩二錢八分四釐無閏
徵銀五千七百七兩八錢
耗銀三百六十六兩九錢一分七釐無閏徵銀三

百四十二兩四錢六分八釐

會稽縣

額徵月本有閏銀四千六百三十九兩八錢五分三釐無

閏徵銀四千三百四兩三錢五分二釐

耗銀二百三十一兩九錢九分三釐無閏徵銀二

百一十五兩二錢一分七釐

月折有閏銀五千二百二十四兩一錢一分六釐無閏

徵銀五千四十九兩四錢八分

耗銀二百六十一兩二錢六分無閏徵銀二百五

十二兩四錢七分四釐

蕭山縣

額徵月折有閏銀五千八百三十兩九錢五分一釐無閏

仝

耗銀一百七十四兩九錢二分八釐無閏仝

諸暨縣

額徵月本有閏銀一千三百三十三兩九錢二分一釐無

閏徵銀一千二百一十三兩九錢二分一釐

耗銀六十六兩六錢九分六釐無閏徵銀六十兩

六錢九分六釐

月折有閏銀七千八十四兩七錢三分二釐無閏徵銀

七千八十四兩七錢三分一釐

耗銀三百五十四兩二錢三分七釐無閏徵銀仝

餘姚縣
額徵月本有閏銀三千兩無閏仝
耗銀一百五十兩無閏仝
月折有閏銀三千一百八十兩九錢一分六釐無閏仝
耗銀一百五十九兩四分六釐無閏仝

上虞縣
額徵月本有閏銀二千四百二兩二錢四分七釐無閏仝
耗銀一百二十兩一錢一分二釐無閏仝
月折有閏銀三千三兩無閏仝
耗銀一百五十兩一錢五分無閏仝

嵊縣

額徵月本有閏銀三千六百兩無閏徵銀三千四百八十
兩
耗銀一百八十兩無閏徵銀一百七十四兩

臨海縣
額徵月本有閏銀二千六百一十三兩四錢八分七釐無
閏徵銀二千四百四十二兩四錢二分一釐
耗銀一百八十二兩九錢四分四釐無閏徵銀一
百七十兩九錢七分
月折有閏銀二千三百二十三兩七分二釐無閏徵銀
二千二百三十三兩八錢八分四釐
耗銀一百六十二兩六錢一分五釐無閏徵銀一

百五十六兩三錢七分一釐

黄巖縣

額徵月本有閏銀二千九百七十八兩八錢九分六釐無閏徵銀二千七百四十九兩七錢五分

耗銀二百八兩五錢二分三釐無閏徵銀一百九十二兩四錢八分三釐

月折有閏銀二千六百四十八兩五錢九分八釐無閏徵銀二千五百一十四兩九錢二分九釐

耗銀一百八十五兩四錢二釐無閏徵銀一百七十六兩四分五釐

寗海縣

領徵月本有閏銀一千三百五十四兩四分三毫無閏徵
銀一千二百四十九兩八錢八分七毫
耗銀一百八兩三錢一分三毫無閏徵銀九十九
兩九錢九分一毫
月折有閏銀一千一百三兩九錢八毫無閏徵銀一千
一百四十三兩一錢五分
耗銀九十六兩三錢一分三毫無閏徵銀九十一
兩四錢五分一毫
太平縣
領徵月本有閏銀一千八百一十三兩五錢九分八毫無
閏徵銀一千六百七十四兩九分

耗銀一百四十五兩八分八釐無閏徵銀一百三
十三兩九錢二分七釐
月折有閏銀一千六百一十二兩五錢七釐無閏徵銀
一千五百三十一兩一錢二分八釐
耗銀一百二十九兩無閏徵銀一百二十二兩四
錢九分
天台縣
額徵月本有閏銀一千二百五十二兩五錢六分八釐無
閏徵銀一千一百七十九兩三錢二分七釐
耗銀八十七兩六錢八分無閏徵銀八十二兩五
錢五分三釐

月折有閏銀一千一百二十兩一錢二分四釐無閏徵
銀一千八十二兩二錢七分一釐
耗銀七十八兩四錢九釐無閏徵銀七十五兩七
錢五分九釐

仙居縣

額徵月本有閏銀九百六十一兩四錢七釐無閏徵銀八
百八十七兩四錢五分三釐
耗銀三十八兩四錢五分七釐無閏徵銀三十五
兩四錢九分八釐
月折有閏銀八百五十四兩八錢二分八釐無閏徵銀
八百一十一兩七錢八分八釐

同治四年案

耗銀三十四兩一錢九分三釐無閏徵銀三十二
兩四錢六分八釐

金華縣

額徵月本有閏銀二百一十兩二錢九分一釐無閏徵銀
一百九十三兩八錢八分九釐
耗銀一十兩五錢一分五釐無閏徵銀九兩六錢
九分四釐
月折有閏銀二百一十三兩四錢四分五釐無閏徵銀
二百三兩九錢九分六釐
耗銀一十兩六錢七分二厘無閏徵銀一十兩二
錢

蘭谿縣

額徵月本有閏銀七十九兩四錢五分一釐無閏徵銀七十五兩四錢九厘

耗銀三兩一錢七分八釐無閏徵銀三兩一分六釐

月折有閏銀五百五十二兩四釐無閏徵銀五百六十三兩八錢七分三釐

耗銀二十二兩八分無閏徵銀二十二兩五錢五分五釐蘭溪有閏月折銀數轉少業已奉到　部覆更正另載於後

東陽縣

額徵月本有閏銀三百六十七兩九錢九分九釐無閏徵

銀三百三十九兩二錢六分
耗銀一十八兩四錢無閏徵銀一十六兩九錢六
分三釐
月折有閏銀三百七十三兩二分四釐無閏徵銀三百五
十六兩二錢九分五釐
耗銀一十八兩六錢五分𠀋一釐無閏徵銀一十七
兩八錢一分五釐
義烏縣
額徵月本有閏銀二百六十五兩五錢七分一釐無閏徵
銀二百四十五兩一錢五分
耗銀一十一兩二錢四分六釐無閏徵銀一十九

浙江[illegible]卷四　糧道奏案屬撥運經費之行[illegible]銀數冊　同治四年案

月折有閏銀七百九十二兩八錢九分二釐無閏徵銀

兩二錢三分六釐

耗銀二十五兩一錢七分二釐無閏徵銀二十三

百三十一兩九錢三分五釐

額徵月本有閏銀三百五十九兩五錢九分無閏徵銀三

永康縣

五錢六分四釐

耗銀二十一兩五錢二分二釐無閏徵銀二十兩

五十七兩五分四釐

月折有閏銀二百六十九兩三分六釐無閏徵銀二百

兩六錢一分二釐

七百七十六兩六錢九分二釐
耗銀五十五兩四錢九分七釐無閏徵銀五十四
兩三錢六分八釐

武義縣

額徵月本有閏銀一百九十五兩六錢六分無閏徵銀一
百八十兩五錢七分八釐
耗銀一十五兩六錢五分二釐無閏徵銀一十四
兩四錢四分六釐
月折有閏銀一百九十七兩九錢六分九釐無閏徵銀
一百八十九兩二錢一分六釐
耗銀一十五兩八錢三分八釐無閏徵銀一十五

兩一錢三分七釐

浦江縣

額徵月本有閏銀一百三十三兩七錢三分二釐無閏徵

銀一百二十三兩四錢四分四釐

耗銀九兩三錢六分一釐無閏徵銀八兩六錢四

分一釐

月折有閏銀一百三十五兩六錢七分一釐無閏徵銀

一百二十九兩六錢七分

耗銀九兩四錢九分七釐無閏徵銀九兩七分七

釐

湯溪縣

額徵月本有閏銀七十三兩三錢八分七釐無閏徵銀六
十八兩六錢四釐
耗銀四兩四錢三釐無閏徵銀四兩一錢一分七
釐
月折有閏銀七十四兩四錢三釐無閏徵銀七十三兩
一錢六釐
耗銀四兩四錢六分四釐無閏徵銀四兩三錢二
分六釐

西安縣

額徵月本有閏銀一千四兩八錢七分五釐無閏徵銀九
百四十兩九錢六分一釐

耗銀六十兩二錢九分二釐無閏徵銀五十六
四錢五分七釐
月折有閏銀六百七十七兩六錢八分四釐無閏徵
六百四十兩一錢四釐
耗銀四十兩六錢六分一釐無閏徵銀三十八
四錢二分四釐
龍游縣
額徵月折有閏銀二千二百六十六兩四錢一分二釐無閏
銀二千二百五十二兩八錢九分七釐
耗銀一百一十兩三錢二分一釐無閏徵銀一
一十二兩六錢四分五釐龍游閏年月折銀數轉少已部覆更正另載於後

江山縣

額徵月本有閏銀五百九十五兩二錢八分三釐無閏徵銀五百四十三兩六錢二分二釐

耗銀二十九兩七錢六分四釐無閏徵銀二十七兩一錢八分一釐

月折有閏銀六百六十五兩五錢一分六釐無閏徵銀六百三十五兩三錢九分一釐

耗銀三十三兩二錢七分六釐無閏徵銀三十一兩七錢七分

常山縣

額徵月本有閏銀三百五十九兩六錢八分七釐無閏徵

銀三百二十八兩五錢一分四釐
耗銀二十一兩五錢八分二釐無閏徵銀一十九
兩七錢一分一釐
月折有閏銀四百二兩三錢一分八釐無閏徵銀三百
八十四兩三分三釐
耗銀二十四兩一錢三分三釐無閏徵銀二十三
兩四分二釐

開化縣

額徵月本有閏銀四百九十九兩七錢九分五釐無閏徵
銀四百五十六兩六錢六分三釐
耗銀二十九兩九錢八分八釐無閏徵銀二十七

兩四錢
月折有閏銀五百五十九兩一錢二釐無閏徵銀五百
三十三兩九錢四分三釐
耗銀三十三兩五錢四分六釐無閏徵銀三十二
兩三分七釐

建德縣
額徵月本有閏銀六百八十六兩一錢九分五釐無閏徵
銀五百七十九兩七錢四分六釐
耗銀三十四兩三錢一分無閏徵銀二十八兩九
錢八分七釐
月折有閏銀三百五十六兩九錢一分六釐無閏徵銀

二百九十四兩四錢四分七釐

耗銀一十七兩八錢四分五釐無閏徵銀一十四

兩七錢二分二釐

湻安縣

額徵月本有閏銀二百三十八兩八錢四分一釐無閏徵

銀一百九十六兩八錢六分九釐

耗銀一十一兩九錢四分二釐無閏徵銀九兩九

錢四分四釐

月折有閏銀三百九十一兩九錢一分五釐無閏徵銀

三百六十八兩五錢九分八釐

耗銀一十九兩五錢九分六釐無閏徵銀一十八

兩四錢三分

遂安縣

額徵月本有閏銀五百三十一兩七錢一分二釐無閏徵

銀四百四十五兩七錢一分九釐

耗銀一十五兩九錢五分一釐無閏徵銀一十三

兩三錢七分二釐

月折有閏銀二百七十一兩九錢八釐無閏徵銀二百

二十一兩七錢四分六釐

耗銀八兩一錢五分七釐無閏徵銀六兩六錢五

分二釐

壽昌縣

額徵月本有閏銀四百二十六兩三錢三分六釐無閏徵

銀三百五十七兩一錢一分五釐

耗銀二十九兩八錢四分四釐無閏徵銀二十四

兩九錢九分八釐

月折有閏銀二百一十六兩五錢一分二釐無閏徵銀

一百七十六兩一錢三分三釐

耗銀一十五兩一錢五分六釐無閏徵銀一十二

兩三錢三分

桐廬縣

額徵月本有閏銀二百六十四兩二錢七分七釐無閏徵

銀二百二十兩八錢二分三釐

耗銀一十兩五錢七分一釐無閏徵銀八兩八錢
三分三釐
月折有閏銀一百三十五兩四錢八釐無閏徵銀一百
一十兩六分三釐
耗銀五兩四錢一分七釐無閏徵銀四兩四錢三
釐
分水縣
額徵月折有閏銀四百一十六兩七分三釐無閏仝
耗銀三十三兩二錢八分六釐無閏仝
嚴州所
額徵月本有閏銀一千八十兩八分六釐無閏仝

耗銀五十四兩五釐無閏仝

永嘉縣

額徵月本有閏銀一千八百三十七兩二錢二分四釐無

閏徵銀一千六百九十五兩九錢六分

耗銀一百四十六兩九錢七分八釐無閏徵銀一

百三十五兩六錢七分六釐

月折有閏銀一千一百三十九兩九錢六分四釐無閏

徵銀一千五十七兩五錢六分

耗銀九十一兩一錢九分七釐無閏徵銀八十四

兩六錢五釐

樂清縣

額徵月本有閏銀一千七百三十九兩九錢四釐無閏徵
銀一千六百六兩八分
耗銀一百二十一兩七錢九分三釐無閏徵銀一
百一十二兩四錢二分六釐
月折有閏銀一千七百四十二兩三錢八分四釐無閏
徵銀一千六百六十四兩三錢二分
耗銀一百二十一兩九錢六分七釐無閏徵銀一百
一十六兩五錢二釐
瑞安縣
額徵月本有閏銀二千四百三十二兩三錢二分八釐無
閏徵銀二千二百四十五兩二錢

耗銀一百七十兩二錢六分三釐無閏徵銀一百
五十七兩一錢六分四釐
月折有閏銀一千四百二十八兩五錢三分七釐無閏
徵銀一千三百一十九兩三錢七分九釐
耗銀九十九兩九錢九分八釐無閏徵銀九十二
兩三錢五分七釐

平陽縣

額徵月本有閏銀三千八百四十三兩九錢六分九釐無
閏徵銀三千五百四十五兩八錢六分五釐
耗銀二百六十九兩七分八釐無閏徵銀二百四
十八兩二錢一分一釐

月折有閏銀二千七百四兩三錢二分四釐無閏徵銀
二千五百三十兩四錢三分
耗銀一百八十九兩三錢三釐無閏徵銀一百七
十七兩一錢三分
溫州衛
額徵屯折有閏銀九百七十六兩九錢三分三釐無閏仝
耗銀六十八兩三錢八分五釐無閏仝
麗水縣
額徵月本有閏銀六百八十九兩二錢四分四釐無閏徵
銀四百九十一兩五錢七釐
耗銀四十一兩三錢五分四釐無閏徵錢二十九

兩四錢九分

月折有閏銀九百一十六兩七錢一分二釐無閏徵銀

八百四兩四錢七分五釐

耗銀五十五兩三釐無閏徵銀四十八兩二錢六

分八釐

縉雲縣

額徵月本有閏銀三千四百六十六兩六錢九分八釐無

閏徵銀三千三百二十一兩六錢九分六釐

耗銀一百七十三兩三錢三分五釐無閏徵銀一

百六十六兩八分五釐

月折有閏銀二千七百一十兩四錢七分一釐無閏徵

銀二千六百二十五兩九錢一分一釐
耗銀一百三十五兩五錢二分四釐無閏徵銀一
百三十一兩二錢九分六釐

松陽縣
額徵月本有閏銀三百六十八兩九錢四分四釐無閏徵
銀三百四十兩九分三釐
耗銀二十五兩八錢二分六釐無閏徵銀二十三
兩八錢六釐
月折有閏銀三百三十七兩六錢四分無閏徵銀三百
二十一兩八分一釐
耗銀二十三兩六錢三分五釐無閏徵銀二十二

兩四錢七分五釐

遂昌縣

額徵月本有閏銀一千四百七十二兩九錢一分二釐無

閏徵銀一千三百八十七兩二錢三分七釐

耗銀一百一十七兩八錢三分三釐無閏徵銀一

百一十兩九錢七分九釐

月折有閏銀一千七百七十六兩四錢一分九釐無閏

徵銀一千七百二十六兩一錢一分七釐

耗銀一百四十二兩一錢一分三釐無閏徵銀一

百三十八兩八分九釐

雲和縣

額徵月本有閏銀五百四十五兩二錢六分八釐無閏徵
銀四百八十兩
耗銀四十三兩六錢二分一釐無閏徵銀三十八
兩四錢
月折有閏銀二百四十八兩七分三釐無閏徵銀二百
一十兩
耗銀一十九兩八錢四分六釐無閏徵銀一十六
兩八錢

龍泉縣

額徵月本有閏銀九百九十七兩五錢九分七釐無閏徵
銀八百六十九兩七錢三分七釐

[illegible]
[illegible]經費之行月等款額徵銀數冊　至　同治四年案

六錢八分四釐

耗銀二十兩一錢六分四釐無閏徵銀一十八兩

百三十三兩五錢五分二釐

領徵月本有閏銀一百五十二兩五分三釐無閏徵銀一

慶元縣

兩三錢六分一釐

耗銀六十六兩八錢三分五釐無閏徵銀六十二

徵銀一千三十九兩三錢四分六釐

月折有閏銀一千一百一十三兩九錢三分一釐無閏

兩一錢八分四釐

耗銀五十九兩八錢五分六釐無閏徵銀五十一

月折有閏銀四百六十七兩三錢七分六釐無閏徵銀四百五十六兩八錢七分一釐

耗銀三十七兩三錢九分無閏徵銀三十六兩五錢五分

景甯縣

額徵月本有閏銀九十九兩四錢九分無閏徵銀八十八兩三錢六分六釐

耗銀七兩九錢五分九釐無閏徵銀七兩六分九釐

月折有閏銀二百九十三兩三錢二釐無閏徵銀二百八十六兩八錢一分三釐

耗銀二十三兩四錢六分四釐無閏徵銀二十二
兩九錢四分五釐
宣平縣
額徵月本有閏銀四百一十兩六錢四分七釐無閏徵銀
三百七十五兩三錢七分三釐
耗銀三十二兩八錢五分二釐無閏徵銀三十兩
三分
月折有閏銀二百九十九兩二錢七分四釐無閏徵銀
二百七十八兩七錢二分五釐
耗銀二十三兩九錢四分二釐無閏徵銀二十二
兩二錢九分八釐

浙江巡撫部院馬　爲詳請咨明事據糧儲道英樸詳稱奉撫
部院案行同治六年二月初二日接准
兵部火票遞到
戶部咨開浙江永減漕糧一案前據督撫等奏稱本應遵照部
議分縣造冊開報奈因兵燹之後冊籍無存奇零尚難準確須
俟各案查鈔齊全另行覈對分造細冊送部覈覆定案等因欽
奉
上諭一道業經鈔錄行知在案茲據奏稱查明減賸確數並據聲稱
造具清冊咨送本部等因查各屬減賸確數細冊爲永遠徵漕
根據最關緊要現據奏稱咨部而此項清冊仍未送到應飛咨
該撫趕緊專案送部毋再稍遲至昌化蘭谿龍游三縣有閏無

閏年分原額漕項銀米各數擬請勻減一節查咸豐二年奏冊歷年較遠或有陞坍豁除未免參差又咸豐十年奏冊尚未據題到部未便率准援引且以有閏年分銀米之額勻減作爲無閏年分定額亦未允愜今本部查浙省到部冊籍至咸豐九年分止無閏之年應卽查照咸豐九年分奏冊作爲定額有閏之年應卽查照咸豐七年分奏冊作爲定額相應鈔錄該二年昌化蘭谿龍游等三縣額徵漕項銀米各數目開單咨覆浙江巡撫遵照本部單開該二年作爲定額毋庸輕議更張惟單開各欵均係減漕以前數目查浙省減漕案內奏准量減三十分之八行月二糧隨漕遞減其餘漕項銀兩均不覈減今本部單開昌化等縣漕項銀米數目除銀欵及米石折徵銀欵均無庸覈

減外其向徵本色米石者卽由該撫按照各該縣應減之數作
爲定額仍將減賸各數專案報部查覈可也等因到院行道奉
此遵查昌化蘭谿龍游三縣額徵銀米已奉
戶部覈定鈔發在案除昌化縣月糧本色米石遵照現奉定額
照數更正並遵飭造具減定有閏無閏分縣實徵漕糧等欵本
色米石細數清冊業經專案詳請咨送
戶部查覈外所有蘭谿龍游二縣額徵有閏無閏漕項各欵正
耗銀兩遵奉
戶部定額照數更正除飭知該二縣以奉文之日起作爲徵解
定額外理合造具該二縣有閏無閏額徵漕項銀兩更正各數
清冊詳候咨送

戶部備案等情到本部院據此相應咨送爲此合咨

貴部煩請查照備案施行須至咨者

計咨送 册一本

同治六年六月十六日咨

戶部

二品頂戴浙江督糧道 爲造送事今將蘭谿龍游二縣額徵

漕項各欵正耗銀兩遵奉

大部覈定鈔發各數逐一更正理合造册呈送

查覈施行須至册者

今開

蘭谿縣

無閏之年
額徵折色月糧銀五百四十八兩四錢三分九釐每兩徵耗
四分應徵耗羨銀二十一兩九錢三分八釐
本色月糧米六十一石一斗一升五合二勺每石折銀
一兩二錢該銀七十三兩三錢三分九釐每兩徵
耗四分應徵耗羨銀二兩九錢三分三釐
淺貢銀四百三十七兩六錢三分六釐每兩徵耗四分
應徵耗羨銀一十七兩五錢六釐
共正項銀一千五十九兩四錢一分四釐耗羨銀四十
二兩三錢七分七釐

有閏之年

額徵折色月糧銀五百五十二兩四釐每兩徵耗四分應徵

耗羨銀二十二兩八分

本色月糧米六十六石二斗九合一勺每石折銀一兩

二錢該銀七十九兩四錢五分一釐每兩徵耗四

分應徵耗羨銀三兩一錢七分八釐

淺貢銀四百三十七兩六錢三分六釐每兩徵耗四分

應徵耗羨銀一十七兩五錢六釐

共正項銀一千六十九兩九分一釐耗羨銀四十二兩

七錢六分四釐

龍游縣

無閏之年

額徵折色月糧銀二千二百六兩四錢一分二釐每兩徵耗
五分應徵耗羨銀一百一十兩三錢二分一釐
淺貢銀五百九十三兩九錢六分八釐每兩徵耗五分
應徵耗羨銀二十九兩六錢九分八釐
共正項銀二千八百兩三錢八分耗羨銀一百四十兩
一分九釐
有閏之年
額徵折色月糧銀二千二百六兩四錢一分二釐每兩徵耗
五分應徵耗羨銀一百一十兩三錢二分一釐
淺貢銀五百九十三兩九錢六分八釐每兩徵耗五分
應徵耗羨銀二十九兩六錢九分八釐

共正項銀二千八百兩三錢八分耗羨銀一百四十兩
一分九釐查係向不加閏理合註明

浙江巡撫部院馬　爲詳請覈咨事據海運省局司道詳稱竊照浙漕初屆奉行海運應繳廳倉茶果個兒錢經紀津貼飯米折色等項係仿照江省道光六年海運成案以旗丁應領餘米價篔羨紙劄等銀按數抵撥如有不敷飭令解交經

倉場督憲

奏明奉

部覈復歷經遵辦在案本屆海運前項餘米仍一併解通其價銀仍查照浙省向給幫丁之項合算應請同篔羨紙劄等銀照數援案抵撥其不敷之銀仍由浙省解交除彙入章程詳

奏外相應詳請咨明

直隸倉場督憲轉行坐糧廳天津道府一體查照實爲公便等情到

本部院據此除咨
直隸倉場督院外相應咨明爲此合咨
貴部堂煩請查照希卽轉行坐糧廳天津道府一體遵照施行
同治四年　月　日咨
直隸倉場督院

倉場侍郎臣成琦跪

奏為豫備先漕實無另款可籌謹就籌夫等銀項下酌擬變通以

資協濟而利漕行恭摺奏祈

聖鑒事竊查咸豐八年升任侍郎沈　清查通濟庫銀兩案內奏稱

經紀人等先漕如油艌蓆片等項向例在腳價內開銷近年各

項扣款已多不敷辦運擬變通舊例將先漕一萬餘兩暫籌別

款勻攤由倉場侍郎妥速籌畫奏明辦理等因經戶部議奏奉

旨允准在案隨經臣廉兆綸於上年備辦先漕時會同前任倉場侍

郎崇　撙節刪減計軍白糧經紀大通橋車戶四閘水腳共實

需先漕銀一萬一千餘兩擬請在於江浙二省籌夫銀兩項下

扣存通庫抵補先漕如有不敷請以通庫米折一款支銷接濟

於上年五月具奏旋准戶部議覆所奏覈減先漕各欵數目尚
爲覈實應准照辦至所擬扣用簍夫銀兩一欵海運章程已抵
扣解通輕賫茶果等項勢難扣留通庫作抵行令仍在經紀車
戶水腳等應得銀內分別勻攤又通庫米折銀兩如輕賫茶果
不敷開放准其借動惟不得抵補先漕等因奏令遵辦在案臣
成琦仰蒙
天恩簡任倉場侍郎接任後調閱接管卷宗卽與臣廉兆綸悉心酌
覈查先漕欵項向原於經紀人等抗腳價內坐扣嗣因不敷辦
運歷年均有長支每屆清查積成鉅欠是以咸豐八年清查案
內奏明免扣其辦理先漕經費奏請另籌似難仍籌之於經紀
人等應領項下況經紀及車戶水腳各欵疊經覈減所餘應領

之銀又按八折放給兼之搭放錢票官鈔今 臣 等復將以上數
項經費就經紀人等應領各項實欵內酌量提釐另摺奏請抵
補歷年長支挈欠各欵所餘更屬無幾領少扣多方虞誤運若
再加攤先漕各欵辦運無資勢必貽誤漕運所關匪淺現在新
漕已屆經費無出辦理萬分棘手 臣 等再四熟商江浙二省營
夫一欵既據部咨勢難酉通作抵而經紀人等應領各欵實又
減之又減萬難再議籌攤自宜另法變通以期於要需無誤 臣
等復查通壩辦運經費專恃輕賫一欵每年支銷閘壩橋倉各
項抗腳價銀為數不貲而江浙營羨等銀及東豫等省羨餘紙
劄餘米價銀亦在輕賫項下支銷實為鉅欵通庫連年支絀節
經 臣 等奏明將一切放欵撙節覈減或放給八折或裁減一二

成再按八折放給并搭配錢票官鈔二三成藉以敷衍覈計所領實銀僅折給四五成不等惟各省簠羨等銀均按八折實銀抵領如上年江蘇省應解通庫輕賫銀三萬六千餘兩該省簠羨等銀按八折覈算尙抵領銀二萬三千餘兩只餘銀一萬三千餘兩解通辦理運務是以用費不敷其浙江東豫等省羨餘等銀在通庫輕賫項下抵領者亦屬不少臣等公同商酌現在辦理先漕經費無出如部臣以江浙二省簠夫銀兩萬難全數扣留通庫卽請將江浙二省簠夫銀兩并江浙東豫四省羨餘紙劄餘米價銀均按七成折給其扣減三成銀兩留存通庫每年約收銀一萬三四千兩作爲備辦先漕之用在各省支領簠羨等銀雖與向年八折領數復減一成而全數支領實銀較之

通壩一切放欵配搭錢票官鈔外仍按八折放給僅領實銀四
五成者尚屬有贏無絀應請
勅下部臣覈議施行其米折一欵經臣等前次奏請業奉部駁只准
借動不得抵補先漕之用自應遵照部議以示限制再上年支
放經紀車戶水脚等先漕銀兩因未籌定何欵勻攤現在欵項
虛懸未經籌補應俟由戶部議定後每年除支發先漕銀兩外
如有贏餘按年儘數抵還咸豐九年先漕支用銀兩庶墊欵悉
歸有著運務可期妥速所有臣等籌撥先漕要欵緣由理合恭
摺奏
聞伏乞
皇上聖鑒

訓示遵行謹

奏請

旨咸豐十年二月初四日奏奉

硃批戸部覈議具奏片併發欽此

戶部謹

奏爲遵

旨覈議具奏仰祈

聖鑒事倉場侍郎成琦等奏預備先漕無款可籌就萱羨等銀項下酌擬變通以資協濟一摺咸豐十年二月初四日奉

硃批戶部覈議具奏片併發欽此據原奏內稱上年備辦先漕計軍白糧經紀大通橋車戶四閘水脚共實需銀一萬一千餘兩擬請在於江浙二省萱夫銀兩項下扣存通庫抵補先漕如有不敷請以通庫米折一欵支銷接濟於上年五月具奏旋准戶部議覆萱夫銀兩一欵海運章程已抵扣解通輕賫茶果等項勢難扣留通庫作抵行令仍在經紀車戶水脚等應得銀內分別

勻攤查先漕欵項向原於經紀人等抗腳價內坐扣嗣因不敷
辦運歷年均有長支每届清查積成鉅欠是以咸豐八年清查
案內奏明免扣其辦理先漕經費奏請另籌似難仍籌之於經
紀人等應領項下況經紀及車戶水腳各欵疊經覈減所餘應
領之銀又按八折放給兼之搭放錢票官鈔今臣等復將以上
數項經費就經紀人等應領各項實欵內酌量提釐另摺奏請
抵補歷年長支掣欠各欵所餘更屬無幾領少扣多方虞誤運
若再加攤先漕各欵辦理無資勢必貽誤漕運所關匪淺現在
新漕已届經費無出辦理萬分棘手臣等再四熟商江浙二省
籌夫一欵既部咨勢難留通作抵而經紀人等應領各欵實又
減之又減萬難再議籌攤自宜另法變通以期於要需無誤復

查通壩辦運經費專恃輕賫一欵每年支銷閘壩橋倉各項抗脚價銀爲數不貲而江浙竈羨等銀及豫東等省羨餘紙劄餘米價銀亦在輕賫項下支銷實爲鉅欵通庫連年支絀節經臣等奏明將一切放欵撙節覈減或放給八折或裁減一二成再按八折放給並配搭錢票官鈔二三成藉以敷衍覈計所領實銀僅折給四五成不等惟各省竈羨等銀均按八折實銀抵領其江浙豫東等省羨餘等銀在通庫輕賫項下抵領者亦復不少臣等公同商酌現在辦理先儧經費無出如部臣以江浙二省竈夫銀兩萬難全數扣留通庫即請將江浙二省竈夫銀兩并江浙東豫四省羨餘紙劄餘米價銀均按七成折給其扣減三成銀兩留存通庫每年約收銀一萬三四千兩作爲備辦先

漕之用再上年支放經紀車戸水脚等先漕銀兩因未籌定何
欵匀攤現在欵項虛懸未經籌補應俟由戸部覈定後每年除
支發先漕銀兩外如有盈餘按年儘數抵還咸豐九年先漕支
用銀兩等語臣等查咸豐八年清查通濟庫案内議令將先漕
銀兩暫籌別欵匀攤由倉場侍郎妥籌辦理嗣於咸豐九年五
月倉場奏請將江浙二省𥙷夫銀兩抵補先漕公費臣部因此
項銀兩南省海運章程已奏准抵解輕賫茶果等銀勢難扣留
通庫再行作抵仍令於經紀車戸等應領銀内分別匀攤奏准
遵行各在案兹據該侍郎等以經紀車戸水脚等應領銀兩疊
經覈減所餘無幾萬難再議籌攤現在辦理先漕經費無出請
將江浙二省𥙷夫銀兩並江浙豫東四省羨餘紙劄餘米價銀

按七成折給其扣減三成銀兩留存道庫每年約收銀一萬三

四千兩作爲籌辦先漕之用等語臣等伏查江浙二省曾夫及

江浙豫東四省羨餘紙劄餘米價等銀向係於經費茶果等銀

內扣解咸豐五年倉場奏厫減放欵章程聲明均按八折放給

酌扣二成銀兩歸公歷經辦理在案茲該侍郎等擬請變通均

按七成折放將扣減三成銀兩留存道庫備辦先漕是於各省

應領各項加扣一成并將舊章扣存二成歸公銀兩歸并應用

該侍郎等因先漕緊要無欵可籌不得不變通籌畫自係實在

情形應准如所奏辦理相應請

旨飭下江浙豫東各督撫轉飭糧道各員遵照辦理其扣存三成銀

兩准其留道作爲備辦先漕之用惟查歷屆辦理先漕均於經

紀等脚價項下開銷今既籌有定欵應令倉場侍郎列入通庫
奏銷案內逐欵覈實報銷以清欵目且查八年奏定先漕動用
銀約需一萬一千餘兩兹扣存各省三成節羨等銀計共一萬
三四千兩除動用及抵補上年先漕銀兩外再有盈餘應令該
侍郎隨同通庫餘存銀兩報解部庫不得因有盈餘致滋浮冒
所有臣等遵
旨覈議緣由謹繕摺具
奏伏乞
皇上聖鑒謹
奏咸豐十年二月二十六日具奏本日奉
旨依議欽此

浙江巡撫部院馬　爲詳請覈咨事據海運省局司道詳稱竊照海運漕糧津通用欵應需廳倉茶果個兒錢及官民剝船價值經紀津貼等項爲數甚鉅需用甚殷自應於商船開運之前設法解通應用惟海船行走甚速一帆風順逕達津門委員解往或尚未到津商船即不免於守候歷屆海運係奉援案
奏明在於通濟庫及長蘆運庫天津道庫暫行墊給在案今屆應請援案辦理除業經彙入章程請
奏外相應詳請咨明
倉場直隸督憲照案飭行暫墊一俟浙省委員解到即便照數歸欵等情到本部院據此除咨
倉場直隸督院外相應咨明爲此合咨

貴部堂請煩查照轉飭照案暫墊一俟浙省委員解到即行照
數歸欵以免守候望切施行
同治四年　月　日咨
倉場
直隸督院

浙江巡撫部院馬　爲咨行事同治五年二月十八日准
總督倉場部堂咨開准貴撫部院咨稱海運漕糧津通用欵應
需廳倉茶果個兒錢及官民剝船價值經紀津貼等項爲數甚
鉅需用甚殷自應於商船開運之前設法解通應用惟海船行
走甚速一帆風順迅達津門委員由陸路解往或尚未到津商
船卽不免於守候歷屆海運係援案奏明在於通庫及長蘆運
庫天津道庫暫行墊給在案今屆應請援案辦理相應咨明查
照轉飭照案暫墊一俟浙省委員解到卽行照數歸欵以免守
候等因並准戶部議覆浙江巡撫奏海運章程條欵內稱現在
各庫仍形支絀恐難墊給所有津通用欵應令該撫體察情形
或交放洋在先之船分帶或先期遴員由陸運解總期商船到

津無誤要需等因在案本倉場查近年到通米石捐輸採買居多並無隨糧經費全賴奏撥部庫銀兩而部庫亦復支絀不能全數給發是以通庫只可敷衍支持並無盈餘本屆浙省海運米石應解津通一切經費自應迅速批解以濟要需相應飛咨貴撫部院請煩查照部議海運章程轉飭委員將津通運費務祈設法於商船未到之前先期解到庶米石到津不致守候實爲公益等因到本部院准此合就轉行爲此仰該局查照准咨事理卽便轉飭遵照辦理毋違

同治五年二月二十二日行海運省局

浙江巡撫部院馬　爲詳請彚咨事據海運省局司道詳稱竊查浙省海運糧米所有津通經費除輕賫由閘蓆竹等項向由糧道衙門照例批解外其天津官民剝價以及津通正雜等項均由浙籌備解津撥米支給內抗脚挖簹守候口糧業已裁除剝船飯米折銀每百石減去銀一兩一錢五分計銀八兩四錢四分七釐三毫箇兒錢一項每石給銀二分又廳倉茶果經紀飯米折色一半津貼倉場各役飯食等欵均照歷屆章程按石計算者概以洪斛覈算按船計算者以洪斛五百石爲一船分別支給本屆海運自應一律照辦除經彚入章程詳

奏外相應詳請咨明

直隸督憲

倉場督憲轉飭坐糧廳天津道府查照辦理實爲公便等情到

本部院據此除咨

直隸倉場督院外相應咨明爲此合咨

貴部堂請煩查照轉飭坐糧廳天津道府查照辦理望切施行

同治四年　月　日咨

倉場直隸督院

浙江巡撫部院馬　爲詳請照咨事據海運省局司道詳稱竊
照本届新漕仍由海運所有應給漕白經紀飯米折色津貼個
兒錢廳倉茶果及倉場各役飯食以及官民剝價等項均照向
章照銀解津支給除業已分別詳請
奏咨外惟查天津道縣經雜各費咸豐六年江浙兩省因經費支
絀詳奏咨飭一律酌減二成直隸文武員弁應請酌派三分之
一所需薪水亦酌減給發歷經照辦在案今届浙省米數無多
經費萬分支絀不得不力求撙節所有前項天津道縣經雜各
費應請照案酌減二成其直隸文武員弁亦請酌派三分之一
所需薪水酌減給發相應詳請咨明
直隸督憲轉飭天津道縣循案辦理並請咨明

倉場督憲查照實爲公便等情到本部院據此除咨
直隸倉場督院外相應咨明爲此合咨
貴部堂請煩查照希即轉飭天津道縣循案辦理施行
同治四年　月　日咨
直隸倉場督院

署理浙江督糧道爲詳請裁各事案查杭嘉湖三府屬應徵漕
截銀兩前奉
奏明照舊辦理毋庸裁減等因奉
旨着照所請戶部知道欽此欽遵在案伏查漕截一欵係屬地漕統
徵分解糧道衙門所徵漕截係按起運正糧及二五交倉耗米
覈計每石應徵銀三錢四分七釐以九八折實紋銀三錢四分
六絲批解道庫今漕額已奉
恩旨覈減計該漕糧米二十六萬六千七百六十五石六斗三升二
合內除改漕正耗及給丁漕改行月等欵耗米五萬一千四百
六十六石五斗九升四合向不徵收漕截外仍應徵漕糧正兌
正米一十七萬二千二百三十九石二斗三升四勺又二五交

倉耗米四萬三千五十九石八斗七合六勺二共米二十一萬
五千二百九十九石三升八合按每石三錢四分六絲計覈減
漕項下漕截銀七萬三千二百一十四兩五錢九分一釐緣正
漕既經奉減而項下應徵漕截係屬銀款並未議減自應飭屬
趕解仍按照地漕之例專列減漕漕截一欵如遇災歉之年應
照分數分別蠲緩所有正漕項下漕截銀兩已奉
諭旨抵充海運經費其減漕項下漕截銀兩亦應專列欵目併歸海
運支銷庶符原額而濟運用相應具文詳請仰祈
憲臺俯賜察覈咨明
大部查照立案並請批示以便通飭遵行實爲公便爲此備由
呈乞

照詳施行

計呈

清摺一扣

謹將隨漕應徵漕截銀兩開具減漕項下漕截銀數呈送

鑒覈

今開

浙江省漕糧項下

原額漕改白糧行月食等欵共米一百萬一千八百七十三石

二斗四升三合五勺內除奉減額徵米二十六萬六千

七百六十五石六斗三升二合又除正改兌改漕白糧

項下給丁耗米八萬四千五百一十七石六斗二升八

勺
實應徵起運交倉正耗米六十五萬五百八十九石九斗
九升七勺
隨漕應徵漕截銀二十六萬一千三十九兩六錢四分三釐
今奉減額該派減交倉漕糧行月正耗米二十六萬六千七百
六十五石六斗三升二合內除改漕正耗及給丁漕改
行月等欵耗米五萬一千四百六十六石五斗九升四
合向不徵收漕截外
仍該漕糧正兌米一十七萬二千二百三十九石二斗三升四勺
二五交倉耗米四萬三千五十九石八斗七合六勺
二共米二十一萬五千二百九十九石三升八合每石以

三錢四分六絲㬅計

應徵減漕項下漕截銀七萬三千二百一十四兩五錢九分二釐

前件查漕截銀兩歸入地漕項下統徵分解不在議減之列

仍同正漕漕截銀兩一體抵作海運支銷倘遇災歉之

年另按分數分別蠲緩合併登明

同治四年十月二十六日奉

撫憲馬　批如詳辦理仰候咨明

戶部立案並即由道通飭各屬一體遵辦毋違繳摺存奉

督憲左　批仰候

撫部院咨

部立案繳摺存奉

漕憲吳　批仰候

撫部院　咨

部立案繳摺存

戶部爲咨覆事雲南司案呈准　浙江巡撫馬　咨據署糧儲道
王凱泰詳稱案查杭嘉湖三府屬應徵漕截銀兩前奉撫部院
片奏浙省應徵漕截銀兩應請照舊辦理毋庸覈減奉
旨着照所請戶部知道欽此等因欽遵在案伏查漕截一欵係屬地
漕統徵分解糧道衙門所徵漕截係按起運正糧及二五交倉
耗米覈計每石應徵銀三錢四分七釐以九八折實紋銀三錢
四分六絲批解道庫今漕額已奉
恩旨覈減計該漕糧米二十六萬六千七百六十五石六斗三升二
合內除改漕正耗及給丁漕改行月等欵耗米五萬一千四百
六十六石五斗九升四合向不徵收漕截外仍應徵漕糧正兌
正米一十七萬二千二百三十九石二斗三升四勺又二五交

倉耗米四萬三千五十九石八斗七合六勺二共米二十一萬五千二百九十九石三升八合按每石三錢四分六絲計覈減漕項下漕截銀七萬三千二百一十四兩五錢九分一釐緣正漕既經奉減而項下應徵漕截係屬銀款並未議減自應飭屬起解仍按照地漕之例專列減漕一款如遇災歉之年應照分數分別蠲緩所有正漕項下漕截銀兩已奉

諭旨抵充海運經費其減漕項下漕截銀兩亦應專列款目併歸海運支銷庶符原額而濟運用詳請咨部查照立案等情據此相應咨明查照立案等因前來查浙江省漕糧正額已奉

恩旨覈減其漕截一款亦據浙江巡撫奏請仍照舊辦理毋庸覈減等因奉

旨允准在案今據該撫咨稱查漕額已奉
恩旨覈減計覈減漕糧米二十六萬六千七百六十五石六斗三升
二合內除改漕正耗及給丁漕改行月等欵耗米五萬一千四
百六十六石五斗九升四合向不徵收漕截外仍應徵漕糧正
耗共米二十一萬五千二百九十九石三升八合按每石三錢
四分六絲計覈減漕項下漕截銀七萬三千二百一十四兩五
錢九分一釐正漕奉減漕截並未議減其減漕項下漕截銀兩
應專列欵目併歸海運支銷咨部立案等語查此項減漕項下
應徵漕截銀兩既據該撫聲請專列一欵照例徵解並將此項
漕截銀兩併歸海運支銷應如所咨辦理仍咨浙撫即飭該糧
道轉飭各屬一體遵辦於漕項奏銷冊內另立欵目分清界限

戶部咨覆減漕項下漕截另立專欵併歸運費　　同治五年案

按年具題報部覈辦毋任牽混可也

同治五年二月二十四日咨

浙江撫院

署理浙江督糧道爲詳請覈咨事案查杭嘉湖三府屬漕糧前
奉
恩旨覈減其項下隨徵漕截銀兩業經專案詳請
憲臺咨明
大部請專列減漕漕截一欵如遇災歉之年應照分數分別蠲
緩並請併歸海運支銷在案伏查本署道衙門尚有隨糧徵解
倉場輕賫蓆木銀兩從前係按正漕隨糧徵解今漕額已奉
恩旨覈減而是項輕賫銀欵並未議減與漕截事同一律覈計減漕
項下應扣輕賫蓆木等銀三萬二千四百四十七兩八錢四分
四釐應請照依減漕漕截之例另列專欵如遇災歉之年亦照
分數分別蠲緩是項減漕輕賫銀兩自應飭屬徵解並請扣存

道庫全漕之年運用本屬不敷應請一體湊濟運用屆期造冊

奏銷相應開摺具文詳請仰祈

憲臺俯賜察覈咨明

大部暨

倉場總督部堂查照立案並請批示以便通飭遵行實爲公便

爲此備由呈乞

照詳施行

謹將杭嘉湖三府屬各州縣同治四年減免漕糧項下隨漕減

存輕賫蓆木路費等欵銀兩數目開摺呈送

鑒覈

計開

杭嘉湖三府屬各州縣共減存輕賫蓆木等銀三萬二千四百
　四十七兩八錢四分四釐內
仁和縣銀一千一百九兩五錢五分四釐
錢塘縣銀三百三十八兩三錢八分三釐
海甯州銀一千一百四十一兩八分九釐
富陽縣銀六十三兩八分三釐
餘杭縣銀一百六十一兩一錢九分一釐
臨安縣銀八十六兩九錢三分七釐
新城縣銀四十八兩二錢八分五釐
於潛縣銀二十九兩四錢六分二釐
昌化縣銀二十兩九錢八分四釐

嘉興縣銀三千三百七十二兩八錢九分八釐
秀水縣銀三千五百一十兩一錢六分五釐
嘉善縣銀四千一百五十二兩四錢四分三釐
海鹽縣銀一千四百九十二兩九分四釐
平湖縣銀二千一十九兩四錢八分四釐
石門縣銀一千八百三十九兩四錢四分七釐
桐鄉縣銀一千二百七十三兩八錢三分九釐
安吉縣銀一百六兩三錢二分八釐
歸安縣銀三千八百六十二兩一錢七分三釐
烏程縣銀四千七百九十一兩二錢七分九釐
長興縣銀九百七十一兩二錢四分五釐

德清縣銀一千八百五十九兩一錢五分

武康縣銀一百九十八兩三錢三分一釐

同治五年正月十九日奉

撫憲馬　批仰候咨明

戶部暨

倉場總督衙門查照立案該道卽通飭各州縣照數扣解具報

繳摺存

戶部爲咨明事雲南司案呈准浙江巡撫馬　咨稱浙江糧道衙門有隨糧徵解倉場輕賫蓆木銀兩從前係按正漕隨糧徵解今漕額已奉豁減而是項輕賫銀款並未議減與漕截事同一律覈計減漕項下應扣輕賫蓆木等銀三萬二千四百四十七兩八錢四分四釐應請照依減漕漕截之例另列專款如遇災歉之年亦照分數分別蠲緩是項減漕輕賫銀兩自應飭屬徵解並請扣存道庫全漕之年運用本屬不敷應請一體湊濟運用屆期造冊奏銷咨請查照立案前來查輕賫一款向係隨漕徵收起解上年欽奉

恩旨豁減浙省漕糧而漕項銀兩並未議減所有減漕項下之輕賫等銀三萬二千四百餘兩自毋庸仍解倉場衙門兌收應令該

撫督飭藩司糧道另列專欵徵解部庫交納至所稱全漕之年運用不敷請將此項扣存道庫凑濟運用等語查該省海運經費上年奏案內指定欵目已共計銀四十九萬七千餘兩即使減存正耗米七十餘萬石全數起運不敷運費甚微而漕項各欵內未經議提者尚多正毋庸預扣此項輕賫等銀轉啓挪移浮冒之弊所請扣存道庫凑濟運用之處應毋庸議至逐年起運漕糧隨同徵解輕賫蓆木等銀仍應令嚴飭司道徵齊從速解赴倉場衙門兌收以濟先漕要需毋稍遲延蒂欠並知照倉場衙門可也

同治五年六月十九日咨

浙江撫院

署理浙江督糧道爲咨明事案查本年起運漕白糧米業經由
海運津所有應解
倉場總督部堂輕賫通州餉銀歷係委員管解赴通交納在案
茲本年應解同治四年分輕賫等銀除應扣減漕并豁免等銀
外實應起解輕賫通餉等銀二萬五千九百一十兩一錢六分
一釐除將前欵餉銀彙同海運津通用欵一律滙兌至津並委
候補縣虞慶瀾候補縣丞周鋭隨同本署道赴津俟抵津時遴
行照數批解投納并詳明
撫憲分咨
戸部
倉憲并轉行
坐糧廳外理合開具分欵解數備文咨明爲此合咨

糧道移知委解輕賫銀兩分欵數目　同治五年案

貴局請煩查照施行

計粘抄

計開

輕賫易耗銀二萬二千一百九十三兩九錢九分四釐

三分板木銀二百五十三兩八錢三分七釐

八釐蘆席銀一百五十八兩六錢一分二釐

五釐蘆席銀九十九兩一錢三分二釐

一分七釐漕糧蘆席銀一百一兩五錢二分

白糧輕賫銀一千九百二十八兩三錢八分九釐

白糧由閘銀一千四十一兩一錢六分九釐

一分七釐改漕蘆席銀五兩四錢五分三釐

漕糧毛竹銀一百二十二兩二錢七分七釐
改漕毛竹銀五兩七錢七分八釐
以上統共解銀二萬五千九百一十兩一錢六分一釐

同治五年正月二十三日移
海運省局

署理浙江督糧道爲詳請咨復事本年十一月三十日奉

憲臺案行同治四年十一月二十八日接准

兵部火票遞到

戸部咨前事等因到本部院准此合行仰道查照准咨事理卽

便遵照迅速委解詳咨毋違計粘抄原咨內開戸部爲咨行事

雲南司案呈同治四年十月二十四日准天津道李同文呈稱

奉部劄開議覆天津驗米大臣等奏請加修直隷滿料剝船以

資轉運一摺奉

上諭前據載齡等奏將滿料剝船加價修整當交該部妥議具奏茲

據戸部奏稱剝船缺額既多一時排造不及自宜將滿料各船援

案修理等語着照該部所議所有甫經滿料之原額船五百五十

隻着直隸總督轉飭天津道及楊村通判責成管船各州縣承修其上屆拆修及經限滿之續增船五百六十餘隻亦着一律修整毋庸挑裁變價每船應需修費若干着直隸總督轉飭天津道覈實估計報部籌欵動用務於明年正月以前一律修竣以期無誤轉運其直隸歳修鈌額船二百九十餘隻時閲五年該承管各州縣仍未承造歸補實屬任意玩延着直隸總督查明歴任承管州縣各職名交部分别議處仍將前項鈌額船隻立定限期勒令各州縣補造歸額倘再遲延即行從嚴叅辦餘依議欽此抄錄原奏

恭錄

上諭飛劄天津道欽遵辦理等因蒙此遵即札飭楊村通判確切勘估去後茲據署北運河楊村通判朱津詳稱連日挑驗內續增

剝船五百六十八隻咸豐九年間本已滿料因蒙驗米大臣奏准設法加修多用五年扣至同治三年漕後復屆限滿船身過於糟朽桅舵等項器具亦多殘破短缺委實不堪畱用應仍轉請全數裁除飭由各州縣領回變價呈繳至滿料原額剝船五百五十隻覆加查驗內二百隻亦係船身糟朽過於破舊難以畱修應請轉請照例裁除其餘三百五十隻尙可分別等次酌量加修以資剝運惟向例上等祇給修費銀二十兩中等二十五兩下等三十兩現在銀價大減而一切木料等件價值倍昂若仍照舊給發修費勢必不敷所用應請酌量加增以期工堅料實等情職道覆驗相符伏查續增剝船五百六十八隻本係畱而復用現在續又屆滿船身未免過於糟朽該倅所詳係屬

實在情形應請仍准照例裁除至原額一項內二百隻亦甚斵朽不堪難以留用亦請裁除變價以符例案其餘堪以留修者三百五十隻內上等四十二隻中等七十九隻下等二百二十九隻查向例上等給發修費銀二十兩中等給銀二十五兩下等給銀三十兩從前銀貴料賤尚敷需用近則銀價大減而料價倍昂若仍照舊給發修費勢必不敷所用查咸豐九年大部議覆驗米大臣兵部尚書全　等奏修滿料剝船統按下等例修銀數酌添銀二十兩成案每隻給予修費銀五十兩刻下銀價較咸豐九年又復相去懸殊可否統按下等酌添銀三十兩每隻給發修費銀六十兩俾資拆卸與修計留修剝船三百五十隻共需修費銀二萬一千兩遵照大部所議於鹽關項下動

墊飭發俾責成承管各州縣具領承修一面將滿料裁除原續剝船飭令照例變價呈繳除將缺額船隻勒令承管州縣趕緊補造外擬合具文詳請覈覆等因前來查直隸滿料原額剝船五百五十隻並復經滿料之續增剝船五百六十八隻前據驗米大臣奏請加修經本部議覆即由直隸總督轉飭天津道覈實估計銀數在於鹽關項下先行動墊興修以期無誤轉運等因在案今據天津道呈稱續增剝船五百六十八隻咸豐九年本已滿料因蒙奏准設法加修多用五年扣至同治三年復屆限滿船身過於䑨朽委實不堪留用應請仍准照例裁除至滿料原額剝船五百五十隻內二百隻䑨朽不堪難以留用亦請裁除變價其餘堪以留修者三百五十隻可否統按下等酌添

 糧道詳奏撥楊村剝船修費由海運經費項下動支咨部　同治四年案

銀三十兩每隻給發修費銀六十兩俾資興修計需修刹船三
百五十隻共需修費銀二萬一千兩照部所議在於鹽關項下
動墊責成管船各州縣具領承修等語查前項續增刹船原係
早經滿料修而復用既據聲稱船身過於斢朽不堪需用尚屬
實情應准其照例裁除所有變價銀兩即行解部交納至所稱
原額船五百五十隻内二百隻亦請裁除一節查此項刹船係
甫經滿料之艘自應遵照本年奏案及咸豐九年成案趕緊加
修撥運米石是該道專責總期多修一船即多收一船之益何
得以不堪需用藉詞搪塞所請礙難准行惟據稱船身斢朽桅
舵亦多殘短應准照下等酌添銀三十兩每隻給發修費銀六
十兩俾資拆修以重運務其堪以需用船三百五十隻每隻請

給修費銀六十兩未免過多應仍查照咸豐九年加修成案每
船准給發修費銀五十兩趕緊興修以上計留修船五百五十
隻共需銀二萬九千五百兩應飛咨直隸總督飛飭天津道在
於鹽關項下先行動墊給發承管各州縣迅速修理務令遵照
奏案於來年正月以前一律修竣由該道確查驗收倘有偷減
工料以及延不興修致誤漕運即惟該道及承修之員是問並
將應給船戸姓名銀數及保固五年印結造報送部以憑查覈
所有動墊修費銀兩除將東撫奏准本年解交天津道庫修艙
工食銀一萬兩抵作修費外再由東商生息項下撥解銀九千
五百兩江蘇漕務項下撥解銀六千兩浙江漕務項下撥解銀
四千兩湊足歸欵應飛咨山東江蘇浙江各巡撫趕緊將前項

糧道詳奏撥楊村剝船修費由海運經費項下動支咨部　同治四年案

銀兩委解天津歸欵毋稍遲延至歲修鈌額船二百九十七隻
節經本部奏咨嚴催迄今總未補造殊屬玩延應卽速飭遵照
迭次奏咨各案一面趕緊定限補造足額一面將歷任承管剝
船州縣各職名送部覈議照例辦理毋得仍前玩泄可也等因
奉此伏查楊村剝船修費浙省現奉撥解銀四千兩應於海運
經費項下動支俟明年正月委解津通用欵時由局如數飭令
委員搭解前赴天津道庫交納歸欵除咨海運省局屆期動撥
外相應備文詳請仰祈
憲臺俯賜察覈咨復
戶部查照實爲公便爲此備由呈乞
照詳施行

同治四年十二月二十日奉

撫憲馬　批仰候咨復

戸部查照仍移海運省局一俟前項銀兩委解時卽行詳請分

咨毋違繳

戶部爲咨明事雲南司案呈准浙江巡撫馬　咨據署糧儲道王凱泰詳稱本署道詳楊村剝船修費俟委解津通用欵時由局動解等因查辦理海運所需南北運費前奉奏明每石約需銀以八錢爲率係屬運用必需之欵今奉派解楊村剝船修費銀肆千兩爲數較多細繹部文係在浙江漕務項下撥解似可毋須於海運經費項下動支應請仍在道庫動欵撥解交津局委員備帶至津解納除咨海運省局查照外相應詳請更正咨部查照等情據詳前情合再咨明等因前來查浙江應解直隸剝船脩費銀肆千兩前據浙江巡撫咨報俟本年正月委解津通用欵時由局動解當經本部移咨直隸總督並劄行天津道查照兌收在案今據該撫咨稱所有奉派剝船脩費銀肆千兩

係在漕務項下撥解毋須於海運經費項下動支應請仍在道
庫動欵撥解交津局委員備帶至津解納咨明更正等語應即
准其於道庫漕務項下動撥仍咨該撫即飭將前項撥解脩費
銀兩務於海運津局委員如數賫津交納並移咨直隸總督劄
行天津道查照一俟前項銀兩解到照數兌收查照本部前文
分別歸欵解部仍將兌收日期報部查覈可也

同治伍年四月二十二日咨

浙江撫院

浙江巡撫部院馬　爲詳明事據署糧儲道王凱泰詳稱竊照

前奉准

部行浙江漕務項下撥解楊村剝船脩費銀四千兩遵經詳明

仍在道庫動欵撥解在案查是項銀兩應卽委員解津交納查

有試用縣丞周鋭堪以管解除札委外相應詳請咨明

直隸督院查照等情到本部院據此相應咨明爲此合咨

貴部堂請煩查照施行

同治五年正月十七日咨

直隸督部堂

浙江海運省局爲呈報事竊照浙省海運漕糧所有滬局裝兌事宜前經詳委王守等總辦並刊頒關防飭令赴滬設局趕緊開辦在案惟滬局所需一切經費據王守面稟請先酌帶銀兩以資撥用等情除發給庫紋銀三千兩交王守帶滬濟用並飭補具印領備案外擬合備文呈報仰祈

憲臺察覈爲此備由呈乞

照驗施行

同治四年十二月初六日呈

撫憲

浙江海運滬局爲申覆事案奉
憲臺札委候補知縣虞慶瀾並同候補從九錢振衡管解津通一切經費庫平銀五萬兩赴滬一俟該委員將前項銀兩解到即速會同虞令選覓可靠銀號妥爲分滙赴津並將所滙何號若干兩各票據呈送以憑抵津支取等因奉此遵將前項滙銀到滬日期先行備文申報在案卑府等遵即會同候補知縣虞令選覓殷實可靠銀號妥爲分滙茲查新泰厚等三號堪以滙兌業由新泰厚號滙銀二萬兩謙祥益號滙銀二萬五千兩寶森號滙銀五千兩並取具該銀號等滙票共五紙除由虞令賫呈外理合備文申覆伏祈
憲臺俯賜察查爲此備由呈乞

照驗施行

同治四年十二月二十六日呈

省局

浙江海運全案重編

津通用欵

漕糧項下應解各欵

一經紀飯米折色

每漕米百石支銷銀二兩五錢八分七釐五毫按漕糧交倉正耗及餘賸耗交倉米數覈算不計經剝耗食

一經紀一半津貼

每漕米百石支銷銀一兩一錢二分五釐覈算米數同前

前二欵解交莅津坐糧廳

一個兒錢

每漕米百石支銷銀二兩覈算米數同前

一廳茶果

每漕米百石支銷銀二兩按正漕正耗米數計算不計贈耗及經剝耗食

一倉茶果

每漕米百石支銷銀五錢一分七釐二毫五絲按正漕正耗米數計算不計贈耗及經剝耗食

前三項解交通壩坐糧廳

以上五項按漕米計數均以洪斛折算洪斛照平斛八折覈計

白糧項下應解各欵

一經紀飯米折色

每白糧百石支銷銀二兩五錢八分七釐五毫

前項解交蒞津坐糧廳

一箇兒錢

每白糧百石支銷銀二兩

一倉場各役飯食

每白糧百石支銷銀三兩六錢三分二釐

一廳茶果

每白糧百石支銷銀二兩頭船照軍船例免繳銀二十兩

前三款解交通壩坐糧廳

以上四項按白糧米數計算均以平斛覈計

應領項下四款

一應領篙夫銀

每漕糧交倉洪斛米一百石領銀一兩

一應領蒸尖銀

每漕糧交倉洪斛米一百石領銀八錢

一應領紙劄銀

每漕白洪斛交倉米一萬石爲一疇每疇領銀二兩

一應領餘米銀

每石餘米三升八合按交倉正米數目以平斛計算不算
耗餘等米此項餘米按照原交粳秈給價粳米每石領價
銀七錢秈米每石領價銀六錢
按前項餘米河運之年在於交倉耗米內扣出三升八

合支給軍船作爲旗丁囘南食米之欵歷係留南動支
謂之留南餘米自改行海運所有二五一七等耗米均
隨正悉數交倉並不留南是以
倉場衙門將此項應給餘米折價抵支浙漕解欵
以上應領四欵銀兩前經
倉場督院
奏明八折給發咸豐十年辦理先漕案內又經
倉場督院
奏請經
戸部覆准七折覈給除再照七折實領之數內扣除
倉場衙門應提筐羨項下每兩飯食銀一分餘米項下每

石飯食銀二分外其計應領若干卽抵前列漕白糧項下
應解九欵所有不敷銀若干由津局就近再行撥解
直隸局會同天津道支銷各欵
一天津官民剝價銀兩
查官剝船應給僱價飯米折色每漕糧白石支銷銀八兩
四錢四分七釐三毫按交倉正耗餘耗並經紀耗米以洪
斛覈算民剝船應給僱價飯米折色津貼每白糧百石支
銷銀九兩八錢八分四釐八毫按交倉正耗並經耗以洪
斛覈算均不給剝食價銀向來漕糧裝用官剝白糧裝用
民剝惟近年剝船短缺漕糧亦兼用民剝應隨時酌辦
一直局文武員弁薪水銀兩

直隸督院咨據天津縣造報冊開派辦事務各員照章知府日支薪水制錢二千文丞倅州縣遊擊日支制錢一千文佐貳雜職都司守備日支制錢八百文千總日支制錢五百文把總外委押運委員日支制錢三百文所有派委

各事係

總理局務會同南省委員驗米各色　隨同驗米各員　海口稽查剝船收繳重發查對入票

承辦剝運支銷一切事宜　查報沙船進口　驗收官民剝船

隨同楊村通判管理剝船事務　查報起米數目　總理封艙記印

新關以上提調及催沙船排擠剝號停泊　輪流押催米船　經理收發封條

點驗剝船斛收蓋用灰印封釘艙口　稽查剝船偷漏攙和　運河分段巡查偷漏舞弊

管理通壩事宜並催回空剝船　管理棚廠並沙船挖土壓載　放關稽查竹篾蓆片

沿河分站查催回空剝船　稽查地方棍徒訛索商船　上自海口至浦口兩岸巡查

催儹回空沙船出口　各河封僱民船　散放關稅免單

一書役兵丁飯食銀兩

直隸督院咨據天津縣造送冊開歷屆海運每經書一名日給飯食制錢二百文清書一名日給飯食制錢一百文差役兵丁每名日給飯食制錢一百文所有總局及各口各段各站各差事處所派撥書役兵丁按照給發又咸豐九年奉文添派文武員弁前赴沿河州縣封僱民船隨帶差役經紀並沿河總催回空剝船武弁隨帶兵丁所需飯食錢文亦照支給

一押運文武員弁盤費銀兩

向章按平斛米二萬石分裝剥船一百隻爲一起每起支給銀六十二兩八錢同治五年直隸督院咨據天津縣造送册開歷屆海運押運文員盤費銀二十兩船價銀八兩燭價銀八兩隨帶縣役四名每名日給飯食銀八分按往返十五日覈計共銀四兩八錢押運武弁盤費銀十三兩二錢馬乾銀四兩隨帶兵役四名每名日給飯食銀八分按往返十五日覈算計共銀四兩八錢併數計算覈與六十二兩八錢之數相符惟同治五年辦理四年冬漕直局以官剥不敷輪轉詳定以五十隻爲一起押運員弁盤費等項不敷支給三局公議浙局總其津貼銀四百兩嗣後剥船敷用仍照向章支銷

一塘撥口糧津貼銀兩

直隸督院咨據天津縣造送册開歷届海運自海口至上園共安設馬撥四處每處馬兵二名馬二匹咸豐七年奉文覈減二成每兵每日給津貼制錢八十文每馬每日給津貼喂養制錢一百二十八文

一迎護導引礮船哨船弁兵口糧銀兩

直隸督院咨據天津縣造送册開歷届海運奉撥游擊隨帶備弁分駕哨船四隻每船派千總一員外委一人兵丁五十名以二船爲一班輪流往返迎護咸豐七年奉文應給口糧覈減二成游擊日支制錢八百文都司日支制錢五百文守備日支制錢四百文把總外委日支制錢一百

六十文兵丁每名日支制錢五十六文又攔江沙外派撥
哨船三隻每船干把一人兵丁二十名輪流導引沙船進
口其支給與前項同又上屆奉飭添派礮船二隻派令弁
兵駕駛巡查其口糧等項照引導哨船章程支給
一紙張油燭銀兩
直隸督院咨據天津縣造送冊開直局需用銀硃筆墨紅
單白摺紅封等項並承辦文案書吏各紙張以及駐壩委
員海口稽查委員掛剝兌米放關驗收官民剝船等各項
造冊應用紙張油燭
一僱備委員差務等項船隻水手飯食銀兩
直隸督院咨據天津縣造送冊開歷屆海運各項船隻水

手每名日給飯食銀五分查所用船隻凡派委文武差務在
水次者均需用船船隻較多支銷較大
一封釘剝船裱糊艙口押帶竹片銀兩
直隸督院咨據天津縣造送冊開咸豐四年海運奉
欽憲劄飭剝船兌足後即用竹篾封釘五年復奉飭官剝加用
押帶七年復奉飭官剝一律用毛頭紙糊艙黏貼封條再
行起米兌足後加用押帶外再加竹篾封釘其民船統用
竹篾封釘所用工料按照市價支銷官剝每隻用大毛頭
紙一百張每張價銀三釐每船用裱匠一名每名給飯食
銀五分每船用麪半觔價銀一分又官剝修整押帶每船
工料制錢六百文又官民剝船均用竹片封釘每船工料

制錢四百文

天津縣支銷各欵

一剝船苫艙蓆片銀兩

道光六年及二十八年海運章程凡平斛二百石爲一船

漕糧官民剝船每船用苫艙蓆片十五領遇雨加增蓆十

五領照統用剝船數加給不得過三分之一　白糧官民剝

船每船用蓆三十領遇雨無加每蓆一領牽算支銷銀一

錢八分除事竣每蓆一領變價銀一分六釐扣算外淨該

每領價銀一錢六分四釐同治五年

直隸督院咨據天津縣冊送相符

一潲米蓆筒銀兩

直隸督院咨據天津縣造送冊開歷屆海運因沙船與官民剝船交收米石船隻高下懸殊備辦溜米蓆筒由上達下免致拋撒每沙船一隻用溜筒一箇每箇用丈蓆四領每領價值連運腳銀一錢八分又夫工銀二分又每蓆筒一箇用白蘇繩半觔每繩一觔價銀五分又筒一箇用架木杉槁二根每杉槁一根價銀一錢

一搭蓋棚廠碼頭工料銀兩

直隸督院咨據天津縣造送冊開上圓搭蓋驗米官棚六間兩梢搭棚二間經紀棚七間風神廟搭蓋官棚三間大直沽及風神廟前河沿搭蓋碼頭七座

一驗米等船隻水手飯食銀兩

直隸督院咨據天津縣造送冊開各船水手每名日給飯食銀五分僱備各憲及坐糧廳道府江浙糧道及照料溜筒並上下水次過渡以及委員應用各船

一布袋吊籮竹籌木斛銀兩

直隸督院咨據天津縣造送冊開裝盛米樣布袋每箇用布一尺價銀三分工價五釐吊籮每箇價銀一兩用提繩五觔每觔銀五分擡工銀五分竹籌每根價銀六釐木斛每隻工料銀四兩

一號旗標杆等銀

直隸督院咨據天津縣造送冊開此項號旗標杆係上園水次官廳總局以及沙剝等船停泊地方並沙船[illegible]泥處

所暨水次識認之用

一派辦事務書役飯食等銀

直隸督院咨據天津縣造送冊開上園水次及散放苫艙蓆片封艙記印委員催押民船守卡開報船數等各項辦事書役飯食所支錢數照總局書役支給

一查僱民船委員津貼盤費銀兩

直隸督院咨據天津縣造送冊開本屆海運到津民船均貿易未歸奉飭委員赴各河趕催酌貼委員盤費此款向來所無

以上十七款同治五年浙省辦理四年冬漕共運通交倉正耗等米十七萬餘石經

直隸督部院劉

奏明直局天津道縣支銷經雜各欵總其浙省用九四京平銀二萬三千七百七十四兩六錢六分九釐一毫並咨送天津道轉呈天津縣分欵清冊備查在案

一官剝船油艌銀兩

按漕糧交倉正耗並經耗餘賸耗等米以淇斛計算每淇斛米百石解給京平銀一兩二錢四分四釐此欵銀兩已於剝價內扣出應解交天津道衙門支用其如何在剝價內扣出原案兵燹之後冊籍無存無從查覈俟查明添列

白糧無此項

浙省天津總局雜支各欵

一總局分局油燭紙張茶爐煤炭

一各項書差夫役營兵犒賞并各局守夜犒賞

一委員丁役赴海口查提船隻並解銀分赴京通盤川

一提賞剝船戸錢文

一常川驗米轎馬

一逐日收買餘米差役飯食

一輪流監兌風晾差役飯食

一添派紳董幫辦河下一切事宜船轎飯食

一租賃總分公局房屋賃價

一輕賫解項解員盤費

一存儲餘米棧租

一赴津委員盤費伙食薪水

一赴津書吏盤費奬賞

一收買餘米

以上各欵用無一定隨時酌辦此外如各局書差飯食河下伺驗分排各項船隻添僱夫役收買氣頭爛米及公局賞犒並歷屆津局雜支各費爲數較繁欵無準定不及備載均應隨時撙節支銷

浙江文叢

浙江海運漕糧全案重編

〔第六册〕

〔清〕馬新貽 等編

浙江古籍出版社

浙江海運全案重編目錄

新編卷五

滬局事宜

滬局詳送新漕辦理章程

移請浙漕運船轉飭蘇省文武一體巡緝彈壓

浙撫咨請蘇省委派專員彈壓浙漕兌務並飭地方官隨時

照料

飭發滬局三聯單並飭將覈出耗米加蓋條戳

滬局詳白糧商耗提成填單轉請酌減成數

詳送祝帛請蓋印飭發

轉報海運漕糧滬局開兌日期

滬局詳添僱清書名數並請照給油燭紙張銀兩

滬局詳報刊刻聯單護照等件工料錢文

轉報滬局恭祀海神日期

移行沙船在津短交正米飭令補繳

咨行上屆沙船短交米石補繳搭運作爲籌備餘米

省局移上海道浙運滬局基地錢糧請分別更正查覆

省局詳滬局新漕辦理章程

浙江海運省局爲詳請委辦事竊照浙省本屆起運漕白糧米

現奉

諭旨仍行由海運津遵經設立海運省局詳委各員次第經辦在案查各屬起運糧米均由内河剝運赴滬兌交海船所有在滬排船編號監兌過斛支放水脚稽覈銀米照料起剝催提彈壓分配商船押令受兌並先期會同蘇局委員僱封沙衛各船一切事務極爲繁重在在均關緊要歷屆均於上海設立總局遴派諳練之員總辦局務並委各員分司各事以期周妥今屆新漕伊邇亟須在滬設局飭員經辦查有補用道候補知府王慶勳補用府候補同知朱其昂歷辦滬局事宜於運務最爲熟諳辦理亦極周妥堪以委令赴滬總辦局務藉資熟手又候補府照

磨陸沅亦於海運熟悉情形堪以委令赴滬隨同分司各事相
應具文詳請仰祈
憲臺俯賜察覈批示遵行至此外尚須添委各員應即隨時詳
報爲此備由呈乞
照詳施行
同治四年十月二十五日奉
撫憲馬　批如詳分別委辦仰卽飭令該委員等趕緊赴滬將
應辦事宜會同妥速籌辦仍飭將到滬設局及辦理情形隨時
稟報察查均毋延悞切切此繳

浙江海運省局爲呈報事竊照本屆新漕仍由海運所有上海交兌一切事宜業經詳委補用道候補知府王守慶勳等赴滬設局總辦在案惟滬局一切詳稟文移向章由省局篆刊關防頒發行用本年自應查照辦理現經本局篆刊浙江漕糧海運滬局木質關防一顆札發該守等收執行用以昭信守除飭將開用日期及設局辦理情形通報外理合備文呈報伏祈

憲臺俯賜察查爲此備由呈乞

照驗施行

同治四年十一月二十三日呈

撫憲　並咨

藩司
糧道衙門　蘇松太道　江蘇海運省局　又札杭嘉湖三府

並有漕各縣滬局上海縣

浙江海運省局爲呈報事竊照來歲新漕仍行海運所有上海交兌一切事務業經詳委補用道候補知府王守慶勲補用府候補同知朱丞其昂赴滬設局總辦在案惟查各屬運米赴滬一切排船編號監兌彈壓支發水脚事務紛繁尚須添員經理查有試用知縣水恩祚堪以添委隨同辦理除札委外相應備文呈報伏祈

憲臺俯賜察覈爲此備由呈乞

照驗施行

同治四年十月二十八日呈

撫憲

浙江海運省局爲呈報事竊照來歲新漕仍行海運所有上海
交兌一切事務業經詳委補用道候補知府王守慶勳等赴滬
設局總辦並委試用知縣水恩祚候補府照磨陸沅隨同經辦
各在案惟查該局文案要件繁多向須添員經理方資周妥茲
查揀選知縣王文思堪以諭辦滬局文案除諭委外相應備文
呈報伏祈
憲臺俯賜察覈爲此備由呈乞
照驗施行
同治四年十一月二十三日呈
撫憲

浙江海運省局為據情轉報事竊據海運滬局總辦候補府王守等呈報照章刊刻浙江海運外局木質鈐記移送外局應用並呈鈐模等情並據委辦上海海運外局紳董候補知縣王慶模申稱奉飭經理外局監兑各事宜現在運務將次舉辦於本月初三日在小南門外裏倉橋開設外局傳集豆行司事召募斛手人等祗候兑運請飭各屬卽日起運赴滬交兑合將開局日期申報等情各到局據此理合備文轉報伏祈

憲臺俯賜察覈為此備由呈乞

照驗施行

同治四年十二月　日呈

撫憲

浙江海運省局為呈報事竊照來歲新漕仍行海運所有上海交兌一切事務業經詳委補用道候補知府王守慶勳等赴滬設局總辦在案惟各屬運米到滬分派海船監查斛兌稽察剝船塡發三聯執照查對護照及一切交涉海船各事宜向章在於上海設立外局選派熟悉海運紳董分司經理今屆自應循案諭派以資襄辦查候補知縣王慶模候選員外郎吳鳳蒸廪生陸釆素於運務諳熟堪以諭令會同王守等經辦上海外局事務除分別照知諭委外相應備文呈報伏祈

憲臺俯賜察覈為此備由呈乞

照驗施行

同治四年十一月二十三日呈

撫憲

寧波府爲詳報事案奉
憲行本屆漕糧仍由海運飭將寧波蜑船三不像等船照章封
僱駛滬受兌等因奉經札飭鄞縣知縣姚光宇署鎮海縣知縣
凌卿雲嚴查封僱並委姚令勘驗船隻分别吊照立攬先後送
由卑府轉報并將寧商捐置輪船由候選知縣張斯安管駕巡
護南洋緣由詳蒙轉請
奏明在案茲據北號紳董知府銜前任福建建寧縣知縣張廣埏
知府銜候選同知盧以瑛五品銜分發補用州判沈槐僉稱遵
查歷屆海運向由埏等議派司事督同稅牙馳赴滬局料理裝
兌事務彈壓水手迅速北上此次事同一律埏等議派盧以瑛
沈槐二人督押各船起程赴滬辦理兌務埏仍在寧招僱催趲

續到船隻出口不致貽誤稟請轉報前來除照覆該紳董張前
令趕緊招僱足數一面催令盧沈二紳督同稅牙押帶已經立
攬各船迅速起程赴滬辦理裝兌事宜外理合具文通報仰祈
憲臺察覈轉詳立案除申
撫憲暨
糧漕巡憲外爲此備由呈乞
照詳施行
同治五年正月十四日
省局　批據詳已悉仰卽傳諭該紳董督同稅牙趕緊押令已
攬各船迅速儘數起程赴滬受兌現在各屬起運米石均已剝
運到滬專待甯船裝兌萬勿刻延切切仍候

撫憲暨糧道藩司巡道衙門批示繳

浙江海運省局爲呈報事據寗波府申稱案奉
憲行本屆漕糧仍由海運飭將寗船照章封僱駛滬受兌等因
奉經轉行鄞鎭二縣飭令稅伢分別吊照立攬督押開放嗣據
北號紳董稟派董事盧以瑛沈槐二人赴滬辦理兌務當經轉
報在案兹據鄞縣稅伢鮑宇春等鎭海縣稅伢沈德茂等稟稱
伢等議派鄞縣伢夥胡鳳釗沈豐鑰二人鎭海縣伢夥包進全
一人均隨同紳董赴滬辦理漕務叩請轉報等情到府據此除
諭令該伢等將已攬各船督同一律開放押帶赴滬辦理兌務
外申祈察覈等情據此除行滬局督令該伢夥將兌務小心經
理外理合備文呈報伏祈
憲臺俯賜察查爲此備由呈乞

照驗施行
同治五年二月初四日呈
撫憲

浙江海運滬局爲詳送事竊照同治五年起運四年新漕仍由

海運案奉

憲臺詳委卑府等赴滬設局辦理交兌事宜業將開辦籌議各

條繕摺詳請咨行在案伏查本届滬局海運事務冊案散失事

同初創卑府等查照刊刻成案逐細參酌損益務期因時制宜

庶臻周妥合將分別舉辦滬局章程十二條開具清冊備文詳

送伏祈

憲臺俯賜察覈轉詳批示祇遵再有一切未盡事宜容隨時稟

明覈奪合併陳明爲此備由呈乞

照詳施行

計呈

清冊一本

謹將新漕籌議海運滬局章程開具清冊呈送

憲鑒

今開

一上海總局應派人專管銀錢帳目一切事宜也查總局監斛驗米扦船文案重要各件業奉

憲委各員專司其事惟日逐收放銀錢登記帳冊綜覈配搭承運船隻米數及塡寫聯單護照種種細瑣事務繁冗奉委各員未能兼司今屆愼派精細司事四人常川駐局經理一切藉專責成而資考覈

一上海外局應招雇牙行司事及斛手人等也查外局奉諭紳董

業經遵照向章刻發鈐記責令總司交兌事宜並將印模詳報
在案惟照料斛剁等人及經管銀錢收支勾稽船米冊籍向由
該董延請荳行司事及添用結實可靠之人常川在局幫辦今
屆米數較少經費支絀除荳行司事照章每米一石給錢一文
外其添用人等均令量事兼司毋許浮濫應給用欵業已抄發
奉頒覈定錢數飭令遵照支銷稅行承值公事除沙船應聽各
行統辦外甯船進出關口驗給牌照業准該董開報之顧誠信
張鼎盛兩行諭飭專司妥辦至斛手一項旣係照章按石給錢
五文據該董冊開花名三十六人已准照僱以便臨期齊集趕
兌
一承運浙漕海船與蘇省各船分埠擇曠停泊受兌也查黃浦江

環上海縣城大小東門大小南門之外江蘇海運沙船歷年聚泊東門浦岸迤北水次浙省所雇寗船及蘇省分雇沙衛等船聚泊東門迤南水次現在東門迤北洋船絡繹江省承運海船漸徙而南今屆承運浙漕寗沙各船應飭聚泊小南門浦岸迤南水次浙局本建小南門外既易照料且杭嘉湖起運剝船皆由南浦而來該處浦面寬廣兩旁兼有支港倘遇風暴悍潮內河剝船易就支港穩便處所分泊並與江省船隻可無攙雜淆混之虞

一海船進口日期及受裝米數應由滬局覈查飛報　憲局及移行杭嘉湖府縣也漕糧由剝船交兌海船既恐剝船先來停米爲累又恐海船久待滋生事端今屆江省移撥承運白糧沙船

業已足數而各縣起運漕糧或在甯船未到之先業與江省通融商辦請撥寬大堅固沙船約挑承運浙漕一萬餘石在甯船漕糧裝兌不接之處移浙應用現經節次移會以催杭嘉湖等屬飭令趕運米石甯府鄞鎮等縣飭令趕驟雇用船一俟各屬報解米數實在到浦逐日單報雇用船進口五日一報庶滬局船米有無互待情形　憲局即可瞭然以便隨時分別嚴催並再由甬局移行遴催以期迅速竣事

一承運海船飭查進口先後編定號次以次派裝也查海船承運候裝咸願早兌早開得以趲行赴北歷屆號商取巧每有未會進口之船先行串同稅行虛報進口滬局挨號派裝後來之船既得巧取占先先求之船轉致遺落在後今屆江省設撥沙船

無多查係實在先期停泊浦江除照依來文先後派裝外甯船由甬東駛滬業飭吳淞口主簿確查該船進口次第挨號隨時申報並着於船旁易見檣板粉書第幾號進口甯船由滬局依次派裝庶各船先後曉然而商稅無從舞弊矣

一承運海船裝運各縣糧米應辦標識號旗及驗米樣袋也查歷屆海運商船按船給與大旗一面寫明某府某縣使各縣剝船易於識認攏泊交兌杭屬用黃旗黑字上加紅帶嘉屬用紅旗黑字上加藍帶湖屬用藍旗紅字上加黃帶今屆應照辦理其應用樣米蔴袋並前項號旗價值應遵飭發外辦章程由各屬自行隨米解交滬局分別備辦以資應用

一各屬起運糧米給發剝船印旗呈驗釐卡放行也查蘇省水卡

米商船隻過往均有米捐先經詳請咨明蘇省釐局並請飭令
杭嘉湖等屬逐船給發印旗一面開明某州縣運滬漕白糧米
註明月日担石凡經過釐卡隨驗隨放俟各屬剝船到滬即將
該船印旗驗明收回以杜影射
一奉發烙印木斛仍借用蘇省鐵斛隨時較準也查上海縣鐵斛
年久剝落不準今屆江蘇滬局樣斛用元和縣鐵斛在省較準
發滬惟木質冬歛春舒現屆和暖發生奉頒在局樣斛二隻較
烙發時彼此已形參差又燥濕隨時未免再有盈縮前向蘇滬
局移借鐵斛據覆伊局正需覆較已在元和縣取來俟借到時
邀同甯沙紳商及各屬解米丁書將在局奉發樣斛及各屬擕
帶木斛專委員紳眼同較準仍飭斛手行用役逐日繳局隨發

隨較以免爭執而重

正供

一商船兌裝漕白粳秈米石飭令分艙存儲也查各州縣剝運糧米到滬由局覈計米數派船裝載惟斛兌漕糧有秈粳之分白糧有粳糯之别均飭斛手人等分别交船並令逐日報明於兌竣時註明三聯單內並諭令各商船將各色米石分艙存儲呈樣滬局彙送津門收兌以免混淆

一海船收兌執照聯單應分别刊刷請印並准其各蓋圖記也查歷屆海運章程商船兌竣開行各給執照照驗二單又存查一單謂之三聯單今屆舊板無存業由滬局仿照蘇省現用格式飭匠遵刻申送省局轉請蓋印在案其海船兌收各州縣米石

即付兌單一紙各船兌足即交米結一紙均用二聯票式上鈐該船字號姓名戳記一付州縣一存該船備查今屆並已刻刷分別填用再遵章加用護照一紙亦由滬局照刻用印呈樣隨時挨給各船以憑駛北照驗至船戸應蓋圖記俱令自爲刊辦蓋用

一海船神福耆舵水手犒賞苫蓋墊艙挖泥縴夫等項銀錢仍照章覈給也查海船應給各欵江省初辦原章按照每石給五色曹平銀給發又按石覈給項下有該船捐運十分之一者故內有九折扣支各欵除水脚照案支銷外所有苫蓋墊艙等每石銀一分六釐應折給五色曹平銀一分四釐四毫縴夫每石給錢四文應折給錢三文六毫其神福每船四兩耆舵每船各一

名各給犒賞銀一兩副舵每船一名給銀六錢挖泥每船一千
文水手每裝米百石准開一名每百石給銀三錢均無折扣水
手如小船裝僅五百石以上者准作八名大船裝至二千石以
外者只准二十名如零數在五十六石以上准開水手一名各
船兌竣時由滬局隨時覈發
一商剝各船雲集浦江詳委蘇省專員會同地方各官巡綽彈壓
也查歷屆海運章程咨明江蘇分委巡緝彈壓各項文武員弁
無不周詳備至㫁以地居隔省誠恐呼應不靈今屆應照辦理
除由
憲局詳明
撫憲飛咨蘇省飭令地方各官常川照料外業由卑局再請詳

委江蘇候補知縣倪祖謙等三員專一彈壓浙運以重責成而
資彈壓
同治五年正月十七日詳送
省局　批據送各項章程均悉仰即照辦惟查豆行司事每米
一石給錢一文前送九年支用舊冊但列辛工並無每石給錢
之欵既據照章計石給錢所有辛工一項自應刪除併飭此繳
冊存

浙江海運省局爲移請事竊照浙省本屆海運漕白糧米仍由
上海裝兌放洋業經詳委總辦候補知府王守等赴滬設局經
辦在案惟查黃浦一帶各州縣剝船及承運海船聚泊一處水
手衆多難免滋生事端必須嚴密巡綽加意彈壓方資周妥而
地居隔省是以歷屆移請
貴省海運總局並
貴局
貴上海道轉飭蘇滬局并上海廳縣以及
貴省所委文武彈壓員弁一總巡綽彈壓在案今屆自應循案
辦理相應備文移請爲此合移
貴局貴道請煩查照希卽轉飭蘇滬局上海廳縣及浦江巡綽彈壓
文武各員弁如有浙江剝船及承運浙漕海船水手人等滋鬧

生事務祈一體巡緝彈壓或由浙局委員隨時分別送交上海
縣亦祈一體懲治望速施行
同治四年十二月二十三日移
江蘇海運省局
蘇松太道

浙江巡撫部院馬　爲據情詳請事據海運省局司道詳稱竊據海運滬局總辦候補知府王守等詳稱今屆海運新漕仍由上海交兌出口奉委畀府等赴滬設局總辦惟開兌後商剝各船雲集浦江均須彈壓地居隔省呼應不靈應請查照成案除飭蘇省地方官常川照料外並添委專員彈壓以重責成查有江蘇候補知縣倪祖謙現署上海縣主簿陳元燮補用府照磨沈金藻三員諳練精明堪以委任請轉詳咨明蘇省各憲飭委該員彈壓浙運交兌藉資周妥再該員等向係就近委令彈壓並不請支薪水等情到局據此伏查浙省漕糧由滬交兌放洋誠恐商剝各船雲集浦江易滋事端除照章由局移請蘇松太道並江蘇海運局轉飭蘇省地方官常川照料外據請江蘇候

補知縣倪祖謙現署上海縣主簿陳元燮補用府照磨沈金藻
三員專派彈壓浙漕交兑事宜理合詳請咨明
江蘇撫憲轉行蘇藩司飭委該員等彈壓兑務並請轉飭蘇省
地方官常川照料以資周妥等情到本部院據此相應咨明爲
此合咨
貴部院請煩查照希即轉飭派委各該員彈壓兑務並令蘇省
地方官隨時照料以昭周妥望切施行
同治四年十二月二十八日咨
江蘇撫院

浙江海運省局爲札發事據該局申送三聯單一百五十張轉請蓋印飭發下局以便填給等情到局據此除將三聯單業由藩司糧道衙門一律蓋印外查三聯單內所列隨船帶備耗米即係商船耗米應照支給全數填註其撥出之三成六成數目應另刊小戳註明隨船備帶耗米項下照現定章程漕糧撥出三成米若干石白糧撥出六成米若干石隨正交卸倘有短缺按正米賠補字樣每單一律蓋用条戳毋得遺漏茲於單內籤明札發爲此札仰該局立即查收發交員紳隨時按船逐一填給切切

計印發三聯印單一百五十張

同治四年十二月二十三日札滬局

浙江海運全案重編　卷五　大新編

浙江海運滬局爲據情轉詳事竊據船商沈生義李愼記等稟稱竊奉憲局轉奉

省局憲　札開照得白糧粳糯米石係

供用要需各屬務當揀選乾潔好米首先運滬不得稍有短缺致滋貽悞所有應給白糧商耗自應全數運津以資抵備並將白糧商耗一項以六成塡入聯單如到津有缺照短交正米例責令該商船賠補等因並蒙曉諭在案伏查海運商耗一項向爲備補交津之用卽爲回空食米之需照南地倉儲淨米春夏發熱時每石耗至二三升不等商船艙口堅實未能透風受兌米色不一易於蒸變一經北駛風沙燥烈白糧柔嫩虧耗極多交津每石耗至四五升不等歷在商耗項下彌補倘有盈餘或奉津

局收買或聽回船充食此歷屆遵辦定章蒙於慎重運務之中
卽寓體恤商民之意者也今屆奉以六成塡入聯單短缺照正
米賠補伏思正米短缺責賠無辭耗米歷准給商且例不支領
水脚交足正米後有無盈餘應候津局覈數收買卽使缺乏似
可免賠一經提照正米是承運白糧一石交津須一石六升商
耗名爲加給一斗實則僅存四升昔以一斗備一石之缺間或
未足今以四升備一石六升之缺豈能無虧勢將扣船責補者
舵並係客地不無畏累公私商等展轉籌思實恐碍難承載爲
此聯叩伏乞察覈轉詳
省局憲俯准責成商等將商耗米石全數運津不准顆粒折乾
私賣仍免塡六成比照正米賠補字樣庶以寬商累而符舊章

等情據此伏查此案前奉
憲臺札飭當經遵飭辦理在案今據該商等稟請前來確因責
成所在深恐六成提耗短鈌賠累自係實在情形可否酌量寬
䘏或援照漕米覈塡三成之處出自
憲恩裁奪卑府等未敢擅便理合據情轉詳伏候
憲臺俯賜察覈批示祇遵實爲公便爲此備由呈乞
照詳施行
同治五年正月十二日奉
省局　批查商耗米石原備到津交卸虧鈌折耗之需如有盈
餘聽候津局示諭給價收買以資備抵第查歷屆承運商船每
有將商耗並不隨正運津迨至抵津交卸短鈌無可收買抵補

辦理實多掣肘今屆是以將白糧覈出六成註入聯單隨正運津逼飭遵辦在案今據具詳前情姑准白糧商耗項下覈出四成塡入聯單以示體恤仰即轉飭遵照趕速辦理此繳

浙江海運省局爲據情詳請事竊據滬局總辦候補知府王守
等詳稱竊照浙省本屆海運糧米各州縣卽日起運到滬一俟
開斛交兌裝足卽飭開赴海口駛至十滧候風放洋自應循照
向章請頒祝帛恭祀
海神以昭誠敬除擇吉會同蘇省委員齋沐行禮另文詳報外詳祈
鑒覈轉詳
撫憲請頒祝帛轉發以便致祭等情據此伏查歷屆海運商船
放洋均由滬局委員會同蘇省各員擇吉恭祀
海神所有應備祝帛向請
憲臺蓋印發局轉飭謹敬致祭在案據詳前情理合謹備祝帛
三端備文詳送伏祈

憲臺俯賜蓋印發局以便轉發滬局應用爲此備由呈乞
照詳施行
今呈送
祝帛三端
同治四年十二月二十五日奉
撫憲馬　批仰將發來印帛三端卽行轉給致祭毋延繳

浙江海運省局爲呈報事據滬局總辦委員王守慶勲等稟稱
准蘇滬局撥付沙船九號計可裝兑米一萬三千餘石並據平
湖縣報到白糧粳糯正耗米石前來應卽派船飭裝卽於十二
月二十七日開兑一面移知各屬將漕白糧米陸續剝運裝兑
稟祈察覈等情到局據此除批飭趕緊裝兑分批開放外相應
備文呈報伏祈
憲臺俯賜察覈爲此備由呈乞
照驗施行
同治五年正月十四日呈
撫憲

浙江海運滬局爲詳請事竊據局書費懋雲等稟稱案奉
糧憲諭派稿書費懋雲清書趙扮川戴彭齡等三名赴滬辦公
應須添僱各書仍循舊章由滬另行招僱俾資分辦等因奉此
書等遵卽由省起程於開局日到滬將應辦一切事務小心經
理不敢遲悮開局伊始頭緒紛繁且本屆册案蕩然一切事同
初創書等實因繕寫不及稟請添僱清書六七名以資勷辦蒙
准添派清書五名藉資經理在案伏查書等應用紙張油燭等
項歷係按月給銀二十兩俾敷辦公其應用油硃筆墨刊刻戳
記印刷稿樣工價均藉此欵開銷並不另支別欵現在銀價比
前較短百物無不增昂仍恐不敷自當格外撙節書等客地艱
窘應請循照向章按月給發油燭紙張銀二十兩以資辦公等

情據此查該書等前因派發各書不敷分辦稟請添僱清書當
經飭添清書五名其稿清書八名諭令認眞經理今據該書等
稟請援案給領油燭紙張銀二十兩以敷辦公支用可否俯准
照給之處出自
憲恩裁奪卑府等未敢擅便合將滬局稿清書等現在辦公名
數及添請油燭紙張據情詳候
憲臺察覈批示祇遵爲此備由呈乞
照詳施行
同治五年正月十九日具詳
省局　批查該局及書辦油燭紙張銀兩前經覈飭月共支銀
二十兩在案據詳前情除前定之二十兩局中及書吏仍各半

支給外應准酌加該書等油燭紙張銀每月十兩至所添清書

未免太多應准添僱四名仰卽遵照繳

浙江海運滬局爲詳報事竊照海運商船兌竣照章應給三聯印單護照等歷由皁局刊刷聯單送省蓋印護照卽由皁局蓋印分別塡給今屆兵燹之後舊板無存當經傳匠刊刻其餘放洋冊式各件均已照章刊就所需刊板刷印紙張工價等項在於滬局經費款內動支錢三十八千七百六文理合開具細數清摺備文詳報伏祈

憲臺俯賜察查爲此備由呈乞

照詳施行

今呈送　清摺一扣

今將刊刷聯單護照工價紙料錢數開摺呈

覽

計開

一給刊刷聯單等項共錢三十八千七百六文內

三聯單板價匠工錢八千六百七十六文

護照板價匠工錢三千四百二十文

放洋冊式及雜件錢四千四百三十文

聯單紙料印工錢十八千六百文

護照紙料印工錢一千四百四十文

放洋冊式及雜件等印工錢二千一百四十文

以上合支前數

同治五年正月十四日

省局　批摺開刊刻刷印紙張工料各用欵准即由該局開支

彚報所有放洋冊式亦即呈送備查此繳摺存

浙江海運省局爲轉報事竊據滬局總辦王守等詳稱竊照浙
省同治四年分漕白糧米擬分三批放洋首批糧米將次兌足
應飭陸續開至崇明十滧候風放洋茲准蘇滬局移會擇於二
月十一日會同浙局恭祀
海神謹於是日會同蘇局委員撰擬祝文同
城隍天后海神風神火神
憲發祝帛虔備牲牢恭詣各廟齋沐行禮虔祀
以昭誠敬詳祈察轉等情到局據此除飭令將未兌米石趕緊
派裝一俟首批兌足卽將放洋日期詳報覈辦外相應備文轉
報仰祈
憲臺俯賜察覈爲此備由呈乞
照驗施行

同治五年二月初八日呈

撫憲

浙江海運省局爲飭知事據滬局總辦王守申稱浙省首批起運漕白糧米六萬九千餘石計裝船三十六隻均經照章掣給三聯印單飭令開放赴津交卸業經詳報在案所有聯單照驗三十六紙已交津局委員隨帶至津以便查對等情據此合行飭知爲此札仰該局即便遵照一俟商船抵津即將照驗查對斛收具報切切

同治五年三月十三日札津局

浙江海運省局爲札知事據滬局總辦王守申稱浙省二批起運漕糧米六萬三千餘石計裝船三十隻均經照章掣給三聯印單飭令開放赴津交卸業經詳報在案所有聯單照驗三十紙現已移送津局以便查對等情據此合行札知爲此札仰該局立卽遵照一俟商船到津卽行照驗斛收仍將抵津船名米數開摺報查切切

同治五年三月二十五日札津局

浙江海運省局爲札飭事據滬局總辦王守申稱竊照三批全數起運漕糧正耗米六萬一千餘石計裝船二十八隻均經照章掣給三聯印單飭令開放赴津交卸業經詳報在案所有聯單照驗二十八紙現已移送津局以便查對申祈察查等情到局據此合行札知爲此札仰該局立卽查照驗單如數斛收仍將到津船名米數開摺報查切切

同治五年四月初二日札津局

浙江海運省局爲轉報事據滬局總辦王守申稱竊照杭嘉湖
三屬海運漕白糧米業於三月二十日全數兑竣並造具尾批
放洋船名米數淸冊呈請覈轉在案所有文案一切事宜趕緊
清理現在均有頭緒謹於三月二十九日撤局其報銷經費及
出力之委員紳董書吏船商人等應行請奬各事容再另行覈
明詳辦合將撤局日期申報察覈又據該局另文轉報於三月
二十四日撤退外局各等情前來相應據情轉報仰祈
憲臺俯賜察覈爲此備由呈乞
照驗施行
同治五年四月初六日呈
撫憲

浙江海運省局爲呈報事竊據海運滬局總辦補用道候補知府王守慶勲申稱竊照前奉頒發滬局關防遵經接收行用現在海運上海交兌事宜業已完竣所有奉發關防一顆申繳察收等情到局據此除將繳到關防封固儲局外相應具文呈報

伏祈

憲臺俯賜察覈爲此備由呈乞

照驗施行

同治五年四月二十九日呈

撫憲

浙江巡撫部院馬　爲詳請咨明立案事據海運省局詳稱竊自咸豐二年浙漕改由海運定地由上海出口放洋即于上海設立浙江海運滬局辦理交兌事宜所有滬局房屋歷届賃借民居租價既昂且非久計咸豐七年間飭據總辦海運滬局委員候補知府王慶勲等在於上海東南門外籌資捐建局房一所在案惟兵燹之後省局案卷蕩然無從稽考本届同治五年辦理四年冬漕仍行海運即經飭令王守等確切查明稟候立案茲據海運滬局總辦委員補用道候補知府王慶勲稟稱咸豐七年冬漕詳准在於上海大東門外附近水次之區籌建局屋一所當時購得坐落上海縣大東門外王家嘴角橫街二十五保十六啚長字圩三十五號丁芝九丁椒材隙地三畝九分

浙撫咨明蘇省奉建造浙海運滬局房屋並地基錢糧由省局辦完　同治五年案

四釐一毫建造內局又貼近左旁同坐落字號之葛頁川隙地八分五釐又長字圩三百十五號郁春華隙地二分議建外局共計購地四畝九分九釐一毫興工建築造得內局大門大堂及內堂廳房花廳廂屋走廊旁披書辦房等共大小四十餘間應需經費稟准在咸豐七八兩年冬漕起運時商船承運浙漕除商耗不捐外每石捐錢五文浙省有漕州縣解運米石每石捐錢四文共計收捐錢七千八百九十餘千不敷購建又奉在於上海船商籌補捐內酌提銀兩以及臬府暨內外局浙員官紳集捐錢文始將內局屋宇竣事正擬另籌捐資續建外局適連年蘇浙多故未暇計及惟外局地址當時但編竹籬遮攔居民堆倒垃圾隨設隨拆咸豐十一年冬月原辦外局紳董發浙

知縣王慶模等以隙地屢被蹧蹋由該紳起造門面樓房上下十間背後平屋三間以資遮護當時欵無所出乃租住居民議定自同治元年正月起至五年十二月止每年收租價錢一百四十千文計扣收錢七百千文尚有不敷由該紳籌錢八百千文墊用辦就本年春間會將內外局房地契及原佔造價裝修帳目並收付各欵細數暨內房屋宇繪圖貼說檢呈在案再外局後面平屋四間係江省借設軍需局時添蓋嗣准該局員議請給還造價讓歸浙局奉糧憲王查驗米色臨滬親往履看與上海道應商定酌償造價錢二百千文當具文批解交江省軍需局并掣批備案其房當歸浙局收住請詳咨立案等情到局據此除批示并將前送圖說契據帳目存局備查外伏查上海

建立浙江海運滬局官房地居隔省加以克復以後蘇浙卷帙不全自應詳請咨明蘇省立案以垂永久再局地四畝九分九釐一毫所有每年地基錢糧應完若干並請飭由上海縣開數呈由浙江海運省局每年解交完納俾免懸宕而資稽考相應詳請分咨

江省督撫憲轉行蘇藩司上海道查照備案並飭上海縣遵照辦理等情到本部院據此除咨

江蘇撫兩江督院外相應咨明爲此合咨

貴部堂院請煩查照希即轉飭蘇藩司上海道查照備案並飭上海縣遵照辦理施行

同治五年七月十八日咨

兩江督院
江蘇撫

省局轉詳覈議六年起運五年冬漕滬局章程　同治六年案

浙江海運省局爲據情轉詳事竊據滬局總辦王守維圻虞令慶瀾等詳稱竊照同治六年起運五年新漕奉文仍由海運提前趕辦所有上海交兌一切事宜業奉詳委卑府等赴滬設局總辦並將開局日期呈報在案伏查漕糧爲

天庾正供例應慎益加慎因時制宜預爲籌議方期周妥上屆米色不能純潔以致津門交兌維艱今屆務當認眞查驗力圖整頓痛除積弊卑府等荷蒙委任敢不實力整頓現經酌擬章程十二條開摺詳送祈賜轉詳批示祗遵計呈淸摺等情據此查覈摺開各屬愼選好米並不准包運包交又嚴禁丁役尅扣水脚船戶攙水等弊又剳船經由蘇省釐卡請逐船給發印旗驗放三條業已由局通飭遵辦並經覈入外辦章程詳明又商船耗

米請在滬覈出二成三成先行給價一條亦經由局專文詳請
作爲籌備餘米各在案所稱概不僱用東衞等船一條原屬慎
重米石起見特恐甯沙船隻不敷不能不兼僱他船以資協運
查衞船到津以本地土著辦本地兌卸往往於進口之時先期
使水並勾通剁船戶任意舞弊上年承運衞船米色類多蒸變
李長合一船追賠米石迄未清了是衞船斷不可用至山東登
油子船似尚堪以裝載倘先儘甯沙各船裝運之外尚有不敷
惟有照章仍僱用東船以期無悞運務其餘七條由局覈正均
屬妥協自應一律照辦除批示外謹將該局條議章程照錄靑
摺備文詳送伏祈
憲臺俯賜察覈批示爲此備由呈乞

照詳施行須至呈者

計呈送

清摺一扣

謹將酌擬滬局現辦章程開呈

憲覈

計開

一僱集牙行司事務求實數也查本屆滬局海運奉飭不設外局而牙行司事斛手人等向由外局奉諭紳董照章招僱現已會商各紳趕緊招集不准揑名頂充開具實在人數清冊報査以便臨期齊集趕兑

一商船先行編號挨裝也查歷屆海運沙船儘裝白糧甯船祇裝

漕糧甯船不敷裝運再用沙衞等船致有提前壓後及退諉爭先各弊現擬俟甯沙商船到後先行分編號數假如甯船編在第一號卽裝運第一號先到之剝船漕米沙船編在第一號卽裝運第一號先到之剝船白糧以次輪裝則該船無爭諉之端而前後亦歸畫一再如白糧約數已敷裝載將用賸沙船卽便附入甯船號內一併間裝漕糧

一各屬文米務飭相符也查各州縣剝運漕米往往先文報解而起運遲遲及至運米到滬與報數又不相符函催續解輾轉稽延應請通飭有漕州縣今屆文米並投併飭米數報解相符俾局一俟剝運到滬卽會同省委大員查驗米色並查實到米數若干按號標派商船趕緊斛兌不得以虛米而占實船反使後

批實到之米在旁等候致有脫節

一不設外局統由委員督同辦理也查滬局辦理海運內外局本有原建之屋上屆因借辦浙鹽局以致外局仍借民房本屆奉飭不准另設外局自應員紳歸併一處辦理現雖鹽局尚未移設他處惟有酌量勻住俾便辦公叉向章外局紳董給發鈐記今屆既不設外局統由內局委員督率紳董分司其事所有鈐記應毋庸給發一切公事及呈報米數報單統用委員關防仍隨時會督各紳董悉心籌辦不特租屋之價可省諸事較便稽察亦周

一商船受兌後不准逗遛也查米船兌竣之後往往遷延時日逗留浦江今擬一經兌竣具領水腳等銀給發聯單後限令十日

內裝齊二成貨物由局派員押令起椗駛出吳淞口開赴十滧守風放洋倘敢藉詞遷延即提耆舵究懲俾免逗留盜賣耗米等弊

一剝運米船改泊地方也查承運浙漕海船向與江蘇各船分埠停泊各縣起運剝船向泊董家渡之對港白蓮涇口該口入浦便而地甚僻凡有攙水等弊往往於此現擬以小南門外碼頭之東爲各縣剝船駐泊之所碼頭之西停泊甯沙各船該處浦面寬濶既無擁擠之虞交兌亦便並可時時稽察杜其攙水情弊

一移派𩋬船於白蓮涇口駐泊防範並稽察舞弊也查松太浙鹽局現有𩋬船駐泊浦江梭巡私鹽各縣起運米剝皆由南浦而

來今擬移請浙鹽局派撥礮船二三號沿浦稽察駐泊白蓮涇口防範兼查剝船潛渡攙水該口本為塲私出没之地巡鹽察弊事屬兩便

其餘各條不全載

浙江海運省局爲詳請事竊據滬局總辦委員王守維圻虞令慶瀾等詳送條議摺開運津糧米向章漕糧每石給商耗八升白糧每石給商耗一斗全數運津以備抵補如有盈餘聽候津局給價收買留補正漕之不足不准私自變賣而歷屆承運商船每有將商耗並不隨正運津是以上屆於交兌時漕糧嚴出餘耗三成白糧嚴出餘耗四成塡入聯單如赴津交卸收不足數著令賠繳而該船等兵燹之後情形竭蹶仍蹈故轍將商耗私先變賣以致抵津交卸短絀辦理實多掣肘今屆擬請於漕糧商耗提出二成白糧商耗提出三成由滬局照時價先行給價收買於聯單註明照時價收買米若干字樣則該船既免拮据而糧米無虞短少如所買之米再繳不足數責令照時價倍

罰應給商耗米價並請於津局收買餘米經費項下扣存等情
到局據此伏查商船耗米原令全數帶津以備抵補沿途折耗
並備抵正供不足之用是以抵津交足正供之後尚有盈餘聽
候津局給價收買一併運通惟近來該商船每將商耗先行變
賣殆盡上屆商船到津竟致餘耗稀少無可收買固由於該商
船之擅自變賣亦由兵役之後情形拮据致使先糶圖利惟正
供攸關津交短缺籌補爲難自應酌量每漕米一石籌備餘米
二升白糧一石籌備餘米三升由滬局查照各船裝米數目於
商耗項下按時價收買作爲籌備餘米即於聯單內註明籌備
餘米若干石倘到津繳不足數准如該滬局所呈加倍罰賠其
向來商耗仍照出漕糧二成白糧三成註入聯單一併運津聽

候津局委員收買如到津收不足數卽由津局委員稟候糧道
就近察量情形分飭買補賠繳仍照章給予價值似此籌備有
資餘耗仍行收買該商船不能藉口苦乏
天庾正供自不致再虞短缺合將籌備餘米緣由備文詳請仰祈
憲臺俯賜察覈迅賜批示飭遵再此項經費卽由滬局開支俟
事竣後分別覈辦合併聲明爲此備由呈乞
照詳施行須至呈者
同治五年十二月十四日詳奉
撫憲馬　批所擬係爲上籌正供下恤商船起見尚屬可行仰
卽轉飭滬局委員妥爲辦理仍飭將買米價值各數稟報察覈
毋違餘并悉繳

浙江海運省局爲詳明事案奉

憲臺批本局詳漕白二糧籌備餘米並向來商耗仍行收買示遵等緣由奉批所擬係爲上籌正供下恤商船起見尚屬可行仰即轉飭滬局委員妥爲辦理仍飭將買米價值各數稟報察覈毋違餘并悉繳等因奉經札飭滬局遵辦去行茲據該局詳稱商耗米石由滬提成先行給價收買作爲籌備餘米每裝漕米一石籌備餘米二升白糧一石籌備餘米三升自應查照各船裝米數目按照時價收買現在畀府等確訪時價酌定以白糧每漕斛米一石給價錢三千文漕糧每米一石給價錢二千四百文照價由滬收買倘到津繳不足數加倍罰賠其向來商耗仍覈出漕糧二成白糧三成一併註入聯單飭令全數運津

以備抵津收買似此籌備有資餘耗仍行收買庶不致再虞短
絀等情前來查所議收買籌備餘米價值漕米定以二千四百
文一石白糧定以三千文一石尚屬平允應請照辦合將滬局
收買餘米價值具文詳明仰祈
憲臺俯賜察覈爲此備由呈乞
照詳施行須至呈者
同治六年二月初八日具詳奉
撫憲馬　批如詳即飭收買仍將買過米數用過價銀造冊詳
報毋任浮冒繳

浙江巡撫部院馬　札海運省局知悉照得本屆漕糧仍由海運現在杭嘉湖三屬將次開倉收納卽須陸續剝滬交兌惟各州縣剝運漕糧到滬每有米色潮䅟多交秈米及沿途船戶使水發漲等弊以致到津米多黑黯交兌周章應卽委員赴滬查驗以杜弊竇而昭慎重除札飭正任台州府知府吳艾生先赴滬局會同王守等將各屬運到米石逐一確切勘明驗兌如有前項情弊卽速指名稟候嚴參究辦一俟驗收將竣再赴津局總辦外合并行知札到該局卽便一體飭遵毋違特札

同治五年十一月二十四日札海運省局

浙江海運省局爲移請飭追札飭追繳事准

糧道津次咨本年承裝浙省海運漕糧之徐德泰一船及承裝

白糧之宋隆茂胡福盛二船抵津驗卸

正供均交不足數現經由局將存倉米石籌補全完查該三船既非

在洋遭風又未斫桅鬆艙所短米石自應照數賠補現據稟求

俟回南補繳乞將聯單稅單照案給發庶可放空出口並具願

甘賠補切結送局備案等情除將聯單稅單先行標明覈發並

札行上海廳縣一俟三船回滬即押令原保稅行嚴督該船商

將所短漕白米石責令照數賠補由上海縣妥爲收存於下屆

仍交各本船搭運赴津外咨局查照一體轉飭遵辦一俟追繳

清楚希將完照轉給等因准此查徐德泰一船欠繳平斛漕米

一百三石一斗二升五合宋隆茂一船欠繳平斛白米七十石
八斗五升胡福盛一船欠繳平斛白米八十石九斗二升業由
津局將存倉米內籌補全完所短米石既據在津稟限回南補
繳查該三船均係上海沙船早經回南亟應趕緊追賠除移行
並將該三船完照存局一俟米石繳清再行飭發外
咨上海道
相應備文移請爲此合移
貴道請煩查照希卽飭令上海海防同知暨上海縣督令稅行
嚴押該三船速將短交漕白米石卽行如數斛交上海縣妥爲
收存俟本屆冬漕起運一併搭運赴津仍飭將米石繳清卽便
備文飛報以憑發給完照交由上海縣轉給望速施行

札海運滬局
合行札飭爲此札仰該局立卽遵照將該三船短交米石勒令尅日斛交上海縣妥爲收存俟下屆搭運赴津毋任稍有短少切切
札上海廳縣
合行札飭爲此札仰該廳縣立卽督令原保稅行嚴押該三船速將短交漕白米石卽行如數斛交該上海縣妥爲收存俟本屆冬漕起運一併搭運赴津仍將米石繳淸卽便備文飛報以憑發給完照交由該上海縣轉給切速切速
同治五年八月二十六日咨行

浙江海運省局爲咨明札飭事案查上屆承裝浙省海運漕糧之徐德泰一船及承裝白糧之宋隆茂胡福盛二船抵津交卸米不足數經津局將存倉米石籌補全完該三船旣非在洋遭風並不斫桅鬆艙所短米石自應照數賠補前經札行上海廳縣一俟三船回滬卽押令原保稅行嚴督該船商將所短漕白米石責令照數賠補由上海縣妥爲收存於下屆搭運赴津在案旋據滬局暨上海廳縣申復遵經飭據船主胡熙亭稟稱宋隆茂船短交白糧正耗米七十石八斗五升胡福盛船短交白糧正耗米八十石九斗二升批入聯單回南補繳今奉飭追遵經照數賠繳共計白米一百五十一石七斗七升出具恒祥米行棧票一紙并覈繳水脚五色曹紋銀四十九兩六錢七分出具裕

興錢莊銀票一紙呈請補運又徐德泰繳到漕米一百三石一斗二升五合水脚等項曹平銀五十三兩九分先後呈復前來茲又據滬局總辦委員王守等申報伏查徐德泰繳到平斛漕米一百三石一斗二升五合業經派裝沙船孫永茂搭運其宋隆茂船補繳平斛白米七十石八斗五升胡福盛船補繳平斛白米八十石九斗二升均經派裝沙船和長春搭運赴津等情到局據此查上屆承運商船徐德泰等短少米石業由津局籌補交倉所有現在各該船補繳各米搭裝沙船孫永茂和長春二船運津應即作爲本屆籌備餘米運通存倉相應備文咨明合行札知爲此

爲此合咨
札仰該局
貴道請煩查照一俟孫永茂和長春二船抵津即將搭運米石

一併照數驗收辦理施行須至咨者切切此札

同治六年五月　日咨札天津局

糧道

浙江海運省局爲移請事案據浙運滬局申稱竊准上海縣移
稱奉飭浙漕海運在上海大東門外建設局屋當時購得坐落
王家嘴角二十五保十六圖長字圩三十五號丁芝九丁椒材
隙地三畝九分四釐一毫又貼近同號之葛頁川地八分五釐
又長字圩三百十五號郁春華地二分共計購地四畝九分九
釐一毫所有地基錢糧每年應完若干請查明開數由浙局每
年解交完納等因奉經飭據管圖冊書稟稱遵查二十五保十
六圖號領底冊內丁芝九戶名計有三戶祇其田一畝九分九
毫並無丁椒材之名若將是號內丁姓鈕經堂兩戶併算共計
四畝一分二釐九毫田更盈多不符至貼近同號葛頁川亦無
其名祇有葛貽德兩戶共田八分五釐分數雖符而戶名不對

再三百十五號郁春華地二分是圖祇一百四十四號爲止且
無郁春華戸名是以五年冬漕未及收除列冊仍照原戸承糧
理合遵諭簽冊稟請轉移滬局查覆飭遵以便於今屆錢糧內
收正開報等情到縣據此查貴局購置十六圖地畝建設滬局
所開局基原戸圩號畝分因何與縣冊不符移請查覆等因除
移請原辦之員前辦滬局王守慶勳查明辦理外申祈察覈等
情前來當經札飭原辦滬局委員王守慶勳逐一細查稟覆茲
據該守稟稱轉據原辦紳董王慶模稟稱遵查海運局所買丁
極材丁芝九葛頁川郁春華等戸名田額其丁極材郎係長字
圩三十五號之丁鋤經戸名方單共二畝二分二釐葛頁川郎
係同號之葛貽德戸名方單八分五釐郁春華郎係長字圩三

百十五號之郁成觀戶名方單二分丁芝九二三戶卽係同號之
本戶名方單一戶一畝四分九釐六毫一戶二分二釐五毫統
共買丁葛郁等田額共四畝九分九釐一毫所稱丁芝九戶名
方單三紙查局中所買二紙內方單一紙計田一分八釐八毫
係另有人承糧不涉運局之事據稟前情合肅稟覆等情到局
據此查浙運滬局基地原戶圩號畝分旣據原辦滬局委員王
守飭據原辦紳董王慶樸覆查準確所有畝分名戶應卽照依
查覆確數分別更正俾免日後影射其地基錢漕每年應完若
干應卽開數呈由本浙局解交除飭上海縣遵照外擬合移知
貴道請煩查照卽便轉飭上海縣照依原辦委員查明準確戶
爲此合移

名畝數逐一更正俾免影射並飭將應完地基錢糧每年若干

開送以便附解望速施行

同治六年七月初五日移

上海道

浙江海運省局司道爲酌議海運滬局收兌章程詳請
憲示事竊查浙省同治七年海運六年冬漕業奉
諭旨催令提前趕辦並奉
大部節次行催轉行到局遵卽飛飭杭嘉湖三府屬縣務照往
屆格外提前妥速徵運並督飭各局員將應辦一切事宜悉心
籌畫陸續趕辦除將應行詳請
奏咨各案及外辦章程另行分案詳請
奏咨外伏查滬局派船驗兌諸務雖有成案可循其有未盡周妥
之處自應隨時預籌以期愼益加愼查各屬運米遲延往往虛
報起運日期而船戶丁書加以沿途逗遛偷盜攙和使水其弊
不可勝言且剝船到滬後隨處停泊不但漫無稽考卽驗兌殊

多掣肘又查白糧一項交行包舂代辦各縣既不能親臨查驗
各該行惟利是圖率以醜米混交逐船駁換兌務因而遲滯今
冬米數較多擬責成該行等承攬承交庶就近可以易換至商
船派裝米石甯船應以進口之先後編號沙船即以移浙之日
一律編號挨次派裝庶船商無所藉口而兌務可期迅速謹酌
議章程六條開摺備文詳送仰祈
憲臺俯賜察覈批示以便通飭祇遵爲此備由呈乞
照詳施行
計呈 淸摺一扣
謹將海運滬局收兌章程六條開呈
憲鑒

一各縣運米到滬須明定限期也杭嘉湖各屬距滬均祗數百里往往剝運漕糧遲至兼旬累月始行到滬各縣固不免有虛報起運之弊而船戶丁書沿途逗遛偷盜攙和均由於此擬請自本屆爲始飭有漕各州縣概不准先期虛報起運統限剝船日行七十里各按程途遠近限定到滬日期一面起運一面將船戶花名及押運丁書姓名年貌開具細冊並註明經由路逕限定日期及每石實給水腳錢文數目專人賫送滬局查覈由滬局查明剝到之期扣除正限再給餘限三日如在餘限三日以內查無弊竇從寬免究如在三日以外卽將船戶按其逾限日數加倍枷號滿日責放押運丁書分別懲治如有攙和使水情弊另行從嚴究辦

一各縣剝運到滬船隻請預期飭知定地停泊也黃浦江一帶江面寬濶船隻如鱗向來各縣剝到之米隨處停泊局中驗米並無定所查察難周擬自本屆爲始預期通飭有漕各州縣曉諭押運丁書務於小南門外浦江東岸張家浜地方停泊以爲候驗水次如不遵章停泊卽以未到水次論槪不驗收緣該處河面較寬較靜飭令滬局派員帶同巡船在彼梭巡可免剝船水手到滬攙和之弊

一各縣運到漕米請隨驗隨兌也各縣漕米一經該丁書赴局報到滬局刻卽將輪應派裝船名派出曉示局門傳知該船耆民同該縣丁書於次早在局隨同派出驗米之員赴次查驗如無駁換風晾各情卽著該耆民會同該縣丁書押同剝船開放至

商船泊處卽日眼同起斛如當日不能兌竣亦卽由該商船者

民用心看守勿使乘夜攙和以專責成而免諉卸

一無論沙船甯船宜一律編號挨次派裝也查甯船固有進口先

後日期而沙船由松海防廳咨送到局亦有先後日期自應與

甯船進口日期一律編號挨次派裝方足以昭公允擬請自本

屆爲始不准滬局將沙船與甯船分開各計各號遇各縣運到

漕米不分沙甯一律挨次派裝惟白糧向係專用沙船裝儎如

運到白糧而適值甯船應裝仍准將在後項號之沙船派裝亦

不准派及號數在後之沙船致令各商船均思請託先裝易滋

口舌

一各縣應交白糧宜飭報明何行舂辦仍責令丁書帶同行戶運

滬交兌也嘉湖等縣不產糯米本須採辦卽白糧一項亦因兵燹之後舂具不齊率多由近處米行代辦惟以拘於定例仍多詭稱自辦各縣旣不能親臨水次而代辦米行毫無責成置身事外往往惟利是圖日以醜米嘗試辦理轉多窒礙擬請自本屆爲始通飭嘉湖各縣將代辦白糧米行報明滬局取具該行承攬註明粳糯價值並辦定米樣一并封送責令該行自赴滬局聽候驗收如米色不符原樣卽著該行戸另行逃選換交以免影射仍嚴飭滬局禁止員董丁役人等藉端刁難需索倘行戸有掗交醜米不肯挑換等情亦卽由局提案究辦

一沙甯各船請由赴津董事隨同挑選也向來津滬各商船董事封僱船隻事宜在甯有甯船董事僱定押送到滬在滬則由滬

局員董挑選派裝追赴津交米間有短少米石則止由津董追繳誠恐在滬各董有明知船戶虧累情形恃無責成徇情濫派等弊擬請自本屆爲始所有甯沙各船均令赴津董事眼同封僱挑選凡有曾經無故短米等船概令剔除庶責成既專情弊較少

同治六年十一月初四日奉

撫憲馬　批所擬章程尚屬妥協仰卽通飭各屬遵照辦理此後各州縣如敢虛報起運以及丁書沿途偷盜攙和使水情弊卽行分別嚴參究辦其白糧一項既須行戶代辦倘以醜米混交仍惟該縣是問不能專諉之行戶轉令該縣置身事外也切切此繳摺存

浙江海運全案重編目錄

新編卷六

放洋巡護事宜

撫院行准驗米大臣咨請嚴飭水師迎護並取專任分任職

意巡護

名

浙撫咨送浙漕三批放洋船名米數清冊

浙撫奏商置輪船並籌辦綢梢等船巡護出力請獎

浙撫奏甯商捐置輪船巡護捐資出力請獎

浙撫片奏新漕巡護仍用商捐寶順輪船

浙撫咨明浙漕護運仍用商置寶順輪船

東撫片奏南省漕船二次進口放洋日期

東撫片奏三次江浙漕船收口放洋數目

浙江巡撫臣馬新貽跪

奏爲恭報海運漕船頭批兌竣開行日期仰祈

聖鑒事竊照浙省同治五年起運四年冬漕計漕白正耗米共一十九萬五千七百餘石經臣酌議章程併仍用商置輪船出洋巡護緣由次第陳

奏在案一面嚴飭各州縣趕徵運滬尅期交兌並飭署糧道王凱泰由陸赴滬查驗米色隨卽北上茲據海運滬局委員補用道候補知府王慶勳等稟報頭批漕白米六萬九千餘石已裝兌完竣定於二月十二日起陸續開至崇明十滧地方候風放洋

稟請具

奏前來臣查頭批米船既已兌竣開行指日卽可揚帆北上除飛

咨江蘇山東直隸各督撫臣轉飭沿海水師實力迎護各船米數清冊現飭趕造詳咨各海船先抵津門而米冊未到各船均有三聯印單可憑按數兌收無虞舛錯此外各批米石飛飭上緊運兌接續放洋外謹照案繕摺由五百里馳

奏伏乞

皇太后

皇上聖鑒謹

奏

同治五年二月二十三日具

奏奉

旨戶部知道欽此

浙江巡撫部院馬　爲詳送覈咨事據海運省局司道詳稱竊照本屆起運浙漕共十九萬五千七百餘石擬作三批放洋所有兌足首批放洋米船共三十六隻計裝漕白正耗米六萬九千八百六十七石八合七勺業將開放日期據情詳請察覈
奏咨在案玆據滬局總辦王守等詳送首批放洋船名米數清冊
前來相應詳送分咨
欽派驗米大臣暨
直隸
駐津倉場督憲轉飭天津道及駐津坐糧廳并請咨送
漕憲查照等情到本部院據此除分咨外
咨
直隸督院
漕呈
欽派驗米大臣
相應咨明呈
爲此咨呈台咨

欽派驗米大臣謹請貴部堂請煩查察照施行
計咨送冊一本
咨駐津倉場督院
相應咨送爲此合咨
貴部堂請煩查覈並祈轉飭天津道及駐津坐糧廳一體查照
施行
計咨送冊三本
同治五年三月初五日咨

浙江巡撫　部院馬　爲欽奉事同治五年三月初八日接准
兵部火票　遞到
戸部咨開　雲南司案呈內閣抄出浙江巡撫馬　片奏本屆海
運漕糧業已分批赴滬糧道定於正月二十四日帶印起程北
上緣由附片一件同治五年二月十八日軍機大臣奉
旨知道了欽此欽遵抄出到部于二十一日由浙江司付司前來相
應恭錄
諭旨由五百里飛咨浙江巡撫卽將頭批放洋日期以及米數船數
查明專摺奏報其浙省需用寬大沙船應一併行知江蘇巡撫
飭屬趕緊預備至江蘇海運漕糧前經該省奏明於三月內抵
津而放洋日期迄今已屆二月下旬尚未奏到應一併由五百

星飛咨江蘇巡撫趕緊督催放洋一面專摺奏報並知照漕運
總督可也等因到本部院准此查浙省頭批放洋米數日期業
經本部院分別
奏咨在案茲准欽奉前因合就轉行爲此仰該局查照准咨奉
旨事理卽便移行知照毋違
同治五年三月十一日行海運省局

浙江巡撫部院馬　爲詳請覈咨事據海運省局司道詳稱竊查商船受載漕白糧米運至天津海洋遼濶難保無盜匪竊發自應沿途防護以期周密歷屆均經詳請飛咨各省督撫提鎮轉飭沿海水師各按汛地分派將弁兵丁一律巡防護送在案今屆海運自應循案辦理除經彙入章程請

旨勅下各督撫提鎮水師迎護外理合詳請分咨

直隸兩江督憲山東江蘇撫憲暨江南浙江提督　直隸天津山東登州總鎮　蘇松定海總鎮轉飭沿海水師各按汛地多撥哨船分派將弁兵丁巡防護送不得虛應故事所有島嶼處所夜間多掛號燈日間多竪號旗俾商船停泊守風不

致迷於所向並請聲明浙省運糧商船各號旗仍照向章杭屬黃旗黑字上加紅帶嘉屬紅旗黑字上加藍帶湖屬藍旗紅字上加黃帶書明某府某州縣海運糧船第幾號以便易於識認等情到本部院據此除分咨外相應咨明爲此合咨

貴部（門鎮）請煩查照希即轉飭遵辦望切施行

同治　年　月　日咨

直隸　兩江督院　直隸天津　山東登州鎮
山東　江蘇撫院　蘇松　定海
江南　浙江提督

浙江巡撫部院馬　爲詳請飛咨事據海運省局司道詳稱竊照本屆應運漕白糧米奉文仍由海運共實應起運米十九萬五千七百一十四石三斗七升一合三勺業經詳奏咨在案茲據浙漕海運滬局稟稱本屆海運米石擬分三批放洋現據各州縣陸續剝米來滬逐日交兑計頭批起運漕白交倉正耗及經剝商耗等米六萬九千餘石配裝孫常泰等三十六船現定於二月十二日起飭令陸續開至崇明十滧地方候風放洋等情前來除另文詳請察覈具

奏外惟查歷屆海運米船放洋均經詳請分咨

各省督撫提鎮轉飭水師營弁沿途接護本屆自應循案辦理相應詳請飛咨

山東直隸江蘇督撫憲並各提鎮轉飭沿海水師營弁遵照出洋實力巡
護並請分咨
浙江提督定海總鎮一體查照向章分飭水師加意巡護俾昭
愼重實爲公便等情到本部院據此除分咨外相應咨明爲此
合咨
貴部堂軍院鎮門請煩查照希卽轉飭遵辦望切施行
同治　年　月　日咨
直隸督院　直隸天津
兩江督院　山東登州
山東撫院　蘇松
江蘇撫院　定海　總兵
江南提督
浙江提督

浙江巡撫部院馬　爲詳送覈咨事據海運省局司道詳稱竊
照本屆起運浙漕共十九萬五千七百餘石擬作三批放洋業
將首批放洋日期及米數船名先後詳請
奏咨在案所有兌足二批放洋米船共三十隻計裝漕糧正耗米
六萬三千九百一十四石六斗九升二合一勺亦將開放日期
據情詳報亦在案兹據滬局總辦王守詳送二批放洋船名米
數清冊前來相應詳送分咨
欽派驗米大臣暨
直隸駐津倉場督憲轉飭天津道及駐津坐糧廳并請咨送
漕憲查照實爲公便等情到本部院據此除分咨外
咨 直隸督院 呈 欽派驗米大臣

同治五年案　浙撫咨送浙漕二批放洋船名米數清冊

相應咨明合咨
呈爲此咨呈
貴部堂請煩查照施行
欽派驗米大臣謹請察
計咨送冊一本

咨駐津倉場督院
相應咨送爲此合咨
貴部堂請煩查覈並祈將所送天津道及駐津坐糧廳之冊迅
賜轉發天津道及駐津坐糧廳一體查照望速施行
計咨送冊三本
同治五年三月十三日咨

浙江巡撫臣馬新貽跪

奏爲恭報浙江本年海運糧船全數兌竣放洋恭摺奏祈

聖鑒事竊照同治五年起運四年漕白二糧及耗剩經剩等項共米一十九萬五千七百一十餘石分作三批放洋經臣督飭省局司道嚴催上緊徵兌旋據各州縣陸續運米抵滬經滬局委員王慶勳等稟報頭批起運米六萬九千八百六十七石零裝兌完竣於二月十二日起陸續開至崇明十滧放洋經臣馳

奏在案尚有未完各批米石當卽嚴催各屬漏夜運兌截至三月二十日止將二三批糧米共一十二萬五千八百四十六石零先後兌竣陸續開至崇明十滧候風放洋赴津交卸統計前後配裝商船九十四隻全數起運據滬局委員王慶勳稟請具

奏前來除飛咨漕運督臣直隸山東江蘇各督撫臣轉飭水師將

備帶領兵船沿途接護實力巡防以保無虞並飛咨

欽差驗米大臣倉場侍郎暨行知升任臬司現署糧儲道王凱泰及

津局委員查照辦理外際此時交初夏南風司令仰賴

聖主福庇旬日之間定可安抵津門足以仰慰

宸廑合將本年浙省海運漕船全數兌竣放洋緣由謹繕摺馳

五百里馳

奏伏乞

皇太后

皇上聖鑒謹

奏

同治五年三月二十三日具

奏奉

旨戶部知道欽此

浙江巡撫部院馬　爲詳請覈咨事據海運省局司道具詳竊查浙省同治五年起運四年分漕白糧米共實應起運米一十九萬五千七百十四石三斗七升一合三勺分作三批放洋業將首二批放洋日期並造具船名米數清冊轉請察覈分别奏咨在案兹據滬局總辦委員王守慶勳稟報三批起運漕糧米六萬一千九百三十二石零配裝船二十八隻於三月二十日起飭將兌竣各船催令陸續開駛崇明十滧地方候風放洋赴津交卸等情到局據此伏查本届起運漕白米石連前共計配裝商船九十四隻均已一律分批全數起運除另文詳請覈奏外相應據情詳請祈賜察覈分咨

欽差驗米大臣暨

戶部

倉場督院查照并請飛咨

（山東 兩江 江蘇 直隸）督撫憲並各提鎮轉飭沿海水師營弁遵照出洋實力巡

護並請分咨

浙江提督定海總鎮一體分飭水師加意巡護等情到本部院

據此除分咨外相行咨（呈 明）飛咨（呈）爲此合咨

貴（部 部堂 軍門 鎮）（大臣謹請察照 請煩查照）施行

希即飛飭沿海水師營弁遵照出洋實力巡護望速施行

同治五年（三 四）月（二十九 初六）日咨

欽派驗米大臣

戶部

（倉場 直隸 兩江）督院

山東
江蘇撫院
直隸
江南
浙江提督
直隸天津
山東登州
福山
狼山鎮
定海
蘇松

浙江巡撫部院馬　爲咨行事同治五年三月二十七日接准
兵部火票遞到
欽差駐津驗米大臣單　咨開查歷屆海運漕糧放洋北上均責成
沿海水師迎護遞送以昭慎重本屆海運業據江浙奏明照案
由商捐置火輪各船在東南洋面巡緝並咨行沿海各督撫轉
飭水師一體防護盜艇應自斂戢惟查歷年失事各船均在石
島地方其東北等處洋面各省水師員弁如何布置周妥嚴密
巡防以及專任何人分任何人未據咨報刻下海運米石候風
放洋一遇風色順利即可連檣北上海洋防衛在在均關緊要
應飛咨浙江巡撫嚴飭水師鎮將督率員弁各按所轄洋面逐
島搜捕勿任盜艇潛匿並于米船經過處所梭織巡查逐程迎

護務期聲勢聯絡俾米船行走迅速安穩抵津是爲至要仍將
專任分任各職名咨報查覈倘各該水師員弁藉端諉卸稍致
疎虞卽將該員弁從嚴叅辦應飛咨貴撫部院可也等因到本
部院准此查此案前據該局具詳卽經分咨轉飭一體迎護在
案今准前因除再分咨外合就轉行爲此仰該局卽便查照毋
違

同治五年四月初二日行海運省局

浙江巡撫部院馬　爲詳請覈咨事據海運省局司道詳稱竊
照浙漕三批全數起運米六萬一千九百三十二石六斗七升
五勺配船二十八隻業將開放日期據情詳請察覈分別
奏咨在案茲據滬局總辦王守慶勳詳送放洋船名米數清冊前
來合將送到清冊轉請察照前詳分咨查照等情到本部院據
此除分咨外
咨呈漕直隸督院
欽派驗米大臣合咨
相應咨明爲此合咨呈咨呈
貴部堂請煩查
欽派驗米大臣謹請察照施行
計咨送冊一本
咨駐津倉場督院

相應咨送爲此合咨

貴部堂請煩查覈並祈將所送天津道及駐津坐糧廳之冊迅

賜轉發天津道及駐津坐糧廳一體查照望速施行

計咨送冊三本

同治五年四月初六日咨

浙江巡撫臣何桂清跪

奏爲海運漕米全數放洋請將籌辦巡護尤爲出力各員籲懇

天恩先予獎勵以昭激勸恭摺奏祈

聖鑒事竊照本年江浙兩省新漕并清查捐輸米石仍由海運前因

洋面不靖據浙江甯波商人李容等捐買粵東輪船一隻公舉

鄞縣稟生盧以瑛籌辦一切巡護事宜先於咸豐五年五月初

旬探得福建石牌洋面有廣艇盜船三十餘隻竄至山東直隸

奉天一帶海口肆行刦掠以致兩省承運商船不能回空南下

該商等公舉慈谿縣生員張斯桂督率輪船於六月初旬自甯

波出洋巡哨七月初五日在奉天復州洋面擊沉匪艇五隻擊

漏二隻擊壞八隻十四日在山東蓬萊洋面擊沉匪艇四隻燒

燬六隻擒獲一隻擊斃盜匪四十餘名生擒三十八名解送登州府訊辦十八日在石島洋面擊沉匪艇一隻先後救出被圍回空商船三百餘號二十二日回至上海續由職員曾學時張斯臧督率輪船帶同勇船於二十九日巡哨至浙江石浦洋面擊沉匪艇二十三隻斃盜三百餘名溺死無數九月十三日在岑港洋面擊沉釣船三隻匪船一隻十八日復由分缺先用訓導費廷豪督帶輪勇各船在瀝港洋面擊沉釣船四隻斃盜十四名生擒五名統計南北兩洋擊燬匪艇五十八隻起獲四千觔以上大礮四尊二千觔至六百觔大礮十三尊所有水勇口糧以及置備器械各項經費俱係甯商捐資辦理嗣奉

諭旨該船不准駛赴北洋復飭據兩省紳商王慶勳俞斌等會議上

海商人亦捐置輪船一隻請於漕艘北上時以一船駐泊江南

佘山洋面守住北洋門戶以一船在南洋梭織巡護使盜船不

能北上卽漕船可保無虞經臣據情具奏奉

旨遵行旋據署江蘇松江海防同知童景會上海縣知縣王芳會稟

據上海商董郭長祚等轉據管帶蘇省輪船候選從九品姚曦

稟稱十二月初九日在江南白沙洋面轟沈盜艇兩隻生擒盜

匪十一名救出難民十名餘匪落水身死又在落伽山洋面擊

沉盜艇四隻盜匪盡行淹死十五日在團山洋面擊沉盜艇兩

隻生擒盜匪陳阿有等送交上海縣衙門訊係滬城漏網餘匪

當卽正法所有出洋一切經費亦係滬商捐資辦理惟輪船祇

准巡護南洋復經漕臣邵燦委浙江試用知府前江蘇同知何

紹祺馳往上海勸諭該商等捐辦綱梢船二十隻配勇五百名由何紹祺督飭福建補用知縣蕭縉候選從九品姚曦管帶出洋駛赴山東直隸天津各海口往來梭巡節次擊沉盜船數十隻殲斃盜匪數百名而江南佘山以內洋面遼濶誠恐是項勇船難以兼顧又由浙省海運滬局添備白殼釣船十二隻配勇二百四十名經滬局委員楊裕深派令候選衞守備俞奎管帶在佘山以內實力搜捕現在江浙洋面一律肅清兩省漕船連檣北上毫無疎失所有在事出力各員自應擇尤先行奬敘以昭激勸據海運省局司道詳請具

奏前來合無仰懇

皇上天恩俯准將鄞縣廩生盧以瑛以訓導不論雙單月儘先選用

浙江試用知府何紹祺歸入候補班補用并請俟補缺後再行
送部引
見候選衛守備俞奎
賞加都司銜福建補用知縣蕭縉改發浙江歸入候補班補用候選
從九品姚曦留於浙江歸入籌餉新班補用并請免繳分發銀
兩以示鼓勵其餘巡護出力稍次各員弁并甯滬捐資各商由
臣劄飭甯紹台道蘇松太道分別查明彙案另行續請獎敘外
理合恭摺具
奏伏乞
皇上聖鑒訓示謹
奏

咸豐六年五月初三日具

奏六月十九日奉到

硃批另有旨欽此

浙江巡撫臣晏端書跪
奏爲甯商捐置輪船巡護海運漕糧查明捐資出力各員籲懇
天恩獎勵恭摺奏祈
聖鑒事竊照咸豐五年浙省漕糧仍行海運前因洋面不靖經甯波
商董捐置輪船配勇出洋巡護漕船七百餘號連檣北上毫無
疎失爲歷屆所未有當經前撫臣何桂清查明籌辦巡護在事
出力之試用知府何紹祺等先行
奏獎聲明其餘巡護出力各員弁并甯滬捐資各商查明另請獎
敘欽奉
諭旨著照所議辦理等因欽此欽遵在案兹查甯波輪船董事鹽課
司提舉銜李容等先於咸豐五年四月間捐買粵東輪船一隻

置備礮械選募水勇並經紳商江蘇補用同知俞斌等籌議章
程設局經理嗣聞山東一帶洋面盜匪聯幫肆刼商賈不廸承
運漕糧之沙甯各船未能回空南下當遣生員張斯桂督率輪
船出洋剿捕又遣董事盧以瑛馳赴吳淞會同滬商增募壯勇
該董事等另又添僱勇船派令候選訓導費廷豪同知銜曾學
時從九品銜張斯臧生員張斯安俊秀張文理吳浩費鳴鶴等
督同駕駛出洋會合輪船跟蹤痛剿歷次擊沉燒燬盜船多隻
轟斃及生擒盜匪多名迨咸豐六年漕船北上該紳董等復添
僱大小勇船十二隻駛赴江南佘山一帶梭織巡護漕糧安抵
津門計自五年四月起至六年六月止所需輪船價值暨置備
礮械選募水勇添僱勇船各項經費共用銀二十二萬餘兩除

各商捐墊銀一十二萬五百餘兩不計外李容等捐銀九萬九千五百兩該紳董捐資出力應請從優奬敘至輪船收泊甬江爲洋商雜處之所經甬東巡檢姚紹唐彈壓稽查俾商民相安無事著有微勞應請一併奬勵等情由海運省局司道准據署甯紹台道段光清甯波府知府張玉藻查明詳請具

奏前來何桂清未及覈辦卸事臣接准移交查甯波紳董購買輪船出洋捕盜復巡護海運漕糧所需船價經費均係該紳董捐資辦理洵屬好義急公甬東巡檢姚紹唐彈壓輪船亦屬在事出力自應分別奬敘以昭激勸臣謹酌擬奬勵等差開列清單

恭呈

御覽合無仰懇

天恩俯准給予優敘之處出自
鴻施謹繕摺具奏伏乞
皇上聖鑒訓示再滬商捐置輪船護運出力各員應由江省督撫臣
查明請奬合併陳明謹
奏
謹將甯商捐置輪船巡護海運漕糧查明捐貲出力各員酌擬
奬勵等差開列清單恭呈
御覽
鹽課司提舉銜李容五品職銜貲綸鋕同知職銜盛植琯知府
銜江蘇補用同知俞斌合捐經費銀六萬兩均請
賞戴花翎

分缺先用訓導費廷豪捐經費銀一萬兩請
賞帶藍翎並加五品銜
不論雙單月儘先選用訓導盧以瑛捐經費銀六千兩生員張
斯桂同知銜曾學時各捐經費銀五千兩從九品銜張斯臧捐
經費銀六千兩生員張斯安捐經費銀四千兩俊秀張文理捐
經費銀一千兩俊秀吳浩捐經費銀一千五百兩俊秀費鳴鶴
捐經費銀一千兩查盧以瑛巡護出力前經
奏奬今復捐銀六千兩更見急公報効自應另行奬敘盧以瑛請
以同知不論雙單月即選張斯桂張斯安均請以復設訓導不
論雙單月分缺先選用曾學時請加運同銜張斯臧請加同知
銜張文理請給予縣丞銜吳浩費鳴鶴均請以把總即用

六品銜候選縣丞鄞縣甬東司巡檢姚紹唐請
賞戴藍翎
咸豐七年二月初四日具
奏二月二十五日奉
上諭晏端書奏查明商置護運輪船捐資出力各員開單請奬一摺
上年浙江省辦理海運甯波紳董捐置輪船出洋巡護所有捐資
出力各員均應量予奬敘鹽提舉銜李容五品銜費綸鋕同知銜
盛植琯知府銜江蘇補用同知俞斌均著賞戴花翎候選訓導費
廷豪著賞加五品銜並賞戴花翎候選訓導盧以瑛著以同知不
論雙單月卽選生員張斯桂張斯安均著以復設訓導不論雙單
月分缺先選用同知銜曾學時著賞加運同銜從九品張斯臧著

賞加同知銜俊秀張文理著賞給縣丞銜吳浩費鳴鶴均著以把
總即用六品銜候選縣丞巡檢姚紹唐著賞戴藍翎以示鼓勵該
部知道單併發欽此又清單內同日奉
硃批覽欽此

浙江巡撫臣馬新貽跪

奏再查海運漕船放洋歷經甯滬商董各捐置輪船一隻配勇出洋巡護本年甯波船商能否一律捐置輪船護運已飭查議俟覆到另行酌辦經臣於籌議來歲新漕海運章程內聲明在案茲據省局司道詳稱據甯商紳董職員張廣埏盧以瑛覆稱查甯商前置寶順輪船爲護運巡洋之用前經

奏明並歷屆海運向於運船赴北時派定滬局輪船巡緝北洋其佘山以南一帶洋面均由甯局寶順輪船巡緝現在管駕輪船督率巡護係同知銜候選知縣張斯安經理其事該船於上年修理後船身完固船上礮火器械及各勇等均各齊備足資巡護此次辦理海運自應遵照舊章甯船赴滬由張斯安管駕寶

順輪船護送過滬一面仍在佘山洋面往來梭巡以截南來盜艇俟各船受兑放洋陸續護送實力巡防以昭慎重等情轉詳

請

奏前來臣查歷屆海運漕糧均用商置輪船會同巡護現在甯商輪船既據修備完整自應仍飭照章護送俾運務益臻周密除飭俟商船放洋隨時實力巡護並咨江蘇督臣轉飭遵照外理

合附片陳明伏乞

聖鑒謹

奏

同治四年十二月十二日附片具

奏奉

旨知道了欽此

浙江巡撫部院馬　爲詳請察覈

奏咨事據海運省局司道詳稱竊前奉憲飭查海運漕糧從前甯商置備輪船護運是否尚存等因當因飭令查議尚未復到先行詳覆並於請

奏章程內聲明浙漕停運數年甯波船商能否一律捐置輪船護運之處現飭查議俟復到另行酌辦名在案茲據甯商紳董職員張廣埏盧以瑛復稱查甯商前置寶順輪船爲護運巡洋之用業經

前撫憲　奏明並歷屆海運向於運船赴北時派定滬局輪船巡緝北洋其佘山以南一帶洋面均由甯局寶順輪船巡緝現在管駕輪船督率巡護係同知銜候選知縣張斯安經理其事

該船於上年修理後船身完固船上礮火器械及水勇等均各齊備足資巡護此次辦理海運自應遵照舊章甯船赴滬由張斯安管駕寶順輪船護送過滬一面仍在佘山洋面往來梭巡以截南來盜艇俾各船受兌出洋陸續護送實力巡防以昭慎重伏乞轉詳覈奏並據鄞縣轉稟各等情前來相應詳請附

奏並咨明

兩江督憲江蘇撫憲轉飭遵照實爲公便等情到本部院據此除分別

奏咨外相應咨明爲此合咨

貴部堂院請煩查照希即轉飭遵照施行

同治四年十二月十八日咨

兩江督院
江蘇撫院

山東巡撫臣閻敬銘跪

奏再本年江浙兩省漕糧由海運津前據報江蘇漕船收口放洋日期當經附片

奏明在案兹又准登州鎮總兵周惠堂並據該管道府稟報自三月十一日起至二十八日止江蘇吳縣孫同泰常熟縣彭利福奉賢縣江永順黃德和金同福長洲縣俞增利謝源盛江源與華亭縣金長興金源利婁縣金萬利震澤江陰兩縣陶德泰震澤縣泰同順江陰縣江祥增金匱縣鈕聚發南滙縣陸福利川沙廳尹利泰無錫縣金裕甯楊協發昭文縣年增利王濟川青浦縣張義源太倉州張合泰並浙江秀水縣費大年桐鄉縣恩順吉嘉善縣金裕興平湖縣高公順漕船二十七隻陸續收口

與前次進口之武和順周永福鈕聚泰漕船三隻先後放洋由
水師將弁護送北上風帆順利等情除飭將續到漕船隨時迎
護催趲外理合附片奏
聞伏乞
聖鑒謹
奏
同治五年四月二十六日在東平州行營附片具
奏五月初四日軍機大臣奉
旨知道了欽此

山東巡撫臣閻敬銘跪

奏再本年江浙兩省海運漕船前據報收口放洋日期當經兩次

附片

奏明在案茲又准登州鎮總兵周惠堂並據該管道府稟報自四月初六日起至二十六日止江蘇南滙縣蔣德利婁縣張福興元和縣利發順江陰縣蔣德順昭文縣金永吉朱福增上海縣張源順沈長利奉賢縣金萬泰萬源順吳江縣源福順長洲縣白泰源成德順崑山新陽二縣成源順浙江桐鄉德清二縣金寶昌石門縣李長合漕船共十六隻隨時收口蔣德順等十一隻當卽放洋由水師將弁護送北上朱福增沈長利金萬泰成德順李長合五隻尚未出口等情除飭催朱福增等五隻趕緊

出口放洋並將續到漕船隨時迎護催趲外理合附片奏

聞伏乞

聖鑒謹

奏同治五年　月　日具

奏奉

旨知道了欽此

浙江海運全案重編目録

新編卷七

津局事宜

欽派驗米大臣

直督片奏江浙海運漕糧派委道員赴津會辦

直督片奏海運漕船駛進天津海口

直督咨送派撥弁兵於海口導引稽查銜名

浙撫咨覆驗米大臣天津查驗米色仍由王署糧道辦理

撫院行准驗米大臣咨一切日用伙食盤費毋庸由局動支

糧道呈覆米色未能圓潔委係田禾受傷加以海氣薰蒸所

致

驗米大臣會奏抵津現辦大概情形及到口船數

驗米大臣等片奏稉米間有黑丁如續驗過多咨飭另厫分

存

驗米大臣會奏續進口沙船及驗剩米數並飭限交剩船

驗米大臣奏續報驗收運通米數並趕辦情形

驗米大臣片奏進口沙船觸漏所有溼米難於全令賠補由

江省酌辦

糧道給發承運回空商船一律全免北稅執照

糧道詳覆三口通商大臣派委員董在於米船停泊水次巡

查

糧道諭飭各米船遵照章程停泊

浙撫咨明粵撫津局總辦委員郭守俟事竣赴粵

倉場咨明

東陵各衙門應撥米石數目

倉場咨明

東陵各衙門應需米石粳米內應扣長支數目

倉場咨撥給

東陵各衙門米石不敷白粳於江省米內找齊備案

驗米大臣奏江浙海運同治四年漕白糧米驗收全數完竣

駐通驗米大臣奏江浙兩省漕白糧米由津運通一律驗收

完竣

津局呈報撤局日期

奉天府尹咨金吉祥船米寄囤牛莊早經運津

驗米大臣片奏留修原額滿料剝船三百零六隻增費趕修

戸部議奏直隸試造湘鄂二省應解剝船工價並木料免稅

戶部片奏江西應造剝船由直省代造並提漕折應用

浙江海運省局爲詳請委辦事竊照浙省本屆漕白糧米前奉
諭旨仍行由海運津遵經設立海運省局詳委各員次第經辦並飭
委候補府王守等赴滬設局總理裝兑海船事務各在案惟查
天津交米事極繁冗凡伺值
欽憲驗兑以及排船編號勾查銀米收買餘耗起除氣頭艙底填發
單照監兑起剝在在均關緊要歷屆遴派諳練之員隨同糧道
由陸赴津設局經理現已開漕自應遴委總辦及分司各員俾
資襄理查補用知府鄗式昌老成幹練候補知縣虞慶瀾熟諳
周妥堪以委令隨同糧道赴津會同總辦津局事務又處州府
同知常紱補用同知朱其昂試用縣丞周鋭傳憑從九品裘雲
章錢振衡堪以委令隨同赴津分司各事又津局文案繁多亦

須派員經理查有前衢州府江允康堪以隨同赴津委辦文案詳
相應具文詳請仰祈
憲臺俯賜察覈批示遵行至此外尚須添委各員容俟隨時詳
報爲此備由呈乞
照詳施行
同治四年十二月初二日奉
撫憲馬　批如詳准予分別委辦繳

浙江海運省局爲呈報事竊照本屆海運天津交米事務業經
詳委補用知府部式昌補用同知候補知縣虞慶瀾赴津設局
總辦并分委各員幫同經理在案惟查歷屆海運均經刊刻關
防飭發行用令屆自應照辦現已傳匠刊刻浙江漕糧海運津
局木質關防一顆飭發帶津行用以昭信守除札發外理合備
文呈報伏祈
憲臺俯賜察覈爲此備由呈乞
照驗施行
同治五年正月二十三日呈
撫憲

浙江海運省局爲呈報事竊照浙省本屆起運漕白糧米業奉
諭旨仍行由海運津除移行甯波道府縣將在甯之蜑船三不像等
船趕緊立攬封僱務於年內一律駛滬候兌外查甯船抵津彈
壓水手稽查交兌收買餘米繳發單照事務極爲繁重非熟諳
老手不克勝任查有甯波紳董楊學賢自浙漕辦理海運以來
業已多次押運抵津照料甯船各務極爲熟悉經辦亦頗周妥
本屆自應仍飭該董先期航海押運赴津照章經理俾資熟手
除諭飭運同銜楊紳董遵照辦理外擬合呈報仰祈
憲臺察覈爲此備由呈乞
照驗施行
同治四年十月二十三日呈

撫憲

浙江海運省局爲呈報事竊照本屆新漕仍由海運業經飛飭
各屬提早開倉妥速徵運一面招雇甯波之蜑船三不像船駛
滬候兌並請由蘇省移撥沙船濟用各在案惟商船到津彈壓
水手稽查交兌收買餘米繳發單照事極繁重所有天津照料
甯船各事業已諭飭紳董楊學賢先期航海赴津經理其沙衛
各船抵津一切交兌彈壓各事宜自應另派紳董赴津照料方
資周妥茲查有州同銜朱其恕堪以諭令前往除諭飭該紳董
遵照赴津辦理外理合備文呈報伏祈
憲臺俯賜察查爲此備由呈乞
照驗施行
同治四年十二月初一日呈

撫憲

浙江海運省局爲呈報事竊照天津口岸洋船林立所有浙省
海運商船抵津交卸糧米船隻衆多並水手人等嘈雜既恐擁
擠又慮滋生事端難免有交涉洋人之件必須專派紳董照料
方資周妥兹查有候選同知劉森熟悉洋務情形堪以諭令前
往天津會同津局員董加意照料除諭飭該紳董遵照外理合
備文呈報伏祈
憲臺俯賜察覈爲此備由呈乞
照驗施行
同治五年正月二十三日呈
撫憲

浙江海運省局爲呈報事竊據滬局總辦王守申報竊卑府前奉飭委會同朱丞總辦海運滬局交兌事宜遵卽抵滬設局會同辦理在案嗣朱丞續奉委赴天津分理交米事務茲准該丞於三月初一日搭坐輪船會同押運楊朱二紳由滬起程前往天津所有滬局會辦事務交卸清楚並無未了事件合將在滬起程日期申報察轉等情到局據此相應據情轉報仰祈

憲臺俯賜察覈爲此備由呈乞

照驗施行

同治五年三月初八日呈

撫憲

浙江海運省局爲呈報事竊據海運天津局總辦委員卽補知
府郭守式昌虞令慶瀾申稱竊奉飭委赴津總辦浙江海運交
米事務並奉頒發津局關防一顆祇領起程於三月初五日抵
津於十三日設立海運天津總局卽於是日開用津局關防除
將應辦一切事宜次第籌辦一俟
欽憲蒞津隨同糧道憲逐船驗卸外合將設局開用關防日期申祈
察覈等情到局據此相應據情轉報仰祈
憲臺俯賜察覈爲此備由呈乞
照驗施行
同治五年四月十六日呈
撫憲

戶部謹

奏爲驗收江浙海運漕白糧米先期奏請

欽派事竊查歷屆辦理海運均循案奏請

欽派大臣分駐津通會同倉場侍郎驗收良以海運米石向係僱用

商船尤宜兌收妥速免致羈候以示體卹而廣招徠也上年浙

漕停運蘇省祗起運米三十餘萬石經臣部奏請

欽派大臣驗收本年江浙兩省起運漕白正耗米不下六十萬石前

經署兩江督臣李鴻章等於海運章程摺內聲稱近年沙船停

歇較多僱募不易須令回帆迅速應仍由臣部屆時奏請

欽派等因仰奉

俞允在案茲於二月二十九日據署江蘇撫臣劉郇膏奏報江蘇海

運現兌竣米船一百隻共裝交倉漕白正耗米一十四萬二千六百七十八石零並隨裝沙船經剝食耗等米搭運籌備二升餘米於二月初十日開至崇明十滧乘風放洋北上又於本月初三日據浙江撫臣馬新貽奏報浙江海運頭批漕白米六萬九千餘石於二月十二日起陸續開至崇明十滧放洋各等情

應即遵照向章先期奏請

欽派大臣一員及倉場侍郎一員會同駐津驗收俟有天津鎮道呈報沙船抵津信息即行率同隨帶司員前往天津查驗至通州

驗收米石事宜並請

欽派大臣一員會同酌通倉場侍郎照案辦理謹將內閣等衙門一二品大員及倉場侍郎各銜名分繕三單恭呈

戶部謹

奏爲驗收江浙海運漕白糧米先期奏請

欽派事竊查歷屆辦理海運均循案奏請

欽派大臣分駐津通會同倉場侍郎驗收良以海運米石向係僱用

商船尤宜兌收妥速免致羈候以示體卹而廣招徠也上年浙

漕停運蘇省祗起運米三十餘萬石經臣部奏請

欽派大臣驗收本年江浙兩省起運漕白正耗米不下六十萬石前

經署兩江督臣李鴻章等於海運章程摺內聲稱近年沙船停

歇較多僱募不易須令回帆迅速應仍由臣部屆時奏請

欽派等因仰奉

俞允在案茲於二月二十九日據署江蘇撫臣劉郇膏奏報江蘇海

運現兌漩米船一百隻共裝交倉漕白正耗米一十四萬二千六百七十八石零並隨裝沙船經剝食耗等米搭運籌備二升餘米於二月初十日開至崇明十滧乘風放洋北上又於本月初三日據浙江撫臣馬新貽奏報浙江海運頭批漕白米六萬九千餘石於二月十二日起陸續開至崇明十滧放洋各等情應即遵照向章先期奏請

欽派大臣一員及倉場侍郎一員會同駐津驗收俟有天津鎮道呈報沙船抵津信息即行率同隨帶司員前往天津查驗至通州驗收米石事宜並請

欽派大臣一員會同稽通倉場侍郎照案辦理謹將內閣等衙門一二品大員及倉場侍郎各銜名分繕三單恭呈

御覽所有照案奏請
欽派緣由謹繕摺具奏伏乞
皇上聖鑒謹
奏
同治五年三月初五日具
奏本日奉
上諭戶部奏查驗海運漕糧先期奏請派員一摺着派單懋謙鍾岱屆期前往天津認眞查驗兌收其通州驗收米石事宜着派阜保會同宋晉辦理欽此

直隸總督臣劉長佑跪

奏再查南漕由海運津向係

奏明派委道員會同天津道設局總辦本年江浙兩省漕糧同時

由海運津事務紛繁自應派委幹練之員前往辦理茲查有試

用道博多宏武才具穩練熟悉漕運事宜堪以前赴天津會辦

除檄飭遵照外謹附片具

奏伏乞

聖鑒謹

奏

同治五年二月二十七日附片具

奏奉

旨知道了欽此

直隸總督臣劉長佑跪

奏再查江浙兩省漕糧由海運津應辦一切事宜前飭天津鎮道

分別妥爲辦理並

奏明飭委候補道博多宏武前往會辦在案茲據天津鎮道呈稱

准大沽協轉據海口各營稟報探得到口漕船一隻查係江蘇

省船戸沈恒治裝運上海縣漕糧三千石於三月初八日駛進

天津海口等情呈報前來除仍飭該鎮道將海運漕糧妥爲經

理認眞稽查並督飭各員弁隨時哨探俟有續到船隻妥爲迎

護導引進口外所有本年海運漕船進口日期理合附片具

奏伏乞

聖鑒謹

奏

同治五年三月二十八日在大名府附

奏四月初六日在長垣縣盧岡集行次奉

旨知道了欽此

直隸督部堂劉　爲咨明事據天津海運局呈稱竊照本年江浙兩省漕糧由海運津一切事宜悉照舊章派員辦理茲准天津鎮轉據各營將管駕哨船迎護導引各委弁兵丁銜名造具清冊咨送到局覈與歷屆成案相符擬合具文詳送查覈分咨轉飭查照等情據此除咨

江蘇撫院外相應咨送爲此合咨

貴部院煩請查照施行

計開

海口中右後左營奉派在於攔江沙內外駕船導引漕船稽查器械僱覓民船二隻每船帶兵官一員兵丁二十名共官兵四十二員名內

署中右營額外外委王希舟
署後左營額外外委劉開泰
兵丁四十名內
中右營兵丁二十名
後左營兵丁二十名
以上官兵四十二員名自本年三月十三日漕糧頭船
進口之日起派往供差合併聲明
同治五年六月十二日咨
浙江撫院

浙江巡撫部院馬　爲飛咨事同治五年三月二十三日接准
兵部火票遞到
欽派驗米大臣工部正堂單　咨開前據浙江巡撫馬　奏報海運
漕船頭批開行摺內聲稱派委糧道王凱泰由陸赴滬查驗米
色隨即北上等語查王凱泰前已奉
旨升任浙江按察司所有查驗米色現在改派何員未據該撫咨報
本部堂奉
命赴津驗收海運漕糧查驗米色係糧道專責應由五百里飛咨浙
江巡撫迅將改派員名咨報本部堂以專責成可也等因到本
部院准此查現署糧儲道陞授浙江按察使王凱泰業經本部
院附片

奏明督運赴津一時未能赴任所有按察使員缺查有鹽運使高
卿培堪以署理在案其查驗米色應仍由王署道辦理茲准前
因除咨覆
欽派驗米大臣單　查照外合就轉行爲此仰該局查照准咨事理
即便知照毋違
同治五年三月二十四日行海運省局

浙江巡撫部院馬　爲咨行事同治五年三月二十七日接准

兵部火票遞到

欽差駐津驗米大臣單　咨開本部堂奉

命駐津驗收海運米石所有本部堂及隨帶司員等一切日用伙食

以及盤費等項均係自行備帶毋庸由南北各局動支薪水銀

兩爲此移咨貴撫部院查照可也等因到本部院准此合就轉

行爲此仰該局查照准咨事理卽便知照毋違

同治五年四月初二日行海運省局

撫院行准驗米大臣咨一切日用伙食盤費毋庸由局動支　同治五年案

浙江按察使署督糧道爲遵札呈覆事本年四月二十九日奉

憲臺札開查漕糧米石理宜一律乾潔以期慎重倉儲同治三

年奉

上諭漕糧爲天庾正供例應乾潔沙船受僱裝運責有攸歸豈容有

霉變攙和等弊等因欽此兹查本屆漕糧自驗收以來江省驗過

漕米八萬七千九百餘石內有黑色者已逾十分之四浙省驗

過漕米四萬五千九百九十餘石內有黑色者已逾十分之三

是否原裝時米質本欠兼受海氣所致抑或沙船戶有攙和等

弊合亟劄行浙江糧道刻卽查明前情據實呈覆以憑覈辦事

關漕政毋得稍有含混稽延切切等因奉此遵查浙省杭嘉湖

三府屬自被兵之後土曠人稀各縣田畝雖經竭力設法勸墾

糧道呈覆米色未能圓潔係因受海氣黴蒸致　同治五年案

奈新墾之田土氣旣薄兼值夏秋之間先被水淹繼受蟲傷以
致米色未能一律圓潔半多青腰白臍業經
本省撫憲
奏明在案第米質旣嫩一經裝兌海船封悶艙中數月之久米身
卽已發熱復加海氣薰蒸到津之米致有變色委係實在情形
並非船戶攙和所致緣奉前因理合據實呈覆仰祈
憲臺察覈再此後時交霉汛氣候愈熱米質愈恐受傷至白糧
一項例應首先放洋裝兌愈早儲艙更久且米質又較漕糧柔
嫩雖有蔴袋仍慮蒸變現在全數抵津似尚須提前驗兌合并
陳明爲此備由呈乞
照驗施行

同治五年四月二十九日呈

驗米大臣單
倉場侍郎綜鍾

驗米大臣工部尚書臣單懋謙
倉場侍郎臣鍾岱跪

奏爲驗收海運南糧謹將現辦大概情形及到口船米數目恭摺

奏祈

聖鑒事竊臣等奉

命赴津驗收江浙海運漕糧於三月二十八日跪聆

聖訓後率同隨帶司員坐糧廳監督於四月初三日起程初四日由通州登舟沿途察看北運河水勢雨澤短少來源欠旺率多淤淺其通中一汛更甚當將該汛汛弁撤任另派委弁實力疏濬仍劄通永道嚴飭漕運通判認眞刮挖俾利漕行沿途因風阻滯於初十日始抵津郡維時江蘇浙江各糧道及南北局委員均已陸續到齊隨卽督飭司員及坐糧廳監督會同直隸江蘇

浙江各總局將水次查驗兑收事宜趕緊籌辦一面札飭天津鎮道督率員弁於沙船進口查收器械時認眞盤詰不容匪徒溷跡亦不准水手人等上岸閑游滋事其外雇水手未列護照者安置海口俟該船卸空出口時再行帶回又紫竹林新關爲洋商輪船停泊之所並咨三口通商大臣轉飭各洋商留心緩行免與沙船磕碰以重漕糧卽於十二日傳集商船耆民當面較準斛隻並親赴河干查驗剝船十三日率同司員及坐糧廳監督南北局員將抵次各船次第查驗米色雖未一律而大致乾潔者尚多除氣頭艙底起除淨盡外遇有蒸熱飭令實力風晾俟覆驗後再行斛收該商船應領二成免稅印單及回空裝貨南下應給免稅印照臣等於驗米後當面發給該耆民等感

戴

皇仁倍形歡忭其經剝應領銀兩由南省備帶移交坐糧廳監督天津道封固送呈臣等當堂給發以免胥吏尅扣致啟經剝串通偷漏剝船受載後嚴密封釘加貼坐糧廳印封經臣等嚴定章程倘有折動即將船戶送交刑部治罪至每起派員押運爲第一要務臣等面諭天津道直隸總局揀派廉幹人員沿途實力稽查以杜弊竇所有頭起剝船已於十四日開行現據海防同知呈報截至四月十二日止到口沙船二百七十三隻裝漕白米四十一萬七千餘石仰賴

聖主洪福風帆順利必能早登

天庾上慰

宸廑所有臣等奏報抵津日期及現辦大概情形並到口船隻數目

恭摺具

奏伏乞

皇太后

皇上聖鑒再初十日津郡得雨寸餘未能深透麥田尚屬秀潤商民

亦極安謐合併陳明謹

奏

再查此次海運漕糧數日來經臣等逐艙詳驗江蘇粳米雖大

致尚可而蒸熱未退之米間有黑丁者較浙省爲多詢之兩省

糧道及耆舵人等僉稱實因去歲秋收時適遭陰雨米質較嫩

顆粒未能一律堅整一經海氣薰蒸致有前項情事等語臣等

詳加體察自係實在情形現在督飭認眞挑晾不准以蒸熱之
米即行兌刹至將來續驗之米如有黑丁過多者即咨商戶部
倉場衙門飭令各倉監督另廒分存以重倉儲而免弊混除另
行隨時查奏外謹將現在查驗緣由附片陳明謹
奏
同治五年四月十七日具
奏奉
旨戶部知道欽此

驗米大臣工部尚書臣單懋謙
倉場侍郎臣鍾岱跪

奏爲續報海運沙船進口暨驗收剝運船米數目恭摺奏祈

聖鑒事竊臣等驗收江浙漕糧業將抵津辦理大概情形於四月十

七日繕摺奏

聞在案茲據海防同知呈報截至五月初一日止江蘇連前抵口沙船二百十四隻裝漕白米二十九萬二千七百九十四石浙江連前抵口沙船九十一隻裝漕白米十六萬七千六百石臣等催提到次逐日親赴河干率同隨帶司員坐糧廳監督及南北局員按排查驗督飭監交監兌各委員將蒸變之米實力揭除溼熱之米認眞風晾免致剝船藉口任意使水偷漏又諭令該委員認眞經理嚴杜沙船剝船串通變賣等弊並飭坐糧廳加

添斛手天津道配齊剝船所有准起之米隨驗隨收趕緊裝運計自四月十三日起至五月初六日止共驗過米二十二萬六千三百餘石覈計正供已及十分之四運通官民剝船一千三百隻裝漕白米二十二萬二千四百六十餘石經臣等面諭押運員弁嚴密催查不准片刻停留俾得及早回空陸續接運惟查運務欲期迅速總以剝船足敷輪轉爲要所有直隸沿河各州縣失修缺額船二百九十七隻前經奏明統於五年正月間一律照數賠補倘有遲延卽行嚴參當此運務吃緊之際各州縣仍未齊交此外尚有應解抵補船七百六十八隻交者更覺寥寥殊屬玩延已極相應請

旨飭下直隸總督嚴飭沿河各州縣將應交船隻勒限一律交齊解

津供剝倘有貽誤即 行奏請嚴叅以肅漕政所有續到米船及
驗收剝運各情形謹 恭摺具
奏伏乞
皇太后
皇上聖鑒再津郡地方連次得雨深透麥秋可卜豐稔合併陳明謹
奏
同治五年四月初八日具
奏奉
旨另有旨欽此奉
上諭單懋謙等奏驗收剝運船米請飭直隸迅解船隻一摺直隸沿
河各州縣從前失修缺額船二百九十餘隻限令本年正月間一

補律照數賠補乃逾限已久各州縣仍未交齊此外尚有應解抵補船七百六十餘隻交者更屬寥寥當此運務喫緊之時豈容各該州縣任意延宕着劉長佑嚴飭沿河各州縣將應交船隻勒限一律交齊解赴天津應用倘敢再有貽誤即行從嚴叅辦欽此

驗米大臣工部尚書臣單懋謙跪
倉場侍郎臣鍾　岱
奏為續報驗收運通米數並現在趕辦情形恭摺奏祈
聖鑒事竊臣等前於五月初八日業將續到海運沙船暨剝運米數
繕摺奏
聞在案嗣據天津鎮道先後呈報浙江沙船九十四隻均已全數到
齊江蘇沙船共到二百三十一隻亦俱安穩抵津洵堪仰慰
聖懷所有抵汷各船臣等逐日提驗兌收並將籌備米石及南局收
買沙船餘米隨起搭運赴通截至六月初三日止連前共驗過
米四十四萬六千餘石計起運蘇省米二十五萬四千餘石浙
省米十三萬八千餘石覈計正供已逾十分之七惟查運務紛
繁弊端百出臣等督率坐糧廳及在事各員嚴密巡查拏獲沙

剝串謀賣籌及衛船使水舞弊情事當交南北總局嚴加懲治至由津運通官剝船戶沿途偷漏弊竇更多臣等驗兌沙船之米俱經督飭風晾乾潔而抵通後仍有潮雜虧短節經駐通驗米大臣查出多起將押運員弁記過摘頂船戶押回津次比追臣等嚴札天津道將虧短尤甚之船戶先行枷示河干以昭炯戒並將欠米勒限嚴行追比毋任顆粒有虧仍照章治以應得之罪一面就近在津另募殷實船戶接充承運以重漕糧至本屆官剝短少裝運不敷全賴回空迅速以資輪轉業經駐通驗米大臣定限五日抵津臣等復疊次派員沿河迎提晝夜催儹俾及早回空趕緊接運以期迅速蕆事上慰

宸廑所有續報剝運米數及趕辦情形謹恭摺具奏伏乞

皇太后

皇上聖鑒謹

奏

再查海運商船其在外洋失事沉没米石例准奏請豁免至進口後遇有擱漏沉失卽將溼米搶撈風晾如情形較輕尚堪食用者作爲餘米運倉其餘短缺及不堪裝運之米著落商船賠補歷經辦理在案惟本屆之餘米卽下屆之正供稍涉遷就卽恐有礙倉儲茲據江蘇糧道稟稱沙船戶孫遐福裝運江漕糧一千四百餘石進口後行至西沽地方因讓避輪船風緊溜急誤觸舊沉鳥船立時發漏當卽搶起溼米約計九百餘石督押船者晒晾呈請查驗前來臣等詳細查看米質觸手卽碎難

以裝運已飭該糧道照案辦理其虧短米數即由籌備米內補足第該船戶因避船誤觸並非駕駛不慎且船已損壞若再令全數賠補似不足以恤商情應由該糧道於該船回滬時如何酌籌以示體恤之處詳請江蘇巡撫酌量辦理理合附片陳明

謹

奏

同治五年六月初四日具

奏奉

旨知道了欽此

浙江按察使署督糧道爲給照驗放事照得本年江浙兩省海
運回空沙甯各船前奉
署兩江督憲李　會同
三口通商大臣崇　會奏請免天津牛庄關稅業奉
恩旨允准嗣據津局沙甯各船紳董具稟以商船運糧抵津交卸後
放空出口或往奉天牛庄或往錦州蓋州或往山東膠州石島
煙台利津大山等處販貨本無一定原奏内僅止聲明天津牛
庄並無他口字樣恐將來照驗有碍請將海運沙甯各船放空
出口無論駛往何處販貨回南應准一律全免北稅等情卽經
本道會詳
商憲崇　於同治五年四月十八日會同

兩江督憲李　具
奏四月二十三日奉到
軍機大臣奉
旨該衙門知道欽此除由
商憲分別咨行各口欽遵外茲查某船戸某人承裝同治四年
海運糧米若干石於五年某月某日照數交卸完竣現往某處
販貨回南合行給發免稅執照賫驗一俟該船回貨購齊卽將
此照呈請免稅驗放仍不准私裝違例貨物致干究罰關吏人
等亦不得留難需索切切須至執照者

浙江按察使署理督糧道爲遵札詳覆事竊奉

憲臺札知天津道會同海運總局委員等籌議辦理天津交米水次中外商船行泊各章程幷令南省多派委員紳董在下水欠米船停泊之所駐守稽查行道遵辦等因奉此除將籌議新章飭局刊刻簡明手諭按船曉示並專派熟諳委員候選同知劉森候補縣丞李樹安甯波紳董運同銜楊學賢沙船紳董候選從九品朱其恕乘駕小舟於下水次一帶往來巡查分段駐守外合將遵辦緣由及派委員董銜名備文詳覆仰祈

憲臺察查爲此備由呈乞

照詳施行

同治五年三月二十七日詳

商憲崇

浙江按察使署理督糧道諭海船各耆舵人等知悉案准

天津道咨奉

督憲轉准

總理各國事務衙門咨會以本年江浙並辦海運天津水次中外商船篠處行泊恐致互相磕碰所有

商憲酌定各章程合行明晰諭飭為此諭仰各船耆舵人等遵照務須照依後開章程辦理毋稍違延切切特諭

計開

一風神廟起至炮臺為上水次凡進口甯沙各船不論江蘇浙江由提調委員按進口先後挨次排列上水次二十四排以兩隻為一排其續進口之船在於新關以下為下水次應以一隻啣

糧道諭飭各米船遵照章程停泊　同治五年案

尾挨次停泊西岸靠邊拋錨寬留中泓俟上水次驗收幾排完竣即放空出口下水次重船挨次提排上水次候驗不准越次爭先

一回空沙船刨土處所現因輪船進口必須寬留河道只許在土城以下一帶挖載俾離重船較遠方不致彼此擁擠

一外國輪船進口有信該米船務須預爲留意并每船多留水手俾好照料

一自天津以至大沽河身灣處窄處概不准米船停泊其停泊處俱靠西岸仍須前後拋錨河面露出錨標免致磕碰

同治五年三月二十日

浙江巡撫部院馬　爲詳請覈咨事據海運省局司道詳稱案
於本年三月二十八日奉
新授廣東巡撫部院蔣　文開竊照本部院現在
奏調浙江試用知府郭式昌赴粵差遣所有郭守現辦天津海運
事務應請另行委員接辦並飭將經手事務交卸清楚卽行來
粵聽候差遣等因奉經移知糧道轉飭將經手事務交卸清楚
卽行前往赴粵其津局交米事件並飭在津總辦委員候補知
縣虞令慶瀾總司其事毋庸另委接辦並經呈明在案茲准糧
道津次遞到咨開據該守稟稱竊卑府　前奉
奏派赴津會同虞令總辦津局交米事務業經抵津設局將應辦
一切事宜次第籌辦並將已到沙甯各船漕白糧米逐日隨同

欽憲按船驗卸在案查浙省未到米船雖只十隻而已驗者僅有五
船一切公事有需時日既奉札調赴粤自應遵札趕緊交卸束
裝前往等情前來查該守現奉
奏調赴粤原應飭令趕速起程惟刻下海運漕糧陸續抵津正當
交兑萬緊之時實難遽行交卸除批飭該守暫緩起程一俟津
局事竣即行束裝赴粤外咨局呈覆等因准此查該守現准糧
道移知刻因海運漕糧正當交兑萬緊之時遽難交卸飭令暫
緩起程俟事竣再飭前往相應詳請咨明
廣東撫憲查照實爲公便等情到本部院據此相應咨明爲此
合咨
貴部院請煩查照施行

同治五年　月　日咨

廣東撫院

浙撫咨明粤撫津局總辦委員郭守俟事竣赴粤　三　同治五年案

倉場總督部堂　爲咨明事准戸部咨稱倉場咨詢
東陵等處應撥本年半分之半俸餉米數等因所有
東陵各衙門應需官員俸米照案在於江浙海運米內撥給兵役餉米
照案在於東糧內撥給先行知照倉場等因開列米數咨覆前
來查薊易二州白粳米向在江浙海運糧內輪派其薊州米石
向係薊遵豐三州縣僉派書役來通領兌由本部堂在於到壩
之漕白糧內派撥在案本年
東陵各衙門應需米石除粟米業已行飭山東糧道照數撥運外其江
米白米粳米自應仿照歴案在於到壩之浙江省海運漕白糧
米內撥給相應抄錄部咨同治五年分
東陵各衙門應撥米數開單咨明查照可也

計開

戶部咨

東陵各衙門官員應支半分之半米數

江米四十四石九升

白米三百九十一石六斗一升二合七勺五抄

粳米四百三十四石二斗五升五合七勺五抄

同治五年六月二十一日咨

浙江撫院

倉場總督部堂　爲咨明事查前准戶部咨照

東陵各衙門官員應食同治五年春秋二季半分之半俸內江白粳各色數目照案在於海運米內撥給等因本部堂因海運米石驗收過半是以按照部咨數目照案在於到壩之浙江海運漕白糧內先行撥給俾免遲延等因咨行各處查照辦理並飛咨

東陵承辦事務衙門飭將兌漕木斛星夜解通以憑較驗領兌各在案茲准戶部將應撥前項俸米各數咨令派撥前來除江米白米數目覈與前咨數目相符毋庸咨照外其粳米四百三十四石二斗五升五合七勺五抄內應扣除

定陵防禦哈福強阿前在驍騎校分內長支過米二石三斗六升七合外計實應撥粳米四百三十一石八斗八升八合七勺五抄相

應移咨

貴撫部院查照可也

同治五年七月初二日咨

浙撫部院

倉場部堂　爲咨明事查

東陵各衙門官員應食同治五年春秋二季半分之半俸內江白米數

前於海運浙省米內照案派撥當經咨行各處查照辦理並飛

咨

東陵承辦事務衙門飭將兌漕木斛星速解通以憑較驗領兌各在案

現在海運將次報完所有兌漕木斛疊經本衙門飭催迄今仍

未送轅較驗以致浙省米數不敷派撥除將運通白粳米一百

五十石及白糯米四十四石九升全數在於浙省撥給外其不

敷白粳米卽在於江省米內找齊以符原數相應咨明爲此合

咨

貴撫院煩爲查照備案施行

同治五年七月十三日咨

浙江撫院

驗米大臣工部尚書臣單懋謙倉場侍郎臣鍾岱跪

奏爲驗收江浙海運南糧全數完竣恭摺奏

聞仰慰

聖懷事竊查本年江蘇蘇松常太等府州屬並浙江杭嘉湖三府屬

起運同治四年分正供漕白糧米雇募沙船由海運津臣等奉

命駐津驗收業將驗收運通船米數目先後奏報在案計自四月十

三日開斛以來督率在事各員逐日驗收兌運先後共運通漕

白粳秈平斛米五十萬零八千四百五十七石二斗八升三勺

二撮輪用官民剝船二千九百七十七隻分作四十三起陸續

剝運並照案將籌備米石及收買沙船餘米先行抵正作收又

以歷屆存倉米石歸併覈計蘇省正供業經足額浙省全漕均

已完竣臣等復將該兩省起運米數督飭司員詳加覈算計江蘇應交倉漕白正耗並經紀耗米三十五萬九千七百八十三石八斗九升一合六勺除由津截撥本年易州供應

西陵漕白並經耗米九百八十四石八斗四合九抄三撮又以歷屆存倉漕白暨經耗米二萬八千五百三十二石三斗三升九合一勺抵正作收實運通漕白正耗經耗米三十三萬二百六十六石七斗四升八合四勺七撮浙江應交倉漕白正耗經耗並搭運贈耗申糙經耗米十七萬九千二百五十七石二斗三升三合四勺九抄五撮內以存倉漕米一千六十六石七斗一合六勺抵正作收實收運通漕白正耗經耗米十七萬八千一百九十石五斗三升一合八勺九抄五撮均於六月十四日一律驗

收全完並無短少統計兩省運通正耗經耗及由津截撥並存
倉抵補共平斛米五十三萬九千零四十一石一斗二升五合
九抄五撮此外由滬支給商船耗米四萬三千九百五十六石
四斗八升八合七勺由津支給剝船食米六千一百九十八石
九斗七升二合八勺一抄七撮覈與江省冊報起運米三十九
萬三千四百八十二石二斗一升五合三勺浙省冊報起運米
十九萬五千七百十四石三斗七升一合三勺九抄二撮之數
相符臣等伏思京倉儲備關係緊要全賴南糧源源接濟本屆
江浙正漕仰蒙
皇仁永減漕額裁汰浮收革除運費
恩施疊沛輸將維殷該督撫臣等均能仰體

聖懷籌辦海運竭力經營悉臻妥速分批放洋連檣北上此皆仰賴
聖主洪福風帆順利商船得以安穩抵津臣等督率驗收甫及兩月
償辦完竣欣幸之忱實無既極至該二省漕白米石臣等逐船
逐艙認眞查驗其悶蒸日久米色稍遜或閒有紫老黑丁米質
尙可者俱令挑晾乾潔覆驗兌收未便概予挑剔以恤商情仍
飭坐糧廳包封米樣帶通呈驗分別斛收其不堪裝運之米統
以餘米易換不敢稍事遷就以重倉儲津通經費均由各該糧
道攜帶來津飭令撙節支用並無不敷現在正漕既經足額各
局員役衆多亟應分別裁撤以節糜費在後續到江省尾船均
應撥歸籌備米石原欵存倉循照舊案責成天津道妥爲驗收
運通仍由江蘇糧道派委妥員辦理一切事宜並由倉場分別

奏報其剝船虧短米石臣等已嚴飭天津道迅速追清照數趕緊補運不准顆粒短欠以足原額至薊遵豐三州縣應撥本年

供應

東陵米石前准倉場侍郎臣宋晉來咨在於到通之浙江漕白糧內截撥應俟撥給完竣由駐通驗米大臣分晰奏報所有驗收海運漕糧全數完竣緣由理合恭摺奏

聞仰紓

宸廑再臣等於拜摺後即率同隨帶司員坐糧廳監督由水程回京

恭覆

恩命伏乞

皇太后

皇上聖鑒謹

奏同治五年六月十六日具

奏六月十八日奉

旨另有旨欽此同日奉

上諭畢懋謙鍾岱奏驗收海運南糧完竣一摺畢懋謙鍾岱着即回

京此後抵津之尾船米石即着責成天津道認真驗收報部欽此

駐通驗米大臣戶部侍郎臣皁保 倉場侍郎臣宋晉跪

奏為由津運通江浙兩省海運漕白糧米一律驗收完竣謹繕摺

奏陳恭覆

恩命仰祈

聖鑒事竊本屆通州驗收米石事宜前經欽奉

上諭派臣皁保會同臣宋晉辦理臣等自赴通驗收後業將橋壩之

章程米石之成色以及辦理一切詳細情形節次奏

聞在案茲查江蘇浙江兩省原運同治四年分漕白二糧共五十八萬九千一百九十六石五斗八升六合六勺除江省支給沙耗米二萬九千五百六十石八斗九合浙省支給沙耗米一萬四千三百九十五石六斗七升九合七勺八抄江省支給剝食米

四千一百三十七石五斗一升四合七勺浙省支給剝食米二千六十一石四斗五升八合一勺一抄七撮又本年易州應需

陵糈漕白米九百八十四石八斗四合九抄三撮遵於江蘇海運米內照數撥給外其餘江浙兩省漕白糧米經駐津大臣等分作四十三起陸續剝運赴通臣等率同隨帶司員坐糧廳監督及在事委員逐起認眞查驗挑晾篩颺一律乾潔覈與天津封送米樣相符然後斛收計自四月二十八赴通驗收起至本月二十六日止所有四十三起官民剝船均已驗畢除未經補足剝船欠米及剝船沉失米石另片奏明辦理又由倉場衙門遵照部咨撥給

東陵俸糈米石應俟該處赴通承領後另行報部查覈外實計通壩驗

收運倉江浙兩省漕糧正耗經耗等米共洪斛三十四萬二千三百四十六石四斗三升九勺四抄合平斛四十二萬七千九百三十三石三升八合六勺七抄五撮江省白糧正耗經耗等米共平斛五萬九千八十二石九斗七升九合二勺六抄浙省白糧正耗經耗等米共平斛一萬三千五百五十九石五斗九升九合七勺八抄合之江省上屆存倉抵正漕米二萬六千二百四十四石二斗二升一合二勺白米二千二百八十八石一斗一升七合九勺浙省上屆存倉抵正漕米一千六十六石七斗一合六勺覈與駐津大臣奏報之數相符與江浙兩省原報之數有盈無絀臣等伏查本屆江浙兩省正漕同時海運米數較上年加倍而額設剥船較上年減少且近來通惠河來源不

旺時虞淺阻驗收固不敢遷就轉運尤難免遲延臣等逐日黎
明親赴河干督同在事人員嚴加整頓力戒因循兩月以來仰
賴
聖主鴻福暘雨應時河流效順海運漕白糧米均已上實
天庾洵足仰慰
宸系其續到尾船米石已經駐津驗米臣畢懋謙等奏明抵交存倉
籌備餘米應俟剝運抵通後由臣宋晉與倉場侍郎臣鍾岱認
眞查驗至東省糧艘往屆章程如與海運同時抵壩由臣等奏
明會同查驗其到壩或先或後即由倉場侍郎查驗本屆東糧
現止德濟等幫挽過津關尚未抵壩其餘各幫並未過關計抵
壩更需時日應由臣鍾岱臣宋晉屆時認眞驗收臣阜保即率

同隨帶司員回京供職至調委各員除由倉場衙門照案酌留數員藉資差委外其餘即一概裁撤以節經費所有臣等驗收由津抵通海運米石一律完竣緣由理合恭摺具

奏伏乞

皇太后

皇上聖鑒謹

奏同治五年六月二十八日具

奏本日奉

旨知道了欽此

浙江海運天津總局爲申報事竊照浙省本年杭嘉湖三府屬漕白二糧及搭運贈耗米石由海運津蒙
奏委卑職等來津辦理交米事宜曾將抵津開局日期呈報在案兹海運米石業已掃數兌交完竣卸空商船亦各給予回照完單飭令出口回南所需一切經費均經分別支放清楚此外並無未了事件現於六月二十三日撤局合將撤局日期具文呈
報伏祈
憲臺察查爲此備由呈乞
照驗施行
同治五年六月二十三日申
浙江海運省局

盛京戶部侍郎兼管奉天府府尹額
奉天府府尹恩　爲咨明事竊據署海城縣詳蒙浙江糧道劄據甯波敦大北號商船費蓮橋稟稱前有金吉祥一船咸豐十年承裝新漕二千石由滬放洋駛抵天津適値海口被擾不能進口駛赴牛莊暫泊呈求將漕米卽在牛莊寄存縣倉俟下屆海運請由津局就近僱運等情除另僱衞船赴營剝運飭將金吉祥寄倉浙漕米石照數斛收等因遵卽飭查民倉並無寄存隨移查牛莊旗倉有無寄存去後旋准牛莊防守尉移送原卷內有金吉祥等船裝運漕糧正耗等米二千一百八十六石零呈請寄囤營口同興聲鋪內已於咸豐十一年二月十四日裝運赴津交兌訖除申覆浙江糧道查覈外請覈咨等情相應咨明爲此合咨

貴部院請煩查照施行須至咨者

同治六年二月二十五日咨

浙江撫院

戶部謹

奏為八旗兵丁甲米酌擬增給粳米本色以裕兵食而益市廛恭

摺仰祈

聖鑒事竊查京旗甲米每石內搭放粳米五斗稜米三斗五升粟米一斗五升係向來定章也自南糧減運倉存不敷節經隨時奏明分別折放同治四年七月五年八月間復經兩次奏請增給本色覈計現在章程每甲米一石開放粳米一斗粟五升其餘皆放折色以口分最優之米兵丁計之每石所領粳米亦不過數斗養贍實有未敷且兵丁赴倉關支以數斗之粳米僱車拉運腳價亦不合算屢欲議增本色因倉儲支絀未便更張現在海運南糧將次進倉而天時亢旱米糧翔貴民食維艱亟宜酌

量變通藉資補救查本屆江浙新漕除白糧及船耗不計外實
在交倉漕糧正耗共應七十餘萬石又各倉舊存粳米約十餘萬
石內除留備兩季官員俸米及內務府等處年例領欵外下餘
粳米當不下六十餘萬石若將兵丁甲米每石加放本色粳米
一斗尚可敷一年之用來歲各省漕糧果能力籌足額全數運
京則下屆新漕進倉接續開放自可無虞匱乏臣等公同酌覈
擬自本年七月開放廂黃旗甲米爲始將現時折放實銀之一
斗粳米改放本色餘均照舊關支計每甲米一石內開放本色
粳米二斗本色粟五升其餘粳米二斗五升稜米三斗五升粟
米一斗五升均各按例價以二成實銀放給似此次量爲變通
每季計添放六七萬石減放實銀九萬餘兩凡例領甲米五石

以上之兵丁所得稉米均敷一石口分較充領米較便而於京
師民食並可藉資沾溉部庫實銀亦可稍有節省矣至五營兵
米與甲米事同一律且爲數無多擬請一併加給開放其囚糧
孤貧米石仍照舊章毋庸議改如蒙
俞允臣部即行八旗都統及各該衙門遵照辦理並請
飭下有漕省分各督撫及漕運總督即將來歲河運海運各事宜認
眞籌畫提前趕辦以固根本以裕民食毋稍觀望遷延是爲至
要臣等爲兵糈緊要起見是否有當伏乞
皇上聖鑒謹
奏
同治六年五月十八日具

奏奉

旨依議欽此

驗米大臣工部尚書臣單懋謙 倉場侍郎臣鍾岱跪

奏再查海運欲期迅速總以剝船足敷輪轉為要近年來上海沙船承裝貨物皆為洋商夾板船裝運生計日就疲乏蘇浙海運雇募維艱若剝船再不敷用致令商船久候羈留愈形裹足於運務大有關係茲據天津道恒慶詳稱各州縣咸豐二年分承領原額江西剝船四百隻內除缺額賠補船九十四隻外扣至同治五年漕竣後實應滿料船三百零六隻例應查驗變價惟咸豐三年後江西湖廣等省均無排造剝船解津遞年短缺現在僅存官剝八百八十七隻若再不將滿料船隻一律加修來年南漕增多更形掣肘查同治四年挑留加修滿料船三百五十隻每隻奉部議給修費銀五十兩在於江蘇浙江山東等省

籌欵撥解此次畱修船隻應請援案具奏等因臣等伏查咸豐九年駐津驗米大臣全慶等奏請加修續增滿料船隻同治四年駐津驗米大臣載齡等奏請加修原額滿料船隻俱經戶部覆准令於天津鹽關項下先行動墊由山東生息江浙漕務各項籌撥歸欵等因在案今據天津道詳請畱修五年漕竣原額滿料船三百零六隻自係爲剝運要務起見應請

飭下戶部照案加增各船修費並將此項經費趕緊籌撥以便及時興修或仍照前次奏案在於鹽關各庫先行動欵籌墊再由山東生息江浙漕務項下歸還之處應由戶部酌量辦理並行令直隸總督轉飭天津道督率楊村通判責令各州縣於本年漕竣後趕緊興工修理務期工堅料實不准草率偷減限於來年

正月以前一律修整完固由該道驗收後取具保固年限印結

呈送戶部備查其各州縣應行賠補缺額船隻亦令該督嚴飭

各屬照數賠交以重運務理合附片陳明謹

奏同治五年六月十六日具

奏六月十八日奉

旨戶部知道欽此

戶部謹

奏爲遵

旨議奏事直隸總督劉長佑等奏試造剝船覈定工價一摺同治五

年八月二十七日軍機大臣奉

旨該部議奏欽此欽遵抄出到部據原奏内稱戶部議奏湘鄂二省

應造剝船令臣等就近籌辦查上年戶部議令江廣三省分造

續增剝船一千隻解直經湖廣督臣官文奏稱海船木料多出

關東自外洋通商海船大減料更有餘等語溯查嘉慶元年直

隸會經排造一次每船報銷銀二百五十兩因所用雜木甫屆

五年船皆破壞以後仍歸江廣排造剝船在内河撥用非南省

所產樫木不能經久今鄂湘兩省木缺價昂奏請量爲變通惟

有暫由直隸試造三百隻以應要需直隸原乏諳練工匠莫若
招商認辦較爲簡便現造成樣船一隻船身大小板片厚薄釘
眼數目油艌彩畫均照舊制工堅料實桅舵篷錨篙櫓纜索一
概俱全覈計工料鐵葉灰觔油艌等項除餘剩零星木皮變價
銀九錢貳分作抵外共實用庫平銀四百一十兩有零商人遠
出購料河運無期海運須用船載盤費不輕各關口請免納稅
並請照湖廣運船水腳酌給一半盤費銀二十兩二共庫平銀
四百三十兩有零直隸並無津貼之欵應請作正開銷限以來
年三四月一律完工呈交取具保結存案應領價值先發八成
餘俟完工交船驗無草率偷減再行烙印找發二成銀兩至新
造樣船已由臣崇厚驗明委係加式料實工堅惟估價太昂公

同再四籌酌將木料價值按九五折覈減銀一十三兩七錢三分七釐五毫實需木料銀二百六十一兩一分二釐五毫除木皮變價外每隻連工價一切共實需庫平銀三百九十六兩五錢九分九釐五毫再加一半盤費銀二十兩以此招商或尚不致貽誤惟查江廣例價二百三十四兩運直水腳銀四十兩又公攤津貼不敷銀二十六兩共銀三百兩現覈定工價四百一十六兩五錢九分九釐五毫較江廣多用銀一百一十六兩五錢有零實已節之又節勢難再減擬先排造三百隻以供來年撥運其餘七百隻請

旨仍飭江廣等省分造運直再新船三百隻計需銀一十二萬四千九百七十九兩八錢五分一釐經戶部覈定卽須籌備並請

飭下戶部作速照數指撥又木商赴江浙閩廣等省購買木料由海
運津經過大小關口應由戶部行文知照一體免稅放行各等
語臣等復查上年六月間臣部議覆載齡等奏請加修滿料剝
船摺內奏令江西湖廣三省照案墊欵分造續增剝船一千隻
解直應用又於議覆湖廣總督官文等奏鄂湘兩省無欵可墊
摺內奏令將該二省漕折銀兩內指撥銀一十五萬兩留充造
船經費嗣據官文李瀚章等奏請將酌提漕折銀兩解赴天津
由直委員排造等語復經臣部附片奏令直隸總督三口通商
大臣督飭天津道迅速籌議並令湖北將應解咸豐十年漕折
銀三萬兩同治元年漕折銀四萬兩同治四年酌提漕折銀三
萬兩共十萬兩湖南將應解同治元年漕折銀二萬兩同治四

年酌提漕折銀三萬兩共五萬兩委員解赴部庫抵充造船經
費等因奉
旨允准行知各在案茲據直隸總督三口通商大臣覈定價值奏請
先行排造三百隻等因前來查江廣排造剝船每隻合銀三百
兩內例價銀二百三十四兩六分五釐運直水腳銀四十兩作
正開銷又公攤津貼不敷銀二十六兩歸該省自行籌補今該
督等覈定工價銀四百一十六兩五錢九分九釐五毫均請作
正開銷查與例案不符惟所稱木植到處昂貴此次船身傷底
欖桅純用樫木料既耐久價自增多尚屬實在情形現計南漕
逐年增多剝船需用孔亟自應變通辦理相應請
旨飭下直隸總督三口通商大臣即如所議每隻工價庫平銀三百

戶部議奏直隸試造湘鄂二省應解剝船價票料免稅　同治五年案

九十六兩五錢九分九釐五毫加一半盤費銀二十兩共銀四百一十六兩五錢九分九釐五毫均准其作正開銷並令招募殷實養船商人趕緊認辦統限以同治六年三四月內一律完工呈交取具保結存案其應領價值先發八成餘俟完工交船驗明委係一律如式工堅料實再行烙印找發二成銀兩仍令該督等督飭天津道委員隨時查察倘有草率偷減卽將該商人從嚴懲辦工竣之日取具保固年限冊結送部並照例奏請

欽派大臣驗收仍將動用銀兩數目先行報部查覈所有應給工價銀一十二萬四千九百七十九兩八錢五分現據湖北省咨報已將同治四年酌提漕折銀三萬兩遴員趕解湖南省奏報已將同治元年漕折銀二萬兩同治四年酌提漕折銀三萬兩委

員解部共計報解銀八萬兩應令該督等照案在於天津鹽關
兩庫應解部庫銀兩內劃撥動用其不敷銀兩並請
飭下湖廣總督湖北巡撫仍將　臣　部前撥應解咸豐十一年漕折銀
三萬兩同治元年漕折銀四萬兩趕緊籌欵委員解部以濟要
需毋再藉詞延宕此項排造剝船雖經借動漕折銀兩仍應在
於東綱積欠生息銀兩內歸欵查山東運庫積欠部庫及天津
道庫共銀九十餘萬兩前經　臣　部酌提三十萬兩奏定分作三
年解部嗣據山東巡撫瀝陳東綱疲敝並因災緩徵情形經　臣
部議准自同治五年起於堰工加價內提銀二萬兩專解部庫
俟同治七年進關釐頭限滿啓徵每年再提銀二萬兩一併解
部交納所有本年應解之二萬兩現僅據該省解到銀七千兩

又報起程銀五千兩尚有未解銀八千兩應並令山東巡撫督飭運司遵照奏咨各案趕於十月內解齊以後務須年清年欵毋許蒂欠以清欵目其餘應造續增剝船七百餘隻除江西省應行分造船三百三十四隻另行附片奏辦外此外尚有應造剝船三百六十六隻應請

旨飭下湖廣總督湖北湖南巡撫遵照臣部上年六月開奏案先行籌欵趕緊照案均勻分造委員解直聽用毋再推諉所墊造費應由臣部於山東省報解酌提積欠生息銀內隨時劃抵歸欵至所稱木商赴江浙閩廣等省購買木料由海運津經過關口由臣部行文知照一體免稅放行一節亦應如該督等所請辦理准其將該商人購買木料經過各關免其納稅即由該督等

覈定需用木料數目給發印照並先期知照兩江湖廣閩浙各總督江西浙江江蘇湖北各巡撫轉飭各管關道俟該商人運木過關時驗明印照即將前項直隸試造剝船商人購買木料過關應納稅銀按照稅則免其交納迅速放行其天津海關一併免其納稅仍令各該督撫將前項免過木稅銀兩數目入於該關該年稅銀考覈案內作正開銷仍造具細數清冊專案報部查覈並於稅銀案內聲明覈辦毋稍含混以重稅課所有臣等遵議緣由謹繕摺覆奏伏乞

皇上聖鑒謹

奏同治五年九月二十二日具奏奉

旨依議欽此

戶部片

奏再據江西巡撫劉坤一奏稱前准戶部咨議覆天津驗米大臣
宗室載齡等請修滿料船隻案內奏令江西湖廣三省墊欵均
匀分造續增剝船一千隻解直應用等因當查江西照案應分
造船三百三十四隻共需內外銷工料運費銀一十二萬四千
餘兩彼時防剿喫緊且木商甚少採辦不易奏請暫行展緩嗣
准部覆江省爲產木之處應將分造剝船設法趕辦所需船費
在於應解上年漕折內提銀二萬兩其餘不敷之數即在積欠
漕折銀內提用派員購料興工妥速解津等因隨復督飭所屬
博訪周諮江西產木之處被賊砍伐殆盡材料甚稀縱使不惜
重價一時採辦爲難且剝船運津取道山東直隸該處切近捻

氛道途通塞無定中途阻滯抵津無期仍屬緩不濟急正在籌
議間適准部咨湖南湖北二省各應分造船三百三十三隻俱
因木缺價昂運道阻滯奏准量爲變通將部提漕折銀兩委員
解直造辦等因復查江西造船運送不易既與兩湖相同而木
植之缺時價之昂則視兩湖爲尤甚該二省既奏准變通江西
自可援照辦理除運費內外銷銀三萬一千八百六十餘兩應
行節省外其工料內外銷銀九萬二千四百三十九兩五錢一
分擬請遵照部撥在於應解同治四年漕折內提銀二萬兩其
餘銀七萬三千四百三十九兩五錢一分在於歷年積欠漕折
內湊足一併委員解京轉行天津兌收所有江省應造剝船三
百三十四隻統由天津就近購料排造備用惟江西同治四年

欠解並歷年積欠漕折銀兩已徵在官者軍需動用無存實欠
在民者委因兵災未完惟有俟軍需項下續有收欵無論錢糧
釐稅按照提充船費之數設法抽撥歸還漕折迅速委解不誤
天津排造之需等語同治五年九月初八日軍機大臣奉
旨戶部知道欽此欽遵抄出到部臣等伏查江西湖廣三省應造續
增剝船一千隻均經臣部奏令酌提漕折銀兩作爲造費嗣據
湖廣總督官文等以兩湖木鉄價昂船成運送尤爲不易奏請
將酌提漕折銀兩解京由直隸委員購料排造等因復經臣部
覆准行知直隸總督三口通商大臣籌辦在案茲復據江西巡
撫劉坤一奏稱江西造船運送不易既與兩湖相同而木植之
鉄時價之昂視兩湖爲尤甚該二省既奏准變通江西自可援

照辦理擬請將酌覈漕折銀兩湊足解京轉行天津兌收所有
江西應分造續增剝船三百三十四隻統於天津就近購料排
造備用等語查湖南湖北應造剝船由津排造一案現據直隸
總督奏請試造三百隻應用業由臣等另摺奏覆茲江西省木
鈌價昂運船爲難均與湖南湖北事同一律自應准其將酌提
漕折解京由直隸省成造備用相應請
旨飭下直隸總督三口通商大臣督飭天津道將江西省應造剝船
三百三十四隻迅速籌議排造所需造費數目及一切採辦事
宜均令查照代造兩湖船隻章程辦理至所稱江省承造此項
船隻內外銷工料運費需銀一十二萬四千餘兩此次由直隸
省排造除運費內外銷銀三萬一千八百六十餘兩應行節省

外其工料內外銷銀九萬二千四百三十九兩五錢一分遵於
同治四年漕折內提銀二萬兩其餘銀兩在於歷年積欠漕折
內湊足解京惟歷年積欠漕折均係軍需動用及兵災未完應
俟軍需項下續有收欵抽撥歸還迅速委解等語 臣 等查直隸
省排造剝船所需木植均須招商由外省購運至津是運費一
項仍係無可節省且江西省歷年積欠漕折銀兩數逾百萬所
需船費不過於欠項內酌提十分之一該省自當照數籌解應
請
飭下江西巡撫轉飭藩司將造船內外銷工料運費銀一十二萬四
千餘兩遵照前次奏案在於四年分漕折銀內提解銀二萬兩
其餘一十萬四千餘兩照數在於歷年積欠漕折銀內湊足迅

速趕解部庫轉撥天津應用統限同治六年二月以前掃數解
齊毋得以軍需動用及兵災未完藉詞延宕是爲至要所有臣
等議覆江西承造剝船請由直隸省代造緣由理合附片陳明
謹
奏同治五年九月二十二日具奏奉
旨依議欽此

浙江海運全案重編目錄

新編卷八

天津上水次圖

天津上下新閘圖

天津下水次圖

驗米大臣工部尚書臣單懋謙　倉場侍郎臣鍾岱跪
奏再海運米石籌備一欵係該省添辦預備彌補商船失風缺斛
之用如有盈餘由該省自行變價或酌量存倉留抵下年缺斛
又沙船應有餘米除抵正作收及易換氣頭艙底外所餘米石
均歸籌備項下運通存倉歷經辦理在案本屆江蘇起運漕糧
三批冊報搭運籌備米七千八十五石七斗三升八合二勺經
臣等將已到各船餘米先行驗收抵正運通足額外尚有運過
白糯餘米二十九石應同續到尾船米石併在後各船統行劃
歸籌備原欵存倉留抵該省缺斛又浙江收買沙船餘米一百
四十石隨正運通應即作爲籌備存倉均由戶部倉場另檔存
記以爲下屆抵補之用其有失事船隻並各船虧短米石俱經

各該糧道一律籌補足數並無短少理合附片陳明謹

奏同治五年六月十六日具

奏六月十八日奉

旨戶部知道欽此

總督倉場部堂爲行知事據坐糧廳瑞斌將江浙兩省各年存倉籌備餘米漕白細數開送前來除咨覆駐津大臣外合就行知爲此札仰浙江糧道查照可也

計開

咸豐十年浙省續到籌備平斛漕米三萬二千三十七石八斗二升五合八勺內有一升五合經耗米四百七十三石四斗六升五合四勺

又剝船戸賠補九年浙省籌備平斛漕米一千三百六十三石一斗二升五合經耗米已由上年隨正運倉合併聲明

咸豐十一年浙省續到籌備平斛漕米二千六百六十九石四斗五

升一勺內有一升五合經耗米三十九石四斗五升
咸豐十年浙省籌備白粳米二十六石三斗七升七合九勺內
有一升八合經紀耗米四斗六升六合四勺
浙省籌備白糯米八十八石五斗四升二合七勺內有一升
八合經紀耗米一石五斗六升五合六勺
咸豐十一年浙省籌備白粳米一百八十二石八升內有一升
八合經紀耗米三石二斗一升九合五勺
同治五年五月初四日札浙江督糧道

浙江按察使署督糧道爲查明詳請更正事本年五月初四日
奉
憲臺札開據坐糧廳瑞斌將江浙二省各年存倉籌備餘米漕
白細數開送前來除咨覆駐津大臣外合就行知爲此札仰浙
江糧道查照可也計黏鈔内開咸豐十年籌備白粳米二十六
石三斗七升七合九勺白糯米八十八石五斗四升二合七勺
咸豐十一年籌備白粳米一百八十二石八升二共存倉白粳
米二百八石四斗五升七合九勺伏查浙省存倉白糧米石於
咸豐六七兩年積存白粳米一千五百五十二石九升七合一
勺嗣因咸豐九年海運漕白尾船未曾到齊卽請將六七兩年
存倉白粳米内劃抵九年不敷白米三百一十石九斗一合二

勺之外其餘白米一千二百四十一石一斗九升五合九勺儘數暫抵不敷漕米逬後未到漕糧均已陸續抵津驗收運通是以於咸豐十年經前津局總辦徐守等詳請前

欽倉憲成陳　分別移咨將續收存倉漕米內照數劃米一千二百四十一石一斗九升五合九勺補足九年應交漕米仍將此項白糧劃歸白糧存倉原欵又於咸豐九年續積存倉白粳米三百九十石十年存倉白粳米二十六石三斗七升七合九勺又十一年運到存倉白粳米一百八十二石八升共計存倉白粳米除抵補不敷九年外尚有一千八百三十九石六斗五升三合八勺至咸豐十年又劃抵十年分不敷正白米一千二百一十九石二斗四升九合四勺是浙省存倉白粳米除抵交外實應

存六百二十石四斗四合四勺又白糯一欵除奉單開十年分籌備存倉白糯米八十八石五斗四升二合七勺外尚有六七兩年存倉白糯米三百三十一石六斗七升九合七勺九年存倉白糯米一百三十四石統共應存白糯米五百五十四石二斗二升二合四勺亦經徐守等詳明聲敘理合備文詳請并將十年劃完白糧原詳稿底及歷年白糧存倉數目清帳照錄清摺各一分呈送仰祈

憲臺察查俯賜札飭駐通坐糧廳按照歷年文冊覈明更正再十年海運有籌備白糧船一隻計米一千三百四十四石九斗九升八合五勺雖是年案卷遺失不全尚有前派委員底帳一紙可稽仰乞一并飭查批示祗遵實爲公便爲此備由呈乞

照詳施行

同治五年五月二十二日具詳

通倉憲宋

總督倉場部堂爲飭遵事據署浙江糧道王凱泰單開咸豐六年起至十一年止浙江籌備倉存白粳糯米並咸豐九十兩年動撥白粳抵交外實應存倉白粳糯各數及十年劃還白糧原案照錄呈送請飭駐通坐糧廳按照歷年文冊覈明更正再十年海運籌備白糧船一隻計米一千三百四十四石九斗九升八合五勺仰乞一併飭查批示祗遵等情當經鈔錄該道詳冊清單行飭駐通坐糧廳勒限三日內速覆以憑轉行去後迄今仍未覆到復經本部堂督飭承辦書吏將咸豐六年起至咸豐十一年止各該年銷算題冊逐年逐欵詳細勾稽覈算清楚並將浙江存倉漕米一併覈明開單飭知爲此札仰浙江督糧道總局查照鈔單遵照辦理至十年海運籌備白米一千三百四十四

石九斗九升八合五勺查是年銷算冊內並未題報運收此項

米石合併行知可也

計開

浙省籌備存倉白米數目

咸豐六年分

存倉白粳米三百四十七石一斗二升

白糯米二百九十九石五斗四升九合二勺

咸豐七年分

存倉白粳米一千二百四石九斗七升七合一勺

白糯米三十二石一斗三升五勺

咸豐九年分

存倉白粳米三百九十石

白糯米一百三十四石

咸豐十年分

存倉白粳米二十六石三斗七升七合九勺

白糯米八十八石五斗四升二合七勺

咸豐十一年分

存倉白粳米一百八十二石八升

以上共存白粳米二千一百五十石五斗五升五合

白糯米五百五十四石二斗二升二合四勺

咸豐九年動撥六七兩年存倉抵正米三百一十石九斗一合二勺

咸豐十年動撥六七兩年存倉抵正米一千二百一十九石
二斗四升九合四勺
除兩年動撥白粳米一千五百三十石一斗五升六勺
實存倉白粳米六百二十石四斗四合四勺
白糯米五百五十四石二斗二升二合四勺
浙江存倉籌備漕米數目
咸豐九年分
存倉漕米共二萬七千四百六十一石三斗三升七勺內
除劃回抵補九年補正撥還白粳米一千二
百四十一石一斗九升五合九勺外下餘二
萬六千二百二十石一斗三升四合八勺於

十年全數抵補正供訖

咸豐十年分

存倉漕米三萬二千三十七石八斗二升五合八勺

咸豐十一年分

存倉漕米共二千六百六十九石四斗五升一勺

同治五年六月初四日行浙江糧道天津局

浙江按察使署督糧道爲報移明備案事竊照本年浙省海運漕
白糧米現已截數詳請駐津
欽倉憲　奏報全完所有本屆收買各船餘米除前次報明已運通
倉漕粳米一百四十石嗣又陸續運通漕粳米三十五石五斗
九升七勺漕秈米一百二十八石三斗二升四合三勺白粳米
一百二十三石七斗五升六勺白糯米九石三斗九升二合均
係存倉作爲下屆籌補至歷年存倉漕白籌備米石前奉駐通
欽倉憲臺先後開單飭知除於單開咸豐九年賠補存倉漕米一千
三百六十三石一斗二升五合內動支米一千六十六石七斗
一合六勺劃補本年各船斛缺正供經耗外所有各年實存倉
漕白米數及本年收買餘米作爲籌備存倉數目理合分晰開

造清冊
呈浙撫憲、瀘倉憲呈送伏祈
憲臺俯賜察覈備查爲此備由呈乞
照驗施行
今呈送　清冊一本
移省局、坐糧廳移送爲此合移
貴局、廳請煩查照備案施行
今移送　清冊一本

浙江按察使署督糧道

今將新舊各年存倉漕白米數除本屆動支抵補外實存細數

開造清冊呈移送

査覈備案施行

計開

咸豐十年浙省續到籌備平斛漕米三萬二千三十七石八斗

二升五合八勺內有一升五合經耗米四百

七十三石四斗六升五合四勺

又剝船戶賠補九年浙省籌備平斛漕米一千三百六十三

石一斗二升五合經耗米已由上年隨正運

倉合併聲明

咸豐十一年浙省續到籌備平斛漕米二千六百六十九石四斗五升一勺內有一升五合經耗米三十九石四斗五升

以上共存倉籌備平斛漕米三萬六千七十石四斗九勺內除動撥九年賠補存倉籌備平斛米一千六十六石七斗一合六勺抵補本年各船缺斛漕米外

計實存倉各年漕米三萬五千三石六斗九升九合三勺

又同治五年海運收買各船餘米運通作爲籌備存倉漕粳米一百七十五石五斗九升七勺內經耗米五斗二升六合

漕秈米一百二十八石三斗二升四合三勺

內經耗米一石八斗九升六合四勺

二共新舊存倉漕米稉三萬五千一百七十九石二斗九升
秈一百二十八石三斗二升四合三勺

白糧項下

咸豐六年存倉白稉米三百四十七石一斗二升

白糯米二百九十九石五斗四升九合二勺

咸豐七年存倉白稉米一千二百四石九斗七升七合一勺

白糯米三十二石一斗三升五勺

咸豐九年存倉白稉米三百九十石

白糯米一百三十四石

咸豐十年存倉白稉米二十六石三斗七升七合九勺

白糯米八十八石五斗四升二合七勺
咸豐十一年存倉白粳米一百八十二石八升
以上共存白粳米二千一百五十石五斗五升五合
白糯米五百五十四石二斗二升二合四勺
咸豐九年動撥六七兩年存倉抵正米三百一十石九斗一合
二勺
咸豐十年動撥六七兩年存倉抵正米一千二百一十九石二
斗四升九合四勺
除兩年動撥白粳米一千五百三十石一斗五升六勺
實存倉白粳米六百二十石四斗四合四勺
白糯米五百五十四石二斗二升二合四勺

本屆並未動撥仍照數存倉

又同治五年海運收買各船餘米運通作爲籌備存倉白粳米

一百二十三石七斗五升六勺

白糯米九石三斗九升二合

二共新舊存倉白粳米七百四十四石一斗五升五合

白糯米五百六十三石六斗一升四合四勺

浙江按察使署督糧道爲遵札另造呈送備案事本年八月十八日奉

憲臺札開據浙江糧道將該省新舊各年存倉漕白米數造冊呈請備案前來除冊開歷年存倉漕白各欵覈與本部堂衙門銷算冊籍相符者毋庸飭知外惟咸豐十年剝船戶賠補九年籌備平斛漕米一千三百六十三石一斗二升五合查此欵係江浙二省咸豐九年運交存倉米內剝船戶由津運通陸續掛欠之米次年賠補運通是此項米石係剝船戶虧短剝船戶賠交與南省事無干涉今該道開列冊內且動撥抵補本年斛缺殊屬不合札道遵將此項悞開之米查明開除另造清冊呈送至應抵本年斛缺米一千六十六石零應由何年籌備內劃抵

之處卽於另造冊內註明詳報毋遲切切等因奉此伏查浙省
各年存倉漕白米數緣經匪擾冊案蕩然何年實存若干無憑
稽考嗣於本年五月間本署道在津接奉
憲臺札飭將各年存倉漕白米數開單行道內列有咸豐十年
籌備平斛漕米一千三百六十三石一斗二升五合是以將本
年斛缺漕米一千六十六石卽在是年籌備米內動支抵補奉
飭前因除將同治五年海運斛缺米石改於咸豐十年存倉浙
省續到籌備米三萬二千三十七石八斗二升五合八勺內動
支抵補外理合遵飭另造清冊備文呈送伏祈
憲臺察覈俯賜備案爲此備由呈乞
照驗施行

今呈送　清冊一本
同治五年九月二十二日詳
通倉憲

浙江按察使署理督糧道

今將新舊各年存倉漕白米數除本屆動支抵補外實存細數

開造清冊呈送

查覈備案施行

計開

咸豐十年浙省續到籌備平斛漕米三萬二千三十七石八斗

二升五合八勺內有一升五合經耗米四百

七十三石四斗六升五合四勺

咸豐十一年浙省續到籌備平斛漕米二千六百六十九石四

斗五升一勺內有一升五合經耗米三十九

石四斗五升

以上共存倉籌備平斛漕米三萬四千七百七石二斗七升五合九勺內除動撥十年存倉籌備平斛米一千六十六石七斗一合六勺抵補本年各船斛缺漕米外

計實存倉各年漕米三萬三千六百四十石五斗七升四合三勺

又同治五年海運收買各船餘米運通作爲籌備存倉漕粳米一百七十五石五斗九升七勺內經耗米五斗二升六合

漕秈米一百二十八石三斗二升四合三勺

內經耗米一石八斗九升六合四勺

二共新舊存倉漕粳米三萬三千八百十六石一斗六升五合
秈米一百二十八石三斗二升四合三勺

白糧項下

咸豐六年存倉白粳米三百四十七石一斗二升

白糯米二百九十九石五斗四升九合一勺

咸豐七年存倉白粳米一千二百四石九斗七升七合一勺

白糯米三十二石一斗三升五勺

咸豐九年存倉白粳米三百九十石

白糯米一百三十四石

咸豐十年存倉白粳米二十六石三斗七升七合九勺

白糯米八十八石五斗四升二合七勺

咸豐十一年存倉白粳米一百八十二石八升

以上共存白粳米二千一百五十石五斗五升五合
白糯米五百五十四石二斗二升二合四勺
咸豐九年動撥六七兩年存倉抵正米三百一十石九斗一合
二勺
咸豐十年動撥六七兩年存倉抵正米一千二百一十九石二
斗四升九合四勺
除兩年動撥白粳米一千五百三十石一斗五升六勺
實存倉白粳米六百二十石四斗四合四勺
白糯米五百五十四石二斗二升二合四勺
本屆並未動撥仍照數存倉
又同治五年海運收買各船餘米運通作爲籌備存倉白粳米

一百二十三石七斗五升六勺

白糯米九石三斗九升二合

一其新舊存倉白粳米七百四十四石一斗五升五合
糯米五百六十三石六斗一升四合四勺

驗米大臣工部尚書臣單懋謙
倉場侍郎臣鍾　佩　跪

奏爲驗收海運漕糧事竣謹將在事尤爲出力各員援照歷屆成案恭懇

天恩分別獎勵仰祈

聖鑒事竊查道光六年二十八年咸豐二年至十年並同治四年海運事竣均將尤爲出力各員奏請獎勵在案近年南漕缺額京倉需米孔殷海運漕糧顆粒皆應寶貴辦理尤宜迅速本屆江蘇起運正供米數多於去歲浙江地方甫定初辦海運事同創始均宜倍加詳慎其支銷經費尤應力求撙節至經紀剝船夫役人等積習相沿務須嚴密防範以期弊絶風清臣等抵津以來督飭隨帶司員及坐糧廳監督會同直隸江蘇浙江總局印

委各員參酌成規妥籌趕辦所有經理文案勾稽銲米並查驗
米色監視斛收配裝剝船彈壓水手以及海口稽查迎護導引
並押催米船稽查各段一切事宜該員等無不竭誠盡力晝夜
辛勤甫及兩月江浙全漕一律告竣臣等伏查南糧海運大局
攸關必須深知利弊方能破除積習本年江浙兩省同時辦理
海運頭緒紛繁籌畫不易臣等目擊在事各員晝夜辛勤始終
罔懈均屬著有微勞自應查照歷屆成案奏懇
恩施查天津府知府以下各員及調津委員營委將弁並江浙兩省
派委赴津各員歷屆均由驗米大臣各按勞績咨行直隸江蘇
浙江各督撫奏請獎勵臣等認眞考覈分別功過除將不得力
各員記過摘頂隨時懲儆及出力較次之員未便按照舊章保

奬外其尤爲出力各員應請照案辦理至臣等隨帶司員戸部
郎中祥禧候補主事李希蓮工部候補郎中潘駿猷候補主事
朱其煊隨同臣等日赴河干查驗米色並襄理一切文案實力
講求矢勤矢慎遇有委辦事件均能破除情面不避嫌怨洵屬
出力之員查戸部郎中祥禧本係道銜擬請以道員在任儘先
選用並
賞加按察使銜戸部候補主事李希蓮擬請俟補缺後以本部員外
郎遇缺卽補先換頂戴工部候補郎中潘駿猷擬請以本部郎
中遇缺卽補並
賞加道銜工部候補主事朱其煊擬請以本部主事遇缺卽補並
賞加員外郎銜至坐糧廳監督戸部郎中師長灼在津辦理起運嚴

約經紀斛手人等釐奸剔弊遇事認眞備臻周密查該員本係
四品銜擬請
賞加三品卿銜臣等仰體
聖主激勵人材微勞必錄之意援案聲請可否准予鼓勵之處出自
皇太后
皇上逾格
鴻慈謹繕摺具
奏請
旨
再查二品頂戴天津道恆慶穩練安詳明白曉暢總理局務均
臻妥協據稱受

恩深重不敢仰邀

恩敘按察使銜江蘇糧道奇克坦泰心地樸誠辦事勤謹浙江按察使署糧道王凱泰精明練達爲守兼優自辦理運務以來駕馭耆舵水手寬嚴得當交兌銀米亦極妥速以上二員職分較大

臣等未敢擅擬優敘

恩出

聖裁直隸候補道博多宏武經直隸總督奏派總辦運務老成諳練謹慎周詳查該道係鹽運使銜且候補人員究與實缺有間可否仰懇

天恩

賞加布政使銜以示鼓勵謹附片具

奏請

旨同治五年六月十六日具

奏六月十八日奉

旨另有旨欽此同日奉

上諭單懋謙鍾岱奏海運漕糧完竣請將在事各員援案分別奬勵

一摺本年江蘇浙江漕米由海運通單懋謙等督率司員坐糧廳

等在天津查驗起剝該兩省正漕業已一律告竣辦理尚爲妥協

單懋謙鍾岱均著交部從優議敘其在事尤爲出力之道銜戶部

郎中祥禧著以道員在任儘先選用並賞加按察使銜戶部候補

主事李希蓮着俟補缺後以本部員外郎遇缺卽補先換頂戴工

部候補郎中潘駿猷著以本部郎中遇缺卽補並賞加道銜工部

候補主事朱其煊著以本部主事遇缺卽補並賞加員外郎銜四品銜坐糧廳監督戸部郎中師長灼所請賞加三品卿銜着改爲賞加三品銜另片奏辦理起運並交兌銀米出力各員請旨獎勵等語天津道恆慶江蘇糧道奇克坦泰浙江按察使署糧道王凱泰均著交部從優議敘鹽運使銜直隸候補道博多宏武著賞加布政使銜以示鼓勵該部知道片併發欽此

欽差工部正堂單倉場侍郎鍾　爲咨明事查浙江海運停辦數年本屆辦理運務事同創始今甫及兩月全漕完竣辦理甚爲妥速除浙江按察使署糧道王凱泰業由天津差次保奏外其知府以下各員經本部堂隨時察看均能晝夜辛勤不辭勞瘁目擊各該員出力情形洵屬始終罔懈業經奏明查照成案各按勞績咨明浙撫分別奏獎並抄錄原奏恭錄

諭旨移咨遵照在案其航海赴津之紳董尤屬踴躍趨公應援案一併給予獎敘茲據署浙江糧道王凱泰將派委在津出力員董各按勞績出具考語開具各員銜名詳請移咨奏獎前來相應

開單移咨

貴撫部院查照

奏請獎勵可也

計開

補用知府郭式昌

該員總理局務心地樸誠識見超卓不矜才不使氣悉心擘畫深合機宜到津以來綜理銀錢督辦文案勾稽冊檔並隨同驗卸一切局務妥慎周詳勤勞懋著洵屬尤爲得力之員

補用同知候補知縣虞慶瀾

該員歷派津局辦理海運諸臻妥善本屆派委會辦總局事務綜理銀錢勾稽欵目並隨同驗卸一切局務諳練老成實心將事勤勞奮勉勷助得宜洵屬得力可靠之員

前衢州府知府江允康

該員於咸豐八年曾在津局總理兌務本屆因停辦多年特詳
委來津以資熟手該員年力正强倍加奮勉於一切交兌事宜
悉心籌畫動中竅要總理文案勾稽冊檔勞績懋著最爲得力

補用知府候補同知朱其昂

該員歷派赴津辦理海運交米事務熟悉情形本屆派司總理
外局排船編號催重儹空隨同驗卸彈壓水手收買各船餘米
爛米事極煩瑣均能事事認眞不辭勞勩措置周詳辛勤倍著
且商船凡有爭執及與外國船交涉事件該員無不悉心經理
妥爲勸諭是以耆舵悅服洵爲不可多得之員

處州府同知常紱

該員總理交兌事宜日在河干監視起卸督押風晾兼清理河

道隨伺驗米勤慎安詳諸臻妥協洵爲實心任事之員

候補縣丞周　銳

候補縣丞錢振衡

該二員專司收買餘米並收買氣頭艙底爛米給價公允耆舵

悅服其爛米尤能起除淨盡不使稍有攙和辦事認眞最著勞

勩

候補布理問傅　漶

候補從九品裘雲章

該二員經理交兌事宜分排監視起斛卸剁督押晒晾並隨伺

驗米晝夜勤勞人均幹練

紳董候選同知劉　森

五品銜應陞陞用江蘇候補縣丞李樹安
該二員熟悉洋務派赴下水次巡查米船進口後諭令小心駕
駛免與外國船隻磕碰遇有交涉事件皆能料理妥協頗著辛
勤
運同銜楊學賢
州同銜朱其昶
該董籍隸浙江慈谿縣江蘇寶山縣先在本籍周流海口代僱
船隻航海來津所有商船卸米事宜均由該董妥爲經理並約
東耆舵水手人等毫無滋事實屬經理得宜奮勉出力
以上單開共十三員
同治五年七月十一日咨

浙江撫院

浙江巡撫臣馬新貽跪

奏爲海運完竣查明尤爲出力官紳書吏援案懇

恩分別獎敘恭摺奏祈

聖鑒事竊照浙省杭嘉湖三府屬漕糧自咸豐三年爲始改由海運每屆事竣歷將辦理出力之官紳書吏暨徵解銀米全完各員及商船牙埠人等擇尤

奏獎在案茲查同治五年起運四年分漕白糧米仍由海運惟自咸豐十年以後浙漕停運多年兵燹之餘一切冊檔蕩然無存加以改提經費科減漕糧又因商船毀壞甚多僱備極形掣肘且瘡痍之民元氣大傷祇以

京倉支絀需米孔殷臣督飭司道因時度勢酌辦試徵統計交倉

漕白正耗及經剝食耗等欵其米一十九萬五千餘石爲數固

屬無多而催辦船米總覈章程成案既無可循辦理實同初創

若非賢能之員實心擘畫難期措置咸宜今幸漕白各糧不數

月而掃數交清此皆仰賴

皇上鴻福得以諸臻妥善所有在事出力各員自應量予獎勵查省

局爲總滙之所事務極形繁重前署糧道按察使王凱泰總理

局務心細才長督催運兑周詳妥速已由

欽差奏蒙

恩施交部從優議敘外其餘綜覈銀米參稽冊籍以及釐定文案籌

議章程僱船催兑諸大端悉屬十分緊要前經飭委各員常川

駐局或總司其事或分任其責該員等均能實力實心不辭勞

瘁赴津各員董亦屬殫精竭力倍著辛勤前准
欽派驗米大臣查明勞績開單咨浙彙辦又各該書吏或先辦清賦
一載有餘接辦運務或專辦海運在津在局均屬勤愼無悞又
當地方殘破之餘勸諭徵輸頗爲不易其銀米首先全完之知
縣洵屬催科得力未便没其微勞據省局司道會詳前來除將
出力稍次之員由外分別給奬並商船牙埠人等確查另辦外
謹將尤爲出力各官紳書吏酌擬奬敘等差分繕清單恭呈
御覽合無仰懇
天恩俯准給奬以昭激勸理合恭摺具
奏伏乞
皇太后

皇上聖鑒訓示再補用知府候補同知朱其昂補用同知候補知縣
許嘉德虞慶瀾紳董運同銜楊學賢四員請保官階覈與章程
稍有未符惟該員等或總理運務或航海辦運並料理交涉洋
人事件擘畫周詳勤勞卓著實屬異常出力應請將朱其昂准
其補知府後以道員用許嘉德虞慶瀾准其補同知後以知府
用先換頂戴楊學賢准其以運同選用臣爲鼓勵人材起見嗣
後不敢援以爲例合併聲明謹
奏
謹將同治五年浙省辦理海運派赴津局尤爲出力官紳書吏
酌擬奬勵繕具清單恭呈
御覽

計開

補用知府郭式昌擬請補知府後以道員用

補用同知候補知縣虞慶瀾擬請補同知後以知府用先換頂戴

已革道銜衢州府知府江允康擬請

賞還原銜

補用知府候補同知朱其昂擬請補知府後以道員用

處州府同知常㵐擬請以知府補用先換頂戴

候補縣丞周鋭六品頂戴候補縣丞錢振衡均擬請補缺後以

知縣用並

賞加五品銜

候補布理問傅懬擬請補缺後以知州用先換頂戴
升用主簿候補從九品裘雲章擬請以主簿本班儘先補用並
賞加州同銜
紳董候選同知劉森擬請
賞加知府銜
五品銜江蘇候補縣丞李澍安擬請
賞加同知銜
運同銜楊學賢擬請以運同歸部選用
州同銜不論雙單月選用從九品朱其恕擬請以從九品留於
浙江補用並免繳分發指省銀兩
糧道衙門書吏不論雙單月選用從九品周輔成擬請以從九

品不論班次遇缺前選並

賞加六品銜

糧道衙門書吏錢承說錢承豫均擬請以從九品不論雙單月

選用

謹將同治五年浙省辦理海運省局尤爲出力各官吏並催辦

商船紳董及銀米首先全完各縣酌擬奬勵繕具清單恭呈

御覽

計開

補用道候補知府戴槃擬請免桐鄉縣任內降調處分

補用知府桑樹勳擬請補知府後以道員用

道銜候補知府李壽榛前署杭州府嚴州府知府劉汝璆前署

仁和縣事秀水縣知縣翁以巽同知銜錢塘縣知縣蕭書均擬

請

交部議敘

補用同知候補知縣許嘉德擬請補同知後以知府用先換頂

戴升用道甯波府知府邊葆誠前署鎮海縣事新昌縣知縣顧

德恒均擬請

交部議敘

同知銜鄞縣知縣姚光宇擬請

賞加運同銜

知府銜張廣埏擬請

賞加道銜

知府銜遇缺即選同知盧以瑛擬請選缺後以知府用
舉人章鏊擬請
賞給內閣中書銜
監生毛孝烈擬請以從九品歸部選用
同知銜候選知縣張斯安擬請
賞加運同銜
省局書吏候選從九品陳元倪晉均擬請以從九品不論雙單
月遇缺選用並
賞加六品銜
省局書吏不論雙單月選用從九品費懋林擬請以從九品不
論班次遇缺即選並

賞加六品銜
清賦局書吏孟厚栽王文波均擬請以從九品選用
清賦局書吏候選從九品楊銑擬請以從九品不論雙單月選
用
同知銜正任嘉善縣丁憂知縣傅斯懌同知銜署石門縣知縣
楊恩澍直隸州用桐鄉縣知縣富拉渾均擬請
交部議敘
同治五年十二月初五日具
奏同治五年十二月十五日奉
上諭馬新貽奏查明辦理海運出力官紳書吏人等援案開單懇請
獎敘一摺浙江省辦理同治五年分漕白各糧由海運津計十九

萬五千餘石掃數交清在事官紳各員均無貽悞尚屬著有微勞自應量予恩施以昭激勸所有單開之尤爲出力知府郭式昌著俟補知府後以道員用已革道銜知府江允康著賞還原銜同知常綏著以知府補用先換頂戴縣丞周鋭錢振衡均著俟補缺後以知縣用並賞加五品銜布政司理問傅滮著俟補缺後以知州用先換頂戴升用主簿裘雲章著以主簿本班儘先補用並賞加州同銜候選同知劉森著賞加知府銜縣丞李樹安著賞加同知銜從九品朱其恕著留於浙江補用並免繳分發指省銀兩書吏周輔成著以從九品不論班次遇缺卽選並賞加六品銜錢承說錢承豫均著以從九品不論雙單月選用知府戴槃前在桐鄉縣任內降調處分著加恩寬免桑樹勳著俟補知府後以道員用知

府李壽榛劉汝璆邊葆誠知縣翁以巽蕭書顧德恒均著交部議
敘知縣姚光宇著賞加運同銜知府張廣埏著賞加道銜同知盧
以瑛著俟選缺後以知府用舉人章鏊著賞給內閣中書銜監生
毛孝烈著以從九品選用知縣張斯安著賞加運同銜書吏陳元
倪晉均著以從九品不論雙單月遇缺選用並賞加六品銜費懋
林著以從九品不論班次遇缺即選並賞加六品銜孟厚栽王文
波均著以從九品選用楊銑著以從九品不論雙單月選用知縣
傅斯懌楊恩澍富拉渾均著交部議敘至朱其昂許嘉德虞慶瀾
楊學賢請保官階之處覈與章程不符惟據該撫聲稱該員等經
理運務異常出力著照所請同知朱其昂著俟補知府後以道員
用知縣虞慶瀾許嘉德均著俟補同知後以知府用先換頂戴運

同銜楊學賢著以運同選用此係爲勉勵人材起見嗣後辦理海運省分均不得援以爲例餘著照所議辦理該部知道單二件併發欽此

浙江巡撫部院馬　爲知照事同治六年二月十七日接准

兵部火票遞到

吏部咨開同治五年十二月十五日奉

上諭馬新貽奏查明辦理海運出力官紳書吏人等援案開單懇請獎敘一摺知府郭式昌著俟補知府後以道員用已革道銜知府江允康著賞還原銜同知常綬著以知府補用先換頂戴縣丞周鋭錢振衡均著俟補缺後以知縣用並賞加五品銜布政司理問傅濾著俟補缺後以知州用先換頂戴升用主簿裘雲章著以主簿本班儘先補用並賞加州同銜候選同知劉森著賞加知府銜縣丞李樹安著賞加同知銜從九品朱其恕著留於浙江補用並免交分發指省銀兩書吏周輔成著以從九品不論班次遇缺卽

選並賞加六品銜錢承說錢承豫均著以從九品不論雙單月選
用知府戴槃前在桐鄉縣任內降調處分著加恩寬免桑樹勳著
俟補知府後以道員用知府李壽榛劉汝璆邊葆誠知縣翁以巽
蕭書顧德恒均著交部議敘知縣姚光宇著賞加運同銜知府張
廣埏著賞加道銜同知盧以瑛著俟選缺後以知府用舉人章鏊
著賞給內閣中書銜監生毛孝烈著以從九品選用知縣張斯安
著賞加運同銜書吏陳元倪晉均著以從九品不論雙單月遇缺
選用並賞加六品銜費懋林著以從九品不論班次遇缺即選並
賞加六品銜孟厚裁王文波均著以從九品選用楊銑著以從九
品不論雙單月選用知縣傅斯懌楊恩澍富拉渾均著交部議敘
至朱其昂許嘉德虞慶瀾楊學賢請保官階之處覈與章程不符

惟據該撫聲稱該員等經理運務異常出力著照所請同知朱其
昂著俟補知府後以道員用知縣虞慶瀾許嘉德均著俟補同知
後以知府用先換項戴運同銜楊學賢著以運同選用此係爲勉
勵人材起見嗣後辦理海運省分均不得援以爲例餘著照所議
辦理等因欽此除開復處分並交部議敘各員另行辦理裘雲章
朱其恕駁正外其餘各員欽奉
諭旨允准應即欽遵註冊相應知照可也等因到本部院准此合就
轉行爲此仰該局查照准咨欽奉
上諭事理即便移行遵照毋違須至案者
同治六年二月二十二日行海運省局

浙江巡撫部院馬　爲知照事同治六年二月十七日接准

兵部火票遞到

吏部咨開所有各省保舉覈與例案不符應行駁正各員於同

治六年正月二十六日具奏奉

旨依議欽此相應鈔單知照可也等因到本部院准此合就轉行仰

局查照准咨奉

旨事理卽便移行遵照毋違須至案者

計開

升用主簿候補從九品裘雲章馬　奏海運出力請以主簿本

班儘先補用並加州同銜

查照章程各項勞績保舉除攻克城池擒斬要逆其餘不准

越級保升及免補免選本班並加候補班次令該員若駁俟補缺後以主簿補用該員已得有主簿升案應令另覈請獎州同銜雙單月選用從九品朱其恕馬　奏海運出力請以從九品留於浙江補用並免交指省分發銀兩

查定例候選投効各官承辦要務出力留於該省補用者應令分別補交銀兩應將該員仍俟補交分發銀兩後留於浙江歸試用班先補用

同治六年二月二十二日行海運省局

浙江巡撫臣馬新貽跪

奏爲上屆海運出力船商牙夥書吏人等援案懇

恩獎勵恭摺奏祈

聖鑒事竊浙省同治五年起運四年冬漕僱募商船由海運津經臣

奏明請照歷辦成案除運米一萬石以下由外給屬其一萬石至五萬石以上請分別給予職銜若已捐至五品另行酌獎俟漕糧兌竣覈辦奉

旨允准復於漕糧完竣將出力委員紳董開單

奏獎聲明商船牙埠人等確查另行請獎各在案茲據海運省局司道轉據滬局委員暨甯波府詳上屆海運僱募甯沙各船皆以兵燹之後停運多年商情艱困船多燬壞僱備極形掣肘經

該府縣委員督同紳商牙騾分頭勸諭立攬承僱均無貽誤及
承辦書吏辦理文案查探船隻吊照取攬均屬著有微勞查甯
商承運漕糧正米十四萬石有零滬商承運漕糧正米四萬餘
石援照歷屆成案分別擬請職銜官階詳請具
奏并以辦理津局出力委員升用主簿候補從九品裘雲章前請
以主簿本班儘先補用並加州同銜奉吏部行令另行覈奬擬
請改奬五品銜等情前來臣覆查無異合無仰懇
天恩俯准將船商牙騾書吏徐孝棫等十八名給予職銜官階並升
用主簿裘雲章一員
賞給五品銜以示奬勸謹會同閩浙總督臣吳棠漕運總督臣張之
萬恭摺具

奏並繕清單恭呈

御覽伏乞

皇太后

皇上聖鑒訓示謹

奏

謹將浙省同治五年起運四年漕糧海運急公領運船商牙夥

書吏人等援案請獎繕單恭呈

御覽

計開

鄞縣船商州同銜徐孝棫布經歷銜徐孝檀

該二商各承運漕糧三萬石以上無誤俱請

賞給五品職銜

慈谿縣船商九品職銜葛煥馮允駒

該二商各承運漕糧四萬石以上無誤俱請

賞給六品職銜

江蘇船商候補鹽經歷陸沅五品頂戴升用知縣候補府經歷

王仰曾

該二員向業沙衞各船首先承運漕白糧米各二萬石以上

俱請

賞加五品銜

甯商董事五品銜指發直隸補用州判沈槐布政司理問張肇

理

該二董或自備資斧督同稅牙押帶各船赴上海料理裝兌
或幫駕輪船在洋巡護沈槐請歸本班儘先補用張肇理請
賞給五品銜
鄞縣牙夥六品職銜胡鳳釗六品軍功監生陳鳳誥俊秀沈豐
鑰鎮海縣牙夥六品職銜諸熯九品職銜林中榮俊秀陶鏞
以上六名或在甯鎮封船或勸號商立攬催船開放約束水
手或自備資斧隨同紳董赴滬幫辦簽驗交兌均著微勞胡
鳳釗諸熯請
賞給五品頂戴沈豐鑰陶鏞請
賞給九品職銜林中榮陳鳳誥請
賞給八品職銜

滬局經書費懋雲

該書辦理滬局文案事同初創悉心經理始終出力請以從

九品歸部選用

甯波府船局書吏從九職銜王寶善鄞縣書吏九品項戴蔡亮

工鎮海縣書吏倪明智

該書等隨同委員在甯鎮港內查探船隻吊照取攬並赴海

口催船開放悉心經理始終出力王寶善請以從九品歸部

選用蔡亮工倪明智俱請

賞給八品職銜

同治六年四月初二日具

奏四月二十二日准

兵部火票遞回原摺後開

軍機大臣奉

旨裘雲章著賞加五品銜徐孝棫等均著照所請獎勵該部知道單

併發欽此

吏部謹

奏爲遵

旨議奏事內閣抄出同治五年七月二十七日奉

上諭順天府府尹卞寶第奏海運委員升階太易請嚴定補缺章程

並京外各官保舉升銜請示限制各等語着吏部議奏欽此欽遵

抄出到部臣等查升任該府尹原奏內稱海運以來保奬極優

極濫即如州縣一官今年保同知明年保知府後年保道員不

過三年便登崇秩又有報捐襍職指省直隸希圖海運進身該

員等一經海運差委保舉多屬正官捐貲既省補班亦優誠爲

取巧便徑擬請海運保舉正印各官凡係監生吏員出身以道

府州縣留省補用者無論曾任實缺與否俱仍歸試用班補用

藉資考察等語查海運之初在事出力人員有保舉免補本班以升官補用及保歸候補班者補鈌較速兼可酌補要鈌嗣因保舉太濫所有海運出力人員均按照尋常勞績章程覈減祇准保加本班儘先及保補鈌後以何項官階補用概不准保舉免補並免保歸候補班次且從前海運勞績所保候補知縣初任人員祇准挨次輪補選鈌補鈌後尚試署一年始准實授概不准題補地方緊要之鈌定章本不准保候補班已係從嚴似無庸再行覈減至從前海運出力保歸候補班補用人員該督等不難隨時考察甄別酌補自不必再改班次致涉紛更又另片所稱尋常勞績每多躐等保奬屬員不獨加至本管上司銜且等而上之各部司官頭銜直與堂官相埒並有崇于堂官者

請示限制而別尊卑等語應請嗣後除襄辦典禮軍機處及軍
功勞績各館議叙總理各國事務衙門仍准照章保請越級升
銜外其餘尋常勞績應如所奏外官五六品以下仍不得加本
管上司銜京官五六品仍不得過四品以示限制謹將臣等遵
旨議奏緣由繕摺具
奏是否有當伏乞
皇上聖鑒
訓示遵行謹
奏
同治五年八月二十五日覆
奏奉

旨依議欽此

直隸總督臣劉長佑跪

奏爲五年分江浙海運漕糧經雜各費照案支銷請免造冊報部

恭摺具

奏仰祈

聖鑒事竊照同治五年江蘇浙江漕白二糧由海運津計剝運江省漕白米三十三萬二百九十四石零浙省漕白米一十七萬八千三百三十石零自津運通需用官民剝船水脚押運員弁兵役薪水飯食迎護哨船弁兵口糧及墊艙蓆片溜米蓆筒等項一應經雜各費據天津道會同江蘇浙江委員撙節動支事竣後該道督飭委員逐款勾稽覈實銷算並將收回墊艙蓆片估計變價就欵開除計江蘇省共用九四平銀四萬四千九百七

十二兩一錢九釐浙江省共用九四平銀二萬三千七百七十
四兩六錢六分九釐一毫均經江蘇糧道奇克坦泰浙江糧道
王凱泰在津照數覈發援案詳請具
奏免其報部仍分項造具細冊咨送各該省彙覈辦理等情前來
臣查歷屆江浙海運解津銀兩係在應支幫費內動撥事竣造
冊咨送江浙兩省覈辦
奏明毋庸造報此次海運自應照案辦理免其報部除將清冊分
送各該省覈辦外理合恭摺具
奏伏乞
皇太后
皇上聖鑒謹

奏

同治五年十一月二十三日具

奏十一月二十八日奉

旨戶部知道欽此

直隸督院劉　爲咨送事據天津道恒慶呈稱竊照同治五年辦理浙江海運支發一切經雜各費嘗經職道札委候補同知直隸州錢牧等逐款稽覈分款造冊詳送去後茲據前任天津縣楊令詳稱案蒙憲檄飭將同治五年浙江省海運支發經雜各費會同局員候補同知直隸州錢牧等逐款分項造冊呈送等因遵查五年浙江省運通正耗漕糧十六萬四千五百七十六石零正耗白糧一萬三千七百五十四石零所需官民剝船水脚押運盤費文武員弁薪水迎護導引哨船弁兵口糧塘撥津貼總局油燭紙張裱糊剝船艙口以及由縣支銷苫艙蓆片等項蒙督飭卑職等會同浙省委員撙節動支現經卑職會同務關同知陳寶候補同知直隸州錢堦候補通判潘漣候補知

州丁文浚候補知縣秦琪同煊逐細勾稽覈實銷算並將收回
苫蓋蓆片就欵開除計此次海運津局共用九四平銀二萬三
千七百七十四兩六錢六分九釐一毫前項銀兩已蒙浙江糧
道王　在津覈明酌發惟查浙省海運解津經費向章以各州
縣津貼旗丁幇費通融籌撥仍於事竣詳咨浙省查覈
奏明免其造冊報部此次浙省經費係在幇費內籌撥自應照案
請免造冊報部仍循舊造冊咨送浙省覈辦除分案造報外擬
合將海運津局支用經費分項造具清冊具文詳送查覈轉請
奏咨實爲公便再此案海運差務係卑職任內承辦之件是以
仍由卑職造報借用現任印信詳送合併聲明等情並送各項
清冊到道據此所有送到清冊擬合具文詳送查覈等情到本

部堂據此除恭摺具

奏外所有清冊相應咨送爲此合咨

貴部院煩請查照轉飭彙案辦理施行須至咨者

計咨送　清冊三十六本

同治五年十二月十七日咨

浙江巡撫部院

浙江巡撫臣馬新貽跪

奏爲浙漕海運完竣謹將動支經費數目恭摺

奏報仰祈

聖鑒事竊照浙省杭嘉湖三府屬漕白糧米仍由海運所需水腳運

費等項經臣等

奏請將漕截正耗并同行月南月食等米變價及杭嘉湖三屬行

月食米折徵銀兩甯處八屬本折月糧銀兩儘數動支抵撥海

運經費統計每石不逾八錢之數並請將動支數目按年

奏結免其造册報銷嗣准戶部議復准如所奏辦理其一切運費

應力求撙節不得以每石八錢卽爲開銷定額所有動支之欵

仍照案免其報銷以歸簡易等因欽奉

諭旨允准在案伏查同治五年起運四年分海運漕白糧米共一十九萬五千七百十四石三斗七升一合三勺內除商船耗米一萬四千三百九十五石六斗七升九合八勺不給水脚等費外計實交商船起運米十八萬一千三百十八石六斗九升一合五勺所需商船水脚北河剝價以及津通解給各欵並滬津省各局正雜用欵爲數浩繁經臣督同司道撙節動用惟以米計數之欵本有定則其不按米數一切支銷各項節益求節總期每石不准逾八錢之數計本屆總共用庫平銀十四萬四千三百二十九兩六錢七分八釐以起運米數統覈分算每石實支銷庫紋銀七錢九分六釐並無浮濫據海運省局司道詳請奏結前來臣覆加查覈無異理合恭摺具

奏伏乞

皇太后

皇上聖鑒謹

奏

同治五年十月二十九日具

奏同治五年十二月初七日

軍機大臣奉

旨戶部知道欽此

浙江巡撫部院馬　爲欽奉事同治六年二月二十一日准
戸部咨開雲南司案呈內閣鈔出浙江巡撫馬　奏浙漕海運
完竣動支經費銀兩數目一摺同治五年十二月初七日軍機
大臣奉
旨戸部知道欽此欽遵於初八日鈔出到部十三日由福建司付送
前來相應恭錄
諭旨行文浙江巡撫遵照至所支經費每石未及八錢尚屬覈實惟
該年實徵一切漕項若干除支用外其餘若干應由該撫趕緊
專案補報可也等因到本部院准此合就轉行爲此仰該局查
照准咨奉
旨事理卽便移行查明詳咨毋違須至案者

同治六年三月初三日行海運省局

浙江巡撫部院馬　爲造冊詳請覈咨事據糧儲道英樸詳稱

案於同治六年二月二十一日奉准

戶部咨開雲南司案呈内閣鈔出浙江巡撫馬　奏浙漕海運

完竣動支經費銀兩數目一摺同治五年十二月初七日軍機

大臣奉

旨戶部知道欽此欽遵於初八日鈔出到部十三日由福建司付送

前來相應恭錄

諭旨行文浙江巡撫遵照至所支經費每石末及八錢尚屬覈實惟

該年實徵一切漕項若干除支用外其餘若干應由該撫趕緊

專案補報可也等因到院行道奉此遵經造具同治五年起運

四年分漕糧項下抵歸運用實徵錢糧支存各數清冊詳候咨

送

戶部查覈等情到本部院據此相應咨明爲此合咨

貴部請煩查照施行

計咨送　清冊一本

爲咨送事今將浙省同治五年起運四年分漕糧項下詳奏

奏明抵歸運用同治四年實徵各款正耗錢糧并支存各數理合

造冊咨送

查覈施行須至冊者

今　開

同治五年起運四年分漕糧項下

奏明抵歸運用同治四年實徵各款數目內

動支同治四年起運三年分　奏銷錢糧內

杭嘉湖三府屬月糧本色米四千四百一十石一斗一升一合八勺奉文變價每石一兩五錢共銀六千六百一十五兩一錢六分八釐

杭嘉湖三府屬月糧折徵米折正銀一百五十三兩八錢四分三釐耗銀六兩九錢二分

甯處等八府屬折色月糧正銀五萬一千九百八十九兩四釐耗銀三千一百一十二兩一錢八分一釐

甯處等八府屬月糧折徵米折正銀五萬四千四十三兩八錢六分八釐耗銀三千三百六十五兩二錢七分七釐

藩司移撥南月米七千一百石奉文變價每石二兩共銀一
萬四千二百兩
動支同治五年起運四年分　奏銷錢糧內
杭嘉湖三府屬行糧本色米三千一百一十六石三合三勺
奉文變價每石一兩五錢共銀四千六百七十四兩
五釐
嘉湖二府屬經費本色食米二千八十六石一斗五升八合
三勺奉文變價每石一兩五錢共銀三千一百二十
九兩二錢三分八釐
杭嘉湖三府屬正兌漕截正銀五萬四百三十五兩七錢七
分耗銀一千二十九兩二錢九分三釐

杭嘉湖三府屬改兌漕截正銀二百三十二兩二錢一分一
釐耗銀四兩七錢三分九釐
杭嘉湖三府屬減漕漕截正銀二萬四千五十一兩七錢五
分四釐耗銀四百九十兩八錢五分
杭嘉湖三府屬行糧折徵米折正銀三千五百四十二兩七
釐耗銀一百六十七兩六分六釐
嘉湖二府屬經費折徵食米折正銀一千一百四十四兩三
錢六分四釐耗銀五十三兩二錢二分四釐
以上共抵歸運用實徵正銀二十一萬四千二百一十一
兩二錢三分二釐耗銀八千二百二十九兩五錢五分
前件據各屬照數解道通完

移解海運省局支銷運用動支各欵數目內
同治四年起運三年分
月糧本色米四千四百一十石一斗一升一合八勺奉文變
價銀六千六百一十五兩一錢六分八釐
前件動支銀兩業已造入同治六年春撥冊內開除在
案理合註明
杭嘉湖三府屬月糧折徵米折正銀一百五十三兩八錢四
分三釐
前件動支銀兩業已造入同治六年春撥冊內開除在
案理合註明
折色月糧正銀三萬兩

前件動支銀兩業已造入同治五年秋撥冊內開除在
案理合註明
折色月糧正銀六千一百五十一兩三錢一分八釐
前件動支銀兩業已造入同治六年春撥冊內開除在
案理合註明
南月米七千一百石變價銀一萬四千二百兩
前件動支銀兩業已造入同治六年春撥冊內開除在
案理合註明
同治五年起運四年分
行糧本色米三千一百一十六石三合三勺奉文變價銀四
千六百七十四兩五釐

前件動支銀兩應俟同治六年秋撥冊內造報理合註

明

經費本色食米二千八十六石一斗五升八合三勺奉文變

價銀三千一百二十九兩二錢三分八釐

前件動支銀兩應俟同治六年秋撥冊內造報理合註

明

正兌漕截正銀五萬四百三十五兩七錢七分

前件動支銀兩應俟同治六年秋撥冊內造報理合註

明

改兌漕截正銀二百三十二兩二錢一分一釐

前件動支銀兩應俟同治六年秋撥冊內造報理合註

明

減漕漕截正銀二萬四千五十一兩七錢五分四釐

前件動支銀兩應俟同治六年秋撥冊內造報理合註

明

行糧折徵米折正銀三千五百四十二兩七釐

前件動支銀兩應俟同治六年秋撥冊內造報理合註

明

經費折徵食米折正銀一千一百四十四兩三錢六分四釐

前件動支銀兩應俟同治六年秋撥冊內造報理合註

明

以上共移解正銀一十四萬四千三百二十九兩六錢七

分八釐照數移解

海運省局支銷訖

前件查同治五年起運四年分漕白米石除商耗不給水脚等欵銀兩外實起運米一十八萬一千三百一十八石六斗九升一合五勺共支銷商船水脚北河剥價津通解給各欵并滬津省各局正雜等項共銀一十四萬四千三百二十九兩六錢七分八釐按照起運米數合計每石實支銷銀七錢九分六釐理合

註明

存贌道庫各欵數目內

同治四年起運三年分

杭嘉湖三府屬月糧折徵米折耗銀六兩九錢二分

甯處等八府屬月糧折徵米折正銀五萬四千四十三兩八錢六分八釐耗銀三千三百六十五兩二錢七分七釐

折色月糧正銀一萬五千八百三十七兩六錢八分六釐耗銀三千一百一十二兩一錢八分一釐

同治五年起運四年分

正兌漕截耗銀一千二十九兩二錢九分三釐

改兌漕截耗銀四兩七錢三分九釐

減漕漕截耗銀四百九十兩八錢五分

行糧折徵米折耗銀一百六十七兩六分六釐

經費折徵食米折耗銀五十三兩二錢二分四釐
以上共存賸正銀六萬九千八百八十一兩五錢五分四
釐耗銀八千二百二十九兩五錢五分
前件支賸銀兩內經動墊湊濟閩甘等省軍餉在案歸
於各季撥冊內造報開除理合註明
同治六年五月二十三日咨
戶部

江蘇抄送採辦米石章程

一採買米石由天津道驗收運通交倉

一每正米一石隨正交倉耗米二升

一解通壩坐糧廳個兒錢按平斛每百石庫平銀二兩此外無別欵

一解天津道剝價京平銀四兩八錢蓆片及一切雜費京平銀三兩三錢四釐兩共銀八兩一錢四釐此外亦無別欵

戶部坐糧廳 江蘇糧儲道爲遵札會議詳請覈奪事同治四年五月初二日

奉

憲臺札開查歷辦捐輸採買米石均責成天津道僱人斛收並

奏明旣不由經紀押運無庸撥給耗米等語在案本屆經江督

奏准章程内稱正漕採買同時海運天津交米之後應循舊責

成經紀於津通經費籌備支用條内聲明不給經紀耗米各等

因辦理有無窒礙本部堂難以懸揣且經紀承起承運將來逆

壩查出虧短情弊自應按照章程分別議賠其應用何欵抵賠

之處均當由該道先事籌及庶不至以

天庾正供致成懸欵爲此札仰該道暨坐糧廳迅卽會同妥商呈明

到轅以憑酌覈辦理等因奉此職道廳遵卽會同妥籌查本屆蘇

省提捐採買米石與正漕同時並運抵津均由
憲臺一律驗收責成經紀承起承運到壩如有虧短自應照章
議賠與向章逕由天津道驗運情形不同似須籌給經費俾免
賠欵無著而該經紀亦不致枵腹從公矣惟採買米石向無給
予經費欵目是以此次蘇省原奏奉准章程只有箇兒錢及天
津道剝價雜費此外並無別欵職廳等再四籌商擬於向章內
稍爲變通除經紀耗米無庸議給外謹仿照正漕籌給經紀飯
米折色一半津貼廳倉茶果四項並箇兒錢一律按洪斛計算
除扣領籌羨共該庫平銀四千三百餘兩解廳分別扣放庶賠
補有著而倉無懸欵至解天津道經費仍按平斛每百石剝價
京平銀四兩八錢蓆片雜費京平銀三兩三錢四釐以符定章

其剝船亦宜籌給食米俾免向隅擬請於每石隨運二升耗內

以一升五合隨正運倉以五合給予剝食其不敷之六合五勺

由蘇局籌米補足庶於運務有裨合將會議緣由並開清摺附

呈是否有當伏乞

憲臺鑒覈施行再此係正漕採買並運由

憲臺駐津驗收責成經紀承起承運籌議賠欵起見暫時變通

辦理嗣後採買捐輸逕由天津道收運者仍照向章不得援以

爲例合併聲明須至書冊者

計開送　清摺一扣　會詳

欽差大臣 兵部正堂 倉場部堂 綜 宋 載

謹將籌擬經費仿照正漕銀數開呈

憲鑒

計開

採辦洪斛米八萬石仿照正漕漕糧交倉項下

該箇兒錢庫平銀一千六百兩

又經紀飯米折色庫平銀二千七十兩

又經紀一半津貼庫平銀九百兩

又廳茶果庫平銀一千六百兩

又倉茶果庫平銀四百十三兩八錢

五共該庫平銀六千五百八十三兩八錢內

應扣領饋羨等欵庫平銀三千二百六十五兩二錢二

分六釐五毫內除

憲書紙張庫平銀七十二兩一錢八分七釐一毫實

應領銀三千一百九十三兩三分九釐四毫遵照

七折扣實淨應劃領庫平銀二千二百三十五兩

一錢二分七釐六毫

實應解庫平銀四千三百四十八兩六錢七分二釐

四毫

除已解通倉個兒錢庫平銀二千兩

尙應找解庫平銀二千三百四十八兩六錢七分

二釐四毫

查前解通倉個兒錢係按採辦平斛計算今因

經紀承起承運仿照正漕籌增米折津貼茶

糧憲蘇糧道會詳蘇省採辦米石與漕運經費通融給發銀　卷三　同治四年案

果四欵應按正漕一律洪斛計算以歸劃一
理合登明

驗米大臣兵部尚書臣載齡
倉場侍郎臣宋晉跪

奏爲籌運蘇屬提捐買米遵照奏章責成經紀承管酌量暫時變

通以重運務恭摺仰祈

聖鑒事竊查海運正漕由津運通例給經紀耗米及飯米折色一半

津貼銀兩以資辦公又採買米石抵津後由天津道僱人斛收

起運經紀既不承運毋庸撥給耗米歷經遵辦在案本屆江省

運米經兩江總督江蘇巡撫等奏准蘇屬提捐採買並無經費

可籌津通解支各欵斷難按照正漕辦理應請每平斛米一百

石交天津道撥價雜費京平銀八兩一錢四釐箇見錢每百石

給銀二兩分別備帶支用仍按每平斛米百石隨交沙船耗米

外並備隨運耗米二石不給經紀耗米又稱今屆正漕採買同

時並運米到天津驗收之後即與沙船無涉免其羈候各船已
交之米由津運通由通運倉應仍責成經紀承管等因奉
旨著照所請欽此茲准戶部移咨前來臣等檢查文卷正漕採買各
有定章今一併責成經紀承管並無辦過似此成案惟該省米
石既同時並運不能不量爲權宜力求周妥當經劄飭江蘇糧
道暨坐糧廳監督會商妥辦去後茲據會詳呈稱本屆蘇省提
捐採買米石與正漕同時並運抵津一經驗收責成經紀承起
承運與向由天津道驗收情形不同似須籌給銀米俾免經劄
賠欵無着職等再四籌商擬於向章內稍爲變通除經紀耗米
毋庸議給外擬仿照正漕籌給經紀飯米折色一半津貼廳倉
茶果四項並箇兒錢一律按洪斛計算除扣置羨銀兩解廳分

別扣放至交天津道經費仍按平斛每百石撥價京平銀四兩八錢蓆片雜費銀三兩三錢四釐其剝船食米擬請於每石隨運二升耗米内以一升五合隨正運倉以五合給予撥食其不敷之六合五勺由蘇局籌米補足庶於運務有裨等語臣等公同覈議該道廳等所詳係爲慎重運務起見查正漕内經紀應領飯米折色及一半津貼銀兩向係扣提溢支庫項並照案酌扣三成之一留抵通壩賠補欠米等項該道廳所詳仿照正漕酌給之處似於體卹該役之中仍寓覈實庫欵之意擬如所請與廳倉茶果並箇兒錢各項除扣領蕢羨外一律按洪斛計算解交分別扣放至隨運耗米二升係例應交倉之欵該道廳等所請以一升五合運倉以五合給予剝食其不敷之六合五勺

由蘇局籌米補足等語覈與本屆奏准隨運耗米二升之案不符惟該省起運除正耗及籌備米外其收買餘米均應交倉備抵來年缺額之用近聞有在洋面失事船隻自未便再令照數補足擬請將隨運二升耗米仍照章交倉其該省每石籌給六合五勺即令按數發給撥船作爲食米雖於海運成案未能一律而該船戶比較裝運奉米得項較優自可杜其藉口仍應照案飭令另存一倉以備抵交賠米於倉儲亦尚有裨所有剝價雜費經紀耗米應仍按照奏准章程辦理再本年係漕糧買米同時抵津不能不爲此暫時權宜之計以期慎重運務此後各省轉運米石仍宜分別正漕採買各歸各辦以符定例而杜紛更臣等係爲慎重倉儲起見是否有當謹繕摺具

奏伏乞
皇太后
皇上聖鑒訓示遵行謹
奏請
旨同治四年五月十一日具奏五月十三日奉
旨戶部覈議具奏欽此

戸部謹

奏爲遵

旨覈議具奏仰祈

聖鑒事駐津驗米大臣宗室載齡等奏籌運蘇屬捐米遵照奏章責成經紀承管酌量暫時變通一摺同治四年五月十三日軍機

大臣奉

旨戸部覈議具奏欽此欽遵抄出到部據原奏內稱海運正漕由津運通例給經紀耗米及飯米折色一半津貼銀兩以資辦公又採買米石抵津後由天津道僱人斛收起運經紀旣不承運毋庸撥給耗米歷經遵辦在案本屆江省運米經兩江總督江蘇巡撫等奏准蘇屬提捐採買並無經費可籌津通解支各欵斷

難按照正漕辦理應請每平斛米一百石交天津道剝價京平銀八兩一錢四釐箇兒錢每百石給銀二兩分別備帶支用仍按每平斛米百石隨交沙船耗米外並備隨運耗米二石不給經紀耗米又稱今届正漕採買同時並運米到天津驗收之後即於沙船無涉免其羈候各船已交之米由津運通由通運倉應仍責成經紀承管等因奉

旨著照所請欽此茲准戶部移咨前來臣等檢查文卷正漕採買各有定章今一併責成經紀承管並無辦過似此成案惟該省米石旣同時並運不能不量爲權宜力求周妥當經札飭江蘇糧道暨坐糧廳監督會商妥辦去後茲據會詳呈稱本届蘇省提捐採買米石與正漕同時並運抵津一經驗收責成經紀承起

承運與向由天津道驗收情形不同似須籌給銀米俾免經剝
賠欵無著擬於向章内稍爲變通除經紀耗米毋庸議給外仿
照正漕籌給飯米折色一半津貼廳倉茶果四項並箇兒錢一
律按洪斛計算除扣簹美銀兩解廳分別扣放至交天津道經
費仍按平斛每百石撥價京平銀四兩八錢蓆片雜費三兩三
錢四釐其剝船食米擬請於每石隨運二升耗米内以一升五
合隨正運倉以五合給予剝食其不敷之六合五勺由蘇局籌
米補足庶於運務有裨等語臣等公同覈議該道廳等所詳係
爲慎重運務起見查正漕内經紀應領飯米折色及一半津貼
銀兩向係扣提溢支庫項並照案酌扣三成之一留抵通壩賠
補欠米等項該道廳所詳仿照正漕酌給之處似於體卹該役

之中仍寓覈實庫欵之意擬如所請與廳倉茶果並箇兒錢各項除扣領豐羨外一律按洪斛計算解交分別扣放至隨運耗米二升係例應交倉之欵該道廳等所請以一升五合運倉以五合給予剝食其不敷之六合五勺由蘇局籌米補足覈與本屆奏准隨運耗米二升之案不符惟該省起運除正耗及籌備米外其收買餘米均應交倉備抵來年缺額之用近聞並有在洋面失事船隻自未便再令照數補足擬請將隨運二升耗米仍照章交倉其該省每石籌給六合五勺即令按數發給剝船作爲食米雖於海運成案未能一律而該船戶比較裝運奉米得項較優自可杜其藉口仍應照案飭令另存一倉以備抵交賠米於倉儲亦尚有裨所有剝價雜費經紀耗米應仍按照奏

准章程辦理此後各省轉運米石仍宜分別正漕採買各歸各
辦以符定制等語臣等伏查本年江蘇起運同治三年分正漕
並捐採米石由海運津經兩江總督曾國藩等詳議章程內開
蘇屬提捐採買並無經費可籌津通解支各欵斷難按照正漕
辦理應交天津道剝價及箇兒錢分別備帶支用仍每平斛米
一百石隨交沙船耗米外並備隨運耗米二石不給經紀耗米
天津驗收之後卽與沙船無涉各船已交之米由津運通由通
運倉應仍責成經紀承管等因奉
旨著照所請欽此並由臣部移咨駐津驗米大臣遵照在案茲據載
齡等奏稱經紀應領飯米折色及一半津貼銀兩向係扣提溢
支庫項並照案酌扣三成之一留抵通壩賠補欠米等項該道

廳所詳仿照正漕酌給似於體䘏該役之中仍寓覈實庫欵之
意擬如所請與廳倉茶果並箇兒錢各項除扣領營羨外一律
按洪斛計算解交分別扣放至隨運耗米二升係例應交倉之
欵該道廳所請以一升五合運倉以五合給予剝食其不敷之
六合五勺由蘇局籌米補足覈與本屆奏准隨運耗米二升之
案不符請將隨運二升耗米仍照章交倉其該省每石籌給六
合五勺卽令按數發給剝船作爲食米等語臣等查各省捐採
米石向由天津道驗收起運與經紀無涉本屆江蘇正漕採買
同時海運各船已交之米均責成經紀承管若不量爲變通酌
加體䘏恐該經紀船戸等有所藉口該大臣等請仿照正漕酌
給經紀飯米折色及一半津貼銀兩與廳倉茶果並箇兒錢各

項除扣領貲羨外一律按洪斛計算解交分別扣放係爲慎重
運務起見應請准如所奏辦理至剝船食米正漕每石向給米
一升一合五勺此次蘇屬採買米內隨運二升耗米係奏明交
倉之數未便由此內劃出五合給予剝食應如該大臣所請將
隨運二升耗米仍照章交倉其蘇局每石籌給之六合五勺卽
令發給剝船作爲食米該船戶得有此項食米剝運可無遲誤
仍照案飭令另存一倉以備抵交賠米本年因漕糧採買同時
抵津不能不酌量變通以䘏夫役而重運務此後各省運津米
石仍宜分別正漕採買各歸各辦俾符定制所有臣等遵
旨覈議緣由謹繕摺具奏伏乞
皇上聖鑒謹

奏同治四年五月二十四日具奏本日奉

旨依議欽此

戶部謹
奏爲遵
旨議奏事同治五年十月十七日准　軍機處交出本日軍機大臣面
奉
諭旨御史夏獻馨奏京倉匱乏亟宜籌款一摺着戶部議奏另片奏
原任西安將軍多隆阿攻克回巢得銀三十餘萬兩充餉等語着
戶部查明覈議具奏等因欽此相應知照戶部遵辦並將該御史
摺片抄錄交辦等因交出到部據該御史籌款買米正摺內稱
京師歲漕三百餘萬石從前源源而來向未見粒米狼戾近因
河運不通權辦海運每歲運京僅四五十萬石以致官俸兵米
折減過半現在東南產米省分業已平定河運一時難復自應

於海運設法增添蘇浙明歲新漕照舊辦理所有安徽江西湖北湖南向不辦理海運省分可否將漕折銀兩全數撥赴廣東福建交各該督撫採辦洋米由海道運赴津通於民食似更有裨益又各省設局抽釐欠餉計已彌補完竣並請於應提釐稅外酌量添撥每省或八九萬或五六萬一併解赴廣東福建以充採辦米石水腳之用則經費不致短絀但使每年得百數十萬石南糧到倉亦可稍濟糧價之平而裕兵民之食等語臣等伏查各省起運漕糧徵米一石卽可運米一石其水腳經費皆取給於漕項銀米毋庸另籌至江浙所產稉米堅潔耐久最足以裕民食而備積儲所有閩粵洋米江廣稉米皆不能及故籌備京倉以起運正漕爲要尤以起運江浙正漕爲要若採買起

運以數石漕折之銀僅能得米一石而米色仍不免攙雜在南
漕停運之年或不得已而爲之否則槪宜從緩是以同治元年
前署陜甘督臣沈兆霖有借用洋船轉運江廣漕米之議同治
二年現任兩江督臣曾國藩有米鹽互市長江剝運之議經臣
部通盤覈算皆未舉行兹據御史夏獻馨請將安徽江廣漕折
銀兩全數撥交閩粤督撫採買洋米由海運津等因查臣部前
於咸豐十年十一月間奏請由閩粤二省動用有着之款採買台
米洋米嗣據各該督撫奏陳各該省除民食外蓋藏無幾採買
維艱廣東僅籌銀解京並未運米福建僅運米四萬石旋卽停
止是買米之舉閩粤二省並無把握且江皖等省解部漕價每
石自一兩三錢至二兩不等爲開放甲米折價專款臣部開放

八旗米折每石自一兩二錢至一兩四錢不等而南省買米成案其價值悉在四兩以外即使閩粵有米可買以數石之漕價僅辦米一石輾轉折耗漕額暗虧竊恐京師之糧價尚未見其平而八旗之甲米已不敷折放顧此失彼窒碍堪虞至酌提釐金爲運米水脚一節查各省奉撥京協各餉多恃釐金以供湊解亦未便另行提撥該御史請由閩粵採買之議擬請從緩辦理將來如必須採買擬由臣部隨時咨商直隸總督三口通商大臣奏明於天津設局招商採買該處距京最近採買起運價值較廉易於集事至目前籌備京倉惟有請

旨飭下兩江閩浙各總督江蘇浙江各巡撫趕將來歲新漕力籌起運能多運米一石抵京即多獲一石之益並令各該督撫將先

漕事宜從速奏明辦理以慰
宸廑而重民食所有遵議緣由理合恭摺具奏伏乞
皇上聖鑒再該御史附片奏請優給多隆阿獎敘一節容另行查明
議覆合併聲明謹
奏
同治五年十月二十五日具奏奉
旨依議欽此

浙江巡撫部院馬　爲知照事同治六年六月二十一日准
吏部咨開文選司案呈吏科鈔出本部題前事一案相應鈔單
知照可也等因到本部院准此合就轉行爲此仰該局查照准
咨奉
旨事理卽便移行知照毋違須至案者
計黏單
議得內閣鈔出同治五年十二月十五日奉
上諭馬新貽奏查明辦理海運出力官紳書吏人等援案開單懇請
獎敘一摺知府李壽榛劉汝璆邊葆誠知縣翁以巽蕭書顧德恒
均著交部議敘知縣傅斯懌楊恩澍富拉渾均著交部議敘等因
欽此欽遵鈔出到部除賞加升銜以及升選補用官階班次各

員臣部遵

旨另行分別辦理外查欽奉

諭旨交部議敘之候補知府李壽榛前署杭州府嚴州府知府劉汝

璆前署仁和縣事秀水縣知縣翁以巽錢塘縣知縣蕭書升用

道甯波府知府邊葆誠前署鎮海縣事新昌縣知縣顧德恒嘉

善縣丁憂知縣傅斯懌署石門縣知縣楊恩澍直隸州用桐鄉

縣知縣富拉渾等應各給予加一級紀錄二次等因具

題於同治六年四月十七日奉

旨依議欽此

同治六年七月初二日行海運省局

天津水次圖記

海運糧船抵津向自風神廟礮臺皇船塢紫竹林直至新關小劉莊一帶上下十餘里均係江浙漕船連排停泊視河面之寬窄每一排或四五船或五六船不等全漕之年江浙兩省漕船約以千計並無擁滯之慮

驗米大臣自上而下隨排驗收隨驗隨卸卸空出口重船提前亦無留滯自與外國通商所有中段紫竹林新關一帶水程四里許英美等國建築馬頭並爲火輪夾板洋船聚集之所運船每多碰損頗費周章同治五年經

三口通商大臣會議章程自風神廟至新關以上定爲漕船停泊上水次其間水程約三里許計可泊船二十四排又以水面

較窄定以每二隻爲一排其紫竹林上下新關一帶槪不准漕船攏岸又小劉庄以下定爲漕船停泊下水次彼處河身灣曲而窄祇准西岸單隻銜尾停泊並留出河灣處所以免輪船經過磕碰俟上水次米船驗鉰放空再行提排查驗與從前停泊情形大不相同特繪上下水次爲二圖新關一帶爲一圖並記顛末附刊於後

天津上水次圖

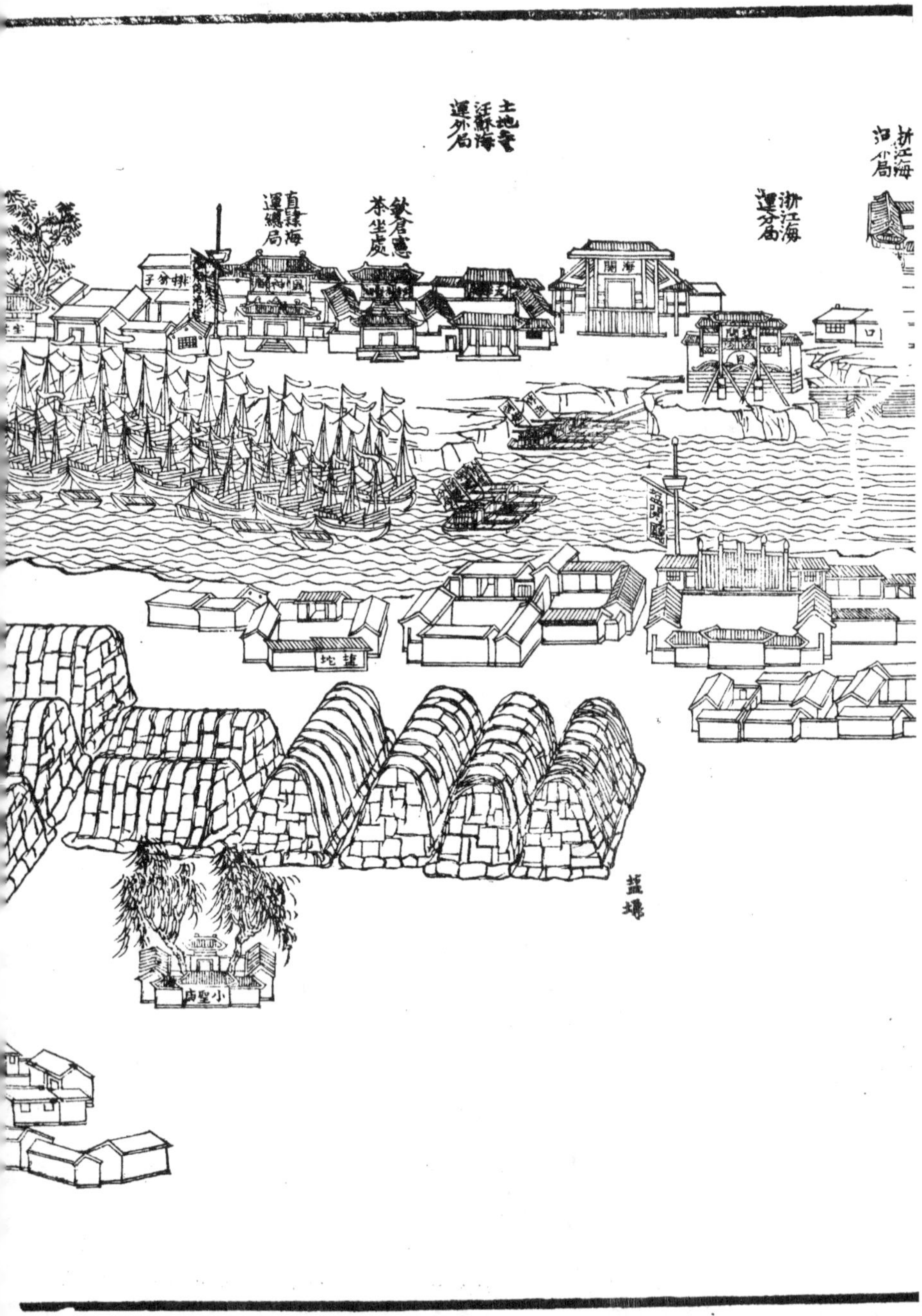
直隸海運總局
浙江海運分局
江蘇海運外局
海關
小聖廟

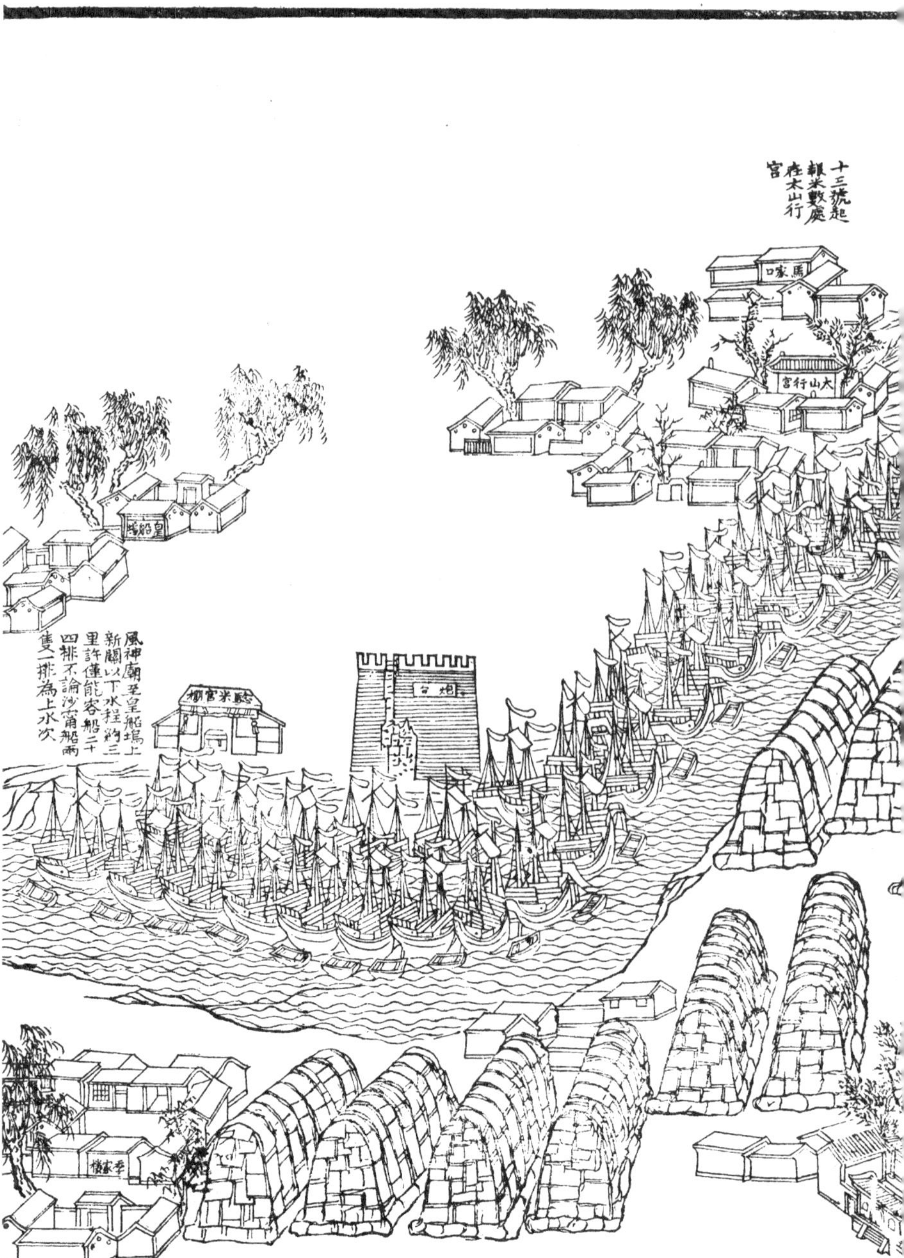
十三號起
糧米數處
在太山行
宮
馬家口
大山行宮
皇船塢
風神廟至皇船塢上
新關以下水程約三
里許僅能容船二十
四排不論沙甯船兩
隻一排為上水次
驗米官廳
炮台
李家樓

天津上下新關圖

上 下

一帶
美國領事公所
洋涇坡地
下園
梁家園
上新閘至梁家園水程約四里許係火輪夾板停泊之處
下新閘
此處米船不准停泊
關帝廟
營船炮台
田家庄

天津下水次圖

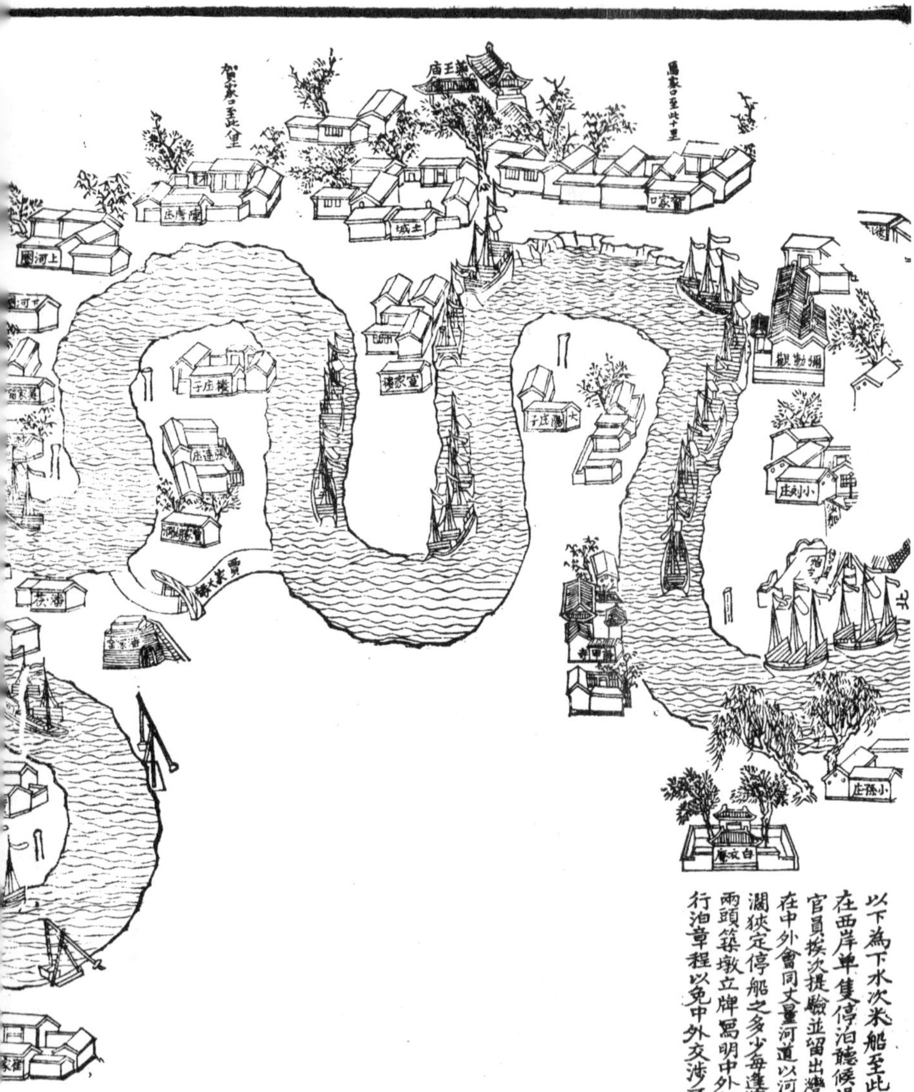

以下為下水次米船至此只准
在西岸單隻停泊聽候提調
官員挨次提驗並留出灣處現
在中外會同丈量河道以河面之
濶狹定停船之多少每逢灣處
兩頭築墩立牌寫明中外船隻
行泊章程以免中外交涉不清

次
十五里
雙江
關帝廟
雙江至此七里
白廟口
營子窪
何庄子
李家楼
前新庄
後新庄
上埝
下埝
高庄子
王庄子
張賈庄子
河卧
上城